教育部人文社会科学重点研究基地
兰州大学敦煌学研究所

国家社科基金冷门绝学研究专项学术团队项目
《敦煌河西碑铭与河西史研究》
（项目编号：21VJXT002）

教育部人文社会科学重点研究基地重大项目
《敦煌通史》（项目编号：16JJD770024）

《敦煌通史》学术顾问

郝春文 荣新江 张涌泉

敦煌通史

晚唐归义军卷

李 军 著

主 编 郑炳林
副主编 魏迎春 李 军

『十四五』国家重点图书出版规划项目

国家出版基金项目
NATIONAL PUBLICATION FOUNDATION

读者出版传媒股份有限公司
甘肃教育出版社

图书在版编目（CIP）数据

敦煌通史. 晚唐归义军卷 / 郑炳林主编 ; 魏迎春，李军副主编 ; 李军著. -- 兰州 : 甘肃教育出版社，2023.7（2024.3 重印）
ISBN 978-7-5423-5572-0

Ⅰ. ①敦… Ⅱ. ①郑… ②魏… ③李… Ⅲ. ①敦煌—地方史—晚唐 Ⅳ. ①K294.24

中国国家版本馆CIP数据核字(2023)第020398号

敦煌通史　晚唐归义军卷

郑炳林　主　编

魏迎春　李　军　副主编

李　军　著

策　　划　薛英昭　孙宝岩
项目负责　刘正东　董宏强
责任编辑　丁宗艳　祁枫博
封面设计　石　璞

出　版　甘肃教育出版社
社　址　兰州市读者大道 568 号　730030
电　话　0931-8436489(编辑部)　0931-8773056(发行部)
传　真　0931-8435009
淘宝官方旗舰店　http://shop111038270.taobao.com

发　行　甘肃教育出版社　印　刷　山东新华印务有限公司
开　本　787 毫米×1092 毫米　1/16　印　张　40.25　插　页　6　字　数　524 千
版　次　2023 年 7 月第 1 版
印　次　2024 年 3 月第 2 次印刷
书　号　ISBN 978-7-5423-5572-0　定　价　166.00 元

图书若有破损、缺页可随时与印厂联系：0531-82079130

总　序

《敦煌通史》这套书从酝酿到完成已经有十多个年头了。2007年我与林甘泉先生在京西宾馆参加首批国家社科基金重大招标项目评审，评审间隙林先生问我，兰州大学敦煌学研究所能不能出面组织完成一部《敦煌通史》，作为国家社科基金重大项目选题。虽然当时有关于敦煌历史的小册子，但是都不足以呈现敦煌的历史。于是，我从此就将完成《敦煌通史》作为我们的工作计划，并一直在做这方面的准备工作。李军在读博士期间，原来准备让他撰写张氏归义军的历史作为博士学位论文，尽管最后他的学位论文研究的不是这个阶段的敦煌史，但也为撰写这个阶段敦煌的历史做了准备。陈继宏、杜海、陈光文入校攻博之后，我给他们选定的博士学位论文方向分别是吐蕃时期敦煌史研究、曹氏归义军史研究、西夏元明清敦煌史研究。到兰州大学敦煌学研究所制定“十三五”规划时，又将《敦煌通史》列为基地重大规划项目。2022年12月，我主持的2021年度国家社科基金冷门绝学研究专项学术团队项目《河西碑铭与河西史研究》开题，根据专家的建议将河西史研究部分改为敦煌史研究，以避开西北师范大学简牍研究院田澍团队的研究方向错位发展。这样一来，《敦煌通史》就成为两个项目共同完成的课题研究。经过十余年持续不断的研究，在甘肃教育出版社的努力下，《敦煌通史》即将完成并得到国家出版基金的资助。

对于敦煌历史开始的时间，我们都会想到汉武帝元狩二年（前121）匈奴浑邪王杀休屠王后投降汉朝，自金城河西西至盐泽空无匈奴，西汉政府在河西敦煌驻军屯田；元鼎六年（前111）又置敦煌郡，并移民实边。实际上敦煌的历史要比这早很多，敦煌与中原王朝的交往应当始于西周穆王（穆天子）时期，根据《穆天子传》的记载，周穆王即位十五年来到今敦煌和罗布泊一带。《山海经》记载敦薨之山出敦薨之水，敦薨之水西流进入盐泽，盐泽即罗布泊。这些都是关于敦煌最早的记载，就是说敦煌在先秦已经被中原王朝所了解和认识。关于敦煌名称的来源，有多种说法，一直争论不休，莫衷一是，有认为是外来语言的音译，也有认为敦煌和武威、张掖一样，名称来自西汉政府的美好愿望。总而言之，关于敦煌的历史还有很多谜团需要我们去研究。因此我们将《敦煌通史》的上限确定在西汉，兼及先秦敦煌历史；下限以清末为界，部分内容兼及近代。民国及当代的敦煌历史，敦煌研究院的历史已经将其囊括其中，等将来有专家撰写敦煌研究院的院史时一定会做详细的论述。

敦煌的历史实际上就是中国西北史的缩影，也是中原王朝与西域的关系史。因为从西汉开始到唐代，中原王朝经营西域的基地就是敦煌，敦煌的历史与中原王朝对西域的经营关系密切。西汉敦煌郡有西域都护的军备物资存储仓库——居卢訾仓城，西域诸城邦入贡皆经由敦煌进入中原，中原派遣到西域的官吏驻军也都经由敦煌送往迎来，因此东汉敦煌有华戎所交之都会之称。曹魏时期有仓慈、皇甫隆等担任敦煌太守，发展敦煌郡并维护陆上丝绸之路的畅通。十六国时西凉建都敦煌，后北凉消灭西凉占据敦煌。北魏灭北凉后，设敦煌镇。隋代的敦煌依旧是通使西域的咽喉之地，有三条道路从敦煌出发前往鄯善、高昌和伊吾。唐代前期以敦煌作为经略西域的基地，安史之乱爆发后，河西精兵东调，吐蕃趁机进攻，河西节度使在吐蕃的打击之下，从凉州迁徙到敦煌，最后在敦煌以“勿徙他境”为条件被迫投降。大中二年（848）张议潮起兵赶走盘踞敦煌六十余年的吐蕃官吏，敦煌进入了张氏归义军时期，敦煌在脱离中原王朝管辖六十余年后再次归附唐朝，成为唐朝管辖的一部分。后梁乾化四年（914）曹议金代替西汉金山白衣帝张承奉成为归义军节度使，敦煌进入了曹氏归义军时期。敦煌文献中保存了大量归义军时期的档案资料，使这个时期敦煌的精彩历史展现在世人面前。宋景祐三年（1036）西夏占领敦煌，敦煌进入西夏统治时期，此后又经历了元明清时期，这个时期相关文献资料记载都比较少，也是敦煌历史研究的空白。敦煌从西汉到清代经历将近两千年的风风雨雨，最繁荣的时期又尤以西汉、十六国、归义军时期最为精彩。其他时段如曹魏、隋、唐前期和吐蕃时期的敦煌历史也呈现出风云变幻、波澜壮阔的画面，牵动着当时整个西北历史的发展。我们力图用自己的研究将各个时段敦煌历史的面貌重现出来，这就是撰写《敦煌通史》的目的。

根据敦煌历史发展的实际情况，我们将敦煌的历史划分为两汉、魏晋北朝、隋及唐前期、吐蕃占领时期、张氏归义军时期、曹氏归义军时期、西夏元明清等七个阶段，分七卷撰写。具体分工为：郑炳林、司豪强承担两汉卷，杜海承担魏晋北朝卷和曹氏归义军即五代宋初归义军卷两卷，吴炯炯承担隋及唐前期卷，陈继宏承担吐蕃时期敦煌史卷，李军承担张氏归义军即晚唐归义军卷，陈光文承担西夏元明清卷。《敦煌通史》没有将敦煌艺术史纳入其中。我们知道敦煌石窟艺术是敦煌史的重要组成部分，因其内容非常丰富，自成体系，用有限的文字根本无法将其论述清楚，加之我们团队的张景峰教授主持国家社科艺术基金重大项目

《丝绸之路艺术史》，故在《敦煌通史》中不再叙述。

我从事敦煌学研究已经有四十多年了，但是将敦煌的历史从先秦讲授到明清根本做不到，就是汉唐敦煌的历史也很难讲清楚，我最熟悉的部分也就归义军时期的敦煌历史而已，我多年讲授的也是敦煌归义军的历史。不仅我是这样，其实整个敦煌学界很难有人可以将两千年的敦煌历史弄清楚，将两千年的敦煌历史讲清楚。我们完成这部书就是给从事敦煌学研究的学者提供一个参考，同时也为初入敦煌学领域的研究者提供了解敦煌的路径。至于我们是否达到目的，还得由敦煌学界去评判。

《敦煌通史》各卷的完成人主要是我和我的学生，他们中除了李军任职西北大学历史学院、司豪强还在攻读博士学位之外，其他人都在兰州大学敦煌学研究所工作。兰州大学敦煌学研究起步于20世纪80年代，研究机构从1979年的敦煌学研究小组，到1982年的敦煌学研究室，又发展到1999年教育部人文社会科学重点研究基地兰州大学敦煌学研究所。2017年以敦煌学为牵头学科组建的“敦煌丝路文明与西北民族社会”学科群入选兰州大学“双一流”建设名单，2019年成立敦煌与西域文明研究院。学科建设从1983年的敦煌学硕士授权点，一路发展到1998年的敦煌学博士学位授权点，2003年的博士后科研流动站，2007年的国家重点（培育）学科，2011年的中国史一级学科博士学位授权点、敦煌学二级学科博士学位授权点。现在研究所有历史文献学、敦煌学两个专业招收攻读博士、硕士的研究生。截至2022年底，研究所毕业硕士三百余人，博士一百七十余人。毕业的博士中有六十余人晋升教授，七十余人晋升副教授，二十余人被遴选为博士生指导教师，八人获全国百篇和省级优秀博士学位论文奖。他们分布在全国各个高校和科研单位，逐渐成为敦煌学研究的中坚力量。研究所现有科研人员二十四人，其中有教授十四人，副教授五人，讲师五人；有长江学者特聘教授一人，青年长江学者一人，“国家特殊人才支持计划”青年拔尖人才一人，国务院学位委员会中国史学科评议组成员一人，甘肃省领军人才第一层次人选一人，甘肃省宣传文化系统“四个一批”人才一人，甘肃省优秀青年文化人才一人。研究所完成学术著作百余部，丛书十七种，共五百余册。获省部级优秀成果奖二十余项，国家和省级图书奖十余项。研究所创办的CSSCI来源期刊《敦煌学辑刊》是本学科研究成果的重要刊布平台。研究所承担科技部国家科技支撑计划国家文化创新项目、国家社科基金重大项目、国家社科基金冷门绝学专项学术团队项目、国家社科基金重点项目和一般项目、教育部重大攻关项目、国家文物局重大委托项目、甘肃省社科基金重点项目等省部级项目一百六十余项，获项目经费三千余万元。特别是兰州大学敦煌学研究所自1999年与敦煌研究院联合共建以来，优势互补，珠联璧合，在各方面都有很大发展。在敦煌学、胡语文献、石窟艺术等领域研究优势显著。敦煌研究院的专家参与兰州大学敦煌学人才培养和合作研究，对兰州大学敦煌学人才培养水平的提升起了很大的作用。

郑炳林

2023年3月

目　录

第一章

西北经略与唐宣宗大中政局

河西和陇右是唐前期中央政府重点经营的战略区域。天宝元年（742）之际，唐朝所设置的九节度中，地处河陇的有河西、陇右、安西、北庭四席；兵力在五万以上的大镇有五，河陇居其二[①]，河陇在唐朝国防安全中的重要地位不言自明。安史之乱爆发后，唐政府抽调河陇精锐参与平叛，造成河陇守御空虚。自乾元元年（758）开始，吐蕃“日蹙边城……数年之后，凤翔之西，邠州之北，尽蕃戎之境，湮没者数十州”[②]。此后数十年间，吐蕃对河陇地区进行了持续的统治。对于唐朝河陇陷蕃失地的范围，史书多以“河陇”或“河陇二十余州”约略言之。虽然《资治通鉴》和《新唐书》中有“河、湟四镇十八州”和“河、陇四镇十八州”等记载，但对于其具体所指，自元人胡三省开始，学者的观点即多有差异。

随着吐蕃王朝统治的逐渐崩溃，宣宗君臣在大中三年（849）之际展开了经略河陇失地的行动，并成功收复秦、原、安乐等州。大中五年（851）年初，张议潮所派遣的沙州使者则将张议潮控制河西沙、瓜等地的消息带到了唐都长安。河陇的收复是唐后期最重大的历史事件之一，为学者所关注。20世纪40年代，陈寅恪《唐代政治史述论稿》下篇《外族盛衰之连环性及外患与内政之关系》即据《新唐书·宣宗纪》及《吐蕃传》的记载，探讨了吐蕃内乱与唐政府收复

① ［宋］司马光撰，［元］胡三省音注《资治通鉴》卷二一五“唐玄宗天宝元年正月壬子”条，北京：中华书局，1956年，第6847—6851页。
② ［后晋］刘昫《旧唐书》卷一九六上《吐蕃传上》，北京：中华书局，1975年，第5236页。

河陇之间的内在联系[1]。此外，学者还关注到了唐政府针对归义军所采取的限制性措施[2]。但同时我们应该看到，在收复三州七关及设置归义军的同时，宣宗君臣还面临着如何处理京西北党项问题的现实抉择[3]。如果深入到历史的细部，可以发现貌似只是前后相继的三个事件之间却存在着密切的内在联系，其通过与中央朝局产生互动，从而最终成为宣宗大中之政的有机组成部分。

---

① 陈寅恪《唐代政治史述论稿》，重庆：商务印书馆，1943年，第97—99页。此后，学术界针对河陇收复的具体进程进行了细致的探讨，主要成果有苏莹辉《论张义潮收复河陇州郡之年代》（初刊《新社学报》第2期，1968年；收入氏著《敦煌论集续编》，台北：台湾学生书局，1983年，第7—23页）、《试论张义潮收复河陇后遣使献表长安之年代》（初刊《包遵彭先生纪念论文集》，台北："国立"历史博物馆，1971年；收入《敦煌论集续编》，第143—154页）、岑仲勉《隋唐史》第46节《吐蕃之衰及河陇收复》（北京：中华书局，1982年，第444—448页）、荣新江《初期沙州归义军与唐中央朝廷之关系》（黄约瑟、刘健明主编《隋唐史论集》，香港：香港大学亚洲研究中心，1993年，第106—117页）、王永兴《唐代后期军事史略论稿》（北京：北京大学出版社，2006年，第89—99页）、冯培红《敦煌的归义军时代》（兰州：甘肃教育出版社，2013年）等。在上述成果中，以荣新江、冯培红两位先生的研究最为系统和全面。但由于史书的记载较为简略，彼此之间又颇多抵牾，所以学者的观点不尽相同。

② 荣新江《沙州张淮深与唐中央朝廷之关系》，《敦煌学辑刊》1990年第2期，第1—13页；同作者《中国文物研究所等编〈新中国出土墓志·河南〉壹》，荣新江主编《唐研究》第1卷，北京：北京大学出版社，1995年，第557—560页；冯培红《论晚唐五代的沙州（归义军）与凉州（河西）节度——以"河西"观念为中心的考察》，张涌泉、陈浩主编《浙江与敦煌学——常书鸿先生诞辰一百周年纪念文集》，杭州：浙江古籍出版社，2004年，第239—258页。

③ 村井恭子注意到了唐朝收复三州七关、张议潮归附以及党项叛乱三个事件时代接近的历史背景，通过唐朝大中年间平定党项的活动，从军事、经济及交通等方面，考察了宣宗政府的西北边境政策。（（日）村井恭子《唐宣宗时期的西北边境政策试析》，荣新江主编《唐研究》第16卷，北京：北京大学出版社，2010年，第279—304页）

第一节 唐朝河陇陷蕃失地之范围

河陇陷蕃失地范围的确定，是探讨吐蕃统治河陇及晚唐政府收复和经营河陇等问题的基础。而对于唐朝河陇陷蕃失地的范围，史书记载颇为混乱。《资治通鉴》卷二二三“唐代宗广德元年七月”条及两《唐书·吐蕃传》多以“河陇”约略言之，而《旧唐书·韩滉传》作“河陇二十余州”，亦未能具体指明。沈亚之《沈下贤集》卷五《陇州刺史厅记》及卷一〇《贤良方正能直言极谏策》则分别记作“六镇五十郡”和“五十六郡六镇十五军”。其所言之“六镇”，当即设置于河西、陇右道的河西、陇右、安西、北庭及关内道的泾原、朔方六镇。但即使是上述六镇的总领州数也远少于五十，所以，岑仲勉先生曾对沈亚之的记载提出质疑[①]。

相对而言，《资治通鉴》卷二四七“唐武宗会昌四年二月”条的记载较为精确：

> 朝廷以回鹘衰微，吐蕃内乱，议复河、湟四镇十八州。

① 岑仲勉《隋唐史》，第294页。

> 乃以给事中刘濛为巡边使，使之先备器械糗粮及诇吐蕃守兵众寡。[①]

据岑仲勉先生考证，唐政府议复河陇失地、遣刘濛充巡边使的时间，并非《资治通鉴》所载的会昌四年（844）二月，而应从《实录》所载之会昌五年（845）二月二十五日[②]。此外，《新唐书·黠戛斯传》也有对唐朝河陇失地范围的界定：

> 是时，乌介可汗余众托黑车子，阿热愿乘秋马肥击取之，表天子请师。帝令给事中刘濛为巡边使，朝廷亦以河、陇四镇十八州久沦戎狄，幸回鹘破弱，吐蕃乱，相残啮，可乘其衰。[③]

在河陇失地范围的记载上，虽《资治通鉴》与《新唐书·黠戛斯传》之间稍有差异，但实际上两者皆源自李德裕《李文饶文集》卷七所收的《赐缘边诸镇密诏意》："今吐蕃未立赞普，已是三年。将相猜携，自相攻击，缘边兵马，颇已抽归……国家河西、陇右四镇一十八州，皆是吐蕃因中国有难，相继陷没。今当其破灭之势，正是倚伏之期。"[④]相较而言，显然唐政府在诏书中所作的"河西、陇右四镇一十八州"之界定最为可信和精确。

① 《资治通鉴》卷二四七"唐武宗会昌四年二月"条，第7999—8000页。
② 岑仲勉《通鉴隋唐纪比事质疑》"刘濛巡边"条，北京：中华书局，1964年，第292—293页。
③ ［宋］欧阳修、宋祁《新唐书》卷二一七下《黠戛斯传》，北京：中华书局，1975年，第6150页。
④ ［唐］李德裕撰，傅璇琮、周建国校笺《李德裕文集校笺》，北京：中华书局，2018年，第150—151页。

对于河陇陷蕃失地中的“四镇”，胡三省曰：“开元之盛，陇右、河西分为两镇而已。盖沦陷之后，吐蕃分为四镇也。”[①]赵绍祖及岑仲勉先生认为“四镇”当指安西四镇，即龟兹、疏勒、于阗、焉耆[②]。而杨铭先生据《全唐文》卷六九九李德裕《赐缘边诸镇密诏意》的记载，否定了胡三省“吐蕃分四镇以统河陇”的观点，指出“四镇”应指唐朝陇右、河西、安西、北庭四节度使[③]。但限于篇幅，杨铭先生并未对赵绍祖及岑仲勉先生的“安西四镇说”进行必要的辨正。由此看来，要解决唐代河陇陷蕃范围问题，我们需要进一步明确“四镇”所指。

据林冠群先生研究，吐蕃从唐朝手中夺得包括河陇在内的广大区域后，在被征服区域共设立了五个称作“bde blon（德论）”的军政机构。其中，吐蕃于762年攻下陇右后，在唐朝的陇右道设置了一位德论负责掌理，此即唐代史料中所记载的吐蕃东道节度使。在攻陷瓜州和沙州后，又在原唐朝河西道设立了另一位德论加以管理，此即吐蕃北道节度使。另外，吐蕃在毗邻唐朝剑南道至南诏的地区设置的德论，汉文史料称其为“南道元帅”。至于新疆至帕米尔地区所设的德论，则被唐朝记作吐蕃西道节度使。加上原青海地区的一位德论，共计五位德论[④]。但从地理位置上看，上述五个政区中，地处河陇的只有东道、西道和北道三

---

① 《资治通鉴》，第7999页。

② 赵绍祖《通鉴注商》卷一五，首都图书馆编《通鉴史料别裁》第12册，北京：学苑出版社，1998年，第419—420页；岑仲勉《通鉴隋唐纪比事质疑》，“四镇十八州”条，第291—292页。

③ 杨铭《吐蕃统治敦煌与吐蕃文书研究》，北京：中国藏学出版社，2008年，第17页。

④ 林冠群《唐代吐蕃军事占领区建制之研究》，《中国藏学》2007年第4期，第3—17页。

者。所以，胡三省的“吐蕃以河陇分置四镇”之推测并不能成立。此外，正如岑仲勉先生所言，即使吐蕃在河陇有新的军政建制，但唐政府在力图收复之际不当以吐蕃制度称之①，“四镇”为吐蕃建制的观点显然不妥。但同时，赵绍祖和岑仲勉先生将“四镇”比定为安西四镇也存在一定的问题。

在《资治通鉴》卷二四七及《新唐书·黠戛斯传》的记载中，回鹘衰亡均被列为唐政府力图收复“四镇十八州”的直接原因。但如果我们将上述两书的记载与李德裕所拟的诏文进行对照，就可以发现司马温公及欧阳修、宋祁显然是将诏书提及的此前唐朝击破回鹘与此时计划收复陷蕃失地二事混而为一。实际上，吐蕃内乱才是唐政府收复“四镇十八州”的前提条件。这一方面证明上述地区确为唐朝的河陇陷蕃失地，另一方面也表明其在会昌年间仍为吐蕃所实际控制。

虽然吐蕃在8世纪末夺得本属唐河西道的安西、北庭及西州等地，但之后不久，回鹘就在北庭、安西的争夺战中最终战胜吐蕃，从其手中夺得天山北部的北庭和天山以南、塔里木盆地北缘的西州等地区②。根据完成于回鹘保义可汗时期（808—821）的摩尼教《赞美诗集》中为可汗及其家族及北庭、西州、龟兹、焉耆等地官员祝福的情况看，回鹘此时控制了天山北部的北庭和天山以南、塔里木盆地北缘的西州以西以及疏勒以东的地区，大体范围相当于天山东部地区③。所以，在长庆元年（821）唐穆宗同

---

① 岑仲勉《通鉴隋唐纪比事质疑》，第292页。

②（日）森安孝夫《回鹘吐蕃789—792年的北庭之争》，敦煌文物研究所编辑室编《敦煌译丛》第1辑，兰州：甘肃人民出版社，1985年，第247—257页；刘美崧《论归义军节度与回鹘关系中的几个问题》，《中南民族学院学报（人文社会科学版）》1986年第3期，第127—132页；余太山《西域通史》，郑州：中州古籍出版社，2003年，第196页。

③ 余太山《西域通史》，第198页。

意以太和公主出降回鹘可汗后，为了防止吐蕃的破坏从而保障和亲顺利进行，回鹘提出希望从北庭和安西两处出兵，以牵制吐蕃[①]。开成五年（840）回鹘汗国破灭后，近可汗牙十三部奉特勤乌介为可汗南下附唐。此外，“有回鹘相馺职者，拥外甥庞特勤及男鹿并遏粉等兄弟五人、一十五部西奔葛逻禄，一支投吐蕃，一支投安西。”[②]既然吐蕃和安西是两个相对的地域概念，也就证明此时安西地区并不为吐蕃所据，而西迁回鹘所奔的安西应指此前为回鹘实际控制的天山东部地区。由此可知，在会昌五年之际，原安西四镇中，于阗和疏勒为吐蕃所据，而龟兹和焉耆为回鹘所实际控制，所以，以吐蕃内乱为收复前提的“四镇”应并非安西四镇。

实际上，如将诏书所载“四镇一十八州”同沈亚之所言“六镇五十郡”做一比对，我们就会发现李德裕所言的“四镇”中“镇”的建置，应与沈亚之所言的“六镇”的性质完全相同，也即唐中央政府的藩镇建置。所以，《赐缘边诸镇密诏意》中所记载的“四镇”不应指安西四镇，而应指唐朝设置于河陇的河西、陇右、安西、北庭四藩镇。由此，虽然武宗君臣欲收复的陷蕃失地被记作“河西、陇右四镇一十八州”，但其中最关键的区域却是其中的“一十八州”之地。

对于《资治通鉴》所载的河湟陷蕃“十八州”，胡三省注曰：“十八州：秦、原、河、渭、兰、鄯、阶、成、洮、岷、临、廓、叠、宕、甘、凉、瓜、沙也。”[③]赵绍祖指出应为陇右、河西之地，可从[④]。但其仍为大略言之，并没有明确十八州所

---

① 《旧唐书》卷一九五《回纥传》，第5211页。
② 《旧唐书》卷一九五《回纥传》，第5213页。
③ 《资治通鉴》卷二四七，第7999页。
④ 赵绍祖《通鉴注商》卷一五，第419—420页。

指。针对胡注，岑仲勉先生认为陇右陷蕃者尚有肃州，《资治通鉴》之所以只言十八，或与元和十三年（818）唐朝曾一度收复原州有关[①]。所以，其在罗列河陇陷蕃州郡时，在胡注所列十八州的基础上，又增加一肃州，以成十九州之数[②]。但实际上，河陇陷蕃州郡除肃州外，尚有伊州未计入[③]。此外，既然胡氏将关内道的原州计入，那么同属陷蕃之地且与原州毗邻的会州及安乐州似也当计入。如此，则胡氏及岑氏对于“十八州”范围的界定均与史实不尽相符。所以，对于唐代河陇地区的陷蕃范围需做进一步的探讨。司马温公所言之“河湟”为大致的地域概念，显然不利于十八州范围的界定，而这也应是造成胡注致误的主要原因之一。所以，会昌五年之际武宗君臣所图复的“十八州”当在河西、陇右两道中求之。

唐建国之初，行政区划制度方面沿袭了隋代分道行台省的设置。贞观元年（627），唐太宗以山河交通形势为据，分天下为十道，重新划分了全国的地理区域和州县归属。其中，陇坻以西为陇右道，在十道中位列第六[④]。景云二年（711）五月，唐政府“以山南控带江山，疆界阔远”，于是分山南道为山南东道和山南西道。此外，又将陇右道黄河以西地区分为河西道[⑤]。对于唐代陇右、河西二道的范围，《括地志》《唐六典》《通典》《元

① 岑仲勉《通鉴隋唐纪比事质疑》，第291—292页。
② 岑仲勉《隋唐史》，第287—288页。
③ 对于伊州的陷蕃时间，陈国灿先生考订为唐代宗大历二年（767）。（陈国灿《安史乱后的唐二庭四镇》，氏著《敦煌学史事新证》，兰州：甘肃教育出版社，2002年，第445—471页）
④《旧唐书》卷三八《地理志一》，第1384页。
⑤［宋］王溥《唐会要》卷七〇，上海：上海古籍出版社，2006年，第1459页。

和郡县图志》、两《唐书·地理志》均有记载，但彼此之间各有差异。其中，前四书为唐人所撰，似更能反映其成书时河陇、陇右所指。但由于贞观十道名称和地理区划范围施行了百余年，对后人的地理观念和行政管理思想均产生了深远的影响。所以，虽然自景云二年始，河西道已自陇右道析出，但唯《旧唐书·地理志三》将陇右、河西两道分列；《唐六典》卷三“尚书户部郎中、员外郎”条在叙天下十道时，仅在注文中将陇右道划分为陇右、河西两部分；《元和郡县图志》及《新唐书·地理志》则径直将河西道所领州计入旧陇右道。此外，自太宗贞观元年分十道之后，旧陇右道及分道后的陇右道和河西道所辖屡有变化。对此，上述诸书并没有做出清晰的描述。所以，笔者力图简要勾勒出河西及陇右道的辖区变化过程，从而明确陷蕃河、陇十八州所指。

《初学记·州郡部》引《括地志·序略》云：

> 唐贞观十三年大簿，凡州府三百五十八……秦州都督府、成、武、渭、兰州都督府、河、鄯、廓、儒、岷、洮、宕、台、桥、梁（凉）州都督府、肃、甘、瓜、沙、尹（伊）、芳、文、松州都督府、扶、居、严、奉、雅、丛、远、其、生、诸、真、都、阔、出、老、懿、河（可）、湊、般、钟、匐、厥、器、调、流、迩、率、序、淳，轨州都督府、漳（嶂）、津、泣（立）、玉、彭、祐、蛾，叠州都督府、龙、会。[1]

贺次君先生指出：“秦至会六十三州属陇右道。”[2]其中，儒、

① ［唐］徐坚等《初学记》卷八，北京：中华书局，2004年，第165—166页。
② 诸州名称及标点之校定，参［唐］李泰等撰，贺次君辑校《括地志辑校》，北京：中华书局，1980年，第2、4页。

台、桥、会等四十州属羁縻州，暂且不论[1]。李泰编撰《括地志》所依据的蓝本乃《序略》所提到的“贞观十三年大簿”，所以在贞观十三年（639）之际，陇右道除羁縻州外，有秦、成、武、渭、兰、河、鄯、廓、岷、洮、宕、凉、肃、甘、瓜、沙、伊、芳、文、松、扶、叠、龙正州二十三。而开元二十七年（739）修成的《唐六典》载：

> 凡天下十道……六曰陇右道，古雍、梁二州之境，今秦、渭、成、武、洮、岷、叠、宕、河、兰、鄯、廓、（自注：已上陇右。）凉、甘、肃、瓜、沙、伊、西、北庭、安西，（已上河西。）凡二十有一州焉。[2]

与《括地志》的记载相比，对于旧陇右道的范围，《唐六典》增西州、北庭、安西三地，而减芳、文、松、扶、龙五州。

贞观十四年（640）六月，侯君集攻灭高昌，唐政府随后于当年九月置安西都护府，居交河城[3]。同月，“以其地为西州，以交河城为交河县；始昌城为天山县；田地城为柳中县；东镇城

---

① 《初学记》引《括地志·序略》载叠州都督府领龙、会等州。很明显，此会州并非关内道之会州。此外，《旧唐书·地理志三》“陇右道叠州下都督府”条在记载叠州都督府所领的十三州中，并不包括会州。虽然上引《序略》中茂州都督府领简、向、涂等州，而据《旧唐书·地理志四》“剑南道茂州都督府”条记载，武德七年唐政府于茂州置都督府，“督南会、冀、向、维、涂、冉、穹、炎、彻、笮十州”。颇疑《初学记》引《括地志·序略》载叠州所领之会州乃茂州都督府所领之南会州。

② ［唐］李林甫撰，陈仲夫点校《唐六典》卷三“尚书户部郎中、员外郎”条，北京：中华书局，1992年，第64、68页。

③ ［宋］王钦若等编《册府元龟》卷九九一《外臣部·备御四》，北京：中华书局，1960年，第11638页。

图1-1 夕阳下的高昌故城 新疆吐鲁番 张安福摄

为蒲昌县；高昌城为高昌县”[①]，将其纳入中央王朝的直接统治之下。高宗显庆三年（658）五月，在平定西突厥阿史那贺鲁叛乱、西域形势有所稳定之后，唐政府又将安西都护府的治所由西州迁至龟兹，并升级为大都护府。虽然高宗和武周时期，唐政府曾被迫弃置四镇，安西都护府的治所回迁至西州，但在长寿元年（692）王孝杰大破吐蕃之后，“自此复于龟兹置安西都护府，用汉兵三万人以镇之”[②]。长安二年（702）十二月，为了加强对天山北麓地区的管理，武周又置北庭都护府于庭州[③]。从地理位置上看，西州和安西、北庭二都护府均地处陇坻以西，所以《唐六典》在旧陇右道中增列三者也就顺理成章了。

芳州本为隋同昌郡之常芬县，唐武德元年置州，领常芬、恒香、丹岭三县。由于在高宗上元年间，芳州被吐蕃攻陷，所以，

---

①［唐］杜佑《通典》卷一九一《边防七·西戎三·车师附高昌》，北京：中华书局，1988年，第5205页。

②《旧唐书》卷一九八《龟兹传》，第5304页。

③《资治通鉴》卷二〇七“则天后长安二年十二月戊申”条，第6561页。

其在中宗神龙年间被废为常芬县，最终改隶叠州[①]。故《唐六典》陇右道中已不列芳州。而据《旧唐书》卷四一《地理志四》“剑南道松州下都督府”及“文州”“扶州”等条的记载，唐朝贞观初分天下为十道时，松、文、扶等州均属陇右道。高宗永徽年间（650—655）及之后不久，上述诸州被割属剑南道[②]。《元和郡县图志》及《新唐书·地理志四》皆将文、扶二州列入山南道，又可知此二州曾划归山南道[③]。此外，据《旧唐书·地理志四》“剑南道龙州”、《新唐书·地理志六》“剑南道龙州应灵郡”条的记载，龙州本为茂州都督府所管的羁縻州，高宗垂拱年间升为正州。永徽后，龙州被割属剑南道[④]。

要而言之，在《唐六典》修成之时，唐政府已新置西州及北庭、安西二都护府，此外，原属陇右道的芳州因陷蕃被废，而松、文、扶、龙四州已被划归剑南道，所以《唐六典》记载河西和陇右两道辖有包括北庭和安西在内的二十一州。

《通典·州郡二》“序目下”载：“大唐因循旧制，一为郡县，又分天下为十五部。”[⑤]其列陇右道所领诸郡，无论是在数量还是在内容上，都与《唐六典》所载一一对应。但在同书《州郡三》及《州郡四》中，杜佑却对陇右道的范围做出了不同的界定。《通典·州郡三》“古雍州”条载：“舜置十二牧，雍其一

① 《旧唐书》卷四〇《地理志三》“陇右道叠州下都督府”条，第1638—1639页；《新唐书》卷四〇《地理志四》“陇右道叠州合川郡”条，第1044页。

② 《旧唐书》卷四一《地理志四》，第1699—1701页。

③ ［唐］李吉甫《元和郡县图志》卷二二，北京：中华书局，1983年，第573—577页；《新唐书》卷四〇《地理志四》，第1036页。

④ 《旧唐书》卷四一《地理志四》，第1701—1702页；《新唐书》卷四二《地理志六》，第1090页。

⑤ 《通典》卷一七二《州郡二》，第4494页。

也，以其四山之地，故曰雍州……大唐分置十五部，此为京畿、关内道、陇右道。（注曰：武威、天水、安西、北庭、交河、晋昌、西平、陇西、燉煌、酒泉、金城、安乡、宁塞、临洮、和政、张掖、伊吾等郡。）”[①]《通典·州郡四》“古雍州下”在记载陇右道所领郡时，于上举“古雍州陇右道”所注州的基础上又增加了会州会宁郡，乃为十八之数[②]。由此可知，对于陇右道所领，《通典》本身就有二十一州、十七州及十八州三种不同的记载。与《唐六典》相比，《通典·州郡四》所载陇右道领州减成、武、叠、宕四州，而增会州会宁郡。此时成州已划归山南道，自应从陇右道剔除。但其将武、叠、宕三州列入“古梁州下”，即唐代剑南道的范围，将关内道之会州归入陇右道，则明显与情理不合。

《元和郡县图志·陇右道上》载有秦、渭、武、兰、河、鄯、廓、岷、洮、叠、芳、宕、临十三州；《陇右道下》载有凉、甘、肃、沙、瓜、伊、西、庭八州，两者共计二十一州。以其所载诸州观之，“陇右道上”相当于景云二年分道后的陇右道，而“陇右道下”则为河西道[③]。与《唐六典》所载相比，《元和郡县图志》增芳、临二州，而减成州、安西。

据上文所述，由于芳州陷蕃，所以唐政府在神龙元年已废芳州，而以常芬县隶叠州。由此，神龙元年（705）之后陇右道不应再列芳

① 《通典》卷一七三《州郡三》，第4506—4507页。
② 《通典》卷一七四《州郡四》，第4543—4548页。
③ 《元和郡县图志》卷三九、卷四〇，第979—1045页。

州[①]。又，《元和郡县图志·陇右道上》“临州”条载：“天宝初，割兰州狄道县又别置安乐县置临州。”[②]而《旧唐书·地理志三》《新唐书·地理志四》“陇右道临州”条则均将唐政府置临州事系于天宝三年（744）[③]。所以，天宝三年之后，陇右道当增列临州。贞元五年（789），经山南道节度使严震奏请，原属陇右道的成州被割属山南道，后于同谷县西界泥公山上权置行成州[④]，故《元和郡县图志·陇右道上》不列成州。而李吉甫之所以列庭州，不列安西，或与其希望保持与《唐六典》相同的载州数有关。

《旧唐书·地理志三》“陇右道”“河西道”所载州与《唐六典》相较，增临州，其余诸州同。由此可见，《旧唐书·地理志三》对河、陇二道范围的记载当源自《唐六典》。

《新唐书·地理志四》“陇右道”条载州十九，大都护府二，即秦、河、渭、鄯、兰、临、阶、洮、岷、廓、叠、宕、凉、沙、瓜、甘、肃、伊、西州，北庭、安西大都护府[⑤]。与《唐六典》相较，《新唐书·地理志四》增临州，减成州，改武

① 李吉甫之所以仍将芳州列入陇右道，当与其有意规复河陇失地有关。宪宗元和年间，河陇陷蕃已久，但李吉甫《元和郡县图志》仍列有“卷第三十九陇右道上”“卷第四十陇右道下”两卷。对此，贺次君先生按语曰：“《初学记》引魏王泰《括地志序略》，贞观十三年大簿，分全国为十道，陇右道居第八，《通典》与《旧唐书·地理志》《新唐书·地理志》虽有不同，但不以殿后。殿本按云：因元和时久陷西蕃，故移于后。其有开元户、乡，而无元和户、乡，亦非传写佚之。《考证》云：按前余各道必列藩镇所理，此不复列，亦以陷蕃之故，初有陇右节度使理鄯州，河西节度使理凉州，此道虽非元和时所有，而郡县仍存旧制，盖以见规复之略焉。”

② 《元和郡县图志》，第1002页。

③ 《旧唐书》，第1634页；《新唐书》，第1042页。

④ 《元和郡县图志》，第572页。

⑤ 《新唐书》卷四〇《地理志四》，第1039—1049页。

州为阶州。

临州、成州的情况，前文已述。阶州即原属陇右道的武州，因没蕃被废。唐政府在大中三年（849）收复三州七关后，于大中五年（851）以原州之萧关置武州[1]。咸通年间唐政府始复旧武州之地，龙纪初遣使召葺之。景福元年更名阶州，治皋兰镇[2]。所以，在大中五年之前，对于陇右道之武都郡，仍应沿用武州之旧称，而不应以阶州代之。

综上所述，据《括地志·序略》可知在贞观十三年（639）大簿之时，陇右道领州六十三，其中羁縻州四十，正州二十三。由于芳州陷蕃被废，而文、扶、松、龙诸州被划归剑南道，此外，唐政府又在贞观十四年及长安二年分别设置了西州及安西、北庭二都护府，所以开元二十七年之际，河西、陇右两道包括秦、渭、成、武、洮、岷、叠、宕、河、兰、鄯、廓、凉、甘、肃、瓜、沙、伊、西、北庭、安西二十一州。相对于《唐六典》，《元和郡县图志》《通典》及新旧《唐书·地理志》皆有增删。《元和郡县图志》对芳州和安西的增减并不恰当。《通典·州郡四》减成、武、叠、宕四州，增会州。其中，对武、叠、宕、会四州的删增明显与史实不符。《旧唐书》在《唐六典》的基础上增记临州，但此时成州已被划归山南道，所以其仍将成州列入陇右道也就存在一定的问题。《新唐书·地理志四》与《唐六典》相比，增临州，减成州，改武州为阶州。相对于其余诸书，《新唐书·地理志四》关于陇右道范围的记载更符合唐朝后期的实际情况，所以唐武宗君臣所议复的河西、陇右十八州当参照《新唐书·地理志》对于陇右道的界定。

① 《旧唐书》卷三八《地理志一》，第1407页。

② 《新唐书》卷四〇《地理志四》，第1042页。

据前文所述，在8世纪末9世纪初，回鹘已经从吐蕃手中夺得北庭、安西的控制权。此外，吐蕃虽然曾在贞元八年攻陷由唐军据守的西州[①]，但回鹘在收复安西、北庭的过程中，西州的吐蕃应已经被回鹘驱逐。此后，回鹘在上述地区的统治一直比较稳固。所以，在开成五年（840）漠北回鹘汗国被黠戛斯攻灭之后，庞特勤等人才会率领回鹘十五部逃往安西。大中五年，西州回鹘遣使入长安朝贡，得到了唐政府的册封。在由杜牧所草的《授西州回鹘骁卫大将军制》中，极力称赞西州回鹘牧首和宰相等人“忠勇奇志，魁健雄姿，怀西戎之腹心，作中夏之保障”。此时西州回鹘的主体成分应该是漠北汗国破灭之前，已经驻守在西州的回鹘及其后裔[②]。这也就证明，武宗君臣所议复的河陇陷蕃失地当以《新唐书·地理志》所载的二十一州为基础，剔除其中为回鹘所占领的安西、北庭和西州，即为秦、渭、临、武、洮、岷、叠、宕、河、兰、鄯、廓、凉、甘、肃、瓜、沙、伊十八州之数。

经过比对，《资治通鉴》卷二四七及《新唐书·黠戛斯传》对河陇陷蕃失地的界定，应皆源自李德裕所拟的《赐缘边诸镇密诏意》。相对于《资治通鉴》和《新唐书·黠戛斯传》，显然唐政府诏书中“河西、陇右四镇一十八州”的记载最为可信。其中，“四镇”并非唐政府设置于西域的安西四镇，更非吐蕃在河陇的军政建制，而应指河陇陷蕃之前唐政府所设置的河西、陇右、安西、北庭四大藩镇。在记载唐代旧陇右道及分道之后的陇右和河西道所领州的历史地理文献中，以《新唐书·地理志》的记载与

---

① 陈国灿《八、九世纪间唐朝西州统治权的转移》，《敦煌学史事新证》，第486—496页。

② 李军《关于晚唐西州回鹘的几个问题》，《西北第二民族学院学报》2007年第2期，第20—26页。

会昌五年的情况最为接近。由于此时安西、北庭、西州三者为回鹘所控制，而武州武都郡尚未改称阶州，所以，此时唐朝的河陇陷蕃失地，也即所谓的“河西、陇右四镇一十八州”，应为原属河西、陇右两道，为河西、陇右、安西、北庭四节度所领的秦、渭、临、武、洮、岷、叠、宕、河、兰、鄯、廓、凉、甘、肃、瓜、沙、伊十八州。而这部分地区正是吐蕃统治河陇以及晚唐政府收复和经营河陇的核心区域。

第二节 大中二年宣宗经略党项史事钩沉

由于以两《唐书·党项传》为代表的传世史书记载简略，学者以往通过将石刻史料与传世文献相结合的方式，梳理出了大中初年宣宗经略党项的历史概况[①]。但细读碑志及传世史书，可以发现大中初年宣宗经略党项其实可以分为前后两个阶段。以往史学家关注到了大中四年至五年间宣宗政府对党项的军事及政治经略，但忽略了双方在大中二年的互动。这不仅使得党项史的研究出现些许断裂，而且影响到了学术界对于宣宗君臣收复三州七关、经略党项与设置归义军三者关系的总体判断。本节以《张宁墓志》等石刻文献为切入点，以零星的史书记载为辅证，希望能大致复原大中二年宣宗征讨党项史事的基本面貌，或有助于我们更好地把握西北经略与大中政局的内在关联。

一、《张宁墓志》所见征讨党项之役的时间考察

《张宁墓志》于1995年4月出土自陕西省靖边县红墩界乡圪坨河村，现藏于榆林市文物管理委员会办公室。据康兰英主编的

① 周伟洲《早期党项史研究》，北京：中国社会科学出版社，2004年，第84—89页。

《榆林碑石》载，该志盖篆刻“张公墓志”四字；志石近方形，长46.3厘米，宽47.8厘米；志文楷书25行，每行24至28字不等[①]。因《张宁墓志》中有志主在“二年”参与征讨党项之役的记载，故为学者所关注，但已有的研究对于墓志所载征讨党项的时间及相关史事的理解存在较大的差异。为更好地说明问题，现将墓志内容移录如下：

唐故夏州节度衙厢马步兼四州蕃落都知兵马使、银青光禄大夫、检校国子祭酒、兼殿中侍御史、上柱国、清河张宁墓志铭有序　至丁亥年十一月合

摄夏州节度掌书记、前乡贡进士许道敬撰

党项日横，廷议罪不赦。二年，诏边帅四面举兵以窘之。时祭酒方以胆气自负，侪列惮服，而士卒乐为用。讨贼节帅李常侍初奉诏，乘贼不备，遣军侯李茂曾领兵袭榆平。祭酒为监城使，亦以六州蕃部与所主兵士五千人，自德静镇走数百里为外应。茂曾望见贼，怯不敢斗，引兵还，贼亦解去。嗟恨颇久，由始不用其谋也。及李常侍率盐、夏兵屯洪门砦，方与南山贼族决胜负，守城壁皆被创，羸饿之士不满千人，城之门昼不敢启。食既尽，爨无樵苏。贼声喈喈，出必掠去。时选河中主将领步骑五百人，援军食于银州，回及蛇谷再遇贼，而再为邀夺，以是人心益恟。监军使自监城吐诚以召，且以旦暮危亡为托。因授河中步骑抵银州，率营田耕牛运数千斛，每至则与牛并食之，去复者四。贼惧其指画有伦，愕不敢近。孤军稍震，莫不赖

① 康兰英主编《榆林碑石》，西安：三秦出版社，2003年，第65页。

之。至于主掌他郡，秉公立事，皆在人口，故略而不书。祭酒讳宁，京兆人也。父讳崇，有定难功，以材力显。初效力禁卫，李寰仆射爱其语直有勇，因以拔距，一将縻之。五历职，授国子祭酒。又至五历职，再迁监察御史。又七居显职，奏授殿中侍御史。敕书至而已殁于德静镇，享年六十六。噫！才最优而厄于晚遇，功甚著而屈于无时。官未高，名不赫赫，岂非命乎？君娶安氏女，生子七人：长曰重迁，衙前兵马使；次重颖，义勇军使；次重庆，衙前虞侯；次重□，衙前兵马使。初，李常侍战于长城，为贼所窘。二人控马突重围而出，其于气类乃父风。次重圭，子弟虞侯；幼曰重会、重贵。女三人，长适前太常寺录事东乡渊。以其年九月廿一日，权葬于夏州朔方西平烽下。掌书记许道敬访其实以志之。其□曰：

自古名将数亦奇，而力用尽功难期。祭酒勇气高边陲，推挽上道独无时。□□节制尚书知，□□□□□可悲。朔方县西西平烽，石刻壮勇存其中。孙孙子子多□功，立石乃错□漠城。[①]

《张宁墓志》并没有遵循唐代墓志惯常的先言志主家世、次述志主生平的叙事模式，而是首列志主在“二年”参与唐军征讨党项之役且大书特书，然后再提及其名讳及家世等信息，可知参与此次征讨党项事应为志主一生中最为荣耀之事件。而从张宁参

① 墓志图版见康兰英主编《榆林碑石》，第65页。录文参《榆林碑石》，第233—234页；周峰《张宁墓志所见唐朝与党项的战争》，《西夏学》第9辑，上海：上海古籍出版社，2013年，第71页。

与党项之役的详情看，足见墓志撰写者对于此次战役的了解及重视程度。由于墓志中所载的“二年”未加年号，所以学者只能根据其所载的其他信息进行合理推测。

墓志提及张宁在“初效力禁卫”之际，曾得到李寰仆射的奖拔，而李寰主要生活在德宗和宪宗时期，故康兰英先生认为墓志中作为立石之年的“丁亥年”应为元和二年（807）[①]。周伟洲先生则根据墓志中“党项日横……诏边帅四面举兵以窘之”“讨贼节帅李常侍”“南山贼族”等记载，认为张宁征讨党项应发生在党项平夏部、南山部不断反抗唐朝统治的会昌二年至大中五年间；志文中所载的“丁亥年”作为志主卒年或立石之年，应该是咸通八年（867）。在此基础上，周先生根据志文中所载的“讨贼节帅李常侍”及“当时形势”，推测志文中的“二年”可能为会昌二年（842）；对于碑文中“讨贼节帅李常侍”，周先生则比附为会昌三年始出任朔方节度使的李彦佐[②]。

对于《张宁墓志》中“讨贼节帅李常侍”，周峰先生指出应为夏州节度使，同时其认为唐代历任夏州节度使有“常侍”头衔且在“二年”出镇夏州的李姓节度使唯有李祐，故将碑文中的“二年”系为长庆二年（822）。此外，其根据墓志所载的“南山贼族”，进一步推测“南山党项”出现的时间比史书的记载早二十余年[③]。

总的看来，学术界已经对《张宁墓志》中张宁参与的征讨党

---

① 康兰英主编《榆林碑石》，第234页。

② 周伟洲《早期党项史研究》，第82—83页。杜维民《唐夏州张宁墓志考释》（《西夏研究》2014年第3期，第62—66页）采用了周伟洲先生对《张宁墓志》中“李常侍”及“二年”所指的判断，并有所发挥。

③ 周峰《张宁墓志所见唐朝与党项的战争》，《西夏学》第9辑，第70—75页。

项之役进行了深入的探讨。但毋庸讳言的是，以往的研究在时间考订或人物比定方面可能或多或少都存在一定的问题。墓志撰写者对于张宁参与征讨党项的时间含糊其辞，应该与唐政府对此次征讨党项之役的后续态度有关。如果时代因素不能明确，对墓志内容的研究也就无从谈起，故墓志中征讨党项的“二年”所指亟待澄清。

《张宁墓志》提及志主在效力禁卫期间，曾得到过李寰仆射的奖拔。根据史书记载，长庆三年（823）五月至大和四年（830）二月间，李寰先后出任过保义军、横海军、夏州等镇节度使。正是在长庆四年（824）十二月担任保义军节度使之际，李寰的检校官由尚书晋升为右仆射[①]。既然夏州节度掌书记许道敬以“仆射”作为李寰的官称，足见墓志撰写的时间应在长庆四年之后。由此可见，立石之年的“丁亥年”为元和二年的推论不能成立，而周伟洲先生将立石之年系于咸通八年应为确论。与此同时，对于周先生将墓志中的“二年”比定为会昌二年的推测，笔者却有不同的看法。

首先，正如学者所言，会昌二年，唐政府所面临的最大威胁并非党项，而是在回鹘汗国灭亡后随乌介可汗南下之十三部回鹘。回鹘自开成五年（840）南下振武、天德军后，曾与当地的党项、吐谷浑产生冲突。后因物资匮乏，回鹘又于会昌二年突入河东的云、朔等州，劫掠党项、吐谷浑。为了抗击回鹘，武宗以降唐的嗢没斯为河西党项都将、回鹘西南面招讨使，调发党项诸部与回鹘作战。直至会昌三年唐军大破回鹘之后，南下回鹘给唐朝北方边境带来的巨大威胁才得以消除[②]。在唐朝全力对付南下

① 《旧唐书》卷一七上《敬宗纪》，第513页。

② 周伟洲《早期党项史研究》，第79—80页。

回鹘之际，唐政府并没有余力“诏边师四面举兵”以讨伐党项。何况党项此时并没有大规模危害唐朝统治安全的举动，征讨与回鹘为敌的党项并不符合通常的军事原则。

其次，周先生将《张宁墓志》中所记载的“讨贼节帅李常侍”比附为会昌三年由武宁节度使改任朔方节度使的李彦佐。但根据墓志所载，张宁与征讨党项相关的史事均发生在“二年”，与李彦佐次年始至朔方任职的时间不合。张宁作为夏州节度使属下的马步兼夏、绥、银、宥四州蕃落都知兵马使，在唐廷全面征讨党项时，其应属夏州（夏绥）节度使所管。墓志记载“李常侍率盐、夏兵屯洪门砦，方与南山贼族决胜负”之际，“守城壁皆被创，羸饿之士不满千人，城之门昼不敢启”，描写的应为失去夏州节度军队主力所保护的夏州的情状，而不是朔方节度使所辖之区域。李常侍率领“盐、夏兵”所屯之洪门砦，即今陕西省榆林市靖边县城正南六十余公里的城则壕遗址[1]，位于唐代夏州的南缘地带。从李常侍所率人员的组成以及出击的地点看，其应为统领夏、绥、银、宥四州的夏州节度使。结合夏州节度使的姓氏以及会昌二年至大中五年的时间限制，《张宁墓志》中所载的李常侍应为大中元年至三年间出任夏州节度使的李业，由此张宁所参与的征讨党项的史事应发生在宣宗大中二年（848），而非武宗会昌二年。

周峰先生将“讨贼节帅李常侍”比定为夏州节度使，应该可以成立。但其以“李常侍”的检校官作为判断墓志时间的唯一依

---

① 鲁人勇《西夏地理志》，银川：宁夏人民教育出版社，2012年，第72页。“城则壕”，亦作“城子壕”。

据，将李祐视为唯一的人选，其依据和结论均有可商榷之处[①]。据郁贤皓先生的统计，有唐一代，在某帝二年之际担任夏州节度使的李氏藩帅共有四人，分别是元和元年（806）至六年（811）在任的李愿、元和十五年（820）至长庆四年在任的李祐、大和二年（828）至四年（830）在任的李寰以及大中元年至三年在任的李业[②]。要想确认“李常侍”的具体人选，就需要对这四人的情况分别进行考察。

元和元年八月癸亥，左卫大将军李愿出任夏州刺史、夏绥银节度使，其加授的检校官已为礼部尚书[③]。根据《旧唐书·文宗纪》所载，大和二年九月丁亥，新除的横海节度使李寰被调任夏州节度使[④]。而早在其此前出任保义军节度使期间，李寰

---

① 从事计算机技术研究与教学工作，业余进行文史哲方面研究的网友“怪猫以德服人”，在读史札记《〈张宁墓志所见唐朝与党项的战争〉质疑》中反对周峰先生将李祐作为“李常侍”唯一人选的做法，并推测李常侍应为李业，张宁作战的时间应在大中二年。其文中所列的证据有两点：其一，张宁在李寰出镇夏州期间被奖拔，而李寰任夏州节度使为大和二年至四年，故张宁不可能在长庆二年取得军功，李常侍任职的时间只能在大和年间至咸通年间。其二，李业在大中四年的检校官为刑部尚书，故其大中二年的检校官正当为常侍。但据《张宁墓志》所载，李寰奖拔张宁是在后者“初效力禁卫”之际，故李寰当时应为禁军将领，而非夏州节度使。所以，以李寰出镇夏州作为张宁任职时间参照的做法不能成立。此外，由于资料所限，李业大中二年之际检校官的情况只能是一种推测，并没有确切的证据。总的看来，该文作者对于李常侍应为李业及征讨党项之役时间的判断更多属于直觉判断，论据和论证的过程均存在问题，从而影响到了结论的可信性。为更好地说明问题，笔者通过考察李祐等人检校官的总体情况，并结合唐政府与党项关系的演变过程，以探讨《张宁墓志》中所载征讨党项的具体时间。

② 郁贤皓《唐刺史考全编》，合肥：安徽大学出版社，2000年，第317—320页。

③《旧唐书》卷一四《宪宗纪》，第418页。

④《旧唐书》卷一七上《文宗纪上》，第529页。

的检校官已先后完成了由左散骑常侍至尚书及右仆射的跃升[①]。所以，李愿和李寰两人可以首先被排除在“李常侍”的人选之外。

元和十五年六月戊寅，左金吾卫将军李祐在出任夏州刺史、夏绥银宥节度使之际，被授予的检校官为左散骑常侍[②]。赵明诚根据《唐李祐墓志》所考证出的李祐的大致生平如下：“从徐州李愬平李师道，迁左金吾卫将军，帅绥、银、夏，迁户部尚书，兼左金吾卫大将军，遂为齐、德、沧、景等州节度使以卒。”[③]根据《旧唐书·敬宗纪》所载，长庆四年五月癸亥，盐州刺史傅良弼出任夏州节度使[④]。同年七月甲戌，李祐以金吾卫大将军的身份进马二百五十匹，为御史温造以“罢使违敕进奏”的罪名弹奏[⑤]。由此可知，李祐罢镇在长庆四年五月，入朝在当年的七月左右。李祐在入朝担任左金吾卫大将军之前所迁的“户部尚书”，显然并非职事官，应是其在“帅绥银夏”期间所获得的检校官。由于史料记载的欠缺，暂无法确定李祐的检校官由左散骑常侍晋升为户部尚书的时间，也就不能保证长庆二年之际李祐的检校官仍为左散骑常侍。所以，仅根据李祐在元和十五年始任夏州节度使时所获的检校官，并不能说明长庆二年之际其职衔的状态。更何况同时满足“二年”、检校散骑常侍、李姓三个条件的夏州节度使人选其实还有其他的可能性，而并非仅限于李祐。

---

① 《旧唐书》卷一七上《敬宗纪》，第513页。

② 《旧唐书》卷一六《穆宗纪》，第478页。对于李祐出任夏州节度使的时间，周峰误系于长庆元年（819）六月戊寅，见周峰《张宁墓志所见唐朝与党项的战争》，《西夏学》第9辑，第71页。

③ ［宋］赵明诚著，刘晓东、崔燕南点校《金石录》卷二九《唐李祐墓志》，济南：齐鲁书社，2009年，第246页。

④ 《旧唐书》卷一七上《敬宗纪》，第510页。

⑤ 《旧唐书》卷一七上《敬宗纪》，第511页。

据《唐乡贡进士陇西李君（耽）墓志铭》所载，大中十一年（857）五月，时任天平军节度使、检校兵部尚书的李业在为其弟李耽撰写的墓志中，自称本人“为天子倚用。五秉戎旃，首忝夏台。转岐陇，历太原，移白马，今秉天平军节度使”[①]。李业初次出镇的“夏台”，即夏绥节度使[②]。根据郁贤皓先生的考订，李业在大中元年至三年间出镇夏绥[③]，大中四年左右移镇凤翔[④]。虽然史书中并没有记载李业出任夏绥节度使及凤翔节度使时期的检校官，但直至大中五年五月李业由凤翔节度使改任太原尹、北都留守、河东节度使之际，唐中央始将其检校官晋升为中行的户部尚书[⑤]，由此可知其在担任凤翔节度使期间的检校官应是后行中的工部或礼部尚书。之前李业由边镇夏州调任京西北的大镇凤翔，检校官例有晋升，所以其在夏州节度使任上的检校官很有可能是比后行尚书更低一级的散骑常侍。退而言之，大中二年之际，最起码存在李业以检校散骑常侍的加官出任夏州节度使的可能性。大中四年李业由夏绥调任凤翔，主要的任务就是参与对党项的全面讨伐。所以，在大中五年五月征伐党项的战役取得重大突破后，其随即被调任河东。其之所以能由夏州调任凤翔，应与其出镇夏绥期间曾取得与党项有关的功绩有关，而这一点恰好可以与《张宁墓志》中“李常侍”积极讨伐党项的描写相对应。

总之，现有的史料并不足以证明长庆二年之际李祐的检校官

---

① 吴钢主编《全唐文补遗》第1辑，西安：三秦出版社，1994年，第371页。

② 岑仲勉《唐方镇年表正补》，《中央研究院史语所集刊》第15本，1948年，第322页。

③ 郁贤皓《唐刺史考全编》卷一六《关内道·夏州（朔方郡）》，第320页。岑仲勉《唐方镇年表正补》将李业出任夏绥节度使的时间定为大中元年至二年。

④ 郁贤皓《唐刺史考全编》卷五《关内道·岐州（扶风郡、凤翔府）》，第169页。

⑤《旧唐书》卷一八下《宣宗纪》，第628页。

定为散骑常侍；同时，也难以否认李业在大中二年出任夏绥节度使之际，其检校官并非散骑常侍。所以，仅根据《张宁墓志》中“二年”“李常侍”两个信息，尚不足以确定张宁和“李常侍”所参与的讨伐党项之役的时间。要想明确“二年”所指，必须将墓志的内容和长庆及大中二年之际唐中央与党项之关系结合起来探讨。

早在元和元年，杜佑就曾上疏，指出“党项与西戎潜通……间者边将非廉，亟有侵刻，或利其善马，或取其子女，便贿方物，征发役使。怨苦既多，叛亡遂起。”[①]尤其是田缙在统领夏州期间，因其“性贪虐，多隐没军赐；羌、浑种落苦其渔扰，遂引西蕃为寇”[②]。元和十五年十月，党项招引吐蕃围攻泾州[③]。虽然此次入寇被李光颜、郝玼等人率军击退，但吐蕃与党项联合入寇的威胁并没有彻底解除。长庆元年八月辛未，穆宗以左金吾将军杨元卿为泾州刺史，充四镇北庭行军、泾原节度使[④]，其所面临的主要威胁即“西旅未平”。长庆元年二月，夏州节度使李祐“统所部四千赴长泽镇以备边寇”[⑤]，就是要防范吐蕃和党项联合起来后对唐朝的侵扰[⑥]。二年六月，吐蕃“寇灵州、渭北，掠官马”[⑦]。盐州刺史赵旰参与了救援灵州之役，其不仅向唐中央汇报了盐州方面所取得的战果，还报告了“北界党项被夏州遣兵劫

① 《旧唐书》卷一四七《杜佑传》，第3979—3980页。
② 《册府元龟》卷五二〇下，第6215页。
③ 《旧唐书》卷一六《穆宗纪》，第482页。
④ 《旧唐书》卷一六《穆宗纪》，第490页。
⑤ 《册府元龟》卷三九〇，第4636页。
⑥ 韩荫晟《党项与西夏资料汇编》上卷，银川：宁夏人民出版社，2000年，第764页。
⑦ 《资治通鉴》卷二四二，第7818页。

掠杀戮，其都督拓跋万诚请降”的消息[1]。由此可见，长庆二年之际，朔方、夏州等镇最大的威胁是被党项招引的吐蕃，而非党项本身。李祐讨伐党项的战果不是经由其本人上奏，而是由盐州刺史在汇报其他战果时顺带提及，可知战争规模和战果都比较有限。虽然夏州有出击党项之举，但打击的对象仅限于所谓的“北界党项”[2]。而根据《张宁墓志》中所记载的“党项日横，廷议罪不赦”以及“诏边帅四面举兵以窘之”，可知张宁参与的征讨党项之役为中央政府发动的针对党项的全面战争。更何况“李常侍”率军与“南山贼族”决战的地点洪门砦，属于夏州节度的南界区域，与“北界党项”正可谓南辕北辙。

虽然史书中关于宣宗大中二年经略党项的明确记载非常有限，但相关的墓志中却保留了直接的证据。《唐代墓志汇编续

图1-2 洪门砦 今城则壕遗址 陕西靖边 李军摄

① 《册府元龟》卷九七七，第11483页。

② 此外，根据《旧唐书》卷一七七《崔慎由附父从传》所载，在长庆二年崔从出任鄜州刺史、鄜坊丹延节度等使之际，“党项羌有以羊马来市者，必先遣帅守，从皆不受，抚谕遣之，群羌不敢为盗”。可知，鄜坊节度使府此时与党项保持着较为正常的关系，并未参与全面出击党项的战争，不符合《张宁墓志》中唐朝“诏边帅四面举兵”讨伐党项的历史形势。

集》大中〇六〇《唐故襄州节度押衙充左厢马步都虞候银青光禄大夫检校太子宾客兼殿中侍御史上柱国扶风鲁公（美）墓志铭并序》（后简称《鲁美墓志》）即载：

> 公讳美，字里仁……幼而端敏，抱义戴仁。投笔从戎，有远大之志，荏苒和门，四十余载。历职一十有一，凡所践守，皆著课绩，为廉使褒异……大中戊辰岁，统兵防边。党项充斥，机谋筹画，保全城垒，为郡帅甄奖，录功上闻，授殿中侍御史兼本城教练使。辛未岁回戈，廉使叙其勤劳，倚其干办，俾主军府都司。[①]

鲁美本为襄州节度使属下的军事将领，大中戊辰岁即大中二年，其在统领本镇军队前往西北边疆承担防边的任务时，恰逢党项乱起。因为积极参与抵御党项之筹划并取得了“保全城垒”的功绩，故为驻地的长官录功上奏，被加授殿中侍御史的宪衔并兼领驻地的教练使。一直到辛未岁（大中五年），也就是党项南山、平夏等部归降唐朝的当年，其才结束防秋的使命，由西北边防回归本镇。《鲁美墓志》中所谓的“大中戊辰岁，统兵防边。党项充斥”可以与《张宁墓志》中“党项日横，廷议罪不赦。二年，诏边帅四面举兵以窘之”的记载相对应，可以证明张宁所参与的针对党项之征讨也应该发生在大中二年。

总的看来，长庆二年，唐朝西北藩镇的主要任务是防范入侵的吐蕃，而唐军在灵州和夏州的战事，主要是为了防止吐蕃与党项联合。唐军所打击的党项，仅限于夏州境内的“北界党项”，

---

① 周绍良、赵超主编《唐代墓志汇编续集》，上海：上海古籍出版社，2001年，第1012页。标点略有改动。

参战者只限于夏州之兵，并未出现“诏边帅四面举兵以窘之”的局面，故与《张宁墓志》中唐中央政府以西北边镇全面讨伐党项的形势不合。结合会昌及大中年间唐中央经略党项的形势与《鲁美墓志》的记载，可以证明《张宁墓志》中所载的征讨党项之役应发生在宣宗大中二年。

二、史书和墓志中所见大中二年之党项经略

随着开成五年回鹘汗国的灭亡以及会昌二年吐蕃王国的崩溃，生活在唐朝京西北地区的党项摆脱了吐蕃及回鹘势力的控制，在一定程度上演变成为足以影响西北政局的重要力量。面对党项的威胁，武宗先后采取了以招抚和军事打击为主要手段的处理模式，但由于会昌六年武宗暴崩，党项问题在武宗时期并未得到很好的解决。宣宗即位之初，就面临着如何解决党项问题的严峻局势。

大中元年五月，吐蕃部众联合党项及回鹘残众侵扰唐朝的“河西”地区。对此，《新唐书·宣宗纪》“大中元年五月”条

图1-3 唐武宗端陵 陕西三原 李军摄

载："吐蕃、回鹘寇河西，河东节度使王宰伐之。"[①]《新唐书·沙陀传》则载："大中初，吐蕃合党项及回鹘残众寇河西，太原王宰统代北诸军进讨，沙陀常深入，冠诸军。"[②]虽《新唐书·沙陀传》所载的时间不如《新唐书·宣宗纪》确切，且对于与吐蕃联合入寇者的记载稍异，但两者所载明显为一事。《资治通鉴》卷二四八"唐宣宗大中元年五月"条则在整合二者及其他史料的基础上，对吐蕃、党项联合入寇的历史事件进行了全新的描述：

> 吐蕃论恐热乘武宗之丧，诱党项及回鹘余众寇河西，诏河东节度使王宰将代北诸军击之。宰以沙陀朱邪赤心为前锋，自麟州济河，与恐热战于盐州，破走之。[③]

对于史书中在吐蕃占领唐朝旧河西道之后所记之"河西"，学者早就指出应为黄河两条纵流所包含的地区；而具体到大中元年五月吐蕃和党项所入寇的"河西"，就是指盐州一带[④]。虽然《资治通鉴》言之凿凿，但会昌末年至大中初年，论恐热主要的活动区域集中在陇右地区，未必亲自参与了大中元年五月的这次入侵"河西"。从结果看，此次吐蕃、党项联合入寇的规模应该不大且危害较轻，因为经盐州一战，其很快就败退而去。

《新唐书·李丕传》载："大中初，（丕）拜振武节度使，检校刑部尚书。党项叛，徙鄜坊，卒。"[⑤]对于李丕出任鄜州节度

---

① 《新唐书》卷八《宣宗纪》，第247页。
② 《新唐书》卷二一八《沙陀传》，第6156页。
③ 《资治通鉴》卷二四八"唐宣宗大中元年五月"条，第8030页。
④ 荣新江《沙州张淮深与唐中央朝廷之关系》，第1—13页。
⑤ 《新唐书》卷二一四《李丕传》，第6021页。

使的时间，郁贤皓先生系于大中四年九月[①]。当年十一月壬寅，宣宗以翰林学士刘瑑为京西招讨党项行营宣慰使，十二月又为凤翔节度使李业、河东节度使李拭加招讨党项使[②]，可知九月至十二月是宣宗为经略党项对藩帅及统辖系统进行调整的关键时期。李丕出任鄜州节度使虽未必在九月，但将时间置于九月至十二月之间应该没有太大的问题。《文苑英华》卷四五六崔玙《授李丕鄜州节度使制》载："前振武节度、检校刑部尚书李丕……顷者壶关不顺，方事阻兵，尔能蹈白刃而来，推赤心向国。洎累更符竹，咸布讴谣……朕以烧羌作梗，朔塞成榛，祸结兵连，两经春秋。是用辍尔代北，委之雕阴……秋曹贰宪，再饰旌旄。"[③]根据制文中"两经春秋"的记载，可知党项作乱至李丕出任鄜州节度使已有两年。由此可知，唐朝讨伐党项的战役应开始于大中二年。制文中"烧羌作梗，朔塞成榛，祸结兵连"的表述，可与《张宁墓志》及《鲁美墓志》中"党项日横""党项充斥"的记载相印证，足见大中二年党项之乱对唐朝京西北地区造成了极大的破坏。正是在这样的背景下，宣宗才下定决心，希望通过"诏边帅四面举兵以窘之"，即大规模军事征讨的方式全面解决党项问题。

对于大中二年唐中央所讨伐的对象，《授李丕鄜州节度使制》《鲁美墓志》记作"烧羌"或者"党项"，较为笼统。而根据《张宁墓志》的记载，大中二年夏州节度使李业先是以军侯李茂曾由夏州领兵袭榆平，张宁则作为监城使率六州蕃部及所管兵士五千人由德静镇行进数百里为外应。对于榆平之地望，周伟洲

---

① 郁贤皓《唐刺史考全编》，第219页。
② 《资治通鉴》卷二四九"唐宣宗大中四年十一月"条，第8044页。
③ ［宋］李昉《文苑英华》，北京：中华书局，1966年，第2317页。

先生指出应在今内蒙古鄂尔多斯市乌审旗东南[①]；德静镇由隋朝的弥浑戍改置而来，隋大业九年（613）又升为德静县，其地当位于今陕西榆林市西海流兔河（哈柳图河）东岸[②]。大中二年，聚集在榆平之地的党项，应该就是宋人赵珣在《聚米图经》中所言的“党项部落在银、夏以北，居川泽者”，即“平夏党项”[③]。只是因为平夏党项声势较大，李茂曾“怯不敢斗，引兵还”，以至于此次征讨无功而返。

相对于平夏党项，唐朝在大中二年更强劲的对手却是《张宁墓志》中所提到的“南山贼族”。对于河中将士及张宁运粮援助的对象，周伟洲、周峰两位先生均认为应是寻求与“南山贼族”决战、驻扎在洪门砦的唐军[④]。但根据《张宁墓志》所载可知，一是所援的军食运自银州；二是在首次河中将士运粮失败后，监军使“自监城吐诚以召”，然后张宁再率河中步骑至银州，并顺利将军粮运回。在“旦暮危亡”之际，如张宁援助的确为洪门砦，则其应由夏州运粮，而不是屡次由路途更为迂远的银州运粮予以供应。此外，李业为与“南山贼族”决战，将夏州节度之主力及盐州之客军部署于洪门砦，不应称之为孤军。在节度使领兵出征之际，监军使留守于治所，由监军使所征召的张宁，其援助的对象为留守夏州城之孤军的可能性更大。也正是因为李业出征带走了主力部队，“南山贼族”才会趁机围攻夏州州城，以至于出现“守城壁皆被创，羸饿之士不满千人，城之门昼不敢启”的

① 周伟洲《早期党项史研究》，第83页。
② 史为乐《中国历史地名大辞典（修订本）》下册，北京：中国社会科学出版社，2017年，第3033页。
③《资治通鉴》卷二四九“唐宣宗大中五年三月”条下胡注引，第8045页。
④ 周伟洲《早期党项史研究》，第63页；周峰《张宁墓志所见唐朝与党项的战争》，《西夏学》第9辑，第70—75页。

图1-4　唐代夏州城　统万城遗址　陕西靖边　李军摄

危境。

对于南山及南山党项的得名，岡崎精郎先生据《通鉴考异》卷二二引《唐年补录》所载的“松州南有雪山，故曰南山”，认为“南山”原在松州南，在党项内徙渭北后，“南山”一名被带到了渭北[①]。周伟洲先生认为南山党项所居之南山，应该就是《宋史·宋琪传》所载的“自鄜、延以北，多土山柏林，谓之南山”；党项的南山部落，应指居于鄜、延二州之北山地的党项部落[②]。但既言南山，应该以山北之地作为坐标才符合情理。赵珣《聚米图经》曰：“党项部落……在安、盐以南，居山谷者，谓之南山党项。”[③]赵珣所言之安州，应指侨寄于夏州境内的安化

① （日）岡崎精郎《タングート古代史研究》，京都：京都大学文学部内东洋史研究会，1972年，第131—132页。

② 周伟洲《早期党项史研究》，第71页。

③ 《资治通鉴》卷二四九“唐宣宗大中五年三月”条下胡注引，第8045页。

州都督府，此处应代指夏州。结合上文赵珣所言平夏党项之活动范围，可知其是以夏州、盐州、银州一线作为南山及平夏的分界：活动于银、夏之北者，为平夏党项；聚集于夏、盐至鄜、延之间山地的党项，则为南山党项。在隋末唐初之际，党项的种落有宕昌、白狼等[①]。自唐初内属至贞元年间，党项形成了六府部

图1-5 洪门砦附近之南山样貌 陕西靖边 李军摄

落、居庆州的东山部落以及居夏州的平夏部落等[②]。会昌六年正月二十六日，李德裕《论盐州屯集党项状》针对党项“出师则鸟散山谷；抽兵则蚁聚塞垣，日往月来，渐成边患”的现状，建议趁唐军屯集未散之际，“乘此兵力驱出南山。其打破城堡及于叱利镇屯集者，即且驱出，令于平夏放牧，不得更固山险”[③]。此处之“南山”是地理名词，尚未作为党项的代称。在唐政府大中五年（851）四月颁发的《平党项德音》以及当年七月颁发的《洗

① [唐] 魏徵《隋书》卷八三《党项传》，北京：中华书局，1974年，第1845页。
② 《旧唐书》卷一九八《党项羌传》，第5293页。
③ 李德裕《李文饶文集》卷一六《论用兵四》，《李德裕文集校笺》，第382页。

雪平夏党项德音》中，南山党项已经明确被记作唐朝所打击的党项部落[1]。由此可见，随着唐朝对聚集在南山地区的党项部众的不断征讨，南山的指向越来越明确，最终由地域演化成为党项部落的名称。而在上述演化过程中，《张宁墓志》记载大中二年李业所讨伐的“南山贼族”，是目前最早将南山之地域与党项之种落相结合的表述，可以视为上述演化过程中的重要表现形式。

《资治通鉴》卷二四九“唐宣宗大中四年九月丁酉”条载：“党项为边患，发诸道兵讨之，连年无功，戍馈不已；右补阙孔温裕上疏切谏，上怒，贬柳州司马。”[2]如称“连年无功”，则针对党项的讨伐最迟在大中二年已经开始。但在《资治通鉴》及两《唐书》中，除了大中元年五月那次吐蕃联合党项、回鹘侵扰“河西”，继而被王宰率军击溃的记载外，在大中元年至四年九月之间并没有有关党项为患的记载。所以，本条记载所谓的“连年无功”就显得颇为突兀。但如果我们将大中二年开始的征讨党项之役视为宣宗整个党项经略过程的一部分，那么“连年无功”之称就可以得到合理的解释。

《新唐书·刘晏附刘潼传》载：

> （刘）潼，字子固。擢进士第，杜悰判度支，表为巡官，累迁祠部郎中。大中初，讨党项羌，军食乏。宰相欲以潼为使，难其遣。潼见宰相曰：“上念边馈，议遣使，潼畏不称耳，安敢惮行？”遂命为供军使。会复河、湟，调师屯

① ［宋］宋敏求《唐大诏令集》卷一三〇《平党项德音》，北京：中华书局，2008年，第709—711页；《唐大诏令集》卷一二九《洗雪平夏党项德音》，第700页。

② 《资治通鉴》卷二四九“唐宣宗大中四年九月丁酉”条，第8043页。

守，以潼判度支河、湟供军案。[1]

对于刘潼出任征讨党项之供军使的时间，李锦绣先生推测应在大中五年十月，即白敏中被任命为招讨南山、平夏党项兵马都统制置等使，并南北两路供军使之际[2]。而据《新唐书》刘潼本传的记载，可知其在出任供军使之后，又因唐军转而收复河湟即三州七关地区，故改任判度支河湟供军案。由此可知，刘潼所参与的征讨党项之役应发生在大中三年宣宗收复三州七关之前。如果结合大中元年五月吐蕃、党项曾联合入寇的记载看，刘潼出任供军使似有可能是为了应对此次入寇。韩荫晟先生在编纂《党项与西夏史料汇编》时，就径直将《新唐书·刘潼传》的记载附于大中元年[3]。但此次吐蕃、党项联合入寇的时间较短，唐军尚不至于出现"军食乏"的状况。另根据《新唐书》所载，刘潼出任供军使及判度支河湟案是前后衔接的两件事。吐蕃和党项联合入寇在大中元年五月，唐朝筹划收复三州七关是在大中三年年初，其间尚有一年半的时间间隔。如果将刘潼参与征讨党项之事系于大中二年，则其出任供军使与其后判度支河、湟供军案的任职才可顺利衔接。

虽然唐政府以刘潼出任供军使，以图解决大中二年征讨党项之唐军军粮供应问题，但京西北"边地无积粟，师无见粮"，且"不先屯田，随日随饷"，从而导致前线作战部队的后勤供应很难得到及时保障。正如《张宁墓志》所载，在李业率军与南山地区的党项决战之际，夏州遭到了党项的攻击，以至于唐军陷入"食

① 《新唐书》卷一四九《刘晏附刘潼传》，第4800页。
② 李锦绣《唐代财政史稿（下卷）》第一分册，北京：北京大学出版社，2001年，第552页。
③ 韩荫晟编《党项与西夏资料汇编》上卷，第804页。

既尽，爨无樵苏。贼声喈喈，出必掠去”的窘境。虽然有河中的军队对物资运输进行沿途保护，但运输线路在很大程度上受到了党项的阻截，唐军将银州之军食运送至夏州都极其困难。

此外，根据《新唐书·沙陀传》所载，河东节度使王宰在大中元年率领代北诸军进讨吐蕃及党项之际，“沙陀常深入，冠诸军。赤心所向，虏辄披靡……宣宗已复三州、七关，征西戍皆罢，乃迁赤心蔚州刺史、云州守捉使”①。由此可知，虽然大中元年吐蕃、党项联合入寇的时间较短，但在其败退后，唐政府所调集的征讨吐蕃及党项的军队并未即时撤离。直至大中三年七月收复三州七关之后，宣宗才罢归此前征西之戍卒。据此可以推测，原隶属于河东节度使王宰所管、大中三年方罢归的沙陀等“征西戍”应该也参与了大中二年征讨夏州等地党项的战役。《张宁墓志》所载的“援军食于银州”的河中主将及步骑五百人，应该也属于《新唐书·党项传》所载的“征西戍”，也就是杜牧所言的“诛讨党羌”之际征调的“关东兵”。

通过《张宁墓志》等资料的记载，可知宣宗早在大中二年就开始征讨党项，除了调集夏州、盐州等京西北的藩镇军队外，还从河东、河中等关东藩镇调集了大量军队参与其中。为了保障作战部队的物资供应，宣宗以刘潼为供军使，负责调配军粮等军事物资。但受到地理环境、作战形势等因素的限制，唐朝的举措并没有收到预期的效果。杜牧在写给周墀的《上周相公书》中即指出：

> 昨者诛讨党羌，征关东兵用于西方，是不知天道也。边地无积粟，师无见粮，不先屯田，随日随饷，是不知地利也……昨者以步战骑，百不当一，是谓不知人事也。天时、地利、人事，此三者皆不先计量短长得失，故困竭天下，

---

① 《新唐书》卷二一八《沙陀传》，第6156页。

不能灭朴樕之虏，此乃不学之过也。[①]

根据杜牧由睦州入京任职及周墀出任宰相的时间，学者推断杜牧致信周氏应在大中二年十二月至三年四月之间[②]。从文中“昨者诛讨党羌，征关东兵用于西方”的表述看，杜牧所批评的并非武宗朝的举措，因为会昌年间武宗基本上都是在利用京西北诸镇对付党项。而大中元年五月的战斗时间较短，且以胜利而告终，所以杜牧所批评的应该是大中二年征讨党项之际的情形。征关东兵参与讨伐党项，虽然可以充实京西北唐军的实力，但关东军队对京西北地区的地理及军事环境并不熟悉，无法在短期内发挥最大的效能。此外，虽然在征讨党项之际设置了供军使以主管物资供应事宜，但由于党项叛军的声势浩大，不仅频繁攻击唐军的营垒，还在很大程度上切断了唐军的物资运输路线，从而极大地影响到了唐军的战斗力。许道敬在墓志中极力夸耀张宁保障军粮供应的功绩，但从“孤军稍震，莫不赖之”的表述看，张宁的所作所为只是暂时起到了缓解危机的作用，并不能彻底扭转唐军在征讨党项中所处的不利局面[③]。

虽然大中二年征讨党项之役规模似乎很大，但实际效果应该并不理想。更重要的是随着大中三年正月论恐热的归附，宣宗君臣的注意力由党项转移至吐蕃。以往学术界没有注意到大中二年

① ［唐］杜牧《樊川文集》卷一二，上海：上海古籍出版社，1978年，第178页。

② 吴在庆《杜牧集系年校注》，北京：中华书局，2008年，第846页。

③《文苑英华》卷四五五收李讷《授陈君从鄜州节度使塞门行营使制》，卷四五六又收沈询《授李彦佐鄜坊节度使制》，两件制文均涉及宣宗针对党项的经略措施。对于两件制文的创作时间，池田温先生均系于大中二年（（日）池田温《唐代诏敕目录》，西安：三秦出版社，1991年，第524页）。而郁贤皓先生（《唐刺史考全编》，第220页）则将陈君从和李彦佐出任鄜坊节度使的时间分别系于约大中五年至六年及大中六年。通过分析陈君从和李彦佐的历官情况，郁贤皓先生的结论当更为可信。

唐军已经在与党项作战的史实，故多认为唐政府在收复三州七关后才有经略党项的意图。但现在看来，三州七关的收复才是打断经略党项进程的偶然性事件。凤翔节度使收复清水，尤其是论恐热来降，使得宣宗的注意力从夏州等地的党项转移到三州七关的陷蕃失地。随着中央全力筹划并实施收复陷蕃的三州七关的战略规划，征讨党项的战事被迫暂时中止。直至大中三年七月完成对三州七关的收复工作后，唐政府才再度将党项经略提上议事日程。无论是大中三年七月宣宗"诏邠宁节度权移军于宁州以应接河西"①，还是《大唐故夏州节度押衙兼洪门四镇都知兵马使银青光禄大夫检校太子宾客殿中侍御史上柱国谯郡曹公墓志》所载的"大中三年，南山征行"②，以及《陆耽墓志》所载陆耽在大中三年年初宣喻论恐热后，出任"讨逐叛羌"的"供军粮料使"③，

图1-6 《陆耽墓志》

① 《资治通鉴》卷二四八"唐宣宗大中三年七月"条，第8039页。
② 吴钢主编《全唐文补遗》第8辑，西安：三秦出版社，2005年，第220页。
③ 陆耽墓志的录文，参李宗俊《唐陆耽墓志考释》，《中国边疆史地研究》2014年第3期，第125—133页。图版见北京大学图书馆金石组胡海帆、汤燕编《1996—2012北京大学图书馆新藏金石拓本菁华》，北京：北京大学出版社，2012年，第231页。

都可以视作征讨党项之役的重新启动。

根据《张宁墓志》等材料的记载，可知大中二年唐朝对党项的征讨在军力调配、后勤补给等方面都存在问题，所以并没有取得宣宗君臣所预期的战果。与唐朝于大中四年至五年对党项的经略不同，大中二年的讨伐党项之役在战略失当之余，即使在形式上也没有能终结战争，是宣宗施政过程中所遭受的重大挫折。在经历了相对失败的党项经略之后，宣宗于大中三年意料之外地完成了对三州七关的收复。经过宣宗君臣的大肆宣扬，三州七关收复事件成为时人及后世史家考察大中之政时所关注的重点。相对失败的大中二年的党项经略，则被唐朝官方及史书记载所刻意忽略。《新唐书·刘潼传》《资治通鉴》"唐宣宗大中四年九月"条、《授李丕鄜州节度使制》等内容成为传世文献中为数不多的涉及大中二年经略党项事件的隐晦记载。与史书中讨伐党项事件被有意遗忘的情况相映成趣的是，征讨党项之役的参与者及其家人仍将参与此次行动视为可夸耀于世的荣耀，从而被其家族所铭记并留存在当事人的墓志当中。与此同时，相关墓志在记载该事件时，仅仅凸显了墓主在对党项作战时之英勇或功绩，对于作为构成历史事件最核心要素之一的时间，却只能采用类似"大中戊辰岁"或"二年"这样比较隐晦的表达方式，在一定程度上可以视为个体在面对官方态度时的无奈妥协。

三、大中四年之际唐王朝经营党项策略的转变

针对大中二年的征讨失利的原因，杜牧曾归结为"征关东兵用于西方""不先屯田，随日随饷""以步战骑"三个战略失误。因为关东诸镇派驻京西北的防秋兵，军费均由本道承担，并不会产生"随日随饷"的问题，所以大中二年被唐政府用于京西北的"关东军"，应该属于中央政府从关东诸镇调派的军队。这

些军队临时抽调至京西北，很难在短期内熟悉所在战区的风土人情，无法迅速发挥其应有的战斗力。此外，按照唐朝的惯例，离开本镇为中央政府出界作战，需要由中央度支为其提供“出界粮”，从而加重了中央政府的财政负担。更何况在流动作战的条件下，步兵相对于骑兵，天然就处于明显的劣势。

在应对论恐热归附以及其后宣宗切实收复三州七关的过程中，唐政府应暂时停止了对党项的军事征讨。唐政府利用京西北藩镇对三州七关的用兵，虽然不能直接解决党项问题，但却得以控制陇山防线并以此切断吐蕃与党项的联系，从而为讨伐党项提供了重要的战略保障。《新唐书·方镇表一》“邠宁”节度大中三年栏载：“邠宁节度以南山、平夏部落叛，徙治宁州。”[①]《资治通鉴》则将宣宗诏命邠宁节度“权移军于宁州以应接河西”事系于大中三年七月甲戌，即灵武、邠宁、凤翔完成三州七关收复工作的当天[②]，由此足见宣宗经略党项心情之迫切。《曹公墓志》记载曹某在“大中三年南山征行”中，因“秉事无颇，劳能备著”，故被唐中央加授了监察御史的宪衔[③]。根据墓志所载，曹某所出任的“魏平、丰储等镇营田都知兵马使”“石堡镇遏兵马使、兼宁朔县令”“洪门四镇都知兵马使”等较为明确的职任，均为夏州节度使属下的僚佐。由此可证，其大中三年参加的“南山征行”，应是夏州节度使方面发动的针对南山党项

① 《新唐书》卷六四《方镇表一》，第1784页。

② 《资治通鉴》卷二四八“唐宣宗大中三年七月”，第8039页。荣新江对晚唐史籍中出现的“河西”一词作过细致的考证，指出其“往往是指南自邠、宁，北到丰、胜，东至银、绥，西抵灵、武的地理范围”，也即关内道北部地区，而并非传统意义上的河西道。（荣新江《沙州张淮深与唐中央朝廷之关系》，第1—13页；荣新江《归义军史研究——唐宋时代敦煌历史考索》（后简称《归义军史研究》），上海：上海古籍出版社，1996年，第176—182页）

③ 吴钢主编《全唐文补遗》第8辑，第220页。

的战争。

为了扭转此前针对党项作战的不利局面，大中四年之际宣宗以王宰充任招讨党项使，成为征讨党项的实际负责的最高军事长官，从而改变了此前未设最高统帅以协调作战的做法①。对此，《王宰墓志》载：

> 大中三年元正，朝贺在廷，上目而壮之，加光禄大夫，复归镇守……今上初收河陇，西羌别种，屯聚隘险，劫夺行人，抄略餫路。上临轩叹息，思得统将。台臣等惶恐，以公名闻，即日，诏以公守本官领河东先差兵士，并沙陀及诸蕃部落子弟等，充招讨党项使，兼指挥振武、天德、灵盐、邠宁、夏绥、鄜延等州，同讨党项兵马事。其所诏昭义、易定、河阳、宣武、沧景、陈许、郑滑、天平、平卢、兖海、浙西、宣歙等道，赴夏州塞门行营，士马并令权取公指挥。其属左右神策、京西、京北诸镇，有控临党项处，缓急要兵，掎角相应。便行文牒，指使推毂，委重之任，古今无伦。公受命奋发，蓬首即路，引兵进战，直入塞门。

① 对于《王宰墓志》所载王宰以招讨党项使的身份所征讨之党项，学者多认为即《新唐书·沙陀传》及《资治通鉴》卷二四八“唐宣宗大中元年五月”条所载的与吐蕃联合侵扰唐朝“河西”之党项，（张应桥《唐王宰墓志考释》，《四川文物》2013年第4期，第39—46页；许超雄《唐宣宗大中时期西北节帅的儒臣化》，《魏晋南北朝隋唐史资料》第39辑，上海：上海古籍出版社，2019年，第201—215页）但从王宰率军所打击的主要对象、所依靠的主要军事力量、主要作战地点及进军路线以及战役的结局四个角度，均可知王宰作为军事统帅所征讨的并非侵扰“河西”之党项。据笔者考证，王宰出任招讨党项使的时间应在大中四年五月至九月（李军、何静苗《唐大中年间宣宗经略党项政策之演进——以石刻资料为中心的考察》，《西北大学学报（哲学社会科学版）》2021年第4期，第125—135页）。

属餫路阻艰，军食不继，数以饥卒，邀战不整。朝廷以老师费财，诏省戍卒。复以公检校司徒，充河阳三城节度、怀孟泽等州观察等使。①

根据墓志所载，可知唐朝征讨党项的军队主要由几部分组成：其一，“河东先差兵士，并沙陀及诸蕃部落子弟”；其二，“振武、天德、灵盐、邠宁、夏绥、鄜延”等京西北诸镇军队；其三，昭义、易定、河阳、宣武、沧景、陈许、郑滑、天平、平卢、兖海、浙西、宣歙等道赴夏州塞门行营的军队；其四，驻扎在京西北的左右神策行营军队。

作为征讨党项的统帅，王宰本为河东节度使，所以来自河东的军事力量值得格外关注。大中四年之际，追随王宰作战的河东军队主要包括“河东先差兵士，并沙陀及诸蕃部落子弟”。既然称为“先差兵士”，可知其在京西北驻扎已久，应该属于《新唐书·沙陀传》所载的“征西戍”。经过此前与党项的长期作战，这些兵士对当地的自然环境以及党项的习性应已经有了一定的了解，非初来乍到者可比。而“沙陀及诸蕃部落子弟”的加入，可以在很大程度

图1-7 《王宰墓志》

① 齐运通《洛阳新获七朝墓志》，北京：中华书局，2012年，第363页。

上加强唐军在骑兵方面的力量，从而改善“以步战骑”的战略劣势。

村井恭子结合唐代京西北防秋之责由神策外镇、京西北藩镇、防秋兵三者共同承担的史实，认为河东兵及代北诸军也参与到了防秋兵之中；《王宰墓志》所见的军队编制有别于以河东节度使为总指挥的指挥系统，可以认为它是依照防秋体系而建立的[①]。自代宗大历年间开始，山东诸镇遣兵将参与京西北的防秋，已经形成惯例。建中二年（781）之际，诸镇派驻在京西北的防秋兵应在10万人以上[②]。为了弥补京西北诸镇军力的不足，唐朝时常将关东诸镇派驻在西北的防秋军队投入战争。正如曾我部静雄的研究，由关东诸镇派驻京西北的防秋兵，主要处于所驻京西北藩镇的指挥之下[③]。而根据《王宰墓志》所载，昭义等道于西北防秋的军队皆赴夏州塞门行营，其统帅显然并非夏州节度使，而是“引兵进战，直入塞门”的招讨党项使王宰。大中五年（851），在陈君从由邠州刺史改任鄜州节度使之际，其同时还担任了塞门行营使[④]。由此可证，并非河东军队被纳入了防秋体系，而是驻防京西北的关东防秋兵被纳入了征讨党项的行营体系。

根据《王宰墓志》所载，参与大中四年征讨党项之役的关东

---

①（日）村井恭子《河西と代北：九世紀前半の唐北邊藩鎮と遊牧兵》，《东洋史研究》第74卷第2号，第225—260页，2015年。

②《旧唐书》卷一二《德宗纪上》“建中二年三月庚申”条载：“移京西防秋兵九万二千人以镇关东。”（第328页）

③（日）曾我部静雄《唐の防秋兵と防冬兵（上）》，《集刊东洋学》第42号，1979年，第14—24页。（日）曾我部静雄《唐の防秋兵と防冬兵（下）》，《集刊东洋学》第43号，1980年，第45—52页。

④《文苑英华》卷四五五李讷《授陈君从鄜州节度使塞门行营使制》，第2314—2315页。

诸镇有昭义、易定、河阳、宣武、沧景、陈许、郑滑、天平、平卢、兖海、浙西、宣歙十二个。代宗在大历九年（774）五月乙丑的诏书中规定了十四道藩镇的防秋兵额，其中人数最多者为四千人（淮南、魏博），人数最少者为一千五百人（鄂岳、福建），多数藩镇为两千或三千人①。大中四年参与征讨的藩镇中，昭义（两千人）、浙西（三千人）、宣歙（三千人）三镇的防秋兵额比较明确，其余未载防秋兵额的九镇兵额当分别为两千或三千人。由此可知，大中四年参与征讨党项的防秋兵兵力当在三万人左右。关东防秋军队由于驻扎日久，已经逐渐熟悉了京西北地区的自然环境和风土人情。将分散在不同地域的防秋兵汇集至塞门行营，可以在短时间内形成有效的协同作战力量。此外，根据《大唐故杨府君（居实）墓志铭》的记载，在“大中四年，党项狂悖”之际，杨居实奉诏“监抚长武、崇信等镇将士行营”，并因为“临戎有略，布阵无哗。破敌摧锋，曾无虚发”的功绩，加宣德郎、内府局丞②。临泾、长武、崇信等镇，均属于神策外镇体系③，可知左右神策军在大中四年征讨党项之役中也起到了防御及配合作战的作用。

与大中二年不同的是，唐军与党项决战的地点由洪门砦转移至塞门行营。塞门镇与洪门砦处于东西一线之上，唐军塞门行营打击的对象显然与李业率军驻扎洪门砦时一样，就是夏州与鄜、延山地之间的南山党项。但塞门行营的主力是王宰所率之河东

① 《旧唐书》卷一一《代宗纪》，第305页。
② 周绍良、赵超主编《唐代墓志汇编续集》咸通〇〇九，第1039—1040页。
③ 对于唐代神策外镇的分布情况，可参黄楼《唐代京西北神策诸城镇研究》，《魏晋南北朝隋唐史资料》第27辑，武汉：武汉大学文科学报编辑部，2011年；收入氏著《碑志与唐代政治史论稿》，北京：科学出版社，2017年，第170—224页。

图1-8　塞门寨所扼守的延河谷地　陕西靖边　李军摄

兵、沙陀以及关东诸镇派驻京西北的防秋兵，灵盐、邠宁、夏绥、鄜延等京西北诸镇应是保持了防区内作战的态势。如此也就避免了大中二年征讨党项时，京西北某镇主力贸然被抽调在外，其地成为党项重点攻击对象的情形。从地势上看，塞门寨地控延河谷地，地势远较洪门砦开阔，自汉代以来就是控制南北交通的要塞，有利于大兵团作战。

根据大中四年的情况看，通过利用京西北藩镇以及塞门行营的防秋兵，基本上解决了杜牧所指责的“征关东兵用于西方”，即天时问题；通过征发河东辖内的沙陀等部落军队，“以步战骑”的人事问题也得到了很大的改善。但前线唐军的供给显然无法通过屯田的方式解决，而必须依赖于唐朝的供军体系。大中二年之际，因夏州和银州之间的物资运输屡次被党项邀夺，使得夏州方面陷入了“食既尽，爨无樵苏。贼声喈喈，出必掠去”的窘境。根据《陆耽墓志》的记载，宣宗在完成三州七关的收复工作后，曾“发数道兵，讨逐叛羌”，陆耽即担任了此次战役的“供军粮料使”。但陆耽很快就因受到其副使“犯新敕”事件的牵连，被贬为韶州司马。虽然我们不知道所谓“新敕”的具体内容，但显然是与陆耽及供军粮料副使未能很好地完成粮料的供应工作有关。正如《王宰墓志》所载，大中四年党项面对唐军的全面攻势，在“屯聚隘险”之余，仍然延续了此前“劫夺行人，抄略餫路”即持续攻击唐军运输线的战法，使得唐军“餫路阻艰，军食不继，数以饥卒，邀战不整”。王宰之所以未能完成宣宗交付的使命，在很大程度上是受到了党项沿途阻截唐军运输路线的影响。《卢就墓志》则记载卢就在“天子赫怒党羌，未暇调食，卒征天下兵屯于□上”的情况下，以度支员外郎的身份“佐大计，理出入”，故在大中五年正月被宰相请任为刑部郎中。由此可见，卢就所参与的针对党项的征讨应发生在大中四年①。卢就卒于大中五年四月，葬于次年二月。作为墓志的作者，翰林学士毕诚所言的“未暇调食，卒征天下兵屯于□上”，或有意凸显卢就在调配军粮方面的劳绩，但在大中四年战役的初始阶段，唐朝没有能很好地解决前线军士的军粮问题却是显而易见的。

四、白敏中与大中五年之际的党项征讨

大中四年九月，因王宰主导的党项征讨劳而无功，宣宗将河阳节度使李拭调任河东，但新任的河东节度使李拭并未兼领王宰之前所兼任的“诸道行营招讨党项使”②。此外，根据《王宰墓

① 保宏彪《从晚唐墓志中的党项史料看唐朝与党项的关系》(《西夏研究》2011年第2期，第92—101页）根据《卢就墓志》所载的卢就“推吴湘冤事甚直”，推测其参与了会昌五年（845）崔元藻等人审理的吴湘案，并进一步推测卢就参与的征讨党项之役发生在其后的武宗会昌六年。但对作于大中六年的《卢就墓志》，毕诚所谓的侍御史卢就“推吴湘冤事甚直”，显然是指大中元年九月至十二月宣宗为进一步打击李德裕及其党羽，通过御史台重申吴湘案并为其平反事。所以，卢就参与会昌六年征讨党项之役的推测不能成立。

②《文苑英华》卷四五六《授王宰河阳节度使李拭河东节度使制》，第2316页。

志》，可知在王宰罢任招讨党项使之际，宣宗有“诏省戍卒”的举动。而就在九月丁酉（二十三日），右补阙孔温裕针对“党项为边患，发诸道兵讨之，连年无功，戍馈不已”的情况，上疏切谏。究其原因，孔氏很可能是受到了宣宗不以李拭兼招讨党项使及缩减征讨党项军队等举动的影响，误认为宣宗针对党项的政策发生了转向。但孔温裕上疏的结果却是“上怒，贬柳州司马”[①]，可见宣宗虽然对征讨党项的政策稍有调整，但讨伐的决心却尚未有根本性的变化。

大中四年十一月己亥（二十五日），宣宗颁发敕书，宣布了在新收复的成、维、扶三州所实施的经略政策，同时以户部侍郎、判本司事令狐绹为兵部侍郎、同平章事[②]。仅仅三天之后，宣宗即以翰林学士刘瑑为京西招讨党项行营宣慰使[③]，可见虽然暂时未置招讨党项使，但也并未撤销招讨党项行营。令人颇感意外的是，宣宗在十二月复置招讨党项使时，并未沿用此前利用河东节度使负责专征党项的做法，而是以大中三年由夏州调任凤翔的李业以及由河阳调任河东的李拭并兼招讨党项使[④]。由此，在参与征讨党项之役的唐军中，形成了两个最高军事统帅的“双头体制”。而到了大中五年，宣宗又以宰相白敏中为邠宁节度使，充招讨党项行营都统、制置等使，显示出唐朝经营党项的策略再度发生了重大转变。

以往学者主要根据《新唐书》《资治通鉴》《文苑英华》，

---

① 《资治通鉴》卷二四九“唐宣宗大中四年九月丁酉（二十三日）”条，第8043页。

② 《旧唐书》卷一八下《宣宗纪》，第628页。

③ 《资治通鉴》卷二四九“唐宣宗大中四年十一月壬寅（二十八日）”条，第8044页。

④ 《资治通鉴》卷二四九“唐宣宗大中四年十二月”条，第8044页。

勾勒出了白敏中与大中五年之际唐朝征讨党项战略变化的关联性[①]。但如将上述史料的相关记载与《旧唐书》《唐大诏令集》《东观奏记》等进行比对，可以发现前者在史料排列和系事时间上存在瑕疵，由此所得出的叙事逻辑也就存在重新审视的必要。

对于白敏中出任招讨党项兵马都统的时间，《新唐书·宣宗纪》《新唐书·宰相表下》《资治通鉴》皆系于大中五年三月，其中又以《资治通鉴》之记载最为详细：

> 上以南山、平夏党项久未平，颇厌用兵。崔铉建议，宜遣大臣镇抚。（大中五年）三月，以白敏中为司空、同平章事，充招讨党项行营都统、制置等使，南北两路供军使兼邠宁节度使……夏，四月，以左谏议大夫孙景商为左庶子，充邠宁行军司马；知制诰蒋伸为右庶子，充节度副使……敏中军于宁州，壬子，定远城使史元破党项九千余帐于三交谷，敏中奏党项平。辛未，诏："平夏党项，已就安帖……"八月，白敏中奏南山党项亦请降。时用兵岁久，国用颇乏，诏并赦南山党项，使之安业。[②]

按照《资治通鉴》的叙事逻辑，白敏中于大中五年（851）三月出任招讨党项都统，由此引发了平夏和南山两部在四月和八月相继归附，唐朝征讨党项的大规模战争宣告结束。《资治通鉴》中关于宣宗为白敏中配备僚佐的记载，应该源自裴庭裕《东观奏记》卷上"白敏中用裴度故事择幕僚"条。但据《东观奏记》所载，白敏中在充任邠宁行营都统之际，选用的僚佐除行军司马孙

---

① 周伟洲《早期党项史研究》，第86—88页。
②《资治通鉴》卷二四九"唐宣宗大中五年"条，第8045—8048页。

景商、节度副使蒋伸外，尚有节度判官李荀、都统掌书记李玄、都虞侯冉旷及陈君从等人[①]。宣宗在三月任白敏中为招讨党项行营都统及邠宁节度使，次月才为其配备诸多核心僚佐的做法，显然不符合常理。

《旧唐书·宣宗纪》将并兼招讨党项使的河东节度使李拭和凤翔节度使李业职任互调、白敏中出任邠州刺史充邠宁节度观察东面招讨党项等使以及户部侍郎、判户部事魏謩入相三事均系于大中五年五月[②]。根据大中五年十月颁发的《白敏中邠宁节度平章事制》，白敏中充任“招讨南山平夏党项兵马都统制置等使并南北两路供军使兼邠宁节度使”的时间为“始自夏半，及于秦正”[③]，由此可证白敏中始任招讨党项兵马都统的时间应为《旧唐书》所载的大中五年五月，而非《新唐书》等书所载的大中五年三月。此外，对于宣宗宣告初定平夏党项的时间，《资治通鉴》系于大中五年四月辛未（二十九日）[④]，其所依据的应为《文苑英华·破党羌德音》所标记的“大中五年四月二十九日”[⑤]。对于该制，《唐大诏令集》卷一三〇作《平党项德音》，现存版本多将其系于大中五年二月[⑥]。杜牧《贺平党项表》有载：“伏奉二月

---

① ［唐］裴庭裕《东观奏记》卷上，北京：中华书局，1994年，第87—88页。
② 《旧唐书》卷一八下《宣宗纪》，第628页。
③ 《唐大诏令集》卷五三，第282页。
④ 《资治通鉴》卷二四九“唐宣宗大中五年四月辛未”条，第8046页。
⑤ 《文苑英华》卷四三九，1966年，第2220页。
⑥ 对于该件敕书的时间，“文渊阁四库全书”本及“民国适园丛书”本《唐大诏令集》皆系于大中五年二月；“文渊阁四库全书钞编修朱筠家藏本”作“大历五年二月”，显系“大中五年二月”之误；商务印书馆1959年排印本则系于大中五年四月（北京：商务印书馆，1959年，第711页）。由于受体例所限，商务印书馆排印本未出校记。笔者颇疑主其事的赵守俨先生据《文苑英华》及《资治通鉴》，对敕书的时间进行了校改。

二十七日敕，党项剪除，北边宁静，华夏同庆，道路欢呼……十万齐呼，四面同入。行军于枕席之上，败虏于险阻之中。”[①]杜牧所言之敕，显然是指《破党羌德音》，在时间上可与《唐大诏令集》的记载相对应，故该敕书应颁发于大中五年二月。由此可见，大中五年二月之前唐军针对平夏党项的作战胜利、二月底颁发《破党羌德音》以及四月史元于夏州破党项均与白敏中外任招讨党项都统无关。

此外，对于白敏中外任招讨党项都统的原因，《资治通鉴》载：“上以南山、平夏党项久未平，颇厌用兵。崔铉建议，宜遣大臣镇抚。”也就是说司马温公将白敏中出任都统，视为宣宗将对付党项的政策由征讨转向招抚的重要标志。但事实上，早在大中五年二月，也就是唐军大致平定平夏党项之初，宣宗就已经以文臣出身的李福出任夏州节度使，目的就是显示唐中央对党项的招抚之意[②]。对此，《东观奏记》卷下“唐宣宗戒励边将”条载：

> 上自党项叛扰，推其由，乃边将贪暴，利其羊马，多欺取之。始用右谏议大夫李福为夏州节度使，刑部侍郎毕諴为邠宁节度使，大理卿裴识为泾原节度使。发日，临轩戒励，禀奉宸威，绝侵夺之贪。边方帖息，烽燧不复告警矣。[③]

裴庭裕的记载与唐政府在《破党羌德音》中所提及“或闻从前帅臣多怀贪黩，部落好马悉被诛求，无故杀伤，致令怨恨。从

---

① 《文苑英华》卷五六八，第2918页。表文中的“二月二十七日”，《樊川文集》作“三月二十七日”，应系形近而致误。

② 《资治通鉴》卷二四九“唐宣宗大中五年春正月”条，第8045页。

③ 《东观奏记》卷下，第126页。

今以后，必当精选清廉将帅，抚驭戎羌，明下诏条，渐令知悉”的表述是契合的。此外，《破党羌德音》中“党项本是边甿，只合州县抚驭”的表述，也显示出宣宗针对党项的政策已经出现了由单纯讨伐向抚驭的转变。

就在唐中央下诏宣称解决平夏党项问题仅仅一个多月之后，定远城使史元又在夏州三交谷破党项九千余帐，表明党项并没有因暂时的军事失利就全面放弃抵抗。据《白敏中墓志铭》所载，正是在“党项摇西北，边县道梗噎”的背景下，宣宗“忆公威惠韬略，可整顿穷寇，遂拜司空、兼门下侍郎平章事，充招讨都统，邠宁节度使，治宁州”[①]。《白敏中邠宁节度平章事制》则提及白敏中外任的现实背景为“自羌戎犯塞，师旅屯边。招怀莫来，征伐无状”[②]。即使是将白敏中外任时间系于大中五年三月的《新唐书》，也在白敏中本传中记载：“会党项数寇边，铉言宜得大臣镇抚。天子响其言，故敏中以司空平章事兼邠宁节度使招抚制置使。”[③]由此可见，白敏中之所以在大中五年五月出任招讨党项的都统，不仅仅是因为“宣宗颇厌用兵”，更是为了真正解决党项持续威胁京西北的现实危局。白敏中出任招讨党项的最高统帅，也就改变了之前由河东及凤翔藩帅并为统帅的征讨模式，将责权不分的“双头体制”重新调整回最高统帅专征的格局，从而更好地整合了京西北征讨党项之军事及供给的力量。

蒋伸撰《孙景商墓志铭》载：

① 周绍良、赵超主编《唐代墓志汇编续集》咸通〇〇五《白敏中墓志铭》，第1034页。墓志图版见王仁波主编《隋唐五代墓志汇编·陕西卷》第2册，天津：天津古籍出版社，1991年，第100页。

② 《唐大诏令集》卷五三《白敏中邠宁节度平章事制》，第282页。

③ 《新唐书》卷一一九《白敏中传》，第4305页。

大中五年，今西川白丞相为京西北招讨，都统诸军以讨叛羌，奏公为行军司马，授左庶子兼御史中丞，赐紫金鱼袋，并授余招讨副使。时党羌仍岁扰边，上怒，命宰相出征，当时议者以士羸食窘，遽难收功，然其势峻严，不可争止。公佐理之外，与余从容讲画，掇取精理，恳贡其说。白丞相纳其言，奏罢讨，以恩信抚驭，不日宁格，征拜给事中。①

根据墓志所载，在大中五年“党羌仍岁扰边”“议者以士羸食窘，遽难收功”的情况下，宣宗以宰相白敏中为统帅，主持对党项的征讨。其所言的“其势峻严，不可争止”，明白无疑地展现了宣宗采用军事手段征伐南山党项的坚定态度。大中五年七月六日颁发的《洗雪南山平夏德音》也明确记载，白敏中、李业分统诸军征讨南山党项之际，对于反抗者的策略就是军事征伐，也就是制文所谓的“不得已则诛锄”②。但在蒋伸、

图1 9 《孙景商墓志铭》

① 录文参吴钢主编《全唐文补遗》第6辑，西安：三秦出版社，1999年，第173页。图版见陈长安主编《隋唐五代墓志汇编·洛阳卷》第14册，天津：天津古籍出版社，1991年，第66页。

② 《文苑英华》卷四三九，第2220—2221页。

孙景商以及白敏中的建议下，宣宗最终将单纯对党项进行军事征伐转变为“以恩信抚驭”为主的处置方式，从而收到了“不日宁格”的实际效果。

对于白敏中出任招讨党项都统一事，《白敏中神道碑》则载：

> 南山平［寇］党项［因］边［将］失□，□□□□。［比］□□□□，命公专其［事］，徵天下兵，讨之岁久。宣宗［践］戎事，伺意［者］因而缋之，公带丞相持节以往……大中五年，兼门下侍郎、平章事，充招讨□统、邠宁节度，［屯］军宁州……之北二十里□□，为平复之南山，环山千里，党项居之。平夏之［羌］，以是山美水草，小不稔，□族南迁，以此南山……不足定也。□五□至宁州，［点］关山卒，□入南山。［君］子意羌酋相与俯伏路左，皆言藩虏各自爱生乐，不愿为兵。久不谕朝廷事，令……子弟有不□□□□诛之。公□山数百里，严诏部□。一即□□之，皆□□□弓箭，尽为王人。冬十月，□山平复，□［寇］大定，罢天下兵。①

对于南山、平夏党项反叛唐朝的原因，《白敏中神道碑》沿用了唐朝官方的说法，归结于唐朝边将一方。虽然碑文有缺，但可以发现白敏中在进军南山之后，主要是采取“严诏”即招抚的方式，很快就使得南山党项放弃大规模抵抗，从而实现了“□山平复，□［寇］大定”的结果。由此可见，白敏中在对付南山党项时，非常注重军事威慑下的积极招抚，并非一味地军事征讨。

---

① 录文参孙芬惠《渭南发现唐〈白敏中神道碑〉》，《碑林集刊》第10辑，西安：陕西人民美术出版社，2004年，第146—147页。

虽然大中元年党项有与吐蕃及回鹘联合侵扰唐朝“河西”之行动，但直至大中二年，唐政府才开始大规模讨伐党项。在大中二年征讨党项之役中，唐军的主力是京西北藩镇的军队以及少数调集自关东地区的客军。由于征伐的重点不明且唐军彼此之间缺乏协调，再加上运输路线被党项切断，故此次征讨并没有取得实际的效果。随着大中三年论恐热的归附，三州七关的收复问题一时间成为宣宗君臣所关注的核心问题，党项的征讨暂时陷入停滞状态。随着三州七关及山南陷蕃诸州的陆续收复，宣宗的施政重点又重新回归到内部的党项问题。大中四年五月至九月，宣宗以王宰兼领招讨党项使，实现了军事指挥权的统一。为了应对党项此起彼伏的反抗，唐朝针对党项的政策由全面征讨转向以安抚为主、招讨为辅，长期以来威胁唐朝京西北安全的党项问题最终得以阶段性解决。

第三节 宣宗君臣对三州七关的收复与经营

会昌六年（846）三月二十三日，在宦官的拥立下，李忱以皇太叔的身份在武宗柩前即位，是为宣宗。次年正月甲寅，宣宗祀圜丘，改元大中，由此进入宣宗的大中时代。虽然史书中给予宣宗的“小太宗”之称或有过誉之嫌，但宣宗大中朝对于晚唐政局所产生的巨大影响却是显而易见的。根据史书所载，在吐蕃论恐热归附的有利局面下，宣宗于大中三年顺利收复三州七关，从而构成了大中之政的核心内容之一。笔者希望借助近年来陆续公布的石刻资料，对宣宗收复三州七关的具体进程及后续影响进行考察，以期揭示唐中央政府决策的具体进程以及内部政务与对外经略的关联性。

一、论恐热归附与三州七关收复之关联性

吐蕃赞普朗达玛被刺身亡后，吐蕃贵族分别拥立约松和云丹为赞普，吐蕃王国陷入了事实上的分裂局面。吐蕃所控制的河陇地区，其守将也因为各自支持不同的赞普，形成了以论恐热和尚

婢婢为首的两大政治势力[①]。论恐热与尚婢婢之间的混战，削弱了吐蕃对河陇地区的控制。以大中二年十二月凤翔节度使崔珙收复清水为发端，宣宗政府展开了收复河陇失地的具体行动[②]。而就在收复清水后不久，长期与尚婢婢混战于陇右的论恐热即以秦、河、渭三州之地归附唐朝。只是唐朝最终收复的却是秦、原、安乐三州及石门等七关，故史书往往根据最终的结果，将秦、原、安乐等三州七关之地误记为论恐热所进献的区域[③]。

对于论恐热归附唐朝的时间，除《唐会要·吐蕃传》“大中三年春”的记载较为宽泛[④]，可暂不论外，主要存在两种不同的记载。第一种记载为《旧唐书》和《册府元龟》，均系于大中三年正月。其中，《旧唐书·宣宗纪》载：

> （大中）三年春正月丙寅，泾原节度使康季荣奏，吐蕃宰相论恐热以秦、原、安乐三州及石门等七关之兵民归国。诏太仆卿陆耽往喻旨，仍令灵武节度使朱叔明、邠宁节度使张君绪，各出本道兵马应接其来。[⑤]

《册府元龟·外臣部·降附》则载：

> 宣宗大中三年正月，泾原节度使康季荣奏吐蕃论恐热以

① 陆离、陆庆夫《张议潮史迹新探》，《中国边疆史地研究》2011年第1期，第95—109页。

② 《资治通鉴》卷二四八“唐宣宗大中二年十二月”条，第8036—8037页。

③ 对于论恐热最初以秦、河、渭三州归附之事，详见李军《唐大中三年宣宗收复三州七关事发微》，《中国边疆史地研究》2021年第4期，第41—54页。

④ 《唐会要》卷九七《吐蕃传》，第2061页。

⑤ 《旧唐书》卷一八下《宣宗纪》，第621—622页。

安乐三州及石门七关等归国。[①]

此外，《册府元龟·帝王部·功业第二》则精确到了具体的日期：

宣宗大中三年正月丙辰，泾原节度使康季荣奏吐蕃宰相论恐热以秦、原、安乐三州及石门等七关之兵民归国。[②]

由此可知，虽然《旧唐书》和《册府元龟》均将论恐热归附的时间确定在大中三年正月，但在具体日期上却存在差异。大中三年正月为丙辰朔，丙寅则为十一日[③]。《旧唐书·宣宗纪》和《册府元龟·帝王部·功业第二》两者系日的天干相同，且正好相差十日，这似乎并非巧合。笔者推测论恐热归附时间的原始记载应是数字系日，《旧唐书》《册府元龟》在进行日期换算时，对于"十一日"之"十"或有衍夺，从而出现了两者记载的差异。以衍、夺两者情况相较，该处夺字的可能性应该更大。所以，就《旧唐书》《册府元龟》两者记载而言，泾原节度使康季荣以论恐热归附的消息上报唐中央的时间应在大中三年正月丙寅（十一日）。

第二种记载为宋人所修撰的《新唐书》及《资治通鉴》，两者均将论恐热归附唐朝的具体时间系于大中三年二月。其中，《新唐书·宣宗纪》载：

（大中）三年二月，吐蕃以秦、原、安乐三州，石门、

---

① 《册府元龟》卷九七七《外臣部·降附》，第11483页。
② 《册府元龟》卷二〇《帝王部·功业》，第216页。
③ （日）平冈武夫《唐代的历》，上海：上海古籍出版社，1990年，第286页。

驿藏、木峡、制胜、六盘、石峡、萧七关归于有司。[①]

在该记载中，欧阳修只是记载了吐蕃归附这一个事件，叙事较为简洁和明晰。《资治通鉴》卷二四八“唐宣宗大中三年二月”条则云：

吐蕃秦、原、安乐三州及石门等七关来降；以太仆卿陆耽为宣谕使，诏泾原、灵武、凤翔、邠宁、振武皆出兵应接。[②]

众所周知，《武宗实录》至五代时期已严重毁损，而武宗以下诸朝的官修实录本就未能完成。在北宋修撰《新唐书》之际，宋敏求曾补撰晚唐六朝实录。其书虽已亡佚，但学术界通常认为宋敏求撰《实录》应是晚唐六帝本纪的主要依据。与此同时，《通鉴考异》卷二二大中三年二月“吐蕃三州七关降”条引《实录》云：“泾原节度使康季荣奏吐蕃宰相论恐热杀东道节度使，奉表以三州、七关来降。”[③]由此可知，《新唐书》在记载论恐热归附之事时，对《实录》的内容进行了裁剪；而《资治通鉴》则是在对《实录》所载内容进行改编的同时，吸纳了《新唐书·吐蕃传下》中唐政府以陆耽宣喻及诏泾原等镇出兵应接的记载。《资治通鉴》的表述实现了诸事的叠加，在增强事件叙述完整性的同时，也增加了记载的不确定性。《旧唐书》既著有具体的日期，应更为可信。而根据后文所考，唐政府诏命泾原、灵武等镇收复二州七关的时间是在大中三年五月之后。由此，发生在大中

①《新唐书》卷八《宣宗纪》，第247页。
②《资治通鉴》卷二四八“唐宣宗大中三年二月”条，第8037—8038页。
③《资治通鉴》卷二四八“唐宣宗大中三年二月”条下引，第8038页。

三年二月的，只能是宣宗以陆耽前往陇右宣喻论恐热一事。

根据《通鉴考异》引《补国史》及《新唐书·吐蕃传》的记载，可知论恐热曾入朝长安，只是前者记载其事在大中五年（851）五月，后者则认为其事在大中三年陆耽前往宣喻至凤翔等镇收复三州七关之间。对此，《资治通鉴》卷二四九“唐宣宗大中五年五月”条载：

> 吐蕃论恐热残虐，所部多叛；拓跋怀光使人说诱之，其众或散居部落，或降于怀光。恐热势孤，乃扬言于众曰：“吾今入朝于唐，借兵五十万来诛不服者，然后以渭州为国城，请唐册我为赞普，谁敢不从！”五月，恐热入朝，上遣左丞李景让就礼宾院问所欲。恐热气色骄倨，语言荒诞，求为河渭节度使；上不许，召对三殿，如常日胡客，劳赐遣还。恐热怏怏而去，复归落门川，聚其旧众，欲为边患。会久雨，乏食，众稍散，才有三百余人，奔于廓州。[①]

根据上文所载，大中三年二月，吐蕃河陇守将因国乱无所归，故降唐。直至大中五年五月，论恐热才因部属多叛被迫降唐。入朝后，宣宗命尚书左丞李景让于礼宾院见之。论恐热所提出的担任河渭节度使的要求并未得到宣宗的认可，故其复归落门川，并准备侵犯唐朝边境。最终却因久雨乏食，奔还廓州。但根据《新唐书·吐蕃传》所载，我们看到的却是一个截然不同的场景：

> 恐热大略鄯、廓、瓜、肃、伊、西等州，所过捕戮，积尸狼藉，麾下内怨，皆欲图之。乃扬声将请唐兵五十万共定

① 《资治通鉴》卷二四九“唐宣宗大中五年五月”条，第8047页。

其乱，保渭州，求册为赞普，奉表归唐。宣宗诏太仆卿陆躭持节慰劳，命泾原、灵武、凤翔、邠宁、振武等兵迎援。恐热既至，诏尚书左丞李景让就问所欲。恐热倨夸自大，且求河渭节度使，帝不许。还过咸阳桥，咄叹曰："我举大事，觊得济此河与唐分境。"于是复趋落门川收散卒，将寇边，会久雨粮绝，恐热还奔廓州。于是凤翔节度使李玭复清水；泾原节度使康季荣复原州，取石门等六关，得人畜几万；灵武节度使李钦取安乐州，诏为威州；邠宁节度使张钦绪复萧关；凤翔收秦州；山南西道节度使郑涯得扶州。①

对于《新唐书·吐蕃传》所载论恐热入朝的各个环节，诸如尚书左丞李景让问所欲、论恐热求河渭节度使、被拒后复归落门川并欲寇边、因久雨粮绝而被迫奔还廓州等，均与《资治通鉴》所载相类似。如此可证，《新唐书·吐蕃传》与《资治通鉴》对于论恐热事迹的记载应该均是源自林恩的《补国史》。但对于唐朝收复三州七关与论恐热归附的关系，《新唐书》的叙事逻辑却与《资治通鉴》截然不同。在欧阳修和宋祁的笔下，正是因为论恐热在穷途末路之际降附唐朝，才给唐朝提供了经略三州七关的契机。司马光主要利用《补国史》及唐朝赏边将而不赏论恐热的结果，认定论恐热降附唐朝的时间并非大中三年，而是大中五年②。但根据《陆耽墓志铭》，可知《补国史》及《资治通鉴》中关于论恐热大中五年始来降的记载显然有误。虽然《新唐书·吐蕃传》所载相关史事

① 《新唐书》卷二一六下《吐蕃传下》，第6106—6107页。
② 《资治通鉴》，第8038页。不过此后，司马光在《稽古录点校本》中对自己的观点进行了修订，指出大中三年年初降附唐朝的吐蕃首领正是论恐热。（［宋］司马光撰，王亦令点校《稽古录点校本》卷一五"宣宗忱大中三年"条，北京：中国友谊出版公司，1987年，第569页）

很可能也是源自《补国史》，但《新唐书》却对论恐热归附的时间进行了合理的修订。《补国史》的作者林恩为僖宗朝进士，该书虽然对论恐热入朝的时间记载或有失误，但基本史实却应该问题不大。如果将《新唐书·吐蕃传》所记载的论恐热入朝的形势与大中三年宣宗经略陇右的具体步骤相结合，就可以确定《资治通鉴》所载论恐热入朝的“大中五年五月”应为“大中三年五月”之讹。

要而言之，大中三年正月十一日，吐蕃河陇守将论恐热归附的消息由泾原节度使康季荣上奏宣宗。二月，宣宗以陆耽前往陇右予以宣喻。同年五月，论恐热前往长安觐见宣宗，请求唐政府承认其对河、渭等州的控制权。为了避免在京西北地区形成一个强大的吐蕃军事集团，宣宗断然拒绝了论恐热所请的河渭节度使。正是在论恐热因久雨乏粮而撤往廓州、陇右东部地区形成权力真空的情况下，宣宗才真正下定决心以西北缘边诸镇及振武之客军收复三州七关。

二、宣宗君臣收复三州七关的筹划与实施

由于传世史书记载的缺失，虽然学者可以复原唐政府收复三州七关的大致过程，但对于中央政府决策的内情却往往不甚了解。幸运的是，在新近发现的碑刻文献中保留了不少相关的记载，有助于我们明晰宣宗收复三州七关的筹划与实施的具体进程。

在宣喻论恐热的陆耽完成使命后，大中三年三月，宣宗又以内庄宅使刘德训充“京西、京北巡边宣谕点阅等使”，会同谏议大夫韦博、检校刑部尚书高承恭等人前往京西北巡边。对此，《刘德训墓志》载：

> （大中）三年三月，迁内庄宅使。上曰："属天宝际，禄山背叛，西戎以为己利，取我河县，收我农功。今拟却复旧疆，命尔充京西、京北巡边宣谕点阅等使，与谏议大夫韦博、检校刑部尚书高承恭同往。"公奉皇华之使，具申丹恳之诚。图写山川，敷奏王庭。①

从时间上看，在大中三年三月宣宗"拟却复旧疆"之际，刘德训、韦博、高承恭等人前往京西北所处置的应是论恐热归附之事，宣喻的对象为论恐热，点阅的应为归附的吐蕃部众及生活在降附区域之内的唐朝陇右遗黎。与此同时，刘德训等人还利用实地踏查之机，"图写山川"，为唐朝随后收复陇右旧疆提供了必要的情报依据。

在论恐热率众归附的有利条件下，虽宣宗有意收复旧疆，但为众多朝臣所反对。对此，毕诚《白敏中神道碑》有较为详细的记载：

> 天宝末，中［原］多事，河西、陇右之地尽为吐蕃所据。［宪］宗皇帝志在收复，大业未遂。德宗守天下时（中缺）年，宣宗皇帝绍元和之□切于□□□□□吐蕃［丧］□入，不置君长。部落豪右，□□自守……南起陇□□黄河带□千里以归。□□□□□宰相常有复河湟志。慕有言唐二百年后有中兴，□都复故地。宣宗皇帝应□识公，降（中缺）偶然哉。当□公□皆以儒雅相尚，苟即□无事，□□久远以生事［蛮］夷□［牢］其位。公以三州

① 《刘德训墓志》的录文参见杜文玉、赵水静《从新出〈刘德训墓志〉看晚唐历史的几个问题》，《山西大学学报（哲学社会科学版）》2019年第5期，第97—104页。

> □（七?）□（关?）南北千里，天设险阻以限夷夏，会昌已有［藩］［盛］，界泾州西八千里。常（中缺）之山。虽有□兵□□东下，安可谓之生事矣？向非宁宗之□□之忠。岂惟朝廷失大计，□公亦危矣。①

通过上述记载，可知在吐蕃赞普卒后，由于吐蕃难以控制陇右地区，从而使得“南起陇□□黄河带□千里以归”。在如何处置论恐热归附的问题上，唐政府内部存在较为严重的分歧，即毕诚所言的“公□皆以儒雅相尚，苟即□无事”，而以河陇陷蕃日久为借口，将收复失地视为生事于吐蕃。为了配合宣宗压制反对的声音，白敏中不得不抬出曾有意收复河陇失地的宪宗以壮声势，指出河陇地区被吐蕃占领后，“［宪］宗皇帝志在收复，大业未遂”，所以宣宗对吐蕃的经略是对元和之政的继承。由此，大中三年的陇右经略也就获得了较为充分的政治合理性。

政治合理性的构建只能起到引导舆论的作用，还不足以迫使反对经略者完全放弃自己的主张。所以，宣宗在大中三年四月乙酉（一日）对宰相群体进行了大规模的调整②。除门下侍郎白敏中、中书侍郎马植继续留任宰相外，御史大夫崔铉与兵部侍郎、判户部事魏扶同日入相，而之前以兵部侍郎、判度支兼刑部尚书充同中书门下平章事的周墀，则被授予刑部尚书的检校官，外任

① 录文参孙芬惠《渭南发现唐〈白敏中神道碑〉》，《碑林集刊》第10辑，第146页。孙文未作点读，标点为笔者所加。“七关”，孙芬惠作“□［门］”。按文意“三州□□”，应为“三州七关”。但由于未睹原碑，且孙文未附照片及拓片，故暂存疑。

② 《新唐书》卷六三《宰相表下》，第1730页。《新唐书》卷八《宣宗纪》载：“（大中三年）四月乙酉，周墀罢，御史大夫崔铉为中书侍郎、兵部侍郎判户部事魏扶同中书门下平章事。”第248页。

东川节度使。《文苑英华》卷四五〇所收沈询《授崔铉、魏扶拜相制》，明确宣宗之所以在大中三年四月以崔铉、魏扶为相，目的是“宣明号令，弘济生灵。致寰海之乂安，复河隍之土宇”[①]。由此可见，宣宗以崔铉和魏扶两人入相，就是为了配合河湟经略。

对于周墀罢相的原因，史书的记载可谓众说纷纭。其中，《东观奏记》载：

> 懿安郭太后既崩，丧服许如故事。礼院检讨官王皞抗疏，请后合葬景陵，配享宪宗庙室。疏既入，上大怒。宰臣白敏中召皞诘其事……宰相将会食，周墀驻敏中厅门以俟同食。敏中传语墀：“正为一书生恼乱，但乞先之。”墀就敏中厅问其事，皞益不挠。墀以手加额于皞，赏其孤直。翌日，皞贬润州句容令，墀亦免相。[②]

大中二年正月，周墀以兵部侍郎、判度支的身份入相；同年六月，由兵部侍郎升任中书侍郎、同中书门下平章事；大中三年三月，又兼刑部尚书[③]。而懿安郭太后之崩在大中二年五月，同年十一月已经完成葬礼。如果说周墀因为赞赏王皞而免相，一是在时间上不合，二是宣宗也没有必要在有意将其罢相的前提下屡次为其加官。更何况根据《周墀墓志铭》记载，宣宗在周墀罢相后，曾再次提升其检校官。这也就证明周墀之所以被罢相，应与懿安郭太后葬仪事无关。

《资治通鉴》卷二四八“唐宣宗大中三年四月”条则载：

---

① 《文苑英华》，第2279页。

② 《东观奏记》卷上，第86页。

③ 《新唐书》卷六三《宰相表下》，第1730页。

> 河东节度使王宰入朝，以货结权倖，求以使相领宣武；刑部尚书、同平章事周墀上疏论之，宰遂还镇。驸马都尉韦让求为京兆尹；墀言京兆尹非才望不可为，让议竟寝。墀又谏上开边，由是忤旨。夏，四月，以墀为东川节度使……翰林学士郑颢言于上曰：“周墀以直言入相，亦以直言罢相。”上深感悟，甲午，墀入谢，加检校右仆射。[①]

根据司马光所呈现的历史脉络，周墀罢相系反对王宰以使相领宣武、拒绝以驸马都尉韦让出任京兆尹以及劝谏宣宗开边等一系列“直言”所导致的结果。司马光将王宰入朝事附于周墀罢相的大中三年四月，显然是在建构周墀反对王宰以使相领宣武之事与其罢相的关联性。但据《王宰墓志铭》所载[②]，可知王宰入朝是在大中三年元正，与周墀罢相尚有四个月的时间差。

《旧唐书·周墀传》对于周墀生平的记载非常简略，并没有提及其罢相的原因[③]。《新唐书·周墀传》则载：

> 河东节度使王宰重赂权幸，求同平章事领宣武，墀言：“天下大镇如并、汴者才几，宰之求何可厌？”宣宗纳之。驸马都尉韦让求为京兆，持不与。繇是妄进者少衰。会吐蕃微弱，以三州七关自归。帝召宰相议河湟事，墀对不合旨，罢为剑南东川节度使。驸马都尉郑颢言于帝曰：“世谓墀以直言相，亦以直言免。”帝悟，加拜尚书右仆射。[④]

---

① 《资治通鉴》卷二四八“唐宣宗大中三年四月”条，第8038页。
② 齐运通《洛阳新获七朝墓志》，第363页。
③ 《旧唐书》卷一七六《周墀传》，第4571—4572页。
④ 《新唐书》卷一八二《周墀传》，第5370—5371页。

从宣宗对王宰入朝的处置结果看，其最终采纳了周墀的建议。从处置王宰入朝求官之事上，我们并未看到宣宗与周墀之间存在矛盾。因驸马都尉韦让所请为周墀抵制，《资治通鉴》即暗示宣宗有借机报复的可能性。但值得注意的是，韦让所娶乃宪宗第十女郑国温仪公主，并非宣宗之女。《资治通鉴》出于塑造直臣形象的需要，将本无关联的事件进行排列演绎，从而模糊了周墀被罢相的根本原因。

如果我们从史源的角度考虑，《新唐书》及《资治通鉴》关于周墀罢相、力阻王宰及韦让的事迹均取材自杜牧所撰《周墀墓志铭》。但在叙事顺序上，杜牧在墓志中首列周墀因“河湟事议不合旨”而罢相，其后才列举周墀力挫王宰以使相领宣武的企图以及反对韦让出任京兆尹等事迹[①]。《新唐书》在利用《周墀墓志铭》的材料时，打破了该墓志以事归类的做法，改以时间为线索，对以上诸事进行了重新排列，但诸事之间并无递进关系。而《资治通鉴》为了将周墀塑造成因一贯“直言”而最终被贬斥的忠臣形象，有意将周墀针对王宰及韦让求官的言论附于周墀罢相的大中三年四月条。在司马光刻意的组合及转呈之后，周墀罢相的原因由较为明晰的“河湟事议不合旨”，转化为符合忠贞之臣标准的“直言”。但在宣宗为周墀晋升检校官的问题上，《新唐书》和《资治通鉴》并没有采用《周墀墓志铭》“明日入谢，面加检校右仆射”的白描式叙述方式，而是引入了驸马都尉郑颢这一关键人物。通过其对周墀“直言”的赞许，进一步强化了周墀“直臣”的形象。郑颢对周墀“直言”的评价，虽然没有改变周墀罢相的结果，但却使其检校官由刑部尚书跃升为右仆射，可谓

① 《樊川文集》卷七，第121页。

极大的荣耀。由此可见，宣宗所排斥的并非是周墀的“直言”，而是周墀对其经营陇右失地政策的不配合，而该政策正是宣宗希望通过对外经略转移内部矛盾，同时继绍宪宗之政的关键一步。

在宣宗与白敏中排除异己以图经略河陇之际，凤翔节度使崔珙以患疾为由，向宣宗提出了罢职的请求。在宣宗针对“犬戎输诚，归我故地”，从而“下议纳款，且筹开疆”之际①，崔珙求罢职的举动显然不利于宣宗经略措施的实施，故被视作“不自力避事”②。虽然宣宗失望至极，但因崔珙为元老重臣，故特为优容，最终命崔珙以太子少师的身份，分司东都。崔珙离任后，继任者为刑部尚书兼宗正卿李玭。李玭出身于名将李晟家族，为李晟之孙、李愬之子。《授李玭凤翔节度使制》载：

> 门下：秦之旧都，汉为右地。扼戎疆之要害，作上国之藩篱。旁联封畿，前抗巴蜀。其所受任，必择忠良……今以昆夷来朝，愿纳故壤。将复河湟之境，必资整训之方。遂结疆场，付尔汧陇。于戏！惟昔乃祖，曾显是邦。勿隳贻谋，光膺分阃。兼尹正察廉之重，帖文昌宪府之崇。勉副家声，以酬殊奖。③

对于以李玭为凤翔节度使的目的，制文中非常明确地记载为“今以昆夷来朝，愿纳故壤。将复河湟之境，必资整训之方”，也就是为经略论恐热所献区域做准备。因李愬在元和年间曾出任过凤翔尹、凤翔陇右节度使，故宣宗在制文中以李愬为例，对李玭大加勉励。与此同时，以监军身份与李玭共同控制凤翔节度的正是

---

①《旧唐书》卷一七七《崔珙传》，第4590页。
②《新唐书》卷一八二《崔珙传》，第5363页。
③《文苑英华》卷四五六，第2323页。

此前刚刚完成巡边任务的刘德训。

据《孟秀荣墓志铭》所载[①]，孟秀荣于大中三年四月十日被任命为振武节度监军。根据黄楼的研究，孟秀荣为武宗朝大宦官仇士良一党，在宣宗即位的过程中发挥过重要的作用，为宣宗之心腹。在宣宗有意经略陇右之际，孟秀荣以65岁的高龄外任振武，应是宣宗为调派振武军所做的准备工作。因为在此后收复三州七关的军队中，就有来自振武节度的客军。与此同时，《文苑英华》卷四五三《授高承恭振武麟胜等军节度使制》记载此前与刘德训等共同完成巡边任务的高承恭，因为"拥缇骑以徼巡，勤彰夙夜"的功绩，得以出任振武节度使。因该制在《文苑英华》中排列在咸通三年《高璩授东川制》之前，故吴廷燮、郁贤皓均将高承恭始出镇振武的时间系于咸通二年[②]。但据制文所载，高承恭在出任振武节度使之前，检校官为刑部尚书，与高氏在大中三年三月前往京西北巡边时的检校官相同。所以，高承恭出任振武节度使不应迟至咸通二年，而当在大中三年三月巡边之后不久。高承恭为高崇文之子，与继崔珙出任凤翔节度使的李玭相类，均为宪宗朝名将之子。所以，以高承恭为振武节度使、孟秀荣为监军，可以视作宣宗为经略陇右所做出的另一项重要的藩镇人事调整。

在经过前期的情报搜集、宰臣调整、西北藩帅及监军体系的重新布局后，宣宗诏命凤翔、邠宁、泾原、灵武、振武等镇的军队进军三州七关地区。六月二十七日，泾原节度使康季荣率军收

① 周绍良、赵超主编《唐代墓志汇编续集》大中〇三五，第993—994页。
② 吴廷燮《唐方镇年表》，北京：中华书局，1980年，第177页；郁贤皓《唐刺史考全编》卷二五《关内道》"单于大督护府"条，第395页。

复原州及石门关、驿藏关、木峡关、制胜关、六盘关、石峡关六关①；七月六日，灵武节度使朱叔明取安乐州②；七月十三日，邠宁节度使张君绪收萧关③；七月二十三日，凤翔节度使李玭奏收复秦州④。

翰林学士刘瑑在《收复河湟德音》所列举的唐朝得以顺利收复三州七关的三个原因中，除“天地储祥，祖宗垂佑”为虚文外，“左衽输款，边垒连降”“枢衡妙算，将帅雄棱”皆为写实之作⑤。虽然对于“枢衡妙算”之具体情况，上述诏书语焉不详，但根据其所载山南、剑南等道处理陷蕃区域的态度，或可推知一二。《收复河湟德音》在表彰立功将士、罗列三州七关经营措置的基础上，明确指出山南西道及剑南节度使若有意收复辖区内的没蕃州县，“其兵士委本道差遣。如要钱物接借，亦具闻奏”。在宣宗的鼓励下，大中三年十月和闰十一月，西川节度使杜悰和山南西道节度使郑涯分别收复维州和扶州⑥。缘边藩镇提供军队，中央政府负责后勤保障的原则，应是沿用了泾原等镇收复三州七关时所采取的模式。

另据《旧唐书·宣宗纪》所载大中四年十一月己亥敕“收复成、维、扶等三州，建立已定，条令制置，一切合同”⑦，可知除三州七关外，唐政府从吐蕃手中收复的河陇失地尚有成州。虽然史书未明言成州收复的具体时间，但在大中三年八月颁布的

---

①《唐会要》卷八六“关市”条，第1872页。

②《资治通鉴》卷二四八“唐宣宗大中三年秋七月丁巳”条，第8039页；《新唐书》卷三七《地理志一》，第972页。

③《唐会要》卷八六“关市”条，第1872页。

④《资治通鉴》卷二四八“唐宣宗大中三年秋七月甲戌”条，第8039页。

⑤《唐大诏令集》卷一三〇《收复河湟德音》，第709页。

⑥《资治通鉴》卷二四八“唐宣宗大中三年”，第8040—8041页。

⑦《旧唐书》卷一八下《宣宗纪》，第628页。

《收复河湟德音》中，唐政府所提及的河陇新复地仅为三州七关地区，可证此时成州尚未收复。另据《册府元龟》卷五〇八《邦计部·俸禄四》大中三年九月敕“秦州刺史并秦成两州经略、天雄军使职田夏小麦共八十石，秋粟一百二十石”[①]，可知至迟到大中三年九月，秦、成两州经略使的建置已经设立，所以成州之复应在大中三年八月至九月间。

与唐政府鼓励山南西道和剑南收复本属自身辖区的陷蕃区域不同，泾原、邠宁、灵武、凤翔、振武诸镇介入三州七关的收复皆是出自以白敏中为首的宰臣之筹划，各自出击的区域也是经过事先筹划的结果。从事后的封赏等级来看，诸镇的待遇颇有不同。其中，最先收复失地的泾原节度受赐绢六万匹，得到的封赏最为丰厚；次收安乐州的灵武节度，得到的封赏则减泾原一等，为绢五万匹；收复失地较为滞后的邠宁及凤翔，所受封赏为四万匹，属于最低等级。由此可见，宣宗对于缘边诸镇封赏的依据并非收复失地的范围，而是响应其军事决策的速度。在唐朝的筹划层面，对于三州七关的收复次序并没有先后之分，只是各镇的积极程度及面临的具体情况不同，从而导致在同时出兵的情况下，各地收复的时间出现了近一个月的差距。

三、宣宗君臣对三州七关的经营

大中三年八月，唐政府对三州七关的收复工作基本完成。而在唐政府随后颁布的《收复河湟德音》中，充分体现了唐政府对三州七关新复地的经营措施以及对河陇其余失地的态度。诏书载：

> 其秦、威、原三州，并七关侧近，访闻田土肥沃、水草

① 《册府元龟》卷五〇八《邦计部·俸禄四》，第6095页。

丰美。如百姓能耕垦种莳，五年内不加税赋。五年后已量定户籍，便任为永业。其京城有犯事合流役囚徒，自今已后，一切配十处收管。温池盐利，可赡边陲，委度支制置闻奏。凤翔、邠宁、灵武、泾原四道长吏，能各于镇守处，遣官健耕垦营田，即度支给赐牛粮种子。每年量得斛斗多少，便充军粮，亦不限约定数。三州七关镇守官健，每人给衣粮两分，一分依常年例支给，一分度支加给，仍二年一替换。其家口，委长吏切加安存。官健有庄田、户籍者，仰州县放免差役。秦州至陇州以来，道路要置堡栅，与秦州应接。李玭与刘皋即便度计闻奏。如商旅往来、兴贩货物，任择利润，一切听从，关镇不得邀诘。其官健父兄子弟，通传家信，关司并亦不得邀诘阻滞。如要垦辟种田，依百姓例处分。三州七关，如少器械，长吏与量据所申闻奏。由除刺史、关镇使后，三五月内，差人巡检。如有修筑部署，课绩尤深，并训练有序者，其刺史、关镇使，虽新除官爵，亦更与超升。其官健节级，更与优赏。山南西道、剑南、山川边界，有没蕃州县，量力收复。其兵士委本道差遣，如要钱物接借，亦具闻奏。①

在诏书中，唐政府一方面制定“五年内不加税赋。五年后已量定户籍，便任为永业”的优惠条件，希望能吸引民众前往耕垦；另一方面鼓励凤翔、邠宁、灵武、泾原四道利用镇守新复地的官健耕垦营田，由度支给赐牛粮，而收获物则充军粮。再者，唐政府的诏书体现出对三州七关镇守官健的优待，也即诏书中所说的，原州、秦州、威州并七关镇守官健，“每人各给衣粮两

① 《唐大诏令集》卷一三〇《收复河湟德音》，第709页。

分，一分依常年例支给，一分度支加给。”唐朝将士在平时只能拿本分衣粮，“其兵马……各给本分衣粮，其家一任相随”[①]。而在特殊情况下，将士除本分衣粮之外，可优给[②]。而镇守官健“仍二年一替换”，比通常状况下的三年一替之规定缩短了一年的时间。此外，唐政府还鼓励“商旅往来、兴贩货物”，以恢复和发展三州七关地区的经济。而事实证明，唐政府的上述措施确实起到了“将士无战守之劳，有耕市之利”的积极效果[③]。

此后不久，唐政府“又诏：朕姑息民，其山外诸州须后经营之”[④]。虽然唐政府在《收复河湟德音》中，对其余陷蕃失地并没有显示出积极进取的态度，但毕竟还允许山南及剑南等道量力收复，而到此时已转变为不许用兵，表明宣宗对陷蕃失地的态度更加趋于保守。对此，王忠先生认为：“通鉴二四九大中五年正（当作二）月条云：‘上以南山、平夏党项久未平，颇厌用兵。’或即下此诏之原因。”[⑤]李鸿宾先生则认为宣宗之所以放弃西进的计划，主要是出于三点考虑：其一，张议潮自立河西并向外扩张，威胁了唐朝西进的意愿；其二，党项及其他外族势力在西北地区的存在；其三，唐王朝内政的整治限制了其西进[⑥]。由此可见，虽然论述的重点不同，但学者多将党项等势力的存在视为阻碍唐朝西进的重要因素。

《资治通鉴》卷二四八“唐宣宗大中三年七月”条在记灵武、

---

① 《全唐文》卷八四《降徐州为团练使敕》，第882页。

② 对于唐代赏军的相关问题，可参贾志刚《唐代军费问题研究》第二章《唐代军赏与军费》，北京：中国社会科学出版社，2006年，第44—71页。

③ 《资治通鉴》卷二四八“唐宣宗大中十一年十月”条，第8065页。

④ 《新唐书》卷二一六下《吐蕃传下》，第6107页。

⑤ 王忠《新唐书吐蕃传笺证》，北京：科学出版社，1958年，第160页。

⑥ 李鸿宾《唐朝朔方军研究——兼论唐廷与西北诸族的关系及其演变》，长春：吉林人民出版社，2005年，第299—304页。

邠宁、凤翔等节镇收复失地事之后，又载：“诏邠宁节度权移军于宁州以应接河西。”[①]据此，似可证宣宗或有切实经营河陇之意图。但从地理位置上分析，邠宁节度移镇宁州似乎对经营河西的影响并不是太大。对于邠宁节度治所的调整，《新唐书·方镇表一》“邠宁”节度大中三年载：“邠宁节度以南山、平夏部落叛，徙治宁州，及归附，复徙故治。”[②]南山、平夏即党项南山部和平夏部，由此可见唐邠宁节度使改治于宁州，主要针对的是关内道北部的党项。《资治通鉴》卷二四九宣宗大中九年三月又载：“诏邠宁节度使毕諴还邠州。先是，以河、湟初附，党项未平，移邠宁军于宁州。至是，南山、平夏皆安，威、盐、武三州军食足，故令还理所。”[③]也进一步证明大中三年邠宁节度移镇宁州主要是为了对付党项，由此，邠宁节度移镇宁州并不能证明唐政府是有意经营河西。

大中三年七月甲戌（二十三日），秦州为凤翔节度收复，之前为凤翔节度所代管的清水县随即重新划归秦州[④]。据《新唐书·方镇表四》“陇右”节度大中三年条载：“升秦州防御守捉使为秦成两州经略、天雄军使。”[⑤]可证唐政府收复秦州之初，曾在此设置秦州防御守捉使。对于唐代防御使的设置，《新唐书·百官志四下》“都督府”条下注云：“武后圣历元年，以夏州都督领盐州防御使。及安禄山反，诸郡当贼冲者，皆置防御守

① 《资治通鉴》卷二四八“唐宣宗大中三年七月”条，第8039页。

② 《新唐书》卷六四《方镇表一》，第1784页。

③ 《资治通鉴》卷二四九“唐宣宗大中九年三月”条，第8056页。

④ 《新唐书》卷四〇《地理志四》“秦州清水县”条载：“大中二年先收复，权隶凤翔府，三年来属。”第1040页。

⑤ 《新唐书》卷六七《方镇表四》，第1884页。

捉使……大率节度、观察、防御、团练使，皆兼所治州刺史。”[①]《旧唐书·职官志三》“防御团练使”条下注亦载：“至德后，中原置节度使。又大郡要害之地，置防御使，以治军事，刺史兼之，不赐旌节。上元后，改防御使为团练守捉使，又与团练兼置防御使，名前使，各有副使、判官，皆天宝后置，未见品秩。”[②]由此可见唐代防御使的设置与军事形势、战略布防有着密切的关系。《新唐书·百官志四下》又载：“防御使以无虞为上考，清苦为中考，政成为下考。”[③]也可证其主要职责为防御敌军入寇，维护地方稳定。唐政府在秦州设置防御使，防御的主要对象应还是陇右地区的吐蕃。

据《新唐书·方镇表四》所载，就在唐政府设置秦州防御守捉使的同一年，又将其升格为秦成两州经略、天雄军使[④]。对于唐代经略使之设，《文献通考》卷五九及《翰苑新书·前集》卷四四皆言始于贞观二年，但不言为使者。而在两《唐书》中明确记载最早出任经略使的为河源军经略大使黑齿常之，时间在仪凤二年（677）。《旧唐书·地理志一》又载：“开元二十一年，分天下为十五道，每道置采访使，检查非法，如汉刺史之职……又于边境置节度、经略使，式遏四夷。（注曰：凡节度使十，经略守捉使三）”[⑤]其中，经略使多置于边地，以统辖及经营少数民族。如岭南五府经略使“统经略、清海二军，桂管、荣管、安

---

① 《新唐书》卷三九下《百官志四下》，第1316页。
② 《旧唐书》卷四四《职官志三》，第1923页。
③ 《新唐书》卷三九下《百官志四下》，第1310页。
④ 据宁志新先生考证，经略使始设于东魏的武定五年（547），其职能是主管淮南地区的军政、民政事务，故称“淮南经略使”（宁志新《隋唐使职制度研究（农牧工商编）》，北京：中华书局，2005年，第53页）。
⑤ 《旧唐书》卷三八《地理志一》，第1385页。

南、邕管四经略使”，职责主要为“绥靖夷、獠”[①]。对于安史之乱之后经略使的建置，《旧唐书·地理志一》仅载有桂管等四经略使，但经略使的设置应不止于此。如《新唐书·方镇表一》“泾原”节度贞元三年条载：“初，陇右节度兵入屯秦州，寻徙岐州，及吐蕃陷陇右，德宗置行秦州，以刺史兼陇右经略使，治普润，以凤翔节度使领陇右支度营田观察使。”[②]唐政府在秦州及陇右失陷的情况下，仍然在行秦州置陇右经略使，以示不忘经略陇右，但并没有实际的意义。而在收复秦州后，唐政府始设秦州防御使，继而于秦州置天雄军，并将防御使的建制升格为秦成两州经略使，扩大了其辖区，显示出了秦州在唐政府经营陇右地区布局中具有重要的地位。

图1-10 《白敏中墓志铭》

对于秦州防御使升为经略使的时间，《新表》仅载在大中三年。而《册府元龟·邦计部·俸禄四》载：“（大中）三年九月，敕：秦州刺史并秦成两州经略、天雄军使职田夏小麦共八十石，秋粟一百二十石。”[③]可证至迟到大中三年

① 《旧唐书》卷三八《地理志一》，第 1389页。
② 《新唐书》卷六四《方镇表一》，第1775—1776页。
③ 《册府元龟》卷五〇八《邦计部·俸禄四》，第6095页。

九月，秦成两州经略使已经设置，由此，秦州防御守捉使升为秦成两州经略使应在大中三年八月至九月之间。

《白敏中墓志铭》在记述白敏中收复三州七关之后，又载："理□州，立天雄军，置威州。"[①]"□州"当为秦州，如此，则唐政府在秦州设立天雄军及以安乐州置威州或与白敏中有关。对于威州设置的时间，《旧唐书·宣宗纪》"大中三年六月"条载："敕于萧关置武州，改长乐州为威州。"[②]如此记载可信，则武州与威州应同设于大中三年六月。但据上文所考，安乐州于七月丁巳（六日）始为灵武节度收复，而《资治通鉴》则将唐政府改长乐州为威州的时间系于大中三年八月乙酉。在大中三年八月颁布的《收复河湟德音》中，"三州"分别指秦州、原州、威州，表明安乐州已被更名为威州。灵武节度使朱叔明复安乐州在七月六日，唐政府在八月乙酉（四日）即已重新设定政区，充分表现出唐政府对它的重视程度。既然唐政府仍以三州七关称呼新复地，也就证明此时唐政府尚未以萧关分置武州。此外，唐政府在大中三年九月敕文中，规定了秦州、原州、威州三州刺史的禄粟额度，敕文中未及武州，也证明武州尚未设置。《新唐书·地理志一》将唐政府以萧关置武州的时间系于大中五年，更为可信。

原州本属泾原节度辖区，广德元年被吐蕃占领后，唐政府在灵台之百里城置行原州，此后，先后徙治平凉及临泾。大中三年（849）六月，原州为泾原节度使康季荣收复后，归治平高[③]。原州既本为泾原节度辖区，又为其收复并派兵驻守，所以大中三年六月

---

① 墓志图版见《隋唐五代墓志汇编·陕西卷》第2册，第100页。录文参吴钢主编《全唐文补遗》第3辑，西安：三秦出版社，1996年，第245页；又参见周绍良、赵超主编《唐代墓志汇编续集》，第1033—1034页。

② 《旧唐书》卷一八下《宣宗纪》，第622页。

③ 《新唐书》卷三七《地理志一》"关内道原州"条，第968页。

之后，原州当由唐政府直接划归泾原节度。安乐州的情况与原州相类似。安乐州本属灵武节度辖区，且于大中三年被灵武节度收复，大中三年八月，唐政府将安乐州改为威州，并在大中八年将威州划归朔方节度辖区[①]。威州之所以在收复五年之后才为唐政府正式划归灵武节度，或与党项对西北地区的侵扰有关。秦州及以萧关所置之武州的情况却稍有不同。

《新唐书·方镇表一》“兴凤陇”节度大中四年条载“增领秦州”，《资治通鉴》将此事系于是年二月。对此，胡注曰：“秦州本属陇右节度，是时新复，以属凤翔。”[②]秦州本属陇右道，在开元五年（717）陇右节度设置之初，秦州已被划归陇右节度。虽然在陇右陷蕃后，凤翔节度曾一度兼领陇右节度，但显系虚衔遥领，所以，秦州与凤翔节度并没有实际的历史渊源，而秦州之所以在大中四年被划归凤翔，当与秦州为凤翔节度所收复有关。

大中三年七月甲子，邠宁节度使张君绪收复萧关。据《收复河湟德音》的记载，三州七关收复后，有“凤翔、邠宁、灵武、泾原四道”镇守各地。很明显邠宁节度所镇守的也就是其所收复的萧关。包括萧关在内的七关，皆在原州境内，本属泾原节度的辖区。在收复三州后，邠宁节度的军队仍镇防萧关，此当与邠宁对其的收复有关。大中五年，唐政府以萧关置武州，而据《新唐书·方镇表一》“邠宁”节度大中五年条的记载，武州设置的同年，即被正式划入邠宁节度的辖区。从唐政府以萧关置武州及将武州划归邠宁的时间看，其或与大中五年七月南山、平夏党项反唐斗争基本结束有关。

---

① 《新唐书》卷六四《方镇表一》“朔方”节度大中八年条，第1785页。

② 《资治通鉴》卷二四九“唐宣宗大中四年二月”条，第8042页。

与此同时，扶州收复后的归属情况与秦州及武州的情况相类似。《资治通鉴》卷二四八“唐宣宗大中三年十一月”条载：“山南西道节度使郑涯奏取扶州。”[①]唐贞观中，扶州本属陇右道。高宗永徽后，改为剑南道[②]。根据《元和郡县图志》卷二二及《新唐书·地理志四》皆将扶州附于山南道的记载，可知扶州可能又曾由剑南道划归山南西道。但据《新唐书·方镇表四》“剑南”节度开元二十二年（734）载：“剑南节度兼山南西道采访处置使，号山剑西道，增领文、扶、姚三州。”[③]可知至迟到开元二十二年，扶州仍归剑南节度使所领。至德元载（756），唐政府始置山南西道防御守捉使。广德元年（763），唐政府升“山南西道防御守捉使为节度使，寻降为观察使，领梁、洋、集、壁、文、通、巴、兴、凤、利、开、渠、蓬十三州，治梁州”[④]。由此可见，扶州本不在山南西道节度使的辖区之内。在大中三年郑涯收复扶州后，虽然我们没有看到扶州划归山南西道节度的直接记载，但唐政府在光启元年置武定军节度于洋州后，又于大顺二年命武定军节度增领阶、扶二州[⑤]，这可从侧面证明扶州此前一直在山南西道节度的控制之下。

综上所述，唐政府将本属泾原节度辖区且由其收复的原州及六关地区重新划归泾原，将本属灵武且由其收复的安乐州划归灵武。但对于本属陇右节度的秦州却划归了对其收复的凤翔节度；将本属泾原节度但由邠宁收复的萧关新设武州，且最终划归邠

① 《资治通鉴》卷二四八“唐宣宗大中三年十一月”条，第8041页。

② 《元和郡县图志》卷二二“山南道扶州”条，第575页；《旧唐书》卷四一《地理志四》，第1701页。

③ 《新唐书》卷六七《方镇表四》，第1866页。

④ 《新唐书》卷六七《方镇表四》，第1872—1873页。

⑤ 《新唐书》卷六七《方镇表四》，第1890—1891页。

宁；将本属剑南节度所领的扶州划归山南西道节度，这就证明在唐政府收复河陇失地之初，在新复地的归属原则上首先考虑的是由谁真正收复且占领，其次才是传统的隶属关系，开创了将新复地划归收复藩镇的管理模式。唐政府在大中五年设置归义军时，对其辖区的规定在一定程度上也是上述政策的一种延续。

此后不久，秦州又从凤翔节度辖区中独立出来，凸现了唐政府希望利用秦州统领陇右部分新复地的意愿。《资治通鉴》卷二四九“唐宣宗大中十一年十月己巳”条在记唐政府以秦成防御使（经略使）李承勋为泾原节度使事后，又系尚延心以河渭二州归附李承勋事。在尚延心识破李承勋与诸将“谋执延心，诬云谋叛，尽掠其财”的图谋后，诸将曾言于承勋曰：“明公首开营田，置使府，拥万兵，仰给度支，将士无战守之劳，有耕市之利。若从延心之谋，则西陲无事，朝廷必罢使府，省戍兵，还以秦州隶凤翔，吾属无所复望矣。”[①]据笔者下文所考，尚延心以河、渭州降附的时间当从《新唐书·吐蕃传》，即高骈出任秦州刺史的咸通初年；《资治通鉴》所据的林恩的《补国史》，当系将高骈之事迹误植于李承勋。所以，在尚延心于咸通初年降附之前，秦成经略使已脱离凤翔节度，而自成系统。对于凤翔节度罢领秦州的时间，《新唐书·方镇表四》“陇右”节度条失载；“兴凤陇”节度大中五年条则载：“罢领陇州，以陇州置防御使，领黄头军使。”[②]由于罢领陇州，凤翔府与秦州已为隔阻，秦州脱离凤翔节度或在此时。

---

① 《资治通鉴》卷二四九“唐宣宗大中十一年十月己巳”条，第8064—8065页。
② 《新唐书》卷六四《方镇表四》，第1785页。

第四节 归义军的设置及其与三州七关收复、党项经略之关联

收复三州七关、经略党项以及设置归义军，是宣宗大中年间三件重大的历史事件，村井恭子注意到了三者基本发生在同时的历史现象[①]。根据宣宗收复三州七关以及其后持续经略京西北党项的举动，学界多将宣宗视为有意经略西北的有为之主。对于宣宗在收复三州七关后并未有继续西进的举动，学者从不同的角度进行了解读。虽然论述的重点不同，但学者多将党项势力的存在视为阻碍唐朝继续西进的重要因素[②]。通过对石刻文献的解读，我们可以发现宣宗经略党项并非在收复三州七关之后，而是在此之前。作为时间相互衔接且实施空间较为接近的三个事件，如果时间排列发生变化，彼此之间的影响以及因果关系显然应该重新探讨。

① （日）村井恭子《唐宣宗时期的西北边境政策试析》，《唐研究》第16卷，第279—304页。
② 王忠《新唐书吐蕃传笺证》，第160页；李鸿宾《唐代朔方军研究》，第299—304页。

一、唐政府对归义军辖区的设定

在唐朝收复陇右东部一带的三州七关之前，即大中二年（848）三四月间，张议潮已经自河西西部的沙州起事，开始驱逐吐蕃统治者[1]。为了获得唐政府的承认和支持，在占领沙、瓜二州后，张议潮派遣押衙高进达等人奉表长安。此即敦煌写本《敕河西节度兵部尚书张公德政之碑》（以下简称《张淮深碑》）所载的："敦煌、晋昌收复已讫，时当大中二载。题笺修表，纡道驰函（自注曰：沙州既破吐蕃，大中二年，遂差押衙高进达等，驰表函入长安城，已〔以〕献天子）。"[2]在天德军防御使李丕的协助

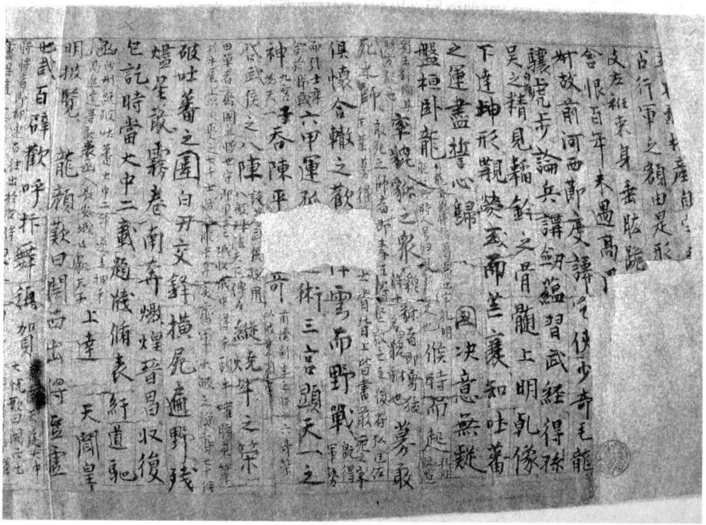

图1-11 敦煌写本《张淮深碑》（局部）

① 李正宇《张议潮起义发生在大中二年三、四月间》，《敦煌学辑刊》2007年第2期，第25—28页。

② 录文参见荣新江《归义军史研究》，第401页。

下，大中五年（851）二月，沙州使者到达长安[①]。

据敦煌写本《张淮深碑》的记载，当唐宣宗看到张议潮的进表时，“龙颜叹曰：‘关西出将，岂虚也哉！’百辟欢呼，抃舞称贺。便降驲骑，使送河西旄节，赏赍功勋，慰谕边庭收复之事，授兵部尚书万户侯”[②]。其中虽不乏溢美之词，但唐政府对张议潮的归附无疑持一种欢迎的态度。《资治通鉴》卷二四九“唐宣宗大中五年春正（二）月壬戌”条载：“天德军奏摄沙州刺史张义潮遣使来降……以义潮为沙州防御使。”[③]《新唐书·吐蕃传》也言：“擢义潮沙州防御使。”[④]从唐政府收复三州之后

---

① 对于张议潮起事后所遣入京使团的情况，学者多有关注。如赵贞、李军、陈国灿及陈涛探讨了沙州使团的行进路线问题；杨宝玉先生则指出在大中五年有三个般次的沙州使团到达长安，各个使团分别承担了不同的使命。（赵贞《大中二年（848）沙州遣使中原路线蠡测》，《中国边疆史地研究》2002年第3期，第89—92页；李军《唐大中二年沙州遣使中原路线献疑》，《中国边疆史地研究》2010年第1期，第100—105页；陈国灿《读〈杏雨书屋藏敦煌秘笈〉札记》，《史学史研究》2013年第1期，第113—122页；陈涛《唐大中年间沙州遣使中原路线新说——以敦煌本〈驿程记〉为中心》），《兰州学刊》2015年第8期，第46—49页；杨宝玉《大中二年张议潮首次遣使入奏活动再议》，《兰州学刊》2010年第6期，第1—4页）

② 录文参荣新江《归义军史研究》，第401页。

③《资治通鉴》卷二四九“唐宣宗大中五年春正（二）月壬戌”条，第8044—8045页。对于《资治通鉴》中唐政府以张议潮为沙州防御使的记载，日本学者森安孝夫先生认为是出自司马光的杜撰，或者此职与河西道观察使一样都得到唐廷的赐授，唐廷给他授予此职，实质上就是承认了他将来要担任河西都防御使（（日）森安孝夫《河西帰義軍節度使の朱印とその編年》，《内陸アジア言語の研究》第15号，中央ユーラシア学研究会，2000年，第54—55页）。对此，冯培红先生已有精彩的辨证（冯培红《归义军节度观察使官印问题申论》，刘进宝、高田时雄主编《转型期的敦煌学》，上海：上海古籍出版社，2007年，第298—299页）。

④《新唐书》，第6108页。

设置秦、原等州防御使的举措看，在新复地设置防御使也是唐政府的统一政策[①]。通过对当时河西地区形势的分析，可知唐政府这种加强防御的举措很有必要。因为大中二年沙州首批使团离开沙州时，张议潮仅收复了瓜、沙二州，而其却要承担西部伊州以及东部肃、甘、凉等州吐蕃势力的双重压力，虽然此时唐政府已收复三州七关之地，但与瓜、沙之间仍有吐蕃隔阻，难以提供必要的协助，所以在唐政府看来沙州起义军的境况难以预料，设立防御使的主要目的大概是防止吐蕃势力的反扑。对于唐政府擢议潮为防御使的时间，诸书皆未载。据P.3720《赐僧洪䛒、悟真等告身及赠悟真诗》第一件告身及黄牒的记载，洪䛒和悟真两人于大中五年五月二十一日分别被赐予京城内外临坛供奉大德和京城临坛大德的称号，而张议潮被擢为沙州防御使可能与此同时，或稍早。

大中五年十月，张议潮所续遣的张议潭使团到达长安。与张议潭一同入朝的不仅有吴安正等官员，还有以惠菀为首的僧界代表。根据杜牧《樊川文集》所收相关诏书及《张淮深碑》的记载，可知张议潭此次被任命为沙州刺史，而吴安正、惠菀等人也得到唐政府的嘉奖。对于张议潭所献的图籍，《通鉴考异》引《实录》载："（大中五年）十月，义潮遣兄义泽以本道瓜、沙、伊、肃等十一州地图户籍来献。河、陇陷没百余年，至是悉复故地。十一月，建沙州为归义军，以张义潮为节度使，河、沙等十

①《唐代墓志汇编续集》景福〇〇一《唐郑州原武县令京兆王公墓志铭并序》，撰于景福四年，作者为强道。而强道自署职衔为"前原州防御推官将仕郎试秘书省校书郎"。强道自称"前原州防御推官"，证明其任职原州应在吐蕃广明年间再次占领原州之前。这也就证明唐政府收复原州之后，曾在原州设置防御使。

一州观察、营田、处置等使。”[①]《新唐书·吐蕃传》亦载：“沙州首领张义潮奉瓜、沙、伊、肃、甘等十一州地图以献……擢义潮沙州防御使，俄号归义军，遂为节度使。”[②]这就表明司马光、宋祁等人皆以为张议潮所献为十一州图籍，唐政府据图授地而已。

针对唐政府设置归义军的情况，荣新江先生指出：“从唐朝方面来说，沙州推翻吐蕃的统治，背蕃归唐，无疑是一件好事，因此很快就设归义军，给张议潮以控制十一州的观察使的虚名。这十一州中并不包括河西重镇凉州，亦可见唐朝君臣的心计。”[③]对此，黄楼先生提出不同的意见，认为宣宗在大中时期并没有主动收复河西的战略，更谈不上归义军同朝廷的明争暗斗问题[④]。诚如学者所言，大中年间宣宗并没有主动收复河西的战略。实际上，不仅是对河西，就算是在陇右地区，唐政府的措置也甚为有限。但宣宗无收复河西之战略并不能等同于唐政府无意限制归义军的势力。此外，对于唐政府授予归义军的十一州辖区乃据图授地的传统说法，也需要进一步探讨。

对于唐政府设置归义军的情况，《旧唐书·宣宗纪》大中五年（851）八月载：“沙州刺史张义潮遣兄义泽以瓜、沙、伊、肃等十一州户口来献，自河陇陷蕃百余年，至是悉复陇右故地。以义潮为瓜沙伊等州节度使。”[⑤]十一月又载：“沙州置归义军，以张义潮为节度使。”[⑥]据此，可知《旧唐书》的编撰者认为张

---

① 《资治通鉴》卷二四九“唐宣宗大中五年十月”条，第8049页。
② 《新唐书》卷二一六下《吐蕃传下》，第6107—6108页。
③ 荣新江《归义军史研究》，第157页。
④ 黄楼《唐宣宗大中政局研究》，天津：天津古籍出版社，2011年，第150页。
⑤ 《旧唐书》卷一八下《宣宗纪》，第629页。
⑥ 《旧唐书》卷一八下《宣宗纪》，第630页。

议潮所献的乃瓜、沙等十一州户籍，唐政府据图授地。《资治通鉴》卷二四九“唐宣宗大中五年十月”条亦载：“张义潮发兵略定其旁瓜、伊、西、甘、肃、兰、鄯、河、岷、廓十州，遣其兄义泽奉十一州图籍入见，于是河、湟之地尽入于唐。”[①]由此，可见司马温公的基本观点与《旧唐书》史臣相同，且认为张议潮在大中五年上表时已实际控制沙、瓜等十一州。此外，《通鉴考异》又云：“按张义潮以十一州降，河、渭已在其间，今延心复以河、渭降者，义潮所帅者汉民，延心所帅者蕃族也。”[②]而《资治通鉴》对张议潮以十一州图籍入献的记载，主要参考的史料应为《宣宗实录》《旧唐书·宣宗纪》及《新唐书·吐蕃传》。对此，《新唐书·宣宗纪》亦载：“（大中）五年十月，沙州人张义潮以瓜、沙、伊、肃、鄯、甘、河、西、兰、岷、廓十一州归于有司。”[③]同样将唐政府所授予归义军的十一州视为张议潮所进献者。但是，从行政区划上看，上述十一州涵盖了河西的大部分及陇右的一部分，无论是对于旧陇右道，还是分道之后的河西、陇右两道，都并非整体，且并非归义军所实际控制的区域，所以张议潮以上述十一州图籍入献于理不合。《唐会要》卷七一“州县改置下·陇右道沙州”条则载：

> 大中五年七月，刺史张义潮遣兄义潭将天宝陇西道图经、户籍来献，举州归顺。至十一月，除义潮检校吏部尚书兼金吾大将军，充归义节度，河沙甘肃伊西等十一州管内观察使，仍许于京中置邸舍。[④]

---

① 《资治通鉴》卷二四九“唐宣宗大中五年十月”条，第8048—8049页。
② 《资治通鉴》卷二四九“唐宣宗大中十一年十月”条，第8065页。
③ 《新唐书》卷八《宣宗纪》，第249页。
④ 《唐会要》卷七一《州县改置下》，第1502页。

《唐会要》所记之“七月”或为“十月”之误，而其记“义潮”之兄为“义潭”，显较诸书所记“义泽”更为准确。按照《唐会要》的记载，张议潭所献乃天宝年间陇西道图经。相对于张议潭以十一州图籍入献的记载，《唐会要》所载其以陇西（右）道图经进献的记载更为可信[①]。天宝年间陇右道的范围当与《唐六典》所载相同，即秦、渭、成、武、洮、岷、叠、宕、河、兰、鄯、廓、凉、甘、肃、瓜、沙、伊、西、北庭、安西等地[②]。

与天宝陇右道二十一州相比，归义军所领十一州中没有包括安西、北庭、凉、秦、渭、成、武、洮、叠、宕十州。既然唐政府设置归义军并没有采用据图授地的原则，也就证明其在选择时必有取舍。在上述十州中，安西、北庭此时在回鹘的控制之下。直至大中十年唐政府才得到庞特勤建牙安西的消息[③]，所以在大中五年之际无论是唐政府还是地处沙州的张议潮都对安西、北庭的情况并不明了，而此时唐政府已完全丧失了经营西域的雄心和能力，所以归义军所领不包括安西、北庭较为容易理解[④]。大中三年，唐政府已经设置秦成经略使，统秦、成两州之地。更为重

① 参（日）藤枝晃《沙州歸義軍節使始末》（一），《东方学报》第12本第3分，1942年，第88页。而据上举P.2748《（大中五年二月）天德军防御使李丕上宣宗表》的记载，似乎唐悟真于大中五年二月所上的为所谓的“河西地图”。对此，似乎存在两种可能性。其一，悟真所上为河西地图，张议潭所上为陇右道图籍，两者所上内容不同；其二，两者所上的内容本相同，但由于李丕明了张议潮并未收复陇右，且其对河西的情况却并不了解，故在上表中唯言悟真等人奉河西地图来降。

②《唐六典》卷三《尚书户部》，第68页。

③《唐大诏令集》卷一二八《议立回鹘可汗诏》，第692—693页。

④ 在大中五年归义军设置之时，西州同样在回鹘的控制之下。而归义军辖区包括西州，当与西州回鹘在大中五年入贡表示对唐政府归附有关。

要的是唐政府将秦州防御使升格为两州经略使，提高了秦州刺史的地位。唐政府大中五年起将秦州独立于凤翔节度的做法，充分体现出了对秦州的重视。唐政府不将渭、武、洮、叠、宕五州划归归义军，当是希望秦州经略使能掌控并经营这些地区。在咸通年间收复河、渭二州后，唐政府在秦州设置天雄军节度，并以此统秦、成、河、渭等州的做法，当是延续了大中朝已经形成的经营战略。唐政府授归义军十一州辖区时，之所以将凉州排除在外，应确如荣新江先生所说，在一定程度上反映出唐政府经营河陇的战略思想。至于此后一段时间里唐政府没有主动收复失地的状况，则属于另一个问题。这种状况在一定程度上延续了宣宗“取不在广，贵保其金汤；得必有时，讵计于迟速”的策略，即希望在不动干戈的情况下收复失地，这也是唐宣宗朝经营河陇的基本战略。

正是在上述战略的指导下，唐政府对归义军的发展保持了一种旁观的态度。在收复河陇大片失地的有利形势下，唐政府对河西重镇凉州一直没有采取任何实际的举措。对于大中十二年至咸通二年间张议潮东讨凉州的军事行动，朝廷方面也没有任何协助的举动。但从另外一个方面看，在大中十三年李明振前往长安献捷时，被宣宗敕授凉州左司马，此时凉州的西部应已被归义军收复，所以李明振之任当并非完全意义上的虚衔遥领；在李明振此次献捷之后，张议潮的称号也由原来的尚书进称为仆射，均在一定程度上体现出唐政府对归义军的支持，虽然这种支持只是停留在表面，实际上并没有起到多大的效果。

二、收复三州七关、经略党项与归义军设置之关系

在德宗建中四年（783）的清水会盟中，唐蕃确立了双方之

间的边界[①]，但吐蕃并没有恪守盟约的内容，时有侵入唐境以掳掠人口及财货之举。“平凉劫盟”更是将唐蕃关系推至冰点，从而进入了近二十年的关系恶化期。随着宪宗即位后主动缓和关系，再加上回纥所带来的军事压力，吐蕃于宪宗元和初年主动遣使与唐朝通好[②]。唐朝利用吐蕃急于重新订立盟约的心理，提出了“割还安乐、秦、原等三州”的要求[③]。宪宗之所以对其余陷蕃失地“舍而不言”，显然不是白居易所言的“但务早成盟约”，而是基于三州对于唐朝西北边防的重要地位。对于元和政局而言，控制秦、原、安乐三州，可以重新建构陇山防线，以增强防御吐蕃的能力。但对于宣宗而言，收复三州七关只是在形式上继承了宪宗之政，因为其所面临的外在军事形势已发生重大变化。

对于大中三年之际的宣宗而言，吐蕃的外在威胁基本上已经不复存在，内部的党项问题成其所面临的最为棘手的现实问题。对于陇右内徙党项对唐朝的威胁，曾任凤翔节度使的崔光远有着清醒的认识：“今凤翔近甸，秦、陇雄藩，北有党项之虞，西有羌、浑之患。或阻绝我道路，或侵轶我封疆。王师出征，则鸟散山谷；官军罢讨，则雨集郊圻。”[④]如果说党项的零星侵扰尚不至于动摇唐朝之根本，但其与吐蕃以及吐谷浑等部落的联合侵扰，则极大地威胁到了唐中央的安危。至德之后，西北内附的党

① 《旧唐书》卷一二五《张镒传》，第3548页；又见同书卷一九六下《吐蕃传下》，第5247页。

② （捷克）约瑟夫·科尔玛斯著，阿沛·晋美译《白居易致吐蕃当局书（公元808年—810年）》，《国外藏学研究译文集》第1辑，拉萨：西藏人民出版社，1985年，第139—165页。

③ ［唐］白居易撰，顾学颉校点《白居易集》卷五六，北京：中华书局，1979年，第1173页。

④ 《文苑英华》卷五八四《为崔郸公谢除凤翔节度使表》，第3021页。

项“常为吐蕃所诱，密以官告授之，使为侦道，故时或侵叛”[1]。郭子仪正是看到了党项、吐谷浑部落散处盐、庆等州，“其地与吐蕃滨近，易相胁”，故上表迁六府党项于银州之北、夏州之东，以期达到“以离沮之”的效果[2]。开成末年，西北党项种落愈繁，而唐朝西北藩镇在羊马贸易中加以盘剥，致使党项部落相率为乱，以至于灵、盐道路不通。虽然武宗在会昌年间曾频命使者前往邠宁、灵武、盐夏等处安抚党项，但实际效果并不明显。宣宗大中元年五月，吐蕃“乘武宗之丧，诱党项及回鹘余众寇河西，诏河东节度使王宰将代北诸军击之”[3]。对于吐蕃所侵扰的“河西”，学者指出应为盐州一带[4]。因为党项时常与吐蕃联合以寇略唐西北边地，故杜牧斥之为“兔伏鸟飞，为戎虏之耳目；狼心枭响，作郊畿之残贼”[5]。所以，在吐蕃王朝崩溃的形势下，党项问题就成为宣宗君臣亟待解决的核心问题。虽然重构陇山防线对于防范吐蕃的现实意义已大为降低，但三州七关的收复却可以断绝吐蕃和党项的联系，从而为宣宗君臣处理党项问题提供稳定的外部环境[6]。

从另外一个角度看，收复宪宗曾力图恢复的三州地区，也为宣宗提供了继绍宪宗元和之政的绝佳机会。这也是宣宗在收复三

---

①《旧唐书》卷一九八《党项羌传》，第5292页。

②《新唐书》卷二二一上《党项传》，第6216—6217页。

③《资治通鉴》卷二四八“唐宣宗大中元年五月”条，第8030页。对此，《新唐书》卷八《宣宗纪》大中元年五月载：“吐蕃、回鹘寇河西，河东节度使王宰伐之”，第247页；《新唐书》卷二一八《沙陀传》载“大中初，吐蕃合党项及回鹘残众寇河西，太原王宰统代北诸军进讨”，第6156页。

④ 荣新江《沙州张淮深与唐中央朝廷之关系》，第1—13页。

⑤《樊川文集》卷一五《贺平党项表》，第219页。

⑥ 周伟洲《早期党项史研究》指出：“唐朝收复了陇右三州七关，基本上解除了吐蕃与党项合势的危险。”（周伟洲《早期党项史研究》，第85页）

州七关后，匆忙之际在长安面见陇右遗黎及颁发《收复河湟德音》的原因。宣宗通过为顺宗和宪宗上尊号、举行上尊号大赦等方式，将三州七关的收复与宪宗之政进行了接续，从而实现了收复三州七关事件政治效应的最大化。通过收复三州七关并大肆宣扬自己的功绩，努力将自己的行动与宪宗取得联系，使宣宗获得了足够的政治权威，这也成为其此后可以顺利推行经略党项政策的前提。

《资治通鉴》卷二四八“唐宣宗大中三年七月”条在记载灵武、邠宁、凤翔等节镇收复失地事之后，又载：“诏邠宁节度权移军于宁州以应接河西。”[①]此处之“河西”，应指关内道北部东西纵流的黄河所夹地区[②]。对此，《新唐书·方镇表一》“邠宁”节度大中三年栏载：“邠宁节度以南山、平夏部落叛，徙治宁州，及归附，复徙故治。”[③]南山、平夏即党项南山部和平夏部，由此可见唐邠宁节度使改治于宁州，主要针对的是关内道北部的党项。《资治通鉴》卷二四九“唐宣宗大中九年三月”条又载：“诏邠宁节度使毕諴还邠州。先是，以河、湟初附，党项未平，移邠宁军于宁州，至是，南山、平夏皆安，威、盐、武三州军食足，故令还理所。”[④]宣宗在收复三州七关伊始，就出于对付党项的考虑，将邠宁节度移镇宁州，显示了收复三州七关与其后经略党项之间的密切联系。

① 《资治通鉴》卷二四八“唐宣宗大中三年七月”条，第8039页。
② 荣新江对晚唐史籍中出现的“河西”一词作过细致的考证，指出其“往往是指南自邠、宁，北到丰、胜，东至银、绥，西抵灵、武的地理范围”，也即关内道北部地区，而并非传统意义上的河西道。（荣新江《沙州张淮深与唐中央朝廷之关系》，第1—13页；又同作者《归义军史研究》，第176—182页）
③ 《新唐书》卷六四《方镇表一》，第1784页。
④ 《资治通鉴》卷二四九“唐宣宗大中九年三月”条，第8056页。

相对于党项，宣宗对河陇其余陷蕃失地的兴趣并不是太大。大中三年八月，唐政府对三州七关的收复工作基本完成。而在随后颁布的《收复河湟德音》中，充分体现了宣宗对于河陇其余失地的态度。诏书载：

> 三州七关创置戍卒，且要务静。如有羌戎潜来博易，辄不得容纳，委刺史切加禁断。或有投降吐蕃，到边上收取，本道令长吏奏取进止。呜呼！七关要害，三郡膏腴，候馆之残址可寻，唐人之遗风尚在。追怀往事，良用兴嗟。夫取不在广，贵保其金汤；得必有时，讵计于迟速。今则便务修筑，不进干戈，必使足食足兵，有备无患，载洽亭育之道，永致生灵之安。中外臣寮，宜体朕意。[1]

在诏书中，宣宗并没有表现出积极的进取态度，不仅对仍处于吐蕃控制之下的河陇大片失地态度暧昧，而且对允许边镇经营的西南地区，也只是允许山南西道、剑南、山川边界“量力收复”。对于收复失地所需要的武力，则“委本道差遣”。很明显，唐政府并没有形成收复失地的总体规划，而只是将收复失地的希望寄托于沿蕃边镇。诏令中“取不在广，贵保其金汤”“今则便务修筑，不进干戈”等言语，更是反映出宣宗满足于三州七关的收复，而以守境为主、不务进取的态度。

根据《新唐书·吐蕃传》的记载，唐政府在颁发《收复河湟德音》后，“又诏：朕姑息民，其山外诸州须后经营之”。[2]《新唐书·吐蕃传》虽未明确记载该诏颁发的具体时间，但却将其系

---

① 《唐大诏令集》卷一三〇《收复河湟德音》，第709页。
② 《新唐书》卷二一六下《吐蕃传下》，第6107页。

于大中三年收复三州七关与张议潮奉河陇十一州图籍入献之间；王忠先生则认为宣宗下此诏的时间应在大中五年二月之后[①]。或许是受到王忠对诏书断代的影响，李鸿宾先生进一步指出宣宗之所以放弃西进的计划，主要是出于三点考虑：其一，张议潮自立河西并向外扩张，威胁了唐朝西进的意愿；其二，党项及其他外族势力在西北地区的存在；其三，唐王朝内政的整治限制了其西进[②]。虽然《新唐书》对于宣宗所下诏书的内容语焉不详，但我们却可以根据其主旨思想对其进行溯源。《唐大诏令集·大中三年答宰臣上尊号》载：

> 敕旨：没陷河湟，百有余载。中原封界，咫尺戎疆。累圣含容，久劳征戍。伏思元和中将摅宿愤，常欲经营。属诛锄叛臣，未暇收复。今则恭行先志，克就前功。不远征兵，不劳财力。二（三）州之外，兼得七关。又取维州，粗成边业。尚以息民解甲，未收山外诸州，且以肆眚申恩，所以颁示天下。其御楼依所乞。
>
> 天（大）中三年十一月二十五日。[③]

敕书中所言的“以息民解甲，未收山外诸州，且以肆眚申恩”，正可与《新唐书·吐蕃传》所载的“朕姑息民，其山外诸州须后经营之”相对应。此外，敕书颁发的时间也符合《新唐书》的叙事顺序。由此，我们可以确定上述敕书应正是《新唐书·吐蕃传》中宣宗放弃经营山外诸州诏书的史源，只是欧阳修、宋祁将诏书内容稍作改编而已。

---

① 王忠《新唐书吐蕃传笺证》，第160页。
② 李鸿宾《唐代朔方军研究》，第299—304页。
③ 《唐大诏令集》卷六，第42页。

据《旧唐书·宣宗纪》的记载，唐朝收复维州的时间在大中三年九月辛亥[①]。《册府元龟·邦计部·俸禄四》大中三年九月敕则记载了秦成两州经略使的职田[②]，可知成州之复当此之前。大中三年十二月己未，山南东道节度使郑涯又奏收复扶州[③]。在形成上述“六郡连收，七关尽复”的局面后，宣宗政府主要是采取措施以恢复对新复地的控制，对于其余的陷蕃失地则保持了“息民解甲”的态势。正因为如此，在大中四年十一月己亥所颁发的敕文中，所收复的陷蕃失地仍然是秦、原、威（原安乐州）、武（原萧关）以及成、维、扶三州[④]。虽然唐政府在《收复河湟德音》中，对其余陷蕃失地并没有显示出积极进取的态度，但毕竟还允许山南及剑南等道量力收复，而到此时已转变为不许用兵，表明宣宗对陷蕃失地的态度更加趋于保守。

宣宗收复三州七关的初衷更多是在通过继绍宪宗之政的名义转移内部矛盾，对外经略本非其真正的意图。如果说收复三州七关尚属于宣宗的主动之举的话，成、维、扶三州的收复则完全是在缘边藩帅主导下完成的功业。在收复陇山一线的三州七关以及剑南重镇维州之后，宣宗在完成继绍宪宗的政治目的之余，已经超额完成此前的战略目的。在这种背景下，宣宗关注的重点由收复陷蕃失地转移到了更称得上腹心之患的党项问题上来。虽然唐朝因为“党项为边患，发诸道兵讨之”，已经出现了“连年无

---

① 《旧唐书》卷一八下《宣宗纪》载为大中三年九月辛亥。《新唐书》卷八《宣宗纪》（第248页）、《资治通鉴》卷二四八（第8040页）均将维州收复的时间系于大中三年十月。

② 《册府元龟》卷五〇八《邦计部·俸禄四》，第6095页。

③ 《资治通鉴》卷二四八“唐宣宗大中三年十二月”条，第8041页。

④ 《旧唐书》卷一八下《宣宗纪》，第628页。

功，戍馈不已”的困境[①]，但宣宗还是在大中四年年底加大了对党项的讨伐力度，先后以翰林学士刘瑑为京西招讨党项行营宣慰使、以凤翔节度使李业、河东节度使李拭并兼招讨党项使[②]。

大中五年二月，张议潮派遣的沙州使团到达长安，给宣宗带来了张议潮在沙州起事且已经占领沙、瓜二州的消息，唐政府因此授议潮以沙州防御使[③]。虽然史书没有记载张议潮获得该项任命的具体时间，但据P.3720所收录的洪䛒告身，可知洪䛒是在大中五年五月二十一日始获得京城临坛大德并赐紫的册封[④]，由此可以推知张议潮获任沙州防御使应与洪䛒受册封的时间相同或稍早。沙州使者入朝之际正是唐政府大规模征讨党项的战争间隙，

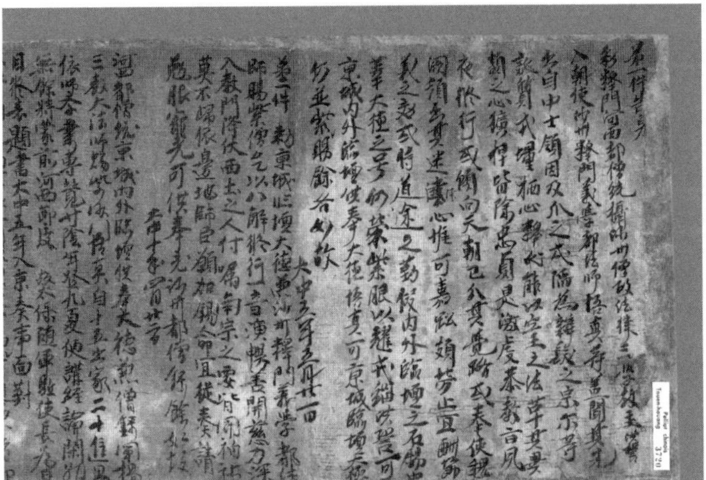

图1-12 P.3720《敕河西都僧统洪䛒都法师悟真告身》

① 《资治通鉴》卷二四九“唐宣宗大中四年八月”条，第8043页。

② 《资治通鉴》卷二四九“唐宣宗大中四年十一月”条，第8044页。

③ 《资治通鉴》卷二四九“唐宣宗大中五年十一月”条下《通鉴考异》引《实录》，第8049页。

④ 《法藏敦煌西域文献》第27册，上海：上海古籍出版社，2002年，第112页。

宣宗君臣没有太多的精力顾及此事。作为沙州使团的首领，悟真求取中央政治及军事支持的使命被搁置一旁，只能与两街高僧大德进行诗歌酬唱。三个多月后，已经占据沙、瓜二州且号称控制河西的张议潮，才被唐政府授予沙州防御使一职。在针对党项的征伐久讨无功的情况下，宣宗“以南山、平夏党项久未平，颇厌用兵”。大中五年四月，平夏党项归附；八月，在唐军的持续打击和分化下，南山党项也放弃抵抗。由于“时用兵岁久，国用颇乏，诏并赦南山党项，使之安业”，宣宗与之相配套的措施就是选拔儒臣以替代残暴之边帅[①]。对党项旷日持久的战争，使得宣宗充分认识到西北经略问题的复杂性。所以在大中五年十月张议潮遣张议潭以陇右道图籍入献之际，宣宗君臣并没有沿用对于首次沙州使团的拖延态度，而是次月就在沙州设置归义军节度，以张议潮统辖河陇十一州的广大区域[②]。

宣宗对归义军辖区的设定，应该是唐朝考量现实情况之后所作出的。三州七关的收复只是激发了宣宗经营党项的勇气，对于陇山以西，尤其是河西地区并未有任何的举措。党项问题的草草收场，使得宣宗对政治形势有了更为清晰的判断。由此，唐中央政府针对党项的政策由此前的军事讨伐演化成儒臣治理。对于帝都侧近的党项尚且如此处理，如何奢望宣宗君臣能有以武力向西推进疆域的勇气。唐蕃以陇山一线分界已是近百年的事实，虽然此前朝臣中屡有收复河陇的提议，但均不了了之。在吐蕃内乱、回鹘败亡的情况下，勇于征伐的武宗尚且只是以密诏告知缘边诸镇，密切注意吐蕃动向。急于摆脱国内政治危机的宣宗，在论恐热归附的情况下，也只是利用陆耽等人宣慰、侦查。直至论恐热

---

① 许超雄《唐宣宗大中时期西北节帅的儒臣化》，《魏晋南北朝隋唐史资料》第39辑，第201—215页。

② 《资治通鉴》卷二四九“唐宣宗大中五年十月”条，第8048—8049页。

被迫远遁廓州之后，唐军才敢于真正出兵收复自宪宗以来就力图收复的秦、原、安乐三州之地，足见唐朝此时实力之弱。虽然其后有收复三州七关以及成、维、扶等地之成效，但大中四年之初，宣宗就停止了针对吐蕃的军事行动，转而处理内部的党项问题。

总的来看，大中三年正月，论恐热以秦、武、渭等陇右州郡降唐。二月，宣宗以陆耽为宣喻使前往宣喻。三月，则遣刘德训等人前往京西北探听虚实。在宰臣和边将反对经略的情况下，为了摆脱朝臣的限制，宣宗调整了宰臣及西北缘边藩帅群体。是年五月，论恐热入朝，希望能获得唐政府对其河、渭等地控制权的承认，但为宣宗所拒。在论恐热被迫远遁廓州的情况下，唐政府才真正开始收复三州七关。经过近两个月的军事行动，宣宗君臣的战略筹划得以实现，唐军最终顺利控制了三州七关地区。到了年底，宣宗通过给顺宗和宪宗加尊号的方式，强化了三州七关收复与元和之政的关联性。

三州七关的收复既为宣宗继绍宪宗之政提供了重要的素材，又在地域上切断了党项与吐蕃联合的可能性，从而为解决党项问题提供了相对有利的条件。与此同时，唐政府对三州七关的经略过程甚为拖沓，并未显示出宣宗对外经略或者收复河陇失地的雄心。三州七关的收复更大程度上是在外力的刺激下，宣宗为解决内部矛盾的一种尝试。在目的达到后，宣宗的目光随即转向内部的党项问题。宣宗本无意经略陇山以西的陷蕃地区，再加上党项问题的存在，所以宣宗君臣对张议潮的归附完全持欢迎的态度，这也是宣宗政府设置归义军以及在大中年间与归义军保持良好关系的原因所在。

第二章

河陇收复的完成与天雄、凉州、归义三节度分治

唐政府在收复三州七关后，随即开始对西北地区的新复地进行经营。具体到河陇地区，唐政府采取的最重要的措施就是设置归义军节度，以辖河陇十一州之地。由于受到党项等更为棘手的现实问题的困扰，宣宗对河陇其余失地并没有表现出积极的进取态度。所以，在大中年间唐政府与归义军关系较为稳定。随着皇权的更迭及河陇其余失地的陆续收复，懿宗咸通初年，唐政府经营河陇的总体战略与宣宗时期相比有了根本性的转变。懿宗君臣经营河陇战略的最核心部分，就是将本由归义军节度使所辖的河陇十一州、凉州及陇右东部地区析置归义、天雄、凉州三节度。由于史书对唐政府在河陇析置三节度的情况记载简略，且往往相互抵牾，所以本章希望在已有研究的基础上，对河陇其余陷蕃地区的收复及唐政府析置三节度的具体情况进行探讨[①]。

---

① 对于张议潮收复河西诸州的过程，荣新江先生进行了全面和深入的研究（荣新江《归义军史研究》，第148—155页）。冯培红先生在探讨归义军节度观察使官印问题时，关注到咸通初年懿宗君臣以河陇分设三节度的问题。但由于此问题与其论文主旨关系不大，故未做进一步探讨。详细情况可参冯培红《归义军节度观察使官印问题申论》，刘进宝、高田时雄主编《转型期的敦煌学》，第298—299页。其后，冯培红先生在《敦煌的归义军时代》中，也讨论了懿宗君臣在河陇析置三节度的问题（冯培红《敦煌的归义军时代》，第123—130页）。杨宝玉、吴丽娱《唐懿宗析置三节度问题考辨》则针对学术界所提出的“唐廷通过析置三节度以削弱归义军势力”以及与归义军争夺凉州的观点进行辩驳，认为唐中央析置藩镇并非为了削弱归义军，新设立的凉州节度很可能由张议潮兼管（杨宝玉、吴丽娱《唐懿宗析置三节度问题考辨》，《中国史研究》2017年第4期，第95—111页）。

第一节　归义军对凉州地区的收复

大中五年（851）十月，张议潮遣其兄张议潭奉陇右道图籍入献。是年十一月，唐政府在沙州设置归义军，以统河陇十一州之地。此时不仅陇右的大部分地区，就连原河西节度使的治所凉州都仍在吐蕃的控制之下，这种状况严重地威胁着新生的归义军政权。与此同时，唐政府虽然已经收复关内道的陷蕃地区，使得唐朝西北边镇的实际控制区已基本与凉州接壤，但唐政府在此后的数年之间迟迟未予收复[①]。所以，张议潮在率军西击罗布泊地区的退浑势力，北讨伊州纳职县的回鹘、退浑部，解除了沙州的后顾之忧后，于大中十二年（858）八月，开始了东征凉州吐蕃的征程[②]。

对于归义军收复凉州的时间，《新唐书》卷二一六下《吐蕃

---

① 孙楷第《敦煌写本〈张淮深变文〉跋》，《中央研究院历史语言所集刊》第7本第3分，1937年；此据周绍良、白化文编《敦煌变文论文录》下册，上海：上海古籍出版社，1982年，第723—749页。

② 荣新江《归义军史研究》，第151—152页。又可参荣新江、余欣《沙州归义军史事系年（大中六年—咸通二年）》，季羡林、饶宗颐主编《敦煌吐鲁番研究》第8卷，北京：中华书局，2005年，第71—88页。

传下》载为“咸通二年，义潮奉凉州来归”[①]；《新唐书·懿宗纪》记作“（咸通三年）三月戊寅，归义军节度使张义潮克凉州”[②]；《资治通鉴》卷二五〇“唐懿宗咸通四年三月”条则载“归义军节度使张义潮奏自将蕃、汉兵七千克复凉州”[③]。如此，关于归义军收复凉州的时间就有“咸通二年”“咸通三年三月戊寅（十日）”“咸通四年三月”三种记载。岑仲勉先生据《资治通鉴》卷二五〇“唐懿宗咸通四年正月”条所载刘蜕以西凉筑城谏懿宗事，指出此事与同卷张议潮奏克复凉州事在时间上次序混乱，《新唐书·懿宗纪》中著有日期，似更为可信，而《新唐书·吐蕃传》所载的咸通二年应为三年之讹[④]。苏莹辉先生则根据敦煌文献S.6342《张议潮处置凉州进表并批答》的记载，指出归义军收复凉州确在咸通二年，《资治通鉴》所载的咸通四年（863）三月是张议潮献表报捷的时间[⑤]，证明了《新唐书·吐蕃传》记载的可信性。但将咸通四年三月视为张议潮献表的时间，可能还存在一定的问题。

归义军收复凉州后，河西通长安的道路基本已经畅通。据P.3643p15《咸通二年三月八日齐像奴出租地契》，可知在唐政府

① 《新唐书》卷二一六下《吐蕃传下》，第6108页。

② 《新唐书》卷九《懿宗纪》，第257页。

③ 《资治通鉴》，第8104页。

④ 岑仲勉《通鉴隋唐纪比事质疑》“收复凉州”条，第315—316页。

⑤ 苏莹辉《论张义潮收复河陇州郡之年代》，1968年；此据同作者《敦煌论集续编》，第11页。

图2-1 P.3643p15《咸通二年三月八日齐像奴出租地契》

改元之后仅四月余，敦煌已经获知消息①。如此，则很难解释为何在归义军收复凉州一年多之后，唐政府才得到张议潮收复凉州的消息。此外，如将咸通四年三月视为归义军献表的时间，则同样与咸通四年正月之前唐政府已开始修筑凉州城的记载相矛盾。而对比《新唐书·懿宗纪》和《资治通鉴》的记载，两者均将张议潮上表事系于三月，似并非巧合。由是观之，张议潮收复凉州的时间，应确如《新唐书·吐蕃传》所言的咸通二年，《新唐书·懿宗纪》所载的“咸通三年三月戊寅”应是张议潮献表之日，而《资治通鉴》所载的“咸通四年三月”当系将议潮献表事向后误移一年。

对于张议潮收复凉州的情况，史书阙载，敦煌写本《张淮

① 荣新江《归义军史研究》，第45页。又见荣新江、余欣《沙州归义军史事系年（大中六年—咸通二年）》，季羡林、饶宗颐主编《敦煌吐鲁番研究》第8卷，第83页。

深碑》中则有所描述：

> 姑臧虽众，（原注：姑臧者，凉州郡县名。）勍寇坚营，（原注：勍寇者，强壮之贼兵是也。）忽见神兵，动地而至，无心掉战，有意逃形，奔投星宿岭南，苟偷生于海畔。我军乘胜逼逐，虏群畜以川量；掠其郊野，兵粮足而有剩；生擒数百，使乞命于戈前；魁首腰斩，僵尸染于蓁莽。良图既遂，摅祖父之沉冤。①

对于文中的“姑臧”，学者或直接视为凉州。如此，则容易给人带来一种印象：《张淮深碑》中所载的就是归义军收复凉州的全过程，吐蕃被归义军迅速击败后，逃到了星宿岭南和青海湖畔，归义军随即收复凉州全境。敦煌文献中确多用姑臧指代凉州，但我们不应忽视的是，《张淮深碑》的注释者以“凉州郡县名”来注释“姑臧”，似表明注释者此举另有深意。注释者既然把姑臧看作凉州的县名，也就是说其并不把姑臧视为整个凉州，而《张淮深碑》中所记之战也就不能代表归义军收复凉州的整个战役。按照常理，凉州的郭下县姑臧较神乌县更能代表凉州，但在与参加凉州战役的归义军军将相关的记载中，似乎对凉州的神乌县更为重视。如莫高窟第148窟《唐宗子陇西李氏再修功德记》就记载李明振“拔帜扶囊，龙韬尽展，克复神鸟（乌），而一戎衣”。根据上述记载，荣新江先生指出李明振跟随张议潮参加了收复凉州之役②。P.4640（7）《住三窑禅师伯沙门法心赞》则载禅伯“既平神乌，克复河湟”；同卷《沙州释门索法律窟铭》云：

① 录文参荣新江《归义军史研究》，第401页。
② 荣新江《归义军史研究》，第154页。

其前亡兄子有三。次子押牙忠顗，勇冠三军，射穿七札；助收六郡，毗赞司空；为前矛之爪牙，作后殿之耳目。飘风鸟阵，决胜先行；虎搏盘蛇，死无旋踵。誓肠绢于绿草，而不顾生还。许国之称已彰，攻五凉而克获。驻军神乌，镇守凉城；积祀累龄，长冲白刃；俄然枕疾，殂殒武威。①

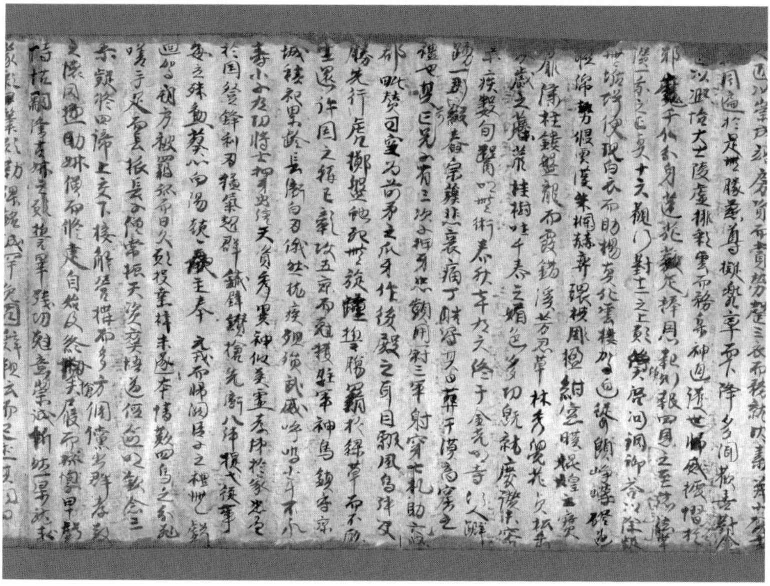

图2-2 P.4640《沙州释门索法律窟铭》（局部）

从关于索忠顗的记载来看，其先“驻军神乌”，尔后“镇守凉城”，最终“俄然枕疾，殂殒武威”。这似反映出归义军收复凉州并非一蹴而就，而是有一个循序渐进的过程：归义军首先收复凉

① 郑炳林、郑怡楠辑释《敦煌碑铭赞辑释》（增订本），上海：上海古籍出版社，2019年，第294页。

州西部的神乌等地，然后以此作为跳板，最终攻克凉州全境[①]。此外，敦煌文献还有多处与凉州西部的嘉麟县有关的记载。如据S.4622v《百姓高盈信请取兄沙州任事状》[②]，可知当时高盈信之兄在“加（嘉）隣（麟）镇将、弟高进达边”。文书中提到高盈信的兄长先随张议潮于咸通八年（867）入京，后流落到嗢末，经数年后，于寅年到达灵州。寅年应为庚寅年，即咸通十一年（870）[③]。而文书又作于咸通十一年之后数年，所以当在咸通末年、乾符初年。S.2589《唐中和四年十一月一日肃州防戍都营田索汉君等状》亦载：“游弈使白永吉押衙阴清儿等，十月十八日平善已达嘉麟，缘凉州闹乱，郑尚书共□□诤位之次，不敢东行，宋润盈一行□□凉州未发。”[④]可证嘉麟与归义军关系密切。与姑臧、神乌及嘉麟的特殊地位相较，为笔者管见，似乎并没有见到晚唐时期归义军与凉州东部昌松县相关联的记载。姑臧为凉

① 荣新江、余欣先生指出：“按神乌，唐凉州所辖五县之一，位在凉州城西旧郭，索忠顗等驻军于此，控制凉州西半部。”（荣新江、余欣《沙州归义军史事系年（大中六年—咸通二年）》，《敦煌吐鲁番研究》第8卷，第84页）

② “高盈信”，《英藏敦煌文献》以及施萍婷主撰稿、邰惠莉助编《敦煌遗书总目索引新编》（北京：中华书局，2000年）皆作“富盈信”。据文书中所提到的“弟高进达”，可知“盈信”姓“高”。

③ 郑炳林《敦煌写本〈张议潮处置凉州进表〉拼接缀合与归义军对凉州的管理》，季羡林主编《敦煌吐鲁番研究》第7卷，北京：北京大学出版社，2004年，第384页。

④ 录文参唐耕耦、陆宏基《敦煌社会经济文献真迹释录》第4辑，北京：全国图书馆文献缩微复制中心，1990年，第485页；图版见《英藏敦煌文献（汉文佛经以外部份）》第4册，成都：四川人民出版社，1991年，第111页。“索汉君”，《英藏敦煌文献》作“康使君”，此据荣新江《归义军史研究》（第304页）订正。另参同作者《〈英藏敦煌文献〉写本定名商补》，《文史》2000年第3辑；收入同作者《敦煌学新论》，兰州：甘肃教育出版社，2002年，第193—194页。

州州治所在地，自是归义军统治凉州的重心。而从神乌和嘉麟的地理位置上看，两县俱以汉故鸾鸟县置，为凉州西部之重镇。结合上举敦煌文献的记载，似乎暗示凉州收复初期，归义军在凉州统治的重心在凉州地区的西半部。这可能与归义军在收复凉州的战役中，较早地收复凉州西部的神乌和嘉麟有关。由于归义军的势力进入这些地区的时间较早，所以对这些地区的统治也较为稳固和完备。

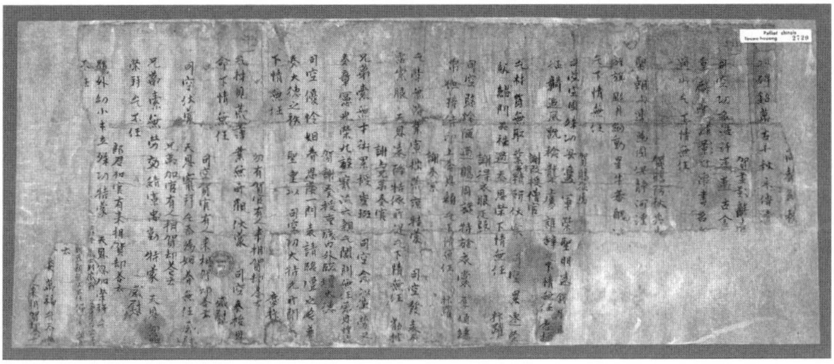

图2-3 P.2729《归义军僧官书仪》

对于唐政府在归义军收复凉州后的态度，在P.3715p1+P.5015+P.2729《归义军僧官书仪》中有所涉及。此件书仪由三件文书拼接缀合而成。其中，对于P.2729号文书，《敦煌遗书总目索引》定名为《尺牍底稿》，并认为文书上的对象均为司空，即张议潮[①]；唐耕耦、陆宏基《敦煌社会经济文献真迹释录》拟名为《贺赐征马和谢改授僧官等书状（十四件）》[②]，且附有录文。赵和平先生在整理敦煌文献的过程中，将P.3715p1与P.2729号文书

① 商务印书馆编《敦煌遗书总目索引》，北京：中华书局，1983年，第271页。
② 唐耕耦、陆宏基《敦煌社会经济文献真迹释录》第5辑，北京：全国图书馆文献缩微复制中心，1990年，第352页。

进行了拼接缀合，并将拼合后的文书定名为《归义军僧官书仪》[①]。赵和平先生对文书的定名得到学术界的支持，《敦煌遗书总目索引新编》和《法藏敦煌西域文献》均采用了上述定名。但遗憾的是，《法藏敦煌西域文献》仅将P.2729号文书定名为《归义军僧官书仪》，而将P.3715p1号文书定名为《归义军贺文书仪》，并且没有指出两者之间的关系。

需要指出的是，虽然这件文书的内容在性质上属于书仪，但文书中所载的“贺破贼恩赐褢疮帛”“贺画影麟台”“贺赐征马”等内容，应为写实而非虚构，是反映咸通年间归义军与唐政府之间关系的重要史料。由于P.2729号文书卷首下端缺失，致使文书中内容最为重要的“贺画影麟台”“贺赐防秋兵马”等部分内容后半部残缺，影响了学界对文书整体内容的理解。笔者在阅读敦煌文献时，发现P.5015在内容、形式、笔迹上都与P.2729、P.3715p1相近或相同，可与上述两件文书缀合[②]。P.5015的内容如下：

1. ▭天下归心，圣仁（人）所

2. ▭召往来今谁能

3. ▭庆抃

4. ▭特借天威，颁师出□

① 赵和平《敦煌表状笺启书仪辑校》，南京：江苏古籍出版社，1999年，第284—291页。

② 由于P.5015仅存六行，所以很少引起学者的注意。商务印书馆编《敦煌遗书总目索引》将其定名为《残文（六断行为庆祝文）》，施萍婷主撰稿、邰惠莉助编《敦煌遗书总目索引新编》继承了这一说法；而《法藏敦煌西域文献》则将其定名为《书仪》，都没有注意到其与P.2729 、P.3715 p1之间的拼接缀合关系。

5. □波逃，边疆永古（固）。

6. □庆抃[1]

而P.2729的相关内容如下：

（上略）

贺画影麟台

司空功名浩汗，迹迈古金（今）□

重，麟台缋（绘）影，竹帛书名，□

过此，厶乙下情无任□

贺赐防秋兵马

圣朝与（以）边为国，保静河湟□

旌旗飏月，剑动星牛，蕃丑□

厶乙下情无任□

（下略）[2]

其中P.5015第2行之“召”字，第5行之“波”字，都是与P.2729缀合后方能识别；第3行、第6行之“庆抃”二字，均与P.2729文书的“厶乙下情无任”相连，证明两件文书本为一卷。

由于唐耕耦、赵和平先生对P.2729均进行了录文，赵和平先生更是对P.3715p1、P.2729进行了缀合，而P.2729后半部分文书与本文的关系不是太大，所以本文在参考赵和平先生研究的基础上，仅对能反映P.5015与P.3715p1、P.2729缀合关系及与下文研究有关的部分录文如下：

---

① 图版见《法藏敦煌西域文献》第34册，上海：上海古籍出版社，2005年，第19页。

② 图版见《法藏敦煌西域文献》第18册，上海：上海古籍出版社，2001年，第1页。

贺破贼贺将军亦

蕃贼平（凭）凌，辄为侵扰，官［军］鼓怒，大袭凶渠，旗帜才交，犬戎［大］败，厶乙下情无任庆快。

贺破贼恩赐裹疮帛

边军克捷，表奏龙颜，圣上优勤，特加缣帛，

三军受赐，雄猛倍常。士卒沾恩，危亡岂顾？

厶乙下情无任庆抃。

贺赐衣甲枪旗

边城久交戎虏，袭逐不恒；圣上忧劳，特赐

军器；此皆司空威雄所置（致），六亲无任庆抃。

贺立德政碑

□□□□素高声猷，积▭

以碑铭，万古千秋，永传青▭

贺画影麟台

司空功名浩汗，迹迈古金（今）。天下归心，圣仁（人）所重，麟台缋（绘）影，竹帛书名。召往来今谁能

过此，厶乙下情无任庆抃。

贺赐防秋兵马

圣朝与（以）边为国，保静河湟，特借天威，颁师出□，

旌旗飚月，剑动星牛。蕃丑波逃，边疆永古（固），

厶乙下情无任庆抃。

贺赐征马

司空定国殊功，安边军策，胜明远锡，特赐

征骑。追风既稔，袭虏谁辞，厶乙下情无任庆抃

赵和平先生在上述文书的“题解”中，进一步指出这件文献的主人或撰写者很可能是咸通二年（或三年）至咸通十年任沙州

归义军都僧统的翟法荣，文书作于咸通年间，文书内容不晚于咸通八年[①]。由此，我们认为文书中《贺破贼贺将军亦》所称的“蕃贼平（凭）凌，辄为侵扰，官［军］皷怒，大袭凶渠，旗帜才交，犬戎［大］败”，应指张议潮率军收复凉州地区而言，可与《张淮深碑》中“姑臧虽众，勍寇坚营，忽见神兵，动地而至，无心掉战，有意逃形”的记载相对应。《贺破贼恩赐裹疮帛》所言的“边军克捷，表奏龙颜，圣上优勤，特加缣帛”应指张议潮咸通二年收复凉州后，遣使入京报告消息之事。文书中所记张议潮立德政碑的情况，为其他敦煌文献所不载，故立碑的时间和具体情况不详。张议潮为了庆祝收复凉州之功，于咸通二年至咸通六年（865）正月十五日之间开凿了莫高窟第156窟[②]，其所立德政碑可能与156窟的开凿有一定的关系。从上举文书的

图2-4 莫高窟第156窟 张议潮统军出行图（局部） 晚唐

① 赵和平《敦煌表状笺启书仪辑校》，第291—295页。

② 贺世哲《从供养人题记看莫高窟部分洞窟的营建年代》，敦煌研究院编《敦煌莫高窟供养人题记》，北京：文物出版社，1986年，第209页。

内容来看，唐政府赐予归义军裹疮帛、衣甲枪旗、征马等物，还给予张议潮“画影麟台”的殊荣[①]，当是表彰张议潮收复凉州之功，由此可见唐政府对凉州收复一事的重视。

① 唐代的麟台指代有二：一为唐秘书省；二为麒麟阁的别称。秘书省为藏书之所，当与绘功臣图形无关。汉宣帝时有麒麟阁，为图绘功臣之所，多省作麟阁，也作麟台。唐朝为表彰股肱之臣，常绘其图形于凌烟阁，所以归义军文人所贺张议潮“画影麟台”，当借汉宣之典故，实指唐懿宗为表彰张议潮收复凉州之功，而绘其图形于凌烟阁而言。

第二节 河、渭等州收复时间略考

河州，治今甘肃临夏，为唐代河陇地区的军事重镇。唐人有言："河州军镇要冲，屯田最多。"[①]顾祖禹《读史方舆纪要》则言河州"抵角河西，肘腋陇右"，为"中外之要防"[②]。吐蕃占领河陇地区后，在河州设立节度使，并将其作为吐蕃东境五节度大使的驻跸之地，成为吐蕃统治河陇地区的政治、军事中心[③]。在很大程度上，河州的得失可以反映出唐蕃势力在河陇的消长情况。根据史书记载，唐政府收复陇右之渭州应与河州在同一时间，所以，对于河、渭二州的收复问题可一并讨论[④]。

高璩撰《白敏中墓志铭》载："公奉神算，征天下兵，捉险

---

① 《文苑英华》卷九二〇张说《河州刺史冉府君神道碑》，第4846页。

② ［清］顾祖禹《读史方舆纪要》，北京：中华书局，1955年，第2631页。

③ 杨铭《吐蕃统治敦煌研究》，台北：新文丰出版公司，1997年，第1—20页。

④ 苏莹辉先生曾根据《旧唐书·宣宗纪》及《收复河湟德音》的相关记载，认为唐政府在大中三年七月之前已经收复了包括河、鄯、兰、岷、廓五州在内的河湟流域（苏莹辉《论张义潮收复河陇州郡之年代》，1968年。此据同作者《敦煌论集续编》，第8—9页）。但《旧唐书·宣宗纪》所载唐政府大中三年七月已收复河湟的记载显然有误，所以对于唐政府收复河、渭二州的时间需进一步探讨。

徼利，纳七关与秦、武、渭三州，度陇山还为内地……理□州，立天雄军，置威州。”①如此看来，高璩将渭州视为宣宗朝所收复的“三州”之一，而渭州是与秦、武及七关同时被收复的。而根据《资治通鉴》的记载，大中三年（849）六月泾原节度使康季荣取原州及石门、驿藏、木峡、制胜、六磐、石峡六关。七月，灵武节度使朱叔明取安乐州，邠宁节度使张君绪取萧关，凤翔节度使李玭取秦州。八月，唐政府改安乐州为威州。所以，按照高璩的记载，渭州的收复当在大中三年六月至八月间。但高璩的说法存在不少疑点。首先，高璩将“秦、武、渭”三州等同于宣宗时期所收复的“三州七关”之“三州”，本身就存在一定的问题。根据史书及《收复河湟德音》的记载，唐政府于大中三年八月之前所收复的“三州”为秦、原、安乐（威）州。高璩所言之武州，本为原州之萧关。而据上文所考，大中五年（851）唐政府始以萧关置武州，所以高璩不列原州、安乐（威）州，而列武州、渭州，本身就存在一定的问题。其次，无论是《资治通鉴》，还是《新唐书》的《吐蕃传》及《高骈传》，都记载吐蕃酋长尚延心因国亡无所归，故以河、渭二州降唐，被唐朝任命为河渭都游弈使，这也就证明唐朝是同时收复河、渭二州的。高璩《白敏中墓志铭》却仅载白敏中收复渭州，不言河州，与理不合。再次，据《资治通鉴》所载，尚延心降唐后，曾以张议潮归唐为例，力挫唐朝将领吞并吐蕃降部之企图，且《新唐书·吐蕃传》也将尚延心降唐事置于张议潮归唐之后。由此，唐政府收复河、渭二州必在大中五年之后。综上所述，高璩所言白敏中于大中三年左右收复渭州的记载并不可信。

由于《资治通鉴》所依据的原始资料，即林恩之《补国史》

---

① 吴钢主编《全唐文补遗》第3辑，第245页。

未载尚延心以何年月降，所以《资治通鉴》卷二四九将尚延心以河、渭归降事附于宣宗大中十一年李承勋移镇泾原事后。其年“十月己巳”条载：

以秦成防御使李承勋为泾原节度使。承勋，光弼之孙也。先是，吐蕃酋长尚延心以河、渭二州部落来降，拜武卫将军；承勋利其羊马之富，诱之入凤林关，居秦州之西。承勋与诸将谋执延心,诬云谋叛,尽掠其财,徙其众于荒远；延心知之,因承勋军宴,坐中谓承勋曰：“河、渭二州,土旷人稀,因以饥疫。唐人多内徙三川,吐蕃皆远遁于叠宕之西,二千里间,寂无人烟。延心欲入见天子,请尽帅部众分徙内地,为唐百姓,使西边永无扬尘之警,其功亦不愧于张义潮矣。”承勋欲自有其功,犹豫未许。延心复曰：“延心既入朝,落部内徙,但惜秦州无所复恃耳。”承勋与诸将相顾默然。明日,诸将言于承勋曰：“明公首开营田,置使府,拥万兵,仰给度支,将士无战守之劳,有耕市之利。若从延心之谋,则西陲无事,朝廷必罢使府,省戍兵,还以秦州隶凤翔,吾属无所复望矣。”承勋以为然,即奏延心为河、渭都游弈使，使统其众居之。[①]

同样是尚延心降唐事，《新唐书·吐蕃传下》却载：“沙州首领张义潮奉瓜、沙、伊、肃、甘等十一州地图以献……其后河、渭州虏将尚延心以国破亡，亦献款。秦州刺史高骈诱降延心及浑末部万帐，遂收二州，拜延心武卫将军。骈收凤林关，以延心为河、渭等州都游弈使。”[②]此外，《新唐书·高骈传》中也有类似

① 《资治通鉴》卷二四九“唐宣宗大中十一年十月己巳”条，第8064—8065页。
② 《新唐书》卷二一六下《吐蕃传下》，第6107—6108页。

的记载："党项叛，率禁兵万人戍长武。是时诸将无功，唯骈数用奇，杀获甚多。懿宗嘉之，徙屯秦州，即拜刺史兼防御使。取河、渭二州，略定凤林关，降虏万余人。"[①]从内容上分析，《资治通鉴》及《新唐书》皆言尚延心入凤林关、献河渭二州，且言唐政府以延心为河、渭都游弈使，地点与人物皆同，这也就充分证明两者所言本为一事。唯《资治通鉴》载尚延心降李承勋，时间在大中年间；《新唐书·吐蕃传》言降高骈，时间在咸通年间[②]。

对于《资治通鉴》所载尚延心降附事，司马光《通鉴考异》云：

> 此事出《补国史》。按张义潮以十一州降，河、渭已在其间。今延心复以河、渭降者，义潮所帅者汉民，延心所帅者蕃族也。又《补国史》不云延心以何年月降。《新传》但云张义潮降，其后河、渭州虏将尚延心以国破亡，亦献款。秦州刺史高骈诱降延心及浑末部万帐，遂收二州，拜延心武卫将军。骈收凤林关，以延心为河、渭等州都游弈使。按《旧传》，高骈懿宗时始为秦州刺史，《新传》误也。今从《补国史》。因承勋移镇泾原，并延心事置于此。[③]

---

① 《新唐书》卷二二四下《高骈传》，第6391页。

② 吕思勉先生则调和两种记载，推测："取河、渭二州，略定凤林关，降虏万人，则或延心为都游弈使，虽在骈刺秦州之前，而河、渭二州之大定，实在骈刺秦州之后。"（吕思勉《隋唐五代史》第九章《文武宣三朝事迹》第五节《吐蕃衰乱》，上海：上海人民出版社，2005年，第379页）但据下文所考，可知唐政府通过大中、咸通两个时间段收复河、渭二州的推论当不能成立。

③ 《资治通鉴》卷二九四"唐宣宗大中十一年冬十月"条下《通鉴考异》，第8065页。

《通鉴考异》所言张议潮率汉民，延心率蕃族分别降唐自为臆测，此点不辨已明。但即使是司马光作为原始史料的《补国史》，也没有记载尚延心以河、渭二州归附的时间，所以《资治通鉴》只能将尚延心归附事系于李承勋移镇泾原之时。令人不解的是，《资治通鉴》否定《新唐书·吐蕃传》记载的依据并非《补国史》中关于李承勋降服尚延心的记载，而是《旧唐书·高骈传》所载的高骈在懿宗咸通初年出任秦州刺史的时间。但不容忽视的是，无论是《新唐书·吐蕃传》还是《高骈传》，都没有否认高骈在懿宗咸通年间出任秦州刺史的事实。对于高骈出刺秦州的情况，《旧唐书·高骈传》载："会党项羌叛，令率禁兵万人戍长武城。时诸将御羌无功，唯骈伺隙用兵，出无不捷，懿宗深嘉之。西蕃寇边，移镇秦州，寻授秦州刺史、本州经略使。"[①]其中虽然没有明确记载高骈降伏尚延心，但其所言"西蕃寇边，移镇秦州"，可与《新唐书·高骈传》中高骈诱降尚延心部众及收复河、渭二州的记载相对应。两者相较，尚延心为高骈招降的可能性更大。

与此同时，无论是《资治通鉴》，还是《新唐书》都有尚延心为唐将（高骈或李承勋）诱入凤林关，随即献河、渭二州的记载。由此可见，凤林关与尚延心降唐之间存在着密切的关系。《新唐书·地理志四》"陇右道河州凤林县"条下注曰："北有凤林关，有积石山。"[②]《太平寰宇记·陇右道五》"河州凤林县"条则载："凤林关在黄河侧。"[③]据唐制，唐代有关二十六，

① 《旧唐书》卷一八二《高骈传》，第4703页。
② 《新唐书》卷四〇《地理志四》，第1041页。
③ ［宋］乐史撰，王文楚等点校《太平寰宇记》卷一五四《陇右道五》，北京：中华书局，2007年，第2970页。

分为上、中、下三等。其中，“京城四面关有驿道者为上关，余关有驿道及四面关无驿道者为中关，他皆为下关焉”[①]。下关者有七，凤林关居其一。永泰、大历年间，吐蕃曾遣使伦泣陵（论钦陵）入朝，“请以凤林关为界”[②]，但为代宗拒绝。沈亚之在《贤良方正直言极谏策》中，建议唐政府“令邠宁、泾原军皆出平凉道弹筝，邠宁军北固崆峒、守萧关，泾原军西遮木硖关；凤翔军逾陇出上邽，因临洮取凤林关；南梁军道凤逾黄花，因狄道会陇西”[③]，以防止吐蕃“大入灵武，寇西城”。由此可见，凤林关为唐蕃在西北地区着力争夺的重要关防。据道宣《释迦方志·遗迹篇第四》的记载，唐代经由河州的入蕃道程为“从河州西北渡大河，上曼（漫）天岭，减四百里至鄯州。又西减百里至鄯城镇，古州地也……至吐蕃”[④]。对于由河州入鄯州的道路，《武经总要·前集·边防》“河州”条亦载：“自州北百里过凤林关，渡黄河百四十里至鄯州龙支县。又百六十里至鄯州镇西军。”[⑤]龙支县南有小积石山，也即《释迦方志》所载的漫天岭，可见《释迦方志》与《武经总要》所述河州通鄯州的道路相同，而凤林关是河州通鄯州的必经之地[⑥]。尚延心率浑末为唐将诱入

① 《唐六典》卷六“尚书刑部司门郎中、员外郎”条，第195—196页。

② 《旧唐书》卷一九六下《吐蕃传下》，第5243页；《册府元龟》卷九九七《外臣部·悖慢》，第11704页。

③ 《文苑英华》卷四九二，第2520页。

④ ［宋］道宣著，范祥雍点校《释迦方志》卷上《遗迹篇》，北京：中华书局，2000年，第14页。

⑤ ［宋］曾公亮等《武经总要》卷一八下，影印文渊阁四库全书本，上海：上海古籍出版社，2003年，第726册，第548页。

⑥ 陈小平《唐蕃古道》，西安：三秦出版社，1989年，第48页。据学者考证，凤林关位于今炳灵寺石窟黄河南岸津渡，其地北临黄河，东据凤林川口，西瞻积石山，扼河州至鄯州交通，形势特别紧要（陈小平《唐蕃古道》，第48—51页）。

凤林关后，遂以河、渭二州降附，所以尚延心所率浑末很可能来自鄯州。传世文献中保留了多处高骈与凤林关相关的记载，可证招降尚延心、收复河州等地的确为高骈，而非李承勋。

《唐诗纪事》卷六三“高骈”条载：

> 骈，字千里，崇文孙也。生于长庆之首，卒于光启之间。家世禁卫，颇修饬，折节为文学，与诸儒交，硁硁谈治道。两军中人更称誉之，号落雕侍御。《赴安南却寄台司》云：“曾驱万马静江山，风去云回顷刻间。今日海门南面事，莫教还似凤林关。”[①]

根据《新唐书·吐蕃传》及《新唐书·高骈传》的相关记载，高骈所言“莫教还似凤林关”，应与其略定凤林关、诱降尚延心及浑末部众有关。此外，据《新唐书·懿宗纪》，咸通四年二月唐政府以“秦州经略使高骈为安南经略招讨使”[②]。而据《资治通鉴》二五〇“唐懿宗咸通四年二月”的记载，可知唐政府在调离高骈的同时，在秦州置天雄军节度，并以王晏实为节度使[③]。对于这样的结果，高骈显然无法接受。《新唐书·高骈传》又载：“咸通中，帝将复安南，拜骈为都护……容管经略使张茵不讨贼，更以茵兵授骈。骈过江，约监军李维周继进。维周拥众壁海门，骈次峰州，大破南诏蛮，收所获赡军，维周忌之，匿捷书不奏。

---

① ［宋］计有功《唐诗纪事》，北京：中华书局，1965年，第950页。《赴安南却寄台司》收入《全唐诗（增订本）》卷五九八，北京：中华书局，1999年，第6974页。

② 《新唐书》卷九《懿宗纪》，第258页。

③ 根据《资治通鉴》的记载，咸通四年二月唐政府置天雄军于秦州，王晏实担任了天雄军观察使。但据笔者下文考证，《资治通鉴》所记天雄军当为天雄军节度之误。

朝廷不知骈问百余日，诏问状，维周劾骈玩敌不进，更命右武卫将军王晏权往代骈。”[1]如将高骈招抚吐蕃与其赴安南进击南诏事相结合考虑，“莫叫还似凤林关”当系高骈对立下败吐蕃、收复河渭二州的功勋后，反为王晏实所代而表达的不满。

《全唐诗》收高骈《塞上曲二首》及《寓怀》等诗。其中，《塞上曲二首》云：

二年边戍绝烟尘，一曲河湾万恨新。
从此凤林关外事，不知谁是苦心人。
陇上征夫陇下魂，死生同恨汉将军。
不知万里沙场苦，空举平安火入云。[2]

结合高骈的生平及诗中所言及的“凤林关”，“二年边戍绝烟尘”当发生在高骈出任秦州刺史、秦成经略使期间。而“从此凤林关外事，不知谁是苦心人”又与上文“今日海门南面事，莫教还似凤林关”相对应，皆反映出其对唐政府的不满及郁郁不得志的心情[3]。其所作《寓怀》诗又载：

关山万里恨难销，铁马金鞭出塞遥。
为问昔时青海畔，几人归到凤林桥。[4]

① 《新唐书》卷二二四下《高骈传》，第6391—6392页。

② 《全唐诗（增订本）》卷五九八，第6977页。

③ 黄楼认为高骈由秦州调任安南，并先后数次被攘夺军功，源于田令孜及杨复光两派宦官势力集团的权力争斗。（黄楼《吐蕃尚延心以河、渭降唐事迹考略——兼论唐末高骈与宦官集团之关系》，武汉大学中国三至九世纪研究所编《魏晋南北朝隋唐史资料》第28辑，武汉大学文科学报编辑部，2012年，第202—213页）。

④ 《全唐诗（增订本）》卷五九八，第6975页。

诗中虽未提及凤林关，但却有“几人归到凤林桥”的感叹。据《元和郡县图志》“河州凤林县”条的记载：“后魏大统十二年，刺史杨宽于河南凤林川置凤林县，因以为名。”[①]而《水经注》引《秦州记》云：“枹罕原北有凤林川，川中则黄河东流也。河水又东，与漓水合。”[②]高骈诗中之“凤林桥”当与凤林川有关，而距凤林关不远。高骈在上述诸诗中所表达出的抑郁之情皆与河州之凤林关有关，这显然并非巧合。这也就进一步证明《新唐书·吐蕃传》中高骈诱延心入凤林关，随即收复河、渭二州记载的可信性。据高骈所言“从此凤林关外事，不知谁是苦心人”及“为问昔时青海畔，几人归到凤林桥”的记载，隐约显示出高骈曾率军出凤林关、入鄯州征讨吐蕃的信息，尚延心入凤林关降唐可为旁证。如此，则高骈或又曾参与对鄯州的收复，而《通鉴考异》引《实录》及《新唐书·吐蕃传》所载的鄯州城使张季

图2-5 唐代凤林关所在 今炳灵寺附近 甘肃临夏 李军摄

① 《元和郡县图志》卷三九，第990页。
② ［北魏］郦道元注，［清］杨守敬、熊会贞疏《水经注疏》卷二，南京：江苏古籍出版社，1989年，第141页。

题当为唐政府的官员[①]。

此外，《资治通鉴》卷二五〇“唐懿宗咸通七年十月”条载：“拓跋怀光以五百骑入廓州，生擒论恐热，先刖其足，数而斩之，传首京师。其部众东奔秦州，尚延心邀击，破之，悉奏迁于岭南。”[②]论恐热败后，其部众东奔，为尚延心所败，且由延心上奏迁于岭南，证明咸通七年之际尚延心仍为唐守河、渭等地。高骈在乾符元年（874）出任西川节度使后，为了防御南诏，曾“结吐蕃尚延心、嗢末鲁耨月等为间，筑戎州马湖、沐源川、大度河三城，列屯拒险，料壮卒为平夷军，南诏气夺”[③]。由此可知，在高骈防御南诏的战略布局中，嗢末起到过重要的作用。所以，在南诏放弃攻蜀、转袭安南后，卢携上奏僖宗言道：“陛下初即位，遣韩重使南诏，将官属留蜀期年，费不赀，蛮不肯迎。及骈节度西川，招嗢末，缮甲训兵，蛮夷震动，遣赵宗政入献，见天子，附骠信再拜；云虔之使，骠信答拜。”[④]虽然卢携对高骈不乏溢美之词，但其所召之嗢末确在对抗南诏的过程中起到了不可忽视的作用。此嗢末由尚延心等人率领，所以当来自河、渭地区。高骈在久离秦州的情况下，仍能招致尚延心等人率部众由河、渭远赴西川为其效力，也从侧面证明最初招抚尚延心者确为高骈，而非李承勋。

再次，在《资治通鉴》中，我们也可以找到尚延心或于咸通年间归唐的旁证。《资治通鉴》卷二五〇“唐懿宗咸通三年”条

① 如高骈确曾出凤林关收复鄯州，则鄯州的收复当在高骈出任秦州刺史期间。但由于现有资料的缺乏，对于高骈与鄯州收复之间的关系只能留待以后探讨。

② 《资治通鉴》卷二五〇“唐懿宗咸通七年十月”条，第8115页。

③ 《新唐书》卷二二二中《南蛮传中》，第6290页。

④ 《新唐书》卷二二二中《南蛮传中》，第6292页。

载："是岁，嗢末始入贡。嗢末者，吐蕃之奴号也……及论恐热作乱，奴多无主，遂相纠合为部落，散在甘、肃、瓜、沙、河、渭、岷、廓、叠、宕之间，吐蕃微弱者反依附之。"[①]对于嗢末的分布范围，《资治通鉴》或本于《新唐书·吐蕃传》[②]。虽然敦煌文献中多次记载晚唐时期河西地区生活有嗢末，但其主要应集中在凉州地区[③]。据S.6342+Дx.5474v《张议潮处置凉州进表并批答》的记载，嗢末在凉州兴起当在咸通十年（869）之前不久，所以在咸通初年入贡的嗢末当非来自河西。而《资治通鉴》载"吐蕃酋长尚延心以河、渭二州部落来降"，延心又言"河、渭二州，土旷人稀，因以饥疫，唐人多内徙三川，吐蕃皆远遁于叠宕之西，二千里间，寂无人烟。延心欲入见天子，请尽帅部众分徙内地，为唐百姓"[④]。尚延心将其所率部众与吐蕃分别称之，证明其部众更大程度上乃《新唐书·吐蕃传》所载的浑末，即嗢末。无论是据《资治通鉴》还是《新唐书·高骈传》，都可知河、渭两州是嗢末在陇右分布的中心区域。所以，咸通三年入贡之嗢末或即尚延心所属的部众。如果按照《资治通鉴》的记载，大中十一年之前尚延心已率众归附，何以在至少六年之后才有嗢末入

① 《资治通鉴》卷二五〇"唐懿宗咸通三年"条，第8101—8102页。

② 《新唐书》卷二一六下《吐蕃传下》载："浑末，亦曰嗢末，吐蕃奴部也。虏法，出师必发豪室，皆以奴从，平居散处耕作。及恐热乱，无所归，共相啸合数千人，以嗢末自号，居甘、肃、瓜、沙、河、渭、岷、廓、叠、宕间，其近蕃牙者最勇，而马尤良云。"第6108页。

③ S.5697《申报河西政情状残片》中有"缘河西诸州，蕃、浑、嗢末、羌、龙狡杂，极难调伏"的记载。此外，《张淮深碑》亦载："河西创复，犹杂蕃浑，言音不同，羌龙温末，雷威慑伏，训以华风，咸会驯良，轨俗一变。"可知晚唐河西地区确有嗢末的存在，但其多集中于河西东部的凉州地区，而在甘、肃、瓜、沙等州我们似乎并没有见到嗢末活动的痕迹。

④ 《资治通鉴》卷二四九"唐宣宗大中十一年冬十月"条，第8064—8065页。

贡？《资治通鉴》所言“嗢末始入贡”之“始”字，似也表达出司马光对上述矛盾的困惑。但如果我们将尚延心率嗢末降唐的时间系于高骈出刺秦州期间，即咸通初年，则嗢末于咸通三年入贡的记载也就容易理解了。所以，与其说咸通三年嗢末入贡表明嗢末已形成独立的政治集团，倒不如说正在此前不久，河、渭地区的嗢末始归附唐政府的统辖。《唐河东监军使刘中礼墓志》载志主担任鸿胪礼宾使期间，曾“西降嗢末”，或与高骈招附尚延心及咸通三年嗢末入贡有关[①]。

崔致远《桂苑笔耕集·萧遘相公二首》第二记载高骈曾“北定羌戎，南征蛮蜑，东降齐盗，西建蜀城”[②]。《淮南》诗自注曰：“剑南、荆南、淮南乃天下名镇，相公累移节制。西戎、南蛮、东鄙贼起，相公皆自讨除。”[③]如将两者相对照，就会发现高骈“北定羌戎”之“戎”，也就是所谓的“西戎”，即吐蕃。《安南》诗亦云：“西戎始定南蛮起，都护能摧骠信威。万里封疆万户口，一麾风雨尽收归。”[④]据此，也可知高骈在调任安南之前曾平定吐蕃。而据《桂苑笔耕集·补安南录异图记》的记载，在咸通初年南诏骠信频频侵扰安南之际，懿宗“以今淮海太尉燕公，威宣大漠，政洽上都，乃请出镇龙编，立身豹略”。对于“政洽上都”之语，崔致远自注曰：“时公防御秦城，划平丑

① 张全民《唐河东监军使刘中礼墓志考释》，《敦煌学辑刊》2007年第2期，第13—24页。对于高骈降嗢末的时间，周伟洲先生据《新唐书·吐蕃传》等记载，已经指出应在咸通初年（周伟洲《西北民族史研究》，郑州：中州古籍出版社，1994年，第36—41页）。但限于篇幅，对于《资治通鉴》与此矛盾的记载，周先生并未进行相关的辩证。

② ［新罗］崔致远撰，党银平校注《桂苑笔耕集校注》卷一〇，北京：中华书局，2007年，第283页。

③《桂苑笔耕集校注》卷一七，第606页。

④《桂苑笔耕集校注》卷一七，第595页。

虏，才归辇下，出镇安南。”[①]由此，崔致远所云“北定羌戎”“西戎始定”及“政洽上都”都应指高骈出任秦州刺史期间“划平丑虏”，即平定吐蕃而言。如将《新唐书·懿宗纪》和《新唐书·高骈传》所载与高骈所言之凤林关结合考虑，我们认为《桂苑笔耕集》中所谓高骈“划平丑虏”的记载，也就是指高骈招降尚延心之部族、收复河渭等州的事迹。

综上所述，虽然《资治通鉴》据《补国史》将尚延心以河、渭二州降唐系于李承勋出刺秦州期间，但通过对高骈事迹的分析，我们认为《新唐书·吐蕃传》的记载更为可信。由此，河、渭二州当收复于高骈出刺秦州期间，《补国史》所载当系将高骈之事迹误植于李承勋[②]。

对于高骈刺理秦州的时间，吴廷燮《唐代方镇年表》卷八“天雄”条系于咸通元年至三年[③]，郁贤皓《唐刺史考全编》则系于咸通元年至四年[④]。根据上文所引《新唐书·懿宗纪》载高骈出任安南及《资治通鉴》所载王晏实出任天雄军节度使的时间，可知郁氏所说更为精确。而结合《资治通鉴》卷二五〇懿宗咸通三年唱末入贡的记载，可知高骈收复河、渭二州当在咸通三年之前不久。

---

① 《桂苑笔耕集校注》卷一六，第554页。

② 黄楼根据《资治通鉴》卷二四九“唐宣宗大中十一年十月己巳”条所载的“明公首开营田,置使府”的记载，推测尚延心所游说的并非高骈，而是王晏实，可备一说。见黄楼《吐蕃尚延心以河、渭降唐事迹考略——兼论唐末高骈与宦官集团之关系》，《魏晋南北朝隋唐史资料》第28辑，第202—213页。

③ 吴廷燮《唐代方镇年表》，北京：中华书局，1980年，第1209页。

④ 郁贤皓《唐刺史考全编》卷二七“陇右道秦州”条，第417页。

第三节　天雄、凉州、归义三节度对河陇的分治

大中五年，唐政府在沙州设置归义军，以张议潮为节度使。虽然唐政府授予归义军包括河陇十一州在内的广大辖区，但此时归义军仅能实际控制沙、瓜、甘、肃、伊五州，而未能完成对其余诸州，尤其是对陇右五州的统辖。由于宣宗并没有继续西进的雄心，所以在大中年间唐政府与归义军的关系比较缓和。随着懿宗咸通初年凉州及河、渭等州的陆续收复，为了更好地控制河陇地区并限制归义军的发展，唐政府通过新设节度辖区的做法，完成了天雄、凉州、归义三节度对河陇地区的分治。

一、天雄军节度的设置

《资治通鉴》卷二五〇“唐懿宗咸通四年二月”条载：

> 置天雄军于秦州，（胡注：代宗姑息田承嗣，以天雄军号宠魏博，寻以其悖傲，削之。今复于秦州置天雄军，至于唐末，魏博复天雄军号，秦州不复号天雄矣。）以成、河、渭三州隶焉；以前左金吾将军王晏实为天雄观察使。[①]

---

①《资治通鉴》卷二五〇“唐懿宗咸通四年二月”条，第8104页。

有学者根据《资治通鉴》的上述记载，直接将天雄军节度的设置时间系于咸通四年二月。但据《资治通鉴》文意揆之，司马温公所言咸通四年设置于秦州的为“天雄军”，而非“天雄军节度”，故言王晏实担任的仅为天雄观察使，而非天雄军节度使。《新唐书·方镇表四》“陇右”节度大中三年载“升秦州防御守捉使为秦成两州经略、天雄军使”①，将唐政府于秦州设天雄军的时间系于大中三年。此外，《旧唐书·宣宗纪》大中六年春正月戊辰亦载：“以陇州防御使薛逵为秦州刺史、天雄军使，兼秦、成两州经略使。”②而在杜牧《樊川文集·薛逵除秦州刺史制》中，更是明确记载薛逵的职衔为“检校左散骑常侍、使持节秦州诸军事、兼秦州刺史、御史大夫、充天雄军使、兼秦成两州经略及义宁军行营镇遏都知兵马使、本道营田等使”③。既然薛逵在大中六年（852）正月已出任天雄军使，也就否定了《资治通鉴》中将天雄军的设置系于咸通四年二月及王晏实出任天雄观察使的记载。所以，对于《资治通鉴》的记载还需进行必要的辨正。

《新唐书·方镇表四》“陇右”节度咸通五年（864）载：“升秦成两州经略、天雄军使为天雄军节度、观察、处置、营田、押蕃落等使，增领阶州。”④将设置天雄军节度的时间系于咸通五年。据《新唐书·方镇表四》的记载，唐政府在秦成经略使所领秦、成二州的基础上，增领阶州，构成了新设天雄军节度的辖区，由此，天雄军节度设置之初辖区似当为秦、成、阶三州。但据《文苑英华·授王安（晏）实天雄军节度使制》的记载，王晏实被起复的乃“忠武将军守右金吾卫将军、兼秦州刺

① 《新唐书》卷六七《方镇表四》，第1884页。
② 《旧唐书》卷一八下《宣宗纪》，第630页。
③ 《樊川文集》卷一八《薛逵除秦州刺史制》，第272页。
④ 《新唐书》卷六七《方镇表四》，第1886页。

史、御史大夫，充天雄军节度、秦成河渭等州营田观察押蕃落等使”，[①]可证天雄军节度设置之初，所领为秦、成、河、渭四州，所以天雄军的设置与其增领阶州并非同时。

《新唐书·方镇表四》“河西”节度咸通四年载“置凉州节度，领凉、洮、西、鄯、河、临六州，治凉州”；同卷“陇右”节度咸通四年亦载“河、鄯、西三州隶凉州节度”[②]。同时，《新唐书·方镇表四》所载凉州节度的辖区又可与《旧唐书·地理志一》的记载相吻合，证明了其记载的可信性。如果《新唐书·方镇表四》中关于凉州、天雄军节度设置的时间皆记载无误，则咸通四年之际河州本属凉州节度的辖区，咸通五年天雄军节度设置之后，又被划归天雄军。如此，则形成两个难以解释的矛盾：其一，既然据《授王安（晏）实天雄军节度使制》的记载，天雄军节度初设时已领秦、成、河、渭四州，何以《新唐书·方镇表四》在记载升秦、成两州经略使为天雄军节度使时，未增领河、渭二州，反而增领四州之外的阶州？由此可证，唐政府设立天雄军节度与其增领阶州必不在同时，天雄军节度设置当在前，增领阶州在后。其二，如河州确属凉州节度割属秦州节度，凉州节度所领的六州辖区则缩减为凉、西、鄯、洮、临五州。从咸通四年唐政府设置凉州节度的意图看，很可能是唐朝企图从归义军手中夺取凉州，以及部分名义上已属于张议潮，而实际上还未被其控制的陇右州郡与西州飞地的一种努力[③]，其经营的重点在陇右地区。而从凉州节度所领陇右之鄯、河、临、洮四州的地理位置看，其共同构建了防卫关中、防御吐蕃的最前沿的完整防线。如果河州划归秦州节度，那么凉州节度的陇右辖区则会被切割为互不相连

① 《文苑英华》卷四五三，第2301页。
② 《新唐书》卷六七《方镇表四》，第1886页。
③ 荣新江《归义军史研究》，第159页。

的两个部分，这明显与唐政府利用凉州节度经营陇右以防御吐蕃的初衷相违背。我们既然可以确定天雄军节度设立之初，其所领辖区中包括河州，咸通四年设置的凉州节度也领河州，河州显然不应是由凉州节度划归天雄军节度。由此，河州当系由天雄军节度划归凉州节度，这也就证明天雄军节度设置于凉州节度之前。所以，《资治通鉴》所载的咸通四年二月应确为天雄军节度设置的时间，而凉州节度应设置于天雄军节度之后。由此，《新唐书·方镇表四》“陇右”节度咸通五年所记，当是将唐政府设置天雄军节度与其增领阶州两事混为一谈。而天雄军节度于咸通五年增领阶州，当与本属其统辖的河州被划归凉州节度有关。

要而言之，虽然《资治通鉴》和《新唐书·方镇表四》的记载存在矛盾，但结合《授王安（晏）实天雄军节度使制》所载天雄军节度初设时辖区的规定，我们可以作出一个较为合理的解释：咸通四年二月，唐政府在秦州设置的乃天雄军节度，而非天雄军。天雄军节度设置之初，领秦、成、河、渭四州。在咸通四年二月之后，唐政府在凉州设置凉州节度。为使陇右的鄯、临、洮等州连为一体，以便在陇右构筑防御吐蕃的统一防线，唐政府将本属天雄军节度辖区的河州划归凉州节度。为了弥补天雄军被分割的河州，咸通五年唐政府又将阶州划归其统辖。而《新唐书·方镇表四》“陇右”节度咸通五年所载当是将咸通四年设立天雄军节度与咸通五年阶州被划入天雄军节度两事合而为一。此外，如果我们将咸通初年高骈降服尚延心、收复河渭与咸通三年嗢末入贡，以及唐政府于咸通四年二月设置秦州节度以领秦、成、河、渭四州的记载综合起来考虑，就会发现原本看似孤立的事件，其实彼此之间都存在密切的内在联系。由此看来，唐政府之所以在咸通四年设置秦州节度，当与此前不久吐蕃部族以河、渭二州内属，并遣使入朝表示归附有关。

二、凉州节度的设置

咸通二年（861），归义军节度使张议潮率蕃汉精兵七千人，经激烈战斗后收复凉州[①]。张议潮收复凉州后，归义军进入鼎盛时期。据敦煌写本《张淮深碑》记载，此时归义军“西尽伊吾，东接灵武，得地四千余里，户口百万之家，六郡山河，宛然而旧”[②]，控制区域空前扩大。唐政府为了牵制归义军，消除因边界内缩带来的巨大安全隐患，力图控制凉州这个战略要地[③]。因此在归义军收复凉州后不久，唐政府就开始积极采取措施，以争夺凉州的控制权。其措施主要表现在三个方面：其一，重筑凉州城，以加强凉州的防御能力。《资治通鉴》卷二五〇“唐懿宗咸通四年正月”条载：“上游宴无节，左拾遗刘蜕上疏曰：‘今西凉筑城，应接未决于与夺’。”胡注曰：“西凉，即凉州，盖此时谋进筑也。”[④]表明在咸通四年正月之前唐政府就已开始加固凉州城的工作，反映出唐政府希望控制凉州的迫切愿望。其二，向凉州派遣二千五百人的郓州兵，以增强凉州的军事力量。其三，设置凉州节度。咸通四年，唐政府设置了凉州节度，“领

---

① 《全唐诗（增订本）》卷二七薛逢《凉州词》云：“昨夜蕃兵报国仇，沙州都护破凉州。”第380页。薛逢会昌初擢进士第，死于王铎入相即咸通十一年（870）十一月后不久。从其生活时代看，薛逢所言之“沙州都护破凉州”应指张议潮率蕃汉军队收复凉州。

② 录文参荣新江《归义军史研究》，第401页。

③ 《白居易集》卷四《西凉伎》有载“凉州陷来四十年，河陇侵将七千里。平时安西万里疆，今日边防在凤翔”，可见河陇失陷对唐边防带来了巨大冲击。安史之乱后，吐蕃之所以能频频侵扰长安，与其占领河陇地区后，唐边境内缩密切相关。所以咸通二年归义军收复凉州后，唐政府力图恢复在凉州的统治，确为情理之中。

④ 《资治通鉴》卷二五〇“唐懿宗咸通四年正月”条，第8103页。

凉、洮、西、鄯、河、临六州，治凉州”①。唐政府此举一方面显示了其控制凉州等地的决心，另一方面，也表明其希望能通过中央政令的方式，迫使归义军退出在凉州的势力。

关于唐政府派遣的郓州兵，《新五代史·四夷附录三》记载，后唐长兴四年（933）凉州留后孙超所遣使者觐见唐明宗时，称：“吐蕃陷凉州，张掖人张义朝募兵击走吐蕃，唐因以义朝为节度使，发郓州兵二千五百戍之。”②《宋会要辑稿·西凉府》亦载：“旧有郓人二千五百人为戍兵，及黄巢之乱，遂为阻绝，（孙）超及城中汉户百余，皆戍兵之子孙也。”③《唐故邠宁节度使司空河东裴公（识）墓志铭》记载裴度第三子裴识在担任天平军节度使期间，“天子以河西新收，西凉府以归，帅张议潮欲强盛边事，择其人（下缺）”④，下缺的部分所叙述的应就是唐政府调派郓州兵之事⑤。另外，在敦煌文献中也有与郓州兵有关的记载。上举P.3715p1+ P.2729+ P.5015《归义军僧官书仪》所载的

---

① 《新唐书》卷六七《方镇表四》，第1886页。

② ［宋］欧阳修《新五代史》卷七四《四夷附录三》，北京：中华书局，1974年，第914页。

③ ［清］徐松辑录《宋会要辑稿》第8册《方域二一》，北京：中华书局，1957年，第7668页。［元］脱脱等《宋史》卷四九二《外国传·吐蕃传》，北京：中华书局，1977年。《资治通鉴》卷二七八“唐明宗长兴四年二月戊申”的记载与此略同。

④ 中国文物研究所、河南文物研究所编《新中国出土墓志·河南》（壹）上册，北京：文物出版社，1994年，第361页。

⑤ 荣新江《中国文物研究所等编〈新中国出土墓志·河南〉壹》，《唐研究》第1卷，第557—560页。杨宝玉、吴丽娱两位先生则推测墓志中的“择其人”很可能是指选择贤才良将接应靠近邠州的凉州地区的张议潮。（杨宝玉、吴丽娱《唐懿宗析置三节度问题考辨》，第95—111页）。但从语气上看，“择其人”之上的“帅张议潮欲强盛边事”，应是对张议潮的批判而非赞扬，故以邠宁应接凉州的可能性恐不大。更何况从晚唐时期的道路交通情况看，唐中央选择以灵武应援凉州应该是比邠宁更优的选择。

“贺立德政碑”“贺画影麟台”“贺赐防秋兵马状”等内容，是反映咸通年间唐政府与归义军关系的重要资料。文书中所提到的“防秋兵马”应是唐政府向凉州派遣的郓州兵[①]。只是从唐政府一方考虑，是为了向凉州增派力量，以同归义军争夺对凉州的控制权；对于归义军来说，他们一直都把自己视为河西节度的继承者，把凉州视为自己的势力范围，所以将唐政府所派遣的以“防秋兵马”为名的郓州兵视为赏赐，并有人上状节度使张议潮以示祝贺。

按照文书作者的意愿，唐政府向归义军境内派遣防秋兵马，是出于“与（以）边为国，保静河湟”的考虑，而归义军可以“特借天威，颁师出口”，达到“蕃丑波逃，边疆永古（固）”的目的。但根据此后凉州地区事态的发展状况来看，事实上唐政府派遣所谓的防秋兵马，即郓州兵的主要目的并非针对吐蕃，而是防范势力急剧扩张的归义军。据S.4397《观世音经》题记“广明元年肆月拾陆日，天平军凉州第五般防戍都右厢兵马使梁矩，缘身戍深蕃，

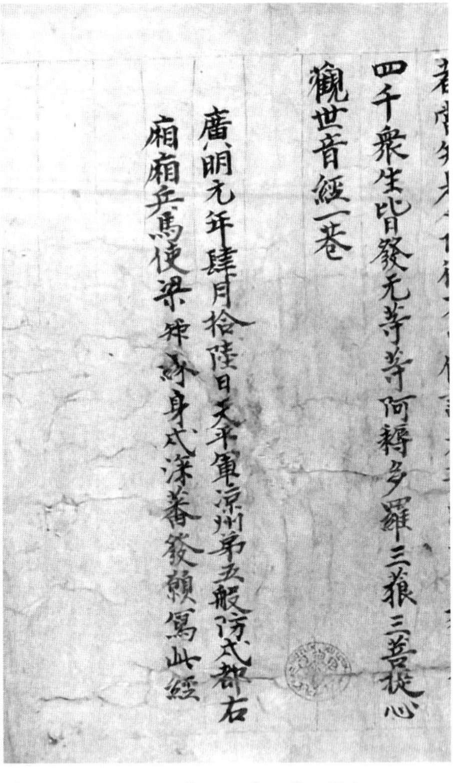
四千衆生皆發无等等阿耨多羅三藐三菩提心
觀世音經一卷
廣明元年肆月拾陸日天平軍涼州第五般防戍都右
廂兵馬使梁矩縁身戍深蕃發願寫此經

图2-6 S.4397《观世音经》题记

① 赵和平《敦煌表状笺启书仪辑校》，第292—293页。

发愿写此经”[1]，可知直至广明元年（880），郓州兵还在凉州驻防。此时距郓州兵初到凉州已近二十年，远非关东防秋兵三年轮番更替的常态可比[2]，证明唐政府的真正目的并非“防秋”，而是获得凉州的控制权。在其他的敦煌文献中，我们仍可以看到郓州兵活动的踪迹。P.3569v《唐光启三年（887）四月为官酒户马三娘、龙粉堆支酒本和算会牒附判词》载“西庭、璨微及凉州、肃州蕃使繁多”，“凉州使曹万成等三人，每一日供酒玖胜，从三月廿二日至四月廿三日，是中间计叁拾贰日，供酒肆瓮半壹斗捌胜。又凉州温末及肃州使，从四月一日到，下檐酒壹瓮，料酒从四月二日至四月十五日发，中间壹拾肆日，上下壹拾壹人，每一日供酒贰斗肆胜，计供酒伍瓮半陆胜。”[3]归义军将曹万成等三人的凉州使团与凉州温末使分列，证明他们并非同一个势力集团，曹万成应代表了凉州城内郓州兵集团的势力。

唐政府向凉州派遣郓州兵在张议潮立德政碑和“画影麟台”之后；而立德政碑和“画影麟台”当是为了庆祝和表彰张议潮收复凉州之功，所以应在咸通三年（862）三月唐政府得到凉州收复的消息之后。归义军文人既然把唐政府所遣之郓州兵看作赐予归义军的防秋兵马，可证此时凉州节度还没有设置[4]，所以唐政

① 录文参（日）池田温《中國古代寫本識語集録》，东京：东京大学东洋文化研究所，1990年，第432页。

② 齐勇锋《中晚唐防秋制度探索》，《青海社会科学》1983年第4期，第102—106页。

③ 录文参唐耕耦、陆宏基《敦煌社会经济文献真迹释录》第3辑，北京：全国图书馆文献缩微复制中心，1990年，第622—623页；图版见《法藏敦煌西域文献》第25册，上海：上海古籍出版社，2002年，第347页。

④ 同时，也有学者认为，凉州节度设立后，节度使很可能由张议潮兼任。但从史书及敦煌文献中，我们还没有发现能确切证明张议潮兼任凉州节度使的记载。另外，从唐政府所实行的各项举措，尤其是派遣所谓的“防秋兵马”来看，张议潮应该并没有兼任凉州节度使。

府遣郓州兵应在咸通三年三月至咸通四年。很明显，它不是孤立的行动，而与重筑凉州城一样，都是为设置凉州节度而做的必要的准备工作。

据《新唐书·方镇表四》的记载，凉州节度设置于咸通四年。而据上文所考，凉州节度的设置应在天雄军设置即咸通四年二月之后。《宋高僧传·唐京师西明寺乘恩传》又载：

> 释乘恩，不知何许人也……自是重撰《百法论疏》并《钞》，行于西土。其《疏》祖慈恩而宗潞府，大抵同而少闻异，终后弟子传布。追咸通四年三月中，西凉僧法信精研此道，禀本道节度使张义潮表进恩之著述，敕令两街三学大德等详定，实勘行用，敕依，其僧赐紫衣，充本道大德焉。[①]

西凉，即凉州。咸通四年三月，凉州僧法信通过归义军节度使张议潮，向唐政府进献乘恩的著述，证明凉州此时是张议潮的节度范围[②]。而其称张议潮为本道节度使，可知此时唐政府还没有设立凉州节度，所以凉州节度的设置当在咸通四年三月之后。由此，我们可以描绘出唐政府将中央势力渗透进凉州的大致进程：咸通二年至咸通四年，唐政府遣二千五百名郓州兵前往凉州戍守，并于咸通四年正月之前修缮凉州城；基本工作完成后，于咸通四年三月之后设立凉州节度。

---

① ［宋］赞宁撰、范祥雍点校《宋高僧传》卷六，上册，北京：中华书局，1987年，第128页。

② 荣新江《归义军史研究》，第160页。又参同作者《法门寺与敦煌》，氏著《敦煌学新论》，第36页。

此外，对于《新唐书·方镇表四》所载凉州节度的六州辖区，苏莹辉先生曾表示怀疑，并提出咸通四年凉州节度领凉、洮、鄯、河、临五州的观点[①]。但《新唐书·方镇表四》所载可与《旧唐书·地理志一》所载互证，且苏先生所言凉州节度设立后西州仍为归义军所领的现象，则属于唐末昭宗时期的新举措，似乎还不足以否定咸通四年凉州节度领六州之地的记载。

唐政府先遣郓州兵入驻凉州，复遣天平军节度使裴识出任朔方节度使，再加上凉州节度所领六州中，有四州本属归义军的观察或实际控制范围，可见唐政府借机削弱归义军的意图非常明显[②]。此外，在史书、敦煌文献和莫高窟供养人题记中，张议潮被记作“归义军节度使十一州管内观察使”，或“河西一十一州节度管内观察……等使”。但无论是唐政府法定授予，还是归义军内部的自称，张议潮名义上所统领的地区都没有超出十一州的范围。如果唐政府设置凉州节度之后由张议潮兼领的话，那么张议潮所领则达十四州之多，但是我们似乎并没有见到相关的记载[③]。此外，唐政府如果有意将凉州划归归义军的辖区，完全没有必要另设凉州节度。唐政府设置凉州节度，本身就表明其对凉州另有安排。由此，凉州节度设置之后，唐政府以张议潮兼任凉州节度使的可能性并不大。

---

① 苏莹辉《咸通中凉州节度使统管凉、洮、鄯、河、临五州说》，《史学汇刊》第9卷，1978年；此据同作者《瓜沙史事丛考》，台北：台湾商务印书馆，1983年，第61—69页。

② 荣新江、余欣《沙州归义军史事系年（咸通三年—六年）》，白化文主编《周绍良先生纪念文集》，北京：北京图书馆出版社，2006年，第334—335页。

③《宋史》卷三四七《张舜民传》载：“其使辽也，见其太孙禧好音乐、美姝、名茶、古画，以为他日必有如唐张义潮挈十三州来归者，不四十年当见之。”此十三州，当为十一州之误。

三、归义军辖区的缩减

咸通二年，在经过长达三年的征讨后，张议潮收复凉州。为了庆祝这一重大胜利，张议潮在敦煌莫高窟修建了第156窟，主室南部经变画下部绘张议潮统军出行图[①]，并题为“河西节度使检校司空兼御史大夫张议潮统军□除吐蕃收复河西一道行图”[②]，说明张议潮夺取凉州的意义在于控制河西一道[③]。荣新江先生指出：“在张议潮和张淮深任归义军节度使期间（851—890），更多的是使用‘河西节度’，而不是唐朝命名的‘归义军节度’，表明了他们力图控制整个河西道的愿望……我们在现存的史籍中见到的有关归义军的史料均称之为归义军节度，而不称河西节

图2-7　莫高窟第156窟 张议潮统军出行图（局部） 晚唐

① 图版见敦煌研究院编《敦煌》，南京：江苏美术出版社、兰州：甘肃人民出版社，1990年，第170—171页。
② 敦煌研究院编《敦煌莫高窟供养人题记》，第74页。
③ 荣新江《归义军史研究》，第152页。

度；但在瓜沙地区往往相反，用河西节度一名。”[1]据前文所述，大中五年张议潮所献的为陇右道图籍，但唐政府授其十一州时有意将凉州排除在外，证明唐政府对其似另有安排。随着归义军对凉州收复的完成，唐政府的经营策略得以实施。

大中五年，唐政府在沙州设置归义军，领沙、瓜、伊、西、甘、肃、兰、鄯、河、岷、廓十一州的广大区域。而据《张淮深碑》记载，在咸通二年收复凉州之后，归义军的辖区达到了“西尽伊吾，东接灵武，得地四千余里，户口百万之家，六郡山河，宛然而旧”的鼎盛局面。但直至此时，归义军仍未完成对陇右兰、鄯、廓、河、岷五州的实际统辖。随着凉州及河、渭二州的收复，咸通四年之际，唐政府先是在秦州设置天雄军节度，领秦、成、河、渭四州。随后，唐政府又设置凉州节度，而凉州节度所领的六州中，凉州为归义军所收复，西、鄯、河三州分别是分割自归义军及天雄军节度。其中河州本属归义军，咸通四年二月始归天雄军节度，但很快又划归凉州节度。为了弥补天雄军被割出的河州，次年唐政府即将阶州划入天雄军。凉州所领的六州中有半数本属归义军所领，这明显反映出懿宗君臣削弱归义军的意图。

归义军节度使本领十一州，在咸通四年二月之际，河州被划入新设置的天雄军节度，其辖区变为十州。而在凉州节度设置之后，不但由归义军收复并实际占领的凉州被唐政府划出，而且本

① 荣新江《归义军史研究》，第179页。冯培红先生也曾对归义军节度使自称河西节度使的问题进行过辨析。详细情况可参冯培红《论晚唐五代的沙州（归义军）与凉州（河西）节度使——以“河西”观念为中心的考察》，《浙江与敦煌学——常书鸿先生诞辰一百周年纪念文集》，第239—258页。另可参冯培红《关于归义军节度使官制的几个问题》，郑炳林、花平宁主编《麦积山石窟艺术文化论文集》下册，兰州：兰州大学出版社，2004年，第203—236页。

属归义军观察范围的西、鄯二州也被划入凉州节度。从这个角度来说，咸通四年凉州节度之后，归义军的法定辖区最多只能包括沙、瓜、甘、肃、兰、伊、岷、廓八州，《旧唐书·地理志一》所载瓜沙节度使的领州与此相同[①]。但对此我们却存在一定的疑问。因为从大中五年归义军的辖区看，虽然十一州地处河西、陇右两道，且张议潮未能实际控制陇右五州，但毕竟十一州尚为相互连接的整体。而在咸通四年凉州节度设置之后，由于凉、鄯、临、河、洮五州的阻隔，地处陇右的兰、廓、岷三州与使府之间的地理联系被切断，三者也成为互不相连的孤岛。所以，笔者认为在凉州节度设置后，归义军仍领兰、廓、岷三州的可能性已并不是太大。

随着咸通四年天雄军及凉州节度的设置，归义军的辖区发生了重大变化，其名称也随之发生了变动。冯培红先生根据《旧唐书·地理志一》的记载，认为唐懿宗析置节度后，“归义军”军额可能被取消，归义军节度使印也停止使用，归义军节度使则被降为瓜沙节度使。同时，他又指出虽然在敦煌文献中尚未见到“瓜沙节度使印”及与之配套的观察使印，但是这种可能性还是应该予以关注的[②]。通过对《旧唐书·地理志一》的记载进行分析，我们发现其所载三节度名称及所辖与实际情况不能尽符，所以对于归义军改称的具体情况还需进一步探讨。

《旧唐书·地理志一》略云：

---

① 苏莹辉先生推测凉州节度设置之后，归义军辖区缩减为沙、瓜等八州，而唐政府以张淮深、张淮兴兄弟分镇沙、凉二镇。（苏莹辉《略论沙州归义军节度使领州沿革》，《东西文化》（台北华冈）第18期，1968年。此据同作者《敦煌论集》（修订三版），台北：台湾学生书局，1983年，第435—438页）

② 冯培红《归义军节度观察使官印问题申论》，《转型期的敦煌学》，第306页。

上元年后，河西、陇右州郡，悉陷吐蕃。大中、咸通之间，陇右遗黎，始以地图归国，又析置节度。

秦州节度使。治秦州，管秦、成、阶等州。

凉州节度使。治凉州，管西、洮、鄯、临、河等州。

瓜沙节度使。治沙州，管沙、瓜、甘、肃、兰、伊、岷、廓等州。[①]

据前文所述，咸通四年二月，唐政府在秦州设置的为天雄军节度使，而非《旧志》所言的“秦州节度使”。天雄军节度设置之初，统秦、成、河、渭四州，随着凉州节度的设置，其辖区缩减为秦、成、渭三州。咸通五年，唐政府以阶州属天雄，其辖区又扩展为秦、成、渭、阶四州。广明元年（880），渭州为吐蕃所破。中和四年，泾原节度使张钧表置行渭州，并最终于乾宁元年增领渭州[②]。而据《新唐书·方镇表四》“陇右”节度文德元年条所载，此年成州又隶威戎军节度。由此，不仅《旧唐书·地理志一》所记“秦州节度使”名称有误，此外天雄军管秦、成、阶三州的情况也只能发生在广明元年至文德元年之间，而并非唐政府设置天雄军时的原始状态。下面，我们再来看凉州节度使的情况。据《旧唐书·地理志一》所载，河陇析置三节度后，凉州节度领凉、西、洮、鄯、临、河等州，与《新唐书·方镇表四》的记载相吻合。而据笔者下文所考，随着唐政府于咸通八年九月至十二年十月之间的改制，凉州节度不仅在名称上暂时改为河西都防御，而且所领辖区也转变为河西的凉、甘、肃三州。所以，虽

① 《旧唐书》卷三八《地理志一》，第1392—1393页。

② 《新唐书》卷三七《地理志一》“渭州”条，第968—968页；《新唐书》卷六四《方镇表一》“泾原”节度乾宁元年条，第1790页。

然凉州节度设置之初领六州，但实际上这个辖区最多只维持到咸通十二年十月之际。《旧唐书·地理志一》所载归义军领河陇八州的记载，显然是将其原本所辖的十一州减去划归凉州节度的西、鄯、河三州后所得出的结论。据上文所述，随着凉州节度的设立，归义军辖领岷、廓等州的可能性已不是太大，所以，《旧唐书·地理志一》对于析置节度后归义军辖区的记载也可能存在一定的问题。由此看来，《旧唐书·地理志一》对河陇三节度名称和辖区的记载往往并非唐政府的原始设置，其可信度已大打折扣。

此外，冯培红先生已经敏锐地觉察到《旧唐书·宣宗纪》与《懿宗纪》中关于张议潮节度使称号记载的不同。其中，《宣宗纪》大中五年十一月云："沙州置归义军，以张义潮为节度使。"[①]《懿宗纪》咸通七年七月则载："沙州节度使张义潮进甘峻山青骹鹰四联、延庆节马二匹、吐蕃女子二人。"[②]由于冯培红先生已经认定《旧唐书·地理志一》记载的正确性，所以认为《懿宗纪》之"沙州节度使"当为"瓜沙节度使"之误。但如果将《旧唐书·地理志一》记载的可疑、敦煌文献尚未发现"瓜沙节度使印"及与之配套使用的观察使印，再结合文德元年唐政府授予张淮深沙州节度使的事实，似乎《懿宗纪》的记载更为可信。但对于与张议潮"沙州节度使印"所配套使用的观察使印是否就是文德元年唐政府授予张淮深的"沙州观察处置使印"，我们尚不能确定，只能留待进一步研究。

唐政府取消归义军的军额后，无论是将其改称为瓜沙节度使

① 《旧唐书》卷一八下《宣宗纪》，第630页。

② 《旧唐书》卷一九上《懿宗纪》，第660页；《册府元龟》卷一六九《帝王部·纳贡献》所载略同。

还是沙州节度使，都是以地名之，显然是有意将其限制在一定的区域之内，以防止其在河陇继续拓展。对此，张议潮似乎并没有轻易就范，其于咸通七年二月奏仆固俊克西州等地事，七月遣使贡甘州甘峻山之青骹鹰等特产，十月又奏鄯州城使遣拓跋怀光破廓州论恐热事，似在一定程度上反映出其力图展现归义军对河陇地区的控制能力。但张议潮此举显然与唐政府希望利用三节度对河陇进行分治的策略相违背。咸通八年二月，张议潮即为唐政府征召入京，而这应是归义军扩充势力的愿望与唐政府经营河陇总体战略发生冲突的最终结果。

第三章

归义军与晚唐中央政府关系之演进

河陇地区在唐前期的军事格局中，地位显要。安史之乱爆发后，唐政府调集河陇精锐参与平叛，从而导致河陇防御空虚，诸州为吐蕃次第占领。唐宣宗大中二年（848），张议潮于沙州起事，开始驱逐吐蕃统治者。在收复沙、瓜二州后，张议潮派遣使者入京，向唐政府汇报沙州起事的情况。大中五年（851）二月，沙州首般使者到达长安。当年十一月，唐政府在沙州设置归义军，并以张议潮为首任节度使。虽然僻处西北一隅，但归义军始终非常重视与唐政府之间的关系。双方关系的变化对归义军乃至河陇地区的历史走向都产生了重要的影响，所以为学术界所关注[①]。在以往的研究中，学者多将归义军视为导致双方关系变化的主要因素。本章则希望从双方互动的角度，考察归义军与唐政府关系的动态演变过程。

---

① 荣新江《初期沙州归义军与唐中央朝廷之关系》，黄约瑟、刘健明合编《隋唐史论集》，第106—117页（该文后经修订，收入《归义军史研究》第三章《归义军的创立与发展》，第148—168页）；杨秀清《晚唐归义军与中央关系述论》，《甘肃社会科学》1996年第2期，第69—72页；冯培红、姚桂兰《归义军时期敦煌与周边地区之间的僧使交往》，郑炳林主编《敦煌佛教艺术文化论文集》，兰州：兰州大学出版社，2002年，第450—466页；杨宝玉《大中二年张议潮首次遣使入奏活动再议》，第1—4页。

第一节　张议潮时期归义军与唐中央政府之关系

会昌二年，吐蕃赞普朗达玛遇刺身亡。此后，吐蕃王国内部分裂成为分别以墀德云丹及囊德约松为首的两大势力；与此相对应，吐蕃在河陇地区的统治集团也分化为尚婢婢与论恐热两大军事集团[①]。吐蕃统治集团内部的争斗，使其对河陇的控制力大幅度减弱。大中二年，张议潮在沙州起事，并很快收复了邻近的瓜州。在收复部分河西失地后，张议潮派遣了由高进达、悟真、张议潭、吴安正、惠菀等人参与的多般使团入朝。大中五年，沙州使团陆续到达长安，当年十一月唐中央设置归义军，以张议潮为节度使。自大中五年至懿宗咸通八年（867），张议潮以节度使的身份控制归义军长达16年。在此期间，随着宣、懿二朝的更替，归义军与唐政府之间的关系也发生了较为剧烈的变化。

一、大中五年沙州首般入朝使团问题再议

对于大中五年入朝的沙州使团，学者或认为可分为三个般次：高进达使团于大中二年自沙州出发，大中五年二月到达长

---

① 陆离、陆庆夫《张议潮史迹新探》，第95—109页。

安；悟真率领的后续使团于大中五年初由沙州出发；最后到达长安的是由张议潭所率领的请节使团[①]。大中五年沙州首般入朝使团使沙州起事得到了唐政府的承认，从而为此后归义军的设置打下了良好的基础，在归义军史上具有重要的意义。

敦煌写本《敕河西节度兵部尚书张公德政之碑》（以下简称《张淮深碑》）所载大中二年张议潮"题牋（笺）修表，纡道驰函"一事的注文载："沙州既破吐蕃，大中二年，遂差押衙高进达等，驰表函入长安城，已（以）献天子。"[②]据此，学者多认为高进达为张议潮所派遣的沙州首般使团的首领。根据《新唐书·吐蕃传》的记载，可知唐政府非常重视沙州此次入使，不仅"擢义潮沙州防御使"，还"命使者赍诏收慰"[③]。但敦煌文献中对高进达参与入使的记载目前仅见于《张淮深碑》的注文，从而与同样在大中五年入使的悟真使团之情况形成了鲜明对比[④]，这也促使我们对高进达为首般使团首领的说法进行重新审视。

对于张议潮在沙州起事后遣使入唐事，《新唐书·吐蕃传》载："（张议潮）以部校十辈皆操挺，内表其中，东北走天德城，防御使李丕以闻。"[⑤]《通鉴考异》引《宣宗实录》亦载：

---

① 杨宝玉《大中二年张议潮首次遣使入奏活动再议》，第1—4页。

② 荣新江《归义军史研究》，第401页。

③《新唐书》卷二一六下《吐蕃传下》，第6108页。

④ 敦煌文献中与悟真大中五年入朝史事相关的记载颇多，如P.3720《悟真文书集》、莫高窟第17窟《洪䛒碑》中所保留的《唐宣宗诏书》《洪䛒及悟真告身》及P.2748v《国师唐和尚百岁书》等。此外，P.2807《三五年来复圣唐诗》亦载："三五年来复圣唐，去年新赐紫罗裳。千华座上宣佛敕，万岁楼前赞我皇。"从此位僧人入朝的时间及赐紫的情况看，其作者很可能也是悟真。

⑤《新唐书》卷二一六下《吐蕃传下》，第6108页。对于所谓的"部校十辈"，以往学者多认为应指十队使者，而杨宝玉先生在《大中二年张议潮首次遣使入奏活动再议》一文中解释为十人，应可信从。

“（大中）五年，二月，壬戌，天德军奏沙州刺史张义潮、安景旻及部落使阎英达等差使上表，请以沙州降。”[①]由此可知，由天德军防御使李丕所举荐、大中五年二月壬戌到达长安的正是沙州首般入朝使团。据笔者考证，P.2748号背面文书为李丕在大中五年二月壬戌上给宣宗的谢表[②]。李丕除了对宣宗遣使赏赐“金帛锦彩”表示感谢外，还向宣宗汇报了天德军辖区内的一些政情。其中，文书第12—13行提及“六人奉河西地图”归附唐朝[③]。“奉河西地图”以进献的六人，显然就是张议潮所派遣的“请以沙州降”的首般使团。对于奉河西地图而来的使者，学者认为或即沙州使人高进达辈[④]。从身份上说，身为押衙的高进达确可与《新唐书·吐蕃传》所提及的“部校”相对应，但据此似尚不足以证明其出任了沙州首般使团的首领。从文书的前后位置关系看，该表粘连于悟真所撰的《唐和尚百岁书》序言与诗之间，所以郑炳林等先生推测文书所载当与悟真有关，悟真应为使团成员之一[⑤]。此外，如果高进达和悟真为前后相继的两般使团，则难以解释为何悟真能抄录到天德军此前已经上给宣宗之表文的问题。由此看来，悟真应确为首般沙州使团的成员，因其跟随天德军使者前往长安，故得以在途中抄写表文并最终带回沙州。

此外，虽然《宣宗实录》仅言沙州使团“请以沙州降”，但

---

① 《资治通鉴》卷二四九“唐宣宗大中五年十月”条下引，第8049页。

② 李军《唐大中二年沙州遣使中原路线献疑》，第100—105页。

③ 《法藏敦煌西域文献》第18册，第66—67页。

④ 荣新江、余欣《沙州归义军史事系年示例》，《华学》第7辑，广州：中山大学出版社，2004年，第227页；杨宝玉《大中二年张议潮首次遣使入奏活动再议》，第1—4页。

⑤ 郑炳林、郑怡楠辑释《敦煌碑铭赞辑释》（增订本），第391页；齐陈骏、寒沁《河西都僧统唐悟真作品和见载文献系年》，《敦煌学辑刊》1993年第2期，第5—15页。

根据《张淮深碑》的记载，张议潮派出首般入京使团之际，已经成功收复沙、瓜二州。通过分析P.3720《悟真文书集》所载悟真入朝后与京城诸大德酬答之诗篇，可知长安高僧多将其视作瓜、沙二州的代表，正与首般使团离开沙州时的河西政局相吻合，也可证悟真应为首般使团的成员。如辩章《右街千福寺三教首座入内讲论赐紫大德辩章赞奖词》，将其与悟真探讨佛理称作“接对瓜沙之俊”；右街千福寺内道场表白兼应制赐紫大德宗茝、右街千福寺内道场应制大德圆鉴、右街崇先寺内讲论兼应制大德彦楚等则将悟真称作“瓜沙僧”或“瓜沙州僧”[①]。大中四年之际，张议潮已经完成了沙、瓜、甘、肃、伊河西五州的收复。如果确如学者所说，悟真是在大中五年年初由沙州出发前往长安，那么

图3-1　P.3720《悟真文书集》所载之酬答诗（局部）

① 徐俊纂辑《敦煌诗集残卷辑考》，北京：中华书局，2000年，第329—340页；《法藏敦煌西域文献》第27册，第112—114页。

在张议潮已收复河西五州的情况下，以“瓜沙僧”称呼悟真也就与当时的实际情况不相符了。

再者，唐朝中央官员及长安诸大德均将悟真入朝视为献款，正可与沙州首般使团入朝的主要使命相对应。如宗茝在《七言美瓜沙僧献款诗二首》中言道“沙漠关河路几程，师能献土远输城（诚）”；圆鉴《五言美瓜沙僧献款诗一首》亦载“圣主恩方洽，瓜沙有异僧……面进输诚款，亲论向化能”；彦楚《五言述瓜沙州僧献款诗一首》则云“远朝来凤阙，归顺贺宸聪。”无论是诗题中所言的“献款”，还是诗中所说的“师能献土远输诚”“面进输诚款，亲论向化能”“远朝来凤阙，归顺贺宸聪”，反映的都是悟真以瓜、沙等地降附于唐政府的情景。作为唐中央官员的杨庭贯，则明确将悟真的入朝称作“沙州专使持表从化”。诸人对悟真所歌颂的“献款”“献土”与“持表从化”，可与P.2748号背面文书《大中五年二月天德军防御使李丕上宣宗表》所言的沙州使者奉河西地图归附的内容相契合。如果高进达已在悟真之前代表张议潮归附唐朝，则诸人不应再如此强调和歌颂悟真的入朝献款之事。

唐政府在大中五年五月二十一日颁发的告身中，明确记载悟真的身份为“入朝使、沙州释门义学都法师”①。杨庭贯《谨上沙州专使持表从化诗一首》，亦可证悟真在大中五年是以使团首领的身份入朝的。所以，沙州首般入朝使团应由僧俗人士组成，悟真为使团的首领，高进达只是使团的成员而已。沙州使团的首度入使不仅使沙州起事得到了唐政府的承认，更为此后的张议潭使团入朝打下了良好的基础，从而在短时期内促成了归义军的设置。悟真对此次入使非常看重，所以在与其相关的多种文献中屡

① 见P.3720《悟真文书集》所载第一件告身及《洪䛒碑·洪䛒及悟真告身》。

屡提及此事。

至于《张淮深碑》注文中为何只提及高进达，而未载地位更高的悟真，我们或可从晚唐时期归义军使团成员构成变化及注文的性质两个角度加以分析。在张议潮统治期间，其所派遣的入朝使团多由僧界和俗众两部分人员构成[①]；但在张议潮入朝后，张淮深一改前任的做法，归义军出使中央的任务转而由与节度使关系亲近的僚佐承担。注释者在为《张淮深碑》碑文作注时仅提及押衙高进达，而未及悟真，有可能是受到了张淮深时期不再以僧人充使中央之政策的影响[②]。从文献的性质上看，《张淮深碑》是唐末五代用于沙州学童学习的范文，碑文中双行夹注的功能只是为了便于教学，并非准确及全面记录沙州首次入朝事件的历史文献。既然悟真充当沙州首般入朝使团首领之事人所共知，也就没有了在注文中予以额外交代的必要。此外，《张淮深碑》的镌刻开始于中和二年（882）四月八日[③]，注文的产生又当在其后。换言之，记载高进达参与首般入朝使团文献的出现，距离事件的发生至少已有34年的时间。在选择性记忆的影响下，注文中

---

① 冯培红、姚桂兰《归义军时期敦煌与周边地区之间的僧使交往》，郑炳林主编《敦煌佛教艺术文化论文集》，第450—466页。

② 对于《张淮深碑》的作者，（日）藤枝晃（《敦煌千仏洞の中興——張氏諸窟を中心とした9世紀の仏窟造営》，《东方学报》第35册，1964年，第137页）推测可能是归义军文士张景球，同时认定张景球和张球或为同一个人；荣新江（《归义军史研究》，第408—409页）则指出应为悟真，并得到了学术界的普遍认可。近年来，李正宇（《敦煌学导论》，兰州：甘肃人民出版社，2008年，第294页）、马德（《〈张淮深碑〉的作者再议——兼及敦煌写本之张球、恒安书体比较》，《丝路历史文化研讨会论集》，乌鲁木齐：新疆科学技术出版社，2013年，第95—98页）及杨宝玉（《〈张淮深碑〉作者再议》，《敦煌学辑刊》2015年第3期，第74—79页）通过不同的角度，均得出张球才是《张淮深碑》作者的结论。李正宇和杨宝玉两位先生进一步指出，《张淮深碑》的注文应是张球在教授生徒时所增补的内容。

③ 荣新江《归义军史研究》，第407页。

只提及某位参与者，而未载使团首领的做法也并非不可理解。值得注意的是，《张淮深碑》的注文本来就存在误记的现象。如在沙州首般使团献表后，对于宣宗“关西出将，岂虚也哉”的赞叹，注文曰：“表达天庭，大中大悦，叹曰：‘关西出将。’将者，即祁连古往出于名将，卢思道之辈是也。”但实际上，卢思道为范阳人，且唯以文学知名，并未担任过军事将领①，其人与注文所言的“关西”及“名将”均毫无关系。所以，在注文所载仅为孤证时，结合相关敦煌文献及史书予以综合考察才是更为稳妥的做法。

要而言之，大中二年张议潮收复沙、瓜二州后，随即派遣了由悟真充当首领，包括高进达等人在内的首般沙州使团前往长安。大中五年二月，悟真使团在天德军防御使李丕的协助下顺利抵达唐都。由于悟真离开沙州时，张议潮仅实际收复沙、瓜二州，所以长安的高僧大德及唐政府官员在酬答诗中多将其视作上述区域的代表。通过此次入京，沙州使团为张议潮求得了沙州防御使的任命，为此后归义军节度使的设置打下了良好的基础。

二、宣、懿替代对归义军与唐政府关系的影响

大中五年十一月，唐政府于沙州置归义军，以张议潮为节度使及河陇十一州观察使。唐政府对归义军辖区的设定，一方面显示了对张议潮所收复失地的承认，另一方面也体现了宣宗希望在中央政府不动干戈的情况下，通过西北缘蕃藩镇自主收复陷蕃失地的愿望②。正是在上述战略思想的指导下，宣宗政府并未对河陇其余失地，尤其是凉州、河州、渭州等战略要地采取进一

---

① 《隋书》卷五七《卢思道传》，第1397—1403页。

② 李军《晚唐政府对河陇地区的收复与经营——以宣、懿二朝为中心》，《中国史研究》2012年第3期，第113—133页。

步的措施。而随着宣、懿的更替，唐政府对河陇失地及归义军的态度发生了重大转变，由此对其与归义军的关系产生了深远的影响。

张议潮在率军击败纳职回鹘、基本解除其对伊州威胁的基础上，于大中十二年八月二日，开始率领大军东征凉州。莫高窟第148窟《唐宗子陇西李氏再修功德记》碑载：

> 府君春秋才方弱冠，文艺卓荦，进止规常，迥然独秀……公其时也，始蒙表荐，因依献捷，亲拜彤庭。宣宗临轩，问其所以；公具家牒，面奏玉阶。上亦冲融破颜，群公愕视。乃从别敕，授凉州司马、检校国子祭酒兼御史中丞、赐紫金鱼袋，锡金银宝贝。[①]

据P.4615+P.4010《李明振墓志铭》，可知李明振卒于890年[②]。《唐宗子陇西李氏再修功德记》载其"享龄五十有二"，所以其生年当在839年。既然其献捷时"才方弱冠"，故其入朝的时间当在大中十三年（859）左右[③]。此际李明振正跟随张议潮出征凉州，上述功德记中又有其"克复神乌（乌），而一戎衣"的记载，所以其入朝献捷当与归义军收复凉州之神乌县、获得征讨凉州阶段性胜利有关。另外，据荣新江先生考证，张议潮在大中十二年（858）或之后不久至咸通二年期间，曾称仆射[④]。李明振入京报

---

① 李永宁《敦煌莫高窟碑文录及有关问题（一）》，《敦煌研究》第1期，1982年，第66页。

② 郑炳林、郑怡楠辑释《敦煌碑铭赞辑释（增订本）》，第733页。

③ 郑炳林、郑怡楠辑释《敦煌碑铭赞辑释（增订本）》（第235页注［14］）指出李明振献捷当在大中十二年之后。另外，据《唐宗子陇西李氏再修功德记》的记载，可知李明振入朝时宣宗尚在世，所以其入朝当在大中十三年年初至八月之间。

④ 荣新江《沙州归义军历任节度使称号研究》（修订稿），《敦煌学》第19辑，台北：中国文化大学中国文学研究所敦煌学会，1992年，第15—67页。

告归义军收复凉州部分地区之消息，从而被任命为凉州左司马，唐政府对其使主张议潮例有封赏，所以“仆射”很可能是唐政府对张议潮的赏功之任。虽然在大中五年设置归义军之际，唐政府并未将凉州纳入其辖区，但在张议潮率军收复凉州部分地区并遣使献捷之际，宣宗一方面为李明振敕授凉州司马之职，一方面为张议潮晋升检校官。由此可见，唐政府对于归义军向河西东部地区的拓展并不排斥，而这也符合宣宗此前对西北边防采取守成态势的一贯政策。从总体上看，在宣宗时期，由于中央政府对河西地区的原陷蕃失地无意经营，所以归义军与中央政府之间的关系较为融洽。但随着懿宗即位，以凉州收复为转折点，唐政府与归义军的关系发生了重大的转变。

咸通二年，随着尚延心的归附，高骈收复河、渭二州。但最初唐政府并未将河、渭划入秦成经略使的辖区，而只是任命尚延心为河渭都游弈使，以统其众居之[①]。但是，随着张议潮收复凉州的消息送达长安，唐政府开始对此前经营河陇的策略进行调整。咸通四年正月之前，唐政府已经派人加固凉州城，显示出唐政府力图控制凉州的迫切愿望。此外，唐政府还调派天平军节度使属下的郓州兵二千五百人前往凉州戍守[②]。《唐故邠宁节度使司空河东裴公（识）墓志铭》记载裴度第三子裴识在担任天平军节度使期间，“天子以河西新收，西凉府以归，帅张议潮欲强盛边事，择其人（下缺）”[③]，下缺的部分所叙述的应是唐政府调

① 李军《晚唐政府对河陇地区的收复与经营——以宣、懿二朝为中心》，第113—133页。

② 李军《晚唐（公元861—907年）凉州相关问题考察——以凉州控制权的转移为中心》，《中国史研究》2006年第4期，第77—89页。

③ 中国文物研究所、河南文物研究所编《新中国出土墓志·河南》（壹）上册，第361页。

派郓州兵之事[①]。此后，唐政府更是以凉、洮、西、鄯、河、临六州置凉州节度[②]。据笔者考证，唐政府设置凉州节度后，并没有如学者所说，由张淮深、张淮兴兄弟分镇沙、凉二镇，而是在咸通年间先后用裴识和卢潘以朔方节度使的身份兼领凉州节度[③]。唐政府将本由归义军控制或属其观察范围的凉、西、鄯、河四州划归凉州节度，体现了其对归义军权力的剥夺[④]。唐政府调派郓州兵驻守凉州并命裴识以朔方节度使兼领凉州的目的，显然是阻止张议潮"强盛边事"的举动。从归义军在宣、懿之际的军事行动看，所谓的"强盛边事"只能是指归义军收复凉州之事。同样是从吐蕃手中收复凉州，在宣宗统治时期，唐政府通过为张议潮等人授官以表示支持，但在懿宗朝却被视为"强盛边事"，并企图以析置藩镇及他镇兼领的方式予以防范，可见唐政府对归义军的态度发生了根本性的变化。对于变化的原因，我们可以从以下两个方面予以分析。

首先，我们可以从归义军势力发展的具体进程来看。大中二年至四年，张议潮率沙州民众先后获得了沙、瓜、甘、肃、伊河西五州的控制权。为了控制广大的河西新复地，张议潮陆续派遣沙州人户前往瓜州、伊州及肃州等地镇守，这在一定程度上导致军事力量的分散。故张议潮在收复伊州后，一直致力于内部的稳定及经济的恢复。经过数年的力量积聚，张议潮在解除伊州纳职回鹘威胁的基础上，历经三年，终于在咸通二年完成了对凉州的

① 荣新江《中国文物研究所等编〈新中国出土墓志·河南〉壹》，《唐研究》第1卷，第557—560页。

② 《新唐书》卷六七《方镇表四》，第1886页。

③ 李军《晚唐政府对河西东部地区的经营》，《历史研究》2007年第4期，第27—41页。

④ 荣新江、余欣《沙州归义军史事系年（咸通三年—六年）》，白化文主编《周绍良先生纪念文集》，第334—335页。

收复。从耗时上看，归义军收复凉州的时间大略与归义军此前收复沙、瓜、甘、肃、伊五州的时间相当，足见此役的艰苦程度。凉州是吐蕃在河西最重要的军事基地，精兵多集于此。为了取得战争的胜利，归义军在最大限度范围内征发民众参战，通常不承担兵役的僧人也被征发入伍[①]。此外，对于张议潮收复凉州时所率军队的民族成分，《资治通鉴》卷二五〇“唐懿宗咸通四年三月”条载：“归义节度使张义潮奏自将蕃、汉兵七千克复凉州。”[②]薛逢《凉州词》亦载：“昨夜蕃兵报国仇，沙州都护破凉州。黄河九曲今归汉，塞外纵横战血流。”[③]两处记载皆表明张议潮所率军队具有相当程度“蕃”的性质。张议潮在收复凉州时，曾与吐蕃鄯州节度使尚婢婢结成联盟，所以，张议潮收复凉州时所率的“蕃兵”，很可能是来自尚婢婢属下的部众[④]。

对于归义军来说，联合尚婢婢以对抗论恐热势力，自然无可厚非。但对于唐政府来说，论恐热在大中三年之际以三州七关降附唐朝，虽然宣宗未授予其所求的河渭节度使，但由于其的归附不仅使唐政府顺利收复三州七关地区，也为宣宗继绍宪宗之政提供了绝佳的宣传机会。所以宣宗才会派陆耽前往宣慰，并在随后颁发的《收复河湟德音》中追述宪宗收复河陇失地的意愿。此外，唐政府在咸通初年收复河、渭、鄯等州之后，对于寓居廓州的论恐热并未采取进一步举措，由此也可见两者之间的微妙关系。根据尚婢婢及其部属拓跋怀光的势力发展情况，其统治中心应在鄯州一带。在夺得凉州后，归义军的疆域达到了“六郡山

① 冯培红《P.3249背〈军籍残卷〉与归义军初期的僧兵武装》，《敦煌研究》1998年第2期，第141—147页。

② 《资治通鉴》卷二五〇“唐懿宗咸通四年二月”条，第8104页。

③ 《全唐诗（增订本）》卷二七，第380页。

④ 陆离、陆庆夫《张议潮史迹新探》，第95—109页。

河，宛然而旧”的规模。在张议潮与尚婢婢势力结成联盟的情况下，河西大部及陇右地区确实存在再度吐蕃化的可能性。所以，唐政府在张议潮收复凉州后，才会一改宣宗时期被动利用西北缘蕃藩镇自主收复并管理陷蕃失地的政策，而是通过新置凉州节度及天雄军节度的方式，完成了对凉、洮、河、渭等地的直接控制。

此外，我们还可以通过统治集团处置藩镇问题的时代特征，来观察唐政府与归义军关系的演变。通过对《新唐书·方镇表》所提供的信息进行统计，可知懿宗在位的14年间，唐政府针对藩镇的称号及辖区等方面共进行过29次重大调整。其中，发生在咸通三年至五年间的调整多达15次，占到了总数的一半以上。由此可见，咸通三年至五年属于懿宗朝中央政府藩镇政策的集中调整期。以往学者已经指出，虽然在唐末之前，唐政府对藩镇的政策有姑息的一面，但就政策的主要方面来说，其对藩镇主要是采取控制的政策，主要手段之一就是采取肢解分割的办法，通过缩小藩镇的属州辖区，削弱其力量以实现控制[①]。所以，咸通四年至五年，在收复河、渭、凉等州的基础上，唐政府通过设置凉州节度及天雄军节度以分割河陇并限制归义军的做法，完全符合唐政府通过分割藩镇以限制其势力的既定政策。由此可见，此时双方关系变化是由唐政府根据西北政局的变动而调整经略河陇政策所直接导致的，发生作用的主体是唐政府，而非归义军。

在唐政府持续采取措施以压制归义军的背景下，张议潮希望能借助各种机会来展现归义军对河陇地区的控制力。《资治通鉴》卷二五〇“唐懿宗咸通七年二月”条载：“归义军节度使张

① 何灿浩《唐末政治变化研究》，北京：中国文联出版社，2001年，第86—100页。

义潮奏北庭回鹘仆固俊克西州、北庭、轮台、清镇等城。”①就在张议潮表奏仆固俊收复西州等事的同月，张议潮“又奏鄯州城使张季颙押领拓跋怀光下使送到尚恐热将，并随身器甲等，并以进奉”②。拓跋怀光原为尚婢婢的部将，由于张议潮之前曾与尚婢婢结盟，所以咸通七年拓跋怀光击败论恐热之事或与张议潮有关。也正因为如此，张议潮才会在鄯州于咸通四年划归凉州节度的前提下，仍然坚持向唐政府汇报拓跋怀光击败论恐热的政情。此外，张议潮还在咸通七年遣使献青骹鹰及延庆节马等物，希望借此改善同唐政府的关系。《旧唐书·懿宗纪》“咸通七年七月”

图3-2　法门寺地宫　錾金银匾荷叶盘　采自《法门寺考古发掘报告》

---

① 对于张议潮上奏事，《通鉴考异》引《懿宗实录》则载：“义潮奏俊收西河及部落胡、汉皆归伏，并表贺收西州等城事。”

② 《资治通鉴》卷二五〇“唐懿宗咸通七年二月”条下《考异》引《实录》，第8113页。

图3-3 法门寺地宫 捧真身菩萨 采自《法门寺考古发掘报告》

条载："沙州节度使张义潮进甘峻山青骹鹰四联、延庆节马二匹、吐蕃女子二人。"[①]对于所谓的"延庆节马"，刘一（Lewis Mayo）先生指出当系张议潮为庆祝懿宗生日延庆节所上之马[②]。对于懿宗之诞日，《唐会要》《册府元龟》《旧唐书·懿宗纪》诸书皆系于大和七年（833）十一月十四日，唯有宋人庄绰《鸡肋编》系于七月四日。《鸡肋编》所载虽为孤证，但可与张议潮于咸通七年七月贡延庆节马的记载相对应，故Lewis Mayo从《鸡肋编》而不从《唐会要》等书。而根据法门寺地宫出土的捧真身菩萨双手所捧錾金银匾荷叶盘上錾刻的发愿文，可以确证延庆节即为十一月十四日[③]。唐代朝臣及地方官员献马以贺皇帝

① 《旧唐书》卷一九上《懿宗纪》，第660页。

② Lewis Mayo. Birds and Hand of Power: a Political Geography of Avian Life in the Gansu Corridor, Ninth to Tenth Centuries. *East Asian History, Australian National University*, 2002,pp.2.

③ 吴立民、韩金科《法门寺唐代地宫捧真身菩萨曼荼罗之研究》，段文杰、茂木雅博主编《敦煌学与中国史研究论集——纪念孙修身先生逝世一周年》，兰州：甘肃人民出版社，2001年，第23—32页。录文参陕西省考古研究院、法门寺博物馆、宝鸡市文物局、扶风县博物馆编著《法门寺考古发掘报告》上册，北京：文物出版社，2007年，第142—143页；图版见《法门寺考古发掘报告》下册，彩版九二。

诞日为时之常例[①]；甘峻山位于甘州张掖县，原属归义军之辖区，张议潮以青骹鹰进奉也不足为奇，但其所进献的“吐蕃女子二人”却颇显突兀。张议潮进献吐蕃女子的做法，或是为了显示归义军对吐蕃部族的控制。但张议潮的上述做法，显然与唐政府力图限制并削弱归义军势力的初衷相背离。在这种情况下，唐政府强迫张议潮入朝，也就显得符合情理了。

总的看来，由于宣宗无意继续收复河陇失地，所以唐政府在大中年间与归义军保持了较为融洽的关系。懿宗即位后，唐政府对藩镇采取了较为强硬的态度。在凉州及河、渭等州陆续收复的背景下，唐政府通过析置藩镇的方式，完成了对河陇广大地区的直接控制及对归义军的削弱。针对唐政府的强势态度，张议潮一方面希望能够保持归义军在河陇地区的发言权，另一方面也希望通过进奉的方式缓和同唐政府的关系。但张议潮的努力并没有得到唐政府的认可，咸通七年七月进奉之后不久，张议潮就被强制征召入京，显示出张议潮归阙与其在咸通七年的诸多举措具有直接的关联性。

三、张议潮入朝与张议潭之死关系辨析

咸通八年二月，张议潮入京，随即被授予右神武统军[②]。虽

① 《唐会要》卷二九《节日》载：“(元和) 七年二月癸卯降诞节，宰臣旧例，进衣一副。惟李吉甫方固恩泽，别进马二匹，赐通天犀带以答之。”第635页。《册府元龟》卷六七四《牧守部·公正》载：“郑珣瑜为河南尹，珣瑜既入境，官吏以逼德宗降诞日，虑珣瑜到，即后于事。乃送所献马赍印于路，以往例告。珣瑜曰：‘未上官，不可遽有进献。及既上，即失时矣。’遂不献。”《文苑英华》卷六四一《进贡中》收于邵《降诞日进马及织成红绵地衣状》、令狐楚《降诞日进鞍马等状》及《降诞日为杨大夫奏修功德并进马状》。以上史料证明，在朝臣及地方官所上庆祝皇帝诞辰的贡品中，马匹为重要的内容之一。

② 《资治通鉴》卷二五〇“唐懿宗咸通八年二月”条，第8117页。

然《张淮深碑》将张议潮入朝称作“束身归阙”，但荣新江先生已明确指出张议潮入朝与兄长张议潭一样，都是充当了人质的功能，对此当无异议。晚唐归义军沙州军事判官张球撰P.3425（2）《金光明变相一铺铭并序》有载：

> 清信弟子使持节沙州刺史、充归义军兵马留后、当管营田等使、守左骁卫大将军、赐紫金鱼袋、清河张厶乙，龆龀慕道，钦崇释门……今者所丹绘前件功德，奉为亡考常侍，唯愿承兹法棹，生就莲宫。①

据荣新江先生考证，这篇铭文是张淮深为身先入质的父亲张议潭去世所做功德而写的，时间应在咸通八年议潮入朝之后不久。此外，荣先生进一步指出“先身入质”的张议潭死于咸通七年末或

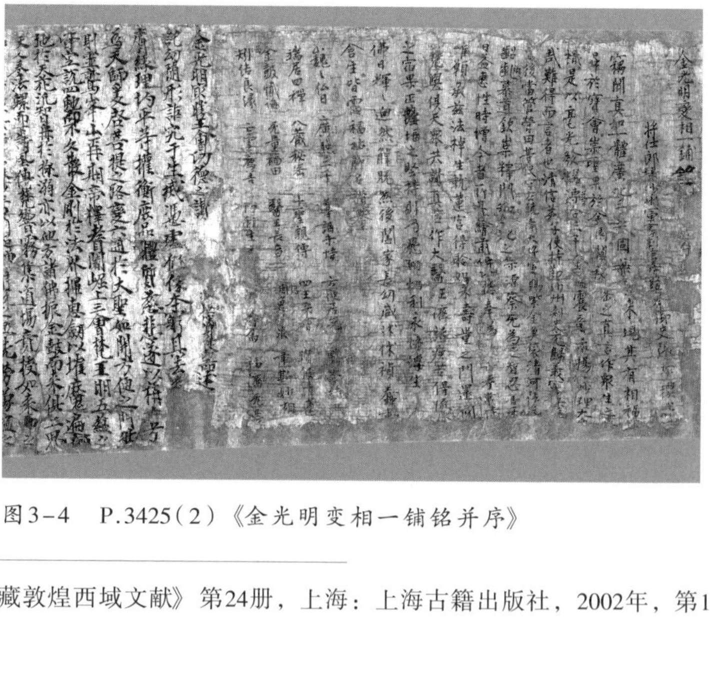

图3-4　P.3425（2）《金光明变相一铺铭并序》

① 《法藏敦煌西域文献》第24册，上海：上海古籍出版社，2002年，第169页。

八年初，而这大概正是张议潮于咸通八年二月束身归阙的直接原因[①]。杨宝玉、吴丽娱先生在对P.3804所抄愿文进行校注研究时，也认为张议潮入朝与张议潭之死有关[②]。由于张议潮入朝极大地影响了归义军的历史走向，故笔者希望能对张议潮入朝与张议潭之间的关系进行探讨。

P.3730正面抄有沙州诸寺僧尼上给都僧统吴洪辩的十件文状，为学者所关注。由于这件文书背面所抄的内容字迹潦草，所以长期以来并没有引起学术界足够的重视。吴丽娱、杨宝玉先生从P.3730背面揭出张氏归义军时期的书状七件，并对这些文书作了深入的研究[③]。通过研读吴、杨两位先生所揭出的书状，笔者认为对张议潮归阙与张议潭之死的关系有重新认识的必要。由于这些文书与张议潮归阙等问题密切相关，所以我们根据文书的图版，并参考学者的录文，将其内容移录如下。为便于区分，本文将每件书状分别重新计行。文书载：

（第一件）

1.生年未曾拜伏，早以久向风馨。

---

① 荣新江《沙州归义军历任节度使称号研究》（修订稿），《敦煌学》第19辑，第27页；荣新江《归义军史研究》，第82页。

② 杨宝玉、吴丽娱《P.3804咸通七年愿文与张议潮入京前夕的庆寺法会》，《南京师范大学学报（社会科学版）》2007年第4期，第66—72页。

③ 吴丽娱、杨宝玉《P.3730v张氏归义军时期书状考释》，中国文物研究所编《出土文献研究》第7辑，上海：上海古籍出版社，2005年，第278—286页。杨宝玉、吴丽娱《张议潮束身归阙后与沙州人士的往来及其对敦煌政局的影响——以P.3730v、S.6405v为中心，兼及P.3281v、S.2589》，刘进宝、高田时雄主编《转型期的敦煌学》，第331—342页（该文的修订稿，收入杨宝玉、吴丽娱《归义军政权与中央关系研究——以入奏活动为中心》，北京：中国社会科学出版社，2015年，第163—176页。因文章内容有修订，故本文均以后者为据）。

2.仲春渐暄，伏惟使君

3.厶官尊体动止万福。即日厶乙思侍外蒙恩，

4.不审近日尊用何似？伏蒙仁眷远惠香□

5.地榆，但增戴荷，续后专人即有酬

6.谢，伏惟照察。限以碛卤，伏谒未由，但增瞻恋之至（?）。

7.谨附状不宣，谨状。厶月日状

8.使君阁下

（第二件）

1.违离已久，思慕无宁。霜冷，伏惟

2.阿郎尊体起居万福。即日厶乙等蒙恩，不审近日乍到京

3.畿，寝膳何似？伏愿倍加保重，下情所望。使至，

4.伏听阿郎荣拜统军，不任庆慰。州中使宅娘子

5.及悉总平善，伏惟不赐远忧。诸务（?）委细，具在

6.厶人，此不繁录。限以阻碛，未由拜侍，但增

7.攀恋涕流之至。谨附状 起居不备，厶乙等再拜

8. 阿郎几前

（第三件）

1.谨空伏惟阿郎尊体动止万福。

2.即日厶乙蒙恩，不审近日尊褥（?）何似？伏愿善加保重，

3.远情所望。城隍军府并甚安，门宅百尺上长幼诸亲

4.并蒙平善，伏惟不赐远忧，伏愿善加□□。拜

5.侍无由，惟增攀望。

（第四件）

1.不意凶祸，厶人虽今日千方无征，去厶日

2.奄从倾逝，痛当奈何，苦痛奈何。万福即此，厶乙悲

恋外蒙恩

3.平善，不审近日体气何似？阿郎尊体又军务繁并，

4.伏计疲顿，善加保重，即是悬诚云云。限以所守，未由

5.拜觐，空增瞻恋之至。谨［状］。

（第五件）

1.德用何似？伏计不乖调履，更加保重，下情所望。人使

2.不悋示及，幸甚幸甚。限以所守，未由拜谒，空积仰恋之至。

3.执别渐久，仰念尤深。伏惟郎君所履珍胜。此厶乙

4.不审近来德用何如？［伏惟善］加保护，勤习士业，辄莫所□，厶乙悬

5.望也。人使云云，不绝音耗，幸甚幸甚。限以［所守］，未由展觐，但多驰示。

6.谨驰状

7.记室

（第六件）

1.使至奉若问（面），兼奉

2.命官委曲，疋帛捧授（受）惊惧，启处不遑云云。即日厶乙

3.蒙恩，不审乍到觐侍，计多庆令。厶乙旦夕不离百尺

4.习业。伏惟□□。限以迢遰，次叙未期，鱼雁之

5.莫悋札示，幸甚幸甚。跪授（受）惊惕，无任战惧。且厶乙生自边土，

6.智乏老诚（成），才业荒残，学无所取。伏以郎君俊生仁瑞，天

7.与孤贞，槐市芳文，非因师教。伏蒙厶官猥录蠢蝎，远

8.寄缣缃。愿德扫之功，巨答丘山之福。限以遥阻，

9.不获随状陈谢，谨修状呈。

（第七件）

1.押（?）次有（?）状，计达

2.尊听，厶乙衔命，行李二十三日已离甘州，斩（渐）近仁封，拜

3.觐悲（非?）遥，颜增喜抃。谨再具状起居谘（?）闻。[1]

根据吴丽娱、杨宝玉先生的研究，第二、三、四件状文提及的阿郎即张议潮，而第五、六件状文提到的郎君应为议潮之子，或即张淮鼎[2]。对于书状的作者，吴、杨两位先生先是推测有两种可能性：一种可能是一位寺院的高僧大德；另一种可能则是一位归义军中资深的官员或军事长官。通过进一步研究，两位先生又指出上举文书中的第六件应是S.6405v《僧恒安致郎君谢司空寄缣缃状》的底稿，所以P.3730v所抄几件文书的作者应是归义军时期著名的僧人恒安[3]。

① 吴丽娱、杨宝玉《P.3730v张氏归义军时期书状考释》，《出土文献研究》第7辑，第278—280页；《法藏敦煌西域文献》第27册，第167—168页。第六件和第七件书状之间，本有《题戍楼山》诗一首。因其与书状内容无关，故未录。

② 吴丽娱、杨宝玉《P.3730v张氏归义军时期书状考释》，《出土文献研究》第7辑，第280—285页。

③ 杨宝玉、吴丽娱《张议潮束身归阙后与沙州人士的往来及其对敦煌政局的影响——以P.3730v、S.6405v为中心，兼及P.3281v、S.2589》（后简称《张议潮束身归阙后与沙州人士的往来及其对敦煌政局的影响》），《归义军政权与中央关系研究——以入奏活动为中心》，第163—176页。对于S.6405v，刘铭恕《敦煌遗书总目索引·斯坦因劫经录》、唐耕耦《敦煌社会经济文献真迹释录》第5辑、施萍婷《敦煌遗书总目索引新编》等皆定名为《僧恒安谢司空赐疋段状》；《英藏敦煌文献（汉文佛经以外部份）》则定名为《僧恒安谢司空赐缣缃状》。

从内容上看，在P.3730v所收的七件书状中，第一件的收信人是外地的某位刺史，第七件的收信者或是当时凉州的控制者，而第二件至第六件则均为恒安写给身在长安的张议潮或其子的。由于第一件和第七件书状与本文所讨论的主题关系不大，故暂不论。通过分析第二件书状中所提及的“近日乍到京畿”“使至”及“霜冷”等语，并将其与张议潮咸通八年（867）二月入朝的时代背景相结合，学者指出该件书状应作于咸通八年九月[①]。这也就证明咸通八年九月之前，归义军已有使者返回沙州，带回了张议潮被任命为右神武统军的消息。P.3281v《押衙马通达状稿（三件）》第一件载：

> 付案过状，押衙马通达。右通达自小伏事司空，微薄文字并是司空教视奖训，及赐言誓。先随司空到京，遣来凉州，却运家累。拟欲入京，便被卢尚书隔勒不放。[②]

张议潮本没有预料到唐政府会把他羁留在长安，所以其入朝时并没有携带家眷。因为被唐政府任命为禁军的长官，必须留在京城任职，所以张议潮才派遣心腹马通达返回沙州以护送其家人入京。恒安在第二件书状中称：“州中使宅、娘子及悉总平善。伏惟不赐远忧，诸物委细，具在厶人，此不繁录。”[③]“州中使宅”，应指归义军节度使宅。“娘子”为张议潮之妻；而“及”字后所脱部分，或为郎君，即张议潮之子，他们正是张议潮派遣

---

① 杨宝玉、吴丽娱《张议潮束身归阙后与沙州人士的往来及其对敦煌政局的影响》，《归义军政权与中央关系研究——以入奏活动为中心》，第173页。

② 唐耕耦、陆宏基编《敦煌社会经济文献真迹释录》第4辑，第375页。

③ 吴丽娱、杨宝玉《P.3730v张氏归义军时期书状考释》，《出土文献研究》第7辑，第279页。

马通达所迎接的“家累”。所以，咸通八年九月之际张议潮的家人尚未离开沙州。

在上举书状中的第三件中，恒安首先问候张议潮，然后向其汇报关于归义军的基本情况，最后仅提及“门宅百尺上长幼诸亲并蒙平善”，而未再提及第二件书状中的“州中使宅娘子”及“郎君”，表明张议潮的家人已经前往长安。这样也就可以证明，第三件书状的写作时间在咸通八年九月之后。根据《押衙马通达状稿（三件)》的记载，可知马通达在护送张议潮的“家累”入京途中，被卢尚书扣留在凉州。但张议潮的妻小却得以顺利通过，继续东行。第五件书状中，恒安在祝愿郎君“不乖调履，更加保重”的同时，还宣称“限以所守，未由拜谒，空积仰恋之至。执别渐久，仰念尤深”，可以证明此时郎君其人已经到达长安。在第六件书状中，恒安除感谢张议潮及郎君远寄“缣缃”外，还问候郎君“不审乍到觐侍，计多庆令”，证明此时郎君到达京师的时间并不长，所以第五件及第六件书状间隔的时间并不长。参照S.6405v《僧恒安致郎君谢司空寄缣缃状》中“二月廿日，敦煌县令宋智岳使回”的记载，可知第六件书状的写作时间应在咸通九年二月二十日之后不久[①]。

通过对上述诸件文书内容的分析，我们可以发现P.3730v第二件至第六件书状基本上是按照时间先后顺序排列的。由此可知，第四件书状的写作时间应在第三件和第五件之间。第四件书状的开头即是“不意凶祸，厶人虽今日千方无征，去厶日奄从倾逝，痛当奈何，苦痛奈何”，可知恒安致信张议潮，是为了哀悼与其存在一定亲属关系的某位亡人。学者指出“不意凶祸”“苦痛奈

① 杨宝玉、吴丽娱《张议潮束身归阙后与沙州人士的往来及其对敦煌政局的影响》，《归义军政权与中央关系研究——以入奏活动为中心》，第174页。

何”这类词汇不能用于父母之类的重丧，而可用于兄弟和其他轻丧，故恒安向张议潮所哀悼的应该就是刚去世不久的张议潭[①]。由此可见，张议潭死讯传回沙州的时间应在恒安写作第三件书状之后。虽然对第三件和第五件书状的写作时间难以进行精确的判断，但我们却可以借助第二件及第六件书状来对第四件书状的写作时间加以限定。笔者认为第四件书状应作于咸通八年九月至次年二月之间，张议潭的死亡时间则应在将张议潮出任统军之消息带回沙州的使者离京之后。而其死讯传回沙州之际，张议潮的家人已经赴京，否则恒安也不会在汇报“城隍军府并甚安”及“长幼诸亲并蒙平善”等日常事务之后，才再度写信给远在长安的张议潮，以哀悼张议潭。

咸通八年二月张议潮入京之际，张议潭应仍然在世。由于张议潮被任命为右神武统军，故其派遣马通达等人返回沙州，以迎接自己的家人入京。在使者离京后不久，张议潭即病逝。咸通八年九月左右，张议潮出任统军的消息传回沙州。而在张议潮家人离开沙州前往京师之后，张议潭的死讯才传回归义军。从时间上判断，张议潭应卒于张议潮入京之后，所以张议潮归阙与张议潭逝世之间并没有必然的联系。

综上所述，根据《张淮深碑》抄本之注文的记载，可知高进达参与了张议潮在沙州起事后所派遣的首个入朝使团，但并不能据此认定其为使团的首领。悟真和高进达应属于同一个般次，只是悟真是使团的首领，代表了僧俗两界，而高进达只是使团的普通成员。正因为如此，所以在悟真所上的陈情表中，既有以瓜、沙归附唐朝，从而“达乡闾之的信，摅祖父之沉冤”的内容，也有“请依往日

---

① 吴丽娱、杨宝玉《P.3730v张氏归义军时期书状考释》，《出土文献研究》第7辑，第283页。

风俗，大行佛法”的请求。由于宣宗对河陇失地的经营并不热心，所以归义军与唐政府在大中年间保持了较为融洽的关系。随着宣、懿的替代，唐朝的政治生态发生了巨大的变化，唐政府针对地方藩镇的态度趋于强硬。在凉州、河州及渭州等河陇重镇陆续收复之后，唐政府开始通过在河陇地区析置节度、分割归义军辖区等方式，持续削弱归义军的势力，所以两者的关系在咸通年间呈现出了恶化的趋势，以至于归义军节度使张议潮被唐政府强制征召到了长安。张议潮入朝并非因为兄长张议潭病逝于长安，而应是唐政府在咸通年间经营河陇的策略得到持续实施的结果。

第二节　张淮深时期归义军与唐中央之关系

咸通八年（867），唐政府将归义军节度使张议潮征召至长安。张议潮归阙之后，其侄张淮深开始执掌归义军大权。自咸通八年至大顺元年（890），张淮深掌握归义军实际权力的时间长达23年。正是在这段时间里，回鹘、嗢末等少数民族势力陆续在河陇地区崛起，极大地改变了该地区的政治形态。在河陇政局持续动荡的背景下，归义军与唐中央之间的关系对归义军及河陇政局均产生了重要影响。对于张淮深时期归义军与唐中央的交往，荣新江、杨秀清等先生通过宏观的研究，归纳出双方关系较为冷淡的总体特征①。本节希望在学者研究的基础上，从微观的角度探讨归义军与唐中央政府关系的演变及其对河陇政局的影响。

一、张淮深初掌归义之际的双方关系

咸通二年（861），张议潮率军收复河西重镇凉州。与此同

① 荣新江《沙州张淮深与唐中央朝廷之关系》，第1—13页（该文经修订后，收入同作者《归义军史研究》，第169—196页）；杨秀清《晚唐归义军与中央关系述论》，第69—72页。

时，秦州刺史兼防御使高骈先后收复了陇右的河、渭等州。咸通四年（863），唐政府通过新置天雄军及凉州节度的方式，对此前主要依靠归义军掌控河陇的策略进行了大幅度的调整。由于归义军经营河陇的意愿与唐政府的战略意图之间存在矛盾，所以，虽然张议潮在咸通七年七月有进奉“甘峻山青骹鹰四联、延庆节马二匹、吐蕃女子二人”的举动[①]，但其在次年二月就被唐政府征召入京[②]。张议潮在归阙后不仅被授予右神武统军的武职事官，还被“宣阳赐宅”“锡壤千畦”[③]，中央政府希望将其长期羁绊于长安的意图表露无遗。根据P.3281v《马通达状稿（三件）》第一件的记载，张议潮入京后曾派遣亲信马通达返回沙州迎接家人入京，该举动表明张议潮最终接受了唐政府将其留置在京师的安排。但在入京任职之后，张议潮仍对河陇地区的政情保持了高度的关注。在张淮深以沙州刺史的身份派遣使者入京汇报吐谷浑等族的活动情况时，张议潮曾上表懿宗，希望能够“逐件分析”[④]。此外，面对唐政府以“粮料欠缺”为由希望放弃经营凉州的局面，张议潮又“遽有奏论”，明确提出反对意见，并由

---

① 《旧唐书》卷一九上《懿宗纪》，第660页。

② 《资治通鉴》卷二五〇“唐懿宗咸通八年二月”条，第8117页。

③ 内容见敦煌写本《敕河西节度兵部尚书张公德政之碑》（以下简称《张淮深碑》），录文参荣新江《归义军史研究》，第402页。

④ 详情见S.10602《张议潮奏蕃情表》，《英藏敦煌文献（汉文佛经以外部份）》第13册（成都：四川人民出版社，1995年，第74页）将其定名为《归义军节度使张议潮奏蕃情表》。

此获得了懿宗的嘉奖[①]。根据张议潮归阙后上表关注河陇政情的表现，学者多推测唐政府征召张议潮入朝后，仍让其遥领归义军节度使之任，以间接控制归义军政权[②]。但笔者认为根据现有的材料，似尚不足以证明张议潮入朝后遥领归义军节度使之任。

首先，在张议潮入朝后所上的两件表文中，并未显现出其具有归义军节度使的身份。其中，S.6342+дx.05474v《张议潮处置凉州进表》的作者被记作“张议潮”；S.10602《张议潮奏蕃情表》的作者则自称为“臣”，均未见“归义军节度使”。如果唐政府确实允许张议潮遥领归义军，那么归义军节度使就属于其本人的合法身份。如此一来，张议潮主动放弃显示自己合法身份的举动就令人费解，更何况保存在敦煌文献中的两件表文属于张议潮原表的抄件，表明其在归义军内部传播时也未体现出张议潮的节度使身份。《资治通鉴》卷二五二“唐懿宗咸通十三年八月”条有载：“归义节度使张义潮薨，沙州长史曹义金代领军府；制

① 详情见S.6342+Дx.05474v《张议潮处置凉州进表》。对于S.6342号文书的性质及写作时间，唐耕耦先生认为是张议潮咸通二年收复凉州时所上的奏表；荣新江先生认为文书可能作于咸通四年左右；郑炳林先生将其与Дx.05474v号文书缀合后，则指出此篇文书是张议潮在唐中央准备放弃经营凉州时所上的奏表，表文撰写的时间应在咸通十一年至咸通十三年之间（唐耕耦、陆宏基编《敦煌社会经济文献真迹释录》第4辑，第363页；荣新江《归义军史研究》，第158—159页；郑炳林《敦煌写本〈张议潮处置凉州进表〉拼接缀合与归义军对凉州的管理》，《敦煌吐鲁番研究》第7卷，第384页）。

② 荣新江《归义军史研究》，第163—164页；荣新江、余欣《沙州归义军史系年（咸通七年—十三年）》，《庆祝宁可先生八十华诞论文集》，北京：中国社会科学出版社，2008年，第273—274页。《央藏敦煌文献》第13卷的整理者将S.10602视为“归义军节度使张议潮”的奏蕃情表，表明其接受了张议潮入朝后遥领归义军的观点。

以义金为归义节度使。”[1]由此可证在司马温公看来，张议潮在入朝后或保留了归义军节度使的职任。但该条记载中与张议潮之薨相关联的曹议金代领军府及继任节度使两事均误，所以张议潮入朝后仍遥领节度使的记载是颇值得怀疑的。在笔者看来，司马温公在此处可能只是沿用了张议潮的旧称而已，并不能作为张议潮入朝后仍遥领归义军节度使的切实证据。

其次，在张议潮入朝后，归义军内部对张议潮的称呼发生了明显的变化，证明其身份的性质已经发生了变化。在张议潮出任归义军节度使期间，由于其并未使用唐政府授予的归义军节度使，而是自称河西节度使，所以归义军治下军民多使用“河西节度使”或节度使加检校官的模式予以指代。作为张议潮收复凉州之后所修造的功德窟，莫高窟第156窟张议潮的供养人题记载：“窟主□（河）西节度使金紫光禄大夫……尚书……”绘于该窟南壁的《张议潮统军出行图》榜题则为：“河西节度使检校司空兼御史大夫张议潮统军□除吐蕃收复河西一道行图。”[2]此外，据学者考证，P.3804《开经文》是沙州张氏家族用于咸通七年（866）中秋庆寺法会的愿文[3]。该件愿文分别为大唐咸通皇帝、河西节度使开国公、敦煌敕授金紫鱼袋刺史张公等人祈福，其中的河西节度使开国公显然是指尚未入朝的张议潮。根据位于莫高窟第192窟东壁门口上方、由龙兴寺沙门明照所撰的《咸通八年二月廿六日社长张大朝等发愿功德赞文》，可知在张议潮入朝之初，沙州民众仍然以“河西节度使万户侯□司空张公”的旧称指代张议潮[4]。但是

---

① 《资治通鉴》卷二五二“唐懿宗咸通十三年八月”条，第8164页。

② 敦煌研究院编《敦煌莫高窟供养人题记》，第73—74页。

③ 杨宝玉、吴丽娱《P.3804咸通七年愿文与张议潮入朝前夕的庆寺法会》，第66—72页。

④ 敦煌研究院编《敦煌莫高窟供养人题记》，第85页。

在张议潮出任统军的消息传回沙州后，即使是原属张议潮心腹的恒安和马通达等人，也不再称张议潮为节度使，而是仅称其为“阿郎”或以检校官指代。在P.3730v收录的多件书状中，恒安都是以“阿郎”作为张议潮的尊称；在S.6405v《僧恒安致郎君谢司空寄缣缃状》中，恒安则致信郎君，对“司空”张议潮远寄缣缃表示感谢。P.3281v《押衙马通达状稿（三件）》第一件则记载“自小伏事司空”的马通达，在听闻“司空出来”的消息后，希望能够“匍匐到灵州已来迎候司空，却归使主”。其所谓的“使主”，指的是此时控制归义军的张淮深，而非前任张议潮。恒安及马通达在张议潮入朝后仍然与其保持着密切的联系，但均不再以节度使称之，表明张议潮在被授予神武统军之后已经丧失了归义军节度使的身份。

最后，根据张议潮入朝后所担任武职事官的特性，也可以从侧面证明唐政府并未以张议潮遥领归义军节度使。对于张议潮出任统军之事，《新唐书·吐蕃传下》载“（咸通）八年，义潮入朝，为右神武统军，赐第及田”①；《张淮深碑》则云“事有进退，未可安然，须拜龙颜，束身归阙。朝庭偏宠，官授司徒，职列金吾，位兼神武（自注曰：司徒自到京师，官高一品，兼授左神武统军，朝庭偏奖也）”②。据P.3730v《张氏归义军时期书状》第二件书状所载，张议潮拜官的消息在咸通八年九月左右传达沙州后，作为心腹的恒安曾致信张议潮，对其“荣拜统军”表示祝贺③。唐朝禁军体系中设置统军始于德宗兴元元年（784）正

① 《新唐书》卷二一六下《吐蕃传下》，第6108页。

② 荣新江《归义军史研究》，第402页。

③ 吴丽娱、杨宝玉《P.3730v张氏归义军时期书状考释》，《出土文献研究》第7辑，第278—286页；杨宝玉、吴丽娱《张议潮束身归阙后与沙州人士的往来及其对敦煌政局的影响》，《归义军政权与中央关系研究——以入奏活动为中心》，第173页。

月，是时“诏以六军各置统军一员，秩从二品”①。贞元十四年（798）七月，唐政府又于左右神策军各置统军，“品秩奉给视六军统军例”②。唐政府设置统军的初衷本为安置功臣，故不仅品秩较高，且“除制以白麻付外”以示恩宠③。不过在制度执行过程中，统军却由尊崇功臣之任逐渐转化为安置卸任节度使的闲职，故其品阶也由从二品降为从三品④。通过翻检史书，可知在张议潮之前，由现任节度使转任统军者至少有陈楚、程日华、韩游环、刘昌裔、范希朝、孟元畅、高固、张伯仪、史宪忠、石雄、郑光、李佑、戴休颜、程怀直、张茂宗十五人。但我们并没有在传世史料里找到这些藩镇节度使改任统军后仍遥领本镇的案例。综上所述，笔者认为张议潮在归阙后应并未继续保留归义军节度使之职任。

咸通八年九月，归义军的入朝使者为沙州带回了张议潮留任长安的消息。从时间上判断，P.3730v《张氏归义军时期书状》第一件书状中提及的使团应该是在张议潮入朝后，张淮深以归义军实际统治者的身份所派遣的首般入朝使团。而S.10602《张议潮奏蕃情表》则载：

> 臣伏蒙圣恩，许赐对见。缘臣生长边塞，习礼不全，所奏蕃情，恐有不尽。今逐件状分析，伏乞皇帝陛下，俯赐神鉴，谨具如后：
>
> 一、昨沙州刺史张淮深差押□［衙］（下残）
>
> 急被退（下残）

---

①《旧唐书》卷一二《德宗纪上》，第340页。

②《旧唐书》卷一三《德宗纪下》，第388页。

③《新唐书》卷一六五《郑絪传》，第5075页。

④《新唐书》卷四九上《百官志四上》，第1290—1291页。

敕割属（下残）

（上残）退浑（下残）[①]

从表文中“伏蒙圣恩，许赐对见”的表述看，该表应作于张议潮入朝后不久。汇报吐谷浑活动情况的押衙，或即将张议潮出任北衙禁军长官的消息带回沙州的使团成员[②]。而P.3451《张淮深变文》文末的附诗中，有涉及所谓“退浑小丑”的内容。虽然其下文残缺，但结合诗歌的总体内容，可知“退浑小丑”之下应该是张淮深击败与归义军为敌之吐谷浑的内容。所以，张淮深在张议潮归阙后不久就已经遣使入朝，而使团所汇报的蕃情，应该是张淮深本人稳定治内统治秩序的功绩[③]。

根据P.3730v《张氏归义军时期书状》第四件书状的记载，在张议潮的家人离开沙州赴京之后，张议潭的死讯始传回归义军，故恒安才会再度致信张议潮以示哀悼。而在张球所撰的P.3425《金光明变相一铺铭并序》中，提及“使持节沙州刺史充归义军兵马留后当管营田等使守左骁卫大将军赐紫金鱼袋清河张厶乙……今者所丹绘前件功德，奉为亡考常侍，唯愿承兹法棹，生就莲宫”[④]。对于所谓的“张厶乙”及“亡考常侍”，荣新江先生指出应指张淮深及张议潭[⑤]。张淮深为张议潭祈福的时间应在其亡

---

① 录文参荣新江《归义军史研究》，第163页。图版见《英藏敦煌文献（汉文佛经以外部份）》第13册，第74页。

② 据荣新江、余欣《沙州归义军史系年（咸通七年—十三年）》（《庆祝宁可先生八十华诞论文集》，第278页）考证，该表或作于咸通九年（868）二月左右。

③ 荣新江、余欣《沙州归义军史系年（咸通七年—十三年）》则根据S.10602《张议潮奏蕃情表》中“急被退［浑］”等内容，推测张淮深所遣的入京使者被退浑所劫，未能平善到京。

④《法藏敦煌西域文献》第24册，第169页。

⑤ 荣新江《归义军史研究》，第82页。对于该件文书的写作时间，荣新江先生根据张议潮入朝的时间及撰写者张球的官衔，指出应在咸通八年至咸通十年之间。

故的消息传回沙州后不久，而张淮深开始自称节度留后的时间也应该在此前后。值得注意的是，张淮深并未沿用此前张议潮所使用的河西节度使称号，而是使用了由唐政府所授予的归义军称号。张淮深的做法一方面可以在一定程度上摆脱张议潮遗留的政治影响；另一方面也能显示出对唐政府的归顺态度，从而有助于得到中央的承认。

S.6405v《僧恒安致郎君谢司空寄缣缃状》又载：

> 僧恒安。右恒安，二月廿日敦煌县令宋智岳使回，伏奉委曲，兼疋段等，跪授（受）惊惕，无任战惧。且恒安生自边土，智乏老诚（成）……伏蒙司空……远寄缣缃，愿持扫洒之功，巨答丘山之福。限以道阻，不获随状陈谢。谨录状上。[1]

由此可知，张淮深在遣使入朝以汇报自己击败吐谷浑的功绩之后，又曾派遣以敦煌县令宋智岳为首的使团前往长安。据学者考证，S.6405v文书为P.3730v第六件书状的定稿，所作的时间不早于咸通九年二月下旬[2]。宋智岳使团入京，显然应晚于将张议潮留京任职的消息带回沙州的使团。根据S.1156《光启三年沙州

---

① 录文参杨宝玉、吴丽娱《张议潮束身归阙后与沙州人士的往来及其对敦煌政局的影响》，《归义军政权与中央关系研究——以入奏活动为中心》，第167页；图版见《英藏敦煌文献（汉文佛经以外部份）》第11册，成都：四川人民出版社，1994年，第43页。

② 杨宝玉、吴丽娱《张议潮束身归阙后与沙州人士的往来及其对敦煌政局的影响》，《归义军政权与中央关系研究——以入奏活动为中心》，第174页。荣新江、余欣《沙州归义军史事系年（咸通七年—十三年）》（《庆祝宁可先生八十华诞论文集》，第279页）则直接将S.6405v《僧恒安致郎君谢司空寄缣缃状》系于咸通九年（868）二月。

进奏院上本使状》所载，光启三年二月二十日沙州使者宋闰盈在参见“四宰相两军容及长官”时，认为在张淮深屡次请节的情况下，“廿余年，朝廷不以（与）指扮”；张文彻在与宋闰盈争论时，也指出“二十年已（以）前，多少楼罗人来，论节不得”①。所以，张淮深开始请节的时间应始于咸通八年左右。由此看来，宋智岳入朝很有可能承担了为张淮深请节的任务。

与此同时，张议潮对张淮深急于取得归义军统治权的举动却

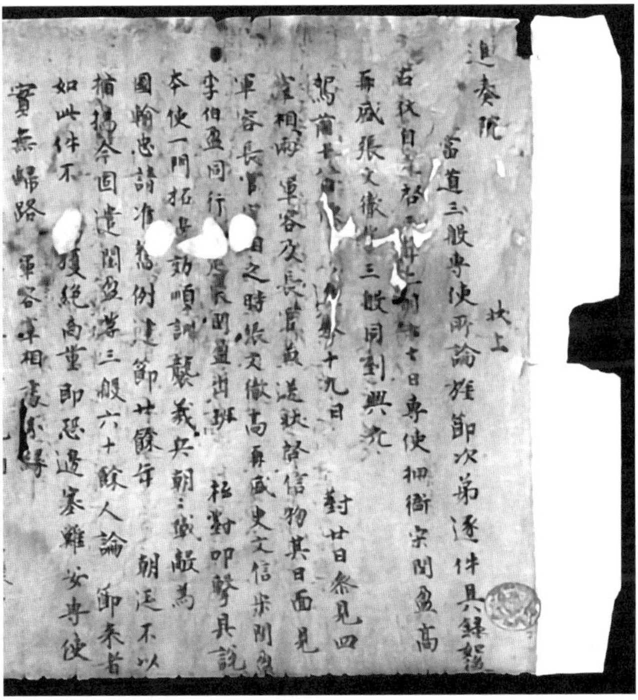
進奏院　狀上
當道三般專使所論旌節次弟逐件具錄如後
右伏自[illegible]七日專使押衙宋閏盈高
再盛張文徹[illegible]三般同到興元
駕前[illegible]十九日
對　廿日參見四
宰相兩軍容及長官兼送狀啓信物其日面見
軍容長官[illegible]之時張文徹高再盛史文信宋閏盈
李伯盈同行[illegible]閏盈出班　祗對叩頭具說
本使一門拓[illegible]勤曉訓驍義兵朝朝戰敵為
國輸忠請准[illegible]例建節廿餘年　朝廷不以
補[illegible]今回遣閏盈等三般六十餘人論節來者
如此件不[illegible]獲絕高董即恐邊塞難安專使
實無歸路　軍容宰相[illegible]

图3-5 S.1156《光启三年沙州进奏院上本使状》（局部）

① 录文参荣新江《归义军史研究》，第187—189页。图版见《英藏敦煌文献（汉文佛经以外部份）》第2册，成都：四川人民出版社，1990年，第241—242页。

并不认可。在张淮深遣使汇报自己击败吐谷浑的功绩时，张议潮却以“所奏蕃情，恐有不尽”为由，为懿宗“逐件分析”张淮深所汇报的政情，显示出对张淮深不信任的态度。此外，身处长安的张议潮还通过书状及归义军的使团与沙州的人员保持着密切的联系。张淮深所派遣的敦煌县令宋智岳使团，在没有完成既定使命的情况下，却为与张议潮入朝后保持密切联系的恒安带回了缣缃赏赐，证明其入京后与张议潮有所接触。虽然张议潮已离开沙州，但其对归义军仍然具有巨大的影响力。即使在张淮深自称归义军节度兵马留后的情况下，归义军僚佐仍然在沿用张议潮时期的做法，以河西节度使僚佐自居。张球于咸通十二年二月所撰的P.4660（14）《故敦煌郡耆寿张禄邈真赞题记》明确记载张禄生前的职衔为“河西节度押衙银青光禄大夫检校太子宾客兼敦煌郡耆寿”；S.530《大唐沙州释门索法律义辩和尚修功德记碑》称呼索忠信为“前河西节度押衙”；P.4660《张议广邈真赞》则记载张议广的职衔为“唐河西节度押衙银青光禄大夫检校国子祭酒侍御史”。由此可见，归义军的僚佐对张淮深改弦更张的做法并不认可。

此外，正如笔者所指出的那样，随着宣、懿的更替，唐朝的政治生态发生了巨大的变化，唐政府针对归义军的态度也趋于强硬。在收复凉州、河州、渭州等河陇重镇后，唐政府开始通过在河陇地区析置节度、分割归义军辖区等方式，持续削弱归义军的势力。张议潮力图控制河陇地区的意愿与唐政府经营河陇的策略明显相抵触，所以两者的关系在咸通年间呈现出了恶化的趋势，张议潮甚至都被唐政府强制征召到了长安[1]。在这样的背景下，虽然张淮深通过主动放弃河西节度使称号、派遣使者入京汇报蕃

---

① 李军《晚唐政府对河陇地区的收复与经营——以宣、懿二朝为中心》，第113—114页。

情等方式，明确显示出其依附于中央的态度，但册封张淮深并不符合唐中央政府削弱归义军势力的初衷。所以，虽然张淮深在咸通十年（869）十二月为悟真求得了河西都僧统的任命，但其本人的职衔只是“沙州诸军事兼沙州刺史御史中丞”①。这也就证明在张议潮入朝后的两年半时间里，虽然张淮深多次遣使入朝，但仅获得御史中丞的宪衔而已。

二、乾符年间归义军与唐中央之关系

咸通十三年（872）八月，张议潮卒于长安。在张议潮的死讯传回沙州后不久，就有人再度抄写创作于数十年之前的《龙兴寺毗沙门天王灵验记》，以凸显与唐王朝中兴密切相关的龙兴寺之重要地位，政治意味较为明显②。虽然上述举动未必是张淮深所指使，但张议潮之死对于张淮深稳固内部权力及向中央请节，显然都是非常有利的。所以，张淮深在加强对内控制的同时，开始借助抵御少数民族侵扰的机会频频遣使入长安，希望能借此获得唐政府的节度使册封。

《资治通鉴》卷二五二“唐僖宗乾符元年十二月”条载：

> 初，回鹘屡求册命，诏遣册立使郗宗莒诣其国。会回鹘为吐谷浑、嗢末所破，逃遁不知所之，诏宗莒以玉册、国信授灵盐节度使唐弘夫掌之，还京师。③

---

① 见P.3720（5）《沙州刺史张淮深奏白当道请立悟真为都僧统牒并敕文》，《法藏敦煌西域文献》第27册，第113页。

② 李军《从敦煌龙兴寺看张氏归义军的内部矛盾》，郑炳林、樊锦诗、杨富学主编《敦煌佛教与禅宗学术讨论会文集》，西安：三秦出版社，2007年，第104—119页。

③《资治通鉴》卷二五二“唐僖宗乾符元年十二月”条，第8174页。

根据此时吐谷浑、嗢末的分布范围及郗宗莒的出使路线，学者多认为被击破的应是生活在河西甘州一带的回鹘[①]。唐政府之所以在乾符元年遣使册封“屡求册命”的回鹘，当与此前原归义军节度使张议潮卒于长安有关。正是因为司马光看到了张议潮之死与回鹘等少数民族崛起于河西之间的关系，所以《资治通鉴》中才会在记载张议潮卒于长安后，又有“回鹘陷甘州，自余诸州隶归义者多为羌、胡所据”的叙述[②]。而据笔者考订，乾符元年之前迅速崛起于甘州等地的回鹘应源自安西，而这些回鹘是由此前被仆固俊所杀的庞特勤之后嗣率领东迁的[③]。在唐政府长期虚设归义军节度使及张议潮逝世等因素的共同作用下，回鹘在咸通末至乾符初先后从归义军手中夺得甘州、肃州、瓜州及伊州等地[④]。

在大中五年（851）初，归义军的法定辖区为河陇十一州的

---

① （日）长泽和俊著，钟美珠译《唐末、五代、宋初之灵州》，氏著《丝绸之路史研究》，天津：天津古籍出版社，1990年，第284页；周伟洲《吐蕃对河陇的统治及归义军前期的河西诸族》，《甘肃民族研究》1990年第2期，第8页；杨圣敏《〈资治通鉴〉突厥回纥史料校注》，天津：天津古籍出版社，1992年，第304页；陆庆夫《论甘州回鹘与中原王朝的贡使关系》，《民族研究》1999年第3期，第62—70页。但长泽和俊和杨圣敏先生将此回鹘视为甘州回鹘，似未确证。因为虽然这些回鹘此时可能生活在甘州，而且与此后建立的甘州回鹘政权有着直接的关系，但两者此时尚不能等同。关于甘州回鹘政权的问题，可参阅荣新江《甘州回鹘成立史论》，《历史研究》1993年第5期，第32—39页。

② 《资治通鉴》卷二五二“唐懿宗咸通十三年八月”条，第8164页。

③ 对于甘州回鹘的族属，学术界存在较大的争论，而笔者认为其应源自安西回鹘。在仆固俊于咸通七年（867）发动政变杀死其同父异母的兄长庞特勤后，安西回鹘部众发生大规模的离散，庞特勤的子嗣率众东迁至河西的甘州一带。对于具体的论证过程，详见本书第六章《多重势力交织下的晚唐归义军河西属州》第二节《甘州回鹘建国前史钩沉》。

④ 冯培红《敦煌的归义军时代》（第136—142页）认为回鹘在乾符初年从归义军手中夺得了瓜、肃、伊三州。

广大区域。但是在唐政府于咸通四年以河陇新复地新置天雄军及凉州节度使之后，归义军的辖区被限制在沙、瓜、甘、肃、伊五州，即归义军设置之初张议潮所实际控制的区域之内[①]；而新置的凉州节度则“领凉、洮、西、鄯、河、临六州”之地[②]。根据P.4660《河西都防御右厢押衙王景翼邈真赞并序》的记载，可知唐政府曾于咸通十二年（871）至乾符三年（876）之间将凉州节度使改制为河西都防御使，故原归义军僚佐王景翼生前出任了“河西都防御使右厢押衙”。我们知道咸通末至乾符初正是回鹘于河西东部地区崛起、归义军风雨飘摇之际，唐政府借此机会，通过改置凉州地区的军政机构，将本属于归义军统辖的甘、肃二州划归给了河西都防御使。虽然作为沙州刺史的张淮深对于唐政府强制剥夺甘、肃二州的做法无可奈何，但对于唐政府所力图册封的回鹘则采取了积极的军事打击手段。

根据S.389《肃州防戍都状》的记载，中和四年之际，在被回鹘持续围攻的甘州城内居住有吐蕃、吐谷浑、龙家等少数民族。为了在吐蕃和吐谷浑撤离甘州后继续抵御回鹘，龙家派使者向凉州嗢末求救，并以“如若不来，我甘州便共回鹘为一家，讨你嗢末”相威胁。以上迹象可以证明，中和四年围攻甘州的回鹘应该是吐蕃、嗢末及吐谷浑等于乾符元年所破之回鹘。而P.3720《张淮深造窟功德记》有载“河西异族狡杂，羌、龙、嗢末、退浑，数十万众，驰城（诚）奉质，愿效军锋”[③]；《张淮深碑》亦载：“河西创复，犹杂蕃浑，言音不同，羌龙嗢末，雷威慑伏，训以

---

① 李军《晚唐政府对河陇地区的收复与经营——以宣、懿二朝为中心》，第113—133页。

② 《新唐书》卷六七《方镇表四》“河西”栏，第1886页。

③ 录文参郑炳林、郑怡楠辑释《敦煌碑铭赞辑释（增订本）》，第685页。

华风，咸会驯良，轨俗一变。”[①]所谓的“愿效军锋”“雷威慑伏”，应就是指上述少数民族曾击溃原盘踞在甘州一带，此后持续与归义军为敌的回鹘而言[②]。虽然根据已有的证据还不足以证明嗢末及吐谷浑击溃回鹘定是受命于张淮深，但我们知道在张议潮时期，归义军与吐蕃的尚婢婢集团之间就存在联盟关系[③]；而在此后的金山国时期，张承奉在甘州回鹘围攻沙州城的情况下，曾派遣罗通达前往吐蕃求援[④]。此外，在吐蕃等族击溃回鹘并占据甘州后，与归义军保持了长期和平共处的关系。所以，归义军与击溃回鹘的少数民族势力之间或存在某种程度的联盟关系。也正是因为如此，张淮深才会将吐蕃等族击溃占据甘州等地的回鹘视为自己的功绩，并上报中央政府[⑤]。

P.3451《张淮深变文》中“去岁官崇骢马政，今秋宠遇拜貂蝉”的记载[⑥]，证明张淮深在获得检校散骑常侍的前一年，曾获

---

① 录文参荣新江《归义军史研究》，第403页。

② 李军《晚唐归义军节度使张淮深再收瓜州史事钩沉》，《陕西师范大学学报（哲学社会科学版）》2015年第2期，第64—71页。

③ 陆离、陆庆夫《张议潮史迹新探》，第95—109页。

④ P.3633《辛未年（911）七月沙州耆寿百姓一万人上回鹘可汗状》，《法藏敦煌西域文献》第26册，上海：上海古籍出版社，2002年，第159页。

⑤ 根据P.3451《张淮深变文》的记载，在唐中央所派遣的李众甫使团对张淮深进行册封时，张淮深曾有“微臣幸遇陶唐化，得复燕山献御容”之语。因为变文中有张淮深“引旆奔冲过大泉”，以抵御侵犯归义军的回鹘的描写，可知张淮深首败回鹘是在沙州附近。由此可知，张淮深在首败回鹘之前曾有“得复燕山”之举，并将消息汇报给了唐中央政府。邓文宽《张淮深平定甘州迴鹘史事钩沉》(《北京大学学报（哲学社会科学版）》1986年第5期，第86—98页）中指出“燕山”即位于凉州番禾县至甘州删丹县（今山丹县）之间的焉支山。所以，“得复燕山献御容”，应指张淮深驱逐此前占据甘州的回鹘而言。

⑥ 本节所引P.3451《张淮深变文》的内容，均参黄征、张涌泉校注《敦煌变文校注》，北京：中华书局，1997年，第191—194页。以下不再一一出注。

得过“骢马政”即御史台宪衔的册封。据笔者考证，《张淮深变文》应作于乾符四年（877），所以张淮深获得此次宪衔晋升的时间或在乾符三年。张淮深之所以能在“去岁官崇骢马政”，当是之前“得复燕山献御容”的结果。乾符元年年底，回鹘始被嗢末等击溃，所以张淮深将“得复燕山”之消息上奏给中央及获得封赏的时间又当在其后。

此外，《张淮深变文》在记载张淮深首败回鹘后，有云：“敢死破残回鹘贼，星驰羽□□□□。初言纳款投旌戟，续变□□□□□。早向瓜州欺牧守，今朝此处□□□。”根据唱词的内容并结合相关敦煌文献，可知这支侵扰沙州的回鹘此前曾宣称要降附于归义军，所以张淮深曾派遣马通达出任“勾当回鹘使”处理此事[1]。但之后事态发生变化，回鹘通过欺骗的方式夺得瓜州。为了防止张淮深“征兵来伐”，回鹘首领“受命”率军侵扰沙州。在击败回鹘后，张淮深随即派遣使者将“获捷匈奴千余人，絷于图圄”的消息上奏僖宗。但僖宗在指责回鹘“不能坚守诚盟，信任诸下，辄敢猖狂”之余，却以“义不伐乱”的名义，命张淮深尽数释放所俘的回鹘部众。不过与咸通年间唐政府对归义军持续采用的强硬态度不同，僖宗时期的政策更为缓和。为了安抚张淮深，唐政府派出了由左散骑常侍李众甫、供奉官李全伟、品官杨继瑀等九人组成的册封使团，为张淮深带来慰谕诏书的同时，还为其带来了检校左散骑常侍的任命。

由于有僖宗“义不伐乱”的诏命，且得到了散骑常侍的检校官，故张淮深悉数释放了被俘的回鹘。但在李众甫等人通过肃州

① P.3281v《押衙马通达状稿（三件）》第二件被涂抹的原稿中有“今岁伏承大夫威感，□到家乡。到来便差勾当回鹘使及马□”等内容，可与《张淮深变文》中回鹘“初言纳款投旌戟”的记载相对应。

之后，又有“回鹘王子，领兵西来，犯我疆场”。荣新江先生根据中央使者的位置以及回鹘行军的路线，指出这股由回鹘王子率领的回鹘应来自肃、瓜之间①。联系之前被俘的回鹘首领曾自称“奉命差来非本意”“实虑尚书征兵来伐”，其与回鹘王子应同属于一支势力，即此时占据瓜州之回鹘。这支回鹘在唐中央使团通过肃州后，才再度兴兵侵扰归义军，可以证明其最起码在名义上仍听命于中央政府。回鹘王子领兵潜至西桐，从而与占据瓜州的回鹘从东西两个方向形成了对沙州的夹击之势。在生死存亡之际，张淮深先是率军在西桐击败回鹘，随即在乾符四年十月率军东征，一举收复瓜州②。

在立下收复瓜州的功绩后，张淮深自认为已经具备了获得节度使册封的资本，所以在乾符四年年底派遣以阴信均为首的贺正使团入京。该使团名为贺正，但本意却是希望借助张淮深收复瓜州的功绩，为其求得节度使的册封。虽然此次“奏论请赐节事”仍未得到唐政府的认可，但张淮深却在获得丰厚物质赏赐的同时，检校官也得以由散骑常侍晋升为户部尚书。

三、张淮深统治后期与唐中央之关系

根据《张淮深碑》中张淮深“加授户部尚书，充河西节度”的记载，证明其在获得检校官户部尚书之前应一直在自称留后。不过即使在张淮深立下收复瓜州等功绩的情况下，唐政府仍不同意为其授节。这促使张淮深最终放弃之前自称留后的做法，开始重新使用张议潮时期所惯用的河西节度使称号。所以，张淮深放弃归义军兵马留后，自称河西节度使的时间应在阴信均贺正使

① 荣新江《归义军史研究》，第300页。
② 李军《晚唐归义军节度使张淮深再收瓜州史事钩沉》，第64—71页。

团将唐政府所赐予的敕牒带回沙州之后。此外，P.2913《张淮深墓志铭》中有“乾符之政，以功再建节旄”的记载，学者之前已经指出张淮深在乾符年间并未获得节度使册封[1]；而我们也知道文德元年张淮深之所以被授节，与其所夸耀的“乾符之政”并没有直接的关联，所以墓志铭中所谓的“再建节旄”应该是指张淮深通过连续击败回鹘，尤其是收复瓜州的功绩，借助唐政府授予其检校户部尚书的机会自称河西节度使而言。

根据《张淮深碑》的记载，在张淮深“加授户部尚书，充河西节度”之后，又因为在内政上取得“九功惟叙，黎人不失于寒耕；七政调和，秋收有丰于岁稔”的功绩，故得以“加授兵部尚书”，从而完成了“官迁五级”的第五级。对此，P.3718《张清通写真赞并序》却载“大中之载，驾行西川。公能尽节，面对龙颜。诏宣西夏，溥洽遐藩”；“大中赤县沸腾，驾行西川蜀郡，使人阻绝不通……公乃独擅，不惮劬劳。率先启行，果达圣泽。五回面对，披陈西夏之艰危；六度亲宣，诏谕而丁宁颇切。奏论边恳，申元戎忧国之心”[2]。对于写真赞中的“大中之载”，学者已经指出当为“中和之载”之误[3]。这就证明在中和元年（881）之际，归义军曾与播迁至成都的僖宗政权取得联系。正是通过中和元年的通使，才使得“诏宣西夏，溥洽遐藩”。而唐僖宗此次下达给归义军的诏命，应即将张淮深的检校官由户部尚书晋升为兵部尚书之事。为了消除自己未获得节度使册封的负面效应，张淮深命心腹撰写《敕河西节度兵部尚书张公德政之碑》，大力表彰其在归义军内部治理方面所取得的功绩。

---

① 荣新江《沙州张淮深与唐中央朝廷之关系》，第1—13页。

② 录文参饶宗颐主编，姜伯勤、项楚、荣新江合著《敦煌邈真赞校录并研究》，台北：新文丰出版公司，1994年，第241—242页。

③ 郑炳林、郑怡楠辑释《敦煌碑铭赞辑释（增订本）》，第1032页。

S.2589《中和四年十一月一日肃州防戍都营田索汉君等状》提及由张淮深所派遣的宋输略使团在完成出使中央的任务返回沙州途中，在邠州见到了“郎君二人及娘子家累、军将、常住等廿人”[1]。但令人意外的是，张议潮之子淮诠不是计划与归义军使团同返沙州，而是希望追随嗢末使者返乡。事件最终的结局也颇富戏剧性，张淮诠等人因为“装束不办，发赴不得”，而宋输略等七人组成的使团则经行河州路，顺利返回河西。根据上述状文的记载，我们看到归义军使团在淮诠等人返乡的问题上并未提供任何实质性的协助。作为肃州防戍都的官员，索汉君在向张淮深汇报政情时，也特别将淮诠等人意图返乡的事件着重点出，显示出其已经预见张议潮子弟返乡将对归义军内政产生重大影响。光启二年，张淮深派出了以高再晟、宋闰盈、张文彻为首的三般求节使团[2]。此次遣使颇不寻常，首先是短短一年之内连续派遣三般使团求节，

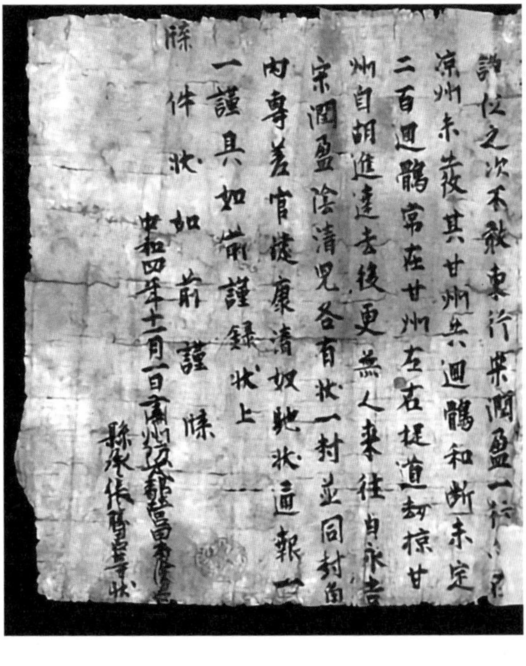

图3-6 S.2589《中和四年十一月一日肃州防戍都营田索汉君等状》（局部）

① 文书图版见《英藏敦煌文献（汉文佛经以外部份）》第4册，第111页。
② 荣新江《归义军史研究》，第10页。

频率前所未有；然后就是人员规模庞大，多达60余人，远胜以往；而最令人瞩目的则是使团内部针对请节之事发生了明显的分裂。根据张淮深的举动及归义军内部的分裂情况，或可以推测张议潮的正统继承人张淮鼎在此之前已经返回沙州[①]。不过，即使在宋闰盈等人痛陈张淮深“拓边效顺，训袭义兵，朝朝战敌，为国输忠”，且指出“绝商量，即恐边塞难安”的情况下[②]，唐政府仍然拒绝为张淮深授节，只是通过为张淮深及其子张延绶等人加官的方式敷衍了事。

在唐政府设置河西都防御使后，原属于归义军的甘、肃二州被划入河西都防御辖区。此外，张淮深为中央政府所承认的官方身份仅为沙州刺史，所以在原则上其对于瓜州也不具有管辖权。由于甘州地区已被吐蕃、吐谷浑等少数民族占据，且其地与凉州接壤，所以唐政府得以在中和元年以翁部出任甘州刺史。也正是因为如此，在甘州被划入河西都防御辖区后，甘州就已经脱离了归义军的实际控制。而随着回鹘的再度崛起，中和四年之后甘州成为甘州回鹘牙帐所在。但对于毗邻沙州的瓜州及被划入河西都防御的肃州，张淮深却始终未予放弃。根据P.4660（11）《瓜州刺史康使君邈真赞》的记载，可以证明在张淮深收复瓜州后，仍然是由归义军的僚佐出任刺史[③]。P.4638《瓜州牒状》或是瓜州的

① 李军《晚唐归义军节度使张淮鼎事迹考》，《敦煌学辑刊》2009年第2期，第1—14页。

② 见S.1156《光启三年沙州进奏院上本使状》，《英藏敦煌文献（汉文佛经以外部份）》第2册，第241页。

③ 对于该件邈真赞的写作时间，齐陈骏、寒沁《河西都僧统唐悟真作品和见载文献系年》（第151—153页）将其系于乾符六年（879）；荣新江、余欣《沙州归义军史事系年（咸通十四年—中和四年）》（《敦煌学》第27辑，台北：乐学书局有限公司，2008年，第259页）则将其系于乾符三年（876）。

官员请求张淮深同意索勋出任瓜州刺史的状文①，显示出沙州刺史张淮深对瓜州的实际控制。肃州虽然曾一度被回鹘占领，但很快就被张淮深收复。此外，根据S.2589 及S.389两件《肃州防戍都状》的记载，肃州防戍都的官员在中和四年曾至少两度状上张淮深，不仅向其汇报甘、肃等地的形势，还涉及唐朝内地的政情等内容。这表明肃州虽然在名义上归属于统治凉州等地的河西都防御使，但由于其守将多源自归义军，所以实际上听命于张淮深。正是因为如此，肃州守将对崔大夫收缴肃州防御使官印的意图进行了抵制。

中和五年（885）三月丁卯（十二日），僖宗车驾返回长安；己巳（十四日），御宣政殿，改元光启并宣布大赦天下②。P.2696《中和五年三月十四日车驾还京大赦制》钤有河西都防御使的印章，证明该制是由河西都防御使下发至沙州的③。虽然张淮深已获任高级别的检校官，但真正体现其执掌的只有沙州刺史的职事官而已。唐政府的大赦制书由河西都防御使颁至沙州，表明唐政府此时并不承认归义军的节镇身份，沙州及张淮深只能是处于河西都防御使的从属地位。由此可见，虽然归义军在乾符年间与唐政府保持了较为密切的交往，但实际上双方在河西控制权问题上仍然存在矛盾。这也应该是唐政府始终不愿为张淮深授节的原因。

---

① 荣新江、余欣《沙州归义军史事系年（咸通十四年—中和四年）》，《敦煌学》第27辑，第266—267页。

② 《旧唐书》卷一九《僖宗纪》，第720页；平冈武夫《唐代的历》，第331页。

③ （日）森安孝夫《河西帰義軍節度使の朱印とその編年》，《内陸アジア言語の研究》第15号，第14页。刘俊文《敦煌吐鲁番唐代法制文书考释》（北京：中华书局，1989年，第425—426页）根据赦文中的“结正”字样，认为其书写时间应在北宋初年。蔡治淮《敦煌写本唐僖宗中和五年三月车驾还京师大赦诏校释》（北京大学中国中古史研究中心《敦煌吐鲁番文献研究论集》，北京：中华书局，1982年，第650—659页）则对文书进行了录文和校释。

文德元年（888）十月十五日，也就是在张议潮入朝二十余年后，张淮深终于迎来了唐政府的节度使册封。荣新江先生根据日本京都有邻馆所藏敦煌文献，指出唐政府派遣中使宋光庭亲赴沙州，授予张淮深节度使旌节，应属于昭宗登基后的新政之一[①]。而据笔者所考，在张淮深获得节度使册封的前一年，因凉州缺粮，河西都防御使翁郜曾至少两次派遣使者前往沙州求援。在张球的积极协助下，当年九月，张淮深同意援助凉州[②]。而在次年十月，为张淮深授节的押节大夫宋光庭等人就抵达沙州。如此看来，张淮深援助凉州当是其获得节度使册封的直接原因。但令张淮深始料未及的是，唐政府并没有授予其归义军节度使，而只是授沙州节度使兼沙州观察处置使[③]。不仅甘州和肃州没有重新划归归义军，甚至由其实际控制的瓜州也没有被纳入辖区。龙纪元年（889）四月八日，在没有辖区调整的情况下，唐政府将河西都防御使升置为河西节度使。此次改置的直接后果，就是迫使张淮深放弃了之前所自称的河西节度使。

根据P.2854v《正月十二日先圣恭僖皇后忌辰行香文》的记载，大顺元年正月十二日张淮深曾以“归义军节度使张仆射”的身份为“先圣恭僖皇后”，即唐穆宗之王皇后的忌日举办行香法会[④]。该件文书在为王皇后祈福之余，还祝愿使臣常侍大

① 荣新江《归义军史研究》，第191页。

② 李军《晚唐五代归义军与凉州节度关系考论》，《陕西师范大学学报（哲学社会科学版）》2011年第6期，第90—96页；李军《清抄本〈京兆翁氏族谱〉与晚唐河西历史》，《历史研究》2014年第3期，第42—55页。“张球”，敦煌文献中亦作“张俅”。

③ （日）森安孝夫《河西帰義軍節度使の朱印とその編年》，《内陸アジア言語の研究》第15号，第59页。

④ 对于文书的撰写时间，荣新江《归义军史研究》（第86页）认为应在888—890年间，冯培红《敦煌本〈国祭行香文〉及相关问题》（中国文物研究所编《出土文献研究》第7辑，第293—294页）推定为889年。而据笔者《归义军节度使张淮深称号问题再探》一文所考，文书应撰写于890年。

夫“往来无滞碍之优（忧），去住有清和之泰”；对于张淮深的祝福则是“紫受（绶）与紫莲齐芳，金章与金刚不坏”[①]。此次唐中央使团远赴沙州，连张淮深的第四子延锷都获得了唐政府所赐予的“御史中丞”之宪衔及“赐绯鱼袋”的章服[②]，表明张氏家族中获得封赏者不在少数。而最引人注目的就是张议潮之子张淮鼎很可能是通过此次册封获得了沙州刺史的任命[③]，从而使归义军恢复到创建初期那种张议潮出任节度使、张议潭担任沙州刺史的二雄并立局面。无论张议潭所谓的“推夷齐之让”是否出自本心，其于大中七年（853）入京确实避免了归义军内部出现重大矛盾和分裂。但长期以来，张淮深实际的官职唯有沙州刺史。当唐政府在仅授张淮深沙州节度使、以其领一州之地的情况下，却将沙州刺史之职让渡给了张淮鼎，这严重影响到了张淮深在归义军内部的权威。而张淮鼎在返回沙州前长期生活在长安，其与张淮深的关系同议潮兄弟的情谊显然是不能比拟的。在唐政府明显不支持张淮深的情况下，归义军内部的反对势力发动政变也就不可避免了。根据P.2973《张淮深墓志铭》的记载，在张淮深于大顺元年年初举行国忌行香活动的四十天后，张淮深就举家被杀于沙州。由此可见，唐政府在大顺元年对归义军内部统治结构的调整与政变之间应存在直接的联系。经过大顺元年二月的血腥政变，张淮深一系基本被清除，并由此开启了之后一系列政治争斗的序幕。

总的看来，在张议潮于咸通八年归阙之后，唐政府应并未以

① 录文参冯培红《敦煌本〈国祭行香文〉及相关问题》，《出土文献研究》第7辑，第292页。

② 龙纪二年（890）二月十八日Ch.XVIII002《般若心经与四大天王像》张延锷写经题记，见（日）松本荣一《燉煌畫の研究》，东京：东方文化学院东京研究所，1937年，第122页。

③ 李军《晚唐归义军节度使张淮鼎事迹考》，第1—14页。

其遥领归义军节度使，张淮深是归义军实际的统治者。由于看到唐政府将张议潮留任长安，所以张淮深在放弃河西节度使称号的基础上自称归义军兵马留后，并派遣使者前往长安。张淮深希望通过向唐中央表示效忠及展示自己治理归义军功绩的方式，获得唐政府的节度使册封。但在懿宗政府以强势的态度处理藩镇问题的历史背景下，张淮深在咸通八年至十三年间仅获得御史中丞的宪衔而已。所以，在此期间归义军与唐政府之间呈现出归义军单向入使，唐政府较少响应的态势，双方之间的关系较为冷淡。

随着回鹘在河西的崛起，唐政府通过将凉州节度使改置为河西都防御使的方式，从归义军手中夺得甘、肃二州，并意图承认与归义军为敌的回鹘。在这种背景下，张淮深一方面借助吐蕃、嗢末等族，击溃了盘踞在甘州一带的回鹘；另一方面，通过战争的方式先后收复了肃州及瓜州等地。在上述过程中，每当取得与回鹘作战的胜利，张淮深都会遣使入朝报捷。虽然没有获得唐政府的节度使册封，但张淮深却先后获得了御史大夫的宪衔及散骑常侍、户部尚书等高级别检校官。所以，总的看来，归义军与唐政府在乾符年间保持了较为良性的互动，双方的关系得到了很大程度的改善。

在僖宗銮舆播迁的情况下，张淮深不仅始终奉唐朝正朔，而且多次派遣使者前往成都奉使。张淮深尊奉中央的举动，受到了唐政府的赞许，从而得授检校尚书左仆射。而张淮深应河西都防御使翁郜之请，为凉州提供物资援助的举动，最终促使唐政府同意为其册封节度使。不过唐政府在归义军足以掌握沙、瓜等州的情况下，却只授予张淮深一州之地，仍有意对其进行限制。在张淮深统治末期，唐政府曾经派遣使者前往沙州，对归义军的统治结构进行调整，从而最终引发了大顺元年张淮深举家被杀的政治动乱。如果细致观察张淮深时期归义军与唐政府的关系，我们可以明显看到唐政府对归义军所采取的措施对其政治走向所产生的重要影响。

第三节 晚唐政府对河西东部地区的经营

鉴于河西地区的重要地位，景云二年（711），唐政府置河西节度，领凉、甘、肃、瓜、沙、伊、西七州[①]，以断隔吐蕃、突厥。对于唐代前期河西节度的情况，王永兴先生曾作过深入的研究，此不复赘[②]。安史之乱后，吐蕃趁机蚕食河陇之地。广德二年（764），吐蕃陷凉州，河西节度被迫移镇沙州，并最终随着沙州的陷蕃而覆亡。咸通二年（861），归义军收复凉州。为了使中央控制区西拓，咸通四年，唐政府设置凉州节度，治凉州，统凉、洮、西、鄯、河、临六州之地[③]。据敦煌文献及史书的记载，凉州节度设置之初，唐政府曾以朔方节度使兼领凉州节度，

① 《新唐书》卷六七《方镇表四》“河西”条景云元年载：“置河西诸军州节度、支度、营田、督察九姓部落、赤水军兵马大使，领凉州、甘、肃、伊、瓜、沙、西七州，治凉州。”《资治通鉴》卷二一〇“唐睿宗景云元年十二月壬辰”条的记载与此略同。而据学者研究，“景云元年”当为“景云二年”之误，参见张国刚《唐代节度使始置年代考定》，氏著《唐代藩镇研究》，长沙：湖南教育出版社，1987年，第235—238页。

② 王永兴《试论唐代前期的河西节度使》，《国学研究》第2卷，北京：北京大学出版社，1994年，第363—392页。

③ 《新唐书》卷六七《方镇表四》，第1886页。

此后，由于河西地区形势的变化，唐政府曾对凉州节度的建制进行调整。通过改制，凉州节度的主要辖区由陇右调整至河西东部的凉、甘、肃三州，而唐政府通过凉州节度对其调整后的辖区进行了经营。与此同时，唐政府还利用朔方节度参与河西东部地区事务的管理。唐政府的这些措施不仅对晚唐西北地区的形势影响重大，还直接影响到五代时期西北地区的政治格局。

一、晚唐朔方节度使对凉州节度的兼领

咸通二年，归义军节度使张议潮率蕃汉军队七千余人，在经过三年的艰苦战斗后，一举收复凉州①。咸通三年三月，归义军收复凉州的消息传到长安。据《新五代史·四夷附录三》及《宋会要辑稿》方域二一“西凉府”条记载，此后唐政府遣郓州兵二千五百人前往凉州戍守。在P.3715+P.2729+P.5015《归义军僧官书仪》中，被归义军文人视为唐政府赐予归义军的“防秋兵马”，应是指唐政府所派遣的郓州兵②，而郓州兵入驻凉州的时间应在咸通三年三月至咸通四年间③。《资治通鉴》卷二五〇“唐懿宗咸通四年正月”条载“上游宴无节，左拾遗刘蜕上疏曰：‘今西凉筑城，应接未决于与夺’”，胡注曰：“西凉，即凉州，盖此时谋进筑也。”④表明咸通四年正月之前唐政府已开始加固凉州城的工作，反映出唐政府控制凉州的迫切愿望。在上述工作完成

① 荣新江、余欣《沙州归义军史事系年（大中六年—咸通二年）》，《敦煌吐鲁番研究》第8卷，第84页。

② 赵和平《敦煌表状笺启书仪辑校》，第292—293页；李军《敦煌写本〈归义军僧官书仪〉拼接缀合及相关问题研究》，《敦煌学辑刊》2006年第3期，第41—50页。

③ 李军《晚唐（公元861—907年）凉州相关问题考察——以凉州控制权的转移为中心》，第80页。

④《资治通鉴》卷二五〇“唐懿宗咸通四年正月”条，第8103页。

后，唐政府于咸通四年设置凉州节度。与此同时，唐政府将郓州兵原来的使主即天平军节度使裴识调任朔方节度使[①]。很显然，这一连串的事件并非巧合。结合五代初期中原政权多以朔方节度使兼领河西节度的事实，我们怀疑唐政府或有让裴识以朔方节度使兼领凉州节度的意图，而郓州兵则可以为裴识提供强有力的军事支持[②]。而且这个推测也可以进一步解释为何凉州节度设置之初，未见唐政府所遣凉州节度使确切记载的现象。

此外，据张俅撰S.2059《佛说摩利支天菩萨陀罗尼经序》的记载，为解决凉州收复后守军缺乏粮用的问题，朔方节度使曾遣张俅为灵武发运使，自灵州护送军粮五千石至凉州。该件文书第9—11行的相关内容如下：

> 9.因□（后缺）
> 10.□縻官河右。以凉州新复，军粮不充，蒙张□（后缺）
> 11.□（灵）武发运使，后送粮驮五千余石至姑臧（后缺）[③]

据文书第4行所载："咸通元年十月内，其年大风因有缘事，将（后缺）"，可知文书作于咸通元年十月之后。文书所载朔方遣张俅为凉州运粮事，又当在唐政府获得凉州收复的消息即咸通三年

---

① 郁贤皓《唐刺史考全编》，第347页。

② 唐史中不乏节度使以本镇兵随行移镇的记载，魏博节度使田弘正移镇成德、义武节度使康承训移镇岭南西道、高骈自天平徙西川，皆是此类。可见中晚唐时期，节度使移镇至险恶或边地，多从本镇中选人自随，以备防卫。如果我们将郓州兵视为保障裴识以朔方节度使兼领凉州节度的军事力量，并不是完全没有根据的臆测。即使这个推论不能成立，通过唐政府的动作，也足以看出其有以朔方节度经营凉州的意图。

③ 图版见黄永武主编《敦煌宝藏》第15册，台北：新文丰出版公司，1981年，第608页。此外，录文还参考了颜廷亮先生的研究成果。

三月之后。据学者研究，此件文书中的张俅也即晚唐时期活跃在归义军政坛的张球[①]。在上举文书揭出之前，学术界公认张球最早的作品为作于咸通五年季春的P.4660《凝公邈真赞》，当时张球的身份已是归义军节度使属下的沙州军事判官，所以S.2059号文书所载张俅运粮之事应在咸通三年三月至五年三月之间。通过凉州收复后，唐政府力图从归义军手中夺得凉州控制权的种种举措看，朔方所运军粮供给的不应是归义军的军队，而应是唐政府所遣的郓州兵。

戍守凉州的郓州兵缺乏军粮，却要朔方节度方面补给，这是十分值得注意的问题。因为在建中元年（780）两税法改革后，随着上供、送使、留州的“财政三分制”的实行，军队地方化倾向更为严重，而唐政府及诸道对于军费供应的职责已变得比较明确：其中“送使”额中的养兵费用主要限于平时；而在战时，如果军队需出界作战，则需由中央另行拨付，即所谓的“出界粮”[②]。如果我们把郓州兵视为“诸道讨贼，兵在外者”[③]，其军粮应由唐中央度支供给，不必由朔方提供。根据大历九年（774）唐政府对防秋兵的军费来源所作的规定[④]，及其在中晚唐所实行的情况看，如果我们把咸通四年戍守凉州的郓州兵视为纯粹意义上的

① 颜廷亮《有关张球生平及其著作的一件新见文献》，《敦煌研究》2002年第5期，第101—104页。

② 孟彦弘《论唐代军队的地方化》，陈祖武主编《中国社会科学院历史研究所学刊》第1集，北京：社会科学文献出版社，2001年，第270—273页。

③《新唐书》卷五二《食货志二》，第1353页。

④《旧唐书》卷一一《代宗纪》大历九年五月乙丑，诏：“每道岁有防秋兵马……恐路远往来增费，各委本道每年取当使诸色杂钱及回易利润、赃赎钱等，每人计二十贯。每道据合配防秋人数多少，都计钱数，市轻货送纳上都，以备和籴，仍以秋收送毕。”第305页。可知诸道所遣防秋兵戍守边地，其军费应由本道供给。

防秋兵，则其所需军费应由郓、曹、濮等州供给，与朔方无涉。如此，对于朔方为郓州兵供给军粮的现象，只能用此时裴识以朔方节度使兼领凉州节度来解释。如果裴识兼领凉州节度使，戍守凉州的郓州兵自为其属下，其利用朔方道的养兵费用为凉州提供军粮也就顺理成章了①。

咸通五年四月八日，裴识卒于庆州宁塞驿②。对于继任朔方节度使的人选，吴廷燮先生认为是李公度，并认为其任职时间在咸通四年至五年间③；郁贤皓先生则认为李公度镇灵武约在咸通初，继裴识出任朔方节度使的应为侯固，时间约在咸通

① 杨宝玉、吴丽娱两位先生认为S.2059号文书中曾奖拔张球的张某为张太保即张议潮，但文书中张姓之后字迹残缺，现暂难以断定。此外，两位先生还认为藩镇并无任使的权力，而发运使隶属于度支，也应由朝廷直接任命，故S.2059《佛说摩利支天菩萨陀罗尼经序》中的“□（灵）武发运使”不可能是当时地位并不太高的张球（杨宝玉、吴丽娱《归义军政权与中央关系研究——以入奏活动为中心》，第188—194页）。但大谷文书及敦煌文献中均保留了唐代藩镇内部置使的案例，如大谷5839《开元十六年请纸牒案》记载河西节度使曾于开元十六年五月派遣河西市马使米真陀前往西州买马；P.2962《张议潮变文》则记载大中十一年之际，伊州刺史王清和派遣走马使向张议潮汇报伊州的军情；P.3281v《押衙马通达状稿（三件）》之第二件记载马通达曾先后在张淮深统治时期出任归义军的勾当回鹘使及宴设使。灵武节度使府借用最初由中央度支所创设的发运使之名，临时设置灵武发运使，以承担起针对凉州的一次性运粮任务，这种可能性并不能被排除。

②《唐故邠宁节度使司空河东裴公（识）墓志铭》载：“公讳识，字通理。以咸通五年四月九日薨于庆州宁塞驿，享年六十九。”其后又载：“天子以河西新收，西凉府以归，帅张议潮欲强盛边事，择其人（下缺）。”（碑文录文参见中国文物研究所、河南文物研究所编《新中国出土墓志·河南》（壹），下册，第328页）荣新江先生曾利用《裴识墓志铭》，进一步证明唐政府与归义军在经营凉州等问题上确实存在矛盾。（荣新江《中国文物研究所等编〈新中国出土墓志·河南〉壹》，《唐研究》第1卷，第559页）

③ 吴廷燮《唐方镇年表》，第154页。

中[1]。据裴识出镇朔方的时间，可知郁氏之说可从。由于资料的局限，侯固出镇朔方期间，朔方节度与凉州节度的关系不明。

继侯固出镇朔方者为卢潘。对于卢潘出任朔方节度使的时间，吴氏认为应在咸通十二年（871）至乾符元年（874）间[2]，郁氏则认为应在咸通十年左右[3]。《唐方镇年表》“朔方”条“咸通十二年”下引材料曰：“《新安志》：‘咸通九年，歙州刺史’。”吴氏之所以将卢潘出镇朔方的时间系于咸通十年之后，可能与此有关。而经笔者核对，《新安志》卷三《歙县沿革》及卷九《叙牧守》皆将卢潘出任歙州刺史系于大中九年，所以吴氏所言咸通九年当为大中九年之误。由此，咸通九年并不能视为卢潘出镇朔方的上限。据考证，卢潘于咸通七年自黔中经略使离任[4]，所以其出镇朔方节度当在此后不久。

P.3281v《押衙马通达状稿（三件）》第一件载：

> 付案过状。押衙马通达。右通达自小伏事司空，微薄文字并是司空教视奖训，及赐言誓。先随司空到京，遣来凉州，却送家累。拟欲入京，便被卢尚书隔勒不放。卢尚书死后，拟随慕容神护入京，又被凉州麹中丞约勒不达。[5]

---

① 郁贤皓《唐刺史考全编》，第347页。

② 吴廷燮《唐方镇年表》，第154—155页。

③ 郁贤皓《唐刺史考全编》，第347页。郁贤皓先生认为卢潘咸通六年在黔中经略使任，而韦蟾《送卢潘尚书之灵武》作于咸通十四年前，似认为卢潘出任朔方当在咸通六年至十四年间，但对于为何将卢潘出任朔方的时间系于咸通十年左右，则没有明确说明。

④ 吴廷燮《唐方镇年表》，第948页。

⑤ 录文参唐耕耦、陆宏基编《敦煌社会经济文献真迹释录》第4辑，第375页。

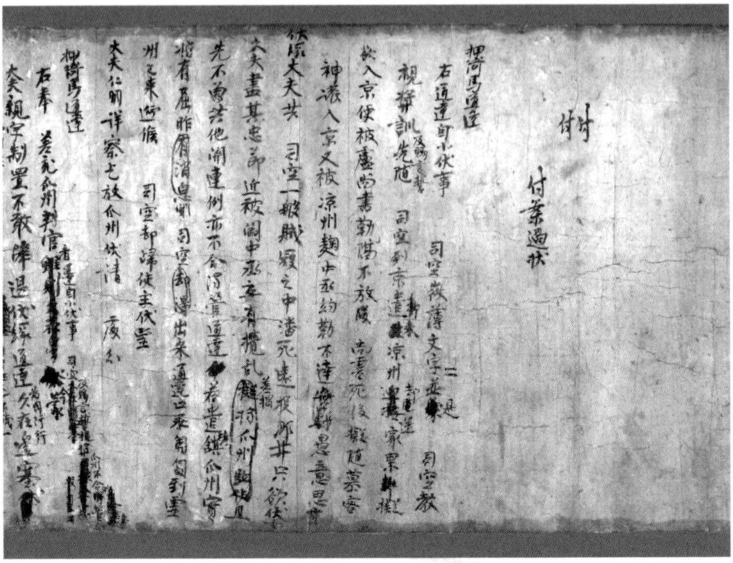

图3-7　P.3281v《押衙马通达状稿（三件）》之第一件

张议潮入京后，派遣马通达返回沙州迎接其家人[①]。马通达在返京途经凉州时，被卢尚书“隔勒不放”；卢尚书死后，又被凉州的麹中丞“约勒不达”。文书中的卢尚书和麹中丞都应是唐政府所遣的官员，证明此时唐政府已经控制凉州。而此位“隔勒”归义军人员的卢尚书，很可能就是咸通七年之后出任朔方节度使的卢潘。理由如下：

其一，卢尚书在凉州的活动时间与卢潘出任朔方节度使的时间基本一致。据上文，可知卢潘出镇朔方在咸通七年之后不久。据笔者管见，上举文书所述卢尚书阻拦马通达事，是卢尚书首次

---

① 虽然上举文献中提到的马通达被张议潮“遣来凉州，却送家累”，似乎可以理解为马通达前往凉州迎接张议潮的“家累”。但据P.3730v书状中第二件书状的记载，咸通八年九月，张议潮之妻等家人还身在沙州。所以，“遣来凉州，却送家累”，只能理解为马通达为张议潮所遣，途经凉州返回沙州，护送张议潮家人入京而言。

出现在凉州。P.3730v书状第二件记载咸通八年九月恒安曾在沙州给张议潮写信，称："州中使宅、娘子及悉总平善。"[①]娘子等人应即张议潮派遣马通达所迎接的"家累"，所以，此时马通达还未护送张议潮家人入京。书状第六件则是S.6405v《僧恒安致郎君谢司空寄缣缃状》的草稿，作于咸通九年二月下旬或稍后[②]。据S.6405v状文的记载，恒安于咸通九年二月左右致信身在长安的郎君即议潮之子，以感谢张议潮远赐缣缃，表明张议潮的家人已于此前到达长安。所以，马通达护送张议潮的家人进京当在咸通八年九月之后不久。马通达等人在经过凉州后，卢尚书仅允许张议潮家人继续东行，而将马通达"隔勒不放"，证明至迟在咸通八年年底之前，卢尚书已经在凉州掌权。由此，可知卢潘出镇朔方和卢尚书出现在凉州的时间接近。此外，据S.4622v《百姓高盈信请取兄沙州任事状》记载，高盈信之兄先随张议潮归阙，后流落到嗢末，经数年后，于寅年即咸通十一年到达灵州[③]。而高盈信之兄自灵州返回沙州时，在凉州也被麴某阻拦，证明此前在凉州掌权的卢尚书已经去世[④]。可见两者的卒年亦

① 录文参吴丽娱、杨宝玉《P.3730v张氏归义军时期书状考释》，《出土文献研究》第7辑，第279页。此外，吴丽娱、杨宝玉两位先生还指出"娘子及"后有脱文。根据与同卷其他几件书信内容进行比较，笔者认为所脱的很可能是"郎君"，即张议潮之子。即使并非"郎君"，也当属于张议潮的家人即"家累"的范围。

② 杨宝玉、吴丽娱《张议潮束身归阙后与沙州人士的往来及其对敦煌政局的影响》，《归义军政权与中央关系研究——以入奏活动为中心》，第174页。

③ 郑炳林《敦煌写本〈张议潮处置凉州进表〉拼接缀合与归义军对凉州的管理》，《敦煌吐鲁番研究》第7卷，第384页。

④ 郁贤皓先生据《金石补正》卷四八《尼又元造幢记》及《宋高僧传》卷二六《唐朔方灵武龙兴寺增忍传》的记载，将唐弘夫出任朔方节度使系于咸通十二年（《唐刺史考全编》，第348页）。据此，也可知卢潘死于此前不久。

接近。

其二，卢某及卢潘卒前，朔方及凉州节度均对归义军采取排斥态度；两者卒后，朔方及凉州方面对归义军的态度却产生分歧。据P.3281v《押衙马通达状稿》的记载，卢尚书在凉州掌权期间，对归义军采取了敌对的态度。而据P.4640《沙州释门索法律窟铭》的记载，索义辩之兄第三子索忠信“奉元戎而归阙，臣子之礼无亏。回驾朔方，被羁孤而日久。愿投桑梓，未遂本情”[①]。元戎，当即张议潮。咸通八年，索忠信陪同张议潮一同入京，而在返回沙州的途中，索忠信被扣留在灵州。此窟铭写于咸通十年之后不久[②]，此时卢潘应还在朔方节度使任上。由此，可知卢某和卢潘在世时，朔方和凉州节度方面都与归义军的关系紧张。而据《百姓高盈信请取兄沙州任事状》的记载，卢潘死后，朔方允许高盈信之兄随沙州使团入京，证明其与归义军的关系已得到改善。高盈信之兄由长安返回沙州，途过凉州时，却被“麴□□［隔］勒般□（次）”，证明卢尚书死后，凉州仍保持了对归义军的敌对态度。由此，也可证卢某与卢潘或为一人[③]。

其三，卢潘及《押衙马通达状稿》中之卢某皆以检校尚书卒于官，也可说明两者或为一人。《北梦琐言》载：“唐卢尚书潘，以文学登进士第，以英雄自许。历数镇，薨于灵武连

---

① 郑炳林、郑怡楠辑释《敦煌碑铭赞辑释（增订本）》，第294页。

② 郑炳林、郑怡楠辑释《敦煌碑铭赞辑释（增订本）》，第297页。

③ 虽然唐政府于咸通四年设置凉州节度，但归义军一直不甘心放弃对凉州的控制。朔方方面之所以对归义军采取排斥态度，当是因为朔方节度使兼领凉州节度的缘故。所以，在卢潘出镇朔方时，朔方和凉州节度两者都与归义军关系紧张。卢潘死后，凉州节度被改为河西都防御。由于唐政府单独任命了河西都防御使，凉州不再属朔方所管，朔方和归义军之间也就不再存在利益冲突。所以，朔方和凉州方面对归义军采取了不同的态度。

帅。”[①]P.3281v《押衙马通达状稿（三件）》第一件亦载马通达在“卢尚书死后，拟随慕容神护入京”，可知卢某同样以检校尚书卒于官，这似乎并非巧合。

其四，卢潘以朔方节度兼领凉州节度，符合此前唐政府力图以朔方节度使控制凉州等地的精神。据前文所考，唐政府设置凉州节度之初，就有让裴识以朔方节度使兼领凉州节度的意图，如果P.3281v《押衙马通达状稿》中的卢尚书确为卢潘，则证明卢潘是以朔方节度使的身份兼领凉州节度，而这种情况可以视作此前唐政府力图通过朔方节度以经营凉州等地做法的延续。

要而言之，P.3281v《押衙马通达状稿》中的卢尚书即咸通七年至十一年间出任朔方节度使的卢潘，其当是以朔方节度使的身份兼领凉州节度的。

综上所述，唐政府设置凉州节度之初，曾先后命裴识、卢潘等人以朔方节度使兼领凉州节度，裴识出任朔方兼凉州节度使的时间应在咸通四年至咸通五年间，卢潘出任的时间当在咸通七年至十一年间。唐政府以朔方节度使兼领凉州节度的做法，不仅反映出其力图加强朔方节度在西北地区发言权的愿望，也反映出经营河西策略的灵活性。

二、晚唐凉州节度名称及辖区的变化

对于凉州节度的辖区，《新唐书·方镇表四》“河西”条咸通四年载：“置凉州节度，领凉、洮、西、鄯、河、临六州。”[②]《旧

---

① ［五代］孙光宪撰，贾二强点校《北梦琐言》卷一二“卢藩神俊”条，北京：中华书局，2002年，第248页。贾二强先生在校勘记中，据《唐诗纪事》卷五八韦蟾《送卢潘尚书之灵武》诗，指出《北梦琐言》所载的卢藩应为卢潘之误。

②《新唐书》卷六七《方镇表四》，第1886页。

唐书·地理志一》亦云："上元年后，河西、陇右州郡，悉陷吐蕃。大中、咸通之间，陇右遗黎，始以地图归国，又析置节度……凉州节度使。治凉州，管西、洮、鄯、临、河等州。"[①]唐政府将本由归义军控制或属其观察范围的凉、西、鄯、河四州划归凉州节度，剥夺了归义军的权力[②]。咸通四年至十一年间，唐政府多以朔方节度使兼领凉州节度。由于晚唐时期河陇地区民族形势复杂，朔方节度使虽然兼领凉州节度，但对于凉州节度所领陇右诸州却鞭长莫及。而唐政府忙于应付藩镇强横、农民起义等腹心之疾，未能给予凉州节度足够的支持，所以其还不足以担负起为唐拓境西边的重任。据P.4660《河西都防御右厢押衙王景翼邈真赞并序》的记载，王景翼生前曾担任过"河西都防御使右厢押衙"。此件邈真赞作于咸通十二年至乾符三年之间[③]，由此可知，唐政府曾于乾符三年之前，停置凉州节度，新设河西都防御的建制[④]。唐政府的这次改制，与凉州等地形势的变化密切相关，当是唐政府为了经营河陇而采取的新举措。

S.6342+Дx.05474v《张议潮处置凉州进表并批答》载：

> 张议潮奏：咸通二年收凉州，今不知却废，又杂蕃浑。近传嗢末隔勒往来，累询北人，皆云不谬。（中略）
>
> 九月廿五日进表

---

① 《旧唐书》卷三八《地理志一》，第1392页。

② 参荣新江、余欣《沙州归义军史事系年（咸通三年—六年）》，白化文主编《周绍良先生纪念文集》，第334—335页。

③ 郑炳林、郑怡楠辑释《敦煌碑铭赞辑释（增订本）》，第453页。

④ P.4660《河西都防御右厢押衙王景翼邈真赞并序》中所称王景翼"列职姑臧"，应就是指其"河西都防御右厢押衙"之任，可知河西都防御使确实设置于凉州。

敕：凉州朝庭旧地，收复亦甚辛勤，蕃屏□陲，固不抛弃。但以麹长申奏，粮料欠□（阙）途，暂见权宜，亦非久制。近知蕃部□伏，不便改移。今已允依，一切仍旧。□心推许国，遽有奏论，念其恳□，深可嘉奖，宜令中书门下宣示。

十月三日召张□□

仆射相公中书门下。①

上举文书表明，由于吐蕃、吐谷浑及嗢末等势力的存在，此前唐

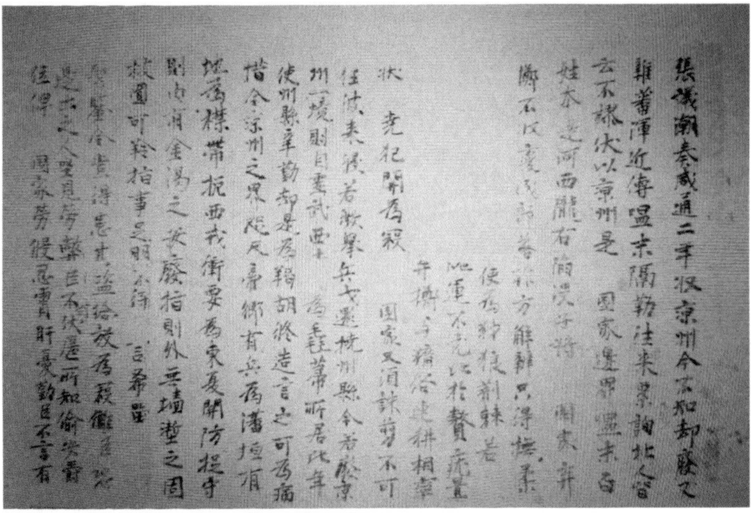

图3-8 S.6342+Дx.05474v《张议潮处置凉州进表并批答》（局部）

① 《张议潮处置凉州进表并批答》由S.6342、Дx.05474v两件文献拼接缀合而成，具体缀合及录文情况参见郑炳林《敦煌写本〈张议潮处置凉州进表〉拼接缀合与归义军对凉州的管理》，《敦煌吐鲁番研究》第7卷，第382—383页；图版见《英藏敦煌文献（汉文佛经以外部份）》第11册，第19页；《俄藏敦煌文献》第12册，上海：上海古籍出版社，莫斯科：俄罗斯科学出版社东方文学部，2000年，第153页。

政府已不能有效控制凉州。为了应付这种局面，唐政府对设置在凉州的某种建制作出了调整。此后唐政府认识到改制只是“暂见权宜，亦非久制”，而又因“近知蕃部口伏”，最终恢复了旧制。这就表明，唐政府的改制是为了应付少数民族在河西地区崛起的局面。据考证，《张议潮处置凉州进表并批答》中的《张议潮进表》作于咸通十一年或十二年的九月，唐政府的批答作于此年十月[①]，所以这次改制应在咸通十二年（871）十月之前不久。从这次改制的时间及原因等方面考虑，张议潮上表中的“凉州却废”和唐政府所称的“暂见权宜”都应指唐政府将凉州节度改为河西都防御而言。由此，唐政府改凉州节度为河西都防御应在咸通十二年十月之前。而据上文所考，卢潘曾在咸通七年至十一年左右以朔方节度使兼领凉州节度，其在凉州最早出现于咸通八年九月至十月之间，可知此次改制约在咸通八年九月至十二年十月之间。张议潮上表时，由于蕃部已经归附，改制也就失去了必要，于是唐政府恢复了凉州节度的建制。但通过凉州节度名称及辖区的变化，可知唐政府经营河陇的策略并没有如其所宣称的“一切依旧”，而是发生了重大转变。

唐政府将凉州节度改置河西都防御的做法，反映出此时唐政府力图加强凉州等地军事防御的努力。更为重要的是，两者名称的变化表明唐政府经营西北的战略发生了方向性的转变。凉州节度所领六州中，鄯、洮、临、河四州本属陇右道，西州虽曾属河西节度，但仅有一年时间[②]，所以从严格意义上说，西州并

---

① 李军《晚唐（公元861—907年）凉州相关问题考察》，第82—83页。

② 唐睿宗景云二年，置河西节度，辖凉、甘、肃、瓜、沙、伊、西七州之地。但在次年，即先天元年（712），伊、西二州旋被析出，另置伊西节度，后又移隶北庭节度。

不属于河西道的传统辖区。如果说唐政府以凉州节度为名，尚且有以其统凉州及陇右诸州的意愿，那么改凉州节度为河西都防御，则明确表明唐政府的注意力已经转移到此时为归义军所控制的旧河西道地区。也就是说唐政府放弃了以凉州节度统辖归义军未能控制的陇右诸州及西州飞地的努力，而希望通过河西都防御使的设置，使中央政府的势力直接介入河西地区。而唐政府对河西都防御辖区的设定，则可以证明我们的推测。

薛廷珪所拟《授前河西防御押蕃落等使冯继文检校工部尚书依前充河西防御招抚等使制》载：

> 敕：乃眷西梁，为吾右地。襟带河曲，屏制蕃使。厥土丰穰，其俗信厚。委之镇抚，率仗勋勤。不有奇材，孰膺妙简。具官冯继文，传符圯上，擅价山西……防御西夏，控压三州。尔其敷我忧勤，宣我教化。无礼必败，好战则亡。戢兵而善抚疲人，殷备而自求多福。祗予恩寄，佩我训词。报政可观，陟明斯在可。[1]

制文中的“河西防御使”应为“河西都防御使”之误[2]。薛廷珪知制诰的时间大致在大顺元年（890）至乾宁三年（896）及光化

---

① 《文苑英华》卷四〇九，第2074—2075页。

② 据P.4660《河西都防御右厢押衙王景翼邈真赞并序》及P.3863《河西都防御招抚押蕃落等使牒》，可知唐政府在凉州设置的为“河西都防御使”，而非“河西防御使”。此外，森安孝夫先生的研究证明，晚唐时期“河西都防御使印”确实得到了使用。参见（日）森安孝夫《河西帰義軍節度使の朱印とその編年》，《内陸アジア言語の研究》第15号，第13—15页，第55—58页。

年间[①]，而据《京兆翁氏族谱》所收河西节度使翁郜所作《奏状》及唐政府颁发的《授刘翱等人建阳县尉告身》[②]，可知乾宁三年六月十八日翁郜还在河西节度使任上，所以上述制文当拟于光化年间。冯继文的授官制中，提到河西防御使的基本职责为“防御西夏，控压三州”。龙纪元年（889）四月八日崔昭纬所拟《加翁郜朝散大夫河西节度使白麻》中也有类似的记载：

> 具官翁郜，材雄六郡，气盖三边，负倜傥以不群，旧英威而自哲。生知义勇，夙蕴韬钤，解鞍而必静胡中，按剑而自清塞外。日殚（磾）忠孝，代谓无双。韩信战攻，时推第一。分忧三郡，报政累年。[③]

据同年四月十六日王尚文所草《赐劳翁郜敕书》，翁郜在此前担任的是静难军节度使河西都防御使押蕃落等使[④]。而在翁郜出任河西都防御使期间，其统辖范围亦为“三郡”。虽然史籍在关于晚唐河西地区的记载中，并没有与制文中“三州”“三郡”

---

①《旧唐书》卷一九〇下《薛逢附薛廷珪传》载：“（廷珪）大顺初，累迁司勋员外郎，知制诰，正拜中书舍人。乾宁三年，奉使太原复命，昭宗幸华州，改左散骑常侍。移疾免，客游成都。光化中，复为中书舍人。迁刑部、吏部二侍郎，权知礼部贡举，拜尚书左丞。入梁，至礼部尚书。”第5080页。

② 李军《清抄本〈京兆翁氏族谱〉所收晚唐河西文献校注——兼论其内容的真实性》，《敦煌学辑刊》2013年第3期，第36—37页。

③ 李军《清抄本〈京兆翁氏族谱〉所收晚唐河西文献校注——兼论其内容的真实性》，第28页。

④ 李军《清抄本〈京兆翁氏族谱〉所收晚唐河西文献校注——兼论其内容的真实性》，第30页。虽然敕文中记载此前翁郜担任的是“静难军节度使河西防御使押番落等使”，但敕文中的“河西防御使”亦应为“河西都防御使”。对于翁郜出任静难军节度使的相关问题，笔者将另文论述。

相对应的确切记载[①]，但很明显冯继文控压的“三州”和翁部分忧的“三郡”应为同一个特定的地理单元，其中应包含凉州。与冯继文授官制不同，《加翁郜朝散大夫河西节度使白麻》中明确提及除凉州之外的两州：

> 朕以张掖古封，酒泉旧壤，烽火尝通于柳塞，烟尘俱接于榆关。须籍才能，更资镇抚。冀睹安边之策，伫闻报国之心。是用爰降殊恩，特酬盛烈，锡周家之瑞节，升汉将之斋坛。俾赠（增）佩剑之荣，益显拥麾之贵。庶为懋赏，式表劝勤能。亭障每严于斥堠，边方常保于安谧。勉荷初终，无忘屏卫。敬承眷命，尔其（宜）戒之。可加授朝散大夫、河西节度使，余如故。主者奉行。
>
> 龙纪元年四月八日翰林学士崔昭纬行。[②]

由此可见，晚唐河西都防御使所辖理的“三州”“三郡”即凉、甘、肃三州[③]。唐政府将本属归义军掌控的甘、肃二州划归河西

① 《旧唐书》卷四〇《地理志三》“河西道凉州中都督府”条下注曰：“隋武威郡。武德二年，平李轨，置凉州总管府，管凉、甘、瓜、肃四州……七年，改为都督府，督凉、肃、甘、沙、瓜、伊、芳、文八州……咸亨元年，为大都督府。督凉、甘、肃、伊、瓜、沙、雄七州。上元二年，为中都督府……天宝元年，改为武威郡，督凉、甘、肃三州。乾元元年，复为凉州。”第1640页。似乎天宝元年武威郡督“凉、甘、肃三州”可与晚唐昭宗时期制文中的“三州”相对应。但由于两者之间时间相差较远，而且天宝时期河西地区的局势与晚唐又相差甚大，遽相比定，可能还存在一定的风险，所以暂未取。

② 李军《清抄本〈京兆翁氏族谱〉所收晚唐河西文献校注——兼论其内容的真实性》，第28—29页。

③ 目前看来，我们所掌握的关于河西都防御使辖区的记载似乎时代较晚。但据下文所考，中和年间，凉州节度曾频繁参与甘、肃等州的管理，证明此时凉州节度已经获得了对凉、甘、肃三州的辖理权，这当是继承自此前为唐政府所改置的河西都防御使。这就可以从侧面证明唐政府设置河西都防御之初，其辖区应与后期的河西都防御辖区相同。

都防御，是其以凉州节度领六州之地的策略受挫后新的尝试，这也是晚唐政府经营河西的最重要举措之一。

龙纪元年，翁郜由河西都防御使升任河西节度使，唐昭宗在上述制文中希望翁郜出任河西节度使后，能更好地镇抚甘、肃等州，所以晚唐河西节度使的辖区应与河西都防御使一致，即凉、甘、肃三州。另外，我们注意到，虽然在翁郜和冯继文两任河西都防御使之间，曾有设置河西节度使的阶段，但河西都防御使的辖区却没有发生变化，这也证明晚唐河西节度的辖区应继承自此前河西都防御所统辖的三州之地。而晚唐归义军节度使领州数的变化，也可为我们对晚唐河西节度辖区的设定提供旁证。

大中五年归义军设置之初，张议潮以归义军节度使及十一州管内观察使的身份统领河陇地区。虽然归义军在鼎盛时期实际仅控制沙、瓜、甘、肃、凉、伊六州，但十一州之地仍为其法定辖区。咸通四年凉州节度设置之后，归义军节度使对西、鄯、河三州的观察权被剥夺。文德元年（888）十月，张淮深在请节二十余年后，终于获得唐政府的正式承认[①]。但唐政府仅授淮深“沙州节度使”“沙州观察处置使”[②]，将归义军的统辖范围挤压到了极限。次年，唐政府又将凉州节度改为河西节度，表明两者之间存在着密切的内在联系。根据唐政府对索勋、张承奉等人册封

---

① 关于张淮深是否得到唐政府册封的问题，学术界存在争论。荣新江先生据日本有邻馆藏敦煌文献的记载，证明文德元年张淮深确实得到唐政府的册封（荣新江《归义军史研究》，第191页）。

② （日）森安孝夫《河西帰義軍節度使の朱印とその編年》，《内陸アジア言語の研究》第15号，第59页。

的情况，可知虽然此后唐政府在名义上相对扩大了归义军的辖区[①]，但却未将本由归义军收复并长期控制的甘、肃二州归还归义军，这从侧面证明此时甘、肃二州已经划归河西节度[②]。

此外，五代朔方兼河西节度使领州的情况，也可以为我们提供有益的参考。五代时期，虽然甘州已为回鹘牙帐，而凉州自立守将，但自后梁太祖起，中原王朝常以朔方节度使兼领河西节度。后唐长兴年间，凉州数来请命，遂停兼领。五代对凉州实施羁縻性质的统治，但仍维持着凉州为河西节度使治所的传统观念[③]。对于朔方兼河西节度的辖理范围，《新五代史》载：

> 自梁太祖时，尝以灵武节度使兼领河西节度，而观察甘、肃、威等州。[④]

---

① 莫高窟第196窟甬道北壁第一身供养人题名作："敕归义军节度沙瓜伊西等州观察处置押番落营田等使守定远将军检校刑部尚书兼御史大夫钜鹿郡开国公食邑贰仟户实封二百户赐紫金鱼袋上柱国索勋一心供养。"可知在索勋统治时期（892—894），唐政府已经将瓜、伊、西三州的观察权重新赋予归义军节度使。而据《旧唐书》卷二〇《昭宗纪》"光化三年八月己巳"条载，唐政府册封张承奉为"归义节度、瓜沙伊西等州观察处置押藩落等使"，可证归义军节度使对瓜、沙、伊、西等州的观察权得以延续。

② 对于张淮深及其之后归义军未领甘、肃二州的原因，虽然可以解释为甘州等地此时已由回鹘占领，但我们不应忽视的是，唐政府虽然允许索勋和张承奉观察伊、西二州，但伊、西二州此时由西州回鹘所控制，与甘、肃二州的情况相类似。所以，此时甘、肃二州的实际控制权并不是问题的关键。唐政府刻意将甘、肃二州分离出归义军辖区，体现出唐政府力图将归义军势力压制在河西西部的努力。

③ 冯培红《论晚唐五代的沙州（归义军）与凉州（河西）节度使——以"河西"观念为中心的考察》，《浙江与敦煌学——常书鸿先生诞辰一百周年纪念文集》，第239—258页。

④《新五代史》卷七四《四夷附录三》，第914页。《旧五代史》卷一三八《吐蕃传》略同。

《旧五代史·唐书·庄宗纪五》“同光二年四月己丑”条则记作：

> 以朔方、河西等军节度使韩洙依前检校太傅、兼侍中，充朔方、河西等军节度使，灵、盐、威、警、雄、凉、甘、肃等州观察使。①

《旧五代史·唐书·明宗纪六》天成四年十月戊戌又载：

> 以襄州兵马都监、守磁州刺史康福为朔方、河西等节度使，灵、威、雄、警、凉等州观察使。②

由此可知，五代时期，朔方兼河西节度使的统辖范围当为“灵、盐、威、警、雄、凉、甘、肃”等州。其之所以具有观察凉、甘、肃三州的权力，应是兼领河西节度的缘故，所以五代时期河西节度的辖区当为凉、甘、肃三州。而《五代会要》亦载：

> 后唐天成元年六月十日，御史台奏：“……近制，唯回鹘番使，则正殿引对。况回鹘见居甘州，其地尤属河西道凉州所管。每遣使进表币，待以宾礼，皇帝御正殿、列百辟、陈盛仪，酌礼沿情，事恐太重。……”③

虽然此时甘州回鹘政权早已建立，但后唐政府仍坚持甘州为河西节度所管的观念。可见，五代河西节度使的辖区亦为凉、甘、肃

---

① ［宋］薛居正《旧五代史》卷三一，北京：中华书局，1976年，第433页。

② 《旧五代史》卷四〇，第554—555页。

③ ［宋］王溥《五代会要》卷三〇《杂录》，北京：中华书局，1998年，第368页。

三州，所以晚唐河西节度使的辖区当继承了河西都防御使的辖区，而五代时期河西节度使的领地则是沿袭了晚唐之成规。

综上所述，晚唐河西都防御使所辖理的“三州”即凉、甘、肃三州，晚唐凉州及河西节度都继承了河西都防御的辖区。唐政府将河西都防御复名为凉州节度，并最终定名为河西节度，为从归义军辖区中剥夺甘、肃二州提供了制度化保障。而唐政府将本属归义军掌控的甘、肃二州先后划归河西都防御及此后的凉州（河西）节度，当是其以凉州节度领六州之地的策略受挫后新的尝试，进一步体现了对归义军权力的削夺。

三、晚唐凉州节度使权力的行使

咸通四年，唐政府置凉州节度。咸通八年九月至十二年十月间，唐政府利用嗢末等族在凉州兴起的契机，将凉州节度改为河西都防御，并将凉、甘、肃三州划其统辖。虽然唐政府很快就恢复了凉州节度的建制，但其应继承了河西都防御的辖区。此后，凉州节度使在其所辖的三州之地频有动作，显示出唐政府利用凉州节度经营河西东部地区的积极态度。

首先，晚唐凉州节度使的下属官员曾出任甘州刺史，体现了凉州节度使对甘州的控制。《赐劳翁郜敕书》载：

> 敕静难军节度使、河西［都］防御押番（蕃）落等使、朝散大夫、检校兵部尚书、上柱国、赐紫金鱼袋翁郜。右前件官，金石秉心，冰霜贯节……自倾为凉州都防御使判官，五年改授甘州刺史，八载复摄凉州防御使并正授。十余年吮血同甘，能致人之死力；觞酒豆肉，实得众之欢心。况又广布皇风，浸流玄泽，遂使推髻箕踞之俗（辈），莫不欢颜；不毛斥卤之田，还生嘉谷。以至七十里有亭障之备，

三十年无西北之虞。伊谁之力？实翁郜之功也。

龙纪元年四月十六日王尚文行。[①]

据此，可知翁郜在出任河西都防御使和河西节度使之前，曾担任过凉州都防御使判官和甘州刺史等职。而唐政府派遣翁郜出任甘州刺史的做法，不仅可以解释为何敦煌文献没有晚唐归义军官员出任甘州刺史的确切记载，也可以解释中和四年甘州被回鹘占领之前，肃州防戍都仅向张淮深汇报甘州地区的情况，而未见归义军派兵救援甘州的奇特现象。

对于翁郜出任甘州刺史的时间，我们可以根据上举敕书的相关记载作一推测。敕书作于龙纪元年，而其中称翁郜“自倾为凉州都防御使判官，五年改授甘州刺史，八载复摄凉州防御使并正授。十余年吮血同甘”，可知其出任凉州都防御判官当在乾符六年之前，出任凉州防御使当在光启三年之前，出任甘州刺史当在中和四年之前。P.2696《唐僖宗中和五年三月十四日车驾还京师大赦诏》钤有“河西都防御使印”[②]，证明此件诏令是由河西都防御使而非凉州节度使传达到沙州。从出任时间上判断，此位河西都防御使当即翁郜。据森安孝夫先生的研究，这件大赦诏最迟在中和五年五月末已经到达沙州[③]，所以翁郜由凉州防御使升任河西都防御使当在此前。由此，翁郜出任凉州都防御判官又应在乾符四年之前。乾符三年十月之前嗢末还占据着凉州，翁郜出任

---

① 李军《清抄本〈京兆翁氏族谱〉所收晚唐河西文献校注——兼论其内容的真实性》，第30页。

② （日）森安孝夫《河西帰義軍節度使の朱印とその編年》，《内陸アジア言語の研究》第15号，第13—14页。

③ （日）森安孝夫《河西帰義軍節度使の朱印とその編年》，《内陸アジア言語の研究》第15号，第14页。

凉州都防御使判官又当在乾符三年十月至乾符四年之间。由此后推五年，其出任甘州刺史当在中和元年。其之所以于中和四年由甘州刺史转任凉州防御使，当与中和四年回鹘对甘州的持续围攻有关。

其次，敦煌文献中保留了凉州节度方面任命肃州地区官员的记载。这就证明，虽然晚唐时期肃州实际听命于归义军节度使，但在名义上肃州应归凉州节度所管。S.389《肃州防戍都状》载：

> 肃州防戍都状上
>
> 右当都两军军将及百姓并平善，堤备一切仍旧。自十月卅日崔大夫到城家，军将索仁安等便将本州印与崔大夫。其大夫称授防御使讫，全不授其副使……其肃州印，崔大夫称不将与凉州防御使，去不得，其索仁安临发之时，且称将去。发后，其印避崔大夫，衷私在氾建立边留下。又今月七日，甘州人杨略奴等五人充使到肃州。称：其甘州吐蕃三百，细小相兼伍百余众，及退浑王拨乞狸等十一月一日并往归入本国……先送崔大夫回鹘九人，内七人便随后寻吐蕃踪亦（迹）往向南。二人牵栊嘉麟，报去甘州共回鹘和断事由。[①]

此件文书与S.2589《中和四年十一月一日肃州防戍都营田索汉君等状》在时间上相互衔接，应作于中和四年（884）十二月

① 录文参郝春文《英藏敦煌社会历史文献释录》第2卷，北京：社会科学文献出版社，2003年，第250—251页。图版见《英藏敦煌文献（汉文佛经以外部份）》第1册，第179页。

中旬左右[①]。所以，S.389《肃州防戍都状》中所提到的“十月卅日”，应即中和四年十月卅日。中和四年十月，崔某到肃州任命防御使，即肃州防御使。而据S.2589《中和四年十一月一日肃州防戍都营田索汉君等状》载：“其甘州共回鹘和断未定，二百回鹘常在甘州左右捉道劫掠。甘州自胡进达去后，更无人来往。”可知此时回鹘隔断了肃州通往甘州及凉州的道路。崔大夫到肃州不是由归义军而是由回鹘人护送，所以，他应该不是归义军的官员，而是来自凉州地区。同时，该件状文又载：

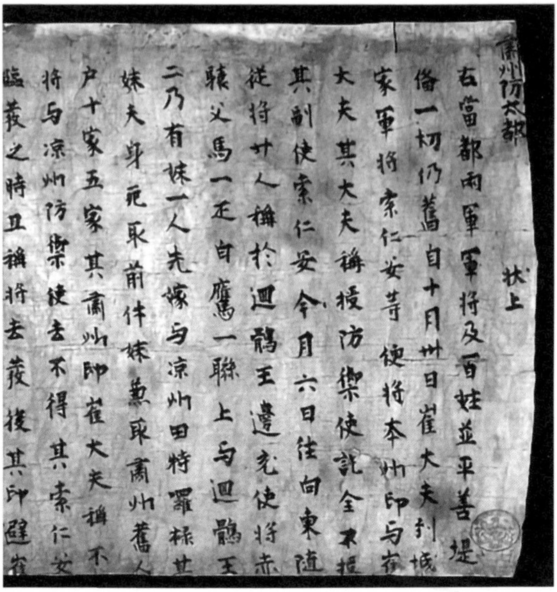
肅州防戍都
狀上
右當都兩軍軍將及百姓並平善堤
備一切仍舊自十月卅日崔大夫到城
家軍將索仁安等使將本州印与崔
大夫其大夫稱授防禦使訖全不授
其副使索仁安今月六日往向東隨
從將廿人稱於迴鶻王邊充使將赤
驃父馬一疋白鷹一聯上与迴鶻王
二乃有妹一人先嫁与涼州田特羅禄廿
妹夫身死取前件妹兼取肅州舊人
戶十家五家其肅州即崔大夫稱不
將与涼州防禦使去不得其索仁安
臨發之時且稱將去發後其印

图3-9 S.389《肃州防戍都状》（局部）

> 游奕使白永吉、押衙阴清儿等十月十八日，平善已达嘉麟。缘凉州闹乱，郑尚书共□□诤位之次，不敢东行。[②]

① 唐长孺先生认为此件文书在时间上应与S.2589《中和四年十一月一日肃州防戍都营田索汉君等状》相衔接（唐长孺《关于归义军节度的几种资料跋》，《中华文史论丛》第1辑，上海：中华书局上海编辑所，1962年，第275—298页）。荣新江先生根据两件文书的内容，指出此件文书当作于中和四年十二月中旬（荣新江《归义军史研究》，第305页）。

② 图版见《英藏敦煌文献（汉文佛经以外部份）》第4册，第111页。

中和四年十月还在凉州掌权的郑尚书应就是此时的凉州节度使，遣崔大夫到肃州任命肃州防御使的应即此人，表明此时凉州节度使具有辖理肃州的权力。崔大夫到肃州任命了肃州防御使，肃州军将索仁安也将“肃州印”交付崔大夫，这就证明肃州已接受凉州方面的管辖。只是因为崔大夫在任命肃州防御使后，并不任命防御副使，而且声称肃州防御使印必须交付凉州防御使，才激起肃州守将的反对。最终索仁安以“且称将去”为借口，将肃州防御使印从崔大夫手中骗出，私下交付氾建立保管。

最后，据S.389《肃州防戍都状》记载，护送崔大夫至肃州的九名回鹘人，在完成护送任务后，其中七人“便随后寻吐蕃踪亦（迹）往向南”。回鹘所跟踪的吐蕃，应即是中和四年十一月一日从甘州城内撤出的吐蕃。另外两名回鹘人，“牵栊嘉麟，报去甘州共回鹘和断事由”。“嘉麟”，即位于凉州城西北七十里的凉州嘉麟县。甘州地区的回鹘不仅要护送凉州节度使属下的官员前往肃州，还要向凉州节度使管下的嘉麟县汇报其与甘州城内龙家等族的谈判情况，也可以说明凉州节度使享有对甘州的管辖权。

综上所述，唐政府恢复凉州节度的建制，并将其主要辖区由陇右调整至河西东部地区后，曾任命凉州节度使属下的官员出任甘州刺史。此外，凉州节度使还遣人到肃州任命防御使，甘州地区的回鹘也积极向凉州方面汇报其与龙家等族的谈判情况，这些都表明凉州节度使行使了对凉、甘、肃三州的统辖权。

四、朔方节度对河西东部事务的参与

唐政府恢复凉州节度的建制后，虽然凉州节度使曾在其辖区内行使权力，但统治并不稳固，咸通末年嗢末占据凉州及中和四年凉州局势动荡即是明证。由于朔方地处中原与河西交通的要

害，所以，虽然在卢潘之后至唐末，朔方节度使一度不再兼领凉州节度，但朔方节度仍频繁参与河西东部地区的事务，体现出其对河西东部地区保留了一定的权力。

《资治通鉴》卷二五二“唐僖宗乾符元年”条载：“初，回鹘屡求册命，诏遣册立使郗宗莒诣其国。会回鹘为吐谷浑、嗢末所破，逃遁不知所之，诏宗莒以玉册、国信授灵盐节度使唐弘夫掌之，还京师。”[①]根据此时吐谷浑、嗢末的分布范围及郗宗莒的出使路线，学者多认为被击破的应是生活在甘州一带的回鹘。唐政府前往甘州地区册封回鹘，由于回鹘被击破，“逃遁不知所之”，所以唐政府诏命郗宗莒将玉册、国信交付灵盐节度使唐弘夫掌管，这就证明唐政府此时承认灵盐（即朔方）节度使对甘州享有一定程度的观察权或管辖权。虽然在咸通十二年十月之前，唐政府已将河西都防御的建制恢复为凉州节度，但从《张议潮进表并批答》看，此时凉州已由嗢末控制。而据S.389《肃州防戍都状》的记载，中和四年龙家丢失甘州前夕，龙王曾致信凉州嗢末，以与回鹘共同讨伐嗢末作为威胁其派兵戍守甘州的手段；此外，在龙家等族撤出甘州并入肃州后，仍和凉州嗢末保持了密切的关系，这就证明龙家参与了乾符元年对甘州地区回鹘的进攻，而击破甘州地区回鹘的嗢末应来自凉州。乾符元年（874），凉州嗢末尚且能够击破甘州地区的回鹘，证明其仍控制着凉州，所以此时凉州节度并不能有效地控制凉州等地。而唐政府承认朔方节度使享有对甘州的观察权或管辖权，应与凉州此时的形势有关。

在唐政府拒绝张议潮经营凉州的请求之后，张淮深从嗢末手中一举收复凉州。唐政府随即派遣凉州节度使赴任，此人当即

---

① 《资治通鉴》卷二五二“唐僖宗乾符元年”条，第8174页。

S.2589《中和四年十一月一日肃州防戍都营田索汉君等状》中的郑尚书。郑尚书在凉州的统治最迟持续到中和四年年底，次年河西都防御使已经在凉州行使权力，证明唐政府再次停置凉州节度。P.3863《河西都防御招抚押蕃落等使牒》载：

> 不审近日体气何似。伏惟顺时善加保爱。前月廿五日当使先差押衙张弘信入奏回，郜奉二月二十九日敕，就加右散骑常侍，充河西都防御招抚押蕃落等使者。郜素乏韬钤，才非超众，初窃龙渥，骤奉敕恩，不任荣惧。此皆端公回赐吹嘘，远及庥庇，仰荷恩德，悚惕难申。以当州自京国不宁，省绝支遣，欠阙至甚，今专差押衙阴文建等，赍书牒上仆射，请赐放接，伏望端公固言话之次，请为借便。伏垂照察，谨状。郜状。[1]

文书中所称的“京国不宁”，应指黄巢起义攻陷长安，僖宗播越而言。从题名及时间上判断，文书中的某郜，应即上文提及的曾先后担任河西都防御使及河西节度使的翁郜。由此可知，文中提到的“当使”应即此前掌权的郑尚书。

据上文可知，继翁郜之后掌控凉州等地的为冯继文。虽然光化年间之后，冯继文还在凉州担任河西都防御使，但朔方节度方

① 图版见《法藏敦煌西域文献》第29册，上海：上海古籍出版社，2003年，第23页。森安孝夫氏将仆射比定为张淮深，端公比定为李明振，并认为文书作于光启三年九月之前。（日）森安孝夫《河西帰義軍節度使の朱印とその編年》，《内陸アジア言語の研究》第15号，第14—15页，第55—58页。赤木崇敏除坚持森安氏的观点外，还有所发挥（（日）赤木崇敏《河西帰義軍節度使張淮鼎——敦煌文献 P.2555pièce1の検討を通じて》，《内陸アジア言語の研究》第20号，中央ユーラシア学研究会，2005年，第17—19页）。但森安氏和赤木氏的结论，都是基于“河西防御使为归义军节度使下属”的传统观念。所以，仆射和端公比定为张淮深和李明振可能存在一定问题。

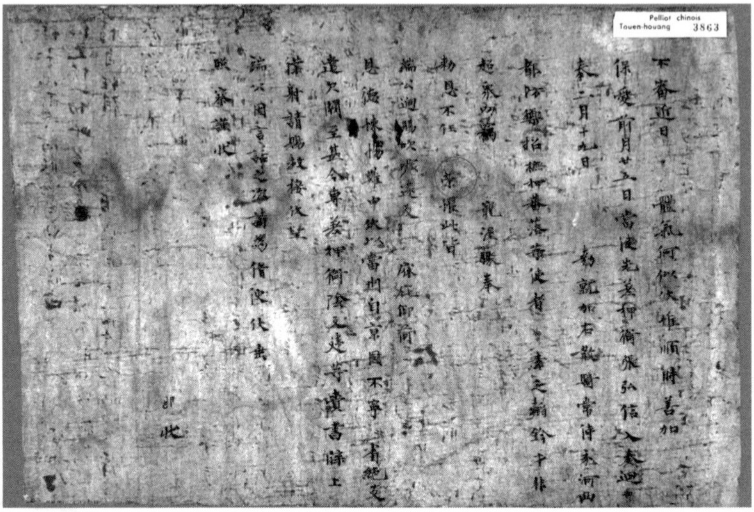

图3-10 P.3863《河西都防御招抚押蕃落等使牒》

面仍然保持了对河西东部地区事务的参与。《新唐书》载："昭宗幸凤翔，灵州节度使韩逊表回鹘请率兵赴难，翰林学士韩偓曰：'虏为国仇旧矣。自会昌时伺边，羽翼未成，不得逞。今乘我危以冀幸，不可开也。'遂格不报。"[①]根据上下文的关系，文中的回鹘当为甘州回鹘，《资治通鉴》将此事系于天复二年（902）四月。据P.3931《表本》的第一件"表本"载："去光化年初，先帝远颁册礼，及恩赐无限信币，兼许续降公主，不替懿亲。"第二件"表本"载："去光化年初，先皇特降王臣，显颁册礼，雨露之恩尚湿，丝纶之诏犹新。"[②]可知唐政府曾在光化初年对甘州回鹘进行册封。而在昭宗播越的情况下，甘州回鹘希望率兵赴难，当是为对唐政府册封和许降公主表示感谢。甘州回鹘请领

① 《新唐书》卷二一七下《回鹘传下》，第6134页。
② 参阅赵和平《后唐时代甘州回鹘表本及相关汉文文献的初步研究——以P.3931号写本为中心》，周一良、赵和平《唐五代书仪研究》，北京：中国社会科学出版社，1995年，第231—252页。

兵赴难，不是由河西节度使或河西都防御使上奏，而是由韩逊代奏，也可证此时朔方享有对甘州的观察权或辖理权。

据于阗文写本P.2741《于阗使臣奏稿》记载，在902—904年间曾有于阗使臣经沙州到达甘州[①]。但其到达甘州后，却遇到了回鹘政权的内部动乱，不能继续东行。于阗使臣在甘州滞留期间，朔方节度使所遣的宋尚书也到达甘州。文书载："第十五日于迦们和住于灵州朔方的中国使臣宋尚书来了，他派人来贱臣处，说：'这里是于阗使臣吗？我怎样能和他们相见？'但是整个时期他没有来会我。"[②]宋尚书没会见于阗使臣的原因，我们无从得知，但其对滞留于甘州的于阗使臣入朝无疑是重视的。甘州回鹘政权在光启三年（887）之前已经建立[③]，但至唐末朔方仍

① 张广达、荣新江先生据大批敦煌本于阗文写本作于10世纪的背景，将P.2741《于阗使臣奏稿》中出现的"司空张尚书"比定为902年至904年间的归义军节度使张承奉（张广达、荣新江《关于敦煌出土于阗文献的年代及其相关问题》，氏著《于阗史丛考》，上海：上海书店，1993年，第127—129页）。而对于这件文书的年代，学术界曾进行过逐步深入的研究。哈密顿推测这件文书可能作于10世纪（（法）J.Hamilton, Le pays des Tchong-yun, čungul, ou Cumuda au Xe siècle, JA, *CCLXV*, 1977, pp.364—369.）；张广达、荣新江先生最初认为"司空张尚书"指张淮深，并认为文书作于光启元年（张广达、荣新江《关于唐末宋初于阗国的国号年号及其王家世系问题》，北京大学中古史研究中心编《敦煌吐鲁番文献研究论集》，北京大学出版社，1982年，第182页）；（日）H.kumamato（熊本裕）在*Khotanese official Documents in the Tenth Century A.D*（University Microfilms International,1983.）中认为文书作于9世纪末。黄盛璋先生则认为文书应作于光启二年（886）（黄盛璋《敦煌于阗文P.2741、ch.00296、P.2790号文书疏证》，《西北民族研究》1989年第2期，第41—71页；同作者《敦煌汉文与于阗文书中之龙家及其相关问题》，《西域研究》1996年第1期，第26—39页）。

② 转引自黄盛璋《敦煌于阗文P.2741、ch.00296、P.2790号文书疏证》，第45页。

③ 荣新江《甘州回鹘成立史论》，第32—39页。

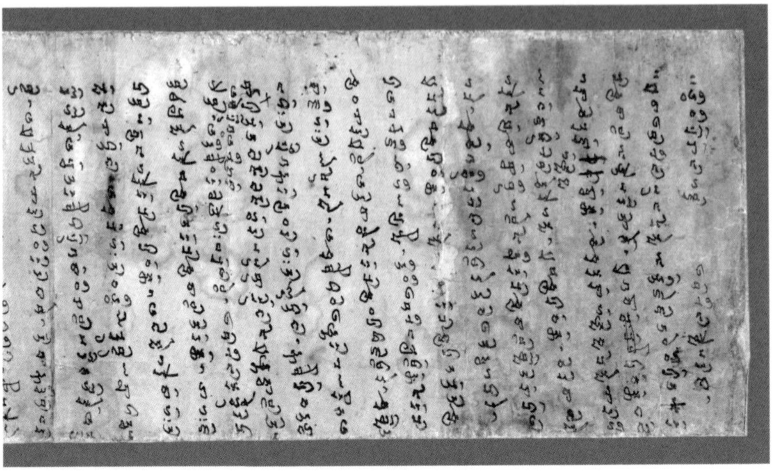

图3-11 P.2741《于阗使臣奏稿》

能遣宋尚书前往甘州，而其在甘州还力图保障少数民族政权顺利入贡，表明朔方此时仍保留了对甘州的某种权力。《资治通鉴》卷二六五"唐昭宗天祐三年正月壬戌"条载："灵武节度使韩逊奏吐蕃七千余骑营于宗高谷，将击嗢末及取凉州。"[①]吐蕃企图攻击嗢末而夺取凉州，此事由灵武节度使向唐政府上奏，也证明此时朔方有观察凉州的权力。

通过乾符年间后朔方节度对河西东部地区事务参与的情况，我们可以发现，朔方节度的参与都是在凉州（河西）节度使阙任或唐政府废置凉州（河西）节度，而设置河西都防御的特殊情况下进行的。唐政府在凉州（河西）节度不能有效控制凉、甘、肃三州的情况下，通过朔方节度维系了中央政府同这些地区最基本的联系。但由于唐末中央政府权威丧失殆尽，无力为朔方节度提供必要的支持，使得朔方节度对河西东部地区的管理更多只能停留在形式上。胡三省在为后唐政府任命康福为朔方兼河西节度使

① 《资治通鉴》卷二六五"唐昭宗天祐三年正月壬戌"条，第8656页。

一事作注时所言："唐之盛时，河西节度使治凉州，与朔方、陇西并为缘边大镇……至于唐末，以朔方兼节度河西，然亦声势不接。"[①]正是这种情况的真实写照。即使如此，朔方节度使兼领河西节度的形式却得以保留，并一直持续到五代时期[②]。

要而言之，咸通四年，唐政府设置凉州节度，以辖六州之地。在凉州节度设置之初，唐政府曾至少以两任朔方节度使兼领凉州节度。但由于晚唐吐蕃、回鹘等少数民族势力的存在，唐政府无力给予朔方及凉州节度有力的支持，所以，虽然唐政府从归义军手中夺得凉州，但凉州节度并未完成对其他五州的统辖。在以凉州节度统六州之地的努力失败后，唐政府趁嗢末等族在凉州兴起之机，将凉州节度改为河西都防御，并从归义军的领地中分割出甘、肃二州，划归其统辖，表明唐政府对西北经营的重点已从陇右转移到河西东部地区。由于这次改制只是权宜之计，所以唐政府很快就恢复了凉州节度的旧制，并最终将凉州节度改为河西节度，但河西都防御的三州辖区却得以保留。晚唐凉州节度方面试图控制凉、甘、肃三州的举措，当是唐政府以凉州节度统领河西东部地区意愿的具体体现。在凉州（河西）节度不能有效控制凉州等地的特殊情况下，唐政府常以朔方节度参与河西东部地区的事务。随着唐末中央政府权威的逐步丧失，朔方节度再次获得了对河西节度的兼领，并将这种状态一直保持到五代时期。

---

① 《资治通鉴》卷二七六"后唐明宗天成四年十月戊戌"条，第9033页。

② 与咸通年间唐政府直接授命朔方节度使兼领河西不同，朔方节度使在唐末对河西节度的兼领，可能更多的还是事实上的兼领，而非出自朝命。不过这种状况一直持续到五代时期，表明后梁、后唐等政权都承认了朔方的这种既有权力。

第四章

归义军辖区变迁的多维度考察

作为先后以藩镇及外藩的形象见载于史籍的归义军政权，在很大程度上影响了唐宋之际西北地区的政治走向。在归义军史的研究范畴中，其辖区范围无疑是核心问题之一。以往学术界已经从辖区变化及行政区划的角度，勾画出了归义军在晚唐五代宋初所实际控制的地域[①]。但在实际控制的层面之外，归义军的辖区往往还存在中央法定和境内自称等多重形态。在归义军与中央政府的互动过程中，双方对于归义军的辖区往往存在着夸大和贬低、限制与反限制等各种复杂的关系，其中尤以张氏归义军时期为甚。基于以上考虑，本章希望在借助学者研究的基础上，通过多重维度观察唐宋之际归义军的辖区变迁，以期展现辖区盈缩与归义军政局变动之间的内在联系。

① 荣新江《归义军史研究》，第148–168页；郑炳林《晚唐五代归义军疆域演变研究》，《历史地理》第15辑，上海：上海人民出版社，1999年，第56—73页；郑炳林《晚唐五代敦煌归义军行政区划制度研究（一）》，《敦煌研究》2002年第2期，第11—19页；郑炳林《晚唐五代敦煌归义军行政区划制度研究（二）》，《敦煌研究》2002年第3期，第68—73页。此外，学者在讨论归义军节度使称号及其所统领军镇的范围时，也涉及到了归义军的疆域演变问题，相关主要论著有黄盛璋《沙州曹氏二州六镇与八镇考》，敦煌文物研究所编《1983年全国敦煌学术讨论会文集·文史遗书编》上册，兰州：甘肃人民出版社，1987年，第269—281页；陈国灿《唐五代瓜沙归义军军镇的演变》，唐长孺主编《敦煌吐鲁番文书初探二编》，武汉：武汉大学出版社，1990年，第555—580页；冯培红《关于归义军节度使官制的几个问题》，郑炳林、花平宁主编《麦积山石窟艺术文化论文集》下册，第203—236页；冯培红《归义军镇制考》，《敦煌吐鲁番研究》第9卷，第245—294页。

第一节　从沙州起事到张议潮归阙：归义军初创期的辖区

会昌二年（842），吐蕃赞普朗达玛被刺身亡，吐蕃王朝分裂成为以囊德约松和墀德云丹为首的两大政治势力[①]。与此同时，吐蕃驻守在河陇地区的军事将领尚婢婢、论恐热等人，由于分别拥立不同的赞普，从而陷入激烈的军事对抗。在此形势下，张议潮于大中二年（848）在沙州起事，驱逐了支持约松一系的吐蕃势力[②]，并在当年收复了邻近的瓜州。为了获得唐政府的支持，张议潮在收复沙、瓜二州之后，随即派遣以僧人悟真为首的使团前往长安[③]。在天德军防御使李丕的协助下，沙州使者在

① 陆离、陆庆夫《张议潮史迹新探》，第95—109页。

② 冯培红《敦煌的归义军时代》，第5页。

③ 敦煌写本《敕河西节度兵部尚书张公德政之碑》（以下简称《张淮深碑》）的注文载："沙州既破吐蕃，大中二年，遂差押衙高进达等，驰表函入长安城，已（以）献天子。"杨宝玉、吴丽娱认为高进达为张议潮所派遣的沙州首般使团的首领，笔者则认为高进达只是沙州使团的成员，悟真才是使团的首领（杨宝玉《大中二年张议潮首次遣使入奏活动再议》，1—4页；杨宝玉、吴丽娱《归义军政权与中央关系研究——以入奏活动为中心》，第3—12页；李军《再论张议潮时期归义军与唐中央政府之关系》，《中国边疆史地研究》2017年第1期，第83—95页）。

大中五年（851）年初顺利抵达长安，张议潮因此获得了沙州防御使的任命①。

对于张议潮附唐之初的情况，《（宣宗）实录》载：

> （大中）五年，二月，壬戌，天德军奏沙州刺史张义潮、安景旻及部落使阎英达等差使上表，请以沙州降。②

在唐代前期的河西政治格局中，沙州并未占据显著的位置。但在凉州和甘州先后被吐蕃占领后，代宗永泰二年（766）五月，河西节度使被迫西迁沙州。与此相配合，沙州的行政级别由刺史州升格为中都督府，从而成为河西的政治中心③。贞元二年（786）沙州城陷之时④，守将阎朝与吐蕃达成了“毋徙它境”的协议，使得随河西节度使西迁至沙州的军民不至于离散。沙州陷蕃后，虽然“州人皆胡服臣虏”，但仍得以“每岁时祀父祖，衣中国之服”⑤，故沙州军民自认为最有资格代表河西的唐朝遗黎。据P.3451《张淮深变文》所载，乾符年间僖宗派遣敕使前往沙州册封张淮深之际，“甘凉瓜肃，雉堞彫残，居人与蕃丑齐肩”，

---

①《资治通鉴》卷二四九“唐宣宗大中五年正月壬戌”条，第8044—8045页；《新唐书》卷二一六下《吐蕃传下》，第6108页。

②《通鉴考异》引宋敏求《实录》，《资治通鉴》卷二四九“唐宣宗大中五年十一月”条下注，第8049页。

③ 刘安志《关于唐代沙州升为都督府的时间问题》，《敦煌学辑刊》2004年第2期，第59—66页；刘安志《唐代沙州升为都督府时间考定——以〈唐会要〉版本考察为中心》，《史学集刊》2017年第4期，第33—40页。

④ 对于沙州陷蕃时间，学界多有争论，本文采用了陈国灿先生的研究成果（陈国灿《唐朝吐蕃陷落沙州城的时间问题》，《敦煌学辑刊》1985年第1期，第1—7页）。

⑤《新唐书》卷二一六下《吐蕃传下》，第6101页。

“独有沙州一郡，人物风华，一同内地”[①]。虽然变文对沙州颇有溢美之辞，但作为唐朝河西军民最后的集结地及最后陷蕃之所，到了大中初年又成为河西反蕃起义的策源地，这一尾一首显然并非巧合。不过即使沙州曾长期作为河西的军政中心，但张议潮在控制沙、瓜二州的情况下，仅以沙州降附唐朝的可能性并不大。

作为沙州首个入朝使团的首领，悟真在长安与京城诸大德酬答之际，往往被称为“瓜沙之俊”“瓜沙僧”或“瓜沙州僧”[②]，可见唐政府在擢任张议潮为沙州防御使之前，已经掌握了张议潮实际控制沙、瓜二州的真实情况。P.2748v系天德军防御使李丕上给宣宗的谢表，其第12—13行提及张议潮归附之事，即“六人奉河西地图□上”[③]。从李丕与沙州首度成功遣使之间的关系，以及P.2748正反面文献均为与悟真相关的内容看，“奉河西地图”进献的应正是悟真使团[④]。由此可见，张议潮遣使降附的区域并非沙州，而是整个河西地区。《(宣宗)实录》中张议潮“请以沙州降”的记载，很可能是宋敏求根据唐朝任命张议潮为沙州防御使的结果，反推其所进献区域的结果。

张议潮在控制沙、瓜二州的情况下以“河西地图”进献，希望继承之前驻节于沙州的河西节度使之政治遗产，力图把自己打造成“河西遗黎”的代表。但总体来看，唐政府对陷蕃地区的态度是非常谨慎的。在沙州陷蕃60余年且与唐中央长期音信不通的情况下，张议潮在大中五年突然以使团携河西地图归附，唐朝君

---

① 图版见《法藏敦煌西域文献》第24册，第253页。

② 徐俊纂《敦煌诗集残卷辑考》，第329—340页；《法藏敦煌西域文献》第27册，第112—114页。

③《法藏敦煌西域文献》第18册，第66—67页。

④ 李军《唐大中二年沙州遣使中原路线献疑》，《中国边疆史地研究》2010年第1期，第100—105页。

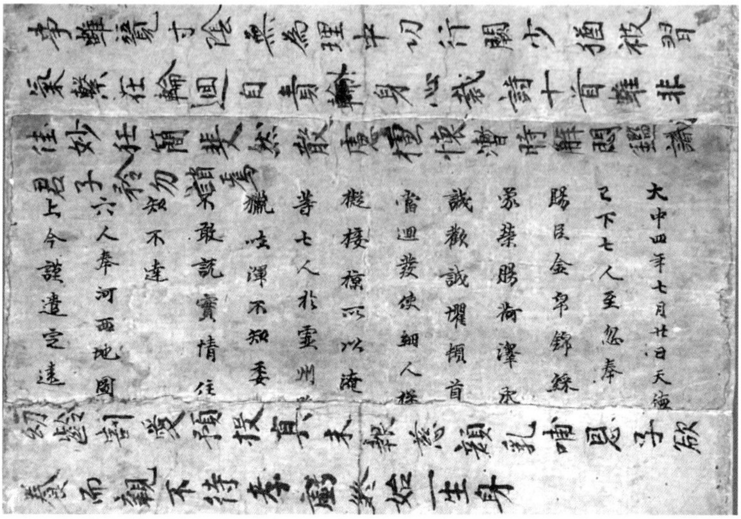

图4-1 P.2748v《大中五年二月天德军防御使李丕上宣宗表》

臣对此心存疑虑也是应有之义。此外，自悟真等人离开沙州至抵达长安，共耗时三年。其间沙州反蕃势力的存亡情况，唐中央并不知晓。所以，在张议潮实际控制沙、瓜二州，并以河西地图进献之际，唐政府并未给予其太多的支持，只是授其沙州防御使，仅辖沙州一州之境。

张议潮在收复沙、瓜二州之后，“次屠张掖、酒泉，攻城野战，不逾星岁，克获两州”①。大中四年（850），张议潮又率兵收复伊州。在完成河西五州的收复后，张议潮派遣以兄长张议潭为首，由押衙吴安正、僧人慧菀等人组成的使团入朝。大中五年十月，张议潭使团到达长安。对于张议潭使团所献之内容，两《唐书·宣宗纪》《新唐书·吐蕃传》《(宣宗) 实录》《资治通鉴》等皆载为十一州图籍。其中，《新唐书》的《宣宗纪》及

① 荣新江《归义军史研究》，第401页。

《地理志四》更是将张议潮所献十一州的范围明确为瓜、沙、伊、肃、鄯、甘、河、西、兰、岷、廓等州[①]，也就是之后唐政府所设定的归义军节度使辖区。从地域区划看，上述十一州涵盖了河西的大部及陇右一部，无论是对于旧陇右道，还是分道之后的河西、陇右两道，都并非整体，且非归义军所实际控制的区域，故张议潭以十一州图籍入献于理不合。参照之前张议潮遣使进献河西地图的举动看，张议潭使团之所献当为《唐会要》卷七一《州县改置下》“陇右道沙州”条所载的“天宝陇西道图经、户籍”[②]。天宝年间陇西（右）道的范围与成书于开元末年的《唐六典》所载大致相当，应即秦、渭、成、武、洮、岷、叠、宕、河、兰、鄯、廓、凉、甘、肃、瓜、沙、伊、西、北庭、安西等地[③]。陇右道远非张议潮所能实际控制，其进献陇右道图籍的行为，显然是对实际控制区的夸大。而两《唐书》所载张议潮以十一州图籍进献的记载，系史臣根据唐政府赋予归义军十一州辖区之既定事实倒推其进献范围的结果。

根据《新唐书·方镇表四》的记载，归义军节度使辖沙、甘、

① 《新唐书》卷八《宣宗纪》，第249页；《新唐书》卷四〇《地理志四》，第1040页。

② （日）藤枝晃《沙州歸義軍節使始末（一）》，第88页。对于张议潭入朝的时间，《唐会要》（第1269页）载为大中五年七月。而在日本杏雨书屋藏敦煌文献羽32号《驿程记》中，有某年八月二十四日，“天德打球设沙州专使”的记载。据笔者考察，《驿程记》所载的“沙州专使”或为张议潭（李军《晚唐五代归义军与凉州节度关系考论》，第90—96页）。既然张议潭到达天德军的时间在八月下旬，则其入朝的时间应为《（宣宗）实录》等所载的大中五年十月。《唐会要》所载之“七”或为“十”之讹，因字形相近而致误。

③ 《唐六典》卷三《尚书户部》“户部郎中员外郎”条，第68页。

瓜、肃、鄯、伊、西、河、兰、岷、廓十一州，治沙州[①]。在法定的十一州范围中，由归义军所实际控制的仅有沙、甘、瓜、肃、伊河西五州。此外，占据西州的回鹘势力曾与张议潭使团联袂入京，此即杜牧《樊川文集·授西州回鹘骁卫大将军制》中所载的“交臂来朝”[②]。河西五州及西州均由降附于唐王朝者所实际控制，鄯、河、兰、岷、廓陇右五州则仍为吐蕃部族所占领，所以张议潮对陇右地区只能是虚衔遥领。可能正是出于这样的现实考虑，唐政府在授予张议潮“归义军节度使印”的同时，只是授其“河西道观察使”印[③]，而并未颁赐与归义军辖区相配的十一州观察使印。

咸通二年（861），张议潮率军收复凉州，归义军的疆域“西尽伊吾，东接灵武，得地四千余里，户口百万之家。六郡山河，宛然而旧”，实际控制区达到了最大值。在掌控凉州之后，归义军所实际控制的区域变为沙、瓜、甘、肃、伊、凉六州，基本上等同于唐前期的河西节度使。在张议潮收复凉州的同时，唐政府则利用秦州防御使高骈收复了河州和渭州[④]。相对于宣宗大中朝，懿宗君臣对待归义军的态度发生了重大转变。唐政府不仅未将凉州纳入归义军的法定辖区，也未承认归义军所自称的河西节度使，而是通过新设凉州节度使和秦州节度使的方式，完成了对

---

① 《新唐书》卷六七《方镇表四》“陇右”栏，第1884页。

② 《樊川文集》卷二〇《西州回鹘授骁卫大将军制》，第304—305页。

③ （日）森安孝夫《河西帰義軍節度使の朱印とその編年》，《内陸アジア言語の研究》第15号，第16页。

④ 李军《晚唐政府对河陇地区的收复与经营——以宣、懿二朝为中心》，第113—133页。

河陇地区的析置[①]。

《旧唐书·地理志一》略云：

> 上元年后，河西、陇右州郡，悉陷吐蕃。大中、咸通之间，陇右遗黎，始以地图归国，又析置节度。
>
> 秦州节度使。治秦州，管秦、成、阶等州。
>
> 凉州节度使。治凉州，管西、洮、鄯、临、河等州。
>
> 瓜沙节度使。治沙州，管沙、瓜、甘、肃、兰、伊、岷、廓等州。[②]

《新唐书·方镇表四》“河西”栏咸通四年（863）载：“置凉州节度，领凉、洮、西、鄯、河、临六州，治凉州。”[③]同卷“陇右”栏咸通四年又载：“河、鄯、西三州隶凉州节度。”[④]按照《旧唐书·地理志一》的记载，归义军一度被改称为瓜沙节度使，辖沙、瓜等八州之地。该处的八州之数，显然是在归义军节度使原辖沙、甘、瓜、肃、鄯、伊、西、河、兰、岷、廓十一州的基础上，减去调整至凉州节度使的鄯、西、河三州后所得出的结论。但十一州本为彼此连接的整体，在凉州节度设置之后，由于

---

① 杨宝玉、吴丽娱认为唐政府在河陇新置凉州节度及秦州节度，并非是为了限制和削弱归义军，而凉州节度使很可能由归义军节度使张议潮兼领（杨宝玉、吴丽娱《唐懿宗析置三节度问题考辨》，第95—111页）。对于唐政府在河陇析置三节度与懿宗朝藩镇政策的关系，笔者在《再论张议潮时期归义军与唐中央政府之关系》（第83—95页）一文中有所论述，在此不赘。对于杨宝玉、吴丽娱两位先生文中所引用以证明张议潮兼领凉州节度使的材料，笔者存在不同的看法。限于篇幅，只能另文详述。

②《旧唐书》卷三八《地理志一》，第1392—1393页。

③《新唐书》卷六七《方镇表四》，第1886页。

④《新唐书》卷六七《方镇表四》，第1886页。

凉、鄯、临、河、洮五州的阻隔，不仅地处陇右的兰、廓、岷等州与河西之间的地理联系被切断，而且三州之间也被彼此分割开来。所以，在凉州节度设置后，归义军仍领兰、廓、岷三州的可能性并不大。随着唐政府以三节度分治河陇策略的实施，归义军的辖区当被限定在沙、瓜、甘、肃、伊五州，即归义军设置之初张议潮所实际控制的区域。虽然归义军的法定辖区在咸通四年至八年之间被控制在五州的范围之内，但归义军节度使领十一州的观念却长久地被沙州军民所继承，成为表现其辖区和权力源自中央授予的重要体现。

要而言之，大中二年起事之后，张议潮在占领沙、瓜二州的情况下，派出入朝使团以河西地图归附唐朝。由于唐政府对张议潮心存疑虑，且并不了解沙州起事的后续情况，所以宣宗最初只是授张议潮以沙州防御使，控沙州一州之地。在张议潭奉陇右道图籍入唐之后，唐政府始置归义军节度使，并为其设置了地跨河陇的十一州辖区。所以，虽然归义军实际控制沙、瓜、甘、肃、伊五州，但张议潮却在境内自称统领河陇十一州。随着凉州及河、渭等州的陆续收复，唐政府通过新置凉州节度、天雄军节度的方式，完成了对原河陇陷蕃失地的重新分配，归义军的法定辖区也由十一州缩减为沙、瓜、甘、肃、伊五州。

第二节　丢失与收复：张淮深统治期的归义军疆域

在咸通初年唐政府分割归义军辖区以限制其势力发展的背景下，归义军的法定辖区与实际控制区基本吻合。作为归义军节度使的张议潮，虽无法改变辖区缩减的结果，但并未彻底就范。咸通七年（866）二月，其先后向唐中央汇报已不属于归义军所管的西州及鄯州等地的政情，希望借此展现归义军对河陇地区的控制力[①]。但张议潮的做法显然不符合唐政府以归义军、凉州及天雄军节度分治河陇的初衷。咸通八年二月，受唐政府的征召，张议潮归阙长安，其侄张淮深以留后的身份代掌归义[②]。在了解到唐中央将张议潮长期留置于京师的意图之后，张淮深开始频繁遣使求节，以期获得归义军节度使的册封。

值得注意的是，根据张球所撰的P.3425《金光明变相一铺铭并序》，张淮深并未沿用张议潮之前自称河西节度使的做法，而是以归义军节度使继任者的身份自居[③]。张淮深此举应是为了通

① 李军《再论张议潮时期归义军与唐中央政府之关系》，第83—95页。
②《资治通鉴》卷二五○“唐懿宗咸通八年二月”条，第8117页。
③ 荣新江《沙州归义军历任节度使称号研究（修订稿）》，《敦煌学》第19辑，台北：中国文化大学中国文学研究所敦煌学会，1992年，第15—67页。

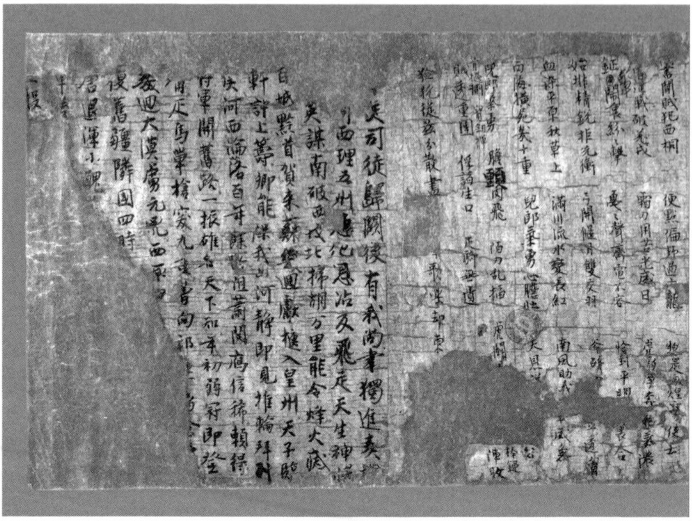

图4-2 P.3451《张淮深变文》(局部)

过承认中央的权威而获得唐政府的信任，以便于节度使旌节的求取。P.3451《张淮深变文》有载：“□从司徒归阙后，有我尚书独进奏。持□河西理五州，德化恩沾及飞走。”①其中的“五州”，正可与归义军的法定辖区相对应。由此可见，张淮深所希望继承的应为归义军实际控制且被中央所承认的五州辖区。

虽然张淮深放弃了张议潮之前自称的河西节度使，但并未获得懿宗政府的认可。据S.10602《张议潮奏蕃情表》的记载，在张议潮于长安向懿宗汇报河西的少数民族情况时，仅称张淮深为沙州刺史②。张淮深在咸通十年（869）为悟真求授河西都僧统时，也并未使用其在境内自称的“归义军兵马留后”，而是自称

① 图版见《法藏敦煌西域文献》第24册，第254页。

② 文书录文参荣新江《归义军史研究》，第163页。图版见《英藏敦煌文献(汉文佛经以外部份)》第13册，第74页。

“河西道沙州诸军事、沙州刺史、御史中丞”[①]。很显然，沙州刺史才是张淮深被唐政府所认可的官方身份。张淮深既没有归义军节度使的法定身份，又缺乏其叔张议潮的声望，仅依靠沙州刺史的朝命显然无法真正控制河西五州。所以，随着河西回鹘的兴起以及河西都防御使的设置，归义军的辖区发生了重大的变动。

咸通十三年（872）八月，原归义军节度使张议潮病逝于长安。张议潮之死对河西政局产生了重要影响，《资治通鉴》在该事之后即有“回鹘陷甘州，自余诸州隶归义者多为羌、胡所据”的记载[②]。根据P.2672、S.6234、P.5007《唐佚名诗集》（以下简称《诗集》）等敦煌文献的记载，可知回鹘曾在乾符年间持续与归义军处于敌对状态，并从归义军手中夺得过甘、肃、瓜、伊等州[③]。虽然

① 见P.3720《沙州刺史张淮深奏白当道请立悟真为都僧统牒并敕文》，《法藏敦煌西域文献》第27册，第113页。

② 《资治通鉴》卷二五二“唐懿宗咸通十三年八月”条，第8164页。

③ 敦煌本《唐佚名诗集》（以下简称《诗集》）共存诗31首，其中27首抄写于P.2672、S.6234、P.5007三件文献的背面，4首抄写于P.2672的正面。P.2672、S.6234、P.5007的正面，则为河西都防御判官何庆写给张球的四通书札及四首诗文的草稿。对于《诗集》的命名、录文及存诗数量，参徐俊纂《敦煌诗集残卷辑考》，第650—662页。对于《诗集》录文，另可参张锡厚主编《全敦煌诗》，北京：作家出版社，2006年，第3455—3473、4006、4458—4471页。对于组成《诗集》的三件敦煌文献的正反面关系、抄本形态以及《诗集》与文献正面河西都防御判官何庆四通书札的关系，参荣新江《唐人诗集的钞本形态与作者蠡测——敦煌写本S.6234+P.5007、P.2672综考》，四川大学中国俗文化研究所编《项楚先生欣开八秩颂寿文集》，北京：中华书局，2012年，第141—158页。此外，张球（景球）所撰P.2913《张淮深墓志铭》在称颂张淮深生前政绩时，有言“乾符之政，以功再建节麾”。对于“乾符之政”的含义，冯培红《敦煌的归义军时代》（第131—142页）认为指张淮深在乾符年间反击攻占凉、肃、瓜、伊四州的嗢末和回鹘，再次收复河西走廊的事迹。此外，P.3451《张淮深变文》中又有张淮深曾“得复燕山献御容”，即再收甘州的记载。对于“燕山”与甘州的关系，见邓文宽《张淮深平定甘州迴鹘史事钩沉》，第86—98页。

归义军在张淮深的率领下，顺利收复部分失地，但河西的政局却因此发生了重大变动，从而奠定了河西地区之后百余年的政治格局。

自乾符元年（874）至乾符五年（878），张淮深先后利用吐蕃、嗢末、吐谷浑等势力，击溃与归义军为敌之回鹘，陆续收复肃州和瓜州，并在名义上收复甘州。乾符三年（876），与归义军建立联盟关系的西州回鹘则从河西回鹘手中夺得伊州。但在张淮深收复河西诸州之后，唐政府并没有将甘州和肃州重新划归给归义军，而是通过将凉州节度使改置为河西都防御使的方式，将两州之地划入了河西都防御使辖区。中和元年（881）至四年（884）之间，唐政府曾以翁部出任甘州刺史，显示了中央政府对甘州所具有的控制力[①]。而河西回鹘经过一段时间的恢复，在中和四年前后再度在甘州一带兴起。S.2589《中和四年十一月一日肃州防戍都营田索汉君等状》所载的中和四年十月左右于“甘州左右提道劫掠”的回鹘，以及在S.389《肃州防戍都状》中与龙家等族谈判的回鹘，应均属于此前与归义军长期为敌的回鹘系统[②]。在中和四年回鹘围攻甘州之际，肃州防戍都只是向归义军实际统治者张淮深汇报相关情况，归义军方面并没有给甘州提供任何实质性的帮助。吐蕃、吐谷浑、龙家等族撤离甘州后，其地遂为回鹘所实际控制。虽然根据P.2741所载的于阗使臣发往于阗王庭的奏稿，可知迟至光启年间，张淮深曾联合仲云和另一支回鹘，再度攻陷甘州，但很快就从甘州撤离[③]。由此可见，在唐政府

① 李军《清抄本〈京兆翁氏族谱〉与晚唐河西历史》，第42—55页。

② S.2589《中和四年十一月一日肃州防戍都营田索汉君等状》，图版见《英藏敦煌文献（汉文佛经以外部份）》第4册，第111页；S.389《肃州防戍都状》，图版见《英藏敦煌文献（汉文佛经以外部份）》第1册，第179页。

③ 黄盛璋《敦煌于阗文P.2741、ch.00296、P.2790文书疏证》，第41—71页。

强制分割的背景下，再加上受到自身实力的限制，归义军已经放弃了对甘州的控制意图。与此同时，归义军对肃州的态度却与甘州存在明显的差异。

在归义军设置之初，肃州属于其十一州辖区之一。乾符初年，随着河西都防御使府的设置，肃州和甘州脱离了与归义军的隶属关系。对于更接近归义军实际控制区的肃州，归义军的态度与对待甘州有明显的不同。P.T.1190v《乾符年间（874—879）肃州牒》为肃州防戍都上给张淮深的牒文,文书钤有“肃州之印”。牒文中提及肃州因守城士兵不足，故肃州防戍都请求归义军派兵二百人予以援助①。通过文书的内容，明确可知肃州在被划归河

图4-3 P.T.1190v《乾符年间（874—879）肃州牒》

① 白玉冬《P.T.1189〈肃州领主司徒上河西节度使天大王书状〉考述》，刘进宝主编《丝路文明》第1辑，上海：上海古籍出版社，2016年，第109页。

西都防御使府的情况下，仍附属于归义军。此外，根据S.389《肃州防戍都状》的记载，虽然肃州防戍都的军将接受了崔大夫所任命的肃州防御使，但在崔大夫执意要求肃州军将将“本州印”交付凉州防御使之际，肃州军将索仁安却私底下将“本州印”交给了氾建立。肃州防戍都不仅将崔大夫在肃州的活动情况向张淮深作了详细的汇报，而且据P.2937p1《光启三年酒司判凭四件》所载，氾建立到了光启三年仍然以肃州使的身份前往沙州。所以，肃州虽然在名义上隶属于河西都防御使及之后的河西节度使，但其在很大程度上仍听命于归义军，属于归义军的势力范围①。其后，在甘州龙家撤至肃州，形成所谓的“肃州家”势力后，肃州仍与归义军保持着依附关系。

昭宗即位之后，张淮深终于获得了唐中央所授予的节度使旌节。据日本京都有邻馆所藏敦煌文献的记载，文德元年（888）十月十五日，以押节大夫宋光庭、副使朔方押衙康元诚为首的20人使团抵达沙州，对张淮深进行节度使册封②。不过，唐政府授予张淮深的并非归义军节度使，而是沙州节度使。与“沙州节度使”所配套使用的乃“沙州观察使印”，可知沙州节度使的法定辖区已并非之前的十一州或五州辖区，而仅为沙州一州之地③。由于伊州此时为西州回鹘所占据，甘、肃二州也已经被划归河西

① 荣新江《归义军史研究》（第307页）认为：“光启三年十一月的文书表明，肃州此时尚在归义军手中。”荣先生的判断很有道理，但光启三年（887）之际张淮深尚未得到唐政府的节度使册封，而肃州此时在名义上属于由河西都防御使改置而来的河西节度使所管，所以归义军对于肃州的控制应属于一种间接控制，与其对沙州和瓜州的直接控制不同。

② 荣新江《归义军史研究》，第191页。

③ （日）森安孝夫《河西帰義軍節度使の朱印とその編年》，《内陸アジア言語の研究》第15号，第59页。

都防御使，故上述三州被排除在沙州节度使辖区之外尚可以得到合理的解释。但瓜州被排除在沙州节度使的辖区之外的做法，却显得颇不寻常。

由于地域上的密切关系，瓜州长期以来都是归义军最核心的州级政区之一。河西回鹘在乾符三年从归义军手中夺得瓜州，但在次年十月，张淮深就亲率大军东征，从而顺利收复瓜州。在再收瓜州之后，张淮深派遣了以阴信均为首的贺正使团前往长安，展开了新一轮的求节活动。虽然此次请节活动并未成功，但唐政府不仅颁发敕牒并为张淮深赏赐“寄信匹段”，还将其检校官由散骑常侍晋升为检校户部尚书[①]。由于瓜州原属归义军的势力范围，而且是张淮深率军从回鹘手中收复，所以瓜州刺史索勋的任

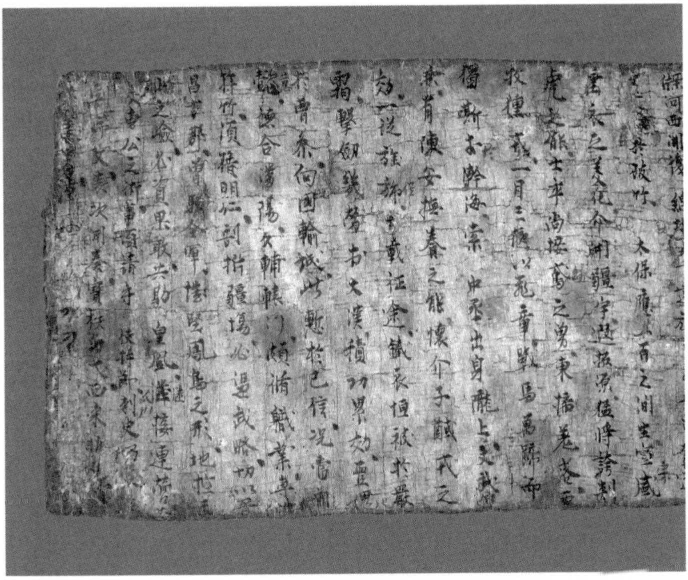

图4-4 P.4638《瓜州牒状》

① 李军《晚唐归义军节度使张淮深再收瓜州史事钩沉》，第64—71页。

命是由张淮深向中央政府求授的[1]。在张淮深牢固控制沙、瓜二州的情况下，唐政府不仅未授予其归义军节度使，更是将沙州节度使的辖区限制在沙州一地。唐政府对张淮深的压制，影响到了沙州政权的稳定。大顺元年（890）二月，归义军内部爆发动乱，张淮深举家被杀。

简而言之，在张议潮入朝之初，归义军的辖区被限定在了河西五州。虽然代张议潮掌管归义军的张淮深只具有沙州刺史的法定身份，但其在归义军内部往往坚持宣称具有对河西五州的控制权。在咸通末、乾符初河西回鹘兴起后，河西诸州先后被回鹘所占领，随后又被张淮深率军次第收复。在此背景下，唐政府通过将凉州节度使改置为河西都防御使的方式，将甘、肃二州划入了河西都防御使的辖区。由此，也就形成了张淮深实际控制沙、瓜二州，间接控制肃州的政治格局。昭宗即位之后，派遣使者前往沙州，册封张淮深为沙州节度使，但其所实际控制的瓜州却被排除在法定辖区之外。唐政府的举措恶化了沙州的政局，从而引发了归义军内部的政治动荡。

① 详细内容见P.4638《瓜州牒状》，《法藏敦煌西域文献》第32册，上海：上海古籍出版社，2005年，第232页。

第三节 从西北边镇到独立王国：唐末及金山国时期的沙州政权辖区

以张淮深被杀为发端，归义军变乱迭起，张淮鼎、索勋、张承奉在唐末相继掌管归义军。后梁篡唐之后，张承奉依托归义军辖区建立起了西汉金山国，并以金山天子自称，归义军也由地方藩镇演变成为独立的地方政权。虽然归义军政权在唐末的实际控制区变化不大，但唐政府所授予的法定辖区却发生了较大的变动，并对金山国时期的对外政策产生了直接的影响。

乾宁元年（894），李氏家族在诛杀节度使索勋、扶立张承奉之后，为了歌颂自身的功绩，以李明振的口吻在莫高窟第148窟树立了《唐宗子陇西李氏再修功德记》碑。该碑碑末有三人的题名：

□□□□□□□□敕封宋国……□伊西等州节度使兼司徒张淮深

妻弟前沙瓜伊西□河节度使检校□部尚书兼御史大夫张淮□

……沙州□□刺史兼□……西等州节度使兼御史大夫□

□□[①]

其中，被记作“妻弟”的“张淮□”，应为嫁给李明振的张议潮第十四女之弟、张议潮之子张淮鼎；第三人则应为李氏政变成功之后所拥立的张承奉[②]。根据张淮深、张淮鼎及张承奉三人的题名，可知其所自称的辖区中均应包括沙、瓜、伊、西四州[③]。《旧唐书·昭宗纪》“光化三年八月己巳”条载：“制前归义军节度副使、权知兵马留后、银青光禄大夫、检校国子祭酒、监察御史、上柱国张承奉为检校左散骑常侍，兼沙州刺史、御史大夫，充归义节度、瓜沙伊西等州观察处置押蕃落等使。”[④]张承奉在光化三年（900）得到归义军节度使及瓜、沙、伊、西四州观察使的册封，而在此前六年所立的《唐宗子陇西李氏再修功德记》中就已经记载归义军节度使具有上述四州的管辖区，这显然并非巧合。由此可见，《唐宗子陇西李氏再修功德记》中所记载的归义军辖区，应源自唐中央对张承奉之前某任节度使的册封。

张淮深生前先后自称归义军兵马留后、河西节度使及归义军节度使，宣称控制的区域为河西五州或原归义军十一州辖区，故《唐宗子陇西李氏再修功德记》中归义军四州辖区的获得与张淮深并无关联。大顺元年，张淮深被杀，张议潮之子张淮鼎获得了掌控归义军的权力。S.329v《儿郎伟》有载：“大夫家门鼎族，阀阅历代称贤。今且万人极美，请下龙节威权……但愿表章平善，早到天子案前，开封读之一遍，便赐龙节旌旃。若到秋初夏

① 李永宁《敦煌莫高窟碑文录及有关问题（一）》，第68页。

② 荣新江《归义军史研究》，第199页。

③ 李氏家族为张淮鼎所追认的“沙瓜伊西□河”等州辖区中，“□河”，或为“兰、河”。可参李军《晚唐静难军节度使相关问题考——以〈京兆翁氏族谱〉为线索》，《福建师范大学学报（哲学社会科学版）》2010年第4期，第100—107页。

④《旧唐书》卷二〇《昭宗纪》上，第768页。

末，天使便到西边。”[①]这位向唐王朝遣使求节的大夫，应就是在张淮深被杀后，以“节度兵马留后使”的身份掌管归义军的张淮鼎。为了获得唐政府的承认，张淮鼎一方面自称“敕归义军节度兵马留后使”，另一方面派遣使者前往长安求节。在自称留后期间，张淮鼎沿用了唐政府此前赐予张淮深的“沙州观察处置使之印”。虽然在《唐宗子陇西李氏再修功德记》中，张淮鼎被记作“沙瓜伊西□河节度使检校□部尚书兼御史大夫”，但张淮鼎只是在死后才被追赠为检校户部尚书，其生前并未获得唐政府的授节[②]。所以，《唐宗子陇西李氏再修功德记》中对于张淮深和张淮鼎曾统领沙、瓜、伊、西等州的记载，显然属于李氏家族在事后的追记。

据《河西道归义军节度索公纪德之碑》所载，景福元年（892）九月底，张议潮之婿、瓜州刺史索勋“特奉丝纶”，被唐政府任命为归义军节度使[③]。对于索勋被授予的官衔，莫高窟第9窟、第98窟、第196窟的供养人题记中均有记载。其中，莫高窟第196窟甬道北壁第一身索勋供养人题记在述及索勋官衔的同时，保留了归义军的法定辖区：

> 敕归义军节度沙瓜伊西等州管内观察处置押蕃落营田等使、守定远将军、检校吏部尚书兼御史大夫、钜鹿郡开国公、食邑贰阡户实封二百户、赐紫金鱼袋、上柱国索勋一心供养。[④]

---

① 郝春文《英藏敦煌社会历史文献释录》第2卷，第109—110页；图版见《英藏敦煌文献（汉文佛经以外部份）》第1册，第135页。

② 李军《晚唐归义军节度使张淮鼎事迹考》，第1—14页。

③ 对于碑文的内容及研究，可参郑炳林《〈索勋纪德碑〉研究》，《敦煌学辑刊》1994年第2期，第61—76页。

④ 敦煌研究院编《敦煌莫高窟供养人题记》，第87页。

第196窟的窟主为何法师，该窟建成的时间应在景福二年（893）至乾宁元年之间[①]。归义军节度使索勋所统领的沙、瓜、伊、西四州，应该就是唐政府授予归义军的法定辖区。唐政府很可能是看到了长期不为张淮深授节及对其极度压制所带来的严重后果，所以在册封索勋为归义军节度使的同时，将归义军的辖区由之前的沙州一州之地扩充为沙、瓜、伊、西四州。

乾宁元年，在李氏家族诛杀索勋后，张承奉被拥立为归义军节度使。根据《唐宗子陇西李氏再修功德记》的记载，李氏家族发动政变后，随即派出了以曹光为首的使团前往长安，汇报诛杀索勋的具体情况。在P.3552《儿郎伟》中，沙州军民祝愿使团

图4-5 莫高窟第196窟 甬道南壁索勋父子供养人像 五代

① 贺世哲《从供养人题记看莫高窟部分洞窟的营建年代》，《敦煌莫高窟供养人题记》，第214—215页。

“人马保之平善，月初已到殿前。圣人非常欢喜，不及降节西边”；与此同时，据《唐宗子陇西李氏再修功德记》的记载，唐政府确实也曾为此派遣内常侍康玉裕、副使师齐珙、判官陈思回等人组成的使团前往沙州。虽然唐政府此次遣使并未给予张承奉节度使册封，但还是授予其“归义军节度副使、权知兵马留后”的任命，其被授予的法定辖区仍然是唐政府授予索勋的沙、瓜、伊、西四州。此外，碑文中记载唐政府在册封张承奉之余，李弘愿出任了持节沙州诸军事、沙州刺史兼节度副使，李弘定出任使持节瓜州刺史、墨离军押蕃落等使，李弘谏出任使持节甘州刺史。对于李弘谏在甘州之政绩，碑文明确记载为“洎分符于张掖，政恤惸孤；布皇华于专城，悬鱼发咏”。上述记载应并非虚指。唐政府在凉州等地政局动荡之际，曾调派王景翼、康通信等多位出身于归义军的人员前往凉州任职。在甘州实际被回鹘控制的情况下，唐政府以掌控归义军实权的李氏家族一员出任甘州刺史，以对甘州回鹘进行约束，或不失为一种合理的推测①。不过，虽然李弘谏得以出刺甘州，但甘州和肃州一样，均属于河西都防御使的法定辖区。所以李氏家族在乾宁元年修功德记时，并未将甘州和肃州纳入归义军节度使自称控制的范围。光化元年（898）之前，李弘谏已经由甘州离任并返回沙州。在乾宁四年二月至光化元年之间建成的莫高窟第9窟中②，李弘谏供养人题记的职衔已不再包括甘州刺史，而是变为“朝散大夫、沙州军使、银青光禄大夫、检校左散骑常侍兼御史大夫、上柱国”③。此

① 对于《唐宗子陇西李氏再修功德记》记载李弘谏出任甘州刺史的问题，唐长孺认为系归义军此时又夺回了甘州的控制权；荣新江则认为李弘谏的头衔并非实任，而是遥领（唐长孺《关于归义军节度的几种资料跋》，《中华文史论丛》第1辑，第292页；荣新江《归义军史研究》，第308页）。

② 李军《从供养人题记看敦煌莫高窟第9窟的建成时间》，《西部考古》第5辑，西安：三秦出版社，2011年，第349—357页。

③ 敦煌研究院编《敦煌莫高窟供养人题记》，第6页。

外，据S.1177《金光明最胜王经》题记，光化三年六月九日李明振妻张氏曾为“亡男使君、端公、衙推”等“三郎君”写经荐福，可见此前包括李弘谏在内的三位李氏成员已经被张承奉清除[①]。

乾宁元年曾有唐中央的使臣来到沙州，且P.3101《书仪·贺天使平善过路》有“天使进发，已达五凉，道路无危，关河晏静”的记载，可知李氏执政时期归义军与甘州回鹘保持着良好的关系[②]。到了张承奉统治时期，归义军与甘州回鹘的关系却急剧恶化。根据作于乾宁六年（899）的P.4044《归义军节度使帖》，为了与甘州回鹘“结耗（好）和同”，张承奉派遣甘州使头及兵马使曹某等人前往甘州出使。对于此次出使，张承奉极为重视且谨慎，要求使团成员“但取使头言教，不得乱语是非。沿路比此回还，仍须收自本分”[③]。S.3905《唐天复元年十二月十八日金光明寺造窟上梁文》则载：“猃狁狼心犯塞，焚烧香阁摧残。合寺

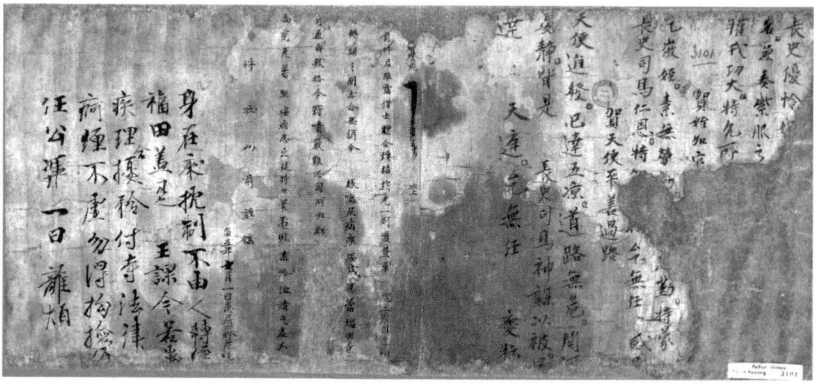

图4-6 P.3101《书仪》

① 荣新江《归义军史研究》，第209—210页。
② 荣新江《归义军史研究》，第308页。
③《法藏敦煌西域文献》第31册，上海：上海古籍出版社，2005年，第30页。

同心再造，来生共结良缘。”[①]对于文中的“猃狁”，学界通常认为即甘州回鹘[②]，也就是说在天复元年之前不久，甘州回鹘曾派兵侵犯沙州，并对当地造成了较为严重的破坏。由此可证，随着张承奉对李氏家族势力的清除，归义军与甘州回鹘的关系由之前的正常交往演变为彼此敌对。

此外，根据以往的研究，可知虽然西州名义上隶属于归义军，但实际上西州回鹘为独立的政权，并不在归义军的控制之下。自乾符三年开始，伊州也脱离了归义军的实际控制。在张淮深及之后的张淮鼎、索勋等人统治时期，归义军与西州回鹘保持了较为密切的关系，故并未对伊州采取收复的举措。到了张承奉统治时期，很可能是受到了唐中央授予伊、西二州观察权的鼓励，归义军开始实施向西拓展领土的军事经略[③]。天祐二年（905），张承奉派遣罗通达、罗进达、张良真等人率军讨伐楼兰地区，收复了屯城、石城以及新城、萨毗、蒲桃等城，并在石城设置石城镇。S.4654《罗通达邈真赞并序》记载罗通达在楼兰

① 《英藏敦煌文献（汉文佛经以外部份）》第5册，成都：四川人民出版社，1992年，第198页。

②荣新江《金山国史辨正》，《中华文史论丛》第50辑，上海：上海古籍出版社，1992年，第80页；朱悦梅、杨富学《甘州回鹘史》，北京：中国社会科学出版社，2013年，第160页。此外，也有学者认为文中的“猃狁”或指西州回鹘（陆庆夫《金山国与甘州回鹘关系考论》，《敦煌学辑刊》1999年第1期，第49—58页）。但截至目前，学术界并没有找到天复元年之前归义军与西州回鹘关系恶化的直接证据。所以，上述《上梁文》中的“猃狁”应确为甘州回鹘。

③ 荣新江据莫高窟第148窟《唐宗子陇西李氏再修功德记》碑末张淮深、张淮鼎、张承奉三人结衔中均有“瓜沙伊西等州节度”的表述，认为这种称呼不见于此前资料，似乎反映了张承奉企图得到伊、西二州的愿望。（荣新江《归义军史研究》，第361页）对于张承奉自称统辖瓜、沙、伊、西四州，并以此追授张淮深及张淮鼎的原因，荣先生并未予以讨论。

“地收两城”之后，又“回剑征西，伊吾弥扫”[①]；P.3718《张良真邈真赞并序》则记载赞主在“权机决胜，获收楼兰三城”之后，曾“敌毳幕于雪岭之南，牵星旗于伊吾之北”[②]。P.3718《阎子悦写真赞并序》亦载：“决胜伊吾之前，凶徒胆裂。”[③]但正如学者所说，归义军虽然在楼兰有所斩获，但并未能通过之后的战争收复伊州，该地仍属于西州回鹘的势力范围[④]。

总的看来，在张淮深被杀后，张淮鼎成为归义军的实际统治者，但其并未获得唐政府的节度使册封。索勋继任后，在实际控制沙、瓜二州的情况下，其被授予观察沙、瓜、伊、西四州的权力。索勋被杀后，李氏家族在对其家族功绩进行歌颂时，将因索勋获得的瓜、伊、西三州辖区追加给了张淮深及张淮鼎。与此同时，李氏家族中的李弘定出任瓜州刺史、李弘谏出任甘州刺史，从而形成了归义军实际控制沙、瓜二州，间接控制肃州和甘州的局面。在张承奉清除李氏家族的过程中，归义军与甘州回鹘的关系破裂，直至兵戎相见，归义军对于甘州的控制也就无从谈起。到了光化三年，张承奉获得了归义军节度使的册封，法定辖区仍然保持为沙、瓜、伊、西四州之地。受到唐政府继续将伊、西二州划入归义军辖区政策的鼓励，张承奉开始向西开拓疆土。虽然归义军通过战争控制了楼兰诸城，打通了前往于阗的道路。不过随着征讨伊州战役的最终失利，归义军的辖区重新回归到实际控制沙、瓜二州，间接控制肃州的格局。

---

① 录文参郑炳林、郑怡楠《敦煌碑铭赞辑释（增订本）》，第337页；饶宗颐主编，姜伯勤、项楚、荣新江合著《敦煌邈真赞校录并研究》，第230页。图版《英藏敦煌文献（汉文佛经以外部份）》第6册，成都：四川人民出版社，1992年，第205页。

② 郑炳林、郑怡楠《敦煌碑铭赞辑释（增订本）》，第421页。

③ 郑炳林、郑怡楠《敦煌碑铭赞辑释（增订本）》，第424页。

④ 荣新江《归义军史研究》，第363页；郑炳林《晚唐五代归义军疆域演变研究》，《历史地理》第15辑，第56—73页。

第四节　走进外藩时代：五代宋初的归义军辖区

后梁乾化四年（914），曹议金取代张承奉，成为归义军的实际统治者，沙州等地由此进入曹氏归义军时期。由于归义军僻处河西西端，与中原政权的交往受到了甘州、凉州等地少数民族势力的阻隔，所以虽然名义上归义军仍归属于中原政权，但实际上已经演变为所谓的外藩。根据学者研究，归义军自曹议金之后，历曹元德、曹元深、曹元忠、曹延恭、曹延禄等，基本保持了二州六镇的辖区。其中，归义军东部辖区维持在新城、新乡、雍归、会稽及玉门军一带；西部则失去了金山国所恢复的石城镇，控制的疆域不越玉门、阳关两关[①]。如果深入到历史的细部，可知在曹议金时期，归义军曾击败东部的甘州回鹘。不仅两者之间的地位发生了升降，而且归义军所自称的控制区域也发生了较为重大的变化。

根据P.3633v《龙泉神剑歌》的记载，金山国立国后曾与甘州回鹘在肃州的金河东岸展开激战[②]。金河，即今酒泉市北的北

① 郑炳林《晚唐五代归义军疆域演变研究》，《历史地理》第15辑，第56—73页。
② P.3633v《龙泉神剑歌》之图版见《法藏敦煌西域文献》第24册，第158—159页。

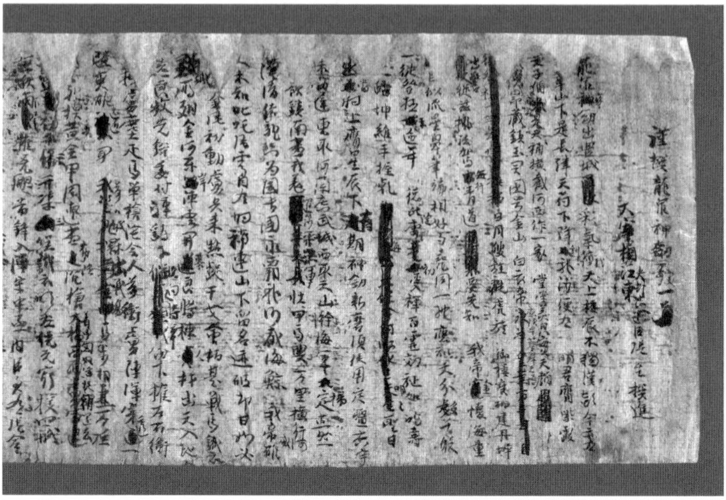

图4-7 P.3633v《龙泉神剑歌》(局部)

大河①。对于这场战斗，冯培红、白玉冬推测系金山国进攻甘州回鹘②。但正如荣新江所言，据诗文中“金风初动虏兵来”之“来”字，可知是甘州回鹘西侵，金山国列阵迎战③。此外，细读诗文的内容，可知所谓的“祁连山下留名迹，破却甘州必□迟”，其实与“东取河兰广武城，西取天山瀚海军”“北扫燕然□岭镇，南尽戎羌逻莎平”相类似，均属于鼓舞人心的口号，并非张承奉真正采取了针对甘州等地的军事经略。金河之战失利的直接后果，就是甘州回鹘得以兵临沙州城下。既然金山国将抵御甘州回鹘的战线设置于肃州城北金河之东岸，也就证明此时金

① 据酒泉市肃州区博物馆藏《唐李礼墓志》所载，墓主于天宝四载（745）葬于“郡城西南义宁乡金河原地”。而该墓志出土于酒泉市新城区红豆庭院小区，由此可知唐代的肃州城位于今酒泉市新城区东北方向（范晓东《新出〈唐李礼墓志〉释略》，《档案》2017年第1期，第50—53页）。

② 冯培红《敦煌的归义军时代》，第221页；白玉冬《P.T.1189〈肃州领主司徒上河西节度使天大王书状〉考述》，《丝路文明》第1辑，第113页。

③ 荣新江《归义军史研究》，第225页。

河之西的肃州地区仍在金山国的势力范围之内[①]。此外，P.3556《府君庆德邈真赞并序》记载赞主曾“运张良之计，东静金河；立韩信之谋，北清玉塞”[②]。此件文献没有确切的纪年，但有赞主在此后参与曹议金征伐甘州回鹘之役的记载，故其生活的时代应主要集中在唐末至五代时期。虽然我们尚不能确定庆德“东静金河”是否就是指金山国在金河东岸抵御甘州回鹘的战斗，但作者显然是把金河视为唐末五代初期金山国及归义军的重要防线，这也就证明金河之西的肃州归属于沙州所管。

为了打通归义军与中原政权之间的道路交通，曹议金于后唐同光二年（924）秋冬至同光三年（925）初发动了针对甘州回鹘的战争[③]，并取得了胜利。但就在归义军于甘州击败回鹘的次年，甘州回鹘发动了针对肃州的侵扰，即P.4011《儿郎伟》所载的“不经一岁未尽，他急逆乱无边。准拟再觅寸境，便共龙家相煎”[④]。甘州回鹘为了扩大疆域，攻击占据肃州的龙家，可见此前肃州并非甘州回鹘的势力范围。上述《儿郎伟》将甘州回鹘进攻肃州龙家，称为“又动太保心竟（境），叵耐欺负仁贤”。在曹议金派遣大军先后在玉门和肃州击溃侵扰的甘州回鹘后[⑤]，作者祝愿“善神”能护佑归义军的疆域。P.3718《薛善通邈真赞》则将曹议金在肃州击败回鹘，视为再次收复肃州。综合种种迹

① 对于金山国时期肃州的归属，另可参杨宝玉《金山国时期肃州地区的归属——以法藏敦煌文书P.3633为中心的考察》，《丝绸之路研究集刊》第1辑，北京：商务印书馆，2017年，第156—163页。

② 饶宗颐主编，姜伯勤、项楚、荣新江合著《敦煌邈真赞校录并研究》，第282页。

③ 荣新江《归义军史研究》，第325页。

④ 图版见《法藏敦煌西域文献》第30册，上海：上海古籍出版社，2003年，第342页。录文参冯培红《敦煌的归义军时代》，第329页。

⑤ 冯培红《敦煌的归义军时代》，第329—331页。

象，可见在同光之际的归义军军民心目中，肃州显然仍属于归义军的辖区范围。

《浙藏敦煌文献》第114号藏文文书（浙江省博物馆编号089）为与肃州有关的文献[①]。该件文书提及肃州领主及其属民曾背叛沙州归义军令公曹议金，尔后被镇压，故再度向曹议金宣誓效忠[②]。根据荣新江先生对于归义军节度使称号的考订，该件文书应作于曹议金称令公的928—931年之间。也就是说，在曹议金击败甘州回鹘，重新获得对肃州的控制权之后不久，肃州曾短暂脱离于归义军的控制。P.T.1189《肃州领主司徒上河西节度天大王书状》作于曹议金称大王（931—935）的早期，为肃州当地的部落首领写给归义军节度使曹议金的书状文书。文书记载曾频繁上报曹议金的右翼部落首领与达怛、仲云、甘州回鹘在肃州大云寺盟誓，约定“今后不可在西面的（上方的?）沙州方面出马扬鸣。若有密行暗渡或急备鞍马在沙州方面掠夺者，子为诛父，弟行戮兄”[③]。此外，该件书状还记载肃州领主司徒自称“卑职”，并明确指出“已遭破损的这个边境（即肃州）”为“主人大王之城”。如此，可证曹议金统治时期，肃州曾遭受甘州回鹘的侵扰，也曾有主动背离归义军的举动。但经过归义军几度出兵讨伐，肃州又重新成为归义军的属地。

随着河西政治局势的变动，尤其是甘州回鹘和归义军势力的升降，肃州最终由归义军倒向甘州回鹘一方。由此，归义军的东

① （日）武内绍人《歸義軍期から西夏時代のチベット語文書とチベット語使用》，《东方学》第104辑，2002年，第106—124页。

② 白玉冬《P.T.1189〈肃州领主司徒上河西节度使天大王书状〉考述》，《丝路文明》第1辑，第111页。

③ 对于文书的创作时代及内容，参白玉冬《P.T.1189〈肃州领主司徒上河西节度使天大王书状〉考述》，《丝路文明》第1辑，第103—123页。

部防线也逐渐内缩，雍归、悬泉、会稽等军镇成为归义军抵御来自甘州及肃州方向侵扰的边界重镇。作于962年左右的P.2155v《弟归义军节度使曹元忠致甘州回鹘可汗状》提及甘州回鹘的部众曾前往雍归镇及悬泉镇劫掠，而肃州的部落肃州家也曾经作为向导，引领达怛侵扰瓜州和会稽镇[①]。对此，曹元忠只能请求甘州回鹘可汗“细与寻问。勾当发遣”，这也证明归义军对于瓜州之东的地区已经失去了控制能力。P.3272v《丁卯年（967）正月廿四日甘州使头阎物成去时书本》则记载甘州回鹘“令宰相密六到肃州再设咒誓，自今以后，若有贼行，当部落内随处除剪”[②]。甘州回鹘的宰相到肃州主持盟誓仪式，并为当地的部落设立行事

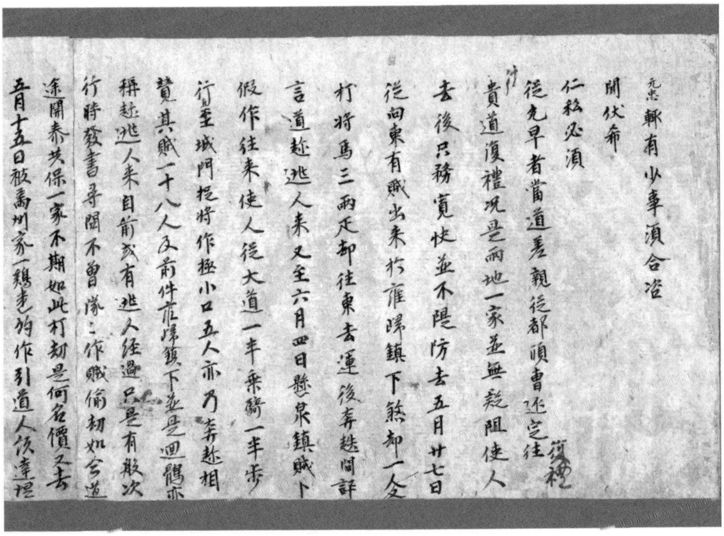

图4-8　P.2155v《弟归义军节度使曹元忠致甘州回鹘可汗状》（局部）

① 唐耕耦、陆宏基《敦煌社会经济文献真迹释录》第4辑，第401—402页。
② 《法藏敦煌西域文献》第22册，上海：上海古籍出版社，2002年，第336页。

规范，可证此时肃州已经成为甘州回鹘的势力范围①。

由此可见，曹氏归义军在西部疆域方面并没有什么作为。对于东部地区，主要是由曹议金发动了针对甘州回鹘的战争。曹议金首度出兵目标为甘州回鹘的牙帐所在，成功迫使其降附于归义军；次度出兵，则在肃州城下再败回鹘，从而维持了归义军在肃州的统治权。曹议金卒后，归义军的势力有所衰减。与此相适应，肃州逐渐与归义军相脱离，最终成为甘州回鹘的势力范围，曹氏归义军的实际辖区最终形成了仅管沙、瓜二州的局面。

以往学者多认为曹议金在贞明四年（918）获得了后梁的节度使册封②，但据杨宝玉和吴丽娱两位先生的研究，曹议金虽然在后梁时期多次派出朝贡使团，但均未能成功朝梁，更未能获得节度使册封。直到同光二年五月，在朔方节度使韩洙的协助下，曹议金才获得后唐庄宗的正式承认③。《册府元龟·帝王部》“来远门”记载了曹议金于同光二年所获职衔的全称，即“简较（检校）司空、守沙州刺史，充归义军节度、瓜沙等［州］观察处置管内营田押蕃落等使”④。根据后唐授予曹议金的使职，可知庄宗为归义军设定的辖区正是沙、瓜二州。后周显德二年（955）

① P.3412《宋太平兴国六年（981）十月都头安再胜、都衙赵再成等牒》记载在太平兴国六年十月之际，归义军的都头安再胜、都衙赵再成等人得到了“回鹘、达怛及肃州家相合。就大云寺对佛设誓，则说向西行兵”的消息。根据该件文书，也可知肃州与甘州回鹘为同一个势力集团。

② 李正宇《曹仁贵归奉后梁的一组新资料》，《魏晋南北朝隋唐史资料》第11辑，武汉：武汉大学出版社，1991年，第274—281页；荣新江《归义军史研究》，第237—241页。

③ 杨宝玉、吴丽娱《P.2945书状与曹氏归义军政权首次成功的朝贡活动》，《敦煌吐鲁番研究》第11卷，上海：上海古籍出版社，2009年；修订稿收入氏著《归义军政权与中央关系研究》，第59—94页。

④《册府元龟》卷一七〇《帝王部》，第2057页。

五月，曹议金之子元忠被册封为归义军节度使、检校太尉、同平章事。在曹元忠被册封为节度使并被赐印的同时，掌管瓜州的曹延恭则被任命为瓜州团练使，同时也得到了赐印。对于此时瓜州与归义军的关系，《太平寰宇记·陇右道四》“沙州”条载为：“瓜州团练使仍旧隶沙州，以归义军节度观察留后曹元忠为节度使，以知瓜州军事曹元恭为瓜州团练使，仍各铸印以赐之，皆旌来王之意也。”①虽然后周政府册封曹元（延）恭为瓜州团练使，但仍然承认瓜州为归义军节度使辖区的既成事实。对于后周赐予曹元忠的节度使新铸印，学者指出即钤盖在敦煌研究院001+369+P.2629《归义军府衙酒破历》等敦煌文献上的“归义军节度使新铸印”；而与该节度使印相配套的观察使印，则为钤盖在P.3379《后周显德五年府录事都头阴保山等牒》等文书上的

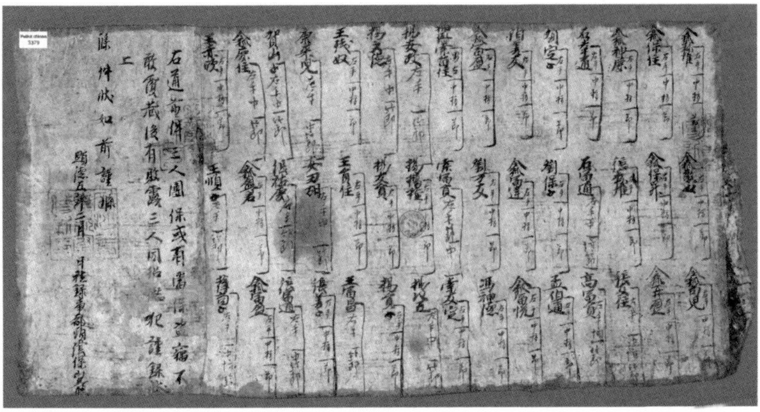

图4-9 P.3379《后周显德五年府录事都头阴保山等牒》

① ［宋］乐史撰，王文楚等点校《太平寰宇记》卷一五三《陇右道四》，第2955页。

“瓜沙等州观察使新印”[①]。由此可证，后周政权所承认的归义军辖区仍为沙、瓜二州之地。

北宋建立后，控制沙州和瓜州的曹元忠、曹延敬父子积极遣使中原。建隆二年（961）十一月，归义军使团抵达东京[②]。建隆三年（962）正月，宋太祖命曹元忠“依前检校太傅，兼中书令、使持节沙州诸军事、行沙州刺史，充归义军节度使、瓜沙等州观察处置管勾（内）营田押藩（蕃）落等使，加食邑五百户实封贰伯户，散官勋如故”[③]。开宝七年（974）六月，曹元忠病故于沙州。太平兴国五年（980）闰三月辛未，曹元忠去世的消息传到了汴京；四月丁丑，曹延禄得到了节度使册封[④]。由此可见，虽然出现了周、宋的朝代替嬗以及北宋政治格局自身的演变，但归义军节度使的法定辖区却并未发生变化。

相对于曹氏归义军时期较为稳定的实际控制区和法定辖区，其所宣称的辖区却有较大的变化。在曹议金取代张承奉控制归义军政权之后，其最开始自称的称号为河西节度使，并未提及归义军所控制的疆域范围。但在莫高窟第98窟供养人题记中，曹议金的称号突变为“河西、陇右伊西庭楼兰金满等州节度、观察处置使”[⑤]。从该称号来看，归义军所自称控制的疆域有了巨大的变

① （日）森安孝夫《河西帰義軍節度使の朱印とその編年》，《内陸アジア言語の研究》第15号，第1—122页；冯培红《归义军节度观察使官印问题申论》，《转型期的敦煌学》，第297—329页。

② ［宋］李焘《续资治通鉴长编》卷二“太祖建隆二年十一月条”，北京：中华书局，1992年，第55页。

③ ［清］徐松《宋会要辑稿》第198册《蕃夷五》，第7767页。

④ 《续资治通鉴长编》卷二一“太平兴国五年四月条”，第474页。

⑤ 敦煌研究院编《敦煌莫高窟供养人题记》，第32页。

化[①]。莫高窟第98窟最后绘成的供养人像完工于同光三年六月前后，也就是曹议金征讨甘州回鹘之役后不久。虽然曹议金宣称统领河西、陇右以及“伊、西、庭、楼兰、金满等州”，成为名义上统领河陇及西域各地的统治者，但实际上在其当政期间，归义军并未有任何针对西州回鹘或出击西域的军事举措，其努力的方向均在位于其东部的肃州及甘州回鹘政权。曹议金之所以宣称控制伊、西、庭、楼兰、金满等州，或许与其此前击败甘州回鹘有关。据笔者的研究，甘州回鹘应源自安西回鹘。安西回鹘发生动乱之后，庞特勤的后裔流散到河西东部的甘、凉一带，最终建立了甘州回鹘政权。虽然已经有了新的栖息地，但其一直在使用表示掌管西域伊、西等州在内的原安西回鹘可汗的印章[②]。所以，曹议金所自称的“河西、陇右伊西庭楼兰金满等州节度使”中的河西、陇

图 4-10 莫高窟第98窟甬道南壁 曹议金供养人像 后唐

① 对于曹议金称号的变化，冯培红认为这表明了曹氏归义军要拓展疆域、控制河陇及西域的愿望（冯培红《关于归义军节度使官制的几个问题》，《麦积山石窟艺术文化论文集》下册，第203—236页）。

② 李军《甘州回鹘建国前史钩沉——以甘州回鹘的渊源为中心》，《中国中古史集刊》第3辑，北京：商务印书馆，2017年，第211—229页。

右，应源自张议潮时期归义军所获得的河西、陇右辖区；伊、西、庭、楼兰、金满等州，则因为甘州回鹘仍然自称对西域地区享有管辖权。在归义军击败甘州回鹘后，归义军也就在名义上获得了对西域诸州的控制权。

与此同时，敦煌邈真赞中有多篇将曹议金记为河西一十一州节度使的记载。如P.4638《曹良才邈真赞并序》载：“公讳厶乙，字良才，即今河西一十一州节度使曹大王之长兄矣。”[①]曹

图4-11 莫高窟第100窟 曹议金出行图（局部） 五代

良才，即曹仁裕，卒于后唐清泰二年（935）正月[②]。P.4638《曹夫人宋氏邈真赞并序》载：“夫人者，即前河西陇右一十一州节度使曹大王之夫人也。”据学者研究，宋氏卒于曹元德称司空的935—936年间[③]。P.3882《□元清邈真赞》则载：“府君讳元清，字大静，即前河西一十一州节度使、承天托西大王曹公之亲外甥也。”[④]在曹议金之前，虽然张淮深、张淮鼎、索勋、张承奉等

① 饶宗颐主编，姜伯勤、项楚、荣新江合著《敦煌邈真赞校录并研究》，第288页。

② 荣新江《归义军史研究》，第20页。

③ 郑炳林、郑怡楠《敦煌碑铭赞辑释（增订本）》，第227页。

④ 饶宗颐主编，姜伯勤、项楚、荣新江合著《敦煌邈真赞校录并研究》，第304页。

人曾有河西节度使或归义军节度使的自称，但在职衔中明确记载统领十一州的唯有张议潮[①]。曹议金掌握归义军以后，有意凸显其与张议潮的联系。在其所开凿的莫高窟第98窟中，即有“故外王父前河西一十一州节度管内观察处置押蕃落支度营田等使……张议潮一心供养”的题记[②]。值得注意的是，记载曹议金为河西一十一州节度使的几篇邈真赞，其赞主均为曹议金的亲属。通过“河西一十一州节度使”这一此前特指张议潮的称号，不仅可以建立起曹议金与归义军创建者张议潮的联系，死者更是通过曹议金这一中介，取得与张议潮的间接联系。此外，通过利用唐王朝所授予的十一州辖区，归义军与册封曹议金为归义军节度使的后唐政权的联系也得以建立。

---

① 在张淮深所开凿的莫高窟第94窟中，张议潮之题记为“叔前河西一十一州节度管内观察处置等使金紫光禄大夫检校吏部尚书兼御史大夫河西万户侯赐紫金鱼袋右神武将军南阳郡开国公食邑二千户实封二百户司徒讳议□（潮）”（《敦煌莫高窟供养人题记》，第31页）。莫高窟第148窟《唐宗子陇西李氏再修功德记》碑所记载张议潮的使职包括“河西陇右一十一州节度、管内观察处置押蕃落营田支度等使”（李永宁《敦煌莫高窟碑文录及有关问题（一）》，第66页）。P.3556《张法律尼清净戒邈真赞并序》记载沙门清净戒为“前河西一十一州节度使张太保之贵孙”（郑炳林、郑怡楠《敦煌碑铭赞辑释（增订本）》，第396页）。P.3556《周故南阳郡娘子张氏墓志铭并序》所载张议潮的职衔为“河西一十一州伊西庭楼兰金满等州节度观察处置支度押蕃落等使、特进、检校太保”；张淮深的职衔则为“前河西一十一州节度使、特进、检校司徒、南阳郡［开］国公、食邑二千［户］、食实封五百户”。（郑炳林、郑怡楠《敦煌碑铭赞辑释（增订本）》，第400页）。但正如学者所指出的那样，该墓志铭撰写的时间较晚，张议潮官衔中所领的“庭、楼兰、金满等州”系将曹议金之自称赋予了张议潮，并非张议潮在世时之自称（冯培红《关于归义军节度使官制的几个问题》，《麦积山石窟艺术文化论文集》下册，第203—236页）。同样，在敦煌文献及供养人题记中，我们也没有看到张淮深在生前曾自称统领河西陇右十一州的记载。

② 敦煌研究院编《敦煌莫高窟供养人题记》，第32页。

图4-12 莫高窟第98窟 甬道北壁张氏家族供养人像 后唐

随着归义军势力的衰弱，曹议金卒后继任的归义军节度使，所自称控制的区域均为沙、瓜二州。在莫高窟第55窟中，对曹议金仍然保留了“敕河西陇右伊西庭楼兰金满等州节度使检校太尉兼中书令托西大王”的称号，但继曹议金出任节度使的曹元德被记作“敕归义□节度瓜沙等州观察处置押蕃落等□检校太□（尉）□□御史大夫”；曹元深为“敕受忠顺安远功臣归义军节度瓜沙等州……”；曹元忠为“窟主敕推诚奉国保塞功臣归义军……”①。莫高窟第454窟窟主为曹延恭，甬道南壁共有四身归义军节度使的画像，分别为曹议金、曹元忠、曹延恭、曹延禄。其中，曹议金的供养人题记为“皇祖敕河西陇右伊西庭楼兰金满等州节度使检校侍中兼中书令□□□（托）西□（大）□（王）讳议金”；曹延恭的供养人题记则为“窟主敕归义军节度瓜沙等州观察处置□（管）□（内）营□（田）□（押）□（蕃）

① 敦煌研究院编《敦煌莫高窟供养人题记》，第17—18页。

□（落）等□□□中书令谯郡开国公食邑□（一）□（千）□（五）□（百）□（户）□（食）□（实）□（封）□（五）□（百）□（户）□（延）□（恭）□（一）□（心）□（供）□（养）”[①]。与第55窟的情况相似，莫高窟第454窟中曹议金题记中的所谓“河西陇右伊西庭楼兰金满等州”显然属于一种沿用，曹元德和曹延恭供养人题记中的瓜、沙二州，才是曹议金之后归义军一以贯之所宣称控制的辖区。

曹议金统治归义军时期，一方面通过遣使后唐，获得了归义军节度使的册封；另一方面，通过征伐甘州回鹘，重新获得肃州的控制权并迫使甘州回鹘屈服。因为取得了甘州之役的胜利，曹议金时期所宣称的疆域远远大于归义军的实际控制区。在曹议金之后，肃州最终倒向了甘州回鹘一方，归义军实际控制区和自称辖区最终确定为沙、瓜二州。对于五代及北宋政权，归义军的内附只是起到了凸显政治繁荣局面的作用。由于受到凉州六部蕃部及甘州回鹘的阻隔，中原政权已经很难与归义军取得直接联系，所以其无意亦无力对河西西部地区进行经略或管理。正是因为夸耀或者限制归义军已经没有实际意义，所以自后唐开始，中原政权均是以归义军的实际控制区作为其辖区设定的依据。

要而言之，大中五年张议潮先后以河西道及陇右道图籍入献，唐政府则先后授其沙州防御使及归义军节度使之职。随着宣、懿的替代以及河陇政局的演变，懿宗君臣通过在河陇增置藩镇的方式，完成了对归义军辖区的调整。受到回鹘崛起于河西的影响，归义军的控制区在僖宗乾符年间发生了剧烈的变化。虽然张淮深最终获得了唐政府的节度使册封，但归义军的辖区却被限

① 敦煌研究院编《敦煌莫高窟供养人题记》，第171—172页。

制在沙州一州之地，从而导致内部动乱的发生。在索勋当政期间，归义军的法定辖区由沙州扩充为沙、瓜、伊、西四州之境，并为张承奉所继承。虽然张承奉有意恢复归义军的疆域，但在东、西两方势力的夹击下，归义军的辖区重新回归到实际控制沙、瓜二州，间接控制肃州的格局。五代时期，归义军辖区中最大的变数是摇摆于归义军与甘州回鹘之间的肃州。与较为稳定的实际控制区相比，归义军所自称的辖区在曹议金时期发生了显著的变化。曹议金所自称的河陇及西域辖区，一部分源自张议潮，另一部分源自曹氏针对甘州回鹘的征伐。由于五代及北宋无意对河西西部地区进行经略，所以自后唐开始，归义军的实际控制区成为法定辖区的现实依据，其自称的辖区也终于与两者趋于一致。总的看来，相对于归义军节度使的姓氏以及其官称变化等标准，辖区变迁为归义军史的时代划分提供了一种新的可能。

第五章

晚唐之际归义军政治史探微

大中五年（851）十一月，唐政府在收复河陇部分地区的情况下，于沙州设置归义军，以辖河陇十一州之地。咸通四年（863），随着凉、河、渭等州的收复，唐政府通过新置天雄军和凉州节度的方式，完成了三节度对河陇地区的分治。由于史书中对天雄军和凉州节度具体运作情况的记载极其缺乏，而敦煌文献中却保存了大量与归义军相关的记载，所以学者在对晚唐河陇三节度的研究中，以对河西归义军的研究最为深入，成果也最为突出。随着研究的不断深入，学术界对归义军史的研究也日趋细致。本章选取了归义军相关的若干政治事件作为研究对象，希望通过对这些细节问题的探讨，以更好地理解晚唐之际归义军政局演变的内在逻辑。

第一节 从敦煌龙兴寺看张氏归义军的内部矛盾

龙兴寺是唐五代沙州地区主要的寺院之一，在地方宗教活动中充当了重要的角色。由于龙兴寺创建的特殊背景，使得沙州龙兴寺本身蕴含了十分浓厚的政治气息，所以它在晚唐归义军政权的内部矛盾中曾起到过特殊的作用。

龙兴寺是由唐政府在全国诸州所诏建的寺院。神龙元年（705），张柬之等人发动政变，唐中宗再次掌握政权。为了庆祝重夺政权，向天下宣告唐朝中兴，中宗在采取一系列恢复唐朝旧制的举措之余，于神龙元年二月“丙子，诸州置寺、观一所，以‘中兴’为名”[①]。此后，武党张景源认为中宗再次继位是“母成子业，周赞唐兴”[②]，在形式上并非中兴，所以提议将中兴寺改为龙兴寺。虽然“中兴寺”改称为“龙兴寺”，名称上有所变动，但其最本质的内涵没有改变，那就是向世人宣告唐朝再次成为正统。开元十七年（729），房琯撰《龙兴寺碑序》称：“此宇宙我高祖创集之，我烈祖润色之，则天皇后中微之，孝和（按：‘孝和’，中宗谥号）皇帝再兴之。此龙兴寺则孝和之天

① 《旧唐书》卷七《中宗纪》，第137页。

② 《册府元龟》卷四八〇《台省部·奸邪》，第5725页。

下，诸州各建同号，所以庆王业也。”[①]再次强调了建立龙兴寺的真实目的是昭示唐朝中兴，证明龙兴寺创建的政治寓意为世人所明了。

据敦煌写本《张淮深碑》的记载，归义军节度使张淮深在改建莫高窟北大像、开凿第94窟之后，又曾重修龙兴寺，即：“爰因蒐练之暇，善业遍修，处处施功，笔书难尽……又见龙兴大寺（下残）。”[②]从上下文的关系看，下文应该是介绍张淮深重修龙兴寺的具体情况，惜文书残缺。莫高窟第94窟建成的时间上限当为乾符六年（879），故张淮深重修龙兴寺又当在此之后[③]。又，P.3126颜之推《还冤记》写本上端页边小字题记载：

> 中和二年四月八日下手镌碑，五月十二日毕手。索中丞已下三女夫，作设于西牙碑毕之会。尚书其日大悦，兼赏

---

① 《全唐文》卷三三二《龙兴寺碑序》，第3369页。

② 荣新江《归义军史研究》，第399—410页。

③ 对于莫高窟第94窟的开凿年代，李永宁（《敦煌莫高窟碑文录及有关问题》（二），《敦煌研究》1982年试刊第2期，第108—126页）、贺世哲（《从供养人题记看莫高窟部分洞窟的营建年代》，《敦煌莫高窟供养人题记》，第194—236页）、邓文宽（《张淮深改建莫高窟北大像和开凿94窟年代考》，段文杰等编《1990年敦煌学国际研讨会文集·石窟史地、语文编》，沈阳：辽宁美术出版社，1995年，第121—135页）、郑炳林（《张淮深改建北大像和开凿94窟年代再探——读〈辞弁邈生赞〉札记》，《敦煌研究》1994年第3期，第37—41页，又转16页）等先生均有研究，但所确定的时间范围稍有差异。对于张淮深开窟的时间，李永宁先生认为应在乾符元年至中和五年之间，贺世哲先生认为在乾符三年至文德元年之间，邓文宽先生认为在光启元年至文德元年之间，郑炳林先生认为在乾符六年以前至中和二年四月。笔者认为贺、郑二先生的说法都有合理成分，张淮深开凿第94窟当在乾符三年至中和二年之间，而开窟共花费了大约三年时间，所以第94窟完工的上限大约为乾符六年，而此即张淮深重修龙兴寺的上限。

图5-1 莫高窟第94窟外景 甘肃敦煌 李军摄

设僧统已下四人，皆沾鞍马缣缃，故记于纸。[①]

西牙，即西衙，而学者推测张淮深在西牙所镌之碑应即《张淮深碑》[②]。若此结论成立的话，则张淮深重修龙兴寺又当在中和二年（882）四月八日之前。据此，张淮深重修龙兴寺的时间当在乾符六年至中和二年四月间。而据作于咸通十年（869）的P.4660（20）《河西都僧统翟和尚邈真赞》，翟家为了庆祝翟法荣升任河西都僧统，特意凿窟一所，即莫高窟第85窟，也即邈真赞中所称的"灵山镌窟，纯以金庄（装）"[③]。此外，翟家还对龙兴寺进行了重修，即"龙兴塔庙，再缉行廊"。翟法荣接替吴洪䛒出任

① 录文参（日）池田温《中國古代寫本識語集録》，第434页；图版见《法藏敦煌西域文献》第21册，上海：上海古籍出版社，2002年，第343页。
② 荣新江《归义军史研究》，第407页。
③ 饶宗颐主编，姜伯勤、项楚、荣新江合著《敦煌邈真赞校录并研究》，第163页。

图5-2　莫高窟第85窟 甬道南壁供养人像 晚唐

都僧统的时间约在咸通三年（862）[①]，所以翟家开窟及重修龙兴寺等庆祝活动应均在此后不久。张淮深在重建北大像、开凿第94窟之后，又修葺咸通年间刚刚重修过的龙兴寺，这应该不是单纯的宗教活动。而此举用意何在呢？对于这个问题，我们可以透过张氏家族内部矛盾的情况来分析。

大中五年归义军建立后，张氏归义军内部一直存在权力争夺。大中七年（853），时任沙州刺史的张议潭入京，此即《张淮深碑》所云“先身入质，表为国之输忠”和P.3556《张氏墓志铭》所载“而乃束身归阙，面见龙颜”。其入朝后虽备受礼遇，但实为人质无疑。咸通八年（867）二月，张议潮也束身归阙，入朝时将归义军政权托付给侄男淮深。对此，学术界最初曾怀疑是因为张议潮没有后嗣才采取的权宜之计。而杨秀清先生考证出张议潮有子，并推测张议潭之所以在大中七年“先身入质”，很

---

① 荣新江《关于沙州归义军都僧统年代的几个问题》，《敦煌研究》1989年第4期，第72页。又见同作者《归义军史研究》，第282—283页。

可能是因为议潭、议潮兄弟之间出现了某些不和谐的因素，这种不和谐以议潭兄弟间达成由淮深继任归义军节度使、议潭入朝为质的协议而告结束；随着张淮深权势日盛，羽翼渐趋丰满，咸通八年前后，淮深借议潭之死发难，逼走张议潮[①]。对于张议潭入质缘于议潭、议潮兄弟之间矛盾的观点，现为学界所广泛接受；但两者之间达成了由张淮深继任节度使协议的推论，似乎还存在一定的问题。S.4504《释门杂文》称：

> 复持胜福，次用庄严，当今大唐圣主、大中皇帝。伏愿圣寿克昌，皇风永播。金轮与法轮齐转，舜日与佛日交耀。高视百王，长新万劫。皇太子潜星永耀，少海澄阑，磐石增高，惟城作镇……次持胜善，复用庄严，尚书贵体。伏愿福山永固，神寿无疆。功业高于云山，德量深于巨海。出持旌节，以静万方；入坐朝堂，百寮取则。来逢元日，恒保上春；命等松筠，寿同劫石……又持胜福，次用庄严，尚书孩子。惟愿绍千秋之宠，恒居万代之荣。忠孝双全，朱门继袭。[②]

S.1164《回向文》载：

> 复持胜善，次用庄严，当今大唐圣主……次持胜善，次用庄严，尚书贵体。伏愿福山永固，神寿无疆。功业高于云山，德量深于巨海。出持旌节，以静万方；入坐朝堂，百寮取则。来逢元日，恒保上春；命同松筠，寿同劫石。

① 杨秀清《张议潮出走与张淮深之死——张氏归义军内部矛盾新探》，《敦煌研究》1996年第4期，第74—79页。
② 图版见《英藏敦煌文献（汉文佛经以外部份）》第6册，第116页。

> 又持胜福，次用庄严大夫。伏愿形同大地，历千载而恒安；福比山河，跨万龄而永固。然后振芳声于帝里，翔翼云衢；流雅誉于鸾池，濯鳞汉水……又次胜善，次用庄严，尚书孩子。绍千秋之宠，恒居万代之荣。忠孝双全，朱门继袭。[1]

虽然S.1164没有提及具体的创作时间，但S.4504号中明确记载是在大唐大中年间，那么尚书指的应就是张议潮，“尚书孩子”显系议潮之子。据此可知，大中年间尚书孩子年纪尚小，还没有担任任何职务。从上举文书中，我们还看不出议潮有让张淮深接任归义军节度使的意向，相反从“尚书孩子，朱门继袭”的记载看，张议潮是准备培养其子作为接班人，所以张议潮咸通八年入朝时将政权移交给张淮深当是一种临时动议：第一，事出仓促，咸通八年入朝当非出自张议潮的本意，他也没有料到会被唐朝政府羁绊在长安；第二，张议潮的孩子还小，还不能担当起掌管归义军政权的重任。而张议潮入朝不归，才最终促成张淮深继任归义军的大权。

张议潮入京后，张淮深很快就自称归义军留后，并向唐政府求取旌节[2]。由于此时唐政府力图加强凉州节度在河西地区的控制力，以削弱归义军的势力，所以唐政府拒绝了张淮深的请求。而张淮深在归义军内统治并不稳固，除张议潮旧日心腹马通达等人外，张氏家族内部也有人对张淮深掌握政权表示不满。对此，莫高窟第192窟东壁门口上方敦煌龙兴寺沙门明照所撰《咸通八年二月廿六日社长张大朝等发愿功德赞文》可以说明一定的

---

① 录文参黄征、吴伟《敦煌愿文集》，长沙：岳麓书社，1995年，第366—368页。图版见《英藏敦煌文献（汉文佛经以外部份）》第2册，第249页。

② 荣新江《归义军史研究》，第81—82页。

问题[1]。明照俗姓张，是吴法成的弟子，由于他的写经题记中常记录张议潮的事迹，所以其可能出自张议潮家族[2]。明照在咸通八年（867）二月所撰的功德文中仅为唐懿宗和已经入京的张议潮祝福，而对当时敦煌的实际统治者张淮深只字未提，似乎可以表明张氏家族内部的矛盾已趋于表面化[3]。上文中所提及的明照在咸通八年之前的敦煌文献中频繁出现。在大中十一年（857）四月至大中十三年（859）正月间，明照随听法成宣讲《瑜伽师地论》，并在敦煌文献中留下多处随听手记。另外，在P.3643《唐咸通二年奇像奴出租地契》中，明照充当了证人，而在S.1947v《唐咸通四年癸未岁（863）敦煌所管十六寺和三所禅窟

① 功德赞文的内容，参宁可、郝春文《敦煌社邑文书辑校》，南京：江苏古籍出版社，1997年，第788—791页。此外，伯希和著，耿昇、唐健宾译《伯希和敦煌石窟笔记》（兰州：甘肃人民出版社，1993年，第100—102页）、敦煌研究院编《敦煌莫高窟供养人题记》（第84—85页）等对此功德赞文皆有录文。贺世哲《莫高窟第192窟〈发愿功德赞文〉重录及有关问题》（《敦煌研究》1993年第2期，第1—4页）对《敦煌莫高窟供养人题记》中的录文进行了补充和校订，并对发愿文有关的问题进行了研究。

② 荣新江《归义军史研究》，第165页注9。

③ P.2854（10）《行城文》为“大唐大中皇帝”“河西节度使吏部尚书”祈福，可知此文作于大中年间；P.2854（7）《竖幢伞文》中提到“奉为尚书北征，保无灾难之所为也”，应即张议潮北征伊州纳职回鹘之事，所以应作于大中十年左右。P.2854正面及背面所抄写的内容性质相似，年代接近。另外，P.2854(7)《竖幢伞文》、P.2854(9)《星流发愿文》、P.2854(11)《礼佛发愿文》、P.2854（14）《天王文》中都提到刺史，而此刺史在文中位于都督即索琪之后。据敦煌市博物馆藏《索勋纪德碑》，索琪为“敦煌郡长史”，官职低于刺史，所以文中刺史并非张议潭，只能是继任的张淮深。虽然其官职高于索琪，但索家与张家联姻，索琪是张淮深的长辈，所以位列张淮深之前。此时张议潮尚在沙州，而张淮深接任刺史不久，在上述文书中，已有多件不仅为张议潮祈福，而且也为张淮深祈福。但是咸通八年二月明照所撰的功德文仅为已离开敦煌的张议潮祈福，而对于当时的实际统治者张淮深只字未提，似乎可以透露出作为张议潮家族一员的明照对张淮深的不满。

以及抄录再成毡数目》有明照据官算牒所抄的毡数目，并于咸通八年撰成《张大朝等发愿功德赞文》，可知咸通八年之前明照在归义军僧界是非常活跃的人物。但非常奇怪的是，在咸通八年二月之后，明照基本上在敦煌文献中销声匿迹，我们推测这应当与张淮深对其的压制有关。

S.381号抄有《龙兴寺毗沙门天王灵验记》，并有“咸通十四年（873）四月廿六日提（题）记耳也”等字样。据郑阿财先生研究，文书中的“大番（蕃）岁次辛巳闰二月十五日”之“辛巳”为唐德宗贞元十七年（801）[①]，而文书应作于之后不久。学术界在利用此卷文书时，多用以探讨唐宋时期敦煌等地的毗沙门天王信仰问题[②]。但因为归义军时期抄写吐蕃时期作品的事例并不常见，所以抄写此卷内容的时机和动机颇值得我们注意[③]。

从上举文书内容本身分析，文书在叙述毗沙门天王显圣之事的同时，更是突出强调了整个事件的发生地——龙兴寺，凸显了

① 郑阿财《〈龙兴寺毗沙门天王灵验记〉与敦煌地区的毗沙门信仰》，白化文等编《周绍良先生欣开九秩庆寿文集》，北京：中华书局，1997年，第253—263页。

② 郑阿财《〈龙兴寺毗沙门天王灵验记〉与敦煌地区的毗沙门信仰》，白化文等编《周绍良先生欣开九秩庆寿文集》，第253—263页；杨宝玉《敦煌文书〈龙兴寺毗沙门天王灵验记〉校考》，《文献》2000年第2期，第57—64页；党燕妮《毗沙门天王信仰及其在敦煌的流传》，《敦煌研究》2005年第3期，第99—104页。

③ 学术界多认为咸通十四年题记即抄写题记，郑阿财先生在其上引文中认为题记笔迹与正文不同，当是后之读此卷者所补题。但经笔者查阅《英藏敦煌文献（汉文佛经以外部份）》的图版，发现二者似甚为接近。另，《龙兴寺毗沙门天王灵验记》中采用干支纪年法，而吐蕃统治敦煌时期一般采用地支纪年，“辛巳”当是抄写者抄写时所改，所以本文仍将卷末题记视为抄写题记。同卷《唐京师大庄严寺释智兴鸣钟感应记》的抄写题记也采用干支纪年，即“庚辰年四月二十七日抄写”，所以感应记中的“庚辰年”恐非贞元十六年（800），而应当访于归义军建立之后至咸通十四年（873）之间，或为咸通元年庚辰（860）。

龙兴寺的重要地位。而寺卿张闰子之事更是由龙兴寺僧日进所口述，所以其宣扬龙兴寺毗沙门天王神通的落脚点应在龙兴寺而非毗沙门天王本身。如果将这件文书的抄写与龙兴寺所蕴含的政治因素结合起来，我们推测这很可能与张议潮之死有关。咸通十三年（872）八月，张议潮病逝于长安。而据《通典·州郡四》所载沙州至长安的里程及《唐六典》卷三“尚书户部度支郎中员外郎”条所载法定的驿马日行里数，唐代长安至沙州的法定程限为54天左右[1]，所以张议潮的死讯传到敦煌当在是年十月之后。在得知张议潮死讯后不久，敦煌当地就有人抄写《龙兴寺毗沙门天王灵验记》，如果将龙兴寺创建的背景及张氏家族矛盾结合起来看，这应当不是巧合。虽然我们还不能确定这是否是由张淮深所授意，但对于张淮深来说，其始终认为其父张议潭才是归义军节度使的最佳人选，而且议潮入朝后不久，张淮深就开始向唐政府求取旌节，只是由于唐政府意图羁縻，所以在议潮死前一直没有成功。当张议潮的死讯传到沙州后，张淮深不会没有相应举措。但由于议潮旧人在归义军中还有相当的势力，张淮深还不敢过于张扬。在这种情况下，借助龙兴寺来向世人宣告自己真正掌权，就成为一种比较稳妥的做法，所以即使不是淮深授意，他也会借龙兴寺毗沙门天王信仰再度兴起的机会，突出龙兴寺的重要地位，为此后重修龙兴寺创造有利的舆论环境。乾符年间，张淮深数次率兵击败回鹘针对归义军的侵扰，取得了所谓的“乾符之政”。为了庆祝这一胜利，乾符至中和年间，张淮深先后改建北大像、开凿莫高窟第94窟，之后又再重修龙兴寺。

---

① 李正宇《索勋、张承奉更迭之际史事考》，郝春文主编《敦煌文献论集——纪念敦煌藏经洞发现一百周年国际学术研讨会论文集》（后简称《敦煌文献论集》），沈阳：辽宁人民出版社，2001年，第126页。

对于张淮深重修龙兴寺的原因，郑炳林先生曾做过精辟的论述。他认为张议潮、张淮深出任节度使后，都以“渥洼龙种”“丹穴凤雏”自誉，而龙兴寺乃是唐中宗即位后诏天下所建，重修龙兴寺，有张淮深正式出任节度使之意于其中①。而通过对龙兴寺诏建背景的分析，我们知道龙兴寺最本质的政治内涵就是庆祝李氏重夺最高权力，并向天下宣告李氏才是政权之正统。同样，张淮深重修龙兴寺的真正目的，应也是向世人宣布张淮深一系才是归义军节度使的正统和合法人选。对于这一点，透过张淮深授意都僧统唐悟真所作的《张淮深碑》，我们可以有一个清楚的认识。

《张淮深碑》中引用了很多典故，值得注意的是在叙述张议潮和张议潭事迹中，使用的典故明显地反映出张氏家族内部存在激烈的权力之争。《张淮深碑》记载张议潭事迹时，认为其“入陪龙鼎，出将虎牙，文定武经，语昭清史”，解释用语认为张议潭“文经天地，武定祸乱”，是唐朝的重臣，完全具备领导归义军的才能。而在张淮深的心目中，其父张议潭才是归义军节度使创立者，只是因为张议潭主动放弃权位，张议潮才得以担任归义军节度使。碑文中同时引用的两条典故证实这一事实：“推夷、齐之让，夷、齐者，辽东孤竹君之子，父死让位与同母弟，而来归周，遇武王罚（伐）桀（纣）。百（伯）夷、叔齐拦马陈（谏）曰：‘为臣而伐君，岂可得乎？’武王怒，欲煞之，吕尚谏，获免。乃入首阳山苛，衣食木实。周人入山采樵，偶见二子，曰：‘汝何人也？’叔齐曰：‘我辽东人也，父死让位与弟，故来归周。武王为臣伐君，我谏不览，吾誓不食周粟，故入此山，采果支命。’周人曰：‘此山乃周之分野，所生草木，皆我武王所有，以食粟何别？’百（伯）夷、叔齐曰：‘此亦实

① 郑炳林《〈索勋纪德碑〉研究》，第61—76页。

尔。'兄弟乃不食累日，偕至饿死是也。恋荆树之荣。昔古者兄弟三人，欲拟生分，其长兄语其弟曰：'汝之不守志意，而欲生分，遂感庭前荆树枯槁。'其兄入房，系发于梁，欲自尽取死。小弟见兄如此，皆收罪犯，愿不生离。上感苍天，荆树再生花叶。手足相扶，兄弟如手如足是也。同营开辟。先身入质，表为国之输忠。"[①]通过这一段文字可知，在张淮深看来，只有在张议潭"推夷齐之让"后，才有张议潮担任归义军节度使；也正是张议潭"恋荆树之荣"即劝阻和退让，张家才得以避免分裂，和睦相处，这也隐喻张议潮的德行远不如张议潭；归义军政权是张议潭与张议潮共同创立的，因先身入质才将归义军节度使让给张议潮。这些提法为张淮深接替张议潮执掌归义军节度使大权寻找到合理的根据。如果将张淮深重修龙兴寺之举同之后所作的《张淮深碑》结合起来考虑，就可以发现两者所隐含的政治寓意是一致的。那就是宣称张淮深的父亲张议潭才是归义军节度使的合适人选，只是因为张议潭为了维护兄弟之情，主动入质长安，才有张议潮担任节度使之实。但实质上张淮深本人才是归义军节度使的正统，在张议潮死后，张淮深继任节度使只是再次恢复正统而已，并非僭越，这也就证明了现在其继任归义军节度使的合理性和合法性。

张淮深宣称其父议潭才是归义军节度使的合法人选，那么这种说法是否有根据呢？P.3556《周故南阳郡娘子张氏墓志铭并序》之张氏为张议潭之孙、张淮深之女，其墓志铭称"皇祖讳议潭，归义军节度兵马留后使"[②]，与其他类似的记载颇为不同。敦煌文献及莫高窟供养人题记有多处记载到张议潭的加官情况：

① 荣新江《归义军史研究》，第402—403页。

② 郑炳林、郑怡楠《敦煌碑铭赞辑释（增订本）》，第400页。

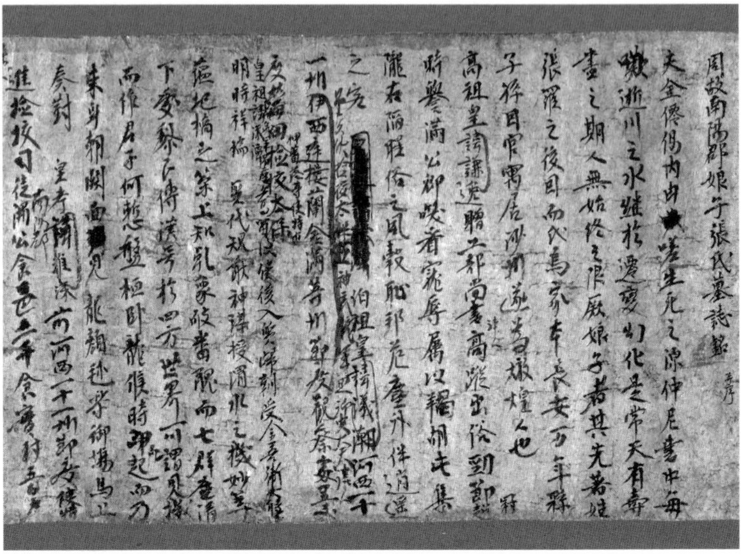
周故南陽郡娘子張氏墓誌銘

图5-3 P.3556《周故南阳郡娘子张氏墓志铭并序》

P.3804《释门文范》称其为“入奏鸿胪大卿”；P.2973《张淮深墓志铭》称其为“赠散骑常侍”；P.3425《金光明变相一铺铭并序》亦称“常侍”；《张淮深碑》称其为“前沙州刺史、金紫光禄大夫、检校鸿胪大卿、守左散骑常侍、赐紫金鱼袋……加授左金吾卫大将军……诏赠工部尚书”①；莫高窟第94窟张议潭供养人像题名为“金紫光禄大夫检校户部尚书直左□（金）吾卫大将军兼□（御）史大□（夫）赐紫金鱼袋南阳郡开国公”②，皆未提及张议潭曾任归义军节度兵马留后使。所以对于这条记载学者多认为仅为孤证，且年代久远，故不可信。杨秀清先生则认为P.3556《周故南阳郡娘子张氏墓志铭并序》中的张娘子，乃是张议潭孙女、张淮深之女，其少年时代正是张淮深执政时期。因此，对其祖父的职衔绝不会凭空杜撰，铭文中记述议潭为归义

① 荣新江《归义军史研究》，第402—403页。

② 敦煌研究院编《敦煌莫高窟供养人题记》，第31页。

军节度兵马留后使的职衔是可信的[1]。而笔者在查阅俄藏敦煌文献的过程中，发现一条相关材料，或有助于对此问题的理解。Дx.06167载：

未年三月八日□洪䛒状上
大郎幕下　谨空
其功德文记，幸垂周迎。五月已来，专伫
□——[2]

此件文书或可拟名为《未年三月八日洪䛒上大郎状》，洪䛒当即吐蕃时期任都教授、归义军时期任河西都僧统的吴洪䛒[3]。幕下，指幕府，证明此时掌握幕府的是所谓的“大郎”。“郎”，即主人[4]。洪䛒称其为大郎，证明此人是敦煌当地的最高首领。而此人排行为大，并非张议潮。文书以地支纪年，自吐蕃占领至大中年间沙州所遣使者回到沙州之前，未年共有贞元七年辛未（791）、贞元十九年癸未（803）、元和十年乙未（815）、大和元年丁未（827）、开成四年己未（839）、大中五年辛未（851）五个，而洪䛒卒于咸通三年，故791年、803年、815年都略嫌太早，基本可以排除。按常理推断，洪䛒当是以僧界首领的身份上状给当地最高统治者的，而其在839年至862年一直担任本地的僧

① 杨秀清《张议潮出走与张淮深之死——张氏归义军内部矛盾新探》，第74—79页。
② 《俄藏敦煌文献》第13册，第29页。
③ 对于洪䛒在吐蕃统治及归义军时期出任都教授和都僧统的具体情况，竺沙雅章先生曾作过细致的研究。参竺沙雅章《中國佛教社会史研究（增订版）》，京都：朋友书店，2002年，第331—335、360　372页。
④ 蒋礼鸿《敦煌变文字义通释（增补定本）》，上海：上海古籍出版社，1997年，第12—15页。

界首领，所以文书中的未年当为开成四年己未或大中五年辛未。此外，文书以“大郎”这一非常汉化的称谓来称呼统治者，可知其当非吐蕃人。再结合洪辩称大郎所管为“幕下”看，文书中的未年当为大中五年辛未[①]。可证在唐政府大中五年设置归义军前，敦煌当地掌握实际权力的是所谓的大郎。

图5-4 莫高窟第17窟 洪辩像 晚唐

P.3502v抄有牒状四件及张敖所撰《新集九族尊卑书仪一卷》。对于其中的四件牒状，王重民先生在P.3502的说明中，言道“背录大中六年、十六年、十九年状牒四件”[②]；黄永武先生定名为《大中六年、十六年、十九年状牒四件》[③]；唐耕耦先生定名为《大

① 据藤枝晃、荣新江等先生考证，在唐政府于大中五年十一月设立归义军之前，沙州已知有唐朝所使用的大中年号（(日) 藤枝晃《敦煌曆日譜》，《东方学报》第45册，1973年，第391页。荣新江《归义军改元考》，《文史》第38辑，1994年；此据同作者《归义军史研究》，第45页）。由此，如果上举文书中的“未年”为851年，则与此时沙州地方已使用大中年号的形势不能尽符。或是因为沙州起事未久，大中年号尚未普及之故。

② 商务印书馆编《敦煌遗书总目索引》，第288页。

③ 黄永武主编《敦煌遗书最新目录》，台北：新文丰出版公司，1986年，第727页。

中六年—十九年（公元八五二—八六五年氾文信等状四件）》[①]；施萍婷先生定名为《大中六年、十六年、十九年状牒四件》[②]；《法藏敦煌西域文献》定名为《书仪》[③]。笔者则认为状文第二件的大中十六年题记及第三件的大中十九年题记，或为大中六年、大中九年之误。为更好地说明问题，现将文书录文如下：

孟春犹寒，伏惟二郎尊体动止万福。即日蒙恩，畀守有限，拜伏未由，无任驰恋，惆怅倍多，便此告辞。人信之间，知闻莫绝，是所望也。谨奉状不宣，谨状。

大中六年五月廿七日某乙状上。

五月重（仲）夏成熟（盛热），伏惟大郎、二郎等动止万福。即日蒙恩，自别多时，畀守有限，拜伏未由，无任驰恋。惆怅倍多，便此告辞。人信之间，知闻不绝，是望所（所望）也。谨奉状不宣，谨状。

大中十六年五月廿七日氾文信谨状。

五月重（仲）夏成熟（盛热），伏惟常（尚）书动止万福。即日蒙恩，畀守有限，拜伏未由，幸延解其情况，乍此分袂，殊增惆怅。恋故人情，厚更不繁。伏惟珍重珍重，所次之间，不断音好，幸甚幸甚，谨奉状。

大中十九年六月廿三日百姓氾某乙等谨状。

重（仲）夏成熟（盛热），伏性（惟）和尚法体胜常，证心幽寂，摄性禅林，感动众心，归依正觉。弟子某乙限以王事，礼谒木由，伏增恋结。逍遥紫府，侧迹清虚。觉

① 唐耕耦、陆宏基《敦煌社会经济文献真迹释录》第5辑，第310页。
② 施萍婷主撰稿，邰惠莉助编《敦煌遗书总目索引新编》，第285页。
③《法藏敦煌西域文献》第24册，第372页。

道法如乘云，念飞仙而贺（驾）鹤。乙属有诸事，礼谒未由，益增恋结，谨奉状。①

四状字迹一致，所以抄写时间当接近。第二件及第三件题名分别是氾文信及氾某乙，从题名及身份上看两人当为一人，由此，第一件及第四件的作者当同为氾文信。从第二件及第三件所题的时间上看，似乎应分别作于大中十六年及大中十九年。但咸通元年改元四个月后，敦煌已获得消息，所以P.3643《唐咸通二年三月八日齐像奴出租地契》中已开始使用咸通年号。大中十六年相当于咸通三年，大中十九年相当于咸通六年，同时期的敦煌文献都已用咸通纪年，除此之外，我们也没有见到过大中十六年及之后的题记；再次，上述四件状文所作之时，作者氾文信的身份接近，应是归义军驻守外地之官员，我们也很难相信在长达十三年的时间里，其基本的工作性质一直没有改变；另外，四件状文的文风及用词特点都非常相似。第一件和第二件除了所上对象稍有不同外，其余部分基本相同。而更为有趣的是第二、第三、第四件，"仲夏盛热"都写成了"重夏成熟"，这表明几件文书的写作时间当接近；而更为重要的是，如果我们把文书中的大中十六年视为大中六年、大中十九年视为大中九年，则可与归义军的历史情况相对应。

虽然第一件状文中所署的时间为大中六年五月廿七日，但从文中所称的"孟春犹寒"看，其当作于大中六年正月。大中五年十月，张议潭入朝献陇右道图籍，十一月唐政府始置归义军，次年孟春之际，张议潭应尚未返回沙州。而从时间上考虑，大中六

① 录文参唐耕耦、陆宏基《敦煌社会经济文献真迹释录》第5辑，第310—311页。图版见《法藏敦煌西域文献》第24册，第372页。四件牒状中，第三件为倒抄。

年五月之际，张议潭应已返回，再加上张议潮，可与归义军官员所称的大郎、二郎相对应。所以，汜文信在第一件状文中仅问候二郎，而在第二件状文中，上状的对象已变为大郎、二郎二人。大中七年，张议潭入朝为质，所以作于大中九年六月的第三件状文也相应地不再提及大郎，也不再以二郎称呼张议潮，而是改用唐政府所授予的尚书称号。综上所述，P.3502v中第二件牒状中的大中十六年当是大中六年之误，第三件牒状中的大中十九年当是大中九年之误。

据P.3502v（2）《唐大中六年五月廿七日某乙上大郎、二郎状》，可知此时敦煌的统治者为大郎和二郎两人；据P.3502v（3）《唐大中九年汜某乙上尚书状》，大中九年掌握敦煌实际权力的乃是尚书，其应即是前两件文书中提到的二郎，也即张议潮。而与二郎所对应的大郎应就是指张议潭，所以Дx.06167中所提到的大郎也应非张议潭莫属。从上举几件文书看，唐政府设置归义军之前张议潭曾执掌幕府。在归义军设置之初，张议潭与张议潮的地位似乎还不分高下，而且很可能是两人共同掌管着敦煌地方大权。但P.3556《周故南阳郡娘子张氏墓志铭并序》称议潭曾任归义军节度兵马留后使，似乎并非指归义军成立后其被任命或自称节度留后，而是指在张议潭入朝前，曾在敦煌地方的政局中扮演过十分重要的角色并短暂控制幕府即起义军最高权力而言。

大中五年十月，张议潭奉表入朝，唐政府设立归义军，但却任命张议潮为节度使，据杜牧所草《沙州专使押衙吴安正等二十九人授官制》《敦煌郡僧正慧菀除临坛大德制》等[①]，可知唐政府对沙州使者进行了封赏。但非常奇怪的是，封赏中对于应是使团首领的张议潭却没有提及。我们只是根据《张淮深碑》等敦煌

① 《樊川文集》卷二〇，第305—306页。

文献的记载，才知道张议潭曾被授予沙州刺史一职。大中五年十一月，唐政府设立归义军，沙州使团返回敦煌当在大中六年初。而大中七年即张议潭刚刚返回敦煌后不久，又马上入京充当人质，而再未返回沙州，这完全不合乎常理。结合《张淮深碑》的记载，张议潭此举很可能就是为了避免张氏家族内部分裂，主动入质长安，即所谓的“推夷齐之让”“恋荆树之荣”。这就为表明张议潭确实掌握过敦煌的实际权力，即所谓的“归义军节度兵马留后”。只是在唐政府任命张议潮为节度使后，为了避免与其发生冲突，张议潭才主动退让，入质京师，以维护家族稳定，而这就成为后来张淮深宣称自己一系为归义军节度使正统的依据。

第二节 归义军节度使张淮深称号问题再探

大中五年（851），唐政府在张议潮连续派遣使者归附的情况下，设置归义军并以张议潮为首任节度使。由于此后归义军在经营河陇层面与中央存在矛盾，故张议潮被迫于咸通八年（867）归阙，其侄张淮深开始掌管归义军。大顺元年（890）二月，张淮深死于归义军内部的政治动乱。其间，张淮深实际控制归义军长达23年，是张氏归义军时期在位时间最长的统治者。更为重要的是，张淮深统治时期正是回鹘、嗢末等少数民族势力与归义军角逐于河西，从而导致河西政治形态发生急剧变化的时代。所以，学术界对于张淮深的生平事迹向来比较关注[①]。而荣新江先生所开创的以检校官号

① 孙楷第《敦煌写本〈张淮深变文〉跋》，《中央研究院历史语所集刊》第7本第3分，1937年；向达《罗叔言补唐书张义潮传补正》，《辽海引年集》，北京：北京和记印书馆，1947年，第85—93页；唐长孺《关于归义军节度的几种资料跋》，《中华文史论丛》第1辑，第275—298页；苏莹辉《补唐书张淮深传》，《大陆杂志》第27卷第5期，1963年；孙修身《张淮深之死再议》，《西北师院学报（社会科学版）》1982年2期，第33—38页；李永宁《竖牛作孽君主见欺——谈张淮深之死及唐末归义军执权者之更迭》，《敦煌研究》1986年第2期，第15—20页；邓文宽《也谈张淮深之死》，《敦煌研究》1988年第1期，第76—80页；荣新江《沙州张淮深与唐中央朝廷之关系》，第1—13页。

为主要依据、并借此勾勒出包括张淮深在内的归义军节度使称号变化轨迹的研究模式，极大地深化了归义军史的研究[①]。本节希望在学者已有研究的基础上，对张淮深掌控归义军期间称号使用的具体情况进行探讨[②]。

一、"大夫"称号的使用

学者根据《敕河西节度兵部尚书张公德政之碑》（以下简称《张淮深碑》）等敦煌文献的记载，指出张淮深自大中七年出任沙州刺史至大顺元年二月殒毙于沙州，共使用过将军、常侍、尚书、仆射等称号，而归义军节度使中唯有索勋曾在景福二年（893）使用过"大夫"称号[③]。但通过爬梳敦煌文献，我们发现张淮深在归义军内部并未使用过"常侍"称号，而曾以与该检校官基本同时获得的宪衔"御史大夫"之简称"大夫"作为自己的称号。现结合相关文献，对张淮深使用"大夫"称号的情况进行简要的探讨。

《张淮深碑》有载："河西创复，犹杂蕃浑，言音不同，羌龙嗢末，雷威慑服，训以华风，咸会驯良，轨俗一变。加授左散骑常侍，兼御史大夫。"[④]由此可知，张淮深确曾获得过检校散骑常侍的加官，但我们尚未发现张淮深自称"常侍"的实例。与之相对的是，笔者在敦煌文献中却发现了5处以"大夫"指代张淮深的记载，即：P.3715v《致大夫状》、S.4622v（3）《百姓高盈信请取兄沙州任

① 荣新江《沙州归义军历任节度使称号研究（修订稿）》，《敦煌学》第19辑，第15—67页。该文后收入氏著《归义军史研究》第二章《归义军历任节度使的卒立世系与称号》，第60—147页。

② 对于张淮深在归义军内部自称及放弃河西节度使称号的问题，笔者已经在《清抄本〈京兆翁氏族谱〉与晚唐河西历史》（第42—55页）一文中进行了探讨，兹不复赘。

③ 荣新江《归义军史研究》，第78—89、131页。

④ 荣新江《归义军史研究》，第403页。

事状》、P.3281v《押衙马通达状稿（三件）》、S.4622v（4）《先情愿镇守瓜州人户冯讷仑略、王康七等十人状》及S.4622v（2）《尼僧菩提心等请亡僧舍地状》。所以，笔者将主要利用上述文书来探讨张淮深自称大夫的问题。

P.3715v《致大夫状》载：

> 春景喧甚，伏惟大夫尊理嘉裕。球自到西州（?），□□□□五卷，般若外日长□（中缺）都 计欠（下缺）。[①]

对于状上大夫的“球”，颜廷亮、冯培红等学者均认为应即曾长期任职于归义军的张球[②]，对此当无异议。对于张球前往“西州（?）”的时间，颜廷亮先生认为很可能是张球已80多岁的10世纪初；冯培红先生则指出“大夫”当指张淮深，张球前往西州（?）的时间应在咸通二年至咸通八年间。正如冯氏所论，考虑到路途的艰险及敦煌当地人的平均寿命情况，张球以老迈之躯奔赴西州（?）的可能性并不大。此外，虽然笔者赞同冯氏对“大夫”人选的比定，但对其张淮深自咸通二年至八年期间称大夫的推论却不能认同。因为根据P.2222B（1）《咸通六年（865）正月沙州敦煌郡百姓张祇三等状》等敦煌文献的记载，荣新江先生已经明确指出张淮深在咸通八年之前一直自称“将军”[③]。此外，作于咸通十年（869）十二月的P.3720（2）《悟真文书集》第四件告身中所载张淮深当时的职衔为

---

① 图版见《法藏敦煌西域文献》第27册，第66页。文书定名参考颜廷亮主编《敦煌文学概论》，兰州：甘肃人民出版社，1993年，第96页。

② 颜廷亮《张球：著作系年与生平管窥》，《1990年敦煌学国际研讨会文集·石窟史地、语文编》，第258—259页；冯培红《有关敦煌文书的两则读书札记》，《敦煌学辑刊》1995年第2期，第128—131页。

③ 荣新江《归义军史研究》，第81—82页。

“沙州诸军事兼沙州刺使（史）御史中丞”，这也就证明其“左散骑常侍、兼御史大夫”称号的获得当在其后，或者至少可以证明其自称“大夫”的时间应在咸通十年之后。而根据P.3126《还冤记》上端小字题记中“尚书”张淮深于中和二年（882）五月十二日与索勋等人“作设于西牙碑毕之会”的记载，可知张淮深至迟到中和二年五月已经改称“尚书”。所以，张淮深使用大夫称号的时间可大致限定在咸通十年至中和二年之间。

S.4622v（3）《百姓高盈信请取兄沙州任事状》记载高盈信之兄高某在咸通八年之际曾跟随张议潮入京。在其由长安返回沙州的途中被嗢末所扣留。到了“寅年”，即咸通十一年（870）庚寅[①]，高某脱身到达灵州。在由灵州返乡的途中，高某先是被凉州的麴某阻拦；到达玉门时，又被“夺却驼马”，从而“空身分来，竖立不得”。此后数年间，高某一直都未能返回沙州，故高盈信在归义军内部“自办微弱”之际，状上大夫阿郎，希望能够将其接回沙州[②]。作为数量词，“三”及以上才能被称作“数”。即使以咸通十一年作为“经今数年，兄并不来见盈信”的时间起点，高盈信状上大夫阿郎的时间也应在咸通十四年（873）或之后。从时间上判断，这位大夫阿郎只能是在张议潮归阙后掌控归义军的张淮深。

P.3281v《押衙马通达状稿（三件）》也将张淮深称作“大夫”[③]。其中，马通达在第一及第二件状稿中均提及其被派往瓜州之事，第三件状稿亦言：“今岁伏蒙大夫威感，得达家乡。不经时月，便奉差守瓜州。”由此可知三件文书作于同一年。第一件状稿

① 郑炳林《敦煌写本〈张议潮处置凉州进表〉拼接缀合与归义军对凉州的管理》，《敦煌吐鲁番研究》第7卷，第384页。

② 《英藏敦煌文献（汉文佛经以外部份）》第6册，第169页。

③ 唐耕耦、陆宏基《敦煌社会经济文献真迹释录》第4辑，第375—376页。

又载："先随司空到京，遣来凉州，却送家累。拟欲入京，便被卢尚书隔勒不放。"张议潮入京是在咸通八年二月[1]，而其自沙州启程应在咸通七年（866）中秋之后不久[2]。对于马通达返回沙州的时间，第二件状稿载："今岁伏承大夫威感，空身娟命得达家乡。父母亡殁，活道破落，男女细累，衣食无求，纵有兄弟自救，并总□□一十余年，不得相见。"既然马通达状上张淮深的时间是在其于咸通七年离开沙州的十余年后，故状文所作的时间上限当为乾符三年（876）。而根据P.4660《阎英达邈真赞并序》所载阎英达生前的职衔，可知马通达口中"搅乱差揭"的"阎中丞"应即瓜州刺史阎英达。据郑炳林先生考证，阎英达即卒于乾符三年[3]，由此看来，《押衙马通达状稿》只能作于876年。由此可知，张淮深由"将军"改称"大夫"称号的时间上限在咸通十年，下限则为乾符三年。

据S.4622v（4）《先情愿镇守瓜州人户冯讷仑略、王康七等十人状》所载，冯讷仑略、王康七等人本为归义军派遣以镇守瓜州的沙州人户。由于"去载输却城池"，这些原沙州人户被迫返回故土。既然冯讷仑略等人自称"先情愿镇守瓜州人户"，也就证明"去载"所"输却"的城池即瓜州城。在听闻大军即将东行作战的消息后，冯讷仑略等人状上大夫，一是表达希望参与此役的强烈愿望，二是请求归义军政府能够为其提供作战所需的"脚垂弓箭"[4]。作为此前镇守瓜州的人户，冯讷仑略等人希望参加的东行大军，显然是为了收复此前所丢失的瓜州城。据笔者考证，归义军丢失瓜州及收复

① 《资治通鉴》，第8117页。

② 杨宝玉、吴丽娱《P.3804咸通七年愿文与张议潮入京前夕的庆寺法会》，第66—72页。

③ 郑炳林《敦煌碑铭赞三篇证误与考释》，《敦煌学辑刊》1992年第1、2期合刊，第99—102页。

④ 《英藏敦煌文献（汉文佛经以外部份）》第6册，第169页。

瓜州的时间分别是在乾符三年及四年[1]，所以直至乾符四年归义军再收瓜州之际，张淮深仍在使用大夫称号。

S.4622v（2）《尼僧菩提心等请亡僧舍地状》系菩提心等人为求取圣光寺亡僧所遗留的口舍地而上给“大夫阿郎”的状文[2]。虽然该件状文并未能提供明确的时间信息，但其与《百姓高盈信请取兄沙州任事状》《先情愿镇守瓜州人户冯讷仓略、王康七等十人状》同抄于一纸，且呈送的对象均为“大夫（大夫阿郎）”，所以三件状文的创作时间应较为接近，而大夫应均指张淮深。

要而言之，在放弃“将军”称号之后，张淮深并没有在归义军内部使用“常侍”称号，而是使用了与该检校官基本同时获得的宪衔之简称“大夫”作为自称。该称号开始使用的时间大致是在咸通

图5-5　唐代瓜州城　今锁阳城遗址　甘肃瓜州 李军摄

① 李军《晚唐归义军节度使张淮深再收瓜州史事钩沉》，第64—71页。
② 《英藏敦煌文献（汉文佛经以外部份）》第6册，第169页。

十年之后，并沿用到了乾符四年左右。在此期间，张淮深不仅以大夫的身份处理归义军内部的军政及对外事务，还掌管着当地的宗教事务，充分体现了其对归义军的总体控制能力。

二、“五稔三迁”考

P.3720《张淮深造窟功德记》在记载张淮深的称号变化时，云：“才拜貂蝉之秩，续加曳履之荣。五稔三迁，增封万户。”①《张淮深碑》中则有“恩被三朝，官迁五级”的记载。前人已经指出，“三朝”即宣、懿、僖，“五级”即碑文中提及的“沙州刺史、左骁卫大奖军”“御史中丞”“左散骑常侍、兼御史大夫”“户部尚书，充河西节度”及“兵部尚书”。《张淮深碑》的立碑时间应晚于《张淮深造窟功德记》，所以“五稔三迁”之“三迁”应在所谓的“五级”之中。对于所谓的“五稔三迁”，学者认为当指张淮深从咸通八年至十三年间，由御史中丞加左散骑常侍兼御史大夫，进称户部尚书、河西节度②。结合乾符及中和年间归义军的内部政局及其与唐政府关系的变动情况，笔者希望对“五稔三迁”的具体所指进行新的解读。

根据P.3720《张淮深造窟功德记》所述张淮深的晋升过程，可知“才拜貂蝉之秩”应是“五稔三迁”的首迁。对于张淮深所续加的“曳履之荣”，学者或认为应指尚书仆射之职③。但如果“曳履之荣”确指唐政府授予张淮深检校尚书仆射而言，则与《张淮深碑》中张淮深在获得左散骑常侍的检校官后，曾加授户部尚书和兵部尚书的记载相抵牾。根据《汉书·郑崇传》的记载，可知“曳履”之

① 郑炳林、郑怡楠《敦煌碑铭赞辑释（增订本）》，第267页。

② 荣新江《归义军史研究》，第80页。

③ 邓文宽《张淮深改建莫高窟北大像和开凿第94窟年代考》，《1990年敦煌学国际研讨会文集·石窟史地、语文编》，第121—135页。

典故确与“尚书仆射”有关①。但我们在唐代文献中并没有发现时人用“曳履”指代尚书仆射的案例，而以“曳履”指代六部尚书的却比比皆是。如《初学记·诸曹尚书第五》所收《唐中宗授李承嘉户部尚书制》将授户部尚书称作“曳履之班”②；《颜鲁公集·让宪部尚书表》所附唐肃宗批答，则将刑部尚书之任称作“曳履之命”③。类似事例颇多，不再一一列举。由此可知，所谓的“才拜貂蝉之秩，续加曳履之荣”乃是指张淮深先后被唐政府授予散骑常侍及某部尚书的检校官而言。结合《张淮深碑》的记载，可知《张淮深造窟功德记》中张淮深所谓的“三迁”应指“加授左散骑常侍”“加授户部尚书”以及“加授兵部尚书”。

此外，P.3451《张淮深变文》中又有“去岁官崇骢马政，今秋宠遇拜貂蝉”之语，证明张淮深拜貂蝉的时间应在变文所作的当年。据笔者考订，《张淮深变文》作于乾符四年九月至十二月间④。既然乾符四年为张淮深“五稔三迁”的首迁之年，则第三迁，即检校兵部尚书的获得则应发生在中和元年（881）。虽然敦煌文献中对此并没有直接的记载，但相关的旁证却也有不少。

P.3718《张清通写真赞并序》载：“大中赤县沸腾，驾行西川蜀郡，使人阻绝不通……公乃独擅，不惮劬劳。率先启行，果达圣泽。五回面对，披陈西夏之艰危；六度亲宣，诏谕而丁宁频切。奏论边恳，申元戎忧国之心……大中之载，驾行西川。公能尽节，面

① ［汉］班固《汉书》卷七七《郑崇传》，北京：中华书局，1962年，第3254—3255页。
② 《初学记》卷一一《诸曹尚书第五》，第265页。
③ ［唐］颜真卿《颜鲁公集》卷二《让宪部尚书表》，《景印文渊阁四库全书》第1071册，台北：台湾商务印书馆，1986年，第595页。
④ 李军《晚唐归义军节度使张淮深再收瓜州史事钩沉》，第64—71页。

对龙颜。诏宣西夏，溥洽遐藩。”[①]对于写真赞中的“大中之载”，学者已经指出当为“中和之载”之误[②]。这就证明在中和元年之际，归义军曾与播迁至成都的僖宗取得联系。张清通“五回面对”，所论奏的就是归义军所面临的困局以及张淮深对唐廷的忠诚。正是通过中和元年的通使，才使得“诏宣西夏，溥洽遐藩”。唐僖宗在中和元年下达给归义军的诏命，主要内容应即将张淮深的检校官由户部尚书晋升为兵部尚书之事。由于张清通与此次晋升关系密切，故被张淮深提升为节度押衙兼左厢虞侯。

P.3126《还冤记》上端小字题记又载：

> 中和二年四月八日下手镌碑，五月十二日毕手。索中丞已下三女夫，作设于西牙碑毕之会。尚书其日大悦，兼赏设僧统已下四人，皆沾鞍马缣缃，故记于纸。[③]

归义军在中和二年四月八日至五月十二日间所镌之碑应该就是《张淮深碑》[④]，故张淮深要在西衙举行宴会，以款待索勋及都僧统悟真等人。张淮深在此际镌碑，显然与张清通所带回的诏命有关。而其所要庆祝的应就是碑额中所提及的“兵部尚书”，因为张淮深开始自称“河西节度”的时间要远早于此。

结合《张淮深碑》的记载，可知张淮深“五稔三迁”的第二迁应即检校户部尚书，获得的时间只能在乾符五年（878）至广明元

① 饶宗颐主编，姜伯勤、项楚、荣新江合著《敦煌邈真赞校录并研究》，第241—242页。

② 郑炳林、郑怡楠《敦煌碑铭赞辑释（增订本）》，第443页。

③ 录文参荣新江《归义军史研究》，第84页。图版见《法藏敦煌西域文献》第21册，第343页。

④ 荣新江《归义军史研究》，第85页。

年（880）之间。根据P.3547《沙州上都进奏院上本使状》的记载，乾符四年十二月二十七日至次年四月之间，以阴信均为首的归义军贺正使团曾在长安逗留。沙州进奏院状上张淮深，汇报了使团在京请节等活动以及受赏赐的情况。该使团名义上为贺正，但根据阴信均等人的活动情况看，张淮深此次派遣使者前往长安的主要目的就是“奏论请赐节事”。虽然此次请节活动并未成功，但唐政府在乾符五年正月二十五日颁发了一道敕牒，并赐予了张淮深“寄信匹段”等物。敕牒及唐政府赏赐的物品，最终由阴信均押领回了沙州。这件由唐政府颁发给张淮深的敕牒，应该就是P.2709《赐张淮深收瓜州敕》，而其所残缺的部分应包含了唐政府册封张淮深为检校户部尚书的内容。

P.4660《敦煌名人名僧邈真赞集》之《沙州释门勾当福田判官辞弁邈真赞》，记载辞弁曾经参与张淮深改建北大像之事。郑炳林先生根据前后赞文的粘连顺序，指出本篇邈真赞撰写的时间约在乾符六年（879），北大像改建当在此之前[①]。从时间上判断，张淮深改建北大像的活动，或与其于乾符五年获得检校户部尚书的册封有关。

此外，P.3451《张淮深变文》在叙述唐政府为张淮深加官的情况时，有言“去岁官崇骢马政，今秋宠遇拜貂蝉”。邓文宽先生将其与《张淮深碑》所载张氏官职的晋升情况相结合，认为“骢马政”应指御史台官员御史中丞[②]。而据荣新江先生所考，张淮深在咸通十年左右就已经获得了御史中丞的宪衔。这样一来，张淮深在

---

① 郑炳林《张淮深改建北大像和开凿94窟年代再探——读〈辞弁邈生赞〉札记》，第37—41页。

② 邓文宽《〈张淮深变文〉“骢马政”考实》，氏著《敦煌吐鲁番学耕耘录》，台北：新文丰出版公司，1996年，第143—148页。

乾符四年获得检校散骑常侍的结论似乎存在一定的问题。对此，笔者认为存在两种可能性。其一，P.3451《张淮深变文》中的“去岁”只是为了与“今秋”对仗，并未严格对应两个官职的晋升时间。其二，由于张淮深获得“骢马政”和“貂蝉之秩”的时间非常接近，故《张淮深碑》将本来通过两次封赏所获得的职官合并起来进行叙述。如此，则张淮深所获得的“骢马政”，当非指御史中丞，而应是张淮深所获得的“御史大夫”之宪衔。这个推论正好可以与P.3281v《押衙马通达状稿（三件）》等文献中张淮深于乾符三年左右在归义军内部称大夫的记载相对应。相较而言，第二种推论的可能性更大。

要而言之，乾符三年年底，张淮深于沙州附近首次击败回鹘，随后派遣使者入京报捷。不过，唐政府于乾符四年所派遣的使团只为张淮深带来了左散骑常侍的册封。为了给自己求取节度使旌节，张淮深于乾符四年年底派遣了以阴信均为首的贺正使团。虽然唐政府在次年年初将张淮深的检校官由散骑常侍晋升为户部尚书，但并未同意为其授节。中和元年，张淮深通过派遣张清通前往成都出使，获得了兵部尚书的检校官。自乾符四年至中和元年的五年间，张淮深先后获得散骑常侍、户部尚书及兵部尚书三次检校官的晋升，此即P.3720《张淮深造窟功德记》中所谓的“五稔三迁”。

三、“仆射”称号的获得及使用

S.1156《沙州进奏院上本使状》是沙州进奏院向仆射汇报旌节求取情况的状文，所记载的时间从光启二年（886）十二月十日至次年三月二十三日。唐长孺先生指出文书中的仆射即张淮深，荣新江先生则指出此件文书记载了张淮深始称仆射的年份①。但与上述

---

① 唐长孺《关于归义军节度的几种资料跋》，《中华文史论丛》第1辑，第275—298页；荣新江《归义军史研究》，第85页。

文献所载相矛盾的是，P.4044（3）《光启三年五月十日沙州文坊巷社创修私佛塔功德记》仍以“尚书”作为张淮深的代称。

根据张球撰P.2568《南阳张延绶别传》，可知张淮深的“仆射”称号是“检校尚书左仆射”的简称。此外，该件文书记载张淮深第三子延绶于“光启三年三月七日，宠授左千牛兼御史中丞”[①]。张延绶职衔晋升正值归义军使者在兴元及凤翔等地觐见僖宗之际，而僖宗显然不会仅为张淮深之子加官，所以张淮深的检校官由兵部尚书晋升为尚书左仆射的时间当在光启三年三月七日或之前不久。在当时的信息传播条件下，唐政府为张淮深晋升检校官的消息只能是由归义军使团带回沙州。根据S.1156《沙州进奏院上本使状》的记载，直至光启三年三月二十四日，归义军使者尚在凤翔为张淮深求节，故其离开此地返乡的时间只能在此之后。凤翔西距沙州约3335里[②]。即使归义军使团在三月二十五日就由凤翔返乡，参照唐朝驿马法定的每日70里行程[③]，在一路通畅、没有任何阻隔的情况下，此段路程也需要48天左右。何况此时西北地区由于党项等少数民族势力的崛起，从而导致“路次危险”。所以，归义军使团返回沙州的时间应在文坊巷社众创修佛塔之后。如此，沙州百姓在撰写上述功德记时以旧称“尚书”指代张淮深也就显得顺理成章了。

P.3863《河西都防御招抚押蕃落等使牒》乃河西都防御使翁郜发给归义军节度掌书记张球的牒文。在牒文中，翁郜提及已派遣阴文建“赍书牒上仆射”，希望张球能够说服“仆射”张淮深，给予

---

① 《法藏敦煌西域文献》第16册，上海：上海古籍出版社，2001年，第27页。

② 《旧唐书》卷三八《地理志一》“关内道·凤翔府”条载凤翔府“在京师西三百一十五里”，《旧唐书》卷四〇《地理志四》“河西道·沙州”条则载沙州“在京师西北三千六百五十里”。由此可知，沙州距离凤翔的距离为3335里左右。

③ 《唐六典》，第80页。

凉州物资方面的支持。光启三年九月二十日，张淮深终于同意援助凉州。可能正是因为张淮深有援助凉州的举动，故唐昭宗终于在次年同意授予其节度使旌节[①]。既然唐政府设置于凉州的河西都防御使都以“仆射”指代张淮深，也就证明其称号应源自唐政府的册封。所以，张淮深在归义军内部始称仆射的时间应在光启三年五月至九月之间。

P.2854v《正月十二日先圣恭僖皇后忌辰行香文》记载“归义军节度使臣张仆射”在为“先圣恭僖皇后”的忌日举办行香法会的同时，还不忘为“使臣常侍大夫”祈福，证明此时有唐政府的使团在沙州停留。学者指出仆射应指张淮深，文书应作于888至890年间[②]。而据日本京都有邻馆藏敦煌文献的记载，唐政府册封张淮深为沙州节度使的使团于文德元年十月二十日刚离开沙州[③]，故此文书作于文德元年及龙纪元年（889）的可能性并不大。此外，Ch.xviii张延锷写经题记提及张淮深第四子延锷因为获得了唐政府所赐予的“御史中丞”之宪衔及“赐绯鱼袋”的章服，所以在龙纪二年（890）二月十八日抄经一册以供养[④]。张延锷写经庆祝的时间当与其获得封赏的时间接近，由此，其所获得的册封应正是由P.2854v《正月十二日先恭僖皇后忌辰行香文》中所提及的唐朝使臣带到沙州的，而使臣在沙州停留的时间应在大顺元年（890）初。根据P.2913《张淮深墓志铭》的记载，可知在此次国忌行香活动举办的40天后，张淮深就被杀于沙州。所以，上述文书应是目前所发现的张淮深生前称仆射的最晚的记载。

---

① 李军《晚唐五代归义军与凉州节度关系考论》，第90—96页；李军《清抄本〈京兆翁氏族谱〉与晚唐河西历史》，第42—55页。

② 荣新江《归义军史研究》，第86页。

③ 荣新江《归义军史研究》，第196页。

④ （日）松本荣一《燉煌畫の研究》，第122页。

根据P.2913《张淮深墓志铭》及P.4640《唐宗子陇西李氏再修功德记》等文献的记载，可知在张淮深卒后，归义军官方以“司徒”取代了其生前的“仆射”称号。对于张淮深获得司徒称号的时间，学者已指出应在索勋统治时期[①]。根据Дx.05247v《书信》的记载，可知生前仅以留后身份掌管归义军的张淮鼎在卒后得到了唐政府所追赠的户部尚书[②]。由此，张淮深之“司徒”称号也当源自唐政府的赠官。这样就可以解释为何李氏家族在诛杀索勋后，在李氏所立的《唐宗子陇西李氏再修功德记》碑中仍称张淮深为司徒的现象。

此外，P.3155v《唐光化三年神沙乡令狐贤威状》中又有“昨蒙仆射阿郎矜免地税”的记载[③]。由于张议潮卒后，归义军内部多以“太保”称之，而索勋、张淮鼎、张承奉均未自称过“仆射”[④]，所以状文中的“仆射阿郎”只能指张淮深。令狐贤威之所以不以“司徒”而是用“仆射阿郎”的旧称指代张淮深，一种可能是因为敦煌民间已经习惯了张淮深生前所使用的“仆射”称号，故没有采用其卒后的赠官。但可能性更大的是因为张淮深的“司徒”称号乃索勋为张淮深所求取的赠官，故在张承奉时期被弃用。因为张淮深之死与张淮鼎密切相关，而在索勋为张淮深求取到司徒赠官之前，张淮鼎的赠官仅为户部尚书，再加上张承奉是通过诛杀索勋才得以掌握归义军的统治权。所以，虽然在张承奉取代索勋之初，张淮深的司徒称号仍然得到了沿用，但张承奉在清除掉李氏家族的势力、稳固其在归义军内部的统治后，就开始着手清除索勋统治时期的政治影响，张淮深由索勋求取的司徒赠官也就难以行用。而在索勋之婿曹

---

① 荣新江《归义军史研究》，第87页。

② 李军《晚唐归义军节度使张淮鼎事迹考》，第1—14页。

③《法藏敦煌西域文献》第22册，第54页。

④ 荣新江《归义军史研究》，第72—78、88—95页

议金执掌归义军期间，曾提升索勋在归义军内部的称号，张淮深的司徒称号在此时或得到了恢复，并最终为P.3556《周故南阳郡娘子张氏墓志铭》所采用。

张淮深在掌管归义军期间，曾于咸通末年至乾符初年使用过大夫的称号，但并未使用过常侍称号。乾符四年八月，唐政府所派遣

图5-6　Ch.xviii 四大天王册子

的使团仅为张淮深带来了左散骑常侍的册封。乾符四年年底，张淮深派遣了以阴信均为首的贺正使团，继续为自己求取节度使旌节，但唐政府只是在次年年初将其的检校官由散骑常侍晋升为户部尚书。中和元年，即张淮深获得检校散骑常侍册封的第五年，为了获

得唐政府的支持，张淮深派遣张清通出使成都。归义军尊奉唐朝正朔的举动得到了僖宗的赞许，故张淮深的检校官被晋升为兵部尚书。其后，虽然归义军的三般使团并未在光启三年为张淮深求得节度使旌节，但张淮深的检校官却因此得以晋升为尚书左仆射。光启三年五月至九月间，张淮深开始在归义军内部使用仆射称号。张淮深卒后所获得的“司徒”赠官，当与索勋有关。从总体上看，张淮深的称号多源自唐政府的册封，且上述称号在归义军内部的行用也多在中央授予之后，这将促使我们重新思考张淮深时期归义军与唐政府的关系演变等问题。

第三节　晚唐归义军节度使张淮鼎事迹考

唐昭宗大顺元年（890），归义军节度使张淮深夫妇及六子同日殒毙。随后，张议潮之子张淮鼎执掌归义军，议潮系在失去政权二十余年后得以重新掌权。以此为发端，随后数年间，归义军政权变乱迭起，直至乾宁三年（896），归义军政局才重新趋于稳定。此间的动乱对归义军及河西历史的发展均影响重大。在紧密关联的诸多环节中，以非正常手段取得政权的归义军节度使张淮鼎或可谓始作俑者。张淮鼎在位时间较短（890—892），敦煌文献中关于张淮鼎的记载既十分缺乏，又较为分散。所以，虽然学界对张淮鼎的事迹较为关注，但据笔者管见，似尚未有对张淮鼎生平事迹进行全面探讨者①。本节力图在学者已有研究的基础

① 莫高窟第148窟前室南厢南向《唐宗子陇西李氏再修功德记》碑末有张淮深等三人的题名。对于第二人的题名，徐松《西域水道记》作缺文而未录；罗振玉《西陲石刻录》、张维《陇右金石录》、蒋斧《沙州文录》、石璋如《敦煌千佛洞遗碑及其相关的石窟考》、苏莹辉《敦煌石刻考》、李永宁《敦煌莫高窟碑文录及有关问题（一）》等均作“张淮□”；向达《罗叔言〈补唐书张义潮传〉补正》作“张淮沽”。伯希和《伯希和敦煌石窟笔记》则明确记载此人为“张淮鼎”。1994年，马德先生撰文认为，“张淮□”并非“张淮鼎”，

上，钩稽敦煌文献中与张淮鼎相关的记载，通过分析整理，以期对张淮鼎的生平及唐末归义军的历史能有更为清晰的认识。

一、幼年时代

S.1164《回向发愿文》在为"大唐圣主"祝福之后，又为"尚书""大夫""尚书孩子""都督""都部落使"等祈福①。据郑炳林先生考证，上举文书中位于都督之后的都部落使，应与P.2255《幢幡文》、P.3209《祈愿文》、S.4504《发愿文》中提到的"部落使""部落使贵臣"同为一人，即P.3281v《部落使阎英达状》中的阎英达②，而都督应即索勋之父索琪③。经过比对，S.4504《发愿文》与S.1164《回向发愿文》除个别字词稍有差异外，内容基本相同，两件文书或为同一底本的不同抄本，当然同时

（接上页）而应是Ch.liv.007《乾宁四年（897）正月供养人张淮兴题记》中的"张淮兴"（马德《张淮兴敦煌史事探幽》，《敦煌学辑刊》1994年第2期，第77—79页）。但目前学者多沿用伯希和的释读结果。经过深入研究，目前学术界已倾向于认为张淮鼎为张议潮之子，而且其很可能就是杀害淮深夫妇及其六子的凶手。此外，荣新江先生还对张淮鼎的称号问题进行过研究（荣新江《沙州归义军历任节度使称号研究（修订稿）》，《敦煌学》第19辑，第31—32页）。日本学者赤木崇敏在对P.2555p1进行研究后，认为其所载的归义军兵马留后即张淮鼎（（日）赤木崇敏《河西帰義軍節度使张淮鼎——敦煌文献P.2555pièce1の检讨をじて》，《内陸アジア言語の研究》第20号，第1—25页）。而吴丽娱、杨宝玉先生则对P.3730v张氏归义军时期的书状进行了整理，认为书状中提及的郎君有可能指张淮鼎（吴丽娱、杨宝玉《P.3730v张氏归义军时期书状考释》，《出土文献研究》第7辑，第278—286页；杨宝玉、吴丽娱《张议潮束身归阙后与沙州人士的往来及其对敦煌政局的影响》，氏著《归义军政权与中央关系研究——以入奏活动为中心》，第163—176页）。总的看来，学者虽对张淮鼎事迹已有所涉及，但多着眼于某些侧面，尚未进行全面研究。

① 黄征、吴伟《敦煌愿文集》，第366—368页。

② 郑炳林、郑怡楠《敦煌碑铭赞辑释（增订本）》，第162—163页。

③ 郑炳林《〈索勋纪德碑〉研究》，第61—76页。

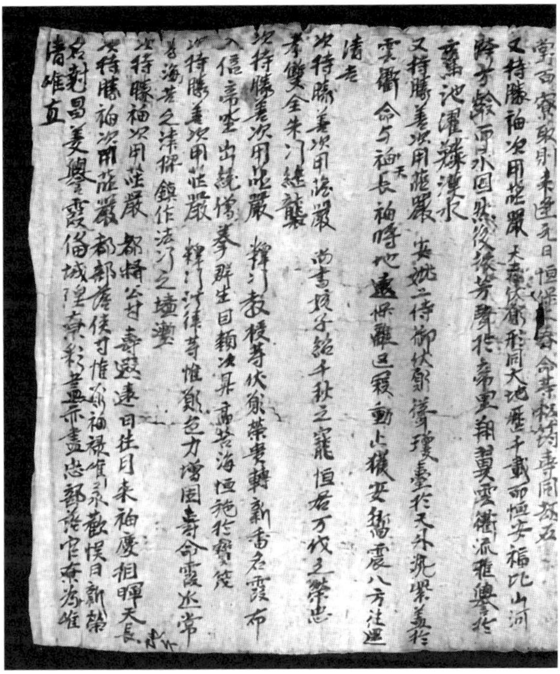

图5-7 S.1164《回向发愿文》

也存在两者互为底本的可能性。S.1164《回向发愿文》中的“大唐圣主”，在S.4504中作“当今大中皇帝”，可知文书应作于大中五年（851）至十三年（859）之间。此外，文书中未提及议潮之兄张议潭，所以其又当作于张议潭大中七年入朝之后[①]。文中“出持旌节，以静万方；入座（坐）朝堂，百寮取则”的尚书，应指归义军节度使张议潮，所以，S.1164及S.4504《回向文》中所提及的“尚书孩子”，应即张议潮之子。

① S.1164中位于尚书之后的“大夫”，S.4504作“安大夫”，其应即《资治通鉴》卷二四九《考异》引《实录》所记大中五年和张议潮同时上表请降的安景旻。而S.1164、S.4504《回向文》中的大唐圣主（大中皇帝）、大夫（安大夫）、都督等都可与P.2854《行城文》中的“当今大唐大中皇帝”“我河西节度使吏部尚书”“我副使安公”及《礼佛发愿文》中的“都督”相对应，可见两者所撰时间当接近。在S.1164、S.4504中未为张议潭祈福，而P.2854《竖幢伞文》《星流发愿文》《礼佛发愿文》《天王文》中均为位于都督之后的刺史祝福，这位刺史应是继张议潭出任沙州刺史的张淮深。由此可见，S.1164、S.4504《回向文》应撰于大中七年张议潭归阙之后、张淮深的地位尚未建立之前。

由于张议潮有子二人（见下文），“尚书孩子”尚难确指。从称其为“孩子”看，此时其年龄尚小，应未担任归义军政权的具体职务。但从作者祝愿其“绍千秋之宠，恒居万代之荣，忠孝双全，朱门继袭”的描写看，其父张议潮似有将其培养成为接班人的意愿。

P.3804《开经文》在“当今大唐咸通皇帝”“河西节度使、司空、开国公”“敦煌敕授金紫鱼袋刺史张公”“入奏鸿胪大卿”之后，还为“尚书贵子，二小郎君”祈福。据杨秀清先生考证，此件文书应作于咸通二年至八年间，文中的尚书当为张议潮；而“二小郎君”应为议潮之子，其中一人应为张淮鼎[①]。虽然在张议潮咸通八年归阙前，张议潮已至少有女十四人[②]，但据P.3804《开经文》中“二小郎君”的记载，可知此时其仅有子二人。咸通十三年（872），张议潮卒于长安。据《张淮深碑》的记载，张议潮享年74岁，所以其当生于799年。在P.3804《开经文》所作之时，议潮至少已是63岁高龄，所以，在此之后再度生子的可能性已不是太大[③]。

此外，据S.2589《中和四年十一月一日肃州防戍都营田索汉

---

① 杨秀清《张议潮出走与张淮深之死——张氏归义军内部矛盾新探》，第74—79页。

②《唐宗子陇西李氏再修功德记》载：“夫人南阳郡君张氏，即河西万户侯、太保张公第十四之女……先君归觐，不得同赴于京华，外族留连，各分飞于南北。”而据碑文记载，张氏成婚在李明振的弱冠之年。据P.4615+P.4010《李明振墓志铭》及《唐宗子陇西李氏再修功德记》中所记李明振卒年及享年的记载，可知张氏成婚于大中十三年（859）。张氏成婚时应已满及笄之岁，而咸通年间张议潮之子仍被称为“二小郎君”，由此，张议潮之子应较张氏为幼。

③ 据杨宝玉、吴丽娱先生考证，P.3804《开经文》作于咸通七年（866）八月左右（杨宝玉、吴丽娱《P.3804咸通七年愿文与张议潮入京前夕的庆寺法会》，第66—72页）。如此，则此时议潮更是已68岁高龄。

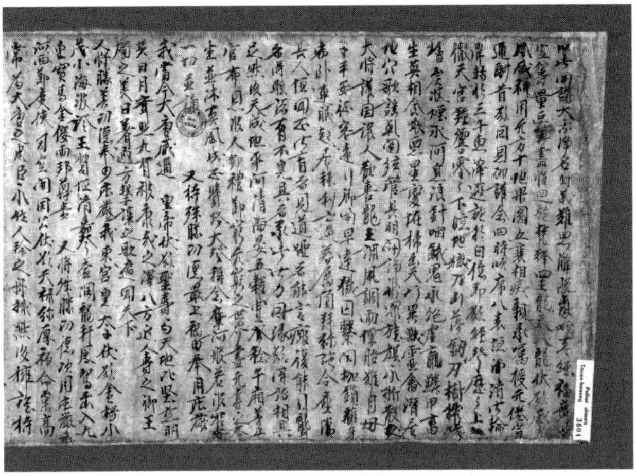

图5-8 P.3804《开经文》

君等状》，归义军宋输略使团自长安返回沙州的途中，在邠州遇到准备返回沙州的淮诠郎君等人。该件文书载：

> 先淮诠□（郎）君路上遭贼，落在党项，为邠州节度使赎到邠州。郎君二人及娘子家累、军将、常住等廿人，输略等亲自见面，并在邠州。淮诠郎君拟□（随）□（嗢）末使发来，缘装束不办，发赴不得。①

对于敦煌文献中的“郎君”一词，蒋礼鸿先生释为“主人的儿子，犹后世所说的‘少爷’”②。而具体到张氏归义军政权而言，虽然李氏家族的子弟也曾被称为“郎君”③，但更多的时候还是

① 录文参唐耕耦、陆宏基《敦煌社会经济文献真迹释录》第4辑，第485—486页。图版见《英藏敦煌文献（汉文佛经以外部份）》第4册，第111页。

② 蒋礼鸿《敦煌变文字义通释（增补定本）》，第17页。

③ 荣新江《归义军史研究》，第212页注14。P.3418v《唐沙州诸乡欠枝夫人户名目》中有称索承肃及李弘定为郎君的记载。索勋曾出任归义军节度使，所以其子自可被称为郎君。

特指节度使之子。企图返回沙州的“淮诠郎君”，与淮深、淮鼎同以“淮”字行，而据敦煌文书及莫高窟供养人题记的记载，张议潭仅有淮深一子，所以，淮诠和淮鼎都应是张议潮之子。由此，文书中的“郎君二人”应即P.3804《开经文》中的“尚书贵子，二小郎君”，一为张淮鼎，一为张淮诠。而P.3804《开经文》的作者之所以在张议潮已称司空的情况下，还称其子为“尚书贵子”，一方面可能是约定俗成的做法；另一方面，咸通八年之前，归义军政权除张议潮外，未有特称尚书者，所以即便张议潮已称司空，“尚书贵子”也只能指议潮之子，而不会产生歧义[①]。此外，P.3715+P.5015+P.2729《归义军僧官书仪》在“司空贺（加）官有人来相贺却答云”及“兄弟加官有人相贺却答云”条后，又有“郎君加官有来相贺却答云”的记载：“外甥幼小，未立殊功，特蒙天恩，忽加荣拜。厶乙不任□（感）□（慰）。”这当是文书作者应对祝贺郎君拜官者时的答词，文书中的司空应即张议潮[②]。而据荣新江先生考证，张议潮于咸通二年至八年间称司空[③]，所以此件文书也当作于此间。文书中的郎君应即张议潮之子[④]。虽然此时郎君仍未成人，但已经得到唐政府的加官，在一定程度上反映出当时唐政府与归义军政权关系的密切。而此处的郎君应指淮鼎和淮诠，或指其中的一位。

---

① 对于P.3804《开经文》中张议潮的司空和尚书称号同时出现的情况，杨宝玉、吴丽娱先生有论。可参杨宝玉、吴丽娱《P.3804咸通七年愿文与张议潮入京前夕的庆寺法会》，第66—72页。

② 赵和平《敦煌表状笺启书仪辑校》，第287—291页。

③ 荣新江《沙州归义军历任节度使称号研究（修订稿）》，《敦煌学》第19辑，1992年，第16—25页。

④ 赵和平先生则认为郎君即文书中所称的“外甥”，或为文书作者或拥有者之弟（赵和平《敦煌表状笺启书仪辑校》，第293页）。

二、入京与返乡

《资治通鉴》卷二五〇“唐懿宗咸通八年二月”条载：“归义军节度使张义潮入朝，以为右神武统军，命其族子淮深守归义。”[①]此即《张淮深碑》所谓之“太保咸通八年归阙之日，河西军务，封章陈款，总委侄男淮深，令守藩垣”[②]。可能由于张议潮走得比较匆忙[③]，而其最初也并不了解唐政府征其入京的真实意图，所以张议潮入京之初并未随身携带家眷。在张议潮入京后，唐政府通过授官、赐宅等手段以示尊崇，但真正的目的显然是将张议潮羁留在长安[④]。在被任命为右神武统军之后，张议潮应已明悉唐政府之用意，此后不久张议潮即遣人返回沙州迎接其家人入京。据P.3281v《押衙马通达状稿（三件）》中第一件的记载，马通达“先随司空到京，遣来凉州，却送家累”[⑤]，而在由沙州途经凉州返京途中，其先后被卢尚书和麹中丞扣留。马通达

---

① 《资治通鉴》，第8117页。

② 录文参荣新江《归义军史研究》，第403—404页。

③ 杨秀清先生在《张议潮出走与张淮深之死》一文中，指出议潮于咸通八年二月到长安，正月即须起程，而这时议潮已是69岁高龄，河西正是隆冬季节，议潮不顾年迈，冒严寒顶风雪赶往长安，这很可能是在不得已的形势下被迫为之。

④ 此即《张淮深碑》所载：“朝庭偏宠，官授司徒，职列金吾，位兼神武（司徒自到京师，官高一品，兼授左神武统军，朝庭偏奖也）。宣阳赐宅，廪实九年之储（司徒宅在左街宣阳坊，天子所赐粮料，可支持九年之实）；锡壤千畦，地守义川之分（锡者，赐也。义谷川有庄，价直百千万贯）。”及P.3633《辛未年七月沙州耆寿百姓等一万人状上回鹘可汗》中所载的：“太保功成事遂，仗节归唐，累拜高官，出人殿庭，承恩至重。”对此，S.4276《管内三军百姓奏请表》又载：“臣本归义军节度使张某乙，自大中之载，伏静河湟，虏逐戎蕃，归于逻娑。伏承圣朝鸿泽，陇右再晏尧年；玄德流晖，姑臧会同舜日。遂乃束身归阙，宠袟统军；不在臣言，事标唐史。”

⑤ 录文参唐耕耦、陆宏基编《敦煌社会经济文献真迹释录》第4辑，第375页。

虽然未能再次入京，但包括张议潮妻、子在内的“家累”却得以顺利通过凉州，最终抵达长安。

P.3730背面抄有张氏归义军时期的书状数件，吴丽娱、杨宝玉两位先生根据第二件状文中的“近日乍到京畿”“阿郎荣拜统军”“州中使宅娘子及悉总平善”等语，判断第二至第四件书状系写给当时已在京城为质，并已被拜为统军的张议潮；第五、六件则是写给与张议潮同赴长安的郎君[①]。学者根据第二件书状中所提及的“霜冷”一词的用法，考证出此件书状应作于咸通八年九月。这就证明至此时，张议潮的妻、子还身在沙州。第三件书状中，恒安向张议潮汇报沙州之情况时，仅言“门宅百尺上长幼诸亲并蒙平善”，而未及相对而言更为重要的娘子和郎君的情况。在第五和第六件书状中，恒安分别写信给郎君，以叙相思之情并感谢司空即张议潮远寄缣缃。而据上文，可知P.3730v第六件书状应为S.6405v《僧恒安致郎君谢司空寄缣缃状》的草稿，作于咸通九年（868）二月下旬或稍后[②]。由此，张议潮所遣马通达“却送”的“家累”，当即上述书状中提及的“州中使宅娘子”及“郎君”，而郎君等人入京当在咸通八年九月至次年二月之间。

对于恒安所致谢的郎君，吴丽娱、杨宝玉先生认为应为张议潮的子侄辈，或为张淮鼎。此后，杨宝玉、吴丽娱先生又指出其更可能是二郎君中年龄较长的张淮诠。而据上文所考，S.2589《中和四年十一月一日肃州防戍都营田索汉君等状》所记羁留在邠州的“郎君二人”淮诠及淮鼎即P.3804《开经文》中的“尚书

① 吴丽娱、杨宝玉《P.3730v张氏归义军时期书状考释》，《出土文献研究》第7卷，第278—286页。

② 杨宝玉、吴丽娱《张议潮束身归阙后与沙州人士的往来及其对敦煌政局的影响》，《归义军政权与中央关系研究——以入奏活动为中心》，第174页。

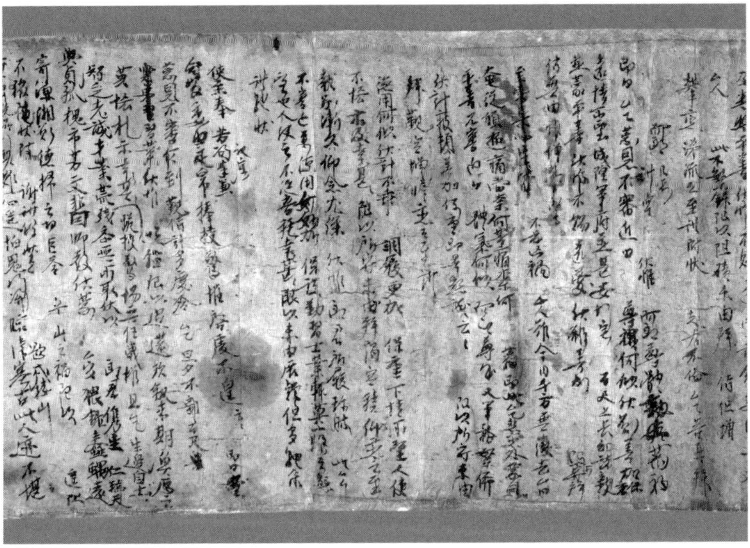

图5-9 P.3730v《张氏归义军时期书状》

贵子，二小郎君”。这就证明张议潮的二子都曾入京，所以笔者认为恒安致信的郎君，可能是二者中的一人，也可能是二者的总称，尚难以确指。

据S.2589《中和四年十一月一日肃州防戍都营田索汉君等状》的记载，索汉君等人向张淮深汇报了归义军使团及河西东部等地的重要事件，其中淮诠等郎君准备返乡的记载格外引人关注①。淮诠等二十余人在由长安返回沙州的途中，先为党项所掠，后被邠宁节度使赎到邠州。由于“装束不办”，而未能随嗢末使团返回河西。淮诠等人之所以要由长安返乡，当与广明元年（880）十二月黄巢义军西进长安有关。由于资料限制，我们目前还难以确定张淮鼎等人返回沙州的确切时间，但却可以根据敦煌

① 杨宝玉、吴丽娱先生在《张议潮束身归阙后与沙州人士的往来及其对敦煌政局的影响》一文中，指出中和四年前后淮诠郎君等从长安的西归正是后来归义军政权发生动乱、张淮深夫妇及六子被杀的起因。

文献的相关记载进行一定的推测。

据S.1156《光启三年沙州进奏院上本使状》的记载，张淮深派遣请节的三般使团内部发生了分裂：一派以宋闰盈、高再盈为首，声称“不得旌节，死亦不去”；另一派以张文彻为首，扬言“仆射有甚功劳，觅他旌节”。张文彻等人在张淮深尚掌管归义军政权的情况下，阻挠张淮深的请节活动，显示出归义军内部政治斗争的激烈程度，学者多据此认为归义军已经形成针对张淮深的反对派。虽然张文彻等人拒绝为张淮深请节，但是我们知道在咸通末年至乾符年间，张淮深不仅两败回鹘，还曾收复被回鹘等少数民族占领的肃州、瓜州等地，被誉为“乾符之政”，不可谓“有甚功劳”。所以，张文彻等人拒绝为张淮深请节的真正理由只能有一个：那就是他们已经找到了可以与淮深分庭抗礼并代替淮深掌管归义军政权的合适人选。

张文彻与张淮深既为本家，又为连襟[①]，张淮深委任其为第三般请节使团的首领，可见对其的信任。但张文彻也成为淮深的反对派，证明反对派首领与张文彻的关系应更为密切，而最终代替张淮深出任节度使的张淮鼎就成为最可能的人选。此外，据P.4640《己未至辛酉年归义军军资库纸布破用历》等文书的记载，张文彻之子喜首在张承奉时期担任了掌管僧界事务的都司判

① 据卢向前先生考证，Ch.xviii题记中的喜首是张承奉的本家、张淮深之子张延锷的姨母表兄弟（卢向前《关于归义军时期一份布纸破用历的研究》，同作者《敦煌吐鲁番文书论稿》，南昌：江西人民出版社，1992年，第138—140页）。而据P.3718《梁故管内释门僧政张和尚喜首写真赞并序》，喜首为“先首听（厅）宰相检校吏部尚书张公之中子”。金山国时期，出任首厅宰相者有张文彻及张永二人。张永为江东人，且晚至金山国时期才在沙州出现，而大顺元年喜首已成人，证明张淮深和张公连襟关系的结成远在此之前，所以，张公只能指张文彻。由此，张文彻与张淮深既为本家，又为连襟。

官[①]。张文彻在金山国时期更是官运亨通，当上了首厅大宰相，成为金山国的政府首脑[②]；而宋闰盈一派显然在张淮鼎及张承奉统治时期受到压制[③]，这也就从侧面证明，张文彻等人支持的应就是张承奉之父张淮鼎。最后，虽然张淮深执掌归义军的二十余年间，曾多次派遣使团请节，但像S.1156《沙州进奏院上本使状》所载，在銮舆播迁的特殊时期，张淮深还连续派遣宋闰盈、高再晟、张文彻三般六十余人的庞大使团请节，却是仅有的一次[④]。宋闰盈等人求

① 喜首在P.4640《己未至辛酉年归义军军资库纸布破用历》凡两见。其中，文书第79—80行载："(己未年六月)廿三日支与判官喜首造花树细纸壹束。"而据P.3718《张喜首和尚写真赞并序》，喜首在张承奉时期曾"十载都司管内"，可见其担任的判官为都司的僧官。而其领取细纸所制作的"花树"，据卢向前先生考证，应为七月十五日盂兰盆节作准备的装饰物（卢向前《关于归义军时期一份布纸破用历的研究》，《敦煌吐鲁番文书论稿》，第122页），也可知喜首管理的是佛教事务。而据S.5946《丁亥年（987）长史米定兴于显德寺仓借回造麦凭》和P.3155v《唐天复四年令狐法性租地契》的记载，"都司判官"往往被简称为"判官"，所以喜首担任的应是主管僧界事务的都司判官。

② 除上举P.3718《梁故管内释门僧政张和尚喜首写真赞并序》记载张文彻曾出任金山国的首厅宰相外，P.5394《某年六月金山国宰相兼御史大夫张文彻启》首题"宰相兼御史大夫张文彻上启"；尾署"六月　日宰相兼御史大夫张文彻启上"。此外，P.2991《敦煌社人平诎子一十人创于宕泉艰窟一所功德记》署云："西汉金山国头听（厅）大宰相清河张公撰"。此位清河张公，应即张文彻。

③ S.1156《进奏院状》中所载积极为张淮深请节的宋闰盈、高再晟、史文信、李伯盈四人，除高再晟在P.2825v《景福二年九月押衙兼侍御史卢忠达状》中再现于敦煌文献外，宋闰盈等三人自此销声匿迹，这从侧面证明忠于淮深的一派在淮鼎掌权之后未得重用。

④ 据作于乾符五年四月的P.3547《沙州上都进奏院上本使状》记载，乾符四年张淮深曾派出29人的贺正使团，但29人中有16人被阻灵州，只有13人抵达长安。而在状文中，进奏院官员主要列举了唐政府的赏赐状况，而对请节事宜一笔带过。如将两件《进奏院上本使状》的内容作一对比，可明显感觉到光启三年时，张淮深急于得到唐政府节度使册封的迫切心情。而这种变化，应与张淮鼎返回沙州后，张淮深的反对派得以形成有关。

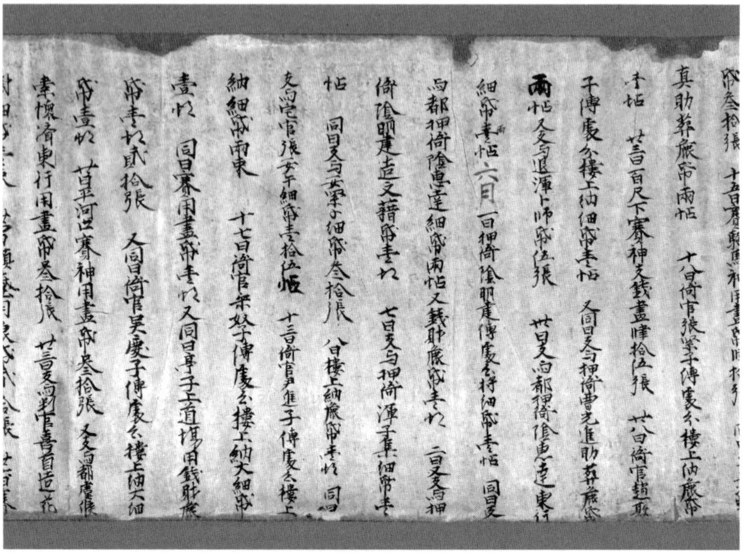

图5-10 P.4640《己未至辛酉年归义军军资库纸布破用历》(局部)

节的态度越坚决，恰恰越能充分反映出张淮深在归义军政权中的尴尬境况。以上种种证据显示，在上述三般使团中某一般离开沙州之前，张淮鼎等人已返回沙州。

在三般使团中，宋闰盈等人为第一般。S.2589《中和四年十一月一日肃州防戍都营田索汉君等状》载：

> 游弈使白永吉、押衙阴清儿等十月十八日，平善已达嘉麟。缘凉州闹乱，郑尚书共□□诤位之次，不敢东行。宋润盈一行□□凉州未发。①

宋闰盈与宋润盈应为一人。宋闰盈一行到达凉州，应在白永吉、阴清儿等人十月十八日到达嘉麟之前，所以其入朝与张淮鼎等人

① 图版见《英藏敦煌文献（汉文佛经以外部份）》第4册，第111页。

返乡无关。而P.3068《书信》载："丙午年三月廿日，使高再晟果（过）凉州，即日得平善，不用远忧。"[1]丙午年，当为光启二年（886）[2]，这就证明张淮深遣第二般高再晟使团入京当在光启二年年初。光启三年二月十七日，宋闰盈等三般使团同时到达兴元，表明第三般张文彻使团从沙州出发应在高再晟等人离开后不久。如果张淮深派遣高再晟使团，还可以用此前宋闰盈等人凉州受阻来解释的话，那么，在此之后，随即续遣张文彻使团就显得有悖常理了。所以，张淮鼎等人返回沙州应在张文彻使团离开沙州之前，否则张文彻等人在请节时也不至于直接攻击张淮深，致使归义军的内部矛盾公开化。对于张淮深遣张文彻使团入唐的时间，荣新江先生系于光启二年十二月[3]，由此，张淮鼎等人返回沙州应在光启二年年底之前。

三、刺理沙州

P.2803《唐景福二年二月押衙索大力状》载：

> 押衙索大力。右大力故师姑在日，家女满子有女三人。二女诸处嫁，残小女一，近故尚书借与张使君娘子。其师姑亡化，万事并在大力，别人都不关心，万物被人使用，至甚受屈。伏望将军仁恩照察，特乞判命处分。牒件状如前，谨牒。
>
> 景福二年二月 日押衙索大力。[4]

---

① 图版见《法藏敦煌西域文献》第21册，第218页。
② 荣新江《归义军史研究》，第10页。
③ 荣新江《归义军史研究》，第10页。
④ 录文参唐耕耦、陆宏基《敦煌社会经济文献真迹释录》第4辑，第491页。图版见《法藏敦煌西域文献》第18册，第301页。

从文书的创作时间看，文书中将军应指索勋。对于文中的“故尚书”，荣新江先生认为不应指张议潮或张淮深，而应指张淮鼎[①]。咸通十三年张议潮卒后，“太保”成为归义军政府和百姓对张议潮的正式称谓[②]，所以荣先生认为“故尚书”非张议潮，甚是。虽然张淮深的最终结衔为司徒，而非尚书，但其司徒称号并非自称，或为索勋统治时期（892—894）的追赠[③]，所以，景福二年其仍有被称为“故尚书”的可能性[④]。由此看来，“近故尚书”有可能指张淮深或张淮鼎中的一位。

下面，我们再来看文书中的张使君。虽然景福二年归义军在名义上领沙、瓜、伊、西四州，但实际上只能真正控制沙、瓜二州，对于伊、西二州只是保留了名义上的观察权，所以文书中的张使君只能是沙州或瓜州刺史。索大力、满子之女身在沙州，而索勋在乾符六年之前已出任瓜州刺史[⑤]，并于景福元年（892）以瓜州刺史的身份入主归义军，所以张使君所刺理的应为沙州，而其出任沙州刺史应在张淮深或张淮鼎出任节度使期间。据《张淮深碑》及P.2913v《张淮深墓志铭》的记载，大中七年张议潭入朝后，张淮深承袭其父沙州刺史一职。在此后的二十余年间，虽

---

① 荣新江《归义军史研究》，第89页。

② 荣新江《沙州归义军历任节度使称号研究（修订稿）》，《敦煌学》第19辑，第21—25页。

③ 荣新江《沙州归义军历任节度使称号研究（修订稿）》，《敦煌学》第19辑，第30页。

④ 虽然据S.1156《光启三年沙州进奏院上本使状》，已知张淮深已称仆射，且其仆射称号在P.2568《南阳张延绶别传》、P.2854v《正月十二日先圣恭僖皇后忌辰行香文》等文书中得以应用，但与此同时，据S.7384《光启三年归义军作坊使康文通牒并节度使淮深判（二通）》、P.4044（3）《光启三年五月十日沙州文坊巷创修私佛塔功德记》、罗振玉旧藏《大顺元年正月沙州百姓索咄儿等状》等文书的记载，可知张淮深的尚书称号也得以延续。

⑤ 郑炳林《晚唐五代敦煌归义军行政区划制度研究（一）》，第13页。

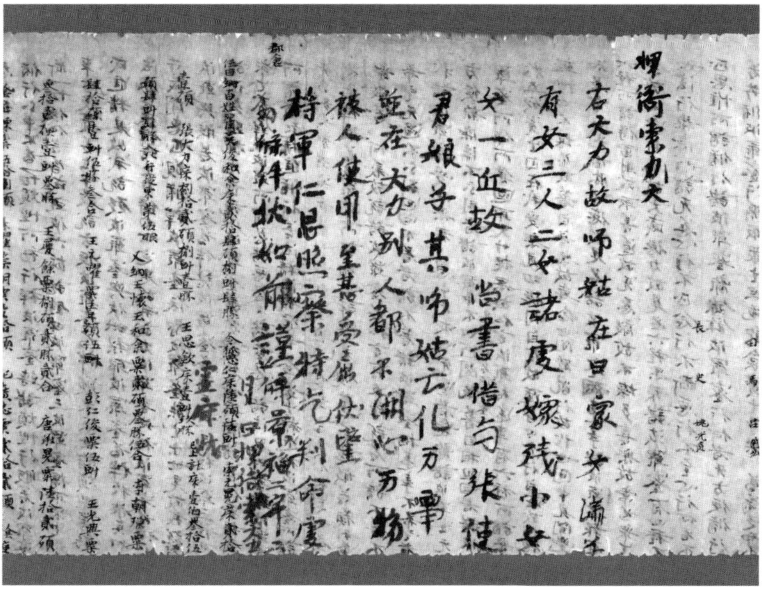

图5-11 P.2803《唐景福二年二月押衙索大力状》

然张淮深在境内自称节度使，但由于长期未得到唐政府的正式承认，所以其沙州刺史一职未予卸任①。文德元年（888），张淮深得到唐政府的节度使册封，由此，P.2803《唐景福二年二月押衙索大力状》中的张使君出任沙州刺史应在888年至892年之间②。沙州刺史为归义军地方职官中最为重要者，纵观归义军的历史，在节度使不兼任沙州刺史的情况下，除李氏兄弟专权时期，沙州刺史

① 冯培红《敦煌归义军职官制度——唐五代藩镇官制个案研究》，兰州：兰州大学，2004年，第211页。

② 此外，张淮深虽然获承认，但唐政府仅授其“沙州节度使”“沙州观察处置使”（（日）森安孝夫《河西帰義軍節度使の朱印とその編年》，《内陸アジア言語の研究》第15号，第59页），权力受到了极大限制，在这种情况下，张淮深很可能不会马上放弃沙州刺史一职，所以此位张使君出任沙州刺史的时间可能更为靠后。

一直由节度使的兄弟或子侄担任[①]，从这位刺史为张姓看，当也应如此。如“近故尚书”为张淮鼎，则张某任沙州刺史当在大顺元年至景福元年之间。而据下文所考，张淮鼎并未获得唐政府的承认，所以其在归义军只能自称节度留后。在这种情况下，张淮鼎将沙州刺史一职让与他人的可能性并不大。此外，在此期间张氏家族中似乎也没有合适的人选担此重任[②]。所以，文中的“故尚书”指张淮深的可能性更大。

P.2913v《张淮深墓志铭》载与淮深同日被杀的六子分别为延晖、延礼、延寿（绶）、延锷、延信、延武；S.5630《张淮深造窟功德记》在延晖、延礼后，又记有延兴、延嗣。由此，淮深至少有子8人。据李正宇先生考证，敦煌本《下女夫词》作于中和四年至乾宁元年之间，而文书中的新郎为张淮深之子，时任沙州刺史兼三州游弈使[③]。延绶见于张球所撰的P.2568《南阳张延绶别传》；延锷见Ch.xviii《张延锷题记》及S.4654v《三危极目耸丹霄诗二首并序及延锷和诗》，可知二人为较为重要者。而据P.2568《张延绶别传》，延绶自光启三年三月起任左千牛兼御史中丞；据张延锷题记，大顺元年二月，延锷还仅为左神武军长史兼御史中丞，二人均未担任沙州刺史。虽然延兴、延嗣在S.5630《张淮深造

① 虽然在《唐宗子陇西李氏再修功德记》中，李弘愿被记作“长男使持节沙州诸军事□沙州刺史兼节度副使”，但碑末张承奉的题衔为“沙州□□刺史兼沙瓜伊西等州节度使兼御史大夫”，也包括沙州。由此，对李弘愿出任沙州刺史的记载实有进一步探讨的必要。

② S. 2589《中和四年十一月一日肃州防戍都营田索汉君等状》中提及的淮诠郎君仅得一见，据笔者另文考证，其似并未随淮鼎同返沙州，而是滞留在灵州。而据S.515v《敕归义军节度牒》，张淮鼎时期，其子张承奉为节度判官。在诛索勋之后，张承奉也仅自称长史，由此，张淮鼎自称节度使期间，沙州刺史一职应由其本人担任。

③ 李正宇《〈下女夫词〉研究》，《敦煌研究》1987年第2期，第40—50页。

窟功德记》中居延绶之前，但据P.2568《张延绶别传》，可知张延绶为张淮深第三子，可知此二人较延绶为幼。据邓文宽先生考证，延兴、延嗣二人为淮深庶子[①]。由此，延绶、延锷、延兴、延嗣等人应均未出任沙州刺史。如果张淮深确有一子出任过沙州刺史，那么只能从延晖和延礼二人中求之。据P.2913《张淮深墓志铭》，淮深大顺元年卒时59岁，所以，其中和四年为53岁。据学者考证，归义军时期男子的婚龄为20岁[②]，如此，中和四年张淮深长子应已年逾30岁，次子也当近30岁，似乎已超过正常的婚龄。此外，如延晖或延礼确曾出任过地位重要的沙州刺史，在敦煌文献中理应留下蛛丝马迹，但此二人在敦煌文献中记载绝少，所以，我们倾向于认为张淮深之子并未出任沙州刺史。而据张淮鼎继张淮深出任节度使的事实看，在张淮深统治晚期出任沙州刺史的，很可能就是在此之前返回沙州的张淮鼎。据前文所考，中和四年至光启二年年底之间，张淮鼎等人返回沙州。张淮深将满子之女借给张使君娘子，符合张淮鼎刚刚返回沙州，家中缺乏人手的现实状况。而据下文所考，张淮鼎死后才被唐政府赠户部尚书，索大力之所以不称赠官，而以其生前职事官称之，当是便于与张淮深区分。

此外，将张使君比定为张淮鼎的推论又可与P.2913《张淮深墓志铭》中的“竖牛作孽，君主见欺”相对应。对于“竖牛作孽”，学界的研究已非常深入；而对于“君主见欺”的研究，就目前的状况来看，尚不如前者清晰，且往往为学者所忽视[③]。虽然对于“竖牛”具体所指，学术界尚有争论，但其必

① 邓文宽《也谈张淮深之死》，第76—80页。

② 谭蝉雪《敦煌婚姻文化》，兰州：甘肃人民出版社，1993年，第98—99页。

③ 对于“竖牛作孽”之“竖牛”，孙修身先生释为“小人”，而张淮深曾遣河西兵逼迫僖宗，所以唐政府直接参与了清除张淮深的行动，此即“君主见欺”（孙修身《张淮深之死再议》，第36—38页）。而李永宁先生认为“竖牛作孽，君主见欺”是指唐中央受蒙骗不授淮深旌节，淮鼎以突袭手段杀淮深一家夺

指归义军内部反对派无疑；“君主”也只能指唐政府而言，而淮深之死应为两者合力的结果。据P.2854v《先圣恭僖皇后忌辰行香文》，此年正月十二日，唐政府使团正在沙州，所以文书作者除为“归义军节度使张仆射”外，还要为“使臣常侍大夫”祈福。对于文中的仆射，荣新江、冯培红先生均考证为张淮深①；对于文书的撰写时间，荣新江先生认为应在888—890年间，冯培红先生则认为应作于889年。而据日本京都有邻馆藏敦煌文献的记载，唐政府册封张淮深的使团于文德元年十月二十日离开沙州。如果P.2854v《先圣恭僖皇后忌辰行香文》确作于龙纪元年889年正月，则表明唐政府需在约3个月时间里两度遣使沙州，这

（接上页）取归义军大权而言（李永宁《竖牛作孽 君主见欺——谈张淮深之死及唐末归义军政权执政者之更迭》，第17—19页）。邓文宽先生进一步探讨了“竖牛作孽”典故的特点，认为其应指张淮深之子延兴、延嗣以庶子身份杀死父亲及众嫡子后，扶立张淮深的异母兄弟张淮鼎主政（邓文宽《也谈张淮深之死》，第76—79页）。而据荣新江先生研究，参与逼迫僖宗的河西兵并不是张淮深的部下（荣新江《归义军史研究》，第176—182页）。如此，唐政府也就没有清除张淮深的理由。另据荣新江先生研究，迟至文德元年（888）十月，唐政府已授予张淮深节度使旌节（荣新江《归义军史研究》，第191页）。由此，对“君主见欺”所指有进一步研究的必要。

① 对于文中的张仆射，王重民、黄永武、施萍婷等先生多认为是张议潮，而荣新江先生据P.2854v第二件文书抄有顺宗、穆宗、德宗、宪宗、僖宗、肃宗、顺圣皇后、睿宗、懿宗、宣宗、敬宗的忌日，而未列昭宗，认为其应作于文德元年昭宗即位之后；又张淮深死于大顺元年，此后张氏归义军节度使无称仆射者，所以P.2854v的两件文书都应作于888—890年之间，而仆射应指张淮深（荣新江《归义军史研究》，第86页）。冯培红先生则根据张议潮和张淮深自称河西节度使及归义军节度使的演变情况，也证明文书中的“归义军节度使张仆射”应指张淮深（冯培红《敦煌本〈国祭行香文〉及相关问题》，《出土文献研究》第7辑，第293—294页）。

样的可能性似乎不是太大[1]。此外，Ch.xviii张延锷写经题记云：

> 时当龙纪二载二月十八日，弟子将仕郎守左神武军长史兼御史中丞上柱国赐绯鱼袋张延锷敬心写画此经一册，此皆是我本尊经法及四大天王六神将等威力，得受宪衔，兼赐章服，永为供养记。表兄喜首同心勘校。[2]

“宪衔”指御史之职衔，此处指御史中丞；“章服”指兼佩鱼袋的紫色或绯色朝服[3]。张延锷写经庆祝的时间当与其获得封赏的时间接近。而光启三年之后至大顺元年间，我们并没有看到归义军使团入京的记载，所以，张延锷所得的册封应正是上述文书中所载的唐政府使臣带到沙州的，这也就进一步证明唐使臣前往沙州应在大顺元年正月。

P.2854v《先圣恭僖皇后忌辰行香文》为张淮深祈福时，希望其“紫绶与紫莲齐芳，金章与金刚不坏”，张淮深的金章紫绶之官号应也是同般唐政府使团所赐。如此，则形成一个矛盾的事实：既然张淮深及其子在被杀前夕都得到了唐政府的封赏，何以“君主见欺”又成为张淮深之死的主要原因之一？如果我们考虑

---

① 据京都有邻馆藏敦煌文书的记载，文德元年赐节使团仅在沙州停留4天，已与《张淮深变文》所作时唐中央使团与归义军关系融洽的境况大为不同，这从侧面反映出此时两者之间关系的冷淡。此外，相对于昭宗即位之初唐政府所面临的严峻形势看，地处西北一隅的归义军对于唐政府影响有限。所以，唐政府三月之内两度遣使沙州的可能性并不大。

② 录文参（英）Arthur Waley, *A Catalogue Of Paintings Recovered From Tun-Huang By Sir Aurel Stein,K.C.I.E* , London,1931,p261. “延锷”，Arthur Waley作“近锷”。图版见（日）松本荣一《燉煌畫の研究》，第122页。

③ 金荣华《新德里印度博物馆藏敦煌残册张延锷题记跋》，《华冈文科学报》第25期，2002年，第21—28页。

到张淮鼎存在的因素，这个问题可能就比较容易理解了。大顺元年张淮深及第三子延锷同受封赏，可证张氏家族中受封赏者当不止此二人，前任节度使张议潮之子、在京城生活将近二十年的张淮鼎应也在受封者的范围之内，唐政府对其任命的很可能就是沙州刺史。而张淮鼎可能正是以此为契机，发动政变而取代张淮深。“竖牛作孽”的结果是张淮鼎登上节度使的宝座，而唐政府任命张淮鼎为沙州刺史是“君主见欺”的具体表现，两者均可在张淮鼎身上得以体现。

四、执掌归义

大顺元年张淮深死后，张淮鼎应已控制归义军政权，但出于某种考虑，张淮鼎似乎并没有马上自称归义军节度使。

S.329v（6）《儿郎伟》载：

> 驱傩之法，出自轩辕，除故迎新之事，嘉祥庆贺之筵。迎取春光边世，太平便在新年。大夫家门鼎族，阀阅历代称贤。今旦万人极美，请下龙节威权，为我城隍为主，长教百姓团圆，但愿表章平善，早到天子案前，开封读之一遍，便赐虎节旌旃，若到秋初夏末，天使便到西边，假日毬（原文下空）①

此外，在《儿郎伟》文前有杂写两行：

---

① 此件文书本为自左向右逆写，郝春文《英藏敦煌社会历史文献释录》第2卷按照原卷格式抄录，并在说明中指出应自左向右读。为方便起见，在参照学者研究的基础上，本文径正之。录文参郝春文《英藏敦煌社会历史文献释录》第2卷，第109—110页。图版见《英藏敦煌文献（汉文佛经以外部份）》第1册，第135页。“旌旃”，郝春文先生作“旌旗”。

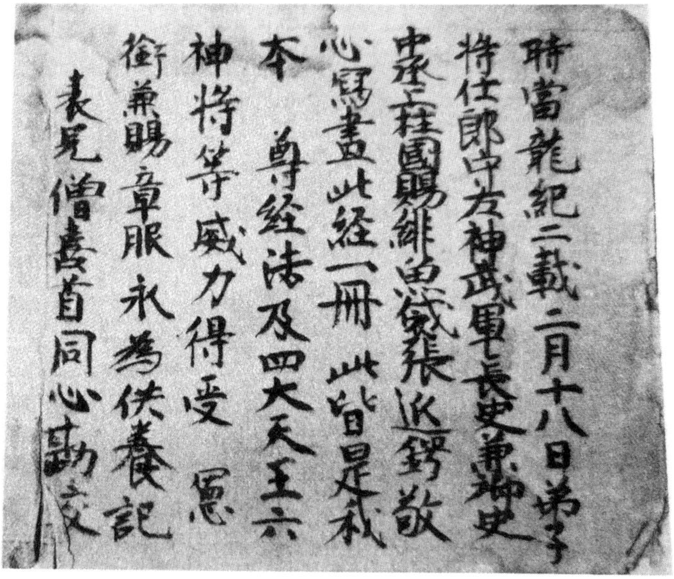

图5-12 Ch.xviii张延锷写经题记

敕归义军节度兵马留（下空）

敕归义军节度兵马留后使观察［使］御史大夫张

文后有杂写一行：

敕归义军节度使

根据上下文关系及《儿郎伟》的内容，可知遣使前往中央政府求取“虎节旌旃”的“大夫”，应即文首的“敕归义军节度兵马留后使观察［使］御史大夫张”，而此人当为张淮深、张淮鼎、张承奉中的一人。

张淮深自称归义军兵马留后见张球撰P.3425《金光明变相一

铺铭并序》，时间在咸通八年议潮入朝之后不久①，此时张淮深尚未带宪衔②。而在S.329《儿郎伟》中的归义军兵马留后已自称“御史大夫”，且文书作者亦以“大夫”称之，这就证明此人当非张淮深。此外，虽然张淮深也曾以“大夫”作为自己的称号，但应在咸通十三年之后。据荣新江先生考证，咸通十三年之前，张淮深已在归义军境内自称河西节度使③，这也证明此位张某不应是在咸通八年左右自称留后的张淮深。而据李正宇先生考证，张承奉领归义军留后事时仅自称“长史”④，故亦非此人。所以，S.329v（6）《儿郎伟》中被称为“大夫”的“归义军节度兵马留后观察使”只能指张淮鼎。在上述《儿郎伟》中，除了歌颂淮鼎门第高贵外，还祝愿其能在次年的夏末秋初得到唐政府的册封，由此，此件文书应作于淮鼎初掌归义军的大顺元年年底。此外，P.3384《大顺二年正月沙州百姓翟明明等户口受田簿》上钤有“沙州观察处置使之印”⑤，此枚印蜕的使用者当为张淮鼎。大顺元年，张淮深被杀，但“沙州节度使印”仍留在沙州，张淮

---

① 荣新江《归义军史研究》，第82页。

② 据P.3720《悟真文书集》第4件告身的记载，咸通十年左右张淮深始兼“御史中丞”。

③ 荣新江《沙州归义军历任节度使称号研究（修订稿）》，《敦煌学》第19辑，第28页。

④ 李正宇《索勋、张承奉更迭之际史事考》，《敦煌文献论集》，第114—128页。对于诛索勋后掌权的“长史”，荣新江、冯培红等先生均认为应指李弘愿（荣新江《晚唐归义军李氏家族执政史探微》，《文献》1989年第3期，第87—100页；荣新江《归义军史研究》，第197—213页；冯培红《晚唐五代宋初沙州上佐考论》，国家图书馆善本特藏部敦煌吐鲁番资料中心编《敦煌学国际研讨会论文集》，北京：北京图书馆出版社，2005年，第64—72页），笔者赞同李正宇先生的观点，将在下文详述。

⑤ （日）森安孝夫《河西帰義軍節度使の朱印とその編年》，《内陸アジア言語の研究》第15号，第24页。

鼎用“沙州观察处置使之印”，而不用“沙州节度使印”似可从侧面证明大顺二年正月其在管内仍自称留后[①]。

S.515v《敕归义军节度牒》第一件载：

> 敦煌乡百姓厶乙、男厶乙，年多少下。牒得前件人状，称其男在小慕道，不乐嚣尘，今因为国荐福大会之次，许

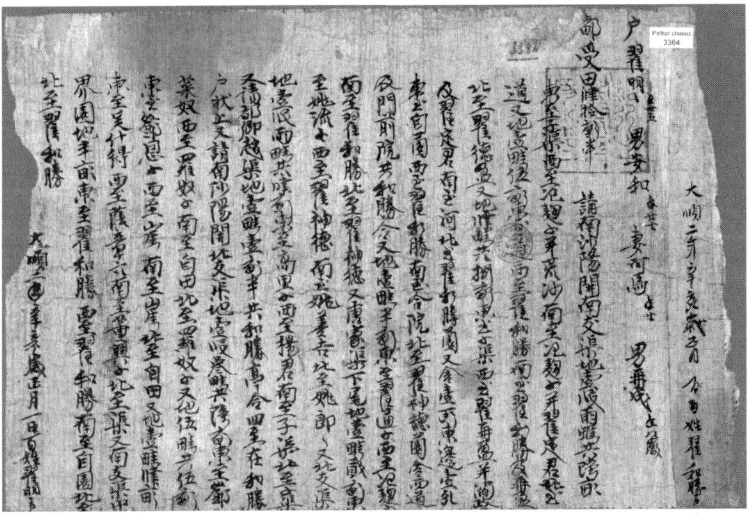

图5-13 P.3384《大顺二年正月沙州百姓翟明明等户口受田簿》

① 按《新唐书》卷四九下《百官志四下》载：“(节度使)罢秩则交厅，以节度使印自随，留观察使、营田等印，以郎官主之。”《宋史》卷一五四《舆服志六》亦云：“节度印随本使，使缺则纳有司；观察印，则州长吏用之。”可见在唐宋之际，方镇节度使卸任，节度使印应随身携带至京，而观察使、营田使印则留在治所，所以节度留后在管内发布命令时当用观察使印。此外，读冯培红先生文，得知赤木崇敏氏发现P.3384v同时出现了沙州节度使印、沙州观察处置使之印。印章使用者在右端纸缝上先是盖了沙州节度使印，然后再在其上加盖沙州观察处置使之印，以表示前者盖错作废之意（冯培红《归义军节度观察使官印问题申论》，《转型期的敦煌学》，第324页注［54］）。这就表明张淮鼎并未以节度使的身份行使权力。

令出度者，故牒。

节度判官□□□十月九日兼御史中丞。

使检教（校）右散骑常侍兼御史大夫张。①

第二件载：

开元寺律师释门神秀补充摄法师。牒奉处分，前件僧释中英杰，众内超群，行业传于流浪（沙），声跛传布沙门，戒如金宝，法护神融，仍虽束身，更拟迁升提奖，牒帖所由，故牒知者。

节度判官张承奉□□

十月廿日牒。

使检校工部尚书兼御史大夫张。②

对于上述两件牒文，荣新江先生认为可能作于天复元年（901），文书中常侍和尚书应指张承奉③；而李正宇先生则认为第2件牒文应作于景福二年，文中所载的节度判官为张承奉④。需要指出的是，荣、李二位先生虽然在牒文写作时间上存在不同看法，但似均未将“节度判官”与“使检教（校）右散骑常侍兼御史大夫

① 录文参唐耕耦、陆宏基《敦煌社会经济文献真迹释录》第4辑，第63页；郝春文《英藏敦煌社会历史文献释录》第2卷，第463页。图版见《英藏敦煌文献（汉文佛经以外部份）》第1册，第223页。

② 录文参唐耕耦、陆宏基《敦煌社会经济文献真迹释录》第4辑，第44页；郝春文《英藏敦煌社会历史文献释录》第2册，第464—465页。图版见《英藏敦煌文献（汉文佛经以外部份）》第1册，第223页。

③ 荣新江《归义军史研究》，第93页。

④ 李正宇《索勋、张承奉更迭之际史事考》，《敦煌文献论集》，第117—118页。

张”“使检校工部尚书兼御史大夫张”区别对待。对照唐末归义军节度称号的使用情况，“检教（校）右散骑常侍兼御史大夫”和“检校工部尚书兼御史大夫”都不应是时任节度判官的张承奉之加官，两者应是张承奉出任节度判官时归义军节度使的自称。冯培红先生据荣新江先生的研究，指出张淮深无工部尚书的加官；据《唐宗子李氏再修功德记》，可知张淮鼎曾有尚书的加官，所以此位工部尚书很可能就是张淮鼎，他任命了其子张承奉出任节度判官①。笔者同意冯先生的结论，此外，再补充一点。从时间上考虑，张承奉任节度判官时，张姓归义军节度使只能为淮深或淮鼎。而上述两件牒文同抄一纸，笔迹相同；从内容看，均为处理释门事务，文书性质一致；在牒文的形式上，均为节度判官与节度使联署，可见两者所作时间当接近。两件牒文所署时间一为某年十月九日，一为十月廿日，两者又当作于同月。在第一件牒文中，张某自称“检教（校）右散骑常侍”，在第二件牒文中已称“检校工部尚书”，证明此人在文书所作之年的十月九日至廿日间，由“常侍”改称“尚书”。据荣新江先生研究，张淮深不曾称常侍，所以张承奉出任节度判官不应在张淮深时期，而只能在张淮鼎出任节度使期间。由此，两件牒文中的“使检教（校）右散骑常侍兼御史大夫张”“使检校工部尚书兼御史大夫张”都应指张淮鼎。据上文所考，大顺元年年底张淮鼎尚在管内称大夫，其称尚书当在此之后。此外，索勋于景福元年九月，已经被唐政府任命为归义军节度使，所以，上述两件牒文都应作于大顺二年的十月。由此可见，大顺二年十月前张淮鼎已由大夫改称常侍，而在十月九日至二十日间，又进称工部尚书。

据上文所考，张淮鼎代淮深执掌归义军之后，自称节度留

① 冯培红《敦煌归义军职官制度——唐五代藩镇官制个案研究》，第60页。

后，并于大顺元年年底之前，派遣使团入京请节。由于张淮鼎执政时期较短，对于其是否得到唐政府册封这个问题，学术界并未深入探讨。对此，Дx.05247v《书信》载：

> 某启寒温，伏惟尊体动止万福。故留后大郎，勳业素高，伏惟天恩追赠户部尚书。幽宠式崇，伏惟受命悲感。某卑守有限，不获阶庭拜慰驰贺，下情伏增悲恋。谨因长史某官，谨奉状起居不宣，谨启。①

文书作者写信给某位长史，以表示对“故留后大郎”的哀悼之情，此位长史应是留后大郎之子。据上述记载，此位“故留后大郎”并没有获得中央政府的承认，只是在死后才被追赠为户部尚

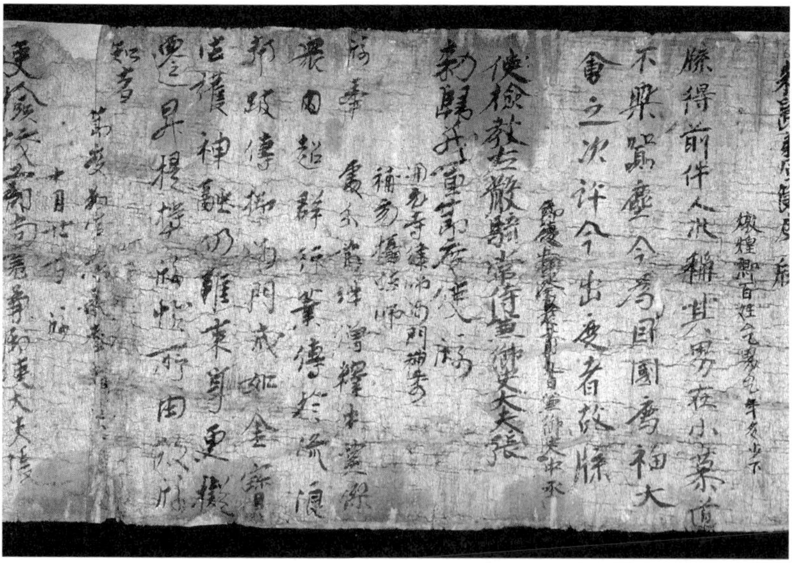

图5-14 S.515v《敕归义军节度牒》

① 《俄藏敦煌文献》第12册，第78页。

书。曹氏时期，归义军节度使世系清晰，未有至死尚未获中央政府承认的节度留后；此外，由于曹氏时期，瓜、沙已属于化外之地，中央政府多以空职虚衔羁縻之，所以即使是归义军政权中较为重要的官员，亦往往可以获得在张氏归义军时期只有节度使才能获得的检校散骑常侍及尚书衔，所以，作为归义军的兵马留后，不会在死后仅获赠检校户部尚书。由此，此位“故留后大郎”所处的年代只能是在张氏归义军时期。

张氏时期，曾执掌归义军者有张议潮、张淮深、张淮鼎、索勋、张承奉五人。据史书记载及学者考证，可以确定张议潮、张淮深、张承奉三人获得了唐政府的正式册封，可以排除。此外，学者据《大唐河西道归义军节度索公纪德之碑》所载“于时景福元祀，白藏无射之末，公特奉丝纶，就加（下缺）”，认为索勋至迟在景福元年九月底，已被唐政府任命为归义军节度使。此外，据荣新江先生研究，景福二年九月之后，索勋由“常侍”进称“刑部尚书”，而这个称号一直沿用到曹氏归义军初年[1]。这就证明上举文书中被追赠“户部尚书”的“故留后大郎”也并非索勋，由此，其只能指张淮鼎。

由于《唐宗子陇西李氏再修功德记》碑末残泐，对于张淮鼎最终的检校官，诸家多录作“检校□部尚书”。对于所残之字，苏莹辉先生《敦煌石刻考》也录作“□”，但其文下注又曰：“莹按：或为‘户’字，石文隐约可见。”[2]苏莹辉先生曾居敦煌，有缘摩挲原碑，其推断应具有很大的可信性，而这恰恰又可与我们上文所得出的张淮鼎死后被赠予“户部尚书”之结论相吻

① 荣新江《归义军史研究》，第90—91页。

② 苏莹辉《敦煌石刻考》，冯志文主编《中国西北文献丛书续编·敦煌学文献卷》，兰州：甘肃文化出版社，1999年，第21册，第392页。

合。由此可证，Дx.05247v《书信》中死后被唐政府追赠“户部尚书”的“故留后大郎”应确为张淮鼎。

张淮鼎被唐政府追赠户部尚书应在其卒后不久，而与上举文书所作时间接近。书信曰“某启寒温”，可证书信作于某年早春之际。据上文所考，大顺元年除夕之际，归义军官方的驱傩文中还祝愿张淮鼎能顺利得到中央的承认，再结合索勋景福元年九月获得唐政府册封的事实，此件书信应作于景福元年早春时分。考虑到归义军将张淮鼎卒官的消息上报唐政府及中央赠官的消息传回沙州所需的时间，张淮鼎当卒于大顺二年年底之前[1]。

[1]李正宇先生据《唐六典》所载驿马日行里数，得出唐代沙州往长安的法定程限约为54日（李正宇《索勋、张承奉更迭之际史事考》，《敦煌文献论集》，第126页）。由此，由沙州往返长安则需108日左右，如加上唐政府决策的时间，可能耗费的时间更多，所以，张淮鼎被追赠户部尚书距其死亡时间至少已三个半月。

第四节　晚唐归义军长史及司马问题再探

唐昭宗景福二年（893），建节于沙州的归义军发生政治动乱。嫁与李明振的张议潮第十四女与诸子合力诛杀节度使索勋，立议潮孙张承奉为节度使，并遣使长安以求册封。但据敦煌文献的记载，可知在张承奉掌握政权之初，控制归义军实权的却是号称“长史”和“司马”的两个人。唐耕耦先生在探讨曹氏归义军首任节度使曹仁贵（议金）的生平事迹时，曾将S.4470v《乾宁二年三月十日归义军节度使张承奉、副使李弘愿疏》中所提及的“长史司马夫人”断作“长史、司马夫人”，并将“长史”和“司马夫人”分别比定为曹仁贵和李明振之妻张氏[①]。荣新江先生认为在乾宁元年（894）至三年（896）间，虽然张承奉在名义上为归义军节度使，但实为傀儡。李氏兄弟尤其是李弘愿是归义军政权掌握实权者，而长史和司马应当是李弘愿和他某位兄弟。二人以长史和司马的身份诛灭索勋，而为掩人耳目，所以仍沿用此前较低的称号[②]。荣新江先生的结论得到了学术界的广泛认可。此后，李

① 唐耕耦《曹仁贵节度沙州归义军始末》，《敦煌研究》1987年第2期，第14—19页。
② 荣新江《晚唐归义军李氏家族执政史探微》，第87—100页；又收入同作者《归义军史研究》，第197—213页。

正宇先生撰文对索勋、张承奉更迭之际的史事进行了重新探讨，指出长史应为张承奉、司马为李弘愿[①]。冯培红先生则撰文指出在诛索勋之初，长史和司马分别应为李弘愿和李弘定；在弘愿和弘定获得唐政府的沙州刺史和瓜州刺史的册封之后，两职又分别被让度与李明振的三子弘谏和四子弘益[②]。由此可见，虽然学术界对晚唐归义军时期李氏家族执政的问题取得了很多重要成果，但在一些重要问题上，尤其是在掌握归义军实权的长史和司马的人选上，仍存在较大分歧。长史和司马人选的确定，不仅有助于晚唐归义军史中众多疑案的解决，而且可以为相关的敦煌文献提供可靠的时间坐标，故亟待澄清。

一、P.4640（3）《唐宗子陇西李氏再修功德记》性质再考

在唐代前期地方府州的官僚体系中，长史、司马与尹、少尹、别驾等官员一道，“掌贰府、州之事，以纲纪众务，通判列曹；岁终则更入奏计”[③]，属于所谓的“上佐”[④]，位高权重。但随着唐代中期地方行政体制的改革，包括长史、司马在内的上佐的职权和地位均出现了下降的趋势，以至于有学者认为晚唐时代中、下等州皆不置上佐[⑤]。正如李志生先生所指出的那样，由于政治斗争等需要，司马、长史到唐晚期依然存在于唐朝官制中，并未因其丧失职权而在晚唐的官制中消失，但上佐在唐前期

---

① 李正宇《索勋、张承奉更迭之际史事考》，《敦煌文献论集》，第114—128页。

② 冯培红《晚唐五代宋初沙州上佐考论》，《敦煌学国际研讨会文集》，第64—72页。

③《唐六典》卷三〇《三府督护州县官吏》，第747页。

④《通典》卷三二《职官典·总论郡佐》云：“凡别驾、长史、司马，通谓之上佐。”（第910页）

⑤ 严耕望《唐代府州上佐与录事参军》，氏著《唐史研究丛稿》，香港：新亚研究所，1969年，第104页。

就已有赋闲的趋势，到后期更是基本上丧失职权①。晚唐之际，地处西北僻远之地的沙州，在经历政权内部的权力更迭之后，自称“长史”和“司马”的二人却成为归义军政权的实际控制者。

据P.3167v《乾宁二年三月沙州安国寺道场司常秘等牒》及P.2803《押衙张良真状稿》等文献的记载，号称“长史”和“司马”的两人，不仅裁决僧俗百姓的上诉牒状，甚至任命归义军的边镇将领，显然是行使着归义军节度使的权力②。在S.4470v《乾宁二年三月十日归义军节度使张承奉、副使李弘愿疏》中，归义军节度使张承奉和副使李弘愿更是共同为“长史、司马、夫人已

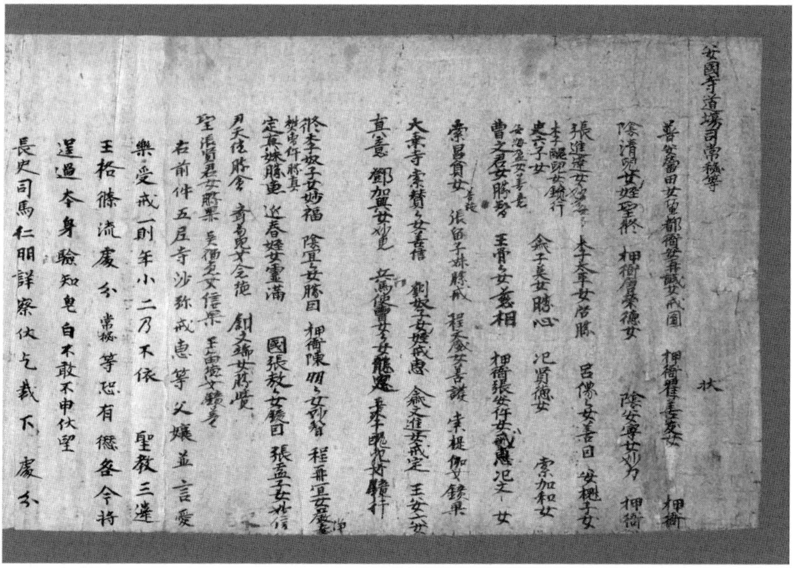
安國寺道場司常秘等 狀
長史司馬仁明詳察伏乞裁下處分

图5-15 P.3167v《乾宁二年三月沙州安国寺道场司常秘等牒》

① 李志生《关于唐代晚期府、州上佐（长史、司马、别驾）的几点意见》，《河北学刊》1991年第4期，第90—94页。

② 荣新江《归义军史研究》，第199—201页。

躬及两宅合家长幼”祈福[①]。而学者之所以将长史比定为李弘愿，一个重要的原因就是在相当于莫高窟第148窟《唐宗子陇西李氏再修功德记》碑中“长男使持节沙州诸军事□沙州刺史兼节度副使检校右散骑常侍上柱国弘愿”的部分，在P.4640（3）《唐宗子陇西李氏再修功德记》原作“长男长史洪（弘）愿”，后抄写者又将“长史”二字划掉。据此，学者多认为P.4640（3）《唐宗子陇西李氏再修功德记》或为功德碑的底稿抄本；而李弘愿以长史身份诛灭索勋，立碑纪功时，形势已与撰写碑文初稿时发生变化，故在刻碑之时直书其新官，文书底稿抄本中的旧职则被划去。若此说成立，或可证李弘愿曾出任沙州长史，并可与张承奉时期掌握归义军政权的长史相对应。但如果我们将P.4640（3）《唐宗子陇西李氏再修功德记》与李氏碑原碑的内容进行比对，并考虑到P.4640所抄文书的整体特点，就会发现上述结论似乎还

---

① 对于文中所提及的“长史司马夫人”，Giles（翟理斯）认为应指一人（（英）L.Giles,*Descriptive Catalogue of the Chinese Manuscirpts from Tunhuang in the British Museum*, London,1957,p177）；藤枝晃认为应指凉州司马李明振的夫人张氏（（日）藤枝晃《沙州歸義軍節使始末（一）》，第84页注47）；唐耕耦先生则断作“长史、司马夫人”，并认为长史指沙州长史曹仁贵，司马夫人指张议潮第十四女李明振妻（唐耕耦《曹仁贵节度沙州归义军始末》，第15页）。而荣新江先生则指出其应指长史、司马及夫人三人。此外，荣氏进一步认为其中长史为李弘愿，司马应为其一个兄弟，而夫人则为其母张氏（荣新江《归义军史研究》，第199—200页）。李正宇先生则认为文中的“长史、司马、夫人”，乃指张承奉及李弘愿夫妇；“两宅”，应指张承奉、李弘愿两宅。正如李正宇先生所说，作为回向者之一的张承奉不当被排除在“己躬”和“两宅”之外，所以笔者赞同其将“长史”比定为张承奉的看法，但其中的“夫人”却应如荣先生所说为李弘愿之母张氏。此外，笔者认为“两宅”不应指李弘愿及其某弟之宅或张承奉及李弘愿两宅，而应指此时掌管归义军的张氏和李氏两家。张承奉和李弘愿在自称归义军节度使和副使之后，还要以长史和司马自称，很可能与唐政府此时对张承奉的不承认态度以及张承奉、李弘愿在诛灭索勋政变中的身份有关。

存在一定的问题。

首先，虽然抄本中李弘愿、李弘定、李弘谏、李弘益四人的职衔均有省略，但将抄本与功德碑的内容进行对比后，可以发现抄本对文中所载人物的职衔进行省略是此件文书的普遍现象，而非针对李弘愿兄弟的特殊举措。

与功德碑相比，抄本在记载李明振曾祖李颢时，夺“唐正议大夫□□□司郎中，赐绯鱼袋□□□□□□□□□□□□□□□暐，归唐赠右散骑常侍”36字，不仅省略了李颢的职衔，而且直接跳过了沙州归唐后被赠右散骑常侍的李明振之父李暐；在记载张议潮时，夺“管内观察处置押蕃落营田支度等使，金紫光禄大夫、特进、食邑二千户、实封三百户、赐紫金鱼袋、南阳”等内容；在记载李明振时，省“检校国子祭酒兼御史中丞赐紫金鱼袋”；记

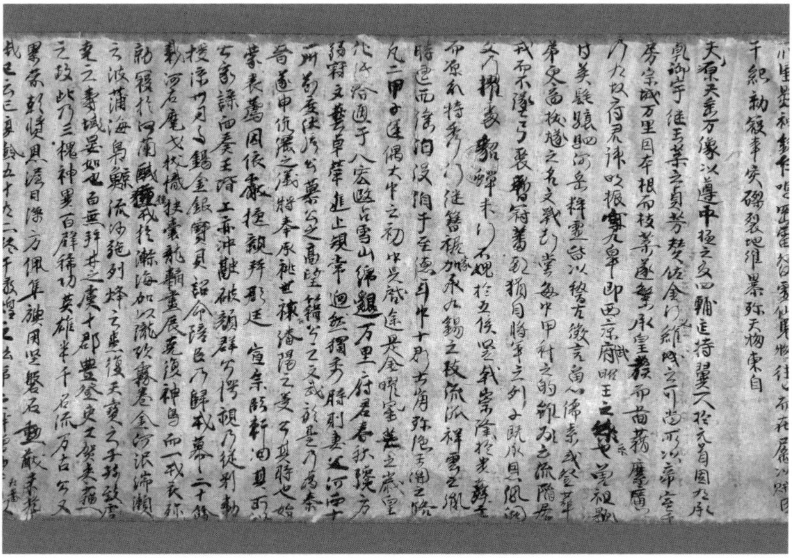

图5-16 P.4640(3)《唐宗子陇西李氏再修功德记》(局部)

载李明达时，省“河西节度衙推兼监察御史明达”；记载李明德时，省“任沙州录事参军”；记载张氏时，省“即河西万户侯、太保张公第十四之女”。所以，虽然P.4640(3)《唐宗子陇西李氏再修功德记》对李弘愿兄弟职衔均有省略，但尚不足以证明其确为功德碑底稿抄本。

其次，虽然抄本所记李弘愿兄弟的职衔与碑文相比均有省略，但抄本所载诸人的德政却与碑文相同，且抄本所言德政皆与碑文中李氏兄弟所自称的“刺史”相匹配。由此也可证立碑在前，抄本在后。

抄本在记载李弘愿时，省“使持节沙州诸军事□沙州刺史兼节度副使、检校右散骑常侍、上柱国”；记载弘定时，省“使持节”“墨离军押蕃落使兼御史大夫弘定”；记载弘谏时，省“使持节甘州刺史兼御史中丞、上柱国弘谏”；记载弘益时，省“朝议郎前守左神武军长史兼侍御史弘益”。但如将抄本与碑文所述诸人德政的内容作一对比的话，就会发现抄本中除出现一些音近致误的别字外，其他部分与碑文基本相同。如李弘定“晋昌要险、能补（布）颇牧之威……都河自住，神知有道之君；积贮万箱（厢），东郡著雕金之好”；李弘谏“洎分符甘州刺史，政恤茕（惸）孤”等德政，都是乾宁元年李弘定、李弘谏出任或自称瓜州刺史和甘州刺史后才能有的事迹，这也就证明抄本并非碑文的初稿。此外，P.4640(3)《唐宗子陇西李氏再修功德记》在记载李弘愿之事迹时，称其“六条布化，千里随车。人歌来慕之谣，永续龚黄之绩”，这也只能是在李弘愿自称沙州刺史后才能与之相配的德政[①]。既然此时李弘愿已称沙州刺史，那么在为李氏家族歌功颂德的功德碑中也就不会以其此前所担任的“长史”低称之。

再次，对原作品，尤其是作品中所记人物的职衔进行省略是P.4640所抄诸篇作品的共性，而非P.4640（3）《唐宗子陇西李氏再修功德记》的特性。P.4640号抄碑文6篇，赞文5篇。第一篇窦夫子撰《[阴处]士碑》，P.4638号作《大番故敦煌郡莫高窟阴处士公修功德记》，两者应属于同一碑文的不同抄本[②]。与P.4638相比，本卷内容多有省略。如在“曾皇祖讳”之后，略“庭诫，唐朝左骁骑守高平府左果毅都尉，赐紫金鱼袋，前沙州乡贡明经”；在“皇考”之后，略“伯伦，唐朝游击将军、丹州长松府左果毅都尉、赐绯袋、上柱国、开国男”；在“弟嘉珍”之后，略“大蕃瓜州节度行军并沙州三部落仓曹及支计等使”。此卷第四篇为《翟家碑》，应是唐悟真为翟法荣家族重修莫高窟第85窟时所作。碑文在叙述翟法荣祖希光、父涓及侄怀光、怀恩的事迹时，对诸人的职衔也均有省略[③]。由此，可知碑文与P.4640（3）《唐宗子陇西李氏再修功德记》所载李弘愿兄弟职衔的差异，当

① 据《汉书·百官公卿表》记载，汉武帝元封五年（前106）命刺史以“六条”巡查地方。据P.2524《语对》、S.2053v《赢金》、P.2966《籯金》等均将“六条”与刺史对应，而上举文书所载“六条”的内容却与北周“苏绰六条”基本相同。所以，晚唐敦煌文书中与刺史相对应的“六条”在内容上实应指“苏绰六条”，只是在形式上，敦煌文士将“苏绰六条”之内容嫁接至汉代“刺史六条”，并以其代称刺史之德政。此外，S.2053v《赢金》“刺史篇第廿二”载“刺史：故曰□□（太守），今曰刺史，诸侯之任也”“剖符、分竹、列郡、专城、千里”皆“太守荣名相称之号”。而根据其“刺史篇”所载之典故，可知修功德记中所载的“龚黄”应即在汉代出任太守的龚遂和黄霸。

② 郑炳林、郑怡楠《敦煌碑铭赞辑释（增订本）》，第36页。

③ 郑炳林、郑怡楠《敦煌碑铭赞辑释（增订本）》，第61页。

并非是抄本源自初稿、碑文采用李氏兄弟加官晋爵后的修改稿，而是因为P.4640抄写者本身对所抄内容进行了有选择的删略。据李冬梅先生研究，P.4640号文书很可能是晚唐五代敦煌地区学校的教案[①]。但如将抄本与碑文对照的话，就会发现抄本中除了大量简略外，更是存在大量因音近而致误的别字，据此，笔者认为P.4640号文书为敦煌地区学士郎之功课的可能性更大。

要而言之，P.4640（3）《唐宗子陇西李氏再修功德记》当属李氏家族功德碑记的略抄本，而非碑记底稿抄本，抄写时间应在李氏立碑之后。虽然在抄本中原有“长史”二字，但其应为文书抄写者误书。待其发现此笔误后，遂主动将“长史”二字划去[②]。所以，据此尚不足以证明李弘愿曾出任过沙州长史一职。所以，对于李氏家族以长史、司马身份掌实权、张承奉仅为傀儡的推论需重新予以考察。

二、P.3552《儿郎伟》所见的长史与司马

P.3552《儿郎伟》是某年除夕之夜归义军官方傩队唱诵的驱傩乐歌，其中多次为掌握归义军政权的长史、司马和太夫人祈愿祝福，是判断此时归义军内部权力分配情况及长史和司马人选的重要依据。文书的相关内容如下：

---

① 李冬梅《唐五代敦煌学校部分教学档案简介》，《敦煌学辑刊》1995年第2期，第63—68页。

② 根据抄本中所出现的大量因音同致误的别字，笔者认为此件文书内容或源自口授。而抄本中之所以出现“长史”的误写，或与李弘愿的“长男”排行及所自称的“使持节沙州诸军事□沙州刺史”有关。笔者推测口授者在“长男”二字后，误衍一“长”字，因与后文“使”字相连，故抄写者误为“长史”。

图5-17　P.3552《儿郎伟》（局部）

除夜驱傩之法，出自轩辕；直为辟除浔沴，且要百姓宜田。自从长使（史）领节，千门乐业欢然。司马兼能辅翼，鹤唳高鸣九天。条贯三军守法，奸吏屏迹无喧。北狄衔恩拱手，南戎纳款旌旜。太夫人握符重镇，即加国号神仙。能使南阳重霸，子父昌盛周旋。昨使曹光献捷，表中细述根源。三使莲（连）镳象魏，兰山不动烽烟。人马保之平善，月初已到殿前。圣人非常欢喜，不及降节西边。大将同欢助庆，愁甚不遇丰年。从兹河西开朗，太常舞道（蹈）向前。

驱傩圣法，自古有之。今夜扫除，荡尽不吉，万庆新年。长使（史）千秋万岁，百姓猛富足钱。长使大唐节制，无心恋慕猩（腥）膻。司马敦煌太守，能使父子团圆。今岁加官受爵，入夏便是貂蝉。太夫人表入之后，即降五色花笺。正是南杨（阳）号国，封邑并在新年。自是神人咒愿，非干下娌（里）之言。今夜驱傩队仗，部领安城大祆。以次三危圣者，搜罗内外戈鋋。趁却旧年精魅，迎取蓬莱七贤。屏及南山四皓，今秋五色弘（红）莲。从此敦煌无事，城隍千年万年。

驱傩之法，自昔轩辕。钟馗自泽，统领居仙。怪禽异兽，九尾通天。总向我皇境内，呈祥并在新年。长使（史）寿同沧海，官崇八座貂蝉。四方晏然清帖，猃狁不能犯边。甘州雄身中节，嗢末送款旌旜。西州上拱（供）宝马，焉祁（耆）送纳金钱。从此不闻枭鸱，敦煌太平［万年］。

咒愿太夫人，敕封李郡君。旧殃即除荡，万庆尽迎新。握（幄）帐纯金作，牙床尽是珍。绣褥鸳鸯被，罗衣笼上勋（薰）。左右侍玉女，袍袴从成群。鱼膏柄（炳）龙烛，魍魉敢随人？中夔（钟馗）并白宅（泽），扫障（瘴）尽（靖）妖纷（氛）。夫人、郎君寿万岁，郎君爵禄增勋。小娘子如初月，美艳甚芬芳。异世双无比，不久纳为婚。日日筵宾客，实胜孟常（尝）君。百姓皆来集，同座大新春。[1]

对于文中的“太夫人”，荣新江先生已经指出应为李明振妻张氏[2]，甚是。对于《儿郎伟》的成文时间，荣新江先生认为很可能在乾宁二年十二月，而李正宇先生则认为应在诛除索勋当年即

① 录文参周绍良《敦煌文学“儿郎伟”并跋》，文化部文物局古文献研究室编《出土文献研究》，北京：文物出版社，1985年，第178—179页；荣新江《归义军史研究》，第204—205页；李正宇《索勋、张承奉更迭之际史事考》，《敦煌文献论集》，第114—115页。图版见《法藏敦煌西域文献》第25册，第231页。

② 荣新江《归义军史研究》，第205页。

景福二年的年底[①]。需要指出的是，虽然荣新江和李正宇先生对《儿郎伟》的成文时间及文中“长史”和“司马”的人选看法不同，但对于《儿郎伟》中“自从长史领节”的记载，两位先生均指出此时长史实际已代行节度使职权而为归义军的首脑。由此看来，确定P.3552《儿郎伟》的创作时间，是解决问题的关键所在。

对于上述《儿郎伟》的写作时间，笔者赞同李正宇先生的观点。对此，P.3101《书仪》第三部分《贺天使平善过路》条可为旁证：

> 天使进发，已达五凉，道路无危，关河晏静，皆是长史、司马神谋以被，早达天庭，厶乙无任庆抃。[②]

此件文书当是归义军管辖的官员写给长史和司马，以祝贺唐政府所遣使团由沙州顺利东返的书信之抄本。此次唐政府派遣使团前往沙州，应与《儿郎伟》中所述太夫人等人上表，即“昨使曹光献捷”有关。唐政府使团离开沙州到达“五凉”之际，长史和司马仍控制着归义军政权。而据荣新江先生研究，乾宁三年五月以前李氏家族的统治已彻底垮台[③]。此外，据P.2825v《唐乾宁三年平康乡百姓冯文达雇驼契》载，乾宁三年二月十七日，平康乡百姓冯文达奉差入京。从时间上考虑，冯文达“奉差入京”很可能与李弘愿被清除有关，由此，李弘愿被杀当在此之前。所以，唐政府使团离开沙州应在乾宁三年二月二十七日即李弘愿被杀之

---

① 荣新江《归义军史研究》，第207页；李正宇《索勋、张承奉更迭之际史事考》，《敦煌文献论集》，第125页。

② 赵和平《敦煌表状笺启书仪辑校》，第284页。

③ 荣新江《归义军史研究》，第207—209页。

前。而按照《儿郎伟》作者的预计，唐政府的使团于次年入夏时分才能到达沙州，如《儿郎伟》确作于乾宁二年十二月，则两者之间就存在数月的时间差。此外，《儿郎伟》中着力营造的“能使南阳重霸”“正是南杨（阳）号国”，即由张氏家族执掌归义军的气氛，明显与李弘愿已自领节度使之任的态势格格不入，所以，曹光所献之捷，应是向唐政府汇报沙州军民推翻索勋统治之事。由此看来，《儿郎伟》作于景福二年十二月的可能性更大。唐政府得到消息后，于乾宁元年派遣由康克珣、师齐珙、陈思回等人组成的使团前往沙州。在唐政府使团完成任务东返后，一方面李氏家族于乾宁元年十月五日立功德碑以标榜功绩，另一方面，归义军属下的官员致信长史和司马以表示祝贺。如此推论成立，一则《儿郎伟》所作之时，李弘愿不能以长史身份取代张承奉掌管归义军，二则其不能在唐政府授予其沙州刺史之前将此职让度与其弟。所以，“兼能辅翼”长史之“司马”及“司马敦煌太守”都应指乾宁元年十月之后自称沙州刺史的李弘愿[①]。

冯培红先生同意荣新江先生将长史、司马比定为李弘愿兄弟的观点，并进一步指出文中诸如“长史领节”“长史千秋万岁”“长史大唐节制”等记载，应指李弘愿以沙州长史身份推翻索勋政权，却盼望唐政府授予其归义军节度使，而司马敦煌太守的情况与李弘愿类似[②]。但据上文所考，并没有确切证据证明李弘愿曾出任沙州长史。此外，《儿郎伟》所描写的“自从长使（史）

---

① 如果单纯从唐代官制角度考虑，《儿郎伟》以“司马”“敦煌太守”两个职事官连称以指代李弘愿颇为难解。所以，笔者认为所谓的“司马敦煌太守”或可理解为李弘愿以沙州司马的身份代理沙州刺史政务，或以前司马的身份自称沙州刺史而言。而根据《唐宗子陇西李氏再修功德记》的记载，李弘愿在诛索勋之后，随即自称沙州刺史，这也可以反证《儿郎伟》中的“敦煌太守”也即此前担任沙州司马的李弘愿。

② 冯培红《晚唐五代宋初沙州上佐考论》，《敦煌学国际研讨会文集》，第68页。

领节”和“司马兼能辅翼”“司马敦煌太守”之类的描写多属事实性的描述，而与“今岁加官昝爵，入夏便是貂婵（蝉）”“封邑并在新年”“咒愿太夫人，敕封李郡君”的祝愿之辞有所不同。所以，“自从长史领节”应从荣新江、李正宇先生所说，即其已经开始行使归义军的实际权力，而“司马敦煌太守”则表明司马已经自称沙州刺史。所以《儿郎伟》中已掌握归义军政权的长史当从李正宇先生所说，为张承奉；而被称为“司马敦煌太守”的司马，其情况与《唐宗子陇西李氏再修功德记》中自称“持节沙州诸军事□沙州刺史”的李弘愿相契合，当非其莫属①。此外，学者还认为P.3418v《唐沙州诸乡欠枝夫人户名目》应作于李氏执政时期，而“敦煌全不纳枝夫户”有“长使（史）李弘谏欠卅壹束”的记载，所以李弘谏可能是在未能出刺甘州的情况下，接替李弘愿出任沙州长史，李明振第四子李弘益则接替李弘定出任沙州司马。但学者所论似仍建立在“李弘愿曾出任沙州长史”这一推论成立的基础之上。此外，《唐沙州诸乡欠枝夫人户名目》除李弘谏外，还记有赤心乡之李弘定与郎君索丞（承）

① 向达先生认为索勋执政期间将张承奉引以为副贰，而第9窟中张承奉题名“光禄大夫检校司徒同中书门下平章事食……实……万户侯赐紫金袋南阳郡开国公”之结衔残缺的或即《旧唐书·昭宗纪》光化三年八月所记之节度副使诸官勋（向达《罗叔言〈补唐书张义潮传〉补正》，同作者《唐代长安与西域文明》，北京：三联书店，1957年，第424—425页）。但据笔者考证，第9窟或建成于乾宁四年（897）二月至光化元年（898）之间。第9窟中张承奉所谓检校司徒及使相的称号均系其自称，而非前任节度使索勋所授。据《旧唐书》卷二〇上《昭宗纪》记载，乾宁元年十月唐政府所授予承奉者最高仅为“归义军节度副使、权知兵马留后、银青光禄大夫、检校国子祭酒、监察御史、上柱国”，由此可证，《儿郎伟》中所谓的“长史领节”及“司马敦煌太守”应均属张承奉和李弘愿的自称。此外，虽然在李氏家族所立的碑记中，李弘愿被载为沙州刺史兼节度副使，但碑末张承奉所题职衔中又有“沙州□□刺史”，这也进一步证明此时李弘愿的沙州刺史之职系自称，而非出自朝命。

卫、敦煌乡县丞阴再庆等人。如《唐沙州诸乡欠枝夫人户名目》确作于李氏掌权期间，何以载李弘谏之长史、阴再庆之县丞，而不载李弘定之瓜州刺史等职衔？对于郎君索丞（承）卫，荣新江先生疑其即莫高窟第196窟甬道北壁第二身索勋之子索承勋①。从其以“承”字行，而被称为郎君看，其应为索勋之子。景福二年，索勋为张承奉及李氏兄弟所杀，虽然没有证据显示其家属全部遇害，但归义军官方的文书中是否还会称呼其子为郎君颇值得怀疑。所以，笔者认为《唐沙州诸乡欠枝夫人户名目》应作于索勋执政期间②。而莫高窟第196窟索承勋画像旁书有题记云“男故太保孙朝议郎守沙州长史兼御史中丞承勋一心供养”③，证明索承勋在索勋出任节度使期间曾出任沙州长史。所以，即使李弘谏所担任的长史确为沙州长史，在时间上也应在索承勋之前，故不可能由李弘愿所让度，更与张承奉时期掌权之长史无关④。

据P.3552《儿郎伟》记载，景福二年十二月之前长史已经“领节”，其在归义军境内当以归义军兵马留后或归义军节度使自称。如果我们能找到张承奉以长史自称留后或节度使的记载，

---

① 荣新江《归义军史研究》，第212页。

② 对于此件文书的制作时间，池田温先生系于9世纪后期（池田温《中國古代籍帳研究——概観·録文》，东京：东京大学东洋文化研究所，1979年，第598页）。雷绍锋先生赞同池田温先生的观点，并进一步指出本件文书属于张氏归义军时期，制作时间最晚不出乾宁三年或光化三年（雷绍锋《P.3418背〈唐沙州诸乡欠枝夫人户名目〉研究》，《敦煌研究》1998年第2期，第107—115页）。

③ 敦煌研究院编《敦煌莫高窟供养人题记》，第87页。

④ 张承奉统治时期，“长史”“司马”掌握了归义军实权，此“长史”当指沙州僚属的“沙州长史”无疑。根据《唐宗子李氏再修功德记》碑的记载，李明振第四子李弘益也曾经担任过长史，但是其担任的却是“守左神武军长史”。所以，对于P.3418v《唐沙州诸乡欠枝夫人户名目》中的李弘谏，其担任的是否指州郡上佐的长史还有待进一步确认。

则可进一步证明张承奉掌权初期的长史即张承奉，可与李正宇先生的结论相呼应。

冯培红先生从黄永武主编《敦煌宝藏》第104册所收录的北7220v《杂写》中揭出“敕河西节度捡挍（检校）国子祭酒兼御史中丞银青光禄大夫兵马留后使”等文字，并指出从检校衔、宪衔的角度看，此位留后应指张承奉①。此外，笔者从S.3875v《杂写》中也发现文字一行：“敕河西归议（义）军等军节度使银青光禄大夫兼（检）校国子祭酒兼御史中丞上柱国。”②从其所担任的职衔看，应与北7220v中的归义军兵马留后同为张承奉。此外，P.2555p1《书信》载“谨上叔端公”“侄归义军兵马留后□□书至甘州凉州已来送上”③；P.2555p2《周弘直状》则载：

> 季秋霜冷，伏惟长史留后尊体动止万福。即日弘直蒙恩，限以所守，未由伏谒，谨专奉状起居，不宣，谨状。
>
> 九月廿三日守肃州长史检校国子祭酒兼御史中丞上柱国周弘直状上。
>
> 阁下
>
> 长史留后

① 冯培红《关于归义军节度使官制的几个问题》，郑炳林、花平宁主编《麦积山石窟艺术文化论文集》下册，第231页。

② 《英藏敦煌文献（汉文佛经以外部份）》第5册，第185页。

③ 录文参（日）赤木崇敏《河西帰義軍節度使张淮鼎——敦煌文献P.2555pièce1の検讨をじて》，《内陸アジア言語の研究》第20号，2005年，第7页。“□□”，赤木氏作“隹（淮）鼎”。此件文书本为装信之信筒，赤木氏在对其进行拼接缀合的基础上，进行了相关研究。从目前看来，赤木氏的录文最为准确。但在某些具体问题上，笔者尚有不同意见，限于篇幅，只能另文论述。

谨空。①

很明显，P.2555p1 中的归义军兵马留后也即被周弘直尊称为“阁下”的“长史留后”。此外，P.2762《河西节度兵部尚书张公德政之碑》背面残有状文的尾部：

九月一日银青光禄大夫检校太子宾客侍御史张厶乙状

阁下

长史

谨空。②

图5-18 P.2555p2《周弘直状》

① 《法藏敦煌西域文献》第15册，上海：上海古籍出版社，2001年，第346页。
② 《法藏敦煌西域文献》第18册，第120页。

《张淮深碑》镌于中和二年四月八日至五月十二日间①，碑文背后状文当抄写于碑文镌刻之后。在上述两件状文中，受状人同为长史，且两件状文同作于九月；而上状人地位相近，应均为归义军节度使的僚属，所以两状中的“长史”应同为一人。根据敦煌文献和史书的记载，曹氏首位节度使曹仁贵（议金）曾以守沙州长史的身份领留后事。如在P.4638v《权知归义军节度兵马留后曹仁贵状》中，曹仁贵（议金）就自称为“权知归义军节度兵马留后、守沙州长史、银青光禄大夫、检校吏部尚书兼御史大夫、上柱国”②。但据学者研究，曹议金并没有以长史作为自己的称号③，所以此位长史并非曹议金。

Дx.05247v《书信》载：

> 某启寒温，伏惟尊体动止万福。故留后大郎，勤业素高，伏惟天恩追赠户部尚书。幽宠式崇，伏惟受命悲感。某卑守有限，不获阶庭拜慰驰贺，下情伏增悲恋。谨因长史某官，谨奉状起居不宣，谨启。④

文书作者写信给长史，以表示对“故留后大郎”的哀悼之情。上述《书信》中的“故留后大郎”当为张淮鼎，而文中的长史当非张承奉莫属。由此，在P.2555p1《书信》及P.2555p2《周弘直状》中以长史身份自称归义军兵马留后的长史，也当即子承父业的张承奉。此外，据李正宇先生考证，索勋被杀在景福二年的九月至十月间。

---

① 荣新江《归义军史研究》，第407页。
② 《法藏敦煌西域文献》第32册，第235页。
③ 荣新江《沙州归义军历任节度使称号研究（修订稿）》，《敦煌学》第19辑，第15—67页。
④ 《俄藏敦煌文献》第12册，第78页。

而在P.2762《张淮深碑》背面九月一日的残状文中，张承奉被称作“长史”，在九月二十二日的P.2555p2《周弘直状》中，其已被称作“长史留后”，所以张承奉由“长史”改称“长史留后”的时间当在某年的九月一日至二十二日之间，正可与索勋被杀的时间相吻合，这也就进一步证明上文所提及的长史确应指张承奉。

三、张承奉出任沙州长史时间考

对于张承奉和李弘愿始任沙州长史和司马的时间，李正宇先生均系于景福二年九月、十月间，即诛杀索勋之后[①]。根据莫高窟第148窟西壁北向第14身供养人题记载“故甥将仕郎守沙州司马□……索□鼎供养”[②]，可知索□鼎曾在其父索勋任节度使期间出任沙州司马。由此可证，李弘愿出任司马的时间应确如李正宇先生所说。但对于张承奉始任沙州长史的时间，笔者却有不同看法，现略述如下。

S.515背面抄有两件《敕归义军节度使牒》。对于两件文书的写作时间，荣新江先生考订为天复元年[③]，郝春文先生从此说[④]。李正宇先生据S.515v（2）《开元寺律师神秀补充摄法师牒》中“节度判官张承奉”的记载，认为此件文书作于景福二年十月廿一日；而“节度判官”为张承奉在索勋当政时所居之职；索勋被诛后，张承奉初以“节度判官”领节度事，局势稳定之后，乃以李弘愿为“司马”；景福二年十一月之后，张承奉不再使用“节度判官”称号，而改用“长史”名号领节[⑤]。冯培红先生则首先

① 李正宇《索勋、张承奉更迭之际史事考》，《敦煌文献论集》，第126页。
② 敦煌研究院编《敦煌莫高窟供养人题记》，第68页。
③ 荣新江《归义军史研究》，第93页。
④ 郝春文《英藏敦煌社会历史文献释录》第2卷，第463页。
⑤ 李正宇《索勋、张承奉更迭之际史事考》，《敦煌文献论集》，第118页。

指出牒文中的“使检校工部尚书兼御史大夫张”应指张淮鼎[①]，由此张承奉出任节度判官应在张淮鼎时期。从文书的内容等因素看，上述两件文书的写作时间接近，所以，要探讨张承奉出任节度判官和长史的时间，两件牒文的写作时间必须明确。此外，对于第二件牒文张承奉署名部分，郝春文先生编著《英藏敦煌社会历史文献释录》第2卷录作“节度判官张承奉郎张”。如此，“节度判官张承奉郎张”或可断作“节度判官张、承奉郎张”，则“张承奉”有可能并非人名，所以，对第二件牒文中节度判官的署名的确定也至关重要。

首先，我们来看第一件牒文的写作时间。荣新江先生之所以将文书的写作时间系于天复元年，除考虑到张承奉天复二年已称尚书的因素外，另一个重要原因是在第一件牒文的纪年部分中辨识出“天复”二字。但如果两件牒文中的节度判官都指张承奉的话，那么第一件牒文中的“使检校左散骑常侍兼御史大夫张”和第二件牒文中的“使检校工部尚书兼御史大夫张”都不应指张承奉，这也就说明时任归义军节度使应另有其人。对于第一件牒文的纪年部分，唐耕耦先生录作“????? 十月九日”[②]，而《英藏敦煌社会历史文献释录》第2卷未录。经笔者仔细核对《英藏敦煌文献（汉文佛经以外部份）》的图版，发现S.515v第一件牒文在“节度判官”与“兼御史中丞”间确有某某年十月九日的字样，但似又将诸字划去，这可能正是《英藏敦煌社会历史文献释录》第2卷阙而未录的原因。正如荣新江先生所言，干支纪年部分的文字极为模糊。经笔者辨认，第一字应为“癸”字。张承奉之父张淮鼎在光启二年十二月之前始返回沙州，而在乾宁元年十

① 冯培红《敦煌归义军职官制度》，第60页。

② 唐耕耦、陆宏基《敦煌社会经济文献真迹释录》第4辑，第63页。

月之后，张承奉已开始掌管归义军。在此期间，“癸□”年只有一个，即景福二年癸丑。如此，第一件牒文中的时间或为“癸丑年十月九日”。此时张淮鼎已死而由索勋执掌归义军政权，似乎难以解释牒文中节度使自称张姓的矛盾。但从S.515背面所抄文书的性质来看，两者应均为实用文书的抄本，“癸丑”或为误写，所以抄写者后又将其划掉，似并不能成为判断文书年代的绝对依据。而上述两件牒文同抄一纸，笔迹、性质及内容相同或相近，在牒文的形式上，均为节度判官与节度使联署，可知两者所作时间当接近。如果我们能确定第二件牒文的写作时间，第一件的写作时间也就迎刃而解了。而确定第二件牒文时间的关键，就是我们能否确定其所载的节度判官就是张承奉。

对于第二件牒文“节度判官张承奉”之后的两字，唐耕耦先生作“[　]”[①]；李正宇先生录作“□□”[②]；郝春文先生则录作“郎张”[③]。经核对原卷，可以发现在此处有裁割并重新粘贴的痕迹。“节度判官张承奉”之后的二字在重新粘贴后部分已经重合，但第一字的右半部却没有受到影响，但其并非“郎”字右半部的“阝”部。对照上文“节度判官”中“节”的写法，第一字或为“节”字；第二字由于粘贴重合过于严重，已难以辨识。由此可见，上文中的担任“节度判官”者当确为张承奉。由于两件牒文所作时间接近，所以第一件牒文中的“使检校左散骑常侍兼御史大夫张”和第二件牒文中的“使检校工部尚书兼御史大夫张”当同为一人。据荣新江先生研究，张淮深并没有“散骑常侍”和“工部尚书”的称号，所以上述牒文中与张承奉同时出现

① 唐耕耦、陆宏基《敦煌社会经济文献真迹释录》第4辑，第44页。
② 李正宇《索勋、张承奉更迭之际史事考》，《敦煌文献论集》，第117页。
③ 郝春文《英藏敦煌社会历史文献释录》第2卷，第463页。

的归义军节度使当即张淮鼎。而据笔者考证，大顺元年年底张淮鼎尚在管内称大夫，而索勋在景福元年九月已经被唐政府任命为归义军节度使，所以，上述两件牒文都应作于大顺二年十月[①]。由此可见，张承奉出任节度判官是在张淮鼎而非在索勋掌权期间。在Д х .5247《书信》中，张承奉已被称为长史，书信曰“某启寒温”，可证书信作于某年早春之际，再结合索勋景福元年九月获得唐政府册封的事实，此件书信应作于景福元年早春时分。所以，张承奉由节度判官改任沙州长史当在大顺二年十月至景福元年早春之间。据冯培红先生考证，索勋政变成功之后，任命其子索承勋出任沙州长史，控制了沙州政权[②]。如将索勋受到唐政府册封视为其掌握归义军政权的标志，则景福元年九月之后，张承奉已为索承勋所取代，而不再担任沙州长史之职。

由此可知，张淮鼎在大顺元年取代张淮深后，以其子张承奉为节度判官。而大约在大顺二年十月之后不久，张淮鼎以张承奉出任沙州长史，以为副贰。景福元年早春时分，归义军官员给张承奉写信哀悼张淮鼎时，仍称其为长史。而索勋在景福元年九月得到唐政府册封后，以其子索承勋取代张承奉出任长史。景福二年九月一日至二十二日间，张承奉与李氏家族共同诛灭索勋父子，随后其应就恢复了长史称号，并以此充当归义军兵马留后。而这个结论正好可以与《儿郎伟》中“自从长史领节”“正是南阳号国、封邑并在新年”等记载相契合。这也就进一步证明张承奉时期，出任长史并掌管归义军军政事务者并非李弘愿，而应是张承奉；而李弘愿出任的则为司马之职，也就是《儿郎伟》所记的“司马敦煌太守”。从索勋之子索□鼎曾在索勋时期出任沙州

① 李军《晚唐归义军节度使张淮鼎事迹考》，第1—12页。
② 冯培红《晚唐五代宋初沙州上佐考论》，《敦煌学国际研讨会文集》，第66页。

司马的记载看，李弘愿担任沙州司马当在索勋被诛之后。

综上所述，通过对P.4640（3）《唐宗子陇西李氏再修功德记》与莫高窟第148窟《唐宗子陇西李氏再修功德记》之间的关系及P.3552《儿郎伟》写作时间等问题的考订，我们可以进一步明确在张承奉掌权初期，自称长史和司马者当为张承奉和李弘愿，而非皆为李氏兄弟。早在张淮鼎在世之时，张承奉已由节度判官转任沙州长史，时间应在大顺二年十月至景福元年早春之际。索勋上台后，索承勋取代张承奉出任沙州长史，以为节度使副贰。索勋被诛之后，张承奉恢复了此前的长史称号，并以长史领归义军留后。由于索勋统治时期担任司马的是索□鼎，所以李弘愿担任沙州司马应在索勋被杀之后。从张承奉以节度留后的身份与“兼能辅翼”的李弘愿共同处理归义军政务的情况看，此时归义军的政治格局应是张、李二家共享权力，而非李氏家族独揽大权。

第五节　从供养人题记看莫高窟第9窟的建成时间

莫高窟第9窟为晚唐时期敦煌地区所营建的重要洞窟。对于第9窟窟内壁画的题材，梁尉英先生曾做过细致的考证[①]。第9窟

图5-19 莫高窟第9窟 窟顶四披及藻井 晚唐

① 梁尉英《略论敦煌晚唐艺术的世俗化》，敦煌研究院、江苏美术出版社编《敦煌石窟艺术·莫高窟第九窟、第一二窟（晚唐）》，南京：江苏美术出版社，1994年，第10—34页。

甬道南北两壁绘有唐代归义军首任节度使张议潮之孙张承奉、归义军节度使索勋、瓜州刺史李弘定、沙州军使李弘谏等人的供养人画像，反映了张、索、李等大族此时在归义军政权中的权力分配状况，为学者所关注。由于窟内没有明确的建窟题记，且敦煌文献中没有发现与其相对应的造窟功德记，所以，学者在探讨第9窟建成时间问题时，所依据的主要是甬道内张承奉等供养人题记中的职衔。由于侧重点不同，学者之间尚存在不小的分歧。目前为止，对于第9窟建成的时间，向达、唐长孺等先生将其系于索勋出任节度使期间（892—894）；钱伯泉和李正宇先生则认为应在索勋死后，但在具体时间上两者之间仍有差异①。张景峰先生利用李弘定和李弘谏结衔的情况，对第9窟供养人画像的绘制

① 向达先生认为索勋执政期间将张承奉引以为副贰，而第9窟中张承奉题名结衔残缺的或即《旧唐书·昭宗纪》光化三年八月所记之节度副使诸官勋（向达《罗叔言〈补唐书张义潮传〉补正》，《唐代长安与西域文明》，第424—425页）。姜亮夫先生认为此窟应为张氏之功德窟，开凿于大顺二年索勋保辅承奉之际（姜亮夫《莫高窟年表》，上海：上海古籍出版社，1985年，第444页）。唐长孺先生则认为张承奉之司徒、同平章事称号，乃索勋为安张氏之心而所给予的尊称，而第9窟的题名是在索勋初任节度使时（唐长孺《关于归义军节度的几种资料跋》，《中华文史论丛》第1辑，第275—298页）。贺世哲先生根据第9窟中索勋题名中的节度使的题衔，认为第9窟甬道题名当在892年左右（贺世哲《从供养人题记看莫高窟部分洞窟的营建年代》，《敦煌莫高窟供养人题记》，第214页）。荣新江先生也认为张承奉的司徒称号是索勋用以收买沙州人心的虚衔，其题名应与索勋的题名同写于景福二年（893）九月前后（荣新江《归义军史研究》，第91页）。需要指出的是，向达、唐长孺、贺世哲等先生在探讨索勋及张承奉题名时间时，似乎对同窟李弘定兄弟的题名并未给予足够的关注。钱伯泉先生认为第9窟为李氏所开，时间在索勋死后（钱伯泉《为索勋篡权翻案》，《敦煌研究》1988年第1期，第68—75页）。李正宇先生则认为第9窟建于天复四年（904）八月至天祐三年（906）之间（李正宇《索勋、张承奉更迭之际史事考》，《敦煌文献论集》，第119页）。

时间也进行过研究[①]。第9窟建成时间的确定，不仅可以为相关的敦煌文献提供可靠的时间坐标，还有助于晚唐归义军政权内部张、索、李等家族政治斗争疑案的破解，故亟待澄清。

莫高窟第9窟甬道北壁第一身供养人题名作：

> ……光禄大夫检校司徒同中书门下平章事食……实……万户侯赐紫金袋南阳郡开国公张承奉一心供养

第二身题名作：

> ……瓜州刺□（史）……光禄大夫检校左□（散）□（骑）□（常）□（侍）□（兼）□（御）□（史）大夫上柱国陇西郡李弘定一心供养

甬道南壁第一身供养人题名作：

> 敕归义军节度管内观察处置押蕃落等使银青光禄大夫□□□□检校右散骑常侍兼□（御）史大夫索勋供□（养）

第二身题名作：

> 朝散大夫沙州军使银青光禄大夫检校左散骑常侍兼御史大夫上柱国陇西郡李弘谏一心供养[②]

① 张景峰《敦煌莫高窟第9窟甬道供养人画像年代再探》，《兰州学刊》2009年第11期，第20—26页。

② 敦煌研究院编《敦煌莫高窟供养人题记》，第6页。

总的看来，对于第9窟李氏兄弟供养人题名的时间，目前学术界倾向于乾宁元年十月之后，而对于张承奉及索勋供养人题名的时间则存在较大的分歧[①]。对于张承奉题名结衔中所带的“检校司徒、同中书门下平章事”，包括向达、唐长孺、荣新江等先生在内的多数学者认为是索勋执掌归义军期间所给予的虚衔，并没有实际的意义，故张承奉及索勋的题名应写于索勋当权时期。但笔者认为第9窟张承奉“司徒”等称号为索勋所赠予的推论尚存不少疑点。首先，如果张承奉的职衔确为索勋所赠予的虚衔，则很难解释为何在第9窟的甬道中会同时并存有李弘定和李弘谏

图5-20 莫高窟第9窟 索勋供养人像 晚唐

① 钱伯泉《为索勋篡权翻案》，第68—75页；李正宇《索勋、张承奉更迭之际史事考》，《敦煌文献论集》，第114—128页；荣新江《归义军史研究》，第206页。

的供养人题记，而二人题记中的职衔显然是诛杀索勋后才获得的。其次，在张承奉之前，归义军节度使中唯有张议潮生前使用过司徒称号①，张承奉之父张淮鼎虽然曾以节度留后代行节度事，但死后仅被唐政府追赠为检校户部尚书②。索勋上台后，在已获唐政府正式册封的情况下，也只能使用将军、大夫、常侍等较低的称号。所以，索勋在获得合法地位后即使要掩人耳目，似也没有必要给予张承奉"检校司徒"如此高的称号。更为重要的是，张承奉的"同中书门下平章事"，即"使相"的称号也不是索勋所能给予的。再次，乾宁元年十月所立的《唐宗子陇西李氏再修功德记》碑末张承奉的职衔仅记作"沙州□□刺史兼沙瓜□西等州节度使御史大夫"③。如果张承奉在索勋统治时期已有"光禄大夫检校司徒同中书门下平章事食……实……万户侯赐紫金袋南阳郡开国公"的职衔，何以《唐宗子陇西李氏再修功德记》中对其散官、勋爵、服色等均付诸阙如？这就可以反证其"检校司徒"等称号并非得自索勋时期。所以，虽然索勋和张承奉供养人题记在第9窟同时出现，但不足以证明两者作于索勋统治时期。

以往学者在论证张承奉和索勋题名时间问题时，主要的根据是窟内索勋供养人题记中的"常侍"称号。景福二年九月索勋尚在使用常侍称号，所以，如果我们能明确索勋由常侍改称尚书的时间，则可以为第9窟中索勋供养人题名的时间提供重要参考。

根据莫高窟第196窟及第98窟的索勋供养人题名，我们可以确定索勋确实曾被称为尚书。但令人感到不解的是，在敦煌文献

① 荣新江《归义军史研究》，第60—91页。
② 李军《晚唐归义军节度使张淮鼎事迹考》，第1—14页。
③ 李永宁《敦煌莫高窟碑文录及有关问题（一）》，第68页。

中，我们似乎并没有看到其称尚书的记载。所以，对于索勋改称尚书的时间下限，我们只能根据第98窟及第196窟的修建年代做一大致判断。

第98窟甬道北壁第三身索勋供养人题记作：

> 敕归义军……节度管内观察处置押蕃落支度营田等使……金紫光禄大夫检校刑部……兼御史大夫守定远将军上柱国钜鹿郡索讳勋一心供养[①]

据学者研究，第98窟为曹氏归义军的首任节度使曹议金主持营建而成，也即曹议金的功德窟，建成时间应在后唐同光年间（923—925）[②]。正如荣新江先生所言，第98窟有浑子盈的题名，而其阵亡于同光三年（925）六月之前的归义军征甘州回鹘之役，所以同光三年六月可以视为第98窟建成的时间下限。

下面，我们再来看第196窟的情况。第196窟甬道北壁第一身索勋供养人题记作：

---

① 敦煌研究院编《敦煌莫高窟供养人题记》，第32页。

② 贺世哲、孙修身《瓜沙曹氏与敦煌莫高窟》（敦煌文物研究所编《敦煌研究文集》，兰州：甘肃人民出版社，1982年，第220—272页）、贺世哲《从供养人题记看莫高窟部分洞窟的营建年代》（《敦煌莫高窟供养人题记》，第216—219页）、马德《曹氏三大窟营建的社会背景》（《敦煌研究》1991年第1期，第19—24页，又转第114页）等文均将第98窟的建成年代系于同光年间。荣新江先生根据窟内曹议金、浑子盈等人题名的情况，考证出第98窟供养人像完工的时间应在同光三年六月左右（荣新江《关于曹氏归义军首任节度使的几个问题》，《敦煌研究》1993年第2期，第46—53页；收入氏著《归义军史研究》，第231—246页）。王惠民先生则认为第98窟建成于同光二年（924）中期（王惠民《曹议金执政前期若干史实考辨》，敦煌研究院编《段文杰敦煌研究五十年纪念文集》，北京：世界图书出版公司，1996年，第425—430页）。

敕归义军节度沙瓜伊西等州管内观察处置押蕃落营田等使守定远将军检校吏部尚书兼御史大夫钜鹿郡开国公食邑贰阡户实封二百户赐紫金鱼袋上柱国索勋一心供养①

对于第196窟的建成时间，此前学术界多认为是在索勋任归义军节度使期间（893—894）②。2000年，土肥义和先生利用敦煌文献对第196窟主室5名供养人比丘的生活年代进行考察后，认为第196窟应创建于925年到980年之间，而并非传统观点所认为的893—894年；甬道北壁的索勋父子像应是他们死后才绘画上去

① 敦煌研究院编《敦煌莫高窟供养人题记》，第87页。对于索勋题衔中的检校官，史岩《敦煌石窟画像题识》（吴坚主编《中国西北文献丛书》第198册，兰州：兰州古籍书店，1990年，第424页）、向达《罗叔言补唐书张义潮传补正》（向达《唐代长安与西域文明》，第423页）皆作“吏部尚书”；伯希和《伯希和敦煌石窟笔记》（第118—119页）作“刑部尚书”，张大千《漠高窟记》作“户部尚书”（张大千《张大千居士遗著漠高窟记》，冯志文主编《中国西北文献丛书续编·敦煌学文献卷》第9册下册，兰州：甘肃文化出版社，1999年，第285页）。虽然《敦煌莫高窟供养人题记》晚出，但其充分参考了前人的成果，且有地利之便，故索勋题名中检校“吏部尚书”的可能性更大。

② 此说由金维诺先生首倡（金维诺《敦煌窟龛名数考》，《文物参考资料》1959年第5期，第50—54页，又转第61页），后为藤枝晃先生所继承（（日）藤枝晃《敦煌千仏洞の中興——張氏諸窟を中心とした9世紀の仏窟造営》，第116—120页），并得到了学术界的普遍支持。对于石窟建成的具体时间，金维诺、藤枝晃先生系于景福元年（892）至乾宁二年（895）间；姜亮夫先生系于景福元年（姜亮夫《莫高窟年表》，第446页）；贺世哲先生认为应在景福二年（893）到乾宁元年之间；敦煌研究院编《敦煌石窟内容总录》则认为应在唐景福年间（892—893）（第77页）；敦煌研究院编《敦煌莫高窟供养人题记》则将时间系于晚唐（第86页）。

的，因此不能作为开窟年代的凭证[①]。但土肥氏在否定传统观点的同时，又面临着一个难题：根据敦研322《辛亥年（951）腊八燃灯分配窟龛名数》的记载，此时第196窟（何法师窟）已经建成；但甬道南壁与索勋相对的曹元忠在962年才被宋太祖补授为节度使，由此，第196窟又当建于962年之后。针对上述矛盾现象，2004年，梅林先生指出第196窟存在创建及重画、补画两个阶段：第196窟创建于索勋在位时期，但并未完工；964年之后，由何家僧人主持续修，抹去了甬道北壁上的何法师像，而代之以索勋父子[②]。2006年，梅林先生又对此前的观点进行了修订，认为索勋之像仍应画于其在世当权之时[③]。此外，梅林先生还接受了萧默先生的观点，认为何法师在893年稍前开凿了第196窟，后来为了庆祝索勋正式成为归义军节度使，所以不惜将自己的供养像抹去换上索勋，时间在893—894年。但第196窟中索勋所检校之“吏部尚书”要高于第98窟中的“刑部尚书”[④]，可证第196窟

① （日）土肥义和《论莫高窟中的何法师窟（第196窟）的创建年代——对供养人题记的考察》，“2000年敦煌学国际学术讨论会论文”论文集，2000年，第54页。但不知何故，此文未收入甘肃民族出版社于2003年出版的《2000年敦煌学国际学术讨论会文集》。

② 在2004年兰州大学召开的“佛教艺术与文化国际学术研讨会”上，梅林先生提交了题为《“何法师窟”的创建与续修——莫高窟第196窟年代分论》的论文摘要（《“佛教艺术与文化国际学术研讨会”论文摘要集（摘要部分）》，甘肃兰州，2004年，第3页），并就此在会议上进行了演讲。

③ 梅林《“何法师窟”的创建与续修——莫高窟第196窟年代分论》，《艺术史研究》第8辑，广州：中山大学出版社，2006年，第413—432页。

④ 梅林先生将第98窟索勋之“刑部尚书”视为其最高检校官，并以此否定《敦煌莫高窟供养人题记》第196窟索勋检校“吏部尚书”的记载，而从《伯希和敦煌石窟笔记》之“刑部尚书”。但《伯希和敦煌石窟笔记》录文的总体准确程度似逊于向达、史岩及贺世哲等先生的录文。此外，即使从张大千先生所录的“户部尚书”，也较“刑部尚书”为高，所以，笔者倾向于认为第196窟索勋之题名应晚于第98窟。

中索勋供养人画像完成的时间要晚于第98窟。据此，笔者认为梅林先生此前所提出的第196窟索勋题名作于10世纪中叶的观点似更为可取。

由此可知，虽然在第196窟的供养人题名中，索勋被称为尚书，但由于此题名可能晚于第98窟索勋的题名时间，所以，第98窟中的索勋题名也就成为目前所知的索勋被称为尚书的最早实例。既然索勋由常侍改称尚书的时间下限已晚至同光三年六月，那么索勋的常侍称号就有延续到五代时期的可能。如此，根据第9窟中索勋的“常侍”称号也就不能证明索勋的供养人像与题名作于其统领归义军时期。

此外，虽然敦煌文献中并没有张承奉称司徒、同平章事的直接记载，但还是留下了可资旁证的蛛丝马迹。罗福苌辑《沙州文录补》收有《节度押衙充新城镇遏使张宝山状》及张宝山上相公、大将军的两通《封书样》，现录文于下：

张□残书状

(上缺)日，宝山蒙(约缺七字)体何似？伏惟善加(约缺四字)著物色，孤镇地无所出，前件□黄鐢、菌子，乞垂容纳。不宣，谨状。

月日具官衔。张□状上(名上加新城朱记印)。

常侍阁下。谨空。

……………………………………………………………………

封书样

新城镇状上相公衔。节度押衙充新城镇遏使张宝山状。谨封。

……………………………………………………………………

封与大将军书样

谨谨上郎中阁下。节度押衙充新城镇遏使张宝山状封。[①]

对于状文中的“张宝山”，学者多认为其与P.3518《张保山邈真赞》所载的张保山为同一人[②]。在第一件封书样中，张宝山自称“节度押衙充新城镇遏使”，由新城镇状上相公衙。张宝山所署职衔中没有特别标出“归义军”等字样，可证状文所上的相公应为归义军内部，而非外镇。在唐代，只有身兼宰相职的人才能被称为相公。唐代宰相名目繁多，但正如张国刚先生所说，代宗大历以后，加“同中书门下平章事”者才是宰相。张宝山出任新城镇使的时间大致在唐天复元年（901）六月至后梁开平三年（909）十月间[③]，所以此位相公只能指自称“同中书门下平章

---

① 罗福苌《沙州文录补》，中国西北文献丛书续编编撰委员会编《中国西北文献丛书续编》第18册，兰州：甘肃文化出版社，1999年，第500页。

② 荣新江《归义军史研究》，第316页；冯培红《归义军镇制考》，《敦煌吐鲁番研究》第9卷，第275—276页；杨秀清《P.3518〈张保山邈真赞〉札记》，刘进宝、高田时雄主编《转型期的敦煌学》，上海：上海古籍出版社，2007年，第183—187页；杨宝玉、吴丽娱《归义军朝贡使张保山生平考察与相关历史问题》，《中国史研究》2007年第4期，第51—68页。

③ 对于张宝山出任新城镇使的时间，杨秀清先生认为应在张承奉任节度使期间，而荣新江、冯培红先生则认为在金山国时期（杨秀清《P.3518〈张保山邈真赞〉札记》，《转型期的敦煌学》，第184—185页；荣新江《归义军史研究》，第316页；冯培红《归义军镇制考》，《敦煌吐鲁番研究》第9卷，第275页）。据P.3518《张保山邈真赞》的记载，张保山由长安返回沙州后，被任命为“左马步都虞侯”。而其在左马步都虞侯任上至少“五载有余”之后，曹议金才取代张承奉的统治，所以张保山出任新城镇使的时间应从杨秀清先生所说。如荣新江先生所说，曹议金取代张承奉应在甲戌年（914）五至十月间，而由此前推“五载”，可证张保山由新城镇使离职应在梁开平三年（909）十月之前。而冯培红先生据P.4640v《归义军军资库布纸破用历》的记载，已证明己未年（899）五月十日至辛酉年（901）六月四日之间，一直是张从武担任新城镇使，所以张保山出任新城镇使的时间大致应在唐天复元年六月至后梁开平三年十月之间。

事”的张承奉。这也就进一步证明第9窟中张承奉的“检校司徒”“同中书门下平章事”称号并非索勋所赠而是其自称，使用的时间已在索勋卒后。

相对于第9窟张承奉和索勋，同窟李弘定、李弘谏兄弟的供养人题记对于第9窟建成时间的判定更为有利。钱伯泉先生据Дx.1435《乾宁二年归义军节度副使李弘愿牒》的记载，指出乾宁二年十月十日李弘愿仍以归义军节度副使的身份行使权力，而第9窟甬道没有李弘愿的供养人题名，表明第9窟建成时李弘愿已不在人世[①]，这也就证明同窟中张承奉等人的画像应绘于李弘愿死后。此外，乾宁四年二月，张承奉尚自称将军[②]，而在第9窟张承奉题名中已有“司徒”“同中书门下平章事”的称号，所以，张承奉等人供养人像及题名又当作于乾宁四年二月之后。

对于第9窟甬道未出现李弘愿供养人题名的特殊现象，李正宇先生指出李弘愿已被张承奉所排斥，并进一步推测：“索勋被杀，李弘愿可能是主谋，张承奉为抑制李氏势力并缓和张氏懿亲各派势力的尖锐矛盾以自固，乃为索勋平反，只除掉弑勋祸首李弘愿一人，而对诸李不予牵连，反而特视亲和，保留了李弘定、李弘谏的官职。”[③]李先生的结论合情合理，可从。这也就反证在第9窟建成时，李弘定、李弘谏兄弟尚在人世。而据S.1177《金光明最胜王经》题记，光化三年（900）六月九日李明振妻张

---

① 钱伯泉《为索勋篡权翻案》，第68—69页。而荣新江先生据S.2263《葬录》卷上序的记载，指出乾宁三年五月之前，李氏家族的统治已彻底垮台（荣新江《归义军史研究》，第207—209页）。此外，据P.2825《平康乡百姓冯文达雇驼契》记载，乾宁三年二月，张承奉曾遣平康乡百姓冯文达入京奏事。从时间上判断，其所入奏的很可能就是张承奉发动政变清除李弘愿之事。而如果这个推论成立的话，李弘愿被杀则当在乾宁二年十月至乾宁三年二月间。

② 荣新江《归义军史研究》，第92页。

③ 李正宇《索勋、张承奉更迭之际史事考》，《敦煌文献论集》，第119页。

氏曾为“亡男使君、端公、衙推”等“三郎君”写经荐福。对于文书中的“三郎君”，孙修身、卢向前、李正宇等先生均认为应单指张氏第三子李弘谏[①]，荣新江先生则指出使君、端公、衙推从官制上看很难合指一人[②]。确如荣先生所说，如果“三郎君”确指李弘谏，似没有必要以“使君”“端公”“衙推”三个本没有联系的官职称之。而据第9窟李弘谏的题名，可知其在光化三年之前已不称甘州刺史，而改称沙州军使，“使君”的称号也就无从谈起。由此，将“三郎君”视为李明振的三个儿子更为可靠。既然时任瓜州刺史的李弘定和沙州军使的李弘谏兄弟的题名出现在第9窟，证明第9窟的建成应在光化三年六月九日之前。

根据《旧唐书·昭宗纪》的记载，光化三年八月，张承奉被唐政府册封为“检校左散骑常侍，兼沙州刺史、御史大夫，充归义节度、瓜沙伊西等州观察处置押蕃落等使”[③]。由此，在乾宁四年至光化三年之间，张承奉似乎并没有称司徒、同中书门下平章事的空间。但据学者研究，在金山国建立之前，张承奉曾一度自称金山王。所以，如果我们能明确张承奉称金山王的时间，就可以为其司徒称号的使用时间及第9窟的建成时间提供重要参考。

P.4640《己未年至辛酉年归义军军资库布纸破用历》第181—182行载，庚申年（900）六月“十七日，金山传处分，楼上纳粗纸壹帖”。对于此处之“金山”，郑炳林先生认为即时称金山王

① 孙修身《谈与瓜州曹氏世谱有关的几个问题》，《社会科学》1983年第5期，第115—117页；卢向前《金山国立国之我见》，《敦煌学辑刊》1990年第2期，第14—26页；李正宇《索勋、张承奉更迭之际史事考》，《敦煌文献论集》，第120—121页。

② 荣新江《归义军史研究》，第210页。

③《旧唐书》卷二〇上，第768页。

的张承奉，其称王应在900年之前[1]。杨秀清先生据P.4044《修文坊巷社再缉上祖兰若标画两廊大圣功德赞并序》中“奉为我拓西金山王永作西垂（陲）之主”的记载，指出张承奉在建立金山国之前已称“金山王”及“拓西金山王”，时间应在光化三年（900）至天复四年（904）之间[2]。冯培红先生则据P.3718《张良真邈真赞并序》及P.4654《罗通达邈真赞并序》的记载，进一步证实张承奉登基之前已称金山王，并认为张承奉始称金山王的时间大约在900年前后[3]。除学者上举资料外，P.3518《张保山邈真赞并序》、P.3718《张良真生前写真赞并序》也均有关于“金王”或“金山王”的记载，而“金王”“金山王”或为“拓西金山王”之简称。

P.3718(3)《张良真生前写真赞并序》载：

> 公字良真……故主司空称惬，荐委首乡；大由久岁均平，广扇香风御众。故得民谈美顺，训俗嘉严恪之威。金山王时，光荣充紫亭镇主……仍充应管内外都牢城使。自居崇列，才经三五之秋。[4]

此件写真赞作于后唐天成四年（929）二月一日。对于文中的“故主司空”，荣新江先生指出应指张承奉，证明张承奉在称金山王之前，曾使用司空的称号。而据序文可知，张良真在张承奉称司空时，被委任为乡官；在张承奉称金山王时，被任命为紫

① 郑炳林、郑怡楠《敦煌碑铭赞辑释（增订本）》，第378页。
② 杨秀清《敦煌西汉金山国史》，兰州：甘肃人民出版社，1999年，第64页。
③ 冯培红《关于归义军节度使称号的几个问题》，《麦积山石窟艺术文化论文集》下册，第203—236页。
④ 郑炳林、郑怡楠《敦煌碑铭赞辑释（增订本）》，第995页。

亭镇主；收复楼兰三城后，又被任命为都牢城使。对于文中“故主司空”和“金山王”两个称号，荣新江先生指出：“故主司空和金山王两个称号之间没有其他称号，也就是说，司空是张承奉建金山国之前的最高称号。”[①]这也就从侧面证明张良真充“紫亭镇主”应在张承奉称金山王时。据写真赞之赞文，张良真“偏优镇将，二八余年”，可知其充紫亭镇使16年；据序文，张良真充都牢城使为“三五之秋”，即15年。由写真赞所作的929年前推31年，可知张良真出任紫亭镇主应在898年，而张承奉此时应已自称金山王。

此外，李正宇先生从P.3633《龙泉神剑歌》原稿涂去部分中揭出“自从登祚十三年”等文字。对于“登祚”一词，李先生指出可以指皇帝登基之外，又可以指官职进位[②]。杨秀清先生也指出文书作者涂去“自从登祚十三年”一句，是由于创作需要，而不是要抹杀这一历史事实[③]。李正宇先生的发现，为我们确定张承奉称王的时间提供了更为直接的证据。据学者考证，P.3633《龙泉神剑歌》作于辛未年（911）七月左右[④]，由此前推13年，证明张承奉此次“登祚”应在898年。乾宁三年（896）七月，唐昭宗在李茂贞的军事威胁下，被迫出幸华州。至光化元年（898）八月，始由华州返回长安。目前，我们并没有发现张承奉曾在此年受到唐政府册封的记载，所以P.3633《龙泉神剑歌》所载的张

---

① 荣新江《归义军史研究》，第95页。

② 李正宇《关于金山国和燉煌国建国的几个问题》，《西北史地》1987年第2期，第63—75页。

③ 杨秀清《敦煌西汉金山国史》，第58页。

④ 卢向前《金山国立国之我见》，第14—26页；荣新江《金山国史辨正》，《中华文史论丛》第50辑，第73—85页；颜廷亮《〈龙泉神剑歌〉写作时间和作者小辨》，《西北民族研究》1995年第2期，第65—72页。

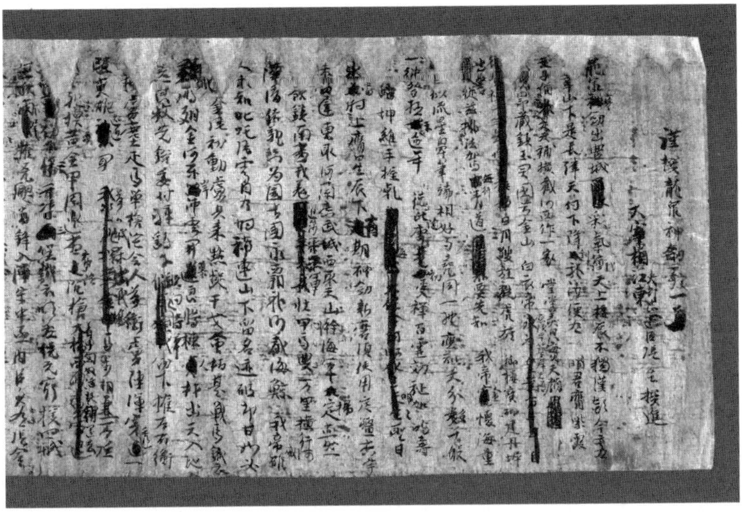
謹撰龍泉神劍歌一首

图5-21 P.3633《龙泉神剑歌》（局部）

承奉此次“登祚”并非仅仅指普通的官职晋升，而应是指张承奉于898年僭称金山王而言。

据上文所考，第9窟当建成于乾宁四年二月至光化三年六月之间。在第9窟中，张承奉犹自称检校司徒、同中书门下平章事，所以第9窟又当建成于张承奉称王之前。据P.3633《龙泉神剑歌》等资料的记载，张承奉僭称金山王应在898年，由此，作为归义军张、索、李等家族政治斗争产物的第9窟应建成于乾宁四年二月至光化元年之间。

根据窟内张承奉等人的供养人题记，曾有学者主张此窟的功德主为张承奉或为张、索、李三家合作。对此，贺世哲先生提出质疑，认为此窟的功德主可能是张、索、李等大族的属吏①。而梁尉英先生在其上引文中，根据窟内的内容题材，指出此窟的窟主当非张承奉，而应是敦煌的李氏家族。对于主室东壁门列北向

① 贺世哲《从供养人题记看莫高窟部分洞窟的营建年代》，《敦煌莫高窟供养人题记》，第214页。

第三身南侧供养人像之题名，史岩先生录作“亡兄李□□”[①]。如此录文不误，则可进一步证明第9窟的窟主应为位列张承奉及索勋之后的李氏兄弟。此外，值得注意的是，在第9窟甬道门口之上相当于造窟功德主的位置，画有男供养人像四身，相对跽跪矮床之上，后侍从各二身[②]。四身供养人像中三人服紫，一人著青，前两人手持香炉，后两人则双手捧供盘。左侧两身及右侧第二身供养人像后画有榜题，但阙而未写。笔者推测此四人很可能就是第9窟真正的功德主李弘愿兄弟，其中著青者当为李弘愿四兄弟中品阶最低的李弘益。从供养人身后画有榜题而未题的情况分析，第9窟的开凿应在李弘愿生前，但在洞窟行将完工之际，张承奉在沙州大族的支持下，清除掉了李弘愿，所以门上的榜题未及完成。而在张承奉清除李弘愿并为索勋平反的情况下，李弘定兄弟被迫在甬道画上张承奉及索勋的供养人像，自己却只能侧身其后了。

此外，还有一个问题需要辨正。张景峰先生经过研究，得出第9窟甬道供养人画像绘制于乾宁三年初至四年六月九日之间的结论。其之所以将乾宁三年年初视为第9窟甬道供养人画像绘成的时间上限，是因为据荣新江先生的研究，乾宁三年五月以前李氏家族已彻底垮台。对此，并无太大的异议。但其将乾宁四年六月九日视为第9窟甬道供养人画像绘制时间的下限，却不无商榷之处。张先生指出中国古代地狱思想比较严重，时人认为人死之后要经过三周年的冥间审查，才可到达转轮王前接受六道轮回。S.1177《金光明最胜王经》题记中“神游碧落，联接天仙”一句是张氏祝愿三个儿子灵魂升天，由此判断张氏写经是为了三个儿

① 史岩《敦煌石窟画像题识》，第524页。

② 敦煌研究院、江苏美术出版社编《敦煌石窟艺术·莫高窟第九窟、第一二窟（晚唐）》，第87页。

图5-22 莫高窟第9窟甬道 男供养人像 晚唐

子三周年之忌而作。由上举文献中“大唐光化三年庚申岁六月九日”的抄写题记前推三年，所以第9窟李氏兄弟画像的时间下限被确定于乾宁四年六月九日。但唐宋时期敦煌当地人去世之后，其家人在头七至七七，以及百日、周年、三周年都会举行斋会，并抄写佛经以作供养。如津艺193《佛说无常经》题记载：“显德五年（958）岁次戊午三月一日夜，家母阿婆马氏身故。至七日是开七斋。夫检校尚书工部员外郎翟奉达忆念敬写《无常经》一卷。敬画宝髻如来佛一铺。每七至三年周，每斋写经一卷追福。愿阿娘托影神游，往生好处，勿落三途之灾。永充供养。”[①] 又如Φ263+Φ326《亡考文》载：“时即有持炉至孝，奉为亡考厶（四）七追念诸福会也……惟愿坐莲台而居上品，乘般若而往西方；食法味而会无，超一乘而登彼岸。目睹之佛，心悟无生；神游五净之宫，逍遥六天之境。”[②]虽然上述文献一为亡母头七

① 天津艺术博物馆编《天津艺术博物馆藏敦煌文献》第4册，上海：上海古籍出版社，1998年，第86页。
② 《俄藏敦煌文献》第5册，第48页。

敬写，一为亡考四七追念，但其中却都有所谓“托影神游，往生好处”或“神游五净之宫，逍遥六天之境”的祝愿之辞，与S.1177《金光明最胜王经》中“神游碧落，联接天仙”描写相类似。其实，类似记载在敦煌抄经题记中屡见不鲜，在此不赘。所以，仅依靠“神游碧落，联接天仙”的描写实不足以证明此经抄写于张氏三子的三周年忌日。而更为重要的是，在李氏三兄弟中，李弘愿与另外两人的死亡时间并不在同时，所以，李氏三兄弟均死于乾宁三年六月九日的结论恐难成定论，故暂不取。

根据敦煌文献的记载，张承奉曾被属下称为“相公”，这也就证明在索勋卒后，张承奉确实使用过“同中书门下平章事”的称号。所以，张承奉的“检校司徒”“同中书门下平章事”称号并非索勋所赠而是其自称，使用的时间已在索勋卒后。第9窟中有李弘定、李弘谏，而没有李弘愿题名，可证第9窟建成于李弘愿被杀之后、李弘定及李弘谏被杀之前。再结合张承奉乾宁四年（897）二月仍称将军的事实，可证张承奉、李弘定、李弘谏等人的供养人像应绘于乾宁四年二月至光化三年（900）六月之间，索勋供养人像应与其他三身画像绘于同时。此外，张承奉在光化元年（898）已进称金山王，所以，张承奉使用检校司徒称号的时间又当在乾宁四年二月至光化元年之间，而第9窟也应建成于这个时期。

张承奉在乾宁四年二月之后的短短两年之内，称号就由将军升至司徒，并最终称王。据敦煌文献的记载，天复二年（902）四月之前，张承奉开始自称尚书，证明其取消了金山王的王号。而至迟在天复四年八月，张承奉又进称司空，并最终于后梁开平四年（910）七月左右建立了西汉金山国，自号白衣天子。张承奉在短时间内快速提升自己称号与此后取消王号等反常举动，都应与此时全国及西北地区的政治形势剧烈变动密切相关。

第六章

多重势力交织下的晚唐归义军河西属州

大中五年（851），宣宗君臣以沙州为中心，设置归义军节度使，以辖河陇十一州之地。随着咸通、乾符年间甘州回鹘、西州回鹘、凉州嗢末、肃州龙家等势力的逐渐崛起，原属归义军使府所辖的河西诸州之政局发生了剧烈的变动，极大地影响了唐宋之际河西历史发展的走向。唐政府于咸通四年（863）所设置的凉州节度使，随着河西政治形势的变化，先后被改置为河西都防御使及河西节度使，在河西地区努力展现中央权威的同时，也对河西地区的政治面貌进行了重塑。总的看来，晚唐河西风云变幻的政局是以归义军为代表的多重政治力量，共同发挥作用下所形成的结果。本章希望能在复原河西诸州晚唐史事的同时，尽可能地展现其与归义军节度使府的关系。

第一节 晚唐归义军与凉州关系考论

唐前期，凉州先后作为凉州都督府及河西节度使的治所，在河西的地位十分重要。无论在行政级别，还是在战略地位上，沙州都无法与其相提并论。随着凉州、甘州的陆续陷蕃，河西节度使的治所被迫迁至沙州。为了适应新的形势，永泰二年（766），沙州被唐政府升格为中都督府[①]。作为河西临时性的政治中心，沙州获得了与原凉州对等的行政级别。在贞元二年（786）陷蕃后，沙州被划入瓜州节度使辖区，在战略地位上仍无法与作为吐蕃凉州节度使治所的凉州相匹。随着唐宣宗大中五年归义军节度的设置，地处河西西端的沙州再次成为河西的政治中心。咸通四年，唐政府设置凉州节度，以辖河陇六州之地。由此，在河西地区也就形成了归义军和凉州节度共存的局面，这种情况一直持续到五代时期。作为中央政府重要的军政建置，归义军与凉州节度的关系发展情况，无疑是晚唐五代河陇历史变迁的重要组成部

① 刘安志《关于唐代沙州升为都督府的时间问题》，第59—66页。

分。虽然以往学术界对双方的关系已有所关注①，但学者多认为晚唐时期的凉州节度从属于归义军，或存在一个逐步脱离归义军控制的过程。而从目前的研究看，咸通四年之后，双方之间已不再存在军事或行政上的隶属关系。虽然凉州节度的名称及辖区几经调整，但在晚唐五代时期，其却始终保持着对凉州的控制②。由此看来，对于归义军与凉州节度关系的变化轨迹有进一步探讨及澄清的必要。

一、从取道天德到途经凉州

会昌二年（842），吐蕃赞普朗达玛被刺身亡，由此引发了吐蕃内部分别以墀德云丹（khri lde yum brtan）及囊德约松（gnam lde vod strung）为首的二子争位事件。在河陇地区，吐蕃落门川讨击使论恐热支持王族血统的约松，与拥护云丹的鄯州节度使尚婢婢展开混战③。吐蕃王国内部的争权斗争，削弱了其对河陇地区的控制。大中二年（848），张议潮于河西西部的沙州起事④，当年就从吐蕃统治者手中收复了沙、瓜二州。为了获得唐政府的支持，张议潮随即派出了以悟真及高进达等人为首的多路使团前往长安。大中五年（851）二月十九日，悟真使团在天德军防御使

---

① 唐长孺《关于归义军节度的几种资料跋》，《中华文史论丛》第1辑，第275—298页；苏莹辉《咸通中凉州节度使统管凉、洮、鄯、河、临五州说》，《史学汇刊》第9卷，1978年（此据苏莹辉《瓜沙史事丛考》，第61—69页）；荣新江《初期沙州归义军与唐中央朝廷之关系》，第106—117页；冯培红《论晚唐五代的沙州（归义军）与凉州（河西）节度——以“河西”观念为中心的考察》，第239—258页。

② 李军《晚唐政府对河西东部地区的经营》，第27—41页。据笔者研究，晚唐五代时期，凉州节度先后被改置为河西都防御及河西节度，但为了避免叙述混乱，文中只能以凉州节度概言之。

③ 陆离、陆庆夫《张议潮史迹新探》，第95—109页。

④ 李正宇《张议潮起义发生在大中二年三、四月间》，第25—28页。

李丕的协助下，顺利抵达长安[①]。由于地处河西走廊东端的凉州此时仍在吐蕃的控制之下，所以学者多推测沙州使者乃取道漠北，最终经由天德军入朝。

在收复沙、瓜二州后，张议潮又于大中三年（849）及四年（850）陆续收复肃、甘、伊等州。所以在大中四年之后，凉州就成为河西吐蕃最重要、也是最后的据点。在收复伊州之后，张议潮又派遣以兄长张议潭为首的使团前往长安。大中五年十月，张议潭到达长安。张议潭此次入使具有重要历史意义，最终促成了唐政府对于归义军节度的设置，使其成为此后近200年间影响河陇历史进程的重要力量。对于此次入使，由于史书及敦煌文献记载简略，以往学者只能根据当时吐蕃仍占据凉州的史实，推测其大致沿用了首次沙州使团的路线[②]。非常幸运的是，在日本杏雨书屋所藏敦煌文献中，保留了与张议潭入使相关的记载。

---

① 高进达入朝事，见敦煌写本《敕河西节度兵部尚书张公德政之碑》碑文的双行夹注："沙州既破吐蕃，大中二年，遂差押衙高进达等，驰表函入长安城，已（以）献天子。"对于悟真大中五年入朝事，P.3720悟真自编《受牒及两街大德赠答诗合抄序》载："大中五年，入京奏事，面对玉阶，特赐章服。"杨宝玉先生曾推测沙州首批入奏的使团是由高进达所率领，悟真是较正规的后续使团（杨宝玉《大中二年张议潮首次遣使入奏活动再议》，第1—4页）。而据P.3720《洪䛒充任京城内外临坛供奉大德、悟真充任京城临坛大德并赐紫告身》的记载，悟真获得册封的时间是在大中五年（851）五月二十一日。悟真抵达长安后，曾遍览长安两街佛寺，且与京城著名高僧大德吟诗唱和。考虑到唐政府决策所需要的时间，首般沙州使者抵达长安的大中五年二月与悟真获得册封的五月实际上是可以相互衔接的。此外，P.2748背面唐悟真撰《唐和尚百岁书》的序言与诗之间，粘连文书一件。文书的第12—13行提及沙州使者奉河西地图归附之事，应是天德军防御使李丕在大中五年二月上给宣宗的表文抄件。可能正是因为大中五年（851）二月由天德军李丕所举荐的沙州使团为悟真所率领，所以这份表文才会出现在悟真的作品集之中。

② 赵贞《归义军史事考论》，北京：北京师范大学出版社，2010年，第153—154页。

杏雨书屋藏敦煌文献羽32号《驿程记》载：

（前缺）

1.（前缺）□（十）□（六）□（日）至谷南口宿。十七日

2.（前缺）至西受降城宿。十九日西城歇。

3.廿日发至四曲堡下宿。廿一日发至吴怀堡宿。廿三日发

4.至天德军城南馆宿，廿四日天德打毬设沙州专使。至九

5.月三日发天德，发至麦泊食宿。四日发至曲河宿。五日发

6.至中受降城宿。六日发至神山关宿。七日云伽关宿。八日歇。

7.九日发至长平驿宿。十日发至宁人驿宿。十一日发子

8.河驿宿。十二日发至振武宿。十三日发长庆驿宿。

9.十四日发至静边军宿。十五日纥药驿宿。十六日平番驿

10.宿。十七日天宁驿宿。十八日雁门关北口驿宿。十九日

（后缺）①

这件文书为我们提供了非常重要的信息，即某年八月底至九月初曾有来自沙州的使者在天德军停驻。在咸通二年收复凉州后，归

---

① 武田科学振兴财团杏雨书屋《敦煌秘笈·影片册》第1册，大阪：武田科学振兴财团，2009年，第229页。对于《驿程记》的性质，高田时雄先生认为系某位前往五台山巡礼者的路程记录，陈国灿先生则指出应为沙州使团去往长安的沿途行程记录（（日）高田时雄《李盛鐸舊藏寫本〈驛程記〉初探》，《敦煌写本研究年报》第5辑，京都大学人文科学研究所西陲发现中国中世写本研究班，2011年，第1—13页；陈国灿《读〈杏雨书屋藏敦煌秘笈〉札记》，第113—122页）。陈国灿先生的结论得到了学术界的认可，当可信从。

义军打通了经由凉州、朔方，进而入京的灵州道，沙州使者也就不必再绕道天德军。而据下文所考，灵州道开辟的时间下限应在咸通五年（864）三月。所以，《驿程记》中沙州使者经由天德军的时间应在咸通五年之前。在大中二年至咸通五年之间，沙州派往长安的使团有以高进达、悟真、张议潭、李明振等为首的多般使团。结合各方面因素考虑，《驿程记》中所谓的“沙州专使”应即指大中五年十月入朝的张议潭，所以文书当作于大中五年之际①。

首先，从名称上看，《驿程记》所提及的沙州使团首领的名称与唐政府对张议潭的称呼完全一致。在《驿程记》中，沙州使团的首领被记作“沙州专使”。而在杜牧草于大中五年冬的《沙州专使押衙吴安正等二十九人授官制》中②，吴安正被记为“沙州专使衙前左厢都知押衙”。制文中的“沙州专使”，只能指大中五年十一月为张议潮求得归义军节度使册封的沙州使团首领张议潭。此外，P.3547《沙州上都进奏院上本使状》中又有“贺正专使”的称谓，这就证明“××专使”通常为沙州某个具有特殊使命的使团首领的专称。由此，《驿程记》中所谓的“沙州专使”应与杜牧所言的为同一人，即张议潭。

其次，从使团的人数配备上看，将张议潭比定为《驿程记》

---

① 高田时雄根据《驿程记》第6行所载“云迦关”的创设时间，认为文书的写作时间的上限为大和四年（830），文中出现的“沙州专使”很有可能是归义军使者（(日) 高田时雄《李盛鐸舊藏寫本〈驛程記〉初探》，第1—13页）。陈国灿《读〈杏雨书屋藏敦煌秘笈〉札记》认为《驿程记》应作于大中二年至咸通二年间。笔者则从沙州使团入朝时间、首领名称、人员配备三个角度，指出《驿程记》中的“沙州专使”应为大中五年十月入朝的张议潭（李军《晚唐五代归义军与凉州节度关系考论》，第90—96页）。

② 向达《罗叔言〈补唐书张义潮传〉补正》，氏著《唐代长安与西域文明》，第419页；缪钺《杜牧年谱》，北京：人民文学出版社，1980年，第87—88页。

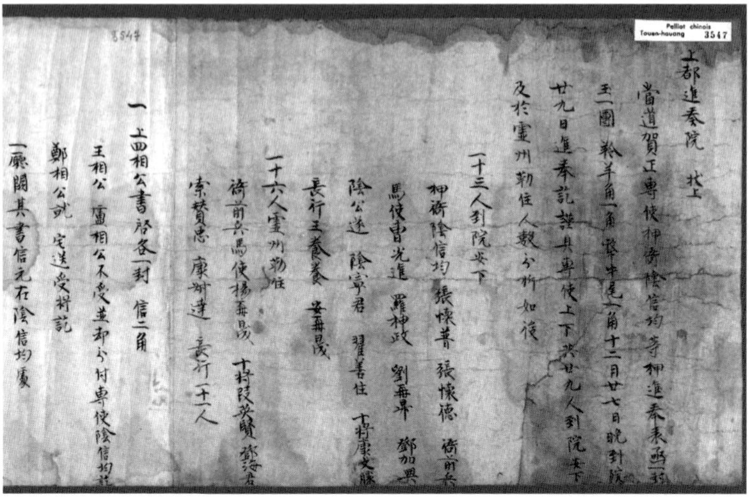

图6-1 P.3547《沙州上都进奏院上本使状》（局部）

中的沙州专使也比较符合实际情况。根据《驿程记》的记载，为了款待“沙州专使”，天德军曾举行过一场马球赛，比赛的双方当为天德军及沙州使团。虽然唐代对于马球比赛双方的人数没有明确的规定，但根据唐乾陵章怀太子墓墓中的马球图以及史书的记载，一般情况下，每方多在10人左右①。沙州首次到达天德军

① 唐乾陵章怀太子墓中打马球壁画中，比赛队员一部分穿白色窄袖袍，另一部分穿褐色窄袖袍。壁画的内容有脱落，根据现存壁画的队员（马匹）数量来判断，两队参赛的队员至少有16人。章怀太子墓之马球图可参陕西历史博物馆编《中国古代壁画·唐代2·陕西历史博物馆藏》，南宁：广西美术出版社，2017年，第96—102 页。封演《封氏闻见记》卷六“打毬”条中所记的与临淄王李隆基、嗣虢王李邕、驸马都尉杨慎交及武秀等人对垒的吐蕃球队的人数也为10人。《旧唐书》卷一七上《敬宗纪》“宝历二年十二月辛丑”条载：“帝（敬宗）夜猎还宫，与中官刘克明、田务成、许文端，打毬军将苏佐明、王嘉宪、石定宽等二十八人饮酒。”《旧唐书》卷一七七《崔慎由传附子胤传》亦载：“其年（天复三年）十月，全忠子友伦宿卫京师，因击鞠坠马而卒。全忠爱之，杀会鞠者十余人。”由此可知，虽然唐代马球比赛中参赛人数或小有差异，但每方的人数多在10人左右。

图6-2 唐乾陵 章怀太子墓马球图（局部） 采自《中国古代壁画·唐代2·陕西历史博物馆藏》

的使团包括首领悟真在内，也只有6人，很难组成球队参赛。张议潭使团除首领之外成员有29人之多，加上唐五代敦煌地区的马球之风颇盛[①]，从29人的使团成员中挑选10名左右的球手，自然是绰绰有余。

最后，《驿程记》中所提及的沙州专使到达天德军的时间与张议潭使团到达长安的时间前后衔接。根据《驿程记》的记载，沙州使团九月三日由天德军出发，途经中受降城、振武军等处，九月十八日到达位于代州的雁门关北口驿[②]。使团16天共经行约

① 李重申、田鹤鸣、李金梅等《敦煌马毬史料探析》，《敦煌研究》1994年第4期，第168—173页。

② 对于沙州使团自天德军出发后所经行的路线，可参陈国灿《读〈杏雨书屋藏敦煌秘笈〉札记》，第113—122页；陈涛《唐大中年间沙州遣使中原路线新说——以敦煌本〈驿程记〉为中心》，第46—49页。

990里，日行62里左右①。代州西南距长安1550里②，如保持此前行进的速度，沙州使团由代州至长安约需25日，所以其到达长安的时间应在十月中旬。对于张议潭使团抵达长安的时间，《(宣宗）实录》系于大中五年十月③，正可与《驿程记》中沙州专使使团预计抵京的时间相匹配。

由此可证，羽32号《驿程记》中曾在天德军停留的“沙州专使”应即大中五年十月入朝的张议潭。这也说明虽然在大中四年之际，张议潮已经收复了河西五州之地，但由于受凉州吐蕃的隔阻，张议潭入朝时仍是绕道漠北，经由天德军，继而南下经河东路前往长安。

归义军治于沙州，地处河西西端，由此经漠北边缘前往长安的路线非常难行。所以，归义军收复凉州以打通与中原的道路交通的愿望非常迫切。大中十二年（858）八月，张议潮率军展开了收复凉州的军事行动④。张议潮此战的目的，BD5825（原北图菜25号）《瑜伽师地论》背面的沙州龙兴寺僧明照题记明确记载为“讨番开路”。此外，明照在大中十三年（859）正月二十六日为张议潮祈福时，也祝愿其能够“早开河路，得对圣颜”⑤，由此可见归义军方面对早日打通河西走廊通路的迫切愿望。大中十三年左右，张议潮曾派遣女婿李明振入朝献捷。由于此时正在归义军征讨凉州的过程中，所以李明振向唐政府汇报的当是收复凉

① 据《元和郡县图志》卷五《关内道》“中受降城”等条的“八到”所载，天德军—中受降城—东受降城—单于大都护府（振武军）—朔州—代州一线，里程共计990里。

②《旧唐书》卷三九《地理志二》“代州中都督府”条，第1483页。

③《资治通鉴》卷二四九“唐宣宗大中五年十一月”条下注引，第8049页。

④ 荣新江《归义军史研究》，第152页。

⑤ 日本书道博物馆藏敦煌写本《瑜伽师地论》卷第52题记录文，可参荣新江《归义军史研究》，第150页。

州西部地区的消息。既然凉州仍未收复，李明振此次入朝所走的应该还是经由甘州，并经由天德军入朝的路线。

在经历了长达三年的征战之后，张议潮于咸通二年收复凉州。此时归义军的疆域“西尽伊吾，东接灵武，得地四千余里，户口百万之家，六郡山河，宛然而旧”[①]，势力到达顶峰。张议潮的心腹索忠信在收复凉州后，就驻扎在凉州的神乌县，并最终病逝于此。而对于张议潮收复凉州时所率军队的民族成分，《资治通鉴》卷二五〇“唐懿宗咸通四年三月”条记作“归义节度使张义潮奏自将蕃、汉兵七千克复凉州”[②]。此外，薛逢《凉州词》亦载：“昨夜蕃兵报国仇，沙州都护破凉州。黄河九曲今归汉，塞外纵横战血流。”[③]上述记载皆表明张议潮所率收复凉州的军队在很大程度上具有“蕃兵”的性质。对于沙州当地参与凉州之役的士兵之民族成分，我们可以通过两件敦煌文献加以说明。

P.3249《将龙光颜等队下名簿》应为归义军前线将领在咸通二年克复凉州之后上报给节度使张议潮的残剩军籍名单[④]。名簿共记有队下士兵170人，其中汉姓有133人，占总人数的78%，属于昭武九姓的共37人，占总人数的22%。S.2214《纳支黄麻地子历》则记载了沙州当地因在凉州征行，而得以蠲免黄麻地子的25人名单。其中，属于昭武九姓的安、曹、石、康姓各1人，所占比例约为总人数的16%。从人数比例上看，两份名单中少数民族的成分均不是太高。更重要的是，昭武九姓在史书及敦煌文献中更多的是被称作“胡”，而不是《资治通鉴》及《凉州词》所记的“蕃”。此外，《通鉴考异》引《实录》载：“（大中）五年，

① 荣新江《归义军史研究》，第401页。

② 《资治通鉴》卷二五〇“唐懿宗咸通四年三月”条，第8104页。

③ 《全唐诗（增订本）》卷二七薛逢《凉州词》，第380页。

④ 冯培红《P.3249背〈军籍残卷〉与归义军初期的僧兵武装》，第141—147页。

二月，壬戌，天德军奏沙州刺史张义潮、安景旻及部落使阎英达等差使上表，请以沙州降。”[①]据此，荣新江先生指出大中二年沙州起义，至少有三支反抗力量：张议潮代表汉人，安景旻代表昭武九姓的粟特人，阎英达代表退浑、通颊等部落百姓[②]。如将两者进行比对的话，就会发现张议潮在沙州起兵时所率军队的民族成分与攻克凉州时所率来自沙州军队的民族成分基本相同，均不包含所谓“蕃”的成分。由此看来，张议潮所率军队中的“蕃兵”，只能是来自与张议潮结成抗击论恐热联盟的尚婢婢属下的吐蕃军队[③]。如果这个推论成立的话，则此前驻守凉州的吐蕃军队很可能是属于论恐热系统。

由于咸通二年之际张议潮正率军东征凉州，比较容易得到唐政府的消息，所以在唐朝改元咸通之后仅仅四个多月，即咸通二年三月八日，沙州就已经开始改用咸通新纪元[④]。但是直至凉州收复的第二年，即咸通三年（862）三月，归义军收复凉州的消息才到达长安。从收复凉州这样重要的军情传递的速度来看，此时经由凉州、灵州的灵州道应仍未打通。对于灵州道开通的时间，赵贞先生系于咸通四年左右[⑤]。但笔者认为其所依据的S.6342+Д x .5474v《张议潮处置凉州进表并批答》并非作于咸通

① 《资治通鉴》卷二四九“唐宣宗大中五年十一月”条，第8049页。

② 荣新江《归义军及其与周边民族的关系初探》，《敦煌学辑刊》1986年第2期，第24—44页。

③ 陆离、陆庆夫《张议潮史迹新探》，第95—109页。

④ 荣新江《归义军史研究》，第45页。

⑤ 赵贞《敦煌文书中所见晚唐五代宋初的灵州道》，《中国历史地理论丛》2001年第4期，第83—92页；同作者《大中二年（848）沙州遣使中原路线蠡测》，第91—94、120页；同作者《敦煌所出灵州道文书述略——兼谈朔方韩氏对灵州道的经营》，《敦煌研究》2003年第4期，第52—57、114页。另见氏著《归义军史事考论》，第140—259页。

四年，而应在咸通八年（867）张议潮入朝之后①，所以据此尚不能证明灵州道开通于咸通四年。S.2059《佛说摩利支天菩萨陀罗尼经序》记载张球咸通元年（860）左右曾在朔方等地任职。咸通二年之后，因凉州属于张议潮新收复的陷蕃地区，军粮供应困难，所以张球曾“送粮馱五千余石至姑臧”②。这也就证明此时灵州至凉州之间的路线已经打通。而此前沙州通凉州的道路已经打通，所以灵州道全线的畅通当在张球为凉州运粮之际或之前不久③。据P.4660《凝公邈真赞》记载，至迟到咸通五年三月，张球已经调任归义军节度使属下的沙州军事判官，这就证明归义军经由凉州前往中原道路的开通当在咸通三年三月至咸通五年三月之间。此后，归义军在入朝时多采用经由凉州、灵州并进而抵达长安的灵州道，而不再使用经由天德军，继而南下入京的道路。

二、归义军与凉州关系的恶化

凉州本属河西重镇，战略地位极其重要。唐朝前期在此设置

---

① 李军《晚唐（公元861—907年）凉州相关问题考察——以凉州控制权的转移为中心》，第82—83页。

② 黄永武主编《敦煌宝藏》第15册，第608页。

③ 针对张球为凉州运粮事，杨宝玉先生认为此时其已经为归义军官员，因对灵武等地比较熟悉，故被张议潮差遣至发运使处，接取唐政府供应凉州的粮食。在完成任务后，包括张球在内的人马“安乐得达雄关”，即玉门关（杨宝玉《敦煌本佛教灵验记校注并研究》，兰州：甘肃人民出版社，2009年，第117—118页）。但咸通初年归义军的东境在凉、甘一带，而玉门关在瓜州，位于凉州与沙州之间，将其视为张球最终的目的地似不甚恰当。此外，经序还提及张球运粮过程中，曾在凉州遇到“省使”数人。由于受人挑拨，导致省使未与张球同行，而“省使般次来日，还至俅前日宿处，地名沙沟，前日余火，尚犹未灭”。由此可见，省使的行进方向与张球完成运粮任务后所行进的方向一致。其中，“还”字表明省使五人所走的应为自凉州还京的路线，而非由凉州前往沙州的路线。这也就证明张球所到达的雄关并非玉门关，而应是灵州。如此，则此时张球尚未在归义军任职，而仍为朔方节度使的僚佐。

河西节度，吐蕃占领时期又在此设置凉州节度[①]，即为明证。唐政府于大中五年为归义军设定辖区之际，凉州并没有被纳入十一州的范围，由此可见唐朝君臣对凉州应另有打算[②]。虽然归义军在咸通二年收复凉州后，通过派兵镇守，控制了凉州全境。但唐政府并没有将凉州划入归义军的辖区，而是在重新修筑凉州城及调派2500人的天平军郓州兵前往凉州戍守的基础上，于咸通四年在凉州设置了凉州节度，显示了中央政府从归义军手中夺取凉州控制权的决心。此外，由邠宁节度副使所撰的《唐故邠宁节度使司空河东裴公（识）墓志铭》记载："天子以河西新收，西凉府以归，帅张议潮欲强盛边事，择其人（下缺）。"[③]其人对张议潮收复及经营凉州之事的记载颇不礼敬，也反映出当时唐朝西北藩镇对于归义军的不友好态度[④]。

对于凉州节度的设置，《新唐书·方镇表四》"河西"条咸通四年载："置凉州节度，领凉、洮、西、鄯、河、临六州。"[⑤]《旧唐书·地理志一》亦云："上元年后，河西、陇右州郡，悉陷吐蕃。大中、咸通之间，陇右遗黎，始以地图归国，又析置节度……凉州节度使。治凉州，管西、洮、鄯、临、河等州。"[⑥]凉州节度所领六州中，凉州为归义军所收复，而西、鄯、河三州为归义军所观察的范围。由此可知，在凉州节度所领的六州中有半数以上本由归义军控制或属于归义军的辖区，这明显反

① 杨铭《吐蕃统治敦煌与吐蕃文书研究》，第22—23页。

② 荣新江《归义军史研究》，第157页。

③ 中国文物研究所、河南文物研究所编《新中国出土墓志·河南》（壹）上册，第361页。

④ 荣新江《中国文物研究所等编〈新中国出土墓志·河南〉壹》，《唐研究》第1卷，第557—560页。

⑤《新唐书》卷六七，第1886页。

⑥《旧唐书》卷三八《地理志一》，第1392页。

映出懿宗君臣力图削弱归义军的势力。与此同时，唐政府在设置凉州节度之初，并没有直接派遣节度使赴任，而多以朔方节度使兼领凉州节度[①]。

从归义军方面来看，虽然在咸通四年之后，由于凉州节度的设置，其对凉州及西、鄯、河等州的控制权被剥夺，但张议潮并没有放弃对凉州等地的政治诉求。大中五年十一月，张议潮获得归义军节度使的册封，但其在辖区内部却自称为河西节度使。对此，荣新江先生指出："在张议潮和张淮深任归义军节度使期间（851—890），更多的是使用'河西节度'，而不是唐朝命名的'归义军节度'，表明了他们力图控制整个河西道的愿望……我们在现存的史籍中见到的有关归义军史料均称之为归义军节度，而不称河西节度；但在瓜沙地区往往相反，用河西节度一名。"[②]为了庆祝凉州的收复，张议潮在莫高窟开凿了第156窟，洞窟主室北部经变画下部绘有宋国夫人出行图。与宋国夫人出行图位置相对的南部经变画下部则绘有张议潮统军出行图[③]，题作"河西节度使检校司空兼御史大夫张议潮统军□除吐蕃收复河西一道行图"[④]，这说明张议潮夺取凉州的意义在于控制河西一道[⑤]。如果在咸通二年之前，张议潮自称河西节度使尚名不符实，而随着

---

① 李军《晚唐政府对河西东部地区的经营》，第27—41页。

② 荣新江《归义军史研究》，第179页。冯培红先生也曾对归义军节度使自称河西节度使的问题进行过辨析。详细情况可参冯培红《论晚唐五代的沙州（归义军）与凉州（河西）节度使——以"河西"观念为中心的考察》，张涌泉、陈浩主编《浙江与敦煌学——常书鸿先生诞辰一百周年纪念文集》，第239—258页。另可参冯培红《关于归义军节度使官制的几个问题》，郑炳林主编《麦积山石窟艺术论文集》下册，第203—236页。

③ 图版见敦煌研究院编《敦煌》，第170—171页。

④ 敦煌研究院编《敦煌莫高窟供养人题记》，第74页。

⑤ 荣新江《归义军史研究》，第152页。

图6-3 莫高窟第156窟 北壁下部 宋国夫人出行图（局部） 晚唐

凉州的收复，归义军的辖区与唐前期的河西节度已基本重合。在唐政府设置凉州节度之后，张议潮在归义军内部仍然继续使用河西节度使的称号[①]。但在唐政府看来，治于凉州的凉州节度，显然更有资格继承唐前期河西节度的衣钵[②]，所以张议潮自称河西节度使的行为自然不能为唐政府所容忍。咸通八年张议潮被唐政府强制征召到长安，应该是张议潮力图经营凉州，控制整个河西的愿望与唐政府经营河陇的策略发生冲突的最终结果。而即使是身在长安的情况下，张议潮仍然没有放弃对凉州的关注。

根据S.6342+Д x .5474v《张议潮处置凉州进表并批答》的记载，咸通十一年（870）或十二年（871）的九月二十五日，张议

① 录文参贺世哲《莫高窟第192窟〈发愿功德赞文〉重录及有关问题》，第2页。

② 冯培红《论晚唐五代的沙州（归义军）与凉州（河西）节度使——以“河西”观念为中心的考察》，《浙江与敦煌学——常书鸿先生诞辰一百周年纪念文集》，第239—258页。

潮在凉州“不知却废，又杂蕃浑”及“嗢末隔勒往来”的情况下，上表懿宗，在指出凉州重要战略地位的同时，明确反对唐政府放弃对凉州的经营。而唐政府也认识到“凉州朝庭旧地，收复亦甚辛勤，蕃屏□陲，固不抛弃”，只是考虑到凉州麹某所奏的粮料欠缺、路途遥远、蕃浑杂处等理由，所以被迫采取了某些临时性措施。在“蕃部归伏”的情况下，唐政府最终决定继续经营凉州，并对反对放弃凉州的张议潮予以嘉奖。

由于唐政府设置凉州节度的主要目的就是削弱并限制归义军势力的发展，而张议潮并不甘心放弃对凉州等地的控制，所以在凉州节度设置之后，凉州与归义军的关系比较紧张。其中，最主要的表现就是在咸通八年张议潮入朝后，凉州对于归义军的使团成员采取了持续阻隔的态度。

咸通八年二月，归义军节度使张议潮入京，随即被唐政府授予右神武统军。此即《张淮深碑》所载的“事有进退，未可安然。须拜龙颜，束身归阙”[①]。唐政府为将张议潮长期羁绊在长安，还大量赏赐宅第和庄园。由于了解到唐政府的真实意图，所以张议潮随即派遣马通达返回沙州迎接其家人。P.3281v《押衙马通达状稿（三件）》第一件载：

> 付案过状。押衙马通达。右通达自小伏事司空，微薄文字并是司空教视奖训，及赐言誓。先随司空到京，遣来凉州，却送家累。拟欲入京，便被卢尚书隔勒不放。卢尚书死后，拟随慕容神护入京，又被凉州麹中丞约勒不达。愚意思甘，伏缘大夫共司空一般。贼寇之中，潘死远投乡井，只欲伏事大夫，尽其忠节。近被阎中丞立有搅乱差揭，且

① 荣新江《归义军史研究》，第402页。

先不曾共他关连，例亦不合得管。通达若遣填镇瓜州，实将有屈。[①]

根据文书记载，我们可知马通达长期追随张议潮，为其心腹。咸通八年随张议潮入京后，受张议潮派遣，马通达由长安返回沙州，以迎接张议潮的家人入京。不过其在护送张议潮家人经过凉州时，卢潘仅允许张议潮家人继续东行，而将马通达“隔勒不放”，扣留在凉州[②]。在卢潘咸通十一年左右卒于任上之后[③]，马通达希望跟随归义军的慕容神护使团入京，但再次被凉州的掌权者麹中丞“约勒不达”。无奈之下，马通达被迫返回沙州，被张淮深派遣至瓜州任职。

对于凉州方面阻隔沙州使者的情况，S.4622v（2）《百姓高盈信请取兄沙州任事状》也有记载：

百姓高盈信状。右盈信家兄先随从空（司）徒东行，司徒归阙后，落在温末。经数年间，信息不通。又先寅年闻达灵州，咨陈大夫，蒙随般次东行。取兄至凉州。被麹□□［隔］勒般□（次）。却回至玉门，夺却驼马，空身到来，竖立不得。经今数年，兄并不来见盈信。一身被诸居兄弟欺屈劫夺，存活不得。今兄在加（嘉）邻（麟）镇将弟高进达边。今自办微弱，为因便取兄将到沙州伏事大夫

① 唐耕耦、陆宏基编《敦煌社会经济文献真迹释录》第4辑，第375页。图版见《法藏敦煌西域文献》第23册，第35页。

② 李军《晚唐凉州节度使考》，《敦煌研究》2007年第6期，第71—79页。

③ 李军《晚唐政府对河西东部地区的经营》，第27—41页。

阿郎，死亦甘心。不敢不申，伏请处分。[①]

根据文书记载，高盈信之兄曾在咸通八年（867）随张议潮一同入京。张议潮留任长安后，高某被迫返回沙州。在返回沙州的途中，被嗢末部落所劫掠，后又于寅年，即咸通十一年庚寅到达灵州。高盈信得到消息后，经张淮深同意，跟随归义军派往长安的使团抵达灵州以迎接兄长。从时间上判断，高盈信所加入的般次，应该就是马通达所提及的慕容神护使团。但高盈信及其兄长由灵州返回沙州途中，高盈信之兄却被凉州的麴某扣留在凉州。数年之后，高盈信借归义军“自办微弱”之机，上状大夫张淮深，希望能够将兄长接回沙州[②]。文书中提及的麴某应即P.3281v《押衙马通达状稿（三件）》中的麴中丞及S.6342+Дx.5474v《张议潮处置凉州进表并批答》中所载的麴某。此外，P.4640《沙州释门索法律窟铭》载：

押牙忠信，天资秀异，神假英灵；孝悌于家，忠尽于国；登锋利（履）刃，猛气超群；铁壁（臂）鑚（攒）枪，先冲八阵；提戈从事，每立殊勋。葵心向阳，兢兢使主。奉元戎而归阙，臣子之礼无亏；回驾朔方，被羁孤而日久。愿投桑梓，未遂本情。[③]

---

① 图版见《英藏敦煌文献（汉文佛经以外部份）》第6册，第169页。录文参杨宝玉《大中二年张议潮首次遣使入奏活动再议》，第2页。个别文字及标点稍有不同。

② 对于高盈信的行动路线，参杨宝玉《大中二年张议潮首次遣使入奏活动再议》，第4页注⑧。

③ 录文见郑炳林、郑怡楠《敦煌碑铭赞辑释（增订本）》，第294页。图版见《法藏敦煌西域文献》第32册，第257页。

“押牙忠信”，在S.530《大唐沙州释门索法律义辩和尚修功德记碑》中又被记作“前河西节度押衙忠信”，证明其所护送归阙之元戎，即归义军节度使张议潮。索忠信在完成护送任务由长安返回沙州的途中，被朔方节度方面扣留在灵州。直至功德碑所作的咸通十年（869）左右，索忠信仍被羁绊在朔方。由于在咸通七年（866）至十一年（870）间，卢潘是以朔方节度使的身份兼领凉州，所以朔方与凉州均采取阻隔归义军使者的态度也就容易理解了。

由此可见，在唐政府于咸通四年设置凉州节度之后，尤其是在张议潮入朝之后，由于归义军力图控制整个河西的愿望与唐政府利用凉州节度经营凉州等地的战略意图相违背，所以凉州及朔方节度方面均对归义军采取敌对的态度。即使卢潘卒后，朔方节度不再兼领凉州，掌控凉州的麹某依然沿用了以往隔阻归义军使者的政策。

三、晚唐归义军与河西都防御使府之关系

唐政府设置凉州节度的初衷是为了控制凉州并削弱归义军势

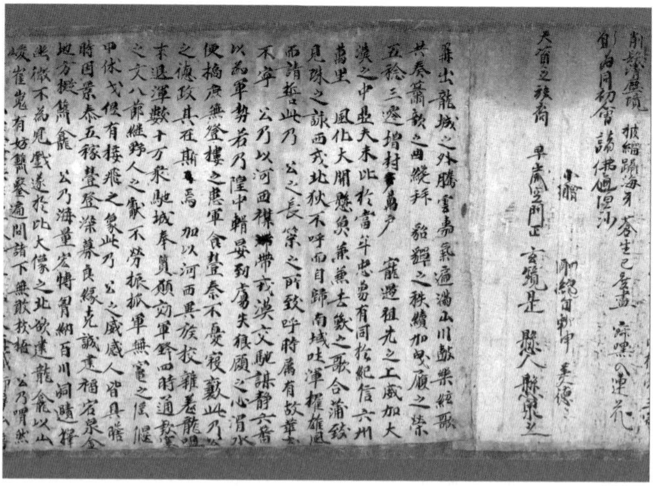

图6-4 P.3720《张淮深造窟功德记》（局部）

力，但正如S.5697《申报河西政情表》所言，晚唐时期河西诸州“蕃、浑、嗢末、羌、龙狡杂，极难调伏”，政局异常复杂。对此，P.3720《张淮深造窟功德记》亦载：“河西异族狡杂，羌、龙、嗢末、退浑，数十万众。”而据上举《张议潮处置凉州进表并批答》的记载，咸通十一年左右，凉州混杂有吐蕃、吐谷浑及嗢末等势力，尤其是嗢末甚至一度还断绝了凉州的交通。在这种情况下，凉州地区物资缺乏的窘境时有发生。在凉州节度设置之后，凉州与归义军之间已不再存在行政或军事的隶属关系。但由于双方之间存在较深的渊源关系，所以在唐政府无力顾及的情况下，凉州方面被迫将归义军视作潜在的依靠对象，双方的关系在僖宗乾符年间之后逐渐得以改善。

咸通二年，归义军节度使张议潮从吐蕃手中收复凉州。唐政府在重修凉州城并调派郓州兵驻守后，于咸通四年设置凉州节度使，以辖凉、洮、西、鄯、河、临六州之地。在咸通八年张议潮归阙长安后，嗢末等族在凉州地区兴起，阻隔了凉州的交通。据敦煌文献的记载，乾符年间之后曾有多位原属归义军的官员在凉州任职，故学者或认为张淮深曾在乾符年间于嗢末手中再度收复凉州①。但《诗集》所收记载晚唐凉州历史风貌的《胡桐树》《番禾县》《嘉麟县》《平凉堡》诸诗，却只是着力以凉州昔日之繁华反衬时日之萧条，均未提及为归义军所重新收复的信息，从而与明确记载肃州及伊州再度收复情况的《酒泉》及《伊州》

① 冯培红《敦煌归义军职官制度——唐五代藩镇官制个案研究》，第219页。李军《晚唐（公元861—907年）凉州相关问题考察——以凉州控制权的转移为中心》（第77—89页）在冯先生论述的基础上，从多个方面对张淮深再收凉州问题进行讨论。其后，冯培红《敦煌的归义军时代》（第131—142页）进一步推测张淮深收复凉州属于P.2913v《张淮深墓志铭》中所称颂的张淮深“乾符之政”的内容。

诗序形成了鲜明的对比[①]。这也就促使我们对凉州再度丢失及张淮深重新收复凉州的说法进行新的审视。

S.6342+Дx.05474v《唐咸通某年张议潮处置凉州进表并批答》云："张议潮奏：咸通二年收复凉州，今不知却废，又杂蕃、浑。今传嗢末割勒往来，累询北人，皆云不谬"[②]。以往学者多根据该记载，认为嗢末在张议潮上表之际已经占领凉州。该条记载或可证张议潮入朝后嗢末曾一度隔绝凉州的交通，但并不足以证明嗢末已从凉州节度使手中夺得整个凉州地区。因为根据传世史书及敦煌文献的记载，唐政府咸通年间派遣至凉州的郓州兵及其后裔在晚唐及五代初期始终控制着凉州城。《新五代史·四夷附录三》记载在张议潮收复凉州后，唐政府曾"发郓州兵二千五百人戍之"[③]。唐政府遣郓州兵前往凉州是为了防范张议潮"强盛边事"[④]，同时也属于设置凉州节度使的准备工作。郓州兵入驻凉州后，受到中原及河西政局的影响，只能长期留居该地。广明元年（880）四月十六日，天平军凉州第五般防戍都右

---

① 对于确实存在归义军再度收复的肃州和伊州，《诗集》相关篇什的记载非常明确。如《酒泉》诗载"建康碛外酒泉城，御史新收伫甲兵"；《伊州》诗序云"仆固天王乾符三年四月廿四日打破伊州"。但涉及凉州的诸诗却看不到所谓重新收复的场景，如《番禾县》云"经乱不输乡国税，昔时繁盛起狼烟"，《嘉麟县》曰"昔日百城曾卧治，如今五柳不沾春"，《平凉堡》则载"旧日柳营今作镇，昔时州县废封壝"。

② 图版见《英藏敦煌文献（汉文佛经以外部份）》第11册，第19页。对于文献的缀合情况，可参郑炳林《敦煌写本〈张议潮处置凉州进表〉拼接缀合与归义军对凉州的管理》，第381—389页。

③《新五代史》卷七四《四夷附录三》，第914页。

④《唐故邠宁节度使司空河东裴公（识）墓志铭》，图版见中国文物研究所、河南文物研究所编《新中国出土墓志·河南》（壹）上册，第361页。相关研究参见荣新江《中国文物研究所等编〈新中国出土墓志·河南〉壹》，《唐研究》第1卷，第557—560页。

厢兵马使梁矩“缘身戍深蕃”，曾发愿写S.4397《观世音经》[①]。《宋会要辑稿·西凉府》亦载：“旧有郓人二千五百人为戍兵，及黄巢之乱，遂为阻绝，（孙）超及城中汉户百余，皆戍兵之子孙也……凉州郭外数十里，尚有汉民陷没者耕作，余皆吐蕃。”[②]由此可知，直至后唐长兴四年（933）凉州留后孙超遣使者晋见唐明宗之时，仍然是郓州兵的子孙在戍守凉州。所以，自唐政府于咸通四年设置凉州节度使直至五代的后唐时期，凉州城一直处于以郓州兵为主体的军事力量的控制之下，而未被嗢末所占领。与此同时，中央政府设置于凉州的军政机构并没有停止运作，在晚唐时期始终发挥着作用。受制于河西地区形势的变化，唐政府设置于凉州的凉州节度使先后被改制为河西都防御使及河西节度使，但这些军政机构基本上保持着正常的运转，先后有卢潘、麹某、郑某、翁郜、冯继文及阴季丰等人出任使府长官[③]。要而言之，唐政府所设置的军政机构对凉州城的控制是持续和稳固的。

根据沙州上都进奏院上给节度使张淮深的P.3547《乾符五年沙州进奏院上本使状》记载，乾符四年（877）十二月，沙州专使阴信均率众到达长安。此次贺正使团包括专使阴信均在内本共29人，但最终到达长安的却只有13人，其余16人均被朔方节度扣留在灵州。这就证明归义军的使团没有受到凉州方面的阻拦，从而顺利抵达灵州。此时凉州改变以往频繁阻隔归义军使团的做法，表明出双方的关系应已得到改善。此外，根据S.2589《中和四年十一月一日肃州防戍都营田索汉君等状》记载，张淮深所派遣的由宋闰盈及游弈使白永吉、押衙阴清儿等人组成的使团，于

① 荣新江《归义军史研究》，第160页。
② ［清］徐松辑录《宋会要辑稿》第8册《方域二一》，第7668页。
③ 李军《清抄本〈京兆翁氏族谱〉与晚唐河西历史》，第42—55页。

中和四年（884）十月十八日到达了凉州所属的嘉麟县。由于此时凉州内部爆发了郑尚书与某人争权的政治动乱，所以宋闰盈等人停驻在嘉麟不敢东行。丙午年（886）三月二十日，张淮深所续遣的高再晟使团平安经过凉州，并最终于光启三年（887）二月与宋闰盈、张文彻等使团同时抵达兴元僖宗驾前[①]。如此看来，宋闰盈等人很可能是与高再晟在凉州会合后继而东进的[②]。从僖宗乾符年间开始，归义军方面所派遣的阴信均、宋闰盈、高再晟、张文彻等使团均可以顺利通过凉州，而宋闰盈使团甚至能在凉州动乱的情况下，停驻当地长达17个月，这充分证明凉州与沙州的关系已经非常密切。

由于河西都防御使的相关记载多出自藏经洞，故以往学者多将河西都防御使视为归义军节度使的下属[③]。随着《京兆翁氏族谱》等相关文献的揭出，学界已经证明河西都防御使为治于凉州的军事使职，统辖河西东部地区[④]。冯培红先生在对以往的观点进行修订的基础上，提出在获得沙州节度使的册封前，沙州刺史

---

① P.3068《书信》及S.1156《沙州上都进奏院状》。

② 张国刚《唐代藩镇研究（增订版）》，北京：中国人民大学出版社，2010年，第180页。

③ 荣新江《归义军史研究》，第153页；荣新江、余欣《沙州归义军史事系年（大中六年—咸通二年）》，季羡林等主编《敦煌吐鲁番研究》第8卷，第71—88页；冯培红《晚唐五代宋初归义军武职军将研究》，郑炳林主编《敦煌归义军史专题研究》，兰州：兰州大学出版社，1997年，第156—159页；（日）森安孝夫《河西帰義軍節度使の朱印とその編年》，《内陸アジア言語の研究》第15号，第15、55—58页。

④ 相关研究，可参冯培红《归义军节度观察使官印问题申论》，刘进宝、高田时雄主编《转型期的敦煌学》，第297—329页；李军《清抄本〈京兆翁氏族谱〉与晚唐河西历史》，第42—55页；荣新江《唐人诗集的钞本形态与作者蠡测——敦煌写本S.6234+P.5007、P.2672综考》，《项楚先生欣开八秩颂寿文集》，第141—158页。

张淮深为河西都防御使下属的看法[1]。学者之所以得出沙州为河西都防御使所管的结论，主要的依据就是在《京兆翁氏族谱·除检校工部尚书诰》中，河西都防御使被记作“凉甘肃等州都防御招抚押蕃落等使”，由此认为在河西都防御使所统辖的“等州”中尚应包括瓜、沙二州；此外，就是张淮深与河西都防御使并存的很长时间里并未得到唐廷的节度使任命。但目前看来，上述两种说法可能存在一定的问题。

据《京兆翁氏族谱》所收的龙纪元年（889）四月八日崔昭纬拟《加翁郜朝散大夫河西节度使白麻》记载，翁郜在出任河西都防御使期间，曾经“分忧三郡，报政累年”，证明河西都防御使所统辖的乃三州之地。对此，光化年间薛廷珪所拟的《授前河西防御押蕃落等使冯继文检校工部尚书依前充河西防御招抚等使制》亦载河西都防御使的职责为“防御西夏，控压三州”[2]。作为河西都防御使的治所，凉州自然属于“三州”之一。而对于河西都防御使所控辖的另外两州，《加翁郜朝散大夫河西节度使白麻》明确记载：“朕以张掖古封，酒泉旧壤，烽火尝通于柳塞，烟尘俱接于榆关。须籍才能，更资镇抚。”由此可知，晚唐时期河西都防御使的辖区即为凉、甘、肃三州之地，正可与《除检校工部尚书诰》所载的“凉、甘、肃等州”相对应。所以，《除检校工部尚书诰》中所载的河西都防御使的辖区“凉甘肃等州”并不包括张淮深担任刺史的沙州以及由其所实际控制的瓜州。

此外，根据敦煌文献S.389《肃州防戍都状》及《京兆翁氏族谱·赐劳敕书》的记载，作为河西都防御使属下的翁郜曾出任

① 冯培红《敦煌的归义军时代》，第143—147页。

② 《文苑英华》卷四〇九《授前河西防御押蕃落等使冯继文检校工部尚书依前充河西防御招抚等使制》，第2074—2075页。

甘州刺史，而崔大夫也曾由凉州前往肃州任命肃州防御使，均体现了河西都防御使府对甘、肃二州的控制。与甘、肃二州的情况形成鲜明对比的是，我们在敦煌文献中并没有发现沙、瓜二州依附于河西都防御使府的记载。

根据P.3863《河西都防御招抚押蕃落等使牒》的记载，某部在端公的协助下，获得了“右散骑常侍，充河西都防御招抚押蕃落等使”的任命。由于凉州物资匮乏，在属下将授官敕书带回凉州的次月，某部即致信端公，在表示感谢的同时，还希望端公能够说服仆射，为凉州提供物资上的帮助。由于森安孝夫和赤木崇敏两位先生将河西都防御使视为归义军节度使的属下，所以将文书中的“仆射”和“端公”分别比定为张淮深及李明振[①]。不过，虽然在P.4615+P.4010《李端公讳明振墓志铭》中将宪衔为“御史中丞”的李明振称为“李端公”，但实际上晚唐时期的敦煌文献中所记载的“端公”并非仅李明振一人。P.2762v《诗集》中就收有《赠阴端公，子侄逆遂成分别，因赠此咏》诗，而P.2555《诸亲借毡褥名目》又提及“康端公”。所以，仅根据“端公”的称谓，尚难以确定其人。而笔者曾根据《京兆翁氏族谱》的记载，指出P.3863《河西都防御招抚押蕃落等使牒》中自称为“部”的河西都防御使即翁部，并推测状文中所提及的“仆射”和“端公”或来自朔方节度[②]。此后，通过研读抄写于P.3863背面的《光启三年金刚经神验记事》，发现如果将P.3863正面《河西都防御招抚押蕃落等使牒》与背面所抄的《光启三年金刚经神验记事》的内容结合考虑，则可以为我们确定“仆射”

---

① （日）森安孝夫《河西帰義軍節度使の朱印とその編年》，《内陸アジア言語の研究》第15号，第15页；（日）赤木崇敏《河西帰義軍節度使张淮鼎——敦煌文献P.2555pièce1の检讨をじて》，《内陸アジア言語の研究》第20号，第18—19页。

② 李军《晚唐政府对河西东部地区的经营》，第27—41页。

及“端公”所指提供新的思路。

P.3863v《光启三年金刚经神验记事》载：

> 光启三年九月十九日夜三更起，持念前作儆戒。身从窟头回，从东望见中碛佛堂南边更有一新堂子。渐近，渐近，是一“止”字。须臾不见。又作儆戒，与数僧同处，球与一人面向北胡跪，捧一碗清水而饮。又作一儆戒，见数人牵一人，煞之，便修治。僧一人相共灌溲。一人云：“速联，速联，天将晓矣。”此三儆戒皆是波罗密多金刚能断波罗密多神力验也。果至廿日给粮。廿一日早上转经，至[□]卷，睹金刚能断善现涕泣赞叹之义。[1]

对于文书中自称为“球”的作者，学者均将其比定为晚唐时期活跃于归义军政坛的张球[2]，对此当无异议。对于文书中光启三年九月十九日纪年，森安孝夫将其视为正面文书写作时间的下限，再结合张淮深自887年至890年间自称“仆射”的时代背景，指出《河西都防御招抚押蕃落等使牒》应作于887年。赤木崇敏则进一步将文书的写作时间系于光启三年的五月至九月间。在笔者看来，“光启三年九月十九日”并非抄写时间题记，而是张球所述金刚经灵验事发生的时间，所以并不能作为正面文书的写作时间

---

① 文书图版见《法藏敦煌西域文献》第29册，第23页。录文参杨宝玉《敦煌本佛教灵验记校注并研究》，第295—296页。此外，杨宝玉先生根据文书内容，将其拟名为《金刚经灵验记（光启三年记事）》。

② 颜廷亮《张球：著作系年与生平管窥》，《1990年敦煌学国际研讨会论文集·石窟史地、语文编》，沈阳：辽宁美术出版社，1995年；颜廷亮《敦煌文学概说》，台北：新文丰出版公司，1995年，第130页；季羡林主编《敦煌学大辞典》李正宇撰“张球”条，上海：上海辞书出版社，1998年，第356页；杨宝玉《敦煌本佛教灵验记校注并研究》，第294—295页。

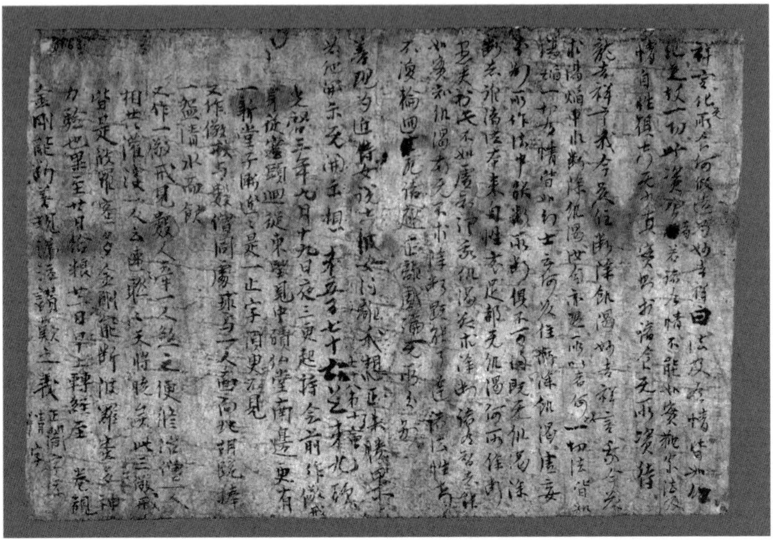

图6-5 P.3863v《光启三年金刚经神验记事》

下限。但细读背面文书，却可以发现其内容又与正面文书密切相关。在背面文书中，张球将“廿日给粮”视为金刚经神验所带来的结果。就《光启三年金刚经神验记事》本身而言，所谓“廿日给粮”似难以确指，但如果将其与文书正面《河西都防御招抚押蕃落等使牒》翁部所言的“当州自京国不宁，省绝支遣，欠阙至甚……伏望端公因言话之次，请为借便”结合考虑，我们不难发现翁部致信“端公”求取物资援助与张球所言“果至廿日给粮”之间存在因果关系。由此，笔者认为翁部所致信的“端公”应指《光启三年金刚经神验记事》的作者，即时任“河西节度判官权掌书记朝议郎兼御史中丞柱国赐绯鱼袋”的张球[①]。正是这个缘故，张球才会在归义军方面同意援助凉州粮食后，将此神验事写在翁部求粮的公文背面。此外，这也就可以解释身在凉州的河西

① 对于此时张球的职衔，见其光启三年（887）闰十二月十五日所撰的P.2568《南阳张延绶别传》。

都防御使所发出的公文，为何会出现在敦煌藏经洞中。既然张淮深同意为凉州提供物资援助的时间在光启三年九月二十一日，便可证翁部所遣的阴文建使团到达沙州时间应在此之前不久，所以翁部获得河西都防御使任命的时间应在当年的二月十九日。而翁部所言之“仆射”，应即已经在归义军内部自称“尚书左仆射”的张淮深。

赤木崇敏将P.3863《河西都防御招抚押蕃落等使牒》所提及的某部获得河西都防御使任命的“二月十九日”，与S.1156《光启三年沙州进奏院上本使状》中宋闰盈、高再盛、张文彻三般使团于光启三年二月十九日在兴元觐见僖宗的记载对应起来。这是一个颇具启发性的观点。由此可知，翁部之所以在获得河西都防御使的任命后致信张球，一方面固然是希望张球能说服张淮深，为凉州提供物资援助；另一方面，也从侧面证明了翁部获得任命时，确实获得了归义军方面的协助。P.3863《河西都防御招抚押蕃落等使牒》所提及的张弘信使团很可能是追随宋闰盈、高再盛、张文彻三般使团中的某一个般次，在光启三年二月十七日到达兴元，并在十九日觐见僖宗时为翁部求得了河西都防御使的任命。正是因为凉州使者是跟随归义军使者入使，所以翁部向归义军求取物资援助时，要对在归义军中身居要职的张球表示感谢。

P.5007+ S.6234、P.2672正面写有《河西都防御判官将仕郎试弘文馆校书郎何庆状》四通，从内容上判断，均为时任河西都防御判官的何庆致某位在外地任职的判官之书札。其中，P.2672第二首书札署名处，钤有“河西都防御使印”，证明这几件文书应发自凉州。而P.5007+ S.6234背面及P.2672的正面则为唐人诗钞，共计31首[①]。荣新江先生在对上举文书的书状及所抄诗集形态进行复原的同时，认为何庆所致信的判官及诗集作者均为翁郜[②]。但根据《京兆翁氏族谱·慰劳翁郜制》的记载，翁郜在担任甘州刺史之前所担任的为“凉州都防御使判官”。正如荣新江先生所说，其或为“凉州之河西都防御使”的简称或文字抄写过程中遗漏之误。由此可证，翁郜和何庆均担任了“河西都防御使判官”，或至少可以说明翁郜与何庆的任职地点均在凉州。但从何庆四通书札的内容看，其与所致信的判官并非在外地游历，而是于别处任职。尤其是在第四通书札中，出现了“判官绝地当官，请俸甚少。凡过八节，乞不远驰信礼，惟垂信鉴”的记载。何庆既然称此“判官”为“绝地当官”，一则可以证明其并不在凉州任职；二则也可以证明其并非在行旅途中。由此，似可证何庆所致信的判官当非翁郜。而从上述书札出土于敦煌藏经洞，可证何庆所致信的判官当为归义军方面。此外，从《诗集》的题目判断，这位判官所描写的河西诸州及名胜基本上为自东至西排列，此当与其行程方向相同。在此人笔下，凉州等地极为荒凉，但归义军统辖下的沙、肃等州却是一番欣欣向荣的景象，也可证作者

---

① 对于上举文书的创作时间及拼接缀合情况，王重民、项楚、荣新江、徐俊等先生均有所论及（王重民《敦煌遗书总目索引·伯希和劫经录》，北京：商务印书馆，1962年，第270页；王重民《补全唐诗拾遗》，《全唐诗补编（上）》，北京：中华书局，1992年，第84—85页；项楚《敦煌诗歌导论》，台北：新文丰出版公司，1993年，第235—239、274—275页；荣新江《归义军史研究》，第358—359页；徐俊纂辑《敦煌诗集残卷辑考》，第650—662页；荣新江《唐人诗集的钞本形态与作者蠡测——敦煌写本S.6234+P.5007、P.2672综考》，《项楚先生欣开八秩颂寿文集》，第141—158页）。对于文书正反面的关系问题，笔者采用了荣新江先生的研究成果。

② 荣新江《唐人诗集的钞本形态与作者蠡测——敦煌写本S.6234+P.5007、P.2672综考》，《项楚先生欣开八秩颂寿文集》，第141—158页。

当为归义军节度使的属下。而晚唐时期在归义军中出任判官，且以文学知名者当非张球莫属。由此可证，在晚唐时期，河西都防御使的属下与归义军节度使的重要僚佐张球之间保持了频繁的交往。这也就为翁郜在凉州处境艰难的情况下，请求张球游说张淮深埋下了伏笔。

此外，翁郜在派遣阴文建前往沙州求援之前，还曾派遣另一支使团前往沙州。P.3569v《唐光启三年四月为官酒户马三娘、龙粉堆支酒本和算会牒》记载光启三年三月二十二日至四月二十三日之间，凉州使曹万成等三人曾停驻于沙州长达32天。在此期间，归义军的官酒户每日为其供酒玖胜（升），共计供酒肆瓮半壹斗捌胜（升）。而所谓的“凉州使”应即由河西都防御使翁郜所派遣的使者。虽然受资料所限，对于曹万成使团的具体使命，我们不得而知。但至少可以证明，甘州回鹘势力的崛起并没有切断凉州和归义军之间的联系。

翁郜所遣的使者阴文建，又见于P.3249《将龙光颜等队下名簿》，这也就证明阴文建本为归义军的人员。其实，根据敦煌文献的记载，除阴文建外，晚唐时期归义军人员在凉州任职的还有康通信及王景翼等人。此外，敦煌文献中还记载沙州人阴季丰曾在唐末于凉州任职。P.3720《河西都僧统阴海晏墓志铭并序》中记载阴海晏之父阴季丰曾担任过“凉州都御使”。P.2482《唐故河西归义军节度内亲从都头守常乐县令阴善雄墓志铭并序》则记载阴季丰为“敕授凉州防御使、检校工部尚书兼御史大夫、上柱国”。对于前者所载的“凉州都御史”，陈祚龙先生认为当为“凉州防御使”之误，郑炳林先生则认为当作“凉州都防御使”[①]。结合《慰劳翁郜制书》中翁郜曾出任“凉州都防御使判官”的记载，

① 郑炳林、郑怡楠《敦煌碑铭赞辑释（增订本）》，第672—682页。

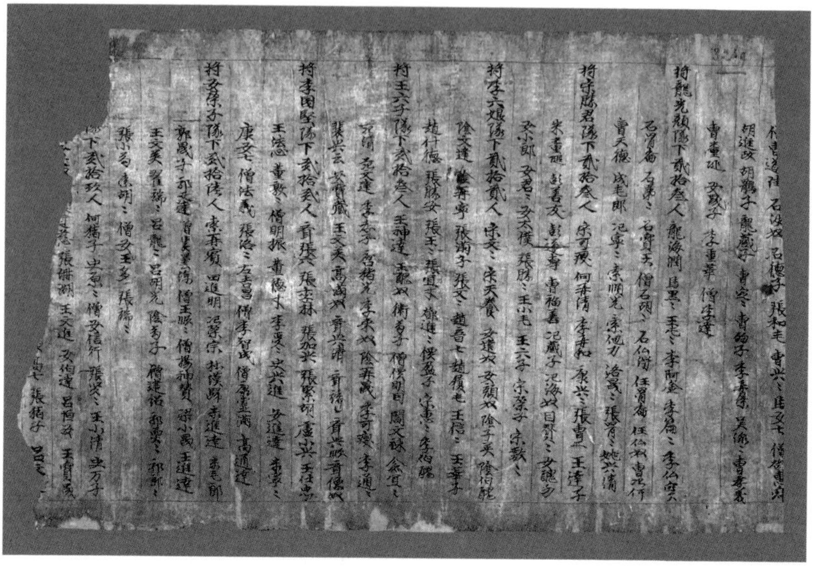

图6-6 P.3249《将龙光颜等队下名簿》

可知阴季丰担任的确当为“凉州都防御使”[①]。正如荣新江先生所说，我们目前在敦煌文献中所发现的为“河西都防御使印”，而并非“凉州都防御使印”，所以“凉州都防御使”当为“凉州之河西都防御使”的简称或文字抄写过程中遗漏之误[②]。如此，则可证阴季丰在唐末曾在凉州出任河西都防御使。虽然从晚唐河西地区的形势看，唐政府调派归义军人员任职凉州，只能是在非常时期所采取的权宜之计，并没有从根本上改变凉州节度统治式微、少数民族崛起的状况[③]，但却可从侧面反映虽然在凉州节度设置之后，凉州与归义军之间脱离了行政及军事上的隶属关系，

① 冯培红《归义军节度观察使官印问题申论》，《转型期的敦煌学》，第301页。
② 荣新江《唐人诗集的钞本形态与作者蠡测——敦煌写本S.6234+P.5007、P.2672综考》，《项楚先生欣开八秩颂寿文集》，第141—158页。
③ 李军《晚唐归义军人员任职凉州考》，《敦煌研究》2010年第4期，第80—87页。

但双方之间却一直保持着密切的关系。

根据P.4638《瓜州牒状》的记载，又可知索勋之所以获得瓜州刺史的任命，乃是受到了代掌归义军的沙州刺史张淮深的举荐，完全与河西都防御使无关①。虽然瓜州在名义上与沙州地位相类，但由于沙州人户长期在瓜州驻守，且瓜州曾被回鹘占据并由张淮深再度收复，故虽然张淮深的身份仅是沙州刺史，但仍可以掌控瓜州。由此看来，沙、瓜二州应并不在河西都防御使的统辖范围之内，归义军与河西都防御使府是两个独立存在的政治实体。在P.3451《张淮深变文》中，归义军文人宣称张淮深"持节河西理五州"，可见在唐政府于凉州设置河西都防御使府后，归义军方面充分认识到自身已没有能力再控制凉州，故主动切割了与凉州的关系，将其划出归义军曾实际控制的"六州"的范围。

虽然归义军与河西都防御使之间不存在统辖的关系，但由于同处河西，双方之间保持着密切的联系。在双方的联系过程中，张球起到了重要的纽带作用。根据《诗集》背面何庆致张球的第二通信札所载的"兼口示盛制，辄成吟讽"，可知张球或曾将《诗集》的部分内容寄送给何庆。在张球的笔下，凉州地区极为残破，远不如归义军的治所沙州繁荣。而在何庆的眼中，张球在沙州任职却属于"绝地当官"，故"请俸甚尠"。由此可见，虽然此时归义军与河西都防御使府之间存在联系，但双方关系其实并不十分融洽。

乾符初年，唐政府曾经借甘、肃二州被回鹘占领的机会，将二州由归义军的辖区划入河西都防御使所领。不过据S.389《肃州防戍都状》的记载，在中和四年年底之前，甘州城内的主导力量却是以吐蕃、吐谷浑、龙家为首的少数民族势力，由此可见河

① 图版见《法藏敦煌西域文献》第32册，第232页。

西都防御使对甘州的控制并不稳固。此外，由于沙州人户是肃州驻军的主力，所以原归义军僚佐充当了肃州防御都的将领。其一方面对来自凉州的指令加以抵制，另一方面又频繁向张淮深汇报河西东部及有关中原的政情①，导致河西都防御使对于肃州的控制无法真正落实。再者，在黄巢攻陷长安后，中央政府无法再继续为凉州提供物资，也使得河西都防御使府的地位受到了严重的削弱。针对河西都防御使府官员多阙的情况，唐政府只能通过调派原归义军僚佐前往任职的方式加以弥补。所以翁郜在被唐政府任命为河西都防御使后，要致信张球表示感谢，并希望张球在凉州向沙州求粮的过程中发挥积极作用。最终，在张球积极推动下，张淮深最终同意为河西都防御使府提供物资援助。张淮深的举动也最终促使唐政府同意为其授节，从而在很大程度上影响了河西及归义军历史的进程。到了唐朝末年，原归义军僚佐阴季丰甚至出任了掌管凉州军政事务的长官②。

要而言之，从P.3451《张淮深变文》中“持节河西理五州”的记载看，在张淮深所自称的统辖范围中，并不包括凉州。在河西都防御使府设置之初，张淮深只具有沙州刺史的身份，所以何庆在致信张淮深的僚佐张球时，完全是站在优势的一方。张球则多次在诗中描写凉州的残破以及沙州的繁荣，力图将归义军塑造成河西决定性力量的形象。随着河西及中原政局的发展，河西都

① 相关情况，详见P.3750《归义军时期肃州某守官与瓜州家属书》、S.389《肃州防戍都状》、S.2589《中和四年十一月一日肃州防戍都营田索汉君等状》。

② 对于阴季丰任职凉州期间的职衔，P.3720《河西都僧统阴海晏墓志铭并序》载为“凉州都［防］御使、上柱国”，P.2482《阴善雄墓志铭并序》则作“敕授凉州防御使，检校工部尚书兼御史大夫、上柱国”。如果仅就使职而言，当以前者所载的“凉州都［防］御使”为是。

防御使府不仅无法控制甘州和肃州，甚至在人员上和物资上都出现了很大的问题。与凉州有着深厚渊源关系的归义军，成为河西都防御使府求助的对象。张淮深在求节二十余年后，最终因援助凉州而获得唐政府的节度使册封，充分体现出归义军与河西都防御使府关系的重要性。

四、晚唐归义军人员任职凉州考

咸通二年，归义军节度使张议潮驱逐了吐蕃在河西东部的残余势力，收复凉州。咸通四年，唐政府设置凉州节度，领凉、洮、西、鄯、河、临六州，治凉州①。根据敦煌文献的记载，自咸通四年凉州节度设立至唐朝灭亡，曾有多位归义军的官员在凉州地区任职。对此，学者多认为其应从属于归义军节度使，体现了归义军收复凉州后对该地的实际控制。但正如荣新江先生所言，凉州节度的设置，很可能是唐朝企图从归义军手中夺取凉州以及部分名义上已属于张议潮而实际上还未被其控制的陇右州郡与西州飞地的一种努力；而据笔者考证，自咸通四年至唐亡，唐政府对河西东部地区，尤其是作为凉州节度治所的凉州，保持了相对稳定的统治②。所以，对于归义军人员在凉州任职的性质尚需进一步探讨③。通过勾稽敦煌文献，我们可以明确晚唐时期曾在凉州等地任职的归义军人员共有李明振、高进达、王景翼、康通信、阴季丰五人。如将五人的情况逐一进行分析，或有助于我们更为清晰地认识归义军人员任职凉州的问题。

---

① 《新唐书》卷六七《方镇表四》，第1886页。

② 李军《晚唐政府对河西东部地区的经营》，第27—41页。

③ 关于晚唐归义军人员任职凉州的问题，承荣新江先生教示，谨致谢忱。

（一）李明振

对于李明振的生平及任职凉州的情况，《唐宗子陇西李氏再修功德记》的记载最为详细：

公（李明振）其时也，始蒙表荐，因依献捷，亲拜彤庭。宣宗临轩，问其所以；公具家牒，面奏玉阶。上亦冲融破颜，群公愕视。乃从别敕，授凉州司马、检校国子祭酒兼御史中丞、赐紫金鱼袋，锡金银宝贝。诏命陪臣，乃归戎幕。二十余载，河右麾戈，拔帜扶囊，龙韬尽展，克复神鸟（乌），而一戎衣。殄勍寇于河兰，馘獯戎于瀚海，加以陇头雾卷，金河泯湍濑之波；蒲海枭鲸，流沙驰列烽之患，复天宝之子孙，致唐尧之寿域，晏如也。百城无拜井之虞，十郡丰登，吏士贺来苏之政……公又累蒙朝奖，恩渥日深，方佩隼旟，用坚磐石，勋猷未萃，俄已云亡。享龄五十有二，终于敦煌之私第。①

对此，P.4615+P.4010《李明振墓志铭》亦载：

唐故河西节度凉州左司马检校国子祭酒兼御史中丞上柱国陇西李府君墓志铭

清河张球撰……府君之生也，龆龀岁已去童心，逮冠颇以韬钤见重麾下。大中初，辅政辕门，经略河外，讨荡吐

① 李永宁《敦煌莫高窟碑文录及有关问题》，《敦煌研究》试刊第1期，1981年，第66—67页；石璋如《敦煌千佛洞遗碑及其相关的石窟考》，《“中央研究院”历史语言研究所集刊》上册，第34本，台北：“中央研究院”历史语言研究所，1962年，第86页；［清］徐松著，朱玉麒整理《西域水道记》，北京：中华书局，2005年，第155—156页。

蕃，先登执馘，有庆忌之勇。方期分阃维城，继先人之□悲也。当龙纪二祀七月十有六日，□敦煌县漠高里，从吉兆也。[1]

对于李明振所担任的凉州左司马，学术界多认为是虚衔遥领。而据笔者所考，李明振此次入朝并非传统观点所认为的大中五年，而是在大中十三年左右，此时归义军应已经收复凉州西部的部分地区，所以唐政府敕授李明振之凉州左司马或为实任。在张球所撰的《李明振墓志铭》中，李明振被记作“唐故河西节度凉州左司马”。对此，值得我们格外注意。

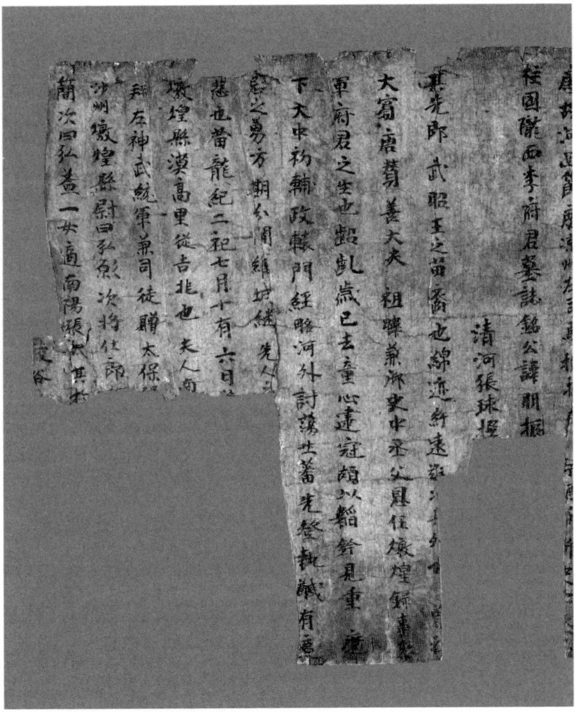

图6-7 P.4615+P.4010《李明振墓志铭》（局部）

虽然咸通四年唐政府在凉州设置凉州节度，但咸通末年至乾符初年，张淮深在嗢末占据凉州、唐政府拒绝张议潮重新经营凉州的情况下，仍率军重新收复凉州并锐意经营，表明此

① 录文参郑炳林、郑怡楠《敦煌碑铭赞辑释（增订本）》，第733页。图版见《法藏敦煌西域文献》第32册，第180页。

时归义军仍未放弃经营凉州等地的愿望。张淮深在收复凉州之后，于乾符四年年底派出以阴信均为首的名为贺正、实为请节的庞大使团。从张淮深派遣使团的时机及此时河西的情势看，张淮深所请求节度的范围当包括凉州等地。由于张淮深经营凉州等地的意图与唐政府利用凉州节度统辖河西东部地区的策略相违背，所以唐政府不仅拒绝授予张淮深归义军节度使旌节，还随即派遣凉州节度使赴任，再次明确传达了唐政府力图经营凉州等地的信号。唐政府的举措对归义军产生了重要的影响，张淮深称号的变化即为其一。

在归义军设立初期，先后出任节度使的张议潮和张淮深多使用“河西节度使”，而不是唐朝所命名的“归义军节度使”，表明了他们力图将自己打造成中央政府在河西的唯一合法代表。文德元年（888），在张淮深请节二十余年后，唐政府终于给予承认，但授予张淮深的并非归义军节度使、十一州观察使，而是沙州节度使、沙州观察处置使①；次年，唐政府又将河西都防御升格为河西节度，证明两者之间应存在着密切的联系。而在作于大顺元年（890）正月的P.2854v《先圣恭僖皇后忌辰行香文》中，张淮深被称作为“归义军节度使张仆射”；在与《李明振墓志铭》作于同年的张景球撰《张淮深墓志铭》中，张淮深也被记作“唐故归义军节度使”，证明其已经放弃了河西节度使的称号。继任的张淮鼎、索勋、张承奉等人也都不再自称河西节度使，而改称归义军节度使、河西道归义军节度使或沙、瓜、伊、西等州节度使②。直到曹议金时期，归义军节度使才又重新自称河西节

① 对于唐政府授节张淮深的具体情况，可参荣新江《归义军史研究》，第191页；（日）森安孝夫《河西帰義軍節度使の朱印とその編年》，《内陸アジア言語の研究》第15号，第59页。

② 冯培红《关于归义军节度使官制的几个问题》，《麦积山石窟艺术文化论文集》下册，第208页。

度使。此外，据郑炳林先生考证，《张淮深墓志铭》的作者张景球也即《李明振墓志铭》的作者张球[①]。如此结论成立，则更加证明大顺元年张球所言的“河西节度”并非张景球所言的“归义军节度”，而应是治于凉州、由凉州节度及河西都防御演变而来的河西节度。张淮深统治末期，即使在归义军官员眼中，曾经担任凉州左司马的李明振应从属于河西节度使，而非归义军政权，这就证明经过唐政府长期的经营，即使是归义军方面也已经认同凉州属河西节度所管的观念。

李明振之凉州左司马的职事官及国子祭酒的检校官皆为大中十三年宣宗所授，但直至大顺元年李明振卒时，其职事及检校官皆未升迁。对于李明振三十年未得升迁的特殊现象，学者或言凉州左司马为宣宗敕授，故在墓志铭中书其旧称。但在莫高窟第148窟中，西壁北向第三身题名作：“弟子银青光禄大夫检校国子祭酒守凉州左司马兼御史大夫上柱国陇西李明振一心供养。”[②]虽然李明振之宪衔已由御史中丞升至御史大夫，但其

---

① 郑炳林《试论晚唐敦煌文士张球即张景球》，《文史》第43辑，北京：中华书局，1997年，第111—120页。在张球、张景球是否为同一人这个问题上，目前学术界形成了两种截然相反的观点。王重民、戴密微、那波利贞、苏莹辉、陈祚龙、郑炳林等先生认为两者当为一人，其中以郑炳林先生的论述最为缜密。在持反对意见的学者中，以荣新江、颜廷亮两位先生的论证最为详尽。（荣新江《敦煌卷子札记四则》，北京大学中国中古史研究中心编《敦煌吐鲁番文献研究论集》第2辑，北京：北京大学出版社，1983年，第631—673页；颜廷亮《张球：著作系年与生平管窥》，《1990年敦煌学国际研讨会文集·石窟史地、语文编》，第251—271页；同作者《敦煌文学概论》，第96—97页；又同作者《有关张球生平及其著作的一件新见文献》，第101—104页）

② 《敦煌莫高窟供养人题记》，第68页。

职事及检校官皆未变化，可证墓志铭所载确为其最终结衔[①]。

此外，P.3126颜之推所撰《还冤记》上端页边,有与写本内容无关的小字题记：

> 中和二年四月八日下手镌碑,五月十二日毕手。索中丞已下三女夫,作设于西牙碑毕之会。尚书其日大悦，兼赏设僧统已下四人，皆沾鞍马缣缃，故记于纸。[②]

对于文书中提到的“三女夫”，学术界多认为当指张议潮的女婿索勋、李明振及另一人。而据《唐宗子陇西李氏再修功德记》《李明振墓志铭》，又可知大顺元年七月李明振卒于敦煌之私第。如此，则中和二年至大顺元年之际，李明振似乎身在沙州，而并未赴凉州任职。所以，虽然据《唐宗子陇西李氏再修功德记》的记载，李明振被宣宗敕授凉州左司马等职，且在张球所撰的《李明振墓志铭》中，由于李明振曾担任上述等职，所以其被视为河西节度使的属下，但据李明振之职事及检校官等三十年未得升迁的事实及多处李明振未赴凉州任职的证据看，即使李明

---

① 对于李氏家族重修第148窟的时间，贺世哲先生认为应在李明振生前不久，而《唐宗子陇西李氏再修功德记》碑当系张氏于李明振亡后补刻（贺世哲《从供养人题记看莫高窟部分洞窟的营建年代》，《敦煌莫高窟供养人题记》，第215页）。据《唐宗子陇西李氏再修功德记》的记载，可知第148窟的重修确实开始于李明振生前，但无论是《唐宗子陇西李氏再修功德记》还是《李明振墓志铭》，皆载李明振之宪衔为御史中丞，低于第148窟所载的御史大夫，所以第148窟重修的完成或在李明振卒后。

② 录文参（日）池田温《中國古代寫本識語集録》，第434页。图版见《法藏敦煌西域文献》第21册，第343页。对于文书所载的“三女夫”，池田温先生作“二女夫”。经笔者细核原卷，“三”字最上一笔墨迹极淡，而与第二、三笔不甚协调，但显与同件文书另外两处“二”的写法不同，故其确当为“三”。

振凉州左司马等职最初确为实任，但在唐政府巩固在凉州地区的统治之后，其继续出任此职的可能性并不大[①]。

（二）王景翼

对于王景翼生前所担任的职衔，P.4660（14）《王景翼邈真赞并序》载为“河西都防御右厢押衙银青光禄大夫检校太子宾客侍御史兼御史中丞”[②]。据学者考证，此件文书作于咸通十二年（871）至乾符三年（876）之间[③]，所以，王景翼在河西都防御使属下担任右厢押衙应在乾符三年之前。据笔者所考，为了应对凉州少数民族崛起及粮料欠缺等局面，咸通八年九月至十二年十月之间，唐政府曾经将凉州节度改为河西都防御。而至迟在咸通十二年十月张议潮上表请求重新经营凉州时，唐政府以“一切仍旧”，即恢复了凉州节度的建置[④]。所以，王景翼出任河西都防御右厢押衙的时间当在咸通八年九月至十二年十月之间。

此外，王景翼或即P.3750中的王敬翼。对于P.3750，《敦煌遗书总目索引》《敦煌遗书总目索引新编》、黄永武博士主编《敦煌遗书最新目录》、唐耕耦等《敦煌社会经济文献真迹释录》

① 赤木崇敏氏将P.2555p1封筒的写作时间系于890年左右，除将封筒中所提及的“归义军兵马留后”比定为张淮鼎，“端公”比定为李明振外，还认为李明振曾在凉州或甘州地区出任凉州左司马一职；887年凉州、甘州脱离归义军后，虽然李明振并没有常驻在甘、凉地区，但还是会时常前往出使。（（日）赤木崇敏《河西帰義軍節度使张淮鼎——敦煌文献P.2555pièce1の检讨をじて》，《内陸アジア言語の研究》第20号，第16页）据此，赤木氏似认为890年左右李明振应仍在甘、凉地区出任凉州司马。但笔者在P.2555p1中“归义军兵马留后”和“端公”所指，与赤木氏存在不同意见。详细情况，容另文论述。

② 郑炳林、郑怡楠《敦煌碑铭赞辑释（增订本）》，第451页。

③ 郑炳林、郑怡楠《敦煌碑铭赞辑释（增订本）》，第453页。

④ 李军《晚唐政府对河西东部地区的经营》，第27—41页。

《法藏敦煌西域文献》等均有定名[1]。上述诸家的定名中，以唐耕耦先生所拟之《归义军时期肃州某守官与瓜州家属书》为最详。该件文书载：

> □货物并□望望。偵（镇）蓼泉人户，缘口家（家口）在沙州，不肯停住，于官非常不益。汝切须依旧名目并家口，差军将一二人押领，限七月廿八日已来，并到肃州。张和荣要图画障子兼素（塑）匠二人，星夜辈（倍）程，速须发遣。张善善亦须同来。先差催促兵马使兼所取物色至甚迟违，亦速发遣。昨七月十九日进奏押衙王敬翼到，兼得将军家书，宅内长幼并得平善。前后缘诸城镇官吏数多恩赐，汝全不曾得，不是吾入己，汝亦得知。今王敬翼般次到，此度恩赐并全，于左诚珍边发遣。待到日于领衣物一角并银椀一枚，封印全，椀在外。限以军行，见汝未期，但多忆念，专遣王安典至，汝省。[2]

蓼泉，当即《新唐书·地理志四》"甘州张掖郡"条下注所

---

① 对于P.3750，《敦煌遗书总目索引》及《敦煌遗书总目索引新编》均定名为《残状牒一件》（商务印书馆编《敦煌遗书总目索引》，第294页；施萍婷主撰稿、邰惠莉助编《敦煌遗书总目索引新编》，第297页），黄永武先生定名为《状牒一件》（黄永武主编《敦煌遗书最新目录》，第765页），唐耕耦先生定名为《归义军时期肃州某守官与瓜州家属书》（唐耕耦、陆宏基编《敦煌社会经济文献真迹释录》第5辑，第32页）。《法藏敦煌西域文献》第27册则定名为《书信》（第241页）。上述定名中，以唐耕耦先生定名最详。但唐耕耦先生未言定名依据，而根据文书中收信者与发信者、将军、张和荣等人之间的关系，我们似乎还难以断定收信者身处瓜州，故存疑待考。

② 录文参唐耕耦、陆宏基《敦煌社会经济文献真迹释录》第5辑，第32页。图版见《法藏敦煌西域文献》第27册，第241页。

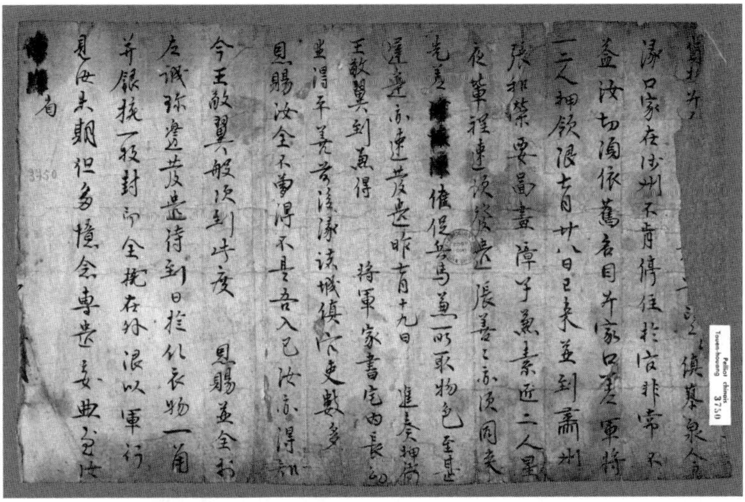

图6-8 P.3750《归义军时期肃州某守官与瓜州家属书》

言的位于州西百二十里的蓼泉守捉城。蓼泉本属甘州，但为了解决归义军人员不肯停驻的问题，发信者要求押送其家属前往肃州，表明此时蓼泉为归义军属下的肃州所管。从文书内容上分析，致信肃州官员的将军应指某位归义军节度使。据荣新江先生研究，归义军时期，共有张淮深、索勋、张承奉三位节度使称过将军[①]，所以上举文书当作于晚唐张氏归义军时期。此外，上述文书中的张和荣又见于Ch.00101《南无药师琉璃光佛像》中的张和荣题记：

> 佛弟子节度押衙、银青光禄大夫、守左迁（千）牛卫终（中）郎将、检校国子祭酒兼殿中侍御史张和荣一心供养。

---

① 荣新江《沙州归义军历任节度使称号研究（修订稿）》，《敦煌学》第19辑，第15—67页。

愿早达家乡，无诸哉（灾）难。佛弟子彭氏供养。[①]

从彭氏祝愿张和荣“早达家乡，无诸灾难”看，此时充当归义军节度押衙的张和荣身在外地，与镇守肃州的张和荣的情况可相互对应，可证两者当为一人。而Ch.00101所绘张和荣供养人像头上所戴的，为极具晚唐时代特色的硬角幞头，而到了曹议金时期及以后，无论是敦煌石窟内还是藏经洞所出的绘画品，供养人所戴的幞头已经发展为与此前大不相同的展脚[②]。由此，也可知张和荣当主要生活在晚唐时期。

图6-9 Ch.00101《南无药师琉璃光佛像》

① 图版见《英藏敦煌文献（汉文佛经以外部份）》第14册，成都：四川人民出版社，1995年，第165页。对于Ch.00101，《英藏敦煌文献（汉文佛经以外部份）》第14册定名为《节度押衙张和荣题记并供养人题名》。但供养人彭氏祈求其夫张和荣平善得返沙州的题记及本人题名，系本幅南无药师琉璃光佛像的组成部分，故不应以题记及题名作为本件文献的命名。笔者以绢画的榜题为据，名之曰“南无药师琉璃光佛像”。录文参（英）Arthur Waley（阿瑟·魏礼），“*A Catalogue Of Paintings Recovered From Tun-Huang By Sir Aurel Stein, K.C.I.E.*”，London,1931,p44.马德《敦煌绢画题记辑录》，《敦煌学辑刊》1996年第1期，第141页。对于文书中的“迁”“终”“哉”等字，Arthur Waley据原卷照录。

② 《敦煌学大辞典》，段文杰撰“硬角幞头”“展脚幞头”条，第211页。

在张淮深统治后期，肃州已经被龙家等族占领，所以文书中提到的将军不应指索勋及张承奉，而只能指张淮深。张淮深在咸通八年之后不久就已自称留后[①]，所以上述文书应作于咸通八年张议潮入朝至张淮深称留后之间。由此可见，P.3750所作的时间与王景翼生活的时代接近，且王景翼本为归义军的军将，所以P.4660《王景翼邈真赞并序》中的王景翼应即P.3750中所载曾入使长安的王敬翼。

（三）高进达

高进达任职凉州的记载出自S.4622v《百姓高盈信请取兄沙州任事状》，该文书载：

> 百姓高盈信状。右盈信家兄先随从空（司）徒东行，司徒归阙后，落在温末。经数年间，信息不通。又先寅年闻达灵州，咨陈大夫，蒙随般次东行……经今数年，兄并不来见盈信……今兄在加（嘉）邻（麟）镇将弟高进达边。今自办微弱，为因便取兄将到沙州伏事大夫阿郎，死亦甘心。不敢不申，伏请处分。[②]

嘉麟，当即位于凉州西北70里的嘉麟县。凉州节度属下有嘉麟镇的建置，证明在作为非附郭县的嘉麟县，唐政府也实行了县、镇并置。高盈信状上身在沙州的大夫张淮深，请求允许其此时依附于嘉麟镇将高进达的兄长返回沙州，证明此位高进达本为归义军的人员。对于文书中的寅年，学者已经指出应即咸通十一

① 荣新江《沙州归义军历任节度使称号研究（修订稿）》，《敦煌学》第19辑，第27页。
② 图版见《英藏敦煌文献（汉文佛经以外部份）》第6册，第169页。

年庚寅[1]，而文书所作之时又在此后数年，所以文书当作于咸通末、乾符初。

高进达，又见于敦煌写本《张淮深碑》碑文的双行夹注中。文书载：

> 敦煌、晋昌收复已讫，时当大中二载。题笺修表，纡道驰函。（沙州既破吐蕃，大中二年，遂差押衙高进达等，驰表函入长安城，已〔以〕献天子。）[2]

高进达当属《新唐书·吐蕃传》所言“皆操挺，内表其中”的“部校十辈”。根据悟真等人的告身及P.2748《大中五年李丕上宣宗表》，可知在上述使者中，悟真等人在天德军防御使李丕的协助下于大中五年到达长安。而据高进达后出任凉州节度使属下官员，且《张淮深碑》注文中着重点出张议潮遣高进达入使的情况看，高进达可能继悟真之后也顺利抵达长安，并最终大致在咸通末年、乾符初年之前由唐政府任命为凉州节度下属嘉麟镇的军事将领。

（四）康通信

根据唐悟真撰、康恒安书P.4660(5)《康通信邈真赞》，康通信卒于中和元年（881）仲冬之际。此位康通信，当即S.1898《归义军时期兵士装备簿》中所载的出任归义军兵马使的康通信。对于康通信生前所担任的职衔，悟真记为“节度押衙甘州删

---

① 郑炳林《敦煌写本〈张议潮处置凉州进表〉拼接缀合与归义军对凉州的管理》，《敦煌吐鲁番研究》第7卷，第384页。

② 荣新江《归义军史研究》，第401页。

丹镇遏使充凉州西界游弈防采营田都知兵马使”[①]。对于其所兼的“防采”使，冯培红先生在《晚唐五代宋初归义军武职军将研究》一文中，指出当为“防御、采访”之简称，并根据唐代防御使与采访使“前者主军事，后者理州县”的职能，认为“防”即指康通信担任凉州西界防御使之职，西御日见强大的甘州回鹘[②]。此外，冯先生在《归义军镇制考》中指出：“881年，甘、凉二州尚为归义军所守，但回鹘人经常骚扰此地，对归义军在河西东部地区的统治产生极大的威胁。康通信身兼多职，是归义军派驻东境抵抗回鹘人进攻的重要将领。”[③]对于冯先生认为康通信担任“凉州西界防御使”以抵御回鹘的论断，我们表示支持。但根据笔者前文所述，中和元年之际，凉州及甘州等地应在唐政府所设凉州节度使的治下，所以，康通信当为凉州节度使而非归义军节度使的属下。

据《康通信邈真赞》的记载，可知康通信曾担任“番禾镇将”，并于“删丹治人”。但悟真所载其生前的职衔中却没有与“番禾镇将”相关的内容，证明康通信并没有同时兼领“番禾镇将”和删丹镇遏使，其出任删丹镇遏使的时间应晚于前者，在中和元年仲冬之前，且当与其充凉州西界防御使的时间相近。据郑炳林先生研究，归义军时期除了附郭县不设镇之外，一般的县都设镇，而此时删丹及番禾县都正是作为非附郭县实行县、镇并置

---

① 郑炳林、郑怡楠《敦煌碑铭赞辑释（增订本）》，第375页。“弈”，饶宗颐主编，姜伯勤、项楚、荣新江合著《敦煌邈真赞校录并研究》作“奕”；“防采”，作“采访”（第192—193页）。

② 冯培红《晚唐五代宋初归义军武职军将研究》，《敦煌归义军史专题研究》，第158—159页。

③ 冯培红《归义军镇制考》，《敦煌吐鲁番研究》第9卷，第282页。

①。据《元和郡县图志》的记载，唐代的甘州删丹县为中下县，“西至州一百二十里”，为甘州境内位置最东之县；而凉州番禾县也即天宝县，“东至州一百八十里”，为凉州位置最西之县。康通信由凉州节度所管的番禾调任甘州之删丹并充当凉州西界防御使，负责凉州西面的防务②，其所防御的应为甘州方向的回鹘③。

此外，邈真赞又载康通信“助开河陇，效职辕门……先公后私，长在军门。天庭奏事，荐以高勋。姑臧守职，不幸遭窀”。据此可知，康通信曾在张议潮军中效力，在收复河陇的过程中立下了汗马功劳。收复凉州后，康通信曾先后担任凉州番禾镇镇将及甘州删丹镇遏使。此外，康通信还曾入京奏事，受到了唐政府的奖赏。对于唐政府授予康通信所谓“高勋”的具体内容，赞文

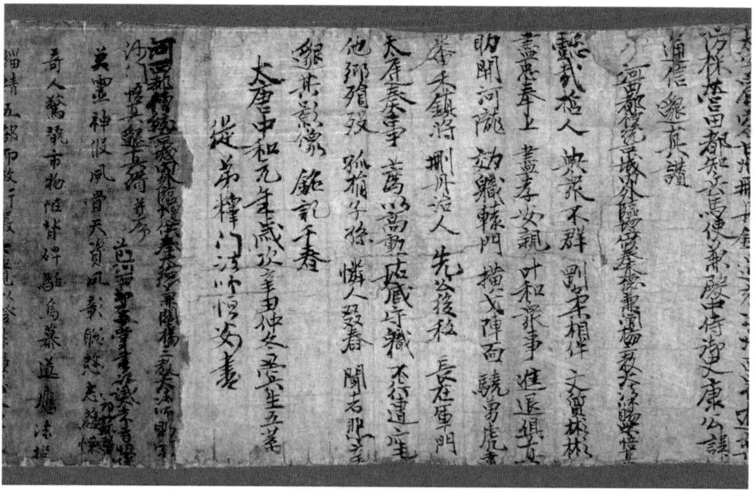

图6-10 P.4660(5)《康通信邈真赞》

① 郑炳林《晚唐五代敦煌归义军行政区划制度研究（之二）》，第68—73页。
② 荣新江《归义军史研究》，第154页。
③ 冯培红《归义军镇制考》，《敦煌吐鲁番研究》第9卷，第282页。

部分未载。但从赞文所述康通信的职衔及任职过程看，其获任“凉州西界游弈防采营田都知兵马使”的时间晚于番禾镇将及甘州删丹镇遏使，而且也就是悟真所言“姑臧守职，不幸遭窀”之出处。由此，唐政府授予康通信之“高勋”应与其所担任的“凉州西界游弈防采营田都知兵马使”有关，其获得此项任命的时间应在中和元年之前不久。此外，据前文所考，中和元年左右翁部以凉州都防御使判官升任甘州刺史，从时间上判断，康通信由凉州调任甘州或与翁部出刺甘州存在某种内在联系。

（五）阴季丰

对于阴季丰在凉州的任职情况，P.3720《河西都僧统阴海晏墓志铭并序》载“和尚俗姓阴氏，香号海晏，则安西都护之贵泒矣。皇父，凉州都［防］御使、上柱国讳季丰”[①]；此外，P.2482《唐故河西归义军节度内亲从都头守常乐县令阴善雄墓志铭并序》则记作“皇祖敕授凉州防御使、检校工部尚书、兼御史大夫、上柱国讳季丰，门承礼训，代袭温良；行洁贞松，无幽不察。故得威临大郡，政化先彰；安边效静塞之功，奉主运子房之策。”[②]对于阴季丰出任凉州防御使的时间，敦煌文献中并没有明确的记载。据P.3569v《唐光启三年四月为官酒户马三娘、龙粉堆支酒本与阴季丰算会牒》，可知阴季丰曾在光启三年左右担任过掌管归义军酒司的押衙。据此，学者多认为光启三年阴季丰

① 录文参郑炳林、郑怡楠《敦煌碑铭赞辑释（增订本）》，第672页。此处之“凉州都御使”，陈祚龙先生认为“都”为“防”之误，郑炳林先生则认为脱一“防”字。冯培红先生则据《赐劳翁部敕书》中翁部“自倾为凉州都御使判官”的记载，证明了郑炳林先生论断的正确性（冯培红《归义军节度观察使官印问题申论》，《转型期的敦煌学》，第301页）。

② 郑炳林、郑怡楠《敦煌碑铭赞辑释（增订本）》，第1109页。图版见《法藏敦煌西域文献》第14册，第249页。

还仅为归义军衙内掌管供酒的一名酒司官员，所以其出任凉州防御使当在此后。而冯培红先生在其博士学位论文中指出，上举《算会牒》中已经有“凉州使”和“凉州嗢末使”出使归义军，所以归义军应该已经丢失凉州，如此，阴季丰出任凉州防御使应在此之前[①]。其后，冯培红先生又进一步推测唐政府在归义军咸通二年收复凉州后不久，就敕命在这里设置了凉州都防御使，由阴季丰担任，反映了张议潮势力在收复凉州之后对该地的控制；而翁郜则由唐朝派遣，出任凉州都防御使判官，反映了双方势力都争相插手凉州，并达至一定的妥协。此后，唐政府于咸通四年另设置凉州节度；随着形势的变化，咸通后期曾经出现凉州节度使“却废”的状态，大约在僖宗的乾符年间，唐朝设立了河西都防御使，以再次加强对河西走廊东部地区的控制[②]。据此，冯培红先生认为凉州在咸通四年设置凉州节度之前，曾有设置凉州都防御的历史阶段，而阴季丰和翁郜在凉州的任职皆在此时。对此，似尚有进一步讨论的余地。

对于翁郜早年在河西地区的任职情况，《赐劳翁郜敕书》记载较详：

> 自倾为凉州都防御判官，五年改授甘州刺史，八载复摄凉州防御使并正授。十余年吮血同甘，能致人之死力；觞酒豆肉，实得众之欢心。[③]

敕书作于龙纪元年，由此，翁郜担任凉州都防御判官的时间

---

① 冯培红《敦煌归义军职官制度》，第172页。
② 冯培红《归义军节度观察使官印问题申论》，《转型期的敦煌学》，第301页。
③ 李军《清抄本〈京兆翁氏族谱〉所收晚唐河西文献校注——兼论其内容的真实性》，第30页。

当在870年至879年间，而其摄凉州防御使的时间当在878年至887年间。而据上文考证，中和五年（885）二月十九日，翁郜已被唐政府任命为河西都防御使，所以其摄凉州防御使的时间又当在878年至885年间，其担任凉州都防御判官的时间应在870年至877年间。据上文所考，咸通八年九月至十二年十月之间，唐政府曾将凉州节度改置为河西都防御，而王景翼出任“河西都防御押衙”当正在此时。但至迟到咸通十二年十月，唐政府已经“一切依旧”，即恢复了凉州节度的建置。由此，我们可知翁郜担任凉州都防御判官期间，掌控凉州的为凉州节度使或河西都御使，而凉州都防御使应为两者之一的下属，这也就不能说明“凉州都防御使”是唐政府于咸通二年至四年间，在凉州所设置的过渡性政治建置。由此，也就不能证明阴季丰出任凉州都防御使定在咸通二年至四年间。光启三年，阴季丰尚在归义军酒司充当押衙，据P.3720《阴善雄墓志铭并序》，可知阴季丰之检校官及宪衔均远高于归义军普通官员。如阴季丰确于咸通初年已出任凉州都防御使，则无法解释其光启三年仅为酒司官员，却拥有工部尚书之检校官的矛盾现象。所以，相较而言，阴季丰于光启三年四月之后出任凉州防御使的可能性更大。

在《阴季丰算会牒》中出现了“凉州嗢末使”，证明此时嗢末在凉州确实已占据了举足轻重的地位。但从文书将“凉州使”和“凉州嗢末使”分列看，两者应从属于两种不同的势力集团。根据P.3863《河西都防御招抚押蕃落等使状》及P.2696《唐僖宗中和五年三月十四日车驾还京师大赦诏》的记载，可知在中和五年二月十九日，唐政府已经改凉州节度为河西都防御。据《京兆翁氏族谱》所载的《加翁郜朝散大夫河西节度使白麻》及《赐劳翁郜敕书》的记载，可知龙纪元年四月八日，翁郜始由河西都防御使升任河西节度使。由此，我们可以推测光启三年出使归义军的“凉州使”曹万成应由河西都防御使翁郜所遣，凉州等地仍在唐政府的控制之下。

据学者研究，莫高窟第138窟也即敦研322《腊八燃灯分配窟龛名数》中所记莫高窟崖面南头之阴家窟[①]。对于阴家窟的窟主，金维诺先生认为就是阴季丰，而此窟应建于大顺元年之前不久[②]。第138窟北壁西向第十二身供养人题名：“河西节度使张公夫人后敕授武威郡君太夫人阴氏一心供养。”[③]向达、姜亮夫、郑炳林等先生认为其为张淮深夫人[④]，贺世哲先生则指出张淮深的夫人为陈氏，大顺元年陈氏及六子被杀，张淮深并没有儿子继为节度使，所以，阴氏很可能是张淮鼎的夫人，也就是张承奉的生母。贺世哲先生进一步指出，阴氏获得郡君太夫人的邑号应在张承奉称节度使的光化三年（900）八月之后，或与张承奉获得节度使册封同时，而至“乙丑年（905）”张承奉建立金山国，此后阴氏可能不再使用郡君太夫人的称号，所以第138窟的修建应

① 贺世哲《从供养人题记看莫高窟部分洞窟的营建年代》，《敦煌莫高窟供养人题记》，第215—216页。

② 金维诺《敦煌窟龛名数考》，第54页。马德先生认为第138窟有可能就是阴季丰发心营建的，但由于阴季丰长期在凉州为官，因此实际窟主应是他的儿子阴海晏和尚（马德《都僧统之家窟及其营建》，《敦煌研究》1998年第4期，第56—57页）。张景峰先生则认为第138窟的窟主为阴季丰和洞窟东壁门上所画的比丘尼智惠性（张景峰《莫高窟第138窟及其影窟的几个问题》，敦煌研究院编《2004年石窟研究国际学术讨论会论文集》，上海：上海古籍出版社，2006年，第410—424页）。

③ 敦煌研究院编《敦煌莫高窟供养人题记》，第64页。

④ 向达《西征小记——瓜沙谈往之一》，原载《国学季刊》第7卷第1期，1950年；此据同作者《唐代长安与西域文明》，第365页。姜亮夫《莫高窟年表》，第444页；郑炳林、徐晓丽《晚唐五代敦煌归义军节度使多妻制研究》，《北方民族大学学报（哲学社会科学版）》2003年第4期，第40页。

在张承奉任归义军节度使的900年至905年之间[①]。张景峰先生赞同阴氏为张承奉生母的观点，并将第138窟开凿的时间系于900年至910年之间[②]。需要指出的是，虽然张景峰先生的结论和贺世哲先生稍有差异，但系缘于两者对金山国建国时间的不同理解上，两者对于开窟时间的看法本质上是一致的。

《唐六典·尚书吏部》“尚书吏部司封郎中、员外郎”条载：“外命妇之制……四品、若勋官二品有封，母、妻为郡君……其母邑号皆加‘太’字。各视其夫及子之品，若两有官爵者，皆从高。”[③]而据唐制，沙州属下州，沙州刺史为正四品下阶。由此，阴氏获得“郡君太夫人”邑号的时间应如贺世哲先生所言，在光化三年八月之后。而据学术界的深入研究，对于张承奉建立金山国的时间，目前学者多系于910年，所以阴氏称郡君太夫人的时间确应在900年至910年之间，这也是第138窟建成时间的上下限。据学者推测，阴家修建第138窟应与阴季丰被敕授凉州都防御使有关。由此，阴季丰被唐政府授予凉州都防御使当在唐末张承奉执政期间。据P.3720《河西归义军节度内亲从都头守常乐县令阴善雄墓志铭并序》，阴季丰出任凉州都防御使时的检校官为工部尚书，而据《文苑英华》卷四〇九所收薛廷珪《授前河西防御押蕃落等使冯继文检校工部尚书依前充河西防御招抚等使制》，冯继文被授予河西都防御使时，其检校官同为工部尚书。所以，阴季丰出任凉州都防御使又当在冯继文出任河西都防御使之后。

---

① 贺世哲《从供养人题记看莫高窟部分洞窟的营建年代》，《敦煌莫高窟供养人题记》，第215—216页。

② 张景峰《莫高窟第138窟及其影窟的几个问题》，第411—412页。

③《唐六典》卷二《尚书吏部》“尚书吏部司封郎中、员外郎”条，第38—39页。

光启三年，阴季丰尚仅为普通的押衙，而十余年之后就由昭宗敕授“凉州都防御使”“检校工部尚书”，可知阴季丰升迁甚为迅速。而对照张承奉称号变化的情况，似乎阴季丰之升迁并非单纯依靠与张承奉之姻亲关系[1]。如果我们对唐末张保山在归义军任职情况与阴季丰作一对比，或有助于此问题的理解。P.3518v《张保山邈真赞并序》载：“（张保山）效壮节得顺君情，念依（衣）冠而入贡。路无阻滞，亲入九重。上悦帝心，转加宠秩，得授左散骑常侍兼御史大夫。”[2]张保山正是因为入贡长安，才获得了以往只有归义军节度使才能获得的检校散骑常侍，而得授检校工部尚书的阴季丰之情况应与此类似。据杨秀清先生考证，张保山入朝，或是为了对唐政府授予张承奉节度使之事表示感谢。而天复四年（904）正月唐昭宗被迫迁都洛阳，之后数年间，归义军与中原政权的关系几近断绝，所以阴季丰及张保山入朝皆应在此之前[3]。据冯培红先生考证，辛酉年（901）六月四日，张从武尚担任新城镇使[4]。据P.3518《张保山邈真赞》，张保山是在“新城固守，已历星霜”之后入朝，所以其入朝当在天复二年六月至天复四年正月间。而据笔者管见，天复年间归义军入朝的记载仅此一见，所以阴季丰入朝与张保山或为同般使次。阴季丰正是在此次入朝时，被授予凉州防御使及检校工部尚书。所以，第138窟又当开凿于天复二年（902）六月之后。天复初年，张承

---

① 张景峰先生则认为阴季丰在张承奉从李氏家族夺权的斗争中立有功劳，所以在张承奉获取政权后，获得了凉州防御使的任命。但晚唐时期凉州并不为归义军所控制，所以，阴季丰获得凉州防御使的任命只能源自唐政府或凉州节度，似与归义军内部的政治斗争关系不是太大。

② 郑炳林、郑怡楠《敦煌碑铭赞辑释（增订本）》，第1149页。

③ 杨秀清《P.3518〈张保山邈真赞〉札记》，《转型期的敦煌学》，第183—187页。

④ 冯培红《归义军镇制考》，《敦煌吐鲁番研究》第9卷，第275页。

奉在归义军内部尚称尚书，但天复四年八月八日之前，其已自称司空[①]，其称号的进称或与昭宗迁都有关。既然其已自称司空，那么阴氏称郡君太夫人的可能性已经不大，所以第138窟又当建成于天复四年八月之前。据此可知，阴季丰得授凉州都防御使的时间应在天复二年六月至天复四年八月之间。

通过上文对李明振等五人情况所做的探讨，我们可以总结出以下特点：

其一，晚唐时期任职于凉州地区的归义军人员，多本为归义军节度使属下的军事将领。如与张议潮家族联姻的李明振，大中十二年至咸通二年间参与了张议潮收复凉州之役。其在大中十三年左右入朝献捷时，被唐宣宗敕授凉州左司马。《唐宗子陇西李氏再修功德记》记载李明振“二十余载，河右麾戈，拔帜扶囊，龙韬尽展，克复神鸟（乌），而一戎衣。歼勍寇于河兰，馘獯戎于瀚海”。其中，虽不乏溢美之词，但也可看出在归义军收复河陇的过程中，李明振应确实起到了相当重要的作用。此外，王景翼“助开河陇，决胜先行。身经百战，顺效名彰”，康通信也是“助开河陇，效职辕门”，均在张议潮收复河陇的战争中立下了汗马功劳，而康通信在凉州节度使属下担任了番禾镇将及删丹镇遏使、凉州西界防御使等重要的军事使职。张议潮在大中二年收复沙、瓜二州后派遣入京的高进达，此后在凉州的嘉麟镇担任军事将领。虽然光启三年阴季丰充当了归义军酒司的押衙，但从昭宗敕授其凉州都防御使的举措看，其出身行伍的可能性也比较大。

其二，任职凉州地区的归义军人员多有入朝充使的经历。早

① 荣新江《沙州归义军历任节度使称号研究（修订稿）》，《敦煌学》第19辑，第34页。

在大中二年，高进达就受命奉表长安，李明振入朝献捷则在归义军征讨凉州吐蕃的大中十三年之际。根据P.3750号文书，则可知在咸通八年之后不久，王敬（景）翼曾以“进奏押衙”的身份入使长安，其或担任了此般使团的首领。康通信则借“天庭奏事”之机，被唐政府“荐以高勋”，可知其“高勋”的获得与“天庭奏事”之间存在着密切的联系。虽然由于阴海晏和阴善雄的邈真赞中记载简略，并未提及阴季丰曾入使长安，但对照张保山及康通信因入朝而获超奖的记载，我们推测阴季丰之所以能获得工部尚书的检校衔，除了其与节度使张承奉存在姻亲关系之外，或因其曾与张保山等人一样入京奏事，所以获得了唐昭宗的嘉奖。

其三，归义军人员任职凉州地区的时间，多处于凉州等地急剧动荡、唐政府及凉州节度难以掌控之际。据前文所考，王景翼出任河西都防御右厢押衙的时间应在咸通八年九月至十二年十月之间。张议潮咸通八年入朝之后，凉州地区不但蕃浑混杂，甚至出现了“嗢末隔勒往来”的严重局面。为了应付这种不利局面，唐政府被迫将凉州节度改制为河西都防御，此即S.6342+Дx.05474v《张议潮处置凉州进表并批答》中张议潮所言的“今不知却废”，王景翼任职凉州正是在此背景之下。而根据S.4622v《百姓高盈信请取兄沙州任事状》的相关记载，可知高进达出任凉州嘉麟镇将的时间当与王景翼任职凉州的时间相近。此时张淮深尚未收复凉州，凉州的广大地区仍然在嗢末的控制之下。从P.4660《康通信邈真赞》所载康通信“姑臧守职，不行遭窀”而“他乡殒殁”看，此时凉州节度对凉州等地的统治并不稳固[①]。而阴季丰担任凉州防御使，更是已晚至唐末。此时，凉州节度所辖的甘州为甘州回鹘之牙帐，肃州为龙家等族盘踞。从天祐三年（906）灵武

① 荣新江《归义军史研究》，第186页。

节度使韩逊所奏“吐蕃七千骑营于宗高谷，将击嗢末及取凉州”的记载看，此前凉州的广大地区仍由嗢末所占据。由此可见，唐政府对阴季丰的任命，是在河西各少数民族政权雄起、河西节度（或河西都防御）难以控御凉州等地的情况下做出的。

通过上述论述，对于晚唐归义军人员任职凉州节度辖区的现象，我们或可以做出以下简单的归纳：唐政府于咸通四年设置凉州节度之后，唐政府面临着种种困境，无力给予其有力的支持。由于晚唐时期的河西地区成为归义军及回鹘、吐蕃、嗢末等角逐的战场，所以，唐政府先后设置于凉州的凉州节度、河西都防御、河西节度等都无力单独完成对其辖区的控制。于是，唐政府经常通过敕授的方式，将归义军的军将调任凉州节度使麾下。通过对李明振等五人的情况所做的分析，可以从侧面证明具有入朝面圣经历的归义军人员似乎更容易获得唐政府的垂青。但从晚唐河西地区的形势看，唐政府调派归义军人员任职凉州，只能是在非常时期所采取的权宜之计，并没有从根本上改变凉州节度统治式微、少数民族崛起的状况。

此外，在S.5139v《凉州节院使押衙刘少晏状》中，虽然据刘少晏所言“右伏以少晏等，当初总是沙州本体骨肉。自从张太保幕上政直，河西道路安太（泰），弟（第）牒便统帅兵马。总是本州之人，放首（防守）凉州，业已经年”[①]，可知张议潮收复凉州后，似曾留沙州兵士驻守[②]。但两千五百人的郓州兵在晚唐始终驻守于凉州的事实，证明刘少晏所言“总是本州之人，放首（防守）凉州”有夸大不实之处。与此同时，唐政府在咸通初年所调派的二千五百人的郓州兵显然无法很好地完成凉州等地的防

① 《英藏敦煌文献（汉文佛经以外部份）》第7册，第25页。

② 唐长孺《关于归义军节度的几种资料跋》，《中华文史论丛》（第1辑），第275—298页。

守任务。据S.2059张俅《佛说摩利支天菩萨陀罗尼经序》，张俅自灵州运粮五千石至凉州时，有“省使”，即唐政府的敕使五人也在凉州。由于有人挑拨，“省使”使团未与张俅同行。张俅等人“从安乐得达雄关。省使般次来日，还至俅前日宿处，地名沙沟，前日余火，尚犹未灭。其夜被横过吐蕃贼打破般次。”[①]从“省使被煞。诸余损伤，不可尽说”的记载看，唐使团的人数应不在少数，由此可见，虽然咸通四年之后唐政府通过设置凉州节度、调派郓州兵、重筑凉州城等方式加强凉州地区的防御力量，但吐蕃在凉州仍具有极大的破坏力。从晚唐凉州形势时常动荡看，凉州节度并没有很好地完成军事上的防御任务，这也证明凉州节度的军事力量有限。据《京兆翁氏族谱》收录的《奏状》所载，翁郜在乾宁三年（896）之际上表唐政府时，所言“臣地当远地，僻在穷荒，官员多缺，累因摄职，皆至重难”[②]，当是晚唐时期凉州节度使所面临的共同困境，而非迟至乾宁三年才出现的特殊现象。唐政府在自顾不暇之余，针对凉州节度“僻在穷荒，官员多缺”的情况，将归义军入朝的武职军将派驻凉州等地出任军事将领，可以在一定程度上缓解凉州节度的统治危机。而对于归义军人员任职凉州节度的记载，与其说体现了归义军对凉州的实际控制，倒不如说是唐政府在特殊情况下的无奈选择，但这在一定程度上也体现了唐政府对河西地区的凉州节度及归义军节度的掌控。

---

① 录文参颜廷亮《有关张球生平及其著作的一件新见文献》，第102页。图版见黄永武主编《敦煌宝藏》第15册，第608页。“从安乐得达雄关。省使般次来日”，颜廷亮先生作“从安乐衙达，离别省使。般次来日”。“安乐”，当即灵州所属之安乐州；“雄关”，当即灵州。

② 李军《清抄本〈京兆翁氏族谱〉所收晚唐河西文献校注——兼论其内容的真实性》，第36页。

总而言之，随着大中五年归义军节度的设置，沙州成为晚唐五代河西的政治中心。在归义军收复凉州之前，沙州与长安的联系只能通过绕道漠北及天德军来完成。而随着张议潮对凉州的收复，本为吐蕃所隔断的灵州道在咸通五年三月之前已重新畅通。为了削弱归义军的势力并控制凉州等地，唐政府于咸通四年设置凉州节度，此后在河西就形成了归义军及凉州节度共存的政治格局。由于归义军力图扩充势力的愿望与唐政府经营河陇的策略存在矛盾，所以凉州节度一度频频阻断归义军人员的通行，双方关系比较紧张。乾符年间之后，为了应对少数民族势力崛起、唐政府无力顾及的局面，凉州节度方面被迫改变了此前对归义军的敌视态度。归义军使团不仅可以顺利通过凉州，而且在唐末政治动荡的大背景下，凉州开始将归义军视为依靠的对象。由于归义军与凉州之间本就存在深厚的渊源关系，晚唐时期归义军人员任职者也不在少数。此外，双方幕僚之间平日也存在密切的联系，这都为归义军应河西都防御使翁郜之请，为凉州提供物资援助打下了良好的基础。甚至在五代后唐时期，凉州方面仍希望利用凉州与归义军的关系，获得军事及经济上的援助。但五代时期归义军的疆域仅限于沙、瓜二州，其间又有甘州回鹘等势力的阻隔，对于凉州已无力经营。所以，在五代时期，虽然双方的交往仍然频繁，但凉州对于归义军的意义更多只能停留在保障道路交通的较低层面。

第二节　甘州回鹘建国前史钩沉

唐文宗开成五年（840），在黠戛斯的军事打击下，漠北回鹘汗国破灭。回鹘部众或南下附唐，最终在会昌年间被彻底击溃；或西奔“葛罗禄”，并于宣宗大中年间在天山地区建立安西回鹘政权。除此之外，在晚唐中央政府及归义军势力衰落之际，曾有回鹘部族在河西地区建立甘州回鹘政权，从而对唐宋之际河陇地区的政治走向产生了重要的影响。对于甘州回鹘的立国时间、可汗世系、对外关系等问题，学者已经进行过深入的研究[①]。但由于传世史书的记载甚为简略且抵牾之处颇多，所以对于甘州回鹘建国前的历史，尤其是在其渊源问题上尚存在一定的争论。本节希望在结合传世文献及敦煌文献的基础上，对甘州回鹘的来源问题进行探讨。

一、正史所见甘州回鹘之渊源

据敦煌文献S.2589《中和四年十一月一日肃州防戍都营田索

---

① 详情可参朱悦梅、杨富学《甘州回鹘史》，第1—14页。

汉君等状》及S.389《肃州防戍都状》记载，中和四年左右有回鹘持续围攻甘州，并最终迫使此前占据甘州的吐蕃、吐谷浑、龙家等部族撤出甘州。此外，P.2927《光启三年酒司判凭》附断片一（Piece1）提及曾有“甘州回鹘一人”在光启三年十一月六日左右停驻于沙州。据此，学者指出甘州回鹘政权建立的时间应在中和四年至光启三年之间[①]。

对于晚唐之际在甘州建立政权的回鹘之渊源，段连勤、高自厚等学者认为最早可追溯到原活动于漠北地区后于1世纪左右就迁居甘、凉地区的丁零人[②]；孙楷第先生认为7世纪左右进入河西的回纥部族才是甘州回鹘政权的建立者[③]；陈炳应先生则认为丁零人不宜作为甘州回鹘的渊源，甘州回鹘主要应由唐初迁入河西的回鹘部落、回鹘汗国灭亡后西迁及南迁回鹘中被吐蕃安置于甘州者、安西回鹘东迁甘州者四部分经过数百年积聚发展而来[④]。丁零人生活的时代距离甘州回鹘政权建立的时间相隔过远，可暂且不论。此外，虽然甘州地区之回纥部众可以上溯到唐朝前期包括回纥在内的入居河西的铁勒各部，但据荣新江先生研究，这些回纥部族经过唐朝和吐蕃百年以上的统治，至西迁回鹘到来的

① 荣新江《甘州回鹘成立史论》，第32—39页。对于甘州回鹘政权建立的时间，学术界尚存在不同看法。但由于该问题对甘州回鹘来源的探讨影响不大，故在此不赘。

② 段连勤《河西回鹘政权的迠立与瓦解》，《西北大学学报（哲学社会科学版）》1978年第1期，第77—82页；高自厚《甘州回鹘渊源考》，《西北民族学院学报（哲学社会科学版）》1982年第1期，第10—17页。

③ 孙楷第《敦煌写本〈张淮深变文〉跋》，《中央研究院历史语言所集刊》第7本第3分，1937年；此据周绍良、白化文编《敦煌变文论文录》下册，第723—749页。

④ 陈炳应《也谈甘州回鹘》，《敦煌学辑刊》1990年第2期，第36—42页。

9世纪中叶早已被同化，所以他们不能构成甘州回鹘的来源之一[①]。所以，我们首先可以明确甘州回鹘政权的建立应与西迁回鹘进入河西走廊密切相关。

漠北回鹘汗国灭亡后，除近可汗牙帐的十三部南下附唐外，另有十五部在庞特勤等人的率领下西迁。对于回鹘西迁的情况，《旧唐书·回纥传》《新唐书·回鹘传》《旧五代史·回鹘传》《新五代史·四夷附录三》等书皆有记载。其中，《旧唐书·回纥传》载：

> 有回鹘相馺职者，拥外甥庞特勤及男鹿并遏粉等兄弟五人、一十五部西奔葛逻禄，一支投吐蕃，一支投安西……（大中二年）庞勒已自称可汗，有碛西诸城。其后嗣君弱臣强，居甘州，无复昔时之盛。到今时遣使入朝，进玉马二物及本土所产，交易而返。[②]

《新唐书·回鹘传下》则载：

> 其相馺职与庞特勒十五部西奔葛逻禄，残众入吐蕃、安西……是时（大中初），特勒已自称可汗，居甘州，有碛西诸城。宣宗务绥柔荒远，遣使者抵灵州省其酋长，回鹘因遣人随使者来京师，帝即册拜嗢禄登里逻汩没蜜施合俱录毗伽怀建可汗。后十余年，一再献方物。懿宗时，大酋仆

① 相关内容可参荣新江《唐代河西地区铁勒部族的入居及其消亡》，费孝通主编《中华民族研究新探索》，北京：中国社会科学出版社，1991年，第281—304页。

② 《旧唐书》卷一九五《回纥传》，第5213、5215页。

> 固俊自北庭击吐蕃，斩论尚热尽取西州、轮台等城，使达干米怀玉朝，且献俘，因请命，诏可。其后王室乱，贡会不常，史亡其传。[①]

对于庞特勤等人所西奔的“葛逻禄”，学者目前倾向于认为是指这些回鹘西迁的目的地为北庭杭爱山间的葛逻禄地区，而非中亚七河地区。为了躲避黠戛斯的继续攻击，西迁回鹘除大部分留在天山以北与黠戛斯周旋外，还有一部分越过天山至焉耆、库车一带，最终建立起了以庞特勤为可汗的安西回鹘政权[②]。虽然两《唐书》的记述不尽相同，但都认为安西回鹘与甘州有着密切的联系。对于史书中庞特勤或其后嗣曾由安西移居甘州的记载，以桑田六郎和王日蔚为代表的前辈学者多直接予以采信[③]。但此后

① 《新唐书》卷二一七下《回鹘传下》，第6131、6133—6134页。

② 苏北海、李秀梅《回纥汗国的统治疆域及漠北回纥族的西迁》，《敦煌学辑刊》1990年第2期，第27—35页。此外，李树辉认为东部天山地区（包括天山北麓伊塞克湖以东地区）为回鹘统治集团亦即九姓乌古斯的世居之地，因而亦是回鹘西迁的目的地和最终落脚点，否认了回鹘西迁目的地是中亚地区的说法（李树辉《回鹘西迁及其相关问题考辨（上、下）——乌古斯和回鹘研究系列之五》，《喀什师范学院学报》2001年第2、3期）。贾丛江认为漠北回鹘汗国自保义可汗（808—821年在位）时期直到840年，一直控制着东部天山北麓和塔里木盆地西北地区；840年前，部分葛逻禄人迁居于今焉耆至喀什一带，并臣服于漠北回鹘；840年回鹘投奔之葛逻禄，乃此地之葛逻禄，而非七河之葛逻禄（贾丛江《回鹘西迁诸事考》，《西域研究》2001年第4期，第9—17页）。

③（日）桑田六郎《回紇衰亡考》（《东洋学报》第17卷1号，1928年，第111—136页）认为庞特勤的后继者先由安西迁移至合罗川（额济纳河），并在乾符（874—879）之后占领甘州。王日蔚《唐后回鹘考》（《史学集刊》第1期，1936年4月；此据杨富学、杨铭主编《中国敦煌学百年文库·民族卷》，兰州：

学者多认为两《唐书》的相关记载舛误颇多，尤其是庞特勤“居甘州，有碛西诸城”的说法与史实相悖，且认同庞特勤或其后嗣率众东迁甘州说法的学者并没有举出确凿的证据，故对于庞特勤或其后裔居甘州的记载持完全否定的态度[①]。

对于甘州回鹘的来源，新旧《五代史》的记载与两《唐书》的记载完全不同。《旧五代史·回鹘传》载：

回鹘，其先匈奴之种也……会昌初，其国为黠戛斯所

（接上页）甘肃文化出版社，1999年，第193—226页）将庞特勤视为甘州回鹘的首任可汗。羽田亨则进一步推测追随庞特勤西迁至安西及北庭一带的回鹘，由于不堪黠戛斯的追击，故庞特勤之后裔率领已经迁徙至安西的回鹘东迁甘州（（日）羽田亨《唐代回鶻史の研究》，《羽田博士史学論文集·上卷歴史篇》，京都：同朋舍，1957年，第265—271页）；（日）安部健夫《西ウイグル国史の研究》（京都：汇文堂书店，1955年；本文据宋肃瀛、刘美崧、徐伯夫汉译《西回鹘国史的研究》，乌鲁木齐：新疆人民出版社，1985年，第188—190页）认为“安西回鹘，即使不是全部，也应是一部分真的再次进入甘州，这并非完全不可能的事。”（日）前田正名《河西历史地理学研究》（东京：吉川弘文馆，1964年；此据陈俊谋汉译，北京：中国藏学出版社，1993年，第228—229页）认为庞特勤或其后裔率领安西方面的一支回鹘移居甘州，大约是在大中十年（856）至乾符元年（874）之间。汤开建认为在大中十一年（857）左右安西回鹘内部发生动乱，由此导致庞特勤的后代从安西转徙河西而入甘州（汤开建《“庞特勤居甘州”辩》，《西北民族大学学报（哲学社会科学版）》1983年第1期，第117—122页）。对于安西回鹘发生动乱的时间，汤开建所依据的乃《张议潮变文》中记载大中十一年（857）有“背逆回鹊一千余骑”，劫夺册立庞特勤的“国册”和“敕信”，且之后归义军曾屡败回鹘。但我们知道劫夺唐政府册封庞特勤使团的回鹘应该属于此时占据西州一带的回鹘，而非追随庞特勤迁居安西之回鹘。

① 如孙楷第《敦煌写本〈张淮深变文〉跋》（《中央研究院历史语言所集刊》第7本第3分，1937年；此据周绍良、白化文编《敦煌变文论文录》下册，第728页）即言：“据甘州者疑非安西回鹘，而系回鹘夙居河西境内者……则《旧唐书》甘州回鹘为安西庞特勤后裔之说，实属文字之偶疏，不可信也。”

> 侵，部落扰乱，乃移帐至天德、振武间。时为石雄、刘沔所袭，破之，复为幽州节度使张仲武所攻，余众西奔，归于吐蕃，吐蕃处之甘州，由是族帐微弱。其后时通中国，世以中国为舅，朝廷每赐书诏，亦常以甥呼之。①

《新五代史·四夷附录三》亦载：

> 回鹘，为唐患尤甚……其国本在娑陵水上、后为黠戛斯所侵，徙天德、振武之间，又为石雄、张仲武所破，其余众西徙，役属吐蕃。是时吐蕃已陷河西、陇右，乃以回鹘散处之。②

由此，孙楷第先生认为唐末占据甘州之回鹘乃西迁回鹘中被吐蕃安置在河陇地区的部众③。森安孝夫先生推测回鹘西迁的十五部，最初就有一部分岔向南方，经花门堡进入河西，甘州回鹘应源自由漠北进入河西走廊额济纳河一带的回鹘④。陈守忠先生则

(接上页) 黄盛璋《敦煌于阗文P.2741、ch00296、P.2790号文书疏证》(第41页) 也认为刘昫所言“并无史料根据，只好笼统隐约说其如此”“安西据考证实在焉耆城，与甘州回鹘风马牛不相及，已居安西称可汗，如何能居甘州称可汗？居甘州又如何能有碛西诸城？显皆违背事实与情理”。

①《旧五代史》卷一三八《回鹘传》，第1841页。

②《新五代史》卷七四《四夷附录三》，第916页。

③ 孙楷第《敦煌写本〈张义潮变文〉跋》，《图书季刊》第3卷第3期，1936年 (此据周绍良、白化文编《敦煌变文论文录》下册，第713—722页)。

④ (日) 森安孝夫《ウィグルの西遷について》，《东洋学报》1977年第59卷第1、2号，第105—130页 (此据森安孝夫撰，陈俊谋汉译《关于回鹘的西迁》，《民族译丛》1980年第1期，第8—14页)。(日) 森安孝夫《ウイゲルと敦煌》，(日) 榎一雄主编《講座敦煌》第2卷《敦煌の歷史》，东京：大东出版社，1980年，第306页。

进一步推测投奔吐蕃的那一支回鹘越过戈壁，从花门山堡沿额济纳河进入河西，散居甘、凉、肃诸州，与原先迁入的回鹘人结合，到张议潮死后占领甘州[①]。

两《唐书》及新旧《五代史》中关于回鹘一支投吐蕃的记载，应皆源自李德裕在会昌元年（841）八月反对天德军使田牟、监军韦仲平希望借助吐谷浑、沙陀、党项等族出击回鹘时，所提及的“今闻其国败乱无主，将相逃散，或奔吐蕃，或奔葛逻禄”[②]。对于李德裕所言，学者指出应源自李德裕所著的《会昌伐叛记》[③]。张仲武破回鹘在会昌二年九月，所以新旧《五代史》将回鹘余众西奔的时间系于张仲武破回鹘部众之后显然有误[④]。从内容上看，《新五代史》在记载回鹘降附于吐蕃之事时，对《旧五代史》颇有沿袭。虽然《会昌伐叛记》中有回鹘“奔吐蕃”的记载，但实际上唐王朝对西迁回鹘的情况并不了解，因为直至大中十年（856）左右，宣宗君臣才得到庞特勤寓居安西的消息。由此，《会昌伐叛集》中的关于回鹘西迁的记载只能是源自回鹘部众的传闻，可信度并不高。也正缘于此，对于“投吐蕃”的回鹘之去向，两《唐书》中并没有能给出明确的说法。而《旧五代史·回鹘传》中吐蕃将西奔的回鹘余众“处之甘州”的说法，很可能是薛居正等人根据五代及宋初甘州回鹘的活动情况事后附会的结果。

---

① 陈守忠《公元八世纪后期至十一世纪前期河西历史述论》，《西北师大学报（社会科学版）》1983年第4期，第47—60页。

② 《资治通鉴》卷二四六“唐武宗会昌元年八月”条，第7953页。

③ 华涛《西域历史研究——八至十世纪》，上海：上海古籍出版社，2000年，第54—55页。

④ 前田正名《河西历史地理学研究》（第214—217页）则认为回鹘曾在开成五年和会昌二年，先后两次进入河西定居。

此外，虽然《新五代史·四夷附录三》将吐蕃安置回鹘的地点由甘州改为散处河陇，但其将降附吐蕃之回鹘视作甘州回鹘渊源的意图仍非常明显。而我们并没有看到回鹘在大中及咸通年间在甘州活动的记载。根据传世文献和出土文献记载，这个时期回鹘的活动范围往往在沙州之西的区域。如大中五年十月，张议潮遣其兄张议潭入朝，从而获得了归义军节度使的册封。杜牧《樊川文集》卷二〇《授西州回鹘骁卫大将军制》中西州回鹘“交臂来朝”的记载，可与P.3554v悟真撰《谨上河西道节度公德政及祥瑞五更转兼十二时并序》中对张议潮“封秘策而通二庭，安西来贡”的赞扬相对应[①]，证明在大中五年张议潮曾通过外交手段与西州回鹘取得联系，并招引其一起向唐朝入贡[②]。而据P.2962《张议潮变文》的记载，张议潮在大中十年六月及次年八月曾两度率军出征，分别前往伊州纳职县及伊州侧近，征伐所谓的“纳职回鹘”及“背叛回鹘”。从名称上判断，在大中末年不断侵扰伊州的回鹘当属于西州回鹘系统。P.2570《毛诗卷第九残卷》背面写有小字题记一行：“咸通拾陆年正月十五日，官吏待西同打回鹘至。”西桐，在敦煌汉文文献中有时也写作“西同”，在敦煌藏文文献中则作“色通（se tong）”[③]。据学者考证，其当即今敦煌市西南290里的甘肃阿克塞县苏干湖地区[④]。由此可以证明，

---

① 图版见《法藏敦煌西域文献》第25册，第235页。

② 荣新江《张氏归义军与西州回鹘的关系》，《1990年敦煌学国际研讨会文集·石窟史地、语文编》，沈阳：辽宁美术出版社，1995年，第118—132页。

③ 陆离《敦煌吐蕃文书中的“色通（se tong）”考》，《敦煌研究》2012年第2期，第66—72页。

④ 李正宇《西同考——附论六龙地望》，《敦煌研究》1997年第4期，第110—120页；李并成《“西桐”地望考——附论明安定卫城》，《西北民族研究》1998年第1期，第49—54页。

在“咸通拾陆年”即乾符二年（875）的正月之际，归义军曾与回鹘在敦煌重要的畜牧区西同一带发生过战争。与回鹘在沙州西部频繁与归义军发生联系不同，归义军初期的河西东部基本上没有回鹘的踪迹。S.5697《申报河西诸州蕃、浑、嗢末等事状》中载：“□□□奉，前后文（中缺）阎使君等同行安置。瓜州所有利害事由，并与阎使君状咨申同。因缘河西诸州，蕃、浑、嗢末、羌、龙狡杂，极难调伏。”[①]文书述及归义军初期河西地区少数民族的分布状况，其中并未提及回鹘。P.3720《张淮深造窟功德记》载：“河西异族狡杂，羌、龙、嗢末、退浑，数十万众，驰城（诚）奉质，愿效军锋。”[②]《敕河西节度兵部尚书张公德政之碑》亦载：“河西创复，犹杂蕃浑，言音不同，羌龙嗢末，雷威摄伏，训以华风，咸会驯良，轨俗一变。”[③]根据上述文献所载，即使到了张淮深统治后期，回鹘也没有成为归属于归义军的部族。

要而言之，对于甘州回鹘的渊源，传世史书的记载可以分为以两《唐书》和新旧《五代史》为代表的两组，但彼此抵牾之处甚多。以往学者通过辨析史料，主要形成了安西回鹘东迁说及降附吐蕃之回鹘被安置甘州说两种不同的观点，且后者为目前所通行之说法。但正如学者所指出的那样，咸通八年之前的敦煌史料中，几乎看不到回鹘进入河西的踪迹[④]。所以，我们需要重新审视安西回鹘东迁甘州的可能性。

---

① 图版见《英藏敦煌文献（汉文佛经以外部份）》第9册，第80页。

② 郑炳林、郑怡楠《敦煌碑铭赞辑释（增订本）》，第685页。

③ 荣新江《归义军史研究》，第403页。

④ 荣新江《甘州回鹘成立史论》，第32—39页。

二、甘州回鹘源自安西考

对于安西回鹘与甘州回鹘的关系，虽然两《唐书》的记载存在一定的差异，但有两点记载是相同的：其一，安西回鹘政权建立后，其内部统治曾出现过政治动荡。对此，《旧唐书·回纥传》记作“君弱臣强”，《新唐书·回鹘传》则记作“王室乱”；其二，作为西迁回鹘首领的庞特勤或其后嗣，曾由安西移居甘州。对此，《旧唐书·回纥传》载为“其后嗣君弱臣强，居甘州，无复昔时之盛”，《新唐书·回鹘传》则将庞特勤之后嗣替换成了庞特勤，指出其大中二年之际“居甘州，有碛西诸城”。虽然以往学者多以史书记载舛误及资料不足等理由，否定安西回鹘东迁甘州的可能性，但我们却可以在敦煌文献等资料中找到庞特勤后裔移居甘州的证据，由此也就可以证明甘州回鹘确实应源自安西回鹘的东迁。

首先，安西回鹘发生内乱与回鹘出现在河西甘州等地的时间前后衔接，可证两者之间存在密切的联系。

十一世纪学者伽尔底兹（Gardizi，又译为加尔迪齐）《纪闻花絮》（又译作《记述的装饰》）一书记载了一个九姓铁勒（九姓乌古斯）首领的传说：

> 说起九姓铁勒，该王自称九姓铁勒可汗，在他的一族中间有一个叫阙特勤（kul tegin）的著名人物，他的母亲是Archin人，是个自由人，阙特勤的异母兄长是可汗，其兄要杀害阙特勤，把他的喉咙砍断后置于山上，阙特勤的乳母把他送到明教的经师那里，经过医治，逐渐好转，终于痊愈。后来，阙特勤到九姓铁勒的都城Azal隐居起来，派人尽

> 量讨好可汗，让可汗心里高兴，可汗终于回心转意，答应了不再杀害他，但不准他进入王宫，派他当了五城（panjikth）的总督，他在那里积聚力量，与当地人交朋友，经常对他们施以恩惠，暗中等待时机。这时听到可汗要去狩猎的消息，于是便集合了大批队伍去袭击可汗，阙特勤打败了可汗，可汗逃到城里固守，阙特勤命令放水淹城，城墙坍陷，阙特勤宣布凡投降者一律赦免，其余的人都被杀，只有九姓铁勒可汗仍待在城里，阙特勤命令部下把他绞死了。于是他就接管了可汗的宝位。[①]

据学者考证，书中九姓铁勒可汗即庞特勤，阙特勤即仆固俊，故事反映的就是仆固俊在安西回鹘内部发动政变之事[②]。咸通七年二月，仆固俊在攻克西州、北庭、轮台、清镇等城后，通过派遣达干米怀玉入朝献俘，从而获得了唐政府的承认[③]。此时

---

① 录文转引自薛宗正《回鹘西迁新考》，《新疆大学学报(哲学社会科学版)》1996年第4期，第39页。另可参（俄）巴托尔德著，王小甫译，陈继周校《加尔迪齐著〈记述的装饰〉摘要——〈中亚学术旅行报告（1893—1894）的附录〉》，《西北史地》1983年第4期，第111页。

② 对于上述记载，（日）森安孝夫《ウィグルの西遷について》（第105—130页；此据森安孝夫撰，陈俊谋汉译《关于回鹘的西迁》，第8—14页）认为反映了北庭回鹘仆固俊攻占“自851年以前在焉耆庞特勤可汗统治下的西州”的历史事实，而被杀的可汗应当为庞特勤或其后继者。钱伯泉《龟兹回鹘国始末》（《新疆社会科学》1987年第2期，第100—111页）认为被杀的九姓铁勒可汗即庞特勤，发动政变者即仆固俊。薛宗正先生在《回鹘西迁新考》中亦明确指出“九姓铁勒可汗”即指庞特勤，阙特勤即仆固俊。田卫疆《“卜古可汗传说”史实解析》（《民族研究》2000年第3期，第79—87页）也认为文中所记或同仆固俊与庞特勤争夺汗国统治权有关。

③《新唐书》卷二一七下《回鹘传下》，第6133—6134页；《资治通鉴》卷二五〇“唐懿宗咸通七年二月”条，第8113页。

论恐热尚寓居于廓州，且最终被原为尚婢婢部属的拓跋怀光所擒杀，所以《新唐书·回鹘传》所载的仆固俊斩论尚热（即论恐热）后占领西州等地的记载显然有误。仆固俊派遣米怀玉入朝，所汇报的应该就是取代庞特勤的消息。对于安西政权内部的权力转移，唐政府应该是承认的态度。因为不仅《新唐书·回鹘传》中有仆固俊“因请命，诏可”的记载，而且据BD11287《归义军节度使表（?）》的记载，仆固俊占领西州之后，还曾经得到唐政府所赐予的包括一枚银铸印在内的符印①。就在咸通七年安西回鹘内乱之后不久，此前未见有回鹘活动踪迹的河西东部地区出现了势力较为强大的回鹘集团。

《资治通鉴》卷二五二“唐僖宗乾符元年（874）十二月条”有载：

> 初，回鹘屡求册命，诏遣册立使郗宗莒诣其国。会回鹘为吐谷浑、嗢末所破，逃遁不知所之，诏宗莒以玉册、国信授灵盐节度使唐弘夫掌之，还京师。②

唐政府之所以在册封失败后，将玉册和国信授灵盐节度使掌之，可证这支被册封的回鹘活动之区域距灵州不是太远。根据此时吐谷浑、嗢末的分布范围及郗宗莒的出使路线，学者多认为被击破的应是曾生活在河西甘州一带的回鹘③。甘州本属归义军节度使

① 文书录文参郝春文《中国国家图书馆藏未刊敦煌文献研读札记》，《敦煌研究》2004年第4期，第24页。

② 《资治通鉴》卷二五二“唐僖宗乾符元年十二月条”，第8174页。

③ （日）前田正名《河西历史地理学研究》，第227—228页；长泽和俊著，钟美珠译《唐末、五代、宋初之灵州》，《丝绸之路史研究》，第284页；周伟洲《吐蕃对

的辖区，唐政府之所以在乾符元年遣使前往册封回鹘，应该与咸通十三年（872）八月原归义军节度使张议潮薨于长安有关。

根据S.389《肃州防戍都状》的记载，在中和四年十一月一日吐蕃与吐谷浑部族撤出甘州城之前，吐蕃与吐谷浑的联盟是甘州城内最大的势力集团。吐蕃和吐谷浑在张议潮统治时期主要活动于青海地区，其之所以能进入甘州，并成为城内最重要的势力集团，当是因为其曾参与乾符元年击溃回鹘之役的缘故。而在吐蕃和吐谷浑撤离甘州后，龙家的统治者龙王代表甘州与回鹘进行谈判。在谈判陷入僵局之际，龙王派遣僧人前往凉州嗢末处请兵，并以“如若不来，我甘州便共回鹘为一家，讨你嗢末，莫道不报”相威胁，明确地证明凉州嗢末即乾符元年围攻回鹘之嗢末，而中和四年围攻甘州之回鹘也即乾符元年被嗢末等族攻破之回鹘。也正是因为如此，在龙王写给嗢末的文书中才会出现龙家一方面担心甘州继续被回鹘侵扰；另一方面又要以联合回鹘讨伐嗢末的手段，希望能迫使凉州嗢末出兵协助甘州戍守的矛盾现象。所以，我们可以明确乾符元年被击溃的回鹘活动的范围应确在甘州一带。正因回鹘此前曾占据甘州，所以在嗢末等族击溃回鹘后，P.3451《张淮深变文》中才会有所谓“得复燕山献御容”的

（接上页）河陇的统治及归义军前期的河西诸族》；杨圣敏《〈资治通鉴〉突厥回纥史料校注》，第304页；陆庆夫《论甘州回鹘与中原王朝的贡使关系》，第62—70页。但长泽和俊和杨圣敏先生将此回鹘直接视为甘州回鹘，似未确证。因为虽然这些回鹘此时可能生活在甘州，而且与此后建立起来的甘州回鹘政权有极深的渊源关系，但两者此时似乎还不能等同。藤枝晃根据吐谷浑与浑末的关系，认为这似乎是发生在河西北部的事件（（日）藤枝晃《归义军节度使始末》，《国外藏学研究译文集》第14辑，拉萨：西藏人民出版社，1998年，第73页）。荣新江《甘州回鹘成立史论》（第35页）指出：“退浑和嗢末都是此时河西的劲族，主要活动在甘、凉一带，因此也可以认为他们合击的回鹘是进入走廊内部而立足未稳的回鹘。”

记载。但这批回鹘在中和四年却又卷土重来，并在迫使吐蕃、吐谷浑、龙家等部族撤离甘州后，顺利控制甘州城，从而为甘州回鹘政权的建立奠定了坚实的基础。

要而言之，在安西回鹘内部发生仆固俊取代庞特勤的政变8年之后，此前未见活动于河西东部的回鹘出现在河西的腹心地带。从“回鹘屡求册命”的记载看，这支回鹘在河西兴起的时间应在咸通末年。考虑到由安西流散到甘州地区所需的时间，可以看到安西回鹘内部的政争与回鹘兴起于甘州之间的先后关系，而这样也就可以解释唐政府何以要在张议潮死后随即册封这支流散在甘州地区的回鹘。

其二，通过分析西州回鹘在咸通末年的发展情况，可知在仆固俊政变之后，安西回鹘内部确实曾发生过分裂及大量的人口流散，从而为《旧唐书·回纥传》中庞特勤后嗣东迁甘州的记载提供了重要的佐证。

《新唐书·突厥传附突骑施传》载：“及其（回鹘）破灭，有特庞勒居焉耆城，称叶护，余部保金莎领（岭）。众至二十万。”[①]特庞勒，应即庞特勤。这就表明庞特勤进入安西后，应首先以焉耆为中心称叶护，继而在乌介可汗被杀、遏捻可汗不知所踪后，始自称可汗。安西回鹘建立之初，“众至二十万”，声势非常浩大。所以，“散藏诸山深林”的回鹘散众，“皆西向倾心，望安西庞勒之到”[②]。而在仆固俊取代庞特勤之后，西州回鹘的势力异常衰弱，远不复安西回鹘之盛。据郝春文先生研究，BD11287《归义军节度使表（?)》应是归义军节度使张淮深给唐

---

① 《新唐书》卷二一五下《突厥传附突骑施传下》，第6069页。

② 《旧唐书》卷一九五《回纥传》，第5215页。

政府的上表。该文书载：

（前缺）

1.城，悉皆残破。回鹘狼性，绥抚甚难，仆固俊独

2.守西［州］，兵☐甚寡，百姓离散，拾不壹存，虫蝗为

3.灾，数年荒歉。至于符印，亦早轮坠。降人归投，

4.因来送纳仆固俊银铸印壹面，臣已收得，不欲

（后缺）①

仆固俊夺得西州等地是在咸通七年，而此文书作于之后数年，所以当作于咸通末年。通过文书的描写，在仆固俊取代庞特勤、建立起西州回鹘政权后，百姓离散的情况非常严重。虽然“拾不壹存”的说法可能有夸大的成分，但从“降人归投，因来送纳仆固俊银铸印壹面，臣已收得”来看，对于仆固俊“至于符印，亦早轮坠”的记载应确有其事。仆固俊连唐政府所赐予象征权力的符印都无法保全，可见此时西州回鹘的势力确实十分虚弱②。既然文书称仆固俊“独守西［州］”，也就证明其与“回鹘狼性，绥抚甚难”之回鹘并非同一支势力。此外，敦煌文献P.5007《诗四首》③所录最后一诗的序文称“仆固天王乾符三年四月廿四日打

① 郝春文《中国国家图书馆藏未刊敦煌文献研读札记》，第24页。

②《元文类》卷七〇欧阳玄《高昌偰氏家传》载：“高昌王有印，曰：‘诸天敬护护国第四王印’，即唐所赐回鹘印也。”对“诸天敬护护国第四王印”与唐政府所赐仆固俊银铸印之间的关系，有待进一步的探讨。

③ 商务印书馆编《敦煌遗书总目索引》将P.5007号文书定名为《诗四首》，并曰：“第一第四首残咏本地事存者为咏敦煌与寿昌。”（第311页）施萍婷先生从此说（施萍婷主撰稿，邰惠莉助编《敦煌遗书总目索引新编》，第332页）。徐俊先生将P.5007与S.6234、P.2672缀合后，定名为《唐佚名诗集》，对文书内容作了详尽的录文（徐俊《敦煌诗集残卷辑考》，第650—662页）。

破伊州，□去（中缺）录打劫酒泉，后却和断，因[设]□□（下缺）”[①]，残存的诗句只有“为言回鹘倚凶□”半句。既然归义军文人尊称仆固俊为“天王”，也就证明“为言回鹘倚凶□”之回鹘当另有其人。结合当时的形势看，所谓的“狼性回鹘”及“倚凶回鹘”都应指在仆固俊政变后脱离其统治的原安西回鹘部众。因为这些回鹘在流散过程中曾侵入归义军辖区并与其发生多次军事冲突，所以归义军方面才会对其大加指责。

其三，甘州回鹘政权建立后，回鹘可汗在致信归义军节度使时，曾使用原本应属于安西回鹘可汗的印章。由此也可以证明甘州回鹘政权的渊源应确如《旧唐书·回纥传》所言，系原安西回鹘庞特勤可汗被仆固俊杀死后，由庞特勤的子嗣所率领的安西回鹘东迁后所建立的政权。

P.t.1082《登里可汗口谕给沙州仆射书》为甘州回鹘可汗致沙州统治者的信[②]。对于文书所作的时间，乌瑞认为应在911年之后，可能反映了十几年或数十年之后的形势[③]；武内绍人认为文书应作于10世纪的曹氏归义军时期[④]；森安孝夫认为文书或作于

---

① 图版见《法藏敦煌西域文献》第34册，第11页。

② 对于文书的内容，可参山口瑞凤主编《講座敦煌》第6卷《敦煌胡語文献》，东京：大东出版社，1985年，第515—518页；王尧、陈践译注《敦煌吐蕃文献选》，成都：四川民族出版社，1983年，第50—51页。

③ （匈）Géza Uray（乌瑞），*emploi du tibétain dans les chancelleries des tats du* Kan-sou et de Khotan postérieurs à la *domination tibétaine*,Journal Asiatique,vol.269（1981）,pp.81-90.（此据耿昇汉译《吐蕃统治结束后甘州和于阗官府中使用藏语的情况》，《敦煌译丛》第1辑，兰州：甘肃人民出版社，1985年，第212—220页）

④（日）武内绍人《敦煌·トルキスタン出土チベット語手紙文書の研究序说》，（日）山口瑞凤编《チベットの仏教と社会》，东京：春秋社，1986年，第589—590页；武内绍人、杨富学《后吐蕃时代藏语文在西域河西西夏的行用与影响》，《敦煌研究》2011年第5期，第110页注③。

932年至934年左右[1]；黄盛璋则认为登里可汗即S.8444《唐昭宗某年内文思院为甘州回鹘贡品回赐会计历》中提及的天睦可汗，写作时间是889年[2]。根据文中所提及的“唐王”“长安”等信息，可知该文书确应作于晚唐时期。该诏书又有“已变为废墟的甘州城池兴建宫殿”等内容，可以明确诏书是从甘州发出的，所反映的是回鹘占领甘州之后的场景。由此，文书中的仆射应指张淮深。文书作于某年“入夏暑热”之际，而张淮深在归义军内部始称仆射的时间应在光启三年五月至九月之间，其又卒于大顺元年二月廿二日，所以文书的写作上限应在光启三年五月，下限为龙纪元年六月。该文书上钤有两枚印章。乌瑞注意到了印文的存在，但未能予以释读[3]。森安孝夫先生释作“伊西□□四？镇道？都□□之印”，并指出印章的使用者是甘州回鹘。但我们知道甘州回鹘在晚唐之际并没有控制过伊、西等州，唐政府也不可能授予甘州回鹘显示其有资格掌控“伊、西”等地的印章。虽然根据《资治通鉴》卷二四九“唐宣宗大中十一年十月”条及西安市大唐西市博物馆藏《李浔墓志》的记载，可知唐政府大中十年对庞特勤的册封未能完成[4]，但在此后应最终完成了册封。正因

---

① （日）森安孝夫《河西帰義軍節度使の朱印とその編年》，《内陸アジア言語の研究》第15号，第81—87页。

② 黄盛璋《汉于阗吐蕃文献所见“龙家”考》，郑炳林、樊锦诗、杨富学主编《丝绸之路民族古文字与文化学术讨论会文集》，西安：三秦出版社，2007年，第248页。另可参洪勇明《甘州回鹘登里可汗考辩》，《西域研究》2010年第2期，第78—85页。

③ （匈）乌瑞撰，耿昇译《吐蕃统治结束后甘州和于阗官府中使用藏语的情况》，《敦煌译丛》第1辑，第213页。

④《资治通鉴》卷二四九“唐宣宗大中十一年十月”条，第8066页；荣新江《大中十年唐朝遣使册立回鹘史事新证》，《敦煌研究》2013年第3期，第128—132页。

为如此，庞特勤才会“后十余年，一再献方物”。唐政府赐予庞特勤的印章，应正是这枚“伊西□□四？镇道？都□□之印”。在庞特勤被杀后，其子嗣率众携带着原本由唐政府赐予庞特勤的印章，经过长期的争斗，最终占据甘州。所以，作为甘州回鹘的统治者，登里可汗才会在发给归义军节度使的公文上钤盖上了原本应由安西回鹘可汗使用的印章。此外，作为P.t.1082的发出者，甘州回鹘可汗之“登里”称号可与宣宗政府为庞特勤册封的名号“九姓回鹘嗢禄登里罗汨没蜜施合俱录毗伽怀建可汗”相对应[①]，也可证明甘州回鹘应源自安西回鹘。

其四，在立国前后，甘州回鹘与西州回鹘之间保持着彼此敌对，在某种外力的促使下又可以共同对敌的特殊关系。这也可以从侧面证明双方具有极深的渊源，而导致这种现象出现的最大可能性也就是双方应皆源自安西回鹘。

图6-11 P.t.1082《登里可汗口谕给沙州仆射书》

① 《唐大诏令集》卷一二九《大中十一年册回鹘可汗文》，第698页。

于阗文书P.2741为于阗使臣由沙州发往于阗王庭的奏稿，主要记载了使臣在计划出使唐王朝的过程中，在沙州及甘州等地的遭遇。对于P.2741的创作时间，黄盛璋先生系于光启二年。其中，奏稿对于此时甘州地区诸多势力之间相互角逐的记载尤为详细。于阗使臣在“冬季第三月（汉历十一月）二十八日从沙州出发往甘州，第四月（汉历十二月）十五日到达甘州”。到了次年春季，由于归义军、回鹘、突厥拔野古、乌古斯等势力的介入，甘州的局势已不可控制。根据文书的记载：“春季第三月末沙州的军队来了，二十五位于迦带领二千仲云人与二百达怛人同来。他们进入甘州的第三天，毗伽可汗及其妻与二女被杀。第八天军队就离开，远至山丹，他们不敢在突厥中冒险就回去了，于是仲云都火了，他们说：‘这是回鹘人和沙州人玩的手段，他们领导我们人达一个月的陆地驱驰，却没有带到最后（决战）地点就走开了。’”[①]仲云人所指责的回鹘，应就是与归义军共同领导从伊州出发前往攻击甘州的回鹘。晚唐五代仲云主要生活在伊州的大屯城，牙帐设在胡卢碛。乾符三年四月之后，伊州已由西州回鹘所实际控制，所以能率领仲云进攻甘州之回鹘只能是西州回鹘。此外，一支两千人的Ttaudagaras军队曾自称“我们两支回鹘已变成死敌”。所谓的“两支回鹘”，一支应为甘州回鹘，另一支当为与归义军联合进攻甘州之回鹘。而据敦煌于阗文文书P.2790《于阗使臣奏稿》的记载，在甘州地区的政局稳定后，身在甘州的于阗使臣“静悄地听说，甘州的汗和西州的汗联合建立政府，他们还想统帅一支由两方面组成的军队，在麦收时开赴沙州”。

① 对于P.2741及P.2790于阗文文书的内容，转引自黄盛璋《敦煌于阗文P.2741、ch00296、P.2790文书疏证》，第41—71页。

甘州的汗与西州的汗所代表的集团正可与上文“两支回鹘”相对应，由此也可证此前与归义军联合进攻甘州的回鹘应即西州回鹘。正是因为甘州回鹘是在仆固俊发动政变后由庞特勤后嗣率众东迁后所建立的政权，所以甘州回鹘与西州回鹘之间长期处于敌对关系；但由于双方均源自安西回鹘，所以彼此之间也保持了密切的联系，甚至在特殊时期，由于存在共同的敌人，还有可能出现新的政治联合。

三、简短的结论

要而言之，虽然以往已有学者根据《旧唐书·回纥传》及《新唐书·回鹘传》的记载，指出甘州回鹘或源自安西回鹘，但一是对于庞特勤或其后裔迁居甘州的时间判断有误，再有就是并没有在传世史料之外找到确凿的证据支撑，所以甘州回鹘源自安西的说法并没有得到学术界的普遍认可。《旧五代史·回鹘传》将回鹘西迁的时间系于南下回鹘被石雄及张仲武等人击破之后，显然有误。为了解释这个问题，前田正名等学者提出了回鹘两次西迁，且均被安置于甘州地区的说法。这种将相互矛盾的记载相互叠加的做法，可信性是颇值得怀疑的。虽然欧阳修在编纂《新五代史·四夷附录三》将投吐蕃的回鹘安置地点由甘州改为散处河陇，但根据敦煌文献的记载，晚唐大中年间及咸通前期，河西地区基本上没有回鹘的活动踪迹。所以，新旧《五代史》的相关记载应均是撰者根据五代及宋初甘州回鹘的活动情况事后附会的结果。通过考察咸通七年仆固俊在安西回鹘内部发动政变与回鹘在河西兴起的时间关联性，并分析仆固俊政变后原安西回鹘的流散情况，再结合甘州回鹘使用与“伊西”等区域相关的印章及甘州回鹘与安西回鹘的微妙关系，我们认为《旧唐书·回纥传》中安西回鹘内部动荡之后，庞特勤的后裔迁居甘州的记载是可信的。而《新唐书·回鹘传》在沿袭《旧唐书·回纥传》记载时，误将庞特勤建立安西回鹘政权与其后裔迁居甘州两事混为一谈，以至于被学者所诟病，从而影响到了学者对《旧唐书·回纥传》相关记载可信性的判断。

第三节　晚唐西州若干史实考察

贞观十四年（640）唐朝攻灭高昌，随即以其地设西州，将其纳入中央王朝的直接统治之下。贞元八年（792），吐蕃攻陷西州①。8世纪末9世纪初，回鹘在北庭、安西的争夺战中最终战胜吐蕃，将吐蕃的势力驱逐出了这些地区。咸通七年，以北庭回鹘仆固俊占据西州为标志，西州回鹘汗国建立。西州回鹘政权的建立，开创了晚唐五代西北地区多重政治力量相互制衡的新格局。对于西州回鹘汗国与归义军的关系及其本身发展、灭亡的具体情况，曾有学者进行过详细的考察②。但对于大中五年西州回鹘的入朝及西州回鹘的族属等问题，学界尚存在不同看法。本节力图在已有研究的基础上，对相关问题做一探讨。

---

① 陈国灿《八、九世纪间唐朝西州统治权的转移》，原载《魏晋南北朝隋唐史资料》第8辑，1986年；此据氏著《敦煌学史事新证》，第486—496页。

② 安部健夫著，宋肃瀛、刘美崧、徐伯夫译《西回鹘国史的研究》，第188—190页；荣新江《张氏归义军与西州回鹘的关系》，《1990年敦煌学国际研讨会文集·石窟史地、语文编》，第118—132页；荣新江《敦煌邈真赞所见归义军与东西回鹘的关系》，饶宗颐主编，姜伯勤、项楚、荣新江合著《敦煌邈真赞校录并研究》，第57—129页。

一、西州回鹘大中五年之入朝

大中五年，西州回鹘入京，得到了唐政府的册封①，表明当时控制西州的是回鹘人，而非归义军。对于此次西州回鹘的入使，有不少学者根据杜牧所草《授西州回鹘骁卫大将军制》，认为他们是为了向唐政府报告从吐蕃手中收复西州之事，时间约在大中四年②。但根据史书及敦煌文献所做的史事排列，基本可以确定大中四年之前，回鹘长期控制着西州，所以西州收复之事也就无从

---

① 杜牧《樊川文集》卷二〇《授西州回鹘骁卫大将军制》。紧接此件制文之下，是杜牧所拟的另一篇制文，即《沙州专使押衙吴安正等二十九人授官制》。杜牧大中五年秋，自湖州刺史迁为考功郎中、知制诰，北抵长安当在九十月之交，所以第一件制文，当草于大中五年十月之后，第二件制文之前。第二件制文，向达先生认为草于大中五年冬。同年十一月，唐政府设归义军，而吴安正等人的授官应与归义军的设立有关，所以《授官制》应草于大中五年十一月左右。由此可知，两件制文所草的时间特别接近，而第二件制文中所称“可依前件”，也表明两者之间存在一定的关联，第一件制文所称的“交臂来朝”，当指西州回鹘同归义军一同入使而言。P.2962《张议潮变文》中提到归义军为了通使中原而放弃了对西戎的进攻，应与此次一同进京有关。

② 钱伯泉先生认为大中四年回鹘从吐蕃手中收复西州（钱伯泉《试解“仆固俊”之谜——甘州回鹘国史探讨之一》，《中国史研究动态》1986年第12期，第29—37页）。对于回鹘入使的问题，陈国灿先生认为吐蕃很可能是趁漠北回鹘汗国崩溃、国力虚耗的情况下夺得西州，此后又有回鹘收复西州之举；但陈先生也没有排除“回鹘人在西州的统治一直比较稳定，只因未与朝廷通消息，直到张议潮起义沙州后，西州才遣使与议潮使一同来朝”的可能性（陈国灿《八、九世纪间唐朝西州统治权的转移》，《敦煌学史事新证》，第486—496页）。田卫疆先生认为正是因为高昌（西州）回鹘在规复失地、逐赶吐蕃势力过程中有不俗表现，才被授予“牧首”这样的官职（田卫疆《甘肃民族研究》，1998年第3期，第45—46页）。但田先生并没有提出收复的具体时间。此外，向达先生用S.367《沙州伊州地志》来说明大中四年西州存在收复之事（向达《罗叔言〈补唐书张义潮传〉补正》，《唐代长安与西域文明》，第418页），依据主要是S.367《沙州伊州地志》中“伊州，宝应中陷吐蕃，大中四年张议潮收复”的记载，很显然“西州”为“伊州”之误。对此，荣新江先生早已进行了辩证，此不复赘。

谈起。此外，杜牧在其所拟的制文中只是称赞西州回鹘都督、宰相等人“忠勇奇志，魁健雄资，怀西戎之腹心，作中夏之保障”；册封他们也只是希望以此“用震殊邻”①，并没有提到他们在大中五年之前有收复西州之举。而学者之所以得出大中四年西州存在收复的结论，很可能与“大中四年之前西州为吐蕃所据”的观念有关。

归义军于大中四年收复伊州，但伊州西部的纳职县却并没有被收复。居住在此的回鹘和吐谷浑经常劫掠伊州，张议潮于大中十年亲自带兵对其进行讨伐。P.2962《张议潮变文》载：“敦煌北一千里镇伊州城西有纳职县，其时回鹘及吐浑居住在彼，频来抄劫伊州，俘虏人物，侵夺畜牧，曾无暂安。仆射乃于大中十年六月六日，亲统甲兵，诣彼击逐伐除。”②在其后的赞文中称：

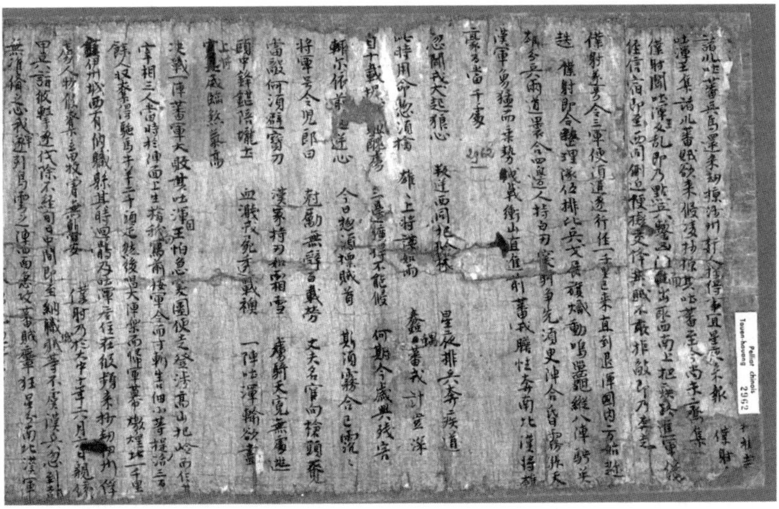

图6-12 P.2962《张议潮变文》（局部）

① 《樊川文集》卷二〇，第305页。

② 录文参王重民等编《敦煌变文集》，北京：人民文学出版社，1957年，第115页。图版见《法藏敦煌西域文献》第20册，第259页。

“敦煌上将汉诸侯，弃却西戎朝凤楼。圣主委令权右地，但是凶奴尽总雠。昨闻猃狁侵伊镇，俘劫边甿旦夕忧。元戎叱咤扬眉怒，当即行兵出远收。”①赞文中讲到张议潮为了入使中原而放弃了对“西戎”的进攻，之后，唐政府命张议潮统领河西、陇右之地，但是“西戎”却还经常侵劫伊州地区，于是张议潮出兵纳职。变文中称张议潮“圣主委令权右地”，应指唐政府于大中五年设立归义军，以统河陇十一州而言。而“弃却西戎朝凤楼”在此之前，说明大中四年张议潮收复伊州后，伊州以西尚有“西戎”，即回鹘没有完全扫除②。“西戎”，应主要指西州回鹘。首先，在地域上，纳职属于西州回鹘的势力范围；其次，如果“西戎”仅仅指纳职一地的回鹘和吐谷浑，放弃对其的进攻应该不能成为归义军入使中原的前提条件；再次，大中五年西州回鹘和归义军一起入京，也为张议潮放弃对“西戎”的进攻提供了一个有力的注脚。最后，悟真撰P.3554v《谨上河西道节度公德政及祥瑞五更转兼十二时并序》称：“伏惟我尚书涯（渥）洼龙种，丹穴凤雏，禀气精灵，生便（辨）五色。讨凭陵而开一道，奉献明王；封秘策而通二庭，安西来贡。”③也透露出张议潮通过外交手段与西州回鹘取得联系，并招引其一起向唐朝入贡的信息④。这些都表明“西戎”即与归义军一起入京的西州回鹘。

归义军在大中二年收复沙、瓜二州，三年收复甘、肃二州，

---

①《法藏敦煌西域文献》第20册，第259页。

② 如单就“弃却西戎朝凤楼”一句，似乎还可以理解为张议潮摆脱吐蕃统治，归附唐朝而言。但据上下文关系，“西戎”指“频来抄劫伊州”的回鹘和吐浑；而且敦煌文书一般以“南蕃”，而不以“西戎”称吐蕃。所以“弃却西戎朝凤楼”只能指张议潮为入使唐政府而暂时放弃进攻回鹘而言。

③ 图版见《法藏敦煌西域文献》第25册，第235页。

④ 荣新江《张氏归义军与西州回鹘的关系》，《1990年敦煌学国际研讨会文集·石窟史地、语文编》，第121页。

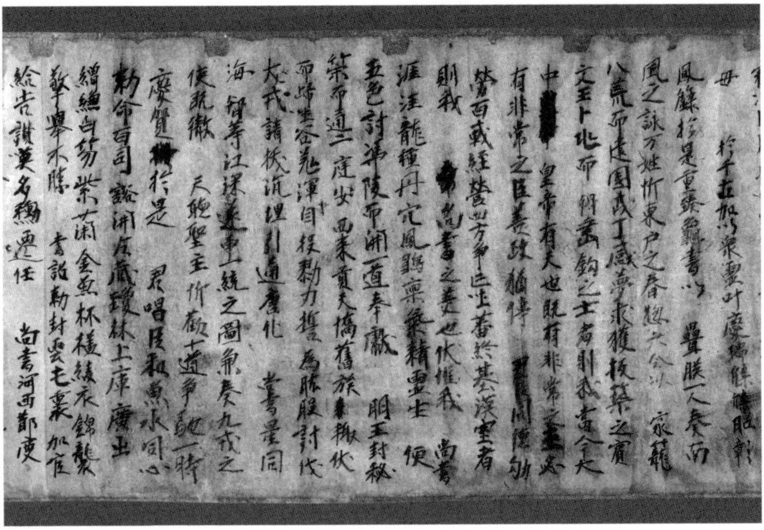

图6-13 P.3554v《谨上河西道节度公德政及祥瑞五更转兼十二时并序》

四年收复伊州，实力应受到了很大的消耗，此后几年之间，归义军没有再发起大规模的战役即是明证。我们推测，归义军大中四年收复伊州后，为了入使中原从而获得唐政府的支持，张议潮在与西州回鹘达成一定的协议后，放弃继续向西进攻。最终两者一起遣使入京，并获得唐政府的承认。从“都督”“宰相”等官职看，此时西州应存在一个回鹘政权。既然张议潮大中十年把占据纳职的西州回鹘势力作为进攻对象，则说明大中十年之前，回鹘依然控制着西州地区。

二、大中五年入贡回鹘之归属

大中五年，西州回鹘入使长安，获得了唐政府的册封。对于他们的归属，目前学术界主要有三种观点：第一种观点认为其为张议潮所控制[①]；第二种观点认为其为安西庞特勤所遣治理西州

① 刘美崧《论归义军节度与回鹘关系中的几个问题》，第127—132页。

者[①]；第三种观点则指出安宁等很可能是原漠北回鹘汗国的守土封臣[②]。由此，对大中五年入贡之西州回鹘的族属应做进一步讨论。据上文所考，P.2962《张议潮变文》所言“弃却西戎朝凤楼”，应指张议潮为了尽快与唐政府取得联系，主动放弃对西州回鹘的进攻，而与其共同入贡而言，第一种观点基本上可以排除。下面，我们结合敦煌文献及史书的记载，主要谈谈对第二种观点的看法。

首先，通过宣宗关于册封安西回鹘的诏敕，我们可以确定此时西州之回鹘与庞特勤之安西回鹘并非一系[③]。大中三年左右，庞特勤在焉耆称可汗。但大中五年西州回鹘入京时，并没有向唐政府提及安西回鹘及庞特勤的情况。据《唐大诏令集》卷一二八《议立回鹘可汗诏》，可知直至大中十年，唐政府才通过安西回鹘之外的回鹘来朝，得到了庞特勤“今为可汗，尚寓安西”的消息。大中十年十月，唐宣宗遣使到安西安抚回鹘，使者至灵武，恰逢庞特勤的使者也到达灵武；十一月，唐政府册封庞特勤为怀建可汗，以卫尉少卿王端章充使。这就证明大中年间占据西州的回鹘，并不从属于安西庞特勤。

其次，从唐政府册立庞特勤的过程，也可以看出此时西州回

---

① （日）森安孝夫《ウィグルの西遷について》，第105—130页（此据森安孝夫撰，陈俊谋汉译《关于回鹘的西迁》，第8—14页）。钱伯泉先生认为大中四年回鹘从吐蕃手中收复西州，而这些回鹘是庞特勤的部属（钱伯泉《试解“仆固俊”之谜——甘州回鹘国史探讨之一》，第29—37页）。

② 荣新江《归义军史研究》，第354页。荣新江先生认为：“从西州此前的历史背景来看，安宁等很可能是原漠北回鹘汗国的守土封臣。”我们将沿着荣先生的结论，对上述问题做进一步的探讨。

③ 华涛《回鹘西迁及东部天山地区的政治局势》，《西北民族研究》1990年第1期，第109—120页。

鹘与安西回鹘并非一系[1]。庞特勤的使者到达唐都长安后，唐宣宗派遣王端章前往安西册封庞特勒。《资治通鉴》卷二四九“唐宣宗大中十一年十月”条载：“王端章册立回鹘可汗，道为黑车子所塞，不至而还。辛卯，贬端章贺州司马。”[2]据P.2962《张议潮变文》的记载，王端章使团行至雪山南畔，被一千余骑的背乱回鹘劫夺国信，使团成员之一的押衙陈元弘逃到了沙州境内[3]。大中十一年八月，又有“背叛回鹘五百余帐，首领翟都督等将回鹘百姓已到伊州侧”。从此后的事态发展看，进攻伊州的“背叛回鹘”亦即劫夺使团的“背乱回鹘”。这些回鹘在伊州侧近，很可能来自纳职。此时纳职属于西州回鹘的势力范围，从他们劫夺唐政府册封庞特勤的使团看，此时的西州回鹘确实与安西回鹘不属于一个系统。

再次，从西迁回鹘南下的路线上分析，也可知此时的西州回鹘与安西回鹘并非一系。对于回鹘西迁的记载，学术界有两种不同的看法。一种观点认为回鹘分三支西迁：庞特勤等“西奔葛逻禄”，就是到了中亚七河地区[4]；一支奔安西，居于北庭及西州；一支奔吐蕃，居于甘州。另一种观点认为，回鹘“西奔葛逻禄”

① 华涛先生曾利用《张议潮变文》，论证西州回鹘与安西庞特勤并非一部，但华涛先生的主要依据是归义军张议潮对册封安西庞特勤使团的友好态度。而笔者认为，问题的关键当是属于西州回鹘系统的所谓“叛乱回鹘”对册封使团的阻隔，所以此处在华涛先生论证的基础上，做了进一步的引申。

② 《资治通鉴》卷二四九“唐宣宗大中十一年十月”条，第8066页。

③ 对于变文中的“雪山”，孙楷第先生认为是祁连山（孙楷第《敦煌写本〈张义潮变文跋〉》，周绍良、白化文编《敦煌变文论文录》下册，第720页）。刘美崧先生则认为此山在伊州境内，即《元和郡县图志》中“伊州条下”所载折罗漫山（刘美崧《论归义军节度与回鹘关系中的几个问题》，第128页）。刘说当是。

④ 冯家升等《维吾尔族史料简编》，北京：民族出版社，1981年，第36页。魏良弢《喀喇汗王朝史稿》，乌鲁木齐：新疆人民出版社，1986年，第50页。

是迁到北庭杭爱山间的葛逻禄地区，即主要迁到了北庭地区，但为了躲避黠戛斯的继续攻击，西迁回鹘除大部分留在天山以北与黠戛斯周旋外，还有一部分越过天山至焉耆、库车一带；一部分则迁至河西走廊的甘州回鹘族中[①]。通过对上述史料的分析，以及结合后来天山南北地区的局势看，笔者认为第二种看法更为合理。《新唐书·突厥附突骑施传》载："及其（回鹘）破灭，有特庞勒居焉耆城，称叶护，余部保金莎领，众至二十万。"[②]特庞勒，应即庞特勤。金莎领，当即金莎岭，又称金岭、金山，在庭州东南160里。西迁回鹘的余部保金沙岭，防御的应该就是尾随回鹘进入北庭地区的黠戛斯。这就表明庞特勤进入北庭后，并没有从北庭越天山，直接南下吐鲁番盆地，而是向西越天山至焉耆一带，并以焉耆为中心称叶护，继而称汗，这也证明大中年间西州之回鹘并不从属于安西回鹘。

最后，从咸通七年北庭回鹘仆固俊进攻西州等地的情况来看，也可知大中年间的西州回鹘与安西回鹘并非一系。据学者研究，仆固俊与庞特勤为同父异母的兄弟，族属相同。咸通七年，仆固俊在北庭起兵反对庞特勤，首先驱逐了占领西州等地的回

① 苏北海、李秀梅《回纥汗国的统治疆域及漠北回纥族的西迁》，第27—35页。此外，李树辉先生认为东部天山地区（包括天山北麓伊塞克湖以东地区）为回鹘统治集团亦即九姓乌古斯的世居之地，因而亦是回鹘西迁的目的地和最终落脚点，否认了回鹘西迁目的地是中亚地区的说法（李树辉《回鹘西迁及其相关问题考辨（上）——乌古斯和回鹘研究系列之五》《喀什师范学院学报》2001年第2期，第26—38页）。贾从江先生认为漠北回鹘汗国自保义可汗（808—821年在位）时期直到840年，一直控制着东部天山北麓和塔里木盆地西北地区；840年前，部分葛逻禄人迁居于今焉耆至喀什一带，并臣服于漠北回鹘；840年回鹘投奔之葛逻禄，乃此地之葛逻禄，而非七河之葛逻禄（贾从江《回鹘西迁诸事考》，第9—17页）。

②《新唐书》卷二一五下《突厥传附突骑施传下》，第6069页。

鹘，此后以此为基地，最终取代庞特勤，也可表明西州回鹘与安西回鹘并非一系。

八九世纪回鹘在西域及西州的分布状况，很大程度上受到了回鹘与吐蕃北庭争夺战的影响。贞元五年（789）冬，吐蕃率葛禄、白服之众进攻北庭，回纥大相颉干迦斯率众救援，频败。贞元六年（790），吐蕃攻陷北庭都护府。贞元七年（791）秋，颉干迦斯又悉发其丁壮五六万人，将复北庭，又为吐蕃、葛禄等所败。“颉干迦斯既败恤，葛禄之众乘胜取回纥之浮图川。回纥震恐，悉迁西北部落羊马于牙帐之南以避之”[①]。由于回鹘在与吐蕃的战争中连续战败，不得不将西北地区的部落撤退到漠北地区，以避吐蕃之锋芒。此时西州地区的回鹘人，也应当撤回到了漠北地区。8世纪末9世纪初，回鹘怀信可汗收复安西、北庭地区之后，大量回鹘人重新进入到这些地区。808年，保义可汗即位，之后仍派驻重兵于巴拉沙衮、安西、北庭，派驻监护使于西域各地各族中，这些都为回鹘在西域的统治培植了势力[②]。西州地区是回鹘经营西域的重要据点之一，境内也驻扎了大量的回鹘人。所以，8世纪末9世纪初至大中十年之间，西州地区的统治力量应始终是回鹘。回鹘汗国破灭后，漠北回鹘西迁的部众，并没有从北庭越过天山，直接南下吐鲁番盆地，而是向西越天山至焉耆一带，并把势力扩充到龟兹、阿克苏、伊塞克湖一带，这就证明840年以后，西州地区的回鹘族属并没有受到漠北回鹘西迁的影响，他们的主体成分依然是漠北汗国破灭之前已经驻守在西州地区的回鹘及其后裔。

---

① 《旧唐书》卷一九六下《吐蕃传下》，第5257页。《旧唐书》卷一九五《回纥传》与《资治通鉴》卷二三三则均将葛禄取回鹘浮图川系于贞元六年。

② 苏北海、李秀梅《回纥汗国的统治疆域及漠北回纥族的西迁》，第27—35页。

三、仆固俊收复西州事考察

对于仆固俊收复西州事，两《唐书》《资治通鉴》《唐会要》《册府元龟》均有涉及，但彼此之间的记载多有抵牾。曾有不少学者据《旧唐书》卷一九《懿宗纪上》“咸通七年十月”条所载“沙州张义潮奏：差回鹘首领仆固俊与吐蕃大将尚恐热交战，大败蕃寇，斩尚恐热，传首京师”[①]，认为仆固俊收复西州等地是受张议潮所派遣。但《新唐书·回鹘传》《吐蕃传》仅载仆固俊收西州事，而不记由张议潮所遣；《通鉴考异》引《实录》记载张议潮向唐政府报告仆固俊收复西州之事外，还“表贺收西州等城事”，证明张议潮与仆固俊并不是上下级的关系。据《新唐书·回鹘传》记载，仆固俊“尽取西州、轮台等城”之后，“使达干米怀玉朝，且献俘，因请命”[②]，也表明仆固俊并没有经过归义军，而是独立地同唐政府取得联系[③]。另据敦煌文书BD11287《归义军节度使表（?）》的记载，归义军节度使张淮深称仆固俊独守西州“数年”，又称从仆固俊那里来的人为“降人归投”，说明归义军政权与仆固俊没有统属关系[④]。

有学者据《旧唐书·懿宗纪》《新唐书·回鹘传》的记载，认为仆固俊是在击败并斩论恐热（即论尚热、尚恐热）之后，

---

① 《旧唐书》卷一九《懿宗纪上》“咸通七年十月”条，第660页。

② 《新唐书》卷二一七下《回鹘传下》，第6133—6134页。

③ 对于仆固俊与归义军的关系，刘美崧先生指出北庭回鹘首领仆固俊不是张议潮的部属，但其又认为此前西州回鹘可能一度接受归义军的统治（刘美崧《论归义军节度与回鹘关系中的几个问题》，第127—132页）。而荣新江先生则明确指出，并没有证据显示归义军曾收复西州，张议潮向唐政府报告仆固俊收复西州之消息，也不能说明仆固俊为归义军属下（荣新江《归义军史研究》，第353—357页）。

④ 郝春文《中国国家图书馆藏未刊敦煌文献研读札记》，第24—25页。

才取得西州等地，也就是说咸通七年之前西州为论恐热所据[①]。但这些说法与《资治通鉴》的相关记载不合。论恐热本为吐蕃落门川讨击使，吐蕃内乱之后，与鄯州节度使尚婢婢攻战不已。后被尚婢婢击败，退居廓州。咸通七年十月，尚婢婢的部将拓跋怀光“以五百骑入廓州，生擒论恐热，先刖其足，数而斩之，传首京师”[②]。据《资治通鉴》的记载，咸通七年二月唐政府已经接到张议潮关于西州之事的报告，可知仆固俊收复西州更在此之前，这就证明仆固俊收复西州与论恐热被杀完全是两回事，而《旧唐书·懿宗纪》《新唐书·回鹘传》将本不相干的两件事合而为一，造成了理解上的混乱[③]。《新唐书·吐蕃传》虽然没有将击败论恐热作为西州收复的前提，但仍然认为其被仆固俊所杀，亦误。

那么咸通七年仆固俊收复西州之前，到底是谁控制着西州等地呢？对于《资治通鉴》中仆固俊收复西州的记载，胡注曰：“按大中五年，义潮以十一州图籍来上，西州已在其中。今始云收西州者，盖当时虽得其图籍，其地犹为吐蕃据耳。”[④]学术界

---

① 哈密顿认为：“尚恐热率领吐蕃人大约于860年和865年之间又重新夺取了东部天山地区，并在附近一带保留了一些据点，从而挫败了在那里定居的唐归义军和回鹘人。因此，在865年左右，回鹘首领仆固俊（可能为“Buqučin”的对音，他可能是庞历的继任人）似乎是奉归义军之命才率回鹘军队征战尚恐热。这支部队从他们已经占领的北庭兴师，接连从尚恐热手中夺取今新疆的整个北部地区并一直将吐蕃部队驱逐到库库诺尔（即青海）地区。”而且哈密顿还推测论恐热的被杀，可能是归义军、仆固俊以及拓跋怀光三种势力的联合行动（（法）J.R.哈密顿著，耿昇、穆根来译《五代回鹘史料》，乌鲁木齐：新疆人民出版社，1986年，第18页）。

② 《资治通鉴》卷二五〇“懿宗咸通七年十月”条，第8115页。

③ （日）藤枝晃《沙州歸義軍節使始末（二）》，《东方学报》第12本第4分，1942年，第55页；刘美崧《论归义军节度与回鹘关系中的几个问题》，第127—132页。

④ 《资治通鉴》卷二五〇“懿宗咸通七年二月”条，第8113页。

根据《旧唐书·懿宗纪》及《新唐书·回鹘传》的记载，也多认为仆固俊是从吐蕃手中收复西州。但是我们知道，直到大中十年左右西州还掌握在回鹘人手中，如果咸通七年之前吐蕃控制西州的推测成立的话，那么大中十年至咸通七年之间，吐蕃必须重新占领西州。但是根据当时的历史形势，我们认为这种可能性并不大。

大中十年至咸通七年，吐蕃的各种势力激战于陇右地区，不会有余力去收复西州。另外，吐蕃此时想要收复西州，势必要穿过归义军的势力范围。虽然在归义军设置后，曾有吐蕃残存势力侵扰沙州，但均被张议潮击败。咸通二年，归义军更是收复了吐蕃在河西地区最后的据点——凉州，势力臻于极盛，而此时吐蕃由于长期内战，实力已经受到了极大的消耗，拓跋怀光能以五百骑入廓州擒尚恐热就很能说明问题，收复西州也无从谈起。所以，我们认为咸通七年之前，吐蕃并没有占据西州。

对于仆固俊从吐蕃手中收复西州的说法，刘美崧先生提出异议，认为咸通七年之前占领西州的应是黠戛斯[①]。会昌二年十月，黠戛斯使者来唐奏言："将徙就合罗川，居回鹘故国，兼已得安西、北庭达靼等五部落。"[②]对于这条材料，日本学者倾向于这不过是黠戛斯人虚张声势而已，而国内学者则认为黠戛斯曾短暂占领安西、北庭地区。暂且不论黠戛斯是否真正完全控制过

---

① 刘美崧《论归义军节度与回鹘关系中的几个问题》，第130页。贾丛江先生认为9世纪60年代初兴的仆固系北庭回鹘将黠戛斯分别从东部天山地区和漠北草原逐回叶尼塞河上游故土（贾丛江《黠戛斯南下和北归考辨》，《西域研究》2000年第4期，第31—38页）。李树辉先生则认为"仆固俊正是从黠戛斯的手中收复北庭、轮台、清镇等城的。至于西州，则是从汉人手中夺取的"（李树辉《高昌回鹘王国史考辨（上）——乌古斯和回鹘研究系列之八》，《喀什师范学院学报》2005年第2期，第27—33页）。

② 《资治通鉴》卷二四六"唐武宗会昌二年十月丁卯"条，第7968页。

安西、北庭，但黠戛斯曾在追赶西迁回鹘的过程中，来到过这些地区则是没有多大疑问的，问题的关键是黠戛斯何时退出这些地区。李德裕会昌四年（844）九月下旬所撰的《论回鹘事宜状》中提到：“昨日，幽州奏事官论博言到，传仲武语与臣，近稍得回鹘消息，人心颇有离异。缘可汗欲得投安西，其部落百姓皆云骨肉尽在向南，愿投国家。又云，与室韦已不得所。据此时势，即合归降，不然自相破灭。”[①]既然由回鹘牙帐南下的乌介可汗欲投安西，足证此时黠戛斯追赶西迁回鹘的军队已被赶出西域地区。所以，在会昌四年之前，黠戛斯应已经退出了安西、北庭地区。庞特勤居焉耆，先自称叶护，在乌介可汗死后又自称可汗，控制了碛北诸城。他在大中十年遣使入唐，得到了唐政府的册封。由于回鹘在西域势力强大，所以黠戛斯希望联合唐朝以对付回鹘。咸通四年八月，黠戛斯派使者来唐朝，约夹击西迁的回鹘，提议“欲讨回鹘，使安西以来悉归唐”[②]，证明此时安西以东的大片地区，包括西州在内都在回鹘手中。黠戛斯的请求遭到了唐政府的拒绝，所以尽管其“逮咸通间，三来朝。然卒不能取回鹘”[③]。证明咸通年间，黠戛斯并没有统治安西、北庭地区，所以咸通七年以前，占领西州、轮台地区的并非黠戛斯。

综上所述，咸通七年之前，控制着西州等地的既非吐蕃，亦非黠戛斯，所以其只能是大中五年已入使唐政府的西州回鹘。他们在大中五年至咸通七年之间，一直控制着西州。西州回鹘虽然在此期间与归义军处于一种敌对状态，但是他们对西州的统治却比较稳固。他们从8世纪末9世纪初开始控制西州，直至咸通七年

① 李德裕《李文饶文集》卷一七《密状》，《李德裕文集校笺》，第406页。
② 《资治通鉴》卷二五〇“唐懿宗咸通四年八月”条，第8107页。
③ 《新唐书》卷二一七下《回鹘传附黠戛斯传下》，第6150页。

被仆固俊攻破。

根据《新唐书·回鹘传》《新唐书·吐蕃传》《资治通鉴》，尤其是《实录》中有关张议潮向唐政府所报告的内容，可知仆固俊起兵于北庭地区。再结合11世纪学者伽尔底兹（Gardizi）《纪闻花絮》中九姓铁勒（九姓乌古斯）首领被异母弟阙特勤发动政变取代的传说，可知仆固俊先被庞特勤任命为五城（别失八里）即北庭的总督，咸通七年自北庭起兵，攻占了西州、轮台等地，最终杀庞特勤自立。而张议潮之所以就西州收复之事向唐政府上表祝贺，主要应是由归义军与西州回鹘的关系决定的。大中五年，张议潮为了入使唐政府，主动或者说是被迫放弃了对西州回鹘的攻势，但此后西州回鹘却经常侵扰归义军的伊州等地。虽然大中十年左右，归义军几度出兵，但都没有最终解决问题。咸通七年，以仆固俊为首的北庭回鹘击败了原居于西州等地的回鹘，并向唐政府表示臣服，对于归义军来说比较有利，所以张议潮才会向唐政府表示祝贺。

对于仆固俊的情况，学术界已有很多研究[①]。曾有学者认为他是回鹘汗国下辖之仆固部。但是据学术界考证，学者一致认为《纪闻花絮》反映的是仆固俊与庞特勤争夺汗位的历史事实，而我们不应忽视的是，阙特勤（仆固俊）与可汗即庞特勤是异母兄弟，仆固俊的族属应与庞特勤相同。“庞特勤”之“特勤”，来源于突厥官制。《通典·边防十三·突厥上》载：“其（突厥可

① 哈密顿认为仆固俊是“天山地区的回鹘首领，很明显是第十六位可汗（庞特勤）的继承人。在873年左右，似乎曾受到唐宫廷之册封”（哈密顿著，耿昇、穆根来译《五代回鹘史料》，第152页）。钱伯泉先生在《试解“仆固俊”之谜》中认为“仆固俊”不是人名，而是甘州回鹘的首任可汗的尊号，意为“圣文神武”。田卫疆《“卜古可汗传说”史实解析》则坚持了“仆固俊系出于唐代回鹘汗国下辖之仆固部”的观点。

汗）子弟谓之特勤……其后大官有叶护，次设，次特勤……及余小官凡二十八等，皆代袭焉。”[①]吐迷度称回纥可汗后，“署官号皆如突厥故事”[②]。可知回鹘也有特勤之设，而庞特勤乃是回鹘可汗的子弟。回鹘汗国建立以来的可汗都出自药罗葛部，贞元十一年（795），跌跌氏的骨咄禄夺得药罗葛氏的统治权而自称可汗，后被唐政府册封为怀信可汗，取得了中央政府的承认。在其夺得汗位后，“以药罗葛氏世有功，不敢自名其族，而尽取可汗子孙内之朝廷”[③]。骨咄禄为绝后患，上台后立即把原可汗的子孙送到唐中央政府，使药罗葛氏丧失了再次登上汗位的条件。《资治通鉴》卷二二六“唐顺宗永贞元年（805）十一月”条载：“回鹘怀信可汗卒。遣鸿胪少卿孙杲临吊，册其嗣为腾里野合俱录毗伽可汗。”胡注曰：“自怀信立，回鹘药葛罗氏绝矣。此后史皆书册其嗣，以表怀信子孙也。”[④]所以，怀信可汗之后的回鹘可汗皆为冒姓药罗葛氏的跌跌氏。庞特勤既然是可汗的子弟，当为跌跌氏，仆固俊亦然。所以我们认为仆固俊当并非仆固部，而是出自回鹘之跌跌氏。

---

① 《通典》卷一九七《边防十三·突厥上》，第5402—5403页。
② 《旧唐书》卷一九五《回纥传》，第5196页。
③ 《新唐书》卷二一七上《回鹘传上》，第6126页。
④ 《资治通鉴》卷二二六“唐顺宗永贞元年十一月”条，第7623页。

第四节 唐宋之际伊州相关史事考

伊州是丝绸之路北道的重镇，又因其“土良沃，人骁悍，为控扼西蕃之要地”[①]，地理位置十分重要。对于唐中前期伊州的相关情况，曾有学者进行过详细的考察[②]。晚唐五代之际，伊州成为沙州之归义军与西州之回鹘政权交往的纽带，其重要性不言而喻。但由于资料相对缺乏，对于这个时期伊州的相关情况，长期以来很少有人涉及，这就影响了我们对晚唐五代伊州地区历史的理解。近年来这种状况得以改善，学术界利用敦煌文献对晚唐五代伊州的行政区划、州县官员以及伊州控制权转变等问题做了大量细致的研究[③]，但是伊州的相关问题并没有完全解决。为此，本节希望能以前贤的研究为基础，对唐宋之际归义军对伊州的收复及管理、伊州的丢失、伊州地区同归义军的关系等问题做一探讨。

---

① ［清］顾祖禹《读史方舆纪要》，第2773页。

② 羊毅勇《唐代伊州考》，《西北民族研究》1993年第1期，第132—140页。

③ 荣新江《归义军史研究》，第351—364页；郑炳林《晚唐五代敦煌归义军行政区划制度研究（之一）》，《敦煌研究》2002年第2期，第11—19页；郑炳林《晚唐五代敦煌归义军行政区划制度研究（之二）》，《敦煌研究》2002年第3期，第68—73页。

一、归义军对伊州的收复和管理

唐代宗宝应年间，在经历长时间的抵抗之后，伊州最终落入吐蕃之手。据S.367《沙州伊州地志》的记载，归义军于大中四年收复伊州。对于归义军收复伊州及之后对其的管理情况，史书付诸阙如，在敦煌文献中却保留了零星的记载。

敦煌文献P.3451《张淮深变文》在赞扬归义军节度使张淮深的功绩时，称其："年初弱冠即登庸，匹马单枪突九重。曾向祁连□□□，几回大漠虏元凶。西取伊［吾］□□□，□□□□复旧疆。邻国四时□□□，□□□□□□唐。退混小丑□□□（下缺）。"[①]据此，荣新江先生推测张淮深曾用兵伊州，其进攻的对象可能是纳职一带的回鹘[②]。但对于战争的时间，荣先生并没有讨论。笔者认为张淮深参加的伊州之战应该就是大中四年伊州收复之役，进攻的对象当为吐蕃而并非回鹘。

根据变文所述事件的先后顺序，张淮深所参加的伊州之战应在针对"退浑小丑"，即吐谷浑的战争之前。而其与退浑发生的战争可与张议潮入京后，向唐政府所上的一份奏表，即S.10602《张议潮蕃情表》中的情况相对应。文书载：

> 1.臣伏蒙圣恩，许赐对见。缘臣生长边塞，习礼不全，
> 2.所奏蕃情，恐有不尽。今逐件状分析，伏乞皇帝陛
> 3.下俯赐神鉴。谨具如后：
> 4.一、昨沙州刺史张淮深差押衙（下缺）

① 图版见《法藏敦煌西域文献》第24册，第254页。对于《张淮深变文》的写作时间，目前有"乾符说"和"咸通说"两种主要观点。本文采取"乾符说"，至于《张淮深变文》所涉及的具体问题，笔者将有另文详述。

② 荣新江《归义军史研究》，第358页。

5.急被退（下缺）

6.敕割属（下缺）

7.□□退浑（下缺）①

进表中所提及的退浑之事，应就是指《张淮深变文》中所提到的张淮深与退浑的战争。张议潮上表是在其进京之后，即咸通八年至十三年之间，针对退浑的战争应在咸通十三年之前，同样张淮深参加伊州之战也应在咸通十三年之前，所以战争应发生在大中二年至咸通十三年之间。而在此期间，除纳职一县外，伊州大部分地区一直在归义军的控制之下。张议潮时期，归义军虽然几次征讨纳职回鹘，但都没有能收复纳职，而且如果“西取伊［吾］□□□”仅指进攻纳职回鹘而言，那就不能与“□□□□复旧疆”相对应。既然把“西取伊［吾］”称为“复旧疆”，也就只能指从吐蕃手中收复伊州而言。张淮深生于832年②，大中四

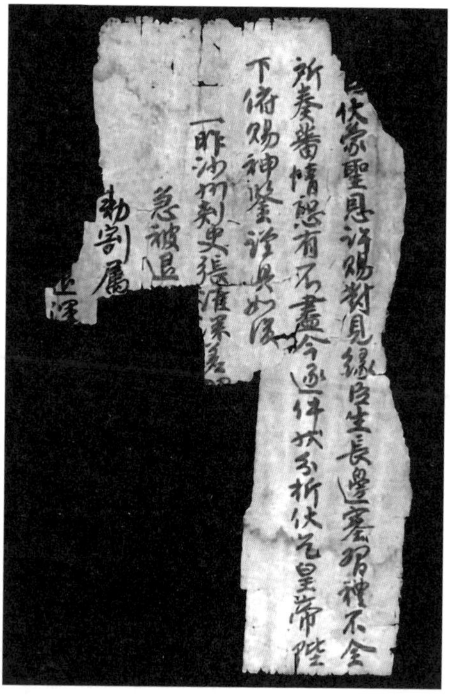

图6-14 S.10602《张议潮奏蕃情表》

① 图版见《英藏敦煌文献（汉文佛经以外部份）》第13册，第74页。

② 据P.2913《张淮深墓志铭》的记载，张淮深大顺元年（890）卒时，为五十九岁，按中国人关于年龄的传统记法，其生年当为公元832年。

年收复伊州时，淮深19岁，称其“年初弱冠即登庸”，在时间上也比较符合。所以，《张淮深变文》中所载的张淮深参加的伊州之战应就是指大中四年伊州收复之役。由此可知，在归义军创建初期，张淮深的军事才能已有所体现，这为他以后接掌归义军的权力创造了良好的条件。

伊州收复之后，归义军的疆域得以向西拓展，与西州回鹘的势力接壤。由于归义军一方面急于与唐政府取得联系，另一方面也因为接连的战争造成了很大的消耗，所以在取得伊州后，归义军并没有乘胜西进，进攻西州，而是和西州回鹘取得某种和解之后，一起派使者入京。此即P.2962《张议潮变文》所载的：“敦煌上将汉诸侯，弃却西戎朝凤楼”；以及杜牧《授西州回鹘骁卫大将军制》所称的“今者交臂来朝，稽颡请命”。而伊州作为归义军西部的屏障，战略地位显而易见，所以归义军在收复伊州之后，很快就开始着手于对它的管理。

其一，在伊州恢复了唐朝的州县建制。归义军收复河西诸州后，废除吐蕃时期确立的行政建制，恢复了州县制。唐制，伊州领伊吾、纳职、柔远三县。据S.367《沙州伊州地志》的记载，可知大中四年之后，伊州地区的州县建制得以恢复。但是大中年间归义军对伊州地区的控制并不完备，大中十年六月以前，伊州的纳职县已不在归义军的控制之下。P.2962《张议潮变文》载：“敦煌北一千里镇伊州城西有纳职县，其时回鹘及吐浑居住在彼，频来抄劫伊州，俘虏人物，侵夺畜牧，曾无暂安。仆射乃于大中十年六月六日，亲统甲兵，诣彼击逐伐除。”[①]归义军大中四年收复伊州，而张议潮针对纳职回鹘的战争发生在大中十年，距伊州收复已经六年之久，其间归义军基本上没有什么大的战

① 图版见《法藏敦煌西域文献》第20册，第259页。

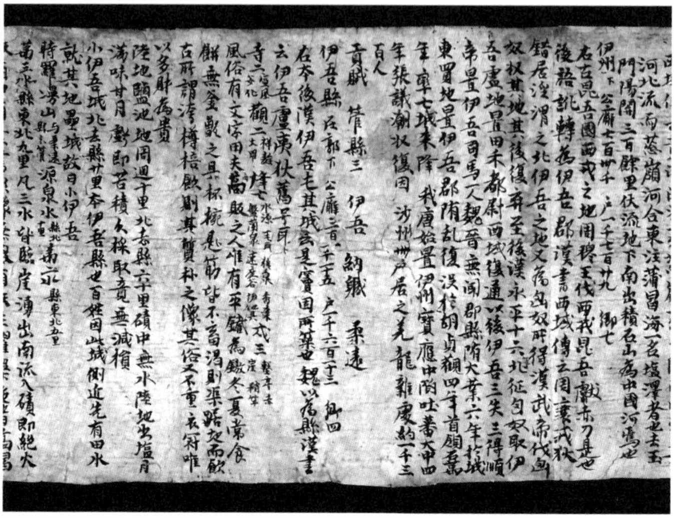

图6-15　S.367《沙州伊州地志》

事。如果大中四年归义军收复伊州时没有收复纳职，归义军不会在六年之后才去试图收复纳职，所以回鹘很可能是大中四年至十年之间，从归义军手中夺得纳职县，而纳职之回鹘应与西州回鹘为同一系统。

其二，派遣官员对伊州进行管理。由于资料的缺乏，归义军派往伊州的州县官员多不可考，目前可以确定的只有伊州刺史王和清和左某。P.2962《张议潮变文》载：“（大中）十一年八月五日，伊州刺史王和清差走马使至云：‘有背叛回鹘五百余帐，首领翟都督等将回鹘百姓已到伊州侧’。”由此可知，王和清出任伊州刺史在大中十一年之前，其或为归义军收复伊州后的首任刺史。据P.4660《故前伊州刺史改授左威卫将军银青光禄大夫检校太子宾客殿中侍御史临淄左公赞》，可知左某也曾在伊州担任刺史。而此篇邈真赞作于咸通八年至咸通十三年之间，所以其担任伊州刺史在此之前，左某可能是继王和清出任伊州刺史的[①]。

其三，收复伊州之后，归义军还派遣沙州人户到伊州，以加强军事防御。归义军收复河西诸州之初，戍守各地的并不是正规的军队，而多是沙州的人户。据S.4622v《先情愿镇守瓜州人户冯讷仑略、王康七等十人状》：

> 先情愿镇守瓜州人户冯讷仑略、王康七等十人状。右康七等，先闻制署，为同赤心，情愿镇守纳力，兼移家内，沙州一物不残。[②]

可知收复瓜州后，归义军是派遣沙州人户进行防守的。P.3750号文书是归义军时期肃州某守官写与沙州某人的书信。文书载：

> （前缺）货物并在（中缺）望镇蓼泉人户，缘口家在沙州，不肯停住，于官非常不益。汝切须依旧名目并家口差军将一二人押领，限七月廿八日已来，并到肃州。张和荣要图画障子兼素（塑）匠二人，星夜辈（倍）程，速须发遣。张善善亦须同来。先差催促兵马兼所取物色至甚迟违，亦速发遣。昨七月十九日进奏押衙王敬翼到，兼得将军家书，宅内长幼并得平善。[③]

文书中提到镇守蓼泉镇的守人，因为家人不在蓼泉，而“不肯停住”即不肯再驻防。为了解决这个问题，肃州的官员让沙州的某

---

① 郑炳林、郑怡楠《敦煌碑铭赞辑释（增订本）》，第496页。
② 《英藏敦煌文献（汉文佛经以外部份）》第6册，第169页。
③ 图版见《法藏敦煌西域文献》第27册，第241页。

人依照驻守蓼泉守人的名单，将他们的家人带到肃州，以起到监视和稳定军心的作用。证明此时蓼泉镇的守人主要是来自沙州的人户，并不是正规的军队。文书中的将军应指张淮深①，而张淮深称将军主要在咸通年间，所以文书应作于张氏归义军初期②。同样，归义军收复伊州后，也采取了类似的方式进行戍守。S.367《沙州伊州地志》载：

> 伊州，下……大中四年，张议潮收复，因沙州卌户居之，羌龙杂处，约一千三百人。

归义军收复伊州后，派遣了40户的沙州居民前往伊州驻守，但这并不能从根本上解决伊州的防守问题。据上举文书记载，伊州大约有1300人，民族成分极为复杂，而归义军派往戍守伊州"沙州卌户"中，应包含相当数量的非战斗人员，所以归义军驻守伊州的力量实际上是相当薄弱的。虽然归义军在此后很可能有进一步加强伊州地区防御的措施，但从纳职回鹘敢于频繁骚扰伊州看，伊州的防御依然相对空虚，这也为后来伊州丢失埋下了伏笔。

最后，归义军还在伊州和沙州之间设置走马使，以加强沙州与伊州的联系。归义军所设的走马使主要职责是在沙州及各地间传递信息。另据P.3016《西朝走马使□富住状》、津艺061EV《信札》的记载，可知有时走马使还担当出使的任务。S.4362《肃州都头宋富忪家书》是身在肃州的都头宋富忪写给沙州兄长的家

---

① 据荣新江先生研究，张氏归义军时期，共有三位节度使称过将军，即张淮深、索勋、张承奉，但张淮深统治后期，肃州已经被龙家等族占领，归义军不可能再在肃州驻军，所以文书中提到的将军只能指张淮深。

② 文书中张和荣又见于Ch.00101《节度押衙张和荣题记并供养人题名》，根据图中所绘张和荣供养人像的服饰看，我们也可以确定其大致绘于晚唐。

信，信中提到：

> 走马使来者，便是好也；走马人不来者，便是作贼。大马庄日夜司梁作贼。走马使好言语来者，两地渐好。

书信强调了走马使在维系沙州与其所辖诸州正常关系过程中所起的重要作用。据P.2962《张议潮变文》记载，纳职回鹘曾屡次骚扰伊州，并劫夺了唐朝册封安西庞特勤的王端章使团。大中十一年（857）八月，回鹘又在翟都督的率领下进攻伊州，而且人数颇为不少，于是伊州刺史遣走马使向张议潮报告。由于文书残缺，最终结果不得而知，但显然此后的一段时间里，伊州仍在归义军控制之下。回鹘这次对伊州的侵扰，并没有取得多大的战

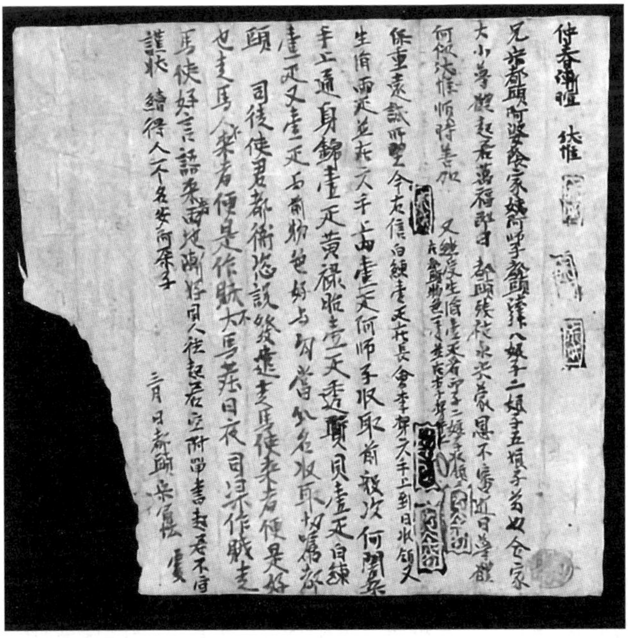

图6-16 S.4362《肃州都头宋富忪家书》

果，这应该与走马使及时向使府报告军情有直接的关系。

二、伊州“乾符三年丢失说”辨

虽然归义军采取各种措施以确保其在伊州的控制权，但在乾符年间伊州还是脱离了归义军的统治。伊州的易手，对归义军及西域地区的政局都产生了巨大的影响。敦煌文献P.5007《诗四首》[①]所录最后一诗的序文称：“仆固天王乾符三年四月廿四日打破伊州，□去（中残）录打劫酒泉，后却和断，因设□□（后缺）。”残存的诗句只有“为言回鹘倚凶”半句。钱伯泉先生认为文书反映了仆固天王即仆固俊，从依仗吐蕃的回鹘手中收复伊州的史实[②]。张广达、荣新江先生则认为，序文反映的是西州回鹘于乾符三年从归义军手中夺得伊州的情况[③]。对于P.5007号文书序文中的“仆固天王”，学术界一般认为他就是咸通七年收复西州等地的西州回鹘可汗仆固俊[④]。而学界之所以得出“西州回鹘从

① 商务印书馆编《敦煌遗书总目索引》将P.5007号文书定名为《诗四首》，解题曰：“第一第四首残，咏本地事，存者为咏敦煌与寿昌。”施萍婷先生从此说。徐俊先生将P.5007与S.6234、P.2672缀合定名为《唐佚名诗集》，对文书内容作了详细的录文（徐俊《敦煌诗集残卷辑考》，第650—662页）。
② 钱伯泉《试解“仆固俊”之谜——甘州回鹘国史探讨之一》，第29—37页。
③ 张广达、荣新江两位先生认为：“这首敦煌人写的诗（按：P.5007《诗四首》所录最后一首），记录了乾符三年（876）四月二十四日西州回鹘攻取沙州归义军所辖伊州城的历史真相。”（张广达、荣新江《有关西州回鹘的一篇敦煌汉文文献——S.6551讲经文的历史学研究》，《北京大学学报（哲学社会科学版）》1989年第2期，第26页）
④ 对于“仆固天王”，荣新江先生谨慎地指出：“仆固天王即仆固俊或其后继者。”（荣新江《归义军及其与周边民族的关系初探》，第24—44页）钱伯泉先生认为他就是仆固俊，为甘州回鹘的第一代可汗（钱伯泉《张淮深对甘州回鹘国的颠覆行动——甘州回鹘国事探讨之三》，《甘肃民族研究》1989年第1期）。

归义军手中夺得伊州”的结论，可能与大中十年前后西州回鹘支持纳职回鹘持续对伊州地区进行骚扰有关。但经笔者前文所考，咸通七年之后的西州回鹘与大中年间控制西州的回鹘并非同一势力集团：大中年间占据西州的回鹘，是回鹘于8世纪末9世纪初击败吐蕃、夺得北庭等地后，所派遣之回鹘及其后裔。而仆固俊属于漠北回鹘汗国破灭后西迁的回鹘，也正因为仆固俊在咸通七年消灭了与归义军敌对的回鹘势力，张议潮才会就此事向唐政府上表祝贺。所以对西州回鹘从归义军手中夺得伊州的推论，还需具体分析。据序文和诗的内容，我们认为“乾符三年西州回鹘从归义军手中夺得伊州”的说法存在一定的问题：

其一，从回鹘的行动路线上，我们可以确定其并非西州回鹘。P.5007 诗序文所言“（前缺）录打劫酒泉”，“录”之前当为“梅”字。“梅录”本为突厥官职，突厥语统兵者之义[①]，后为回鹘所继承。据此可知回鹘在攻占伊州之前，曾在梅录的率领下先打劫肃州；而据“后却和断”，可知此后这股回鹘又曾与归义军谈判。P.3451《张淮深变文》载：“初言纳款投旌戟，续变（下缺）。早向瓜州欺牧守，今朝此处（下缺）。”“初言纳款投旌戟”应就是指回鹘在“打劫酒泉”后，与归义军进行的“和断”，即谈判而言。如果这股回鹘是西州回鹘的话，那么他们需先打劫肃州，然后以投靠归义军为幌子夺得瓜州，被张淮深亲自率兵击败后[②]，再越过沙州，最终在乾符三年攻占伊州，很显然

① 多桑《蒙古史》认为梅录为突厥领兵者，其说似本之于波斯14世纪史学家拉施都丁。关于突厥官职的具体情况可参韩儒林《突厥官号考释》，氏著《穹庐集——元史及西北地民族史研究》，上海：上海古籍出版社，1982年，第304—325页。

② P.2709《赐张淮深收瓜州敕》“敕：沙州刺史张淮深有所奏，自领甲兵再收瓜州并（后缺）”，邓文宽（《张淮深平定甘州迴鹘史事钩沉》，第86—98页）、荣新江（《归义军史研究》，第301页）等先生都将此件文书与《张淮深变文》所载史事相联系，唯有在败回鹘的时间上稍有差异。

这个行动路线相对于西州回鹘来说是行不通的[①]。

其二，从咸通末、乾符初归义军与西州回鹘的实力对比上，我们也认为这种说法还有商榷的余地。根据郝春文先生所揭出的BD11287《归义军节度使表（?）》[②]，可知虽然仆固俊在诛杀庞特勤后控制了西州等地，但西州回鹘内部却出现了“兵□甚寡，百姓离散，拾不壹存，虫蝗为灾，数年荒歉”的困境，甚至于仆固俊的银铸印都被降附归义军的西州民众献给了张淮深。反观这个时期的归义军，不仅曾在咸通十三年之前击败了吐谷浑，而且在乾符三年前后接连击败侵犯归义军的回鹘。在这种情况下，我们很难相信西州回鹘能在短时间里迅速强大起来，并从归义军手中夺得伊州。

其三，我们从归义军对西州回鹘的态度变化上，也可看出乾符三年西州回鹘并没有从归义军手中夺得伊州。从BD11287《归义军节度使表（?）》中张淮深对西州回鹘、仆固俊的描写以及归义军接纳西州降人的情况看，此时归义军与西州回鹘的关系并不是十分融洽。而归义军文人在P.5007《诗四首》的序文中却把乾符三年攻破伊州的西州回鹘可汗称为“仆固天王”。“天王”是一个尊称，归义军文人以此尊号来称呼仆固俊，表明此时归义军对西州回鹘的态度发生了很大的改变，至少可以说明此时二者并不敌对。如果仆固俊是从归义军手中夺得伊州，我们就无法理解这个转变。

其四，我们从P.2672、S.6234、P.5007《诗集》号文书中所录

---

① 即使P.5007号文书中第四首诗序文中的“后又和断”，并非指《张淮深变文》中的夺瓜州事，那么夺取伊州的回鹘仍需先打劫肃州，然后越过沙州，最终于乾符三年四月夺得伊州。对于这个推论，很明显同样不能成立。

② 录文参郝春文《中国国家图书馆藏未刊敦煌文献研读札记》，第24页。

其他多首诗的风格上判断，亦可知此说不能成立。为了更好地说明问题，我们将其移录如下：

（前略）

西州

交河虽远地，风俗易（异）中华。
绿树参云秀，乌桑戴□花。
[□□] 居猃狁，卢酒宴胡笳。
大道归唐国，三年路不赊。

酒泉

建康碛外酒泉城，御史新收佇甲兵。
花柳移风含叶□，战鼙休擂绝挽枪。
迁渠畎（亩）上金河水，五牸分信玉畔耕。
直为唐朝明主圣，感恩多处贺□□。

敦煌

万顷平田四畔沙，汉朝城垒属蕃家。
歌谣再复归唐国，道舞春风杨柳花。
仕女上挽天宝髻，水流依旧种桑麻。
雄军往往旋鼙鼓，斗将徒弩猃狁夸。

寿昌

会稽碛畔亦疆场，回出平田筑寿昌。
沙漠雾深鸣故雁，草枯犹未及重阳。
狐裘上（尚）冷搜红髓，絺葛那堪卧□霜。
邹曾（鲁）不行文墨少，移风徒哭托西王。[1]

① 录文参徐俊《敦煌诗集残卷辑考》，第654—656页。

虽然P.5007文书中第四首诗残缺，但我们据前几首诗内容可知应是咏伊州事的作品。从上述几首诗的内容上分析，应作于归义军成立初期。归义军文人在诗集中极力歌颂唐朝统治者的圣明和敦煌等地收复后的大好形势。如果咏伊州诗描写的是西州回鹘从归义军手中夺得伊州的情况，那相对于其他作品就显得格格不入，风格上明显不能一致。我们也很难理解，为何文人要把歌功颂德之作和描写归义军重大失败的作品掺杂在一起。

综上所述，我们认为P.5007最后一首诗的序言反映的并非西州回鹘从归义军手中夺得伊州的史实，乾符三年四月之前控制伊州的只能是诗中所指的“为言回鹘倚凶”之回鹘。如果这个推论成立的话，归义军丢失伊州的时间就不应是乾符三年四月，而应在此之前。

三、归义军丢失伊州时间考

在讨论伊州丢失的时间之前，我们有必要对乾符三年四月之前占领伊州之回鹘的族属做一探讨。我们在上文中已经指出，在仆固俊攻破伊州前，占据伊州的只能是P.5007诗序言中“为言回鹘倚凶”之回鹘。而这些回鹘在夺得伊州前曾侵扰肃州，并以谈判投诚的名义，夺得瓜州。被归义军驱逐出瓜州后，继而越过沙州，占领伊州，并再一次侵扰归义军，此即《张淮深变文》所载：“初言纳款投旌戟，续变（下缺）。早向瓜州欺牧守，今朝此处（下缺）。”由此可知，乾符三年四月之前占领伊州之回鹘与张淮深所击败之回鹘族属相同。

对于《张淮深变文》中所提及回鹘之族属，学术界目前存在安西回鹘、西州回鹘、甘州回鹘和河西回鹘等几种说法。通过对变文内容的分析，我们可知两战中的回鹘，实际上族属是一致的，不过是分两次来犯而已，所以可对其做统一考察。

邓文宽先生认为《张淮深变文》中所提到的“得复燕山献御容”之“燕山”，乃是甘州删丹县之焉支山；“回鹘王子，领兵西来”即领兵从东往西而来，最终认定变文所记载的是张淮深讨伐甘州回鹘的战争[①]。荣新江先生则根据《张淮深变文》中唐朝皇帝谓群臣曰“朕念□□□□□旧懿，曩日曾效赤诚，今以子孙流落□□河西”的记载，认为这些被张淮深所俘获的回鹘是进入河西之回鹘，并进一步认为这些回鹘为进入河西走廊且活动于酒泉、张掖一带的回鹘散众[②]。排除在对回鹘族属、回鹘战争时间上的不同看法外，对于回鹘来源地的问题，邓、荣二文的观点基本上接近。变文所言之回鹘与中和四年之后的甘州回鹘存在一定的渊源关系，但两者似乎还不能完全等同，所以称其为河西回鹘可能更为恰当。另外，除了可以借鉴邓、荣二位先生的观点外，还有其他的证据可以证明这些回鹘来自甘州一带的推测。

首先，《张淮深变文》的内容可与《资治通鉴》中所记史事相对应。据《张淮深变文》的记载，张淮深在第一次击败回鹘后，“尚书见贼已归降，蹔假威容驻道旁。念汝失乡沦落众，那堪更遣负寒霜。”对“念汝失乡沦落众”一句，学术界多认为是指漠北回鹘汗国破灭后，部众西迁而言。但是不应忽视的是，漠北回鹘汗国破灭后，大量的回鹘在庞特勤的率领下西迁是在840年，而这次跟回鹘的战争发生在乾符年间，距汗国破灭已经30余年，那次失乡不能成为“那堪更遣负寒霜”的前提条件，所以变文中所说的“失乡沦落”并不应指回鹘汗国破灭，而是指这些回鹘在之前不久再次破灭而言。《资治通鉴》卷二五二载：“初，

① 邓文宽《张淮深平定甘州迴鹘史事钩沉》，第86—98页。

② 荣新江《张氏归义军与西州回鹘的关系》，《1990年敦煌学国际研讨会文集·石窟史地、语文编》，第118—132页。

回鹘屡求册命，诏遣郗宗莒诣其国。会回鹘被吐谷浑、嗢末所破，逃遁不知所之。诏宗莒以玉册、国信授灵盐节度使唐弘夫掌之，还京师。”《资治通鉴》将此事系于乾符元年冬。学术界据此时吐谷浑、嗢末所分布的范围及唐使团出使的路线，多认为吐谷浑、嗢末所破之回鹘为河西回鹘。河西回鹘被击破后的去向不明，司马光只能用“逃遁不知所之”笼统言之，所以次年自罗川遣使者入贡之回鹘并非河西回鹘。而根据《资治通鉴》的记载，唐政府对这些回鹘已经给予承认，所以才会派出使团前去册封，最后册封只是因故未能真正完成。这就表明乾符元年之前，在河西地区确实存在过一个回鹘政权。根据当时河西地区归义军与凉州嗢末的势力分布看，这个政权的势力范围应主要在甘州一带。只是它存在时间较短，很快就被击破，所以长期以来被学界所忽视。如果将变文与《资治通鉴》的记载作一对比，就可以发现变文所称“念汝失乡沦落众”可与乾符元年河西回鹘破灭相对应。

其次，从这支回鹘的活动范围和行进的路线上，我们也可以确定这些回鹘应就是河西回鹘。变文所载的第一次回鹘之战后，唐政府派使团到沙州册封张淮深。当使团返回后，回鹘再次来侵，“天使既发，分袂东西。尚书感皇帝之深恩，喜朝廷之天遇。应是生降回鹘，尽放皈（归）回。……岂料蜂虿有毒，豺性难驯，天使才过酒泉，回鹘王子领兵西来，犯我疆场”。这就证明变文所记两战中的回鹘为同一个势力集团，而由回鹘王子所率领的回鹘部众居住地应在肃州以西、瓜州以东的地区。

结合前文，我们可以描绘出这支回鹘在河西地区的活动情况：首先打劫肃州，此后，多数部众在回鹘王子的带领下，分布在肃州至瓜州之间；一股回鹘在梅录的率领下，以投诚归义军为名，攻占瓜州；被张淮深驱逐出瓜州后，又绕过沙州，夺取了伊州；乾符三年，仆固俊从这股回鹘手中收复伊州。从这支回鹘的活动范围和行进路线上看，他们应该就是乾符年间被吐谷浑和嗢末等族击破的河西回鹘。

要而言之，我们认为《张淮深变文》中所提到的回鹘，应就是河西回鹘。但是同时我们认为这些回鹘不应是回鹘散众。上文中我们已经谈到，据《资治通鉴》的记载，他们在乾符元年之前已经建立起自己的政权，所以才会屡次请求唐政府的承认。另外，据《张淮深变文》的记载，在与回鹘的第一战中，回鹘的统帅被称为首领；第二战中的回鹘统帅是回鹘王子；而率领回鹘袭击肃州并夺得伊州的则是回鹘梅录。从他们的称号来看，应从属于一个回鹘政权，而并非没有组织体系的散众。

河西回鹘破散后开始向西渗透，首先进攻肃州，而后夺得瓜州和伊州，所以归义军丢失伊州的上限为乾符元年冬，而下限则为乾符三年四月。

虽然乾符三年仆固俊从河西回鹘手中夺得伊州，但是此后我们并没有看到归义军有收复伊州的意图。对于这种情况，学术界多认为是中和年间甘州回鹘兴起的缘故。但是据S.5731《乾符六年百姓卢延庆牒》的记载，沙州百姓卢延庆曾于乾符六年（879）出使回鹘[①]。此前一直与归义军保持敌对状态的河西回鹘已被归义军击破，所以卢延庆出使的只能是西州回鹘，这也就表明乾符六年之际归义军和西州回鹘保持了正常的交往。由于河西回鹘已被击破，并不能威胁到归义军的统治，所以张淮深因甘州回鹘而放弃伊州的推论并不能令人信服。

P.3569v《唐光启三年四月为官酒户马三娘、龙粉堆支酒本与阴季丰算会牒》中也有关于西州使者的记载：

---

① 图版见《英藏敦煌文献（汉文佛经以外部份）》第9册，第103页。

> 伏缘使客西庭、璨微及凉州、肃州蕃使繁多，日供酒两瓮半已上。……西州回鹘使上下叁拾伍人……从三月廿二日至四月廿三日，中间计叁拾贰日，计供酒肆拾伍瓮伍斗贰胜。璨微使上下陆人，……中间计叁拾贰日，供酒捌瓮叁斗贰胜。凉州使曹方成等三人，……中间计叁拾贰日，供酒肆瓮半壹斗捌胜。又凉州温末及肃州使……中间壹拾肆日，上下壹拾壹人，每一日供酒贰斗肆胜，计供酒伍瓮半陆胜。……（四月）廿二日，西衙设回鹘使用酒叁瓮。①

如果我们将西州回鹘使与其他少数民族使团作一比较，就会发现西州回鹘在人数上远远多于其他使团，而且在沙州停留的时间也要长于一般使团。归义军官府对这些西州回鹘使者不仅每天热情招待，而且为了欢送回鹘使，张淮深还在归义军节度使的衙府——西衙设宴款待西州回鹘使②，表明此时双方的关系是友好的。

四、从敦煌文献及史书看伊州的独立性

张淮深统治时期，归义军同西州回鹘关系密切，双方并没有因为伊州而发生过军事冲突。之后，张淮鼎、索勋相继担任归义军节度使。在此期间双方的良好关系似乎得到了继承，但由于两人任职时间都比较短，相关资料缺乏，双方此时的具体交往状况并不清晰。在张承奉担任归义军节度使期间，归义军与西州回鹘

① 图版见《法藏敦煌西域文献》第25册，第345—347页。

② 据张春燕和吴越的研究，西衙是归义军节度使的衙府，是归义军的政治中心，地位极其重要（张春燕、吴越《西衙考》，《敦煌学辑刊》1997年第2期，第121—122页）。既然招待回鹘使者的宴会设在节度使的衙府，那么节度使张淮深必定充当了宴设活动的召集者和主持者。这表明张淮深对西州回鹘非常重视，也证明此时归义军与西州回鹘确实保持了良好的关系。

的关系还比较正常。但在张承奉建立金山国之后，为了恢复归义军鼎盛时期的疆域，曾对楼兰地区的少数民族进行征讨，后又挥师北上征讨伊州。伊州之役的具体结果不详，但可以肯定的是金山国并没有在伊州建立有效的统治，伊州仍然在西州回鹘的控制之下。与此同时，伊州相对于西州回鹘来说仍有它本身的特殊性。安部健夫据《元史》《西夏书事》等记载，认为元代以前伊州可能存在回鹘的小朝廷，或是封国，已经注意到伊州对于西州回鹘来说具有相当的独立性①，但是由于篇幅限制，其并未对伊州的归属，即独立性做过多的探讨。我们在查阅敦煌文献的过程

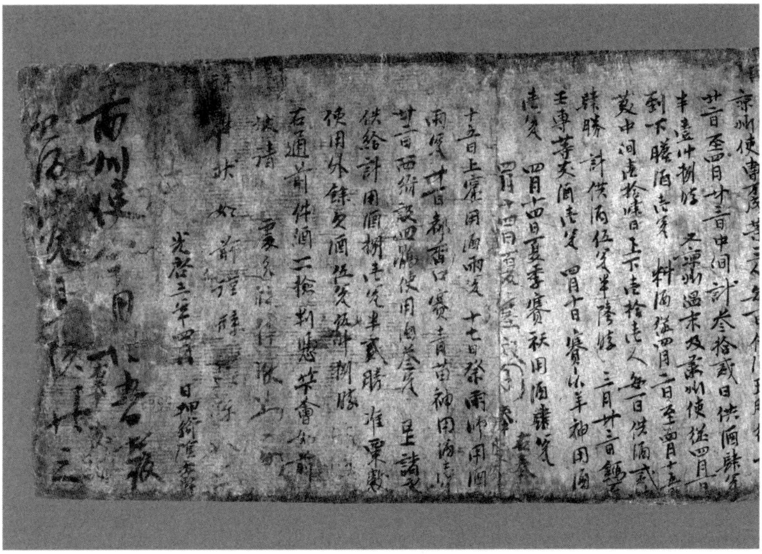

图6-17 P.3569v《唐光启三年四月为官酒户马三娘、龙粉堆支酒本与阴季丰算会牒》（局部）

① 安部健夫著，宋肃瀛、刘美崧、徐伯夫译《西回鹘国史的研究》，第374—375页。另外，他还认为“哈密力（伊州）作为西回鹘国的一个封侯领地这种情况，要从史料予以充分证明虽然比较困难，但毕竟可以追溯到建国初期不久，特别是在夺取高昌地方的时候”。

中，发现很多与伊州有关的记载，可以证明伊州具有相对独立的特殊地位。下面一一列举，以为佐证。

首先，伊州同西州回鹘及其他少数民族政权一样，频繁地向归义军派遣使团。不仅如此，我们在敦煌文献中还发现了很多伊州使团和西州使团同时出使归义军的记载。据BD9520号背02（原北图殷41号）《癸未年（923）三月廿八日王悉多敦贷绢契》载：

> 癸未年三月廿八日立契。王多敦欠□（少）□（绢）□（帛），遂于押衙沈弘礼面上，贷生绢壹疋，长四十尺，幅阔壹尺八寸二分。伊州使到来之日，限十五日，便须田（填）还。悉多敦身故，东西不在，一仰口承人丈白面上，顾为本绢。[1]

可知至迟在923年，伊州就已经开始向归义军派遣使团。S.1366《年代不明归义军衙内面油破历》中有多处关于归义军政府招待少数民族使团的记载，其中既有西州使也有伊州使。此件文书大约作于914年至924年十一月之间[2]，这就证明在924年十一月之前，就有西州使和伊州使同时出使沙州，并受到了归义军政府的热情招待。敦研001+敦研369+P.2629《归义军衙内酒破历》，据

---

① 录文参荣新江《归义军史研究》，第364—365页。

② 文书中有招待狄银的记载，即“又迎狄寅（银）及使细供十分，用面四斗七升五合、油二升”。狄银见于P.3633《辛未年（911）七月沙州耆寿百姓等一万人上回鹘可汗状》，是甘州回鹘攻打金山国的首领。《旧五代史》卷三二《庄宗纪》载：“（同光二年）十一月丙申，灵武奏，甘州回鹘可汗仁美卒，其弟狄银权主国事。”同光二年（924）十一月之前，狄银已经掌握了甘州回鹘的权力，而文书中直呼其名，证明文书所记的狄银来沙州必在其之前，所以狄银此次来沙州应在914年金山国灭亡之后至同光二年十一月之间。

施萍婷先生考证，作于964年[①]。文书中除了记载西州使之外，也有关于伊州使的记载，证明此时伊州也是单独向归义军派遣使团的。

其次，在西州和伊州同时派遣使团的同时，归义军也分别向西州和伊州派遣使团，证明归义军承认伊州的独立地位。归义军向西州和伊州派遣使团的情况，敦煌文书中多有记载。记载有归义军出使西州的文书主要有：BD9520（原北图殷41号）《癸未年（923）四月十五日张修造雇驼契》、P.4638（13）《丙寅年（938）正月归义军马军武达儿状》、S.4504v（6）《乙未年（935?）三月七日龙弘子贷绢契》、P3453《辛丑年（941）十月廿五日贾彦昌贷绢契》、P.3501v（1）《戊午年（958）六月十六日康员进贷绢契》、P.2737《癸巳年（993）九月归义军驼马官善昌牒》等，由于数量较多，不再一一列举。

对于归义军遣使伊州的情况，敦煌文书中也有很多记载。P.2504P2《辛亥年（951）押衙康幸全贷生绢契》载："辛亥年四月十八日，押衙康幸全往于伊州充使，欠少货物，遂于耆寿郭顺子面上，［贷］白丝生绢壹疋，长叁丈玖尺，幅阔壹尺玖寸。"[②]据P.3501v《戊午年（958）四月廿五日伊州使头康员奴牒》载："戊午年四月廿五日，伊州使头康员奴城西平都渠下尾地壹段。"[③]可知，958年四月归义军曾派使团前往伊州。BD14813（原北图新1013）《天请问经》题记载："辛未年六月一日，塑匠马报达在伊州作客写记之耳。"[④]辛未年，据荣新江先生考证为971年，表

①施萍婷《本所藏〈酒帐〉研究》，《敦煌研究》创刊号（总第3期），1983年，第142—155页。
② 图版见《法藏敦煌西域文献》第14册，第364页。
③ 图版见《法藏敦煌西域文献》第24册，第366页。
④ 荣新江《归义军史研究》，第370页。

明此时归义军与伊州地区不仅保持了官方交往，两地民间也有往来。P.3579《宋雍熙五年（988）十一月神沙乡百姓吴保住牒》：

（前缺）负难还，昼夜方求，都无计路
（前缺）差着甘州奉使，当便去来，至
（前缺）贼打破般次，驱拽直到伊州界内
（前缺）却后到十一月沙州使安都知般次
（前缺）押衙曹闰成收赎，于柔贾家面上还帛
（前缺）疋熟绢两疋，当下赎得保住身。
……今经三年。①

文书作于乾雍五年十一月，据文书中“今经三年”看，吴保住出使甘州当在乾雍二年②。在其出使途中，使团被抢劫，吴保住被劫到伊州，当年十一月被归义军出使伊州的使团成员曹闰成赎回，可知乾雍二年归义军曾派使团出使伊州。

另外，归义军在与伊州交往时，特地设置了伊州使头，可见对其的重视。使头是唐五代归义军政权对外关系中出现的一个有特定含义的官职，其地位相当于使团首领，负责管理使团内部事务和处理对外关系，在归义军对外交往中，不仅是政治上的外交代表，还是经济上的贸易使人和文化交流的载体③，作用十分重要。归义军对外交往中所设置的使头，一般是针对周边少数民族政权，根据使团所出使的少数民族政权的不同，分别设置了甘州

① 图版见《法藏敦煌西域文献》第25册，第378页。
② 荣新江《归义军史研究》，第372页。
③ 郑炳林、冯培红《唐五代归义军政权对外关系中的使头一职》，《敦煌学辑刊》1995年第1期，第17—28页。

使头、西州使头等。据前揭P.3501v《戊午年（958）四月廿五日伊州使头康员奴牒》，我们可知归义军在同伊州地区交往的过程中，同西州、甘州一样，也设立了使头，证明归义军承认伊州的独立性。

再次，在曹氏归义军晚期，伊州地区设置了宰相等官员，表明伊州此时存在着并不完全从属于西州回鹘的政治势力。Дx.01335《奉判令追勘押衙康文达牒》为归义军都虞候司奉节度使之命，调查康苟奴妄称与康文达为同母兄弟一事，文书中称：

> 文达母在之日，阙少人力，遂苟奴（后缺）
> 直至长大，便下彩礼，与收新妇。后（后缺）
> 在贼中。文达遂将锦被一张（后缺）
> 裙一腰于伊州杜宰相（后缺）
> （下略）①

显然该件文书残缺，但大意尚明。康文达母在世之时，由于家中缺少劳力，于是雇佣苟奴为仆。苟奴长大之后，文达家为其娶妻。由于某种原因，苟奴被抓往伊州，所以文达将锦被等物送于伊州杜宰相，将苟奴赎回。康苟奴与P.3579《宋雍熙五年（988）十一月神沙乡百姓吴保住牒》中吴保住的遭遇很相似。伊州劫夺沙州人户，应与伊州与归义军的关系密切相关。曹氏归义军前期，伊州与归义军关系密切，不太可能出现这种情况，所以我们推测康苟奴被抓往伊州的时间，应与吴保住被劫的时间相差不远，应在曹氏归义军的后期。据此，我们可知曹氏归义军后期，伊州地区设置了宰相等官职，可证伊州此时的独立性得到了进一步加强。

① 图版见《俄藏敦煌文献》第8册，第101页。

最后，除了敦煌文献外，传世史书和波斯文文献中也有类似的记载。《宋史·高昌传》引王延德《西州使程记》在记载伊州时，称："次历伊州，州将陈氏，其先自唐开元二年领州，凡数十世，唐时诏敕尚在。"可知此时是汉人后裔掌握着伊州的控制权。在记载西州回鹘的疆域时，王延德称"其地南距于阗，西南距大食、波斯，西距西天步路涉、雪山、葱岭，皆数千里"，可知其南界和西界；又言"狮子王避暑于北廷"，可知其地北过庭州，而唯不载其东界[①]。可见在王延德看来，伊州并不属于西州回鹘的统治范围。982年成书的波斯文《世界境域志》第十二章在记载"关于九姓古思国（即西州回鹘）及其诸城镇"时说道："其东为中国，南面是吐蕃的某些部分和葛逻禄，西面是黠戛斯的某些部分，北面也是黠戛斯……Jinanjkath（中国城），这是九姓古思人的首府，是一个中等规模的城镇，为政府所在地，与中国边界相接。夏季酷热，但冬令宜人。其附近为T.Fqan山，山后有五个村子……九姓古思的国王夏天住在Panjikath村。九姓古思之北是一草原，该草原在他们和黠戛斯人之间伸展开去，直到基马克境。"[②]对于西回鹘国的都城，安部健夫先生认为是北庭，现在学术界公认应为西州，而北庭多为回鹘可汗避暑之地。无论是北庭或西州，按照《世界境域志》的说法，其东邻中国，即汉人建立的政权，可知在当时的西方学者看来，伊州并不属于西州回鹘的统治范围。如果再结合Дx01335《奉判令追勘押衙康文达牒》中伊州宰相为杜姓看，似乎此时汉人在伊州建立了政权，但具体情况仍有待进一步的考察。

① ［元］脱脱《宋史》，北京：中华书局，1977年，第14111-14112页。
② 佚名著，王治来译注《世界境域志》，上海：上海古籍出版社，2010年，第68—69页。

简而言之，宝应年间，伊州陷蕃。大中二年，张议潮在沙州起事，大中四年收复伊州，张淮深参与了收复伊州之役。收复伊州后，归义军很快就恢复了伊州的州县建制，并派遣官员对伊州进行管理；为了加强军事防御，归义军派遣沙州人户对伊州进行戍守；另外，归义军还在伊州与沙州之间设置了走马使以保障同伊州联系的畅通。虽然归义军采取多项措施，以巩固其在伊州的统治，但是归义军在伊州地区的统治力量依然薄弱。乾符元年冬，河西回鹘被迫向西发展，从归义军手中夺得伊州等地。之后，张淮深两次打败河西回鹘，使得回鹘实力受到了很大的削弱，乾符三年四月西州回鹘仆固俊取代了河西回鹘在伊州的统治。西州回鹘占领伊州后，张淮深并没有采取有意收复伊州的任何举措。张承奉建立金山国之后，曾发动过征讨伊州的战争，但是并没有恢复对伊州的统治。五代宋初，虽然伊州从属于西州回鹘，但其与归义军之间保持了频繁的互动关系，官职设置也颇不寻常，表明其具有相当的独立性①。

---

① 王日蔚先生认为："甘州回鹘与西州回鹘，分界地似为伊州、瓜州、沙州。伊州似属西州范围，瓜、沙二州则属甘州范围。然伊、瓜、沙之政治主权，则均为汉人。"（王日蔚《唐后回鹘考》，《史学集刊》第1期，1936年，第21页）但是其关于伊州的看法似乎并没有引起学术界的广泛注意。对于伊州的地位问题，目前学术界有两种倾向：其一，认为伊州的独立是虚假的，而其一直在西州回鹘的统治之下；其二，承认伊州具有相对的独立性，但仍认为处于统治地位的是回鹘，汉人只是处于从属地位。笔者赞同王日蔚先生关于伊州地位的论断，但至于具体的情况，还有待进一步探讨。

第五节　张淮深再收瓜州史事钩沉

瓜州晋昌郡为河西重镇，唐政府曾在此设置过领兵4000人的墨离军。大历十一年（776），瓜州陷于吐蕃[①]。吐蕃占领瓜州期间，曾在此设置瓜州节度使衙，管辖瓜、沙等州[②]。宣宗大中二年，张议潮在沙州起兵，并随即收复瓜州[③]。大中五年，唐政府在沙州设置归义军节度使，瓜州成为其最重要的州级政区之一。根据敦煌文献的记载，瓜州在晚唐时期曾一度脱离归义军的控制，但很快又被归义军节度使张淮深率军收复。张淮深再收瓜州的功绩不仅导致了归义军内部权力结构发生调整，还在很大程度上改变了河西地区政治形态的演变轨迹并对归义军与唐政府之间的关系产生了重要影响。对于张淮深再收瓜州的情况，邓文宽、

---

① 《元和郡县图志》卷四〇《陇右道下》“瓜州”条，第1027页。

② 对于吐蕃瓜州节度使的辖区，杨铭《吐蕃统治敦煌研究》（第7—8页）认为当包括肃、瓜、沙、伊、西诸州，金滢坤《吐蕃瓜州节度使初探》（《敦煌研究》2002年第2期，第20—25页）则认为应限于瓜、沙二州。

③ 荣新江《归义军史研究》，第149页。

荣新江等学者已经取得了开创性的研究成果[①]。但受到资料的限制，归义军丢失及再次收复瓜州的历史细节仍不甚明晰。本节希望能在学者研究的基础上，对张淮深再收瓜州的史事及相关问题进行较为全面的复原。

一、问题的提出

对于张淮深再收瓜州的问题，P.2709《赐张淮深收瓜州敕》(以下简称《敕文》)是最为直接的材料：“敕：沙州刺史张淮深有所奏，自领甲兵，再收瓜州，并（下残）。”[②]《敕文》中所谓的“再收瓜州”，显然是相对于大中二年张议潮首次收复瓜州而言。由于该敕残缺过甚，故其对张淮深再收瓜州的具体情况

图6-18 P.2709《赐张淮深收瓜州敕》

① 邓文宽《张淮深平定甘州回鹘史事钩沉》，第86—98页；荣新江《甘州回鹘成立史论》，第32—39页。

② 《法藏敦煌西域文献》第17册，第322页。

的记载颇为有限。邓文宽、荣新江两位先生分别将P.3451《张淮深变文》（以下简称《变文》）中张淮深两败回鹘的事迹与《敕文》的记载进行比对，为张淮深再收瓜州史事的澄清提供了重要线索。

根据《变文》的记载，曾有“破残回鹘”侵扰归义军，但被张淮深率军击败并俘获千余人。张淮深击败回鹘的捷报送抵长安后，唐政府派遣以李众甫为首的使团前往沙州，为张淮深加授了左散骑常侍的检校官。与此同时，唐廷又以“义不伐乱”的名义，命张淮深释放所俘的回鹘部众。在唐朝使者离开沙州、“才过酒泉”之际，又有回鹘王子率兵西来，潜藏至西桐海畔，预谋伺机侵扰沙州。在接到游弈使白通吉的汇报后，张淮深不顾节度参谋张大庆“季秋西行，兵家所忌”的反对意见，亲自率军前往西桐，大败回鹘[①]。

对于《敕文》所载张淮深再收瓜州之事迹与《变文》中张淮深两败回鹘的关系，邓文宽先生认为：“张淮深平回鹘后，立即遣使往唐廷奏捷。唐天子得报，派大臣到沙州封赐慰问，二者正相一致。”[②]荣新江先生亦言：“第一次回鹘来侵是‘早向瓜州欺牧守’，表明他们的活动范围在瓜州东部……结合《变文》所述，不难认为敕文所说的‘再收瓜州’，应当是咸通十年前后张

① 《变文》图版见《法藏敦煌西域文献》第24册，第252—254页。文中不再一一出注。西桐，在敦煌汉文文献中有时也写作“西同”。据学者考证，其当即今敦煌市西南290里的甘肃阿克塞县苏干湖地区（李正宇《西同考——附论六龙地望》，第110—120页；李并成《“西桐”地望考——附论明安定卫城》，第49—54页）。西桐在敦煌藏文文献中被写作“色通（se tong）”（陆离《敦煌吐蕃文书中的“色通（se tong）”考》，第66—72页）。

② 邓文宽《张淮深平定甘州迴鹘史事钩沉》，第86—98页。

淮深击败入侵瓜州之回鹘部众一事。”[1]要而言之，两位先生均认为敕文中所载的张淮深“自领甲兵，再收瓜州”，就是指《变义》中归义军首次击败回鹘之役。但通过仔细分析《变文》，笔者却存在不同的看法。

《变文》卷首下半部残缺，但文意仍大致连贯。根据其所载，张淮深在首败来犯的回鹘后，曾指责其“奈何先陈降（下缺）”，证明这支回鹘此前曾有降附归义军政权之举。其又言：“敢死破残回鹘贼，星驰羽□□□□。初言纳款投旌戟，续变□□□□□。早向瓜州欺牧守，今朝此处□□□。”如将上述几处记载结合起来考虑，我们就可以发现变文中的“先陈降（下缺）”“初言纳款投旌戟”与“早向瓜州欺牧守”三者所述本为同一事，即回鹘在此前通过“先陈降（下缺）”“纳款投旌戟”的方式，骗取了瓜州刺史的信任，继而夺取了归义军所辖的瓜州。为了防止归义军“征兵来伐”，回鹘首领奉命率军前往侵扰，最终却被张淮深率军击败。所以，所谓的“今朝此处□□□”指的正是归义军首败回鹘之事，“早向瓜州欺牧守”应更在此之前。对于归义军首败回鹘的作战地点，《变文》载：“无何猃狁侵唐境，引旆奔冲过大泉。”“大泉”，应即“宕泉”。既然归义军与回鹘作战的地点在沙州城东南的宕泉河附近，也可证明变文中张淮深首败回鹘与《敕文》中的“再收瓜州”当为两场不同的战役。

由于《敕文》及《变文》相关部分残缺，所以对于瓜州被回鹘占领的具体情况尚不清晰。通过爬梳敦煌文献，笔者发现瓜州在张淮深统治时期确实曾短暂脱离归义军的统治，这也就从侧面证明了《敕文》中张淮深再收瓜州记载的可信性。

S.4622v《先情愿镇守瓜州人户冯讷仓略、王康七等十人

① 荣新江《归义军史研究》，第300—301页。

状》载：

> 先情愿镇守瓜州人户冯讷仑略、王康七等十人状
>
> 右康七等，先闻制署，为同赤心，情愿镇守纳力，兼移家内，沙州一物不残。去载输却城池，着见乡人，不恨使死，空身走到沙州。承大夫恩泰，衣食复得充身。今闻大军东行，心则万里不退。脚垂弓箭，全无求觅乞处。伏乞大夫祥（详）察，官矜裁下处分。①

冯讷仑略、王康七等人本为归义军派遣镇守瓜州的人户。这些人户在前往瓜州之际，家人也被一并迁徙，故在沙州已没有任何产业。由于“去载输却城池”，这些原沙州人户被迫返回故土。既然冯讷仑略等人自称“先情愿镇守瓜州人户”，也就证明在状文所作的前一年“输却”的城池即瓜州城。结合《变文》的记载，可知从归义军手中夺得瓜州的显然是“早向瓜州欺牧守”的回鹘。此外，据与上述状文连抄的《百姓高盈信请取兄沙州任事状》记载，高盈信之兄高某在咸通八年之际曾跟随“司徒”即张议潮归阙。此后，高某在由长安返回沙州的途中被嗢末扣留。到了“寅年”，即咸通十一年庚寅，其脱身到达灵州。在与高盈信一并由灵州返乡的过程中，高某先是被凉州的麹某阻拦，其后又被某种势力“夺却驼马”，从而“空身分来，竖立不得”。虽然在张议潮归阙后，归义军内部在议潮系和淮深系之间存在着深层次的矛盾，但也不至于如此公开抢夺。所以，抢夺高某的当即此时已经占据瓜州的回鹘。

要而言之，在张淮深统治归义军时期，瓜州确实曾被回鹘所

---

①《英藏敦煌文献（汉文佛经以外部份）》第6册，第169页。

占领。此事在《变文》中被记作“初言纳款投旌戟”及“早向瓜州欺牧守”，在《先情愿镇守瓜州人户冯讷仓略、王康七等十人状》中则载为“去载输却城池”。既然回鹘占领瓜州被称作“初言”和“早向”，也就证明归义军丢失瓜州的时间应在《变文》所载张淮深首败回鹘之前，而《敕文》所载的张淮深再收瓜州事应另有所指。

二、归义军丢失及收复瓜州时间考

对于张淮深再收瓜州的时间，荣新江先生系于咸通十年，邓文宽先生则认为应在中和四年正月。不过，两位先生的结论均是建立在将张淮深再收瓜州的事迹等同于《变文》所载张淮深首败回鹘之战的基础上，故对归义军收复瓜州的时间需进一步探讨[①]。

据上引《先情愿镇守瓜州人户冯讷仓略、王康七等十人状》的记载，冯讷仓略等人因瓜州失陷而被迫返回沙州。在听闻大军即将东行作战的消息后，冯讷仓略等人状上大夫，一是表达希望参与此役的强烈愿望，二是请求归义军政府能够提供其作战所需的“脚垂弓箭”。作为此前情愿镇守瓜州的人户，冯讷仓略等人希望参加的东行大军，显然是为了收复“去载”所“输却”的瓜

① P.2570《毛诗故训传》卷九写本背面写有小字一行：“咸通拾陆年正月十五日，官吏待西同打劫回鹘至。”咸通十五年十一月，僖宗已改元乾符元年，咸通十六年即乾符二年。由于沙州此时与唐朝交通不畅，尚没有接到改元乾符的消息，故沿用了咸通年号。郑炳林先生认为张淮深亲赴西同征伐回鹘仅见载于《变文》，故其认为张淮深次败回鹘的时间应由乾符元年九月持续至次年正月（郑炳林《敦煌本〈张淮深变文〉研究》，《西北民族研究》1994年第1期，第147—148页）。不过，其一，上述记载并未提及张淮深亲自参与了乾符二年正月的征讨回鹘之役；其二，根据《变文》的记载，此次战役持续时间很短，不可能持续4个月之久。所以，笔者认为P.2570题记中所提及的“西同打劫回鹘”可能并非《变文》中的次败回鹘之战。

州城。通过该件状文的记载，我们可以明确归义军丢失瓜州及收复瓜州分别发生在前后相邻的两年。

通过《变文》所述，“早向瓜州欺牧守”之回鹘与《变文》所载两败于归义军的回鹘为同一势力集团。在首战中被俘虏的回鹘首领曾为侵扰归义军的行为辩解：“奉命差来分本意……厶乙所来为寇（中缺）实虑尚书征兵来伐。”此时担忧张淮深率军征讨的回鹘，应就是此前通过欺骗手段夺取瓜州的回鹘。这也就证明在首败回鹘之时，瓜州仍然在回鹘的控制之下。张淮深在首败回鹘后，曾有“念汝失乡沦落众，那堪更遣负寒霜”之语，再结合P.3547《沙州上都进奏院上本使状》中张淮深在年底已经派出报捷使团的记载，可知张淮深首败回鹘当发生在变文所作前一年的年底。所以，回鹘夺取瓜州的时间应在《变文》所作的前一年。《变文》以张淮深首败回鹘开篇，以西桐再败回鹘作为终结，通篇未曾提及张淮深收复瓜州之事，可知瓜州收复当发生在张淮深再败回鹘之后。学者据《变文》中所提及的“白藏之首”“季秋”等记载，指出张淮深出兵西桐的时间应在变文所作当年的九月[①]，所以，张淮深开始收复瓜州应在当年的九月至十二月间。

Vol.72.fol.72《尚书兵马东行请给吐浑粮牒》载：

> （前缺）一日尚书兵马东行，请给吐浑粮。奉处分□寅年地子价，便内叁拾将回造具名如后：叁拾将同例，每将各回造面陆硕。[②]

在牒文之前，有杂写两行。其中，第一行为“十月一日尚书兵马

① 邓文宽《张淮深平定甘州迴鹘史事钩沉》，第86—98页。
② 《英藏敦煌文献（汉文佛经以外部份）》第14册，第284页。

东行”。从内容上分析，其应是抄自正式的牒文。由此可知，尚书兵马东行的“一日”即某年的十月一日。此位率军东行的“尚书”，显然系此时的归义军统治者。目前看来，由归义军节度使直接参与的针对河西东部地区的征讨共有三次：其一，大中十二年八月二日，张议潮开始征讨凉州；其二，据《敕文》及《先情愿镇守瓜州人户冯讷仑略、王康七等十人状》，可知张淮深曾率军再次收复瓜州；其三，曹议金在称太保的925年至928年前后，曾利用甘州回鹘动乱之际，东讨甘州。Vol.72.fol.72所载“尚书兵马东行”的时间与张议潮出征凉州的时间不合，其尚书称号又与曹议金不符，所以此次出征应即张淮深再收瓜州之役。

结合《先情愿镇守瓜州人户冯讷仑略、王康七等十人状》及《尚书兵马东行请给吐浑粮牒》的记载，可知张淮深出征瓜州的时间正在其称号由大夫改为尚书之初[①]。如果我们可以明确张淮深在归义军内部自称大夫的时间，则可以为其收复瓜州提供关键的时间坐标。

据笔者管见，明确将张淮深称作“大夫”的敦煌文献目前共发现有五件，即上引《先情愿镇守瓜州人户冯讷仑略、王康七等十人状》《尼僧菩提心等请亡僧舍地状》《百姓高盈信请取兄沙州任事状》、P.3281v《押衙马通达状稿（三件）》以及P.3715v《致大夫状》。其中，第一件、第二件和第五件文书并没有给我们提供明确的时间信息，故本文主要利用第三件及第四件文书来探讨张淮深自称大夫的时间。其中，《百姓高盈信请取兄沙州任事状》载：

① 根据荣新江先生研究，张淮深生前曾使用过将军、常侍、尚书及仆射四个称号。但根据《变文》等文献的记载，虽然张淮深曾被唐政府册封为左散骑常侍兼御史大夫，但其在归义军内部并未自称常侍，而是以大夫作为自己的称号。

百姓高盈信状

右盈信家兄先随从空（司）徒东行，司徒归阙后，落在温末。经数年间，信息不通。又先寅年闻达灵州。咨陈大夫，蒙随般次东行。取兄至凉州，被麴□□［隔］勒般□（次），却回至玉门，夺却驼马，空身到来，竖立不得。经今数年，兄并不来见盈信。一身被储居兄弟欺屈劫夺，存活不得。今兄在加（嘉）邻（麟）镇将弟高进达边。今自办微弱，为因便取兄将到沙州，伏事大夫阿郎，死亦甘心。不敢不申，伏请处分。①

作为数量词，“三”及以上才能被称作“数”。如以咸通十一年庚寅作为“经今数年，兄并不来见盈信”的时间起点，则高盈信状上大夫阿郎的时间上限应在咸通十四年（873）。由此可证，张淮深由大夫改称尚书的时间应在咸通十四年之后。此外，高盈信在听闻兄长身处灵州的消息后，经大夫张淮深同意，跟随归义军入朝的使团东行。其在完成出使任务后，才能在返程途中携兄长一并返乡。再加上高氏兄弟在途经凉州及玉门时所经历的刁难和劫掠，则该状真正写成的时间当更晚。张淮深再收瓜州及《变文》的完成则更在其后。

P.3281v《押衙马通达状稿（三件）》也将张淮深称作“大夫”②。其中，马通达在第一件及第二件状稿中均提及其被派往瓜州之事，第三件状稿也言“今岁伏蒙大夫威感，得达家乡。不经时月，便奉差守瓜州”，由此可知三件文书作于同一年。第一

①《英藏敦煌文献（汉文佛经以外部份）》第6册，第169页。

② 文书图版及录文参唐耕耦、陆宏基《敦煌社会经济文献真迹释录》第4辑，第375—376页。

件状稿又载："先随司空到京，遣来凉州，却送家累。拟欲入京，便被卢尚书隔勒不放。"张议潮入京是在咸通八年二月[①]，而其自沙州启程应在咸通七年中秋之后不久[②]。对于马通达返回沙州的时间，第二件状稿载："今岁伏承大夫威感，空身娟命得达家乡。父母亡殁，活道破落，男女细累，衣食无求，纵有兄弟自救，并总□□一十余年，不得相见。"既然马通达状上张淮深的时间是在其于咸通七年离开沙州的十余年后，故状文所作的时间上限当为乾符三年。根据P.4660《阎英达邈真赞并序》所载阎英达生前的职衔，可知马通达口中"搅乱差揭"的"阎中丞"应即瓜州刺史阎英达。据郑炳林先生考证，阎英达即卒于乾符三年[③]，由此看来，《马通达状稿》只能作于876年。马通达状上张淮深之时，阎英达尚在瓜州出任刺史，但不久就突然死于任上。结合回鹘曾于咸通末年至乾符初年间占领瓜州的史实，阎英达之死或与回鹘攻占瓜州有关。

P.3281v《押衙马通达状稿（三件）》第二件状稿中修改、涂抹之处甚多，而被涂抹的原稿中隐含了珍贵的历史信息，故将其复原如下：

押衙马通达

右奉差充瓜州判官，虽则名在边□，今蒙大夫亲字制置，不敢辞退。伏缘通达久在边塞，伏事司空，多遭贼劫，备历辛勤。今岁伏承大夫威感，□到家乡。到来便差勾当回鹘使及马□。惟一个月后，又差充宴设使，时□不得闲

---

① 《资治通鉴》卷二五〇"唐懿宗咸通八年二月"条，第8117页。

② 杨宝玉、吴丽娱《P.3804咸通七年愿文与张议潮入京前夕的庆寺法会》，第66—72页。

③ 郑炳林《敦煌碑铭赞三篇证误与考释》，第99—102页。

> 暇。□事□发处分，乘骑鞍马、自身衣服全无，贫穷寒冻，进发□迫。准内地例，判官合得刺史装束排比鞍马，伏请瓜州官物内支给装束行李。伏望大夫仁慈哀念，特乞裁下。伏请处分。①

根据我们复原的状文草稿，马通达于乾符三年返回沙州后，随即被任命为“勾当回鹘使”。马通达在处理完此次与回鹘有关的事务后，又“差充宴设使”。在最终被张淮深任命为瓜州判官之际，马通达提出了利用瓜州官物为其置办鞍马行装的要求。而在第一件状稿被涂抹的文字中又有马通达对阎英达“拟将瓜州驱使”的指责，由此可知在马通达由归义军宴设使改任瓜州判官的过程中，阎英达起到了关键的作用。而马通达所“勾当”的回鹘

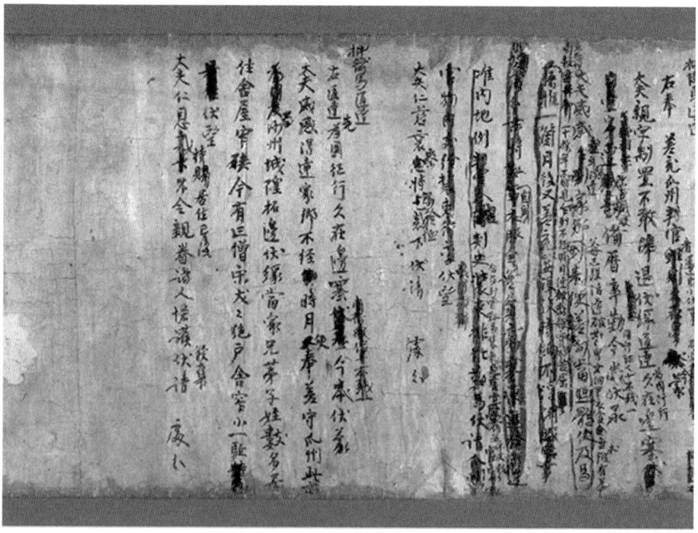

图6-19 P.3281v《押衙马通达状稿（三件）》之第二件及第三件

① 图版见《法藏敦煌西域文献》第23册，第35页。因该原稿文字多被涂抹，故模糊难辨之字甚多。

事务，应与《变文》中“初言纳款投旌戟”的记载有关。另外，S.5697《申报河西政情状》又载：“（前缺）□□□奉前后文（中缺）阎使君等同行安置。瓜州所有利害事由，并与阎使君状咨申同。缘河西诸州，蕃、浑、嗢末、羌、龙狡杂，极难调状（后缺）。”[①]虽然文书中也提及了此时河西地区的民族分布情况，但与瓜州相关的事由显然是状文的重点。由阎英达所“同行安置”的，应即是与蕃、浑等相类似的少数民族。结合《变文》中回鹘曾“奈何先陈降（下缺）”及“初言纳款投旌戟”的记载，笔者认为被瓜州刺史阎英达所“同行安置”的少数民族应即回鹘，归义军临时以马通达出任的勾当回鹘使应与此事有关。如此推论成立的话，则《变文》中所提及的被回鹘所欺骗的“牧守”应即阎英达。

马通达在乾符三年状上大夫张淮深之际，阎英达尚在瓜州刺史任上，故此时瓜州尚未被回鹘所占领。据作于乾符五年四月的P.3547《沙州上都进奏院上本使状》[②]，归义军的进奏院官员已在状文中称张淮深为尚书，这也就证明张淮深由大夫改称尚书的时间在乾符三年至乾符五年四月之间。据上文所述，归义军丢失瓜州及收复瓜州之事分别发生在两年之中，且根据Vol.72.fol.72的记载，张淮深开始收复瓜州是在某年十月一日，如此，瓜州丢失的时间当在乾符三年，阎英达的死亡时间可与此相印证，而张淮深开始收复瓜州的时间则当在乾符四年十月一日。当年十二月二十七日，由张淮深所遣的贺正使团就已经到达长安。该使团虽

① 文书图版见《英藏敦煌文献（汉文佛经以外部份）》第9册，第80页。

② 对于文书的年代，（日）池田温《中國古代寫本識語集録》系于乾符年间（874—879），张国刚《两份敦煌“进奏院状”文书的研究———论“邸报”非古代报纸》（《学术月刊》1986年第7期，第57—62页）则根据状文中王、卢、郑三人出任宰相的时间，指出其当作于乾符五年。

然名义上名为贺正，但根据阴信均等人的活动情况看，张淮深此次派遣使者前往长安的主要目的就是为自己求取节度使旌节，即状文中所谓的“奏论请赐节事”。张淮深之所以在大军东行之后不久就派出人数颇众的贺正使团，当是因为瓜州之役此时已经结束，故其希望凭借重收瓜州的功绩获得唐政府的节度使册封。根据学者研究，直至文德元年，张淮深才获得唐政府的沙州节度使册封[①]，所以此次以贺正为名的请节活动并未成功。但针对张淮深此次求取节度使旌节的行动，乾符五年正月二十五日唐政府颁发了一道敕牒。在归义军贺正使团离开长安后，此件敕牒及唐政府赏赐给张淮深的“寄信匹段”均由阴信均负责押领回沙州。这件由唐政府颁发给张淮深的敕牒，应该就是上文所提及的《敕文》，而其所残缺的部分应包含了唐政府册封张淮深为检校户部尚书的内容。据《张淮深碑》的记载，张淮深在张议潮归阙后，因其立下了“兵雄陇上，守地平原。奸宄屏除，尘清一道”的功绩，从而被唐政府“加授户部尚书，充河西节度”。所谓的“奸宄屏除，尘清一道”，指的应是张淮深收复瓜州等一系列针对回鹘的战争。而沙州使者之所以在临近年末才到达长安，自然是收复瓜州后时间紧张的缘故。

综上所述，我们可以根据敦煌文献的记载，对归义军丢失及收复瓜州的情况做一大致梳理。马通达于乾符三年状上张淮深之际，瓜州尚为归义军所控制。但是不久，被安置在瓜州的回鹘就夺取了瓜州的控制权，阎英达很可能就是亡殁于此役。为了防止归义军征兵来伐，乾符三年年底，占据瓜州的回鹘侵扰沙州，被张淮深所击败。在乾符四年九月于西桐大败回鹘后，张淮深随即

① 荣新江《初期沙州归义军与唐中央朝廷之关系》，第106—117页；（日）森安孝夫《河西帰義軍節度使の朱印とその編年》，《内陸アジア言語の研究》第15号，第59页。

于十月一日率领大军东行，展开了收复瓜州的征程。再收瓜州之役应耗时不长，张淮深又急于将瓜州收复的消息上报给唐政府，故名为“贺正”的归义军使团到达长安时距元日仅聊聊数日而已。正是因为此次使团的目的不在贺正，而是希望借助再收瓜州的功绩为张淮深求取节度使旌节，所以沙州进奏院的官员在P. 3547《沙州上都进奏院上本使状》中留下更多的是关于使团请节及唐政府赏赐的记载。

三、对于“破残回鹘”来源的再探讨

对于《变文》中“破残回鹘”，即乾符三年至四年之际占据瓜州回鹘的族属，学者在对《变文》进行研究时多有涉及，形成了安西回鹘说、西州回鹘说、甘州回鹘说以及河西回鹘说四种主要观点[①]。对于“安西回鹘说”及“西州回鹘说”，邓文宽及荣新江两位先生已经从“破残回鹘”侵扰归义军路线的角度，证明其非，故此不赘[②]。现针对“甘州回鹘说”及“河西回鹘说”两

---

① 对于《变文》中回鹘的族属，孙楷第《敦煌写本〈张淮深变文〉跋》（《图书季刊》第3卷第3期，1936年；此据周绍良、白化文编《敦煌变文论文录》下册，第723—749页）认为其应为安西庞特勤的部属；郑炳林《敦煌本〈张淮深变文〉研究》（第147—148页）认为是西州回鹘；杨富学《〈张淮深变文〉所见“破残回鹘”来源考》（《文献研究》第1辑，学苑出版社，2010年）赞同其说；荣新江《甘州回鹘成立史论》一方面认为其为生活在河西地区的回鹘，另一方面又认为其可能是通过第五道来自伊州的回鹘；邓文宽《张淮深平定甘州迴鹘史事钩沉》则认为其应是甘州回鹘。

② 邓文宽先生根据《变文》中“回鹘王子领兵西来”等记载，指出此支回鹘当属居于沙州之东的甘州回鹘。荣新江先生则进一步指出：“刚刚被张淮深释放的‘生降回鹘’，乘天使已过肃州，再次来犯，其来自瓜州东、肃州西的地域至为明显，因为如果来自肃州以东，则会与天使相遇，而这些刚刚获释的回鹘，行踪也不会距敦煌太远。”此外，荣先生根据《变文》中唐朝皇帝谓群臣曰：“朕念□□□□□旧懿，曩日曾效赤诚，今以子孙流落□□河西”的记载，认为这些被张淮深所俘获的回鹘是进入河西之回鹘，并进一步认为这些回鹘为进入河西走廊而活动于酒泉、张掖一带的回鹘散众。

种说法进行必要的探讨。

根据《变文》所载，唐政府听闻张淮深首败回鹘的消息后，派遣使者前往沙州对其进行册封。张淮深在沙州的球场举行受敕仪式时，曾自言："微臣幸遇陶唐化，得复燕山献御容。报国愿清戎落静，烟消万里更崇墉。"据此可知，张淮深在首败回鹘之前曾有"得复燕山献御容"之举，而这场战争显然与回鹘有关。邓文宽先生已指出"燕山"即位于凉州番禾县至甘州删丹县之间的焉支山，这也就证明这支回鹘本来居住在凉、甘交界地带。

《资治通鉴》卷二五二"唐僖宗乾符元年十二月"条载："初，回鹘屡求册命，诏遣册立使郗宗莒诣其国。会回鹘为吐谷浑、嗢末所破，逃遁不知所之，诏宗莒以玉册、国信授灵盐节度使唐弘夫掌之，还京师。"[①]对于上述回鹘的族属，学术界的争论颇多。森安孝夫先生认为其乃是从漠北进入河西走廊额济纳河一带的回鹘[②]。此后，根据此时吐谷浑、嗢末的分布范围及郗宗莒的出使路线，学者多认为被击破的应是生活在甘州一带的回鹘。根据敦煌文献的记载，我们可以对被吐谷浑等族所破回鹘的情况继续进行探讨。

根据S.389《肃州防戍都状》的记载，中和四年之际，在被回鹘持续围攻的甘州城内居住着众多的少数民族势力，包括吐蕃、吐谷浑及龙家等。在吐蕃及退浑王率众撤出甘州后，龙家的首领曾私下里派遣使者向凉州嗢末求救。龙家在请求嗢末援助时的理由，值得我们特别注意：

---

① .《资治通鉴》卷二五二"唐僖宗乾符元年十二月"条，第8174页。

② （日）森安孝夫《ウィグルと敦煌》，《講座敦煌》第2卷《敦煌の歴史》，第306页。另外，森安孝夫在《ウィグルの西遷について》（第105—130页。此据森安孝夫撰、陈俊谋汉译《关于回鹘的西迁》，第8—14页）一文中又提出西奔的十五部在出漠北后不久，就有一部分岔向南方，经花门山堡进入河西。

> 我龙家共回鹘和定已后，恐被回鹘侵凌。甘州事，须发遣嗢末三百家已来，同住甘州，似将牢古（固）。如若不来，我甘州便共回鹘为一家，讨你嗢末，莫道不报。①

龙家邀请凉州嗢末同住甘州，所要对付的自然是此前围攻甘州的回鹘。而龙家以与回鹘共同讨伐嗢末，作为威胁其派兵戍守甘州的手段。此外，在龙家撤出甘州并入肃州后，仍和凉州嗢末保持了密切的关系②。这也就证明凉州嗢末即参与乾符元年击破回鹘之役的嗢末，中和四年围攻甘州之回鹘正是僖宗所册封的回鹘及其后裔。据学者考证，在吐蕃占领焉耆后，曾有一部分龙族降附吐蕃。在与回鹘争夺北庭的战争失败后，吐蕃将这部分龙族迁至河西地区姑臧（凉州）节度使所辖的甘、凉一带。其首领称为龙王，吐蕃姑臧（凉州）节度使专门设置有对其进行监管的lung dor dmag pon（迁移之龙家将军）③。如此看来，中和四年之际最后撤离甘州城的龙家应系原居住在甘、凉一带的龙族后裔。

根据S.389《肃州防戍都状》记载，在回鹘的持续围攻下，原居甘州的吐蕃及退浑王拨乞狸等“并往归入本国”，这也就证明甘州本非吐蕃及吐谷浑的势力范围。退浑王拨乞狸及其家眷皆追随吐蕃撤离甘州，可证吐谷浑此前显然是依附于吐蕃，故此前占据甘州的吐蕃及吐谷浑可以视为同一支力量。从甘州撤离的吐

---

① 图版见《英藏敦煌文献（汉文佛经以外部份）》第1册，第179页。录文参郝春文《英藏敦煌社会历史文献释录》第2卷，第251页。

② 对于龙家撤离甘州后与凉州嗢末的关系，可参李军《晚唐五代肃州相关史实考述》，《敦煌学辑刊》2005年第3期，第95页。

③ 陆离《关于唐宋时期龙家部族的几个问题》，《西域研究》2012年第2期，第23—29页。

蕃“细小相兼伍百余众”，而吐谷浑则有“眷属细小等廿”，故本来生活在甘州城内的吐蕃及吐谷浑部众共计五百余人；而龙家及其余少数民族总计才二百五十余人。由此可见，在中和四年十一月之前，吐蕃才是甘州城内的决定性力量。吐蕃及吐谷浑撤离甘州后，曾有回鹘七人“随后寻吐蕃踪亦（迹）往向南”。如此，则吐蕃及吐谷浑所归入的“本国”无疑应在祁连山之南。张议潮在沙州起兵后，曾联合尚婢婢集团及河陇地区其他吐蕃势力反击论恐热。在张议潮咸通二年收复凉州之役中所率领的“蕃、汉兵七千”人中，就有尚婢婢所部的吐蕃军队。而占据鄯州一带的尚婢婢部将拓拔怀光也与张议潮结成同盟，并最终在咸通七年之际擒杀了论恐热。正是因为彼此之间曾建立过同盟关系，所以归义军政权与活动在鄯州的吐蕃集团保持着密切的联系[①]。910年冬，由于不堪甘州回鹘对沙州的持续侵扰，金山国白衣天子张承奉曾派遣罗通达等人前往吐蕃求救。在辛未年（911）七月战败之后，针对甘州回鹘可汗对金山国勾结吐蕃的指责，金山国官员在P.3633《辛未年七月沙州耆寿百姓一万人上回鹘可汗状》中只能以“罗通达所入南蕃，只为方便打叠吐蕃”的理由加以搪塞和掩饰。而在抄写于P.3633背面的《龙泉神剑歌》中“今卦明日罗公至，搦起红旗似跃尘。今年收复甘州后，百寮舞蹈贺明君”的祝愿之词[②]，却更能反映出金山国君臣希望借助吐蕃反击回鹘的真实心境。据陈国灿先生考证，P.2555《佚名氏诗59首》是金山国使者前往吐蕃求援时的作品。根据使者对于沿途情况的描述，可知鄯州城西六十里的临蕃城即是金山国所求援之吐蕃的统治中

---

① 陆离、陆庆夫《张议潮史迹新探》，第95—109页。

② 文书图版见《法藏敦煌西域文献》第26册，第159页。

心——“戎庭”①。这支占据着鄯州一带的吐蕃应即原拓拔怀光的部众及其后裔。而张承奉之所以在被甘州回鹘围攻之际派人向其求援，一是因为归义军此前曾与这支吐蕃有过合作关系；二是因为这支吐蕃与甘州回鹘之间存在深仇大恨，而这支吐蕃与中和四年从甘州撤离的吐蕃应属同一支势力。

甘州本为归义军的辖区，但在中和四年回鹘围攻甘州之际，肃州防戍都只是连续向张淮深汇报相关情况，但归义军并未采取任何实质性的行动。此外，通过分析S.389《肃州防戍都状》所记载的甘州城内少数民族的构成，可知在回鹘于中和四年年底占领甘州之前，其地已经不为归义军所有。另据笔者研究，晚唐政府曾以凉、甘、肃三州之地设置河西都防御使，而翁部曾在中和

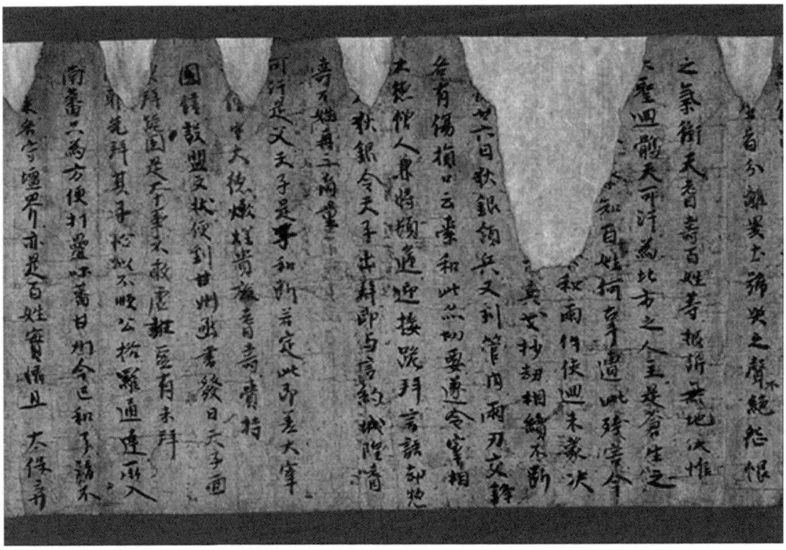

图6-20 P.3633《辛未年七月沙州耆寿百姓一万人上回鹘可汗状》（局部）

① 陈国灿《敦煌五十九首佚名诗历史背景新探》，季羡林等主编《敦煌吐鲁番研究》第2卷，北京：北京大学出版社，1996年，第87—100页。

元年至四年间出任甘州刺史[1]。吐蕃、吐谷浑、龙家等少数民族之所以在中和四年之前可以进驻甘州，当与其此前参与了乾符元年击溃回鹘的战争有关。由此看来，乾符元年击破回鹘的不仅包括吐谷浑及生活在凉州的嗢末，还应包括吐蕃及原居住于甘、凉一带的龙家等。既然参与乾符元年击溃回鹘之役的嗢末等少数民族的聚集地多与凉、甘地区，与《变文》中所载的回鹘分布地相重合，可证乾符三年之际夺取瓜州的回鹘应就是此前被嗢末等族击溃的回鹘。

河西地区本为各族混居之地，各种势力之间的关系错综复杂。故S.5697《申报河西政情表》中即载："河西诸州，蕃、浑、嗢末、羌、龙狡杂，极难调伏。"既然该件作于乾符三年或之前的文书称此时居住在河西的吐蕃、吐谷浑、嗢末等少数民族"极难调伏"，也就证明其归义军尚未完成对其的稳固控制。但在张淮深统治后期，敦煌文献对上述少数民族的态度却发生了很大的变化。P.3720《张淮深造窟功德记》即载："河西异族狡杂，羌、龙、嗢末、退浑，数十万众，驰城奉质，愿效军锋。"[2]《张淮深碑》亦载："河西创复，犹杂蕃浑，言音不同，羌龙嗢末，雷威慑伏，训以华风，咸会驯良，轨俗一变。"对于上述记载，以往学者多视为虚指和溢美之词。但目前看来，上述碑文中羌、龙、嗢末等少数民族"愿效军锋""雷威慑伏"的记载，很可能是指上述少数民族曾击溃原盘踞在甘、凉一带，此后持续与归义军为敌的回鹘而言。

此外，虽然《资治通鉴》中没有提及乾符元年被击溃之回鹘的去向，但是敦煌文献中却留下了相关的记载。结合P.3863正面

① 李军《晚唐政府对河西东部地区的经营》，第27—41页。
② 郑炳林、郑怡楠《敦煌碑铭赞辑释（增订本）》，第685页。

《河西都防御招抚押蕃落等使牒》与背面所抄的《光启三年金刚经神验记事》，笔者认为何庆所致信的很可能就是晚唐时期在归义军中曾出任判官，且以文学知名的张球[1]。从P.2672v、S.6234v、P.5007v《诗集》所抄录的31首唐诗诗题判断，作者所描写的河西诸州及名胜基本上为自东至西排列，此当与其行程方向相同。在此人笔下，凉州等地极为荒凉，但归义军治下的沙、肃等州却是一番欣欣向荣的景象，可证作者当为归义军节度使的属下。《诗集》所收的《西州》《酒泉》及《伊州》诗序与本文密切相关[2]，故录文如下：

西州

交河虽远地，风俗易中华。
绿树参云秀，乌桑戴花□。
□□居猃狁，卢酒宴胡笳。
大道归唐国，三年路不赊。

酒泉

建康碛外酒泉城，御史新收伫甲兵。
花柳移风含叶□，战鞶休擂绝挽枪。
迁渠畎上金河水，五牸分行玉畔耕。
直为唐朝明主圣，感恩多处贺□□。
仆固天王乾符三年四月廿四日打破伊州，□去（下缺）
录打劫酒泉，后却和断，因设□□（下缺）

---

① 李军《晚唐五代归义军与凉州节度关系考论》，第90—96页。

② 《诗集》所收诸诗多存诗题，但叙述回鹘占领伊州情况之诗，仅存序文。为叙述方便，姑且以《伊州》名之。

为言回鹘倚凶□（下缺）[①]

对于《酒泉》诗中“御史新收仫甲兵”一句，笔者曾认为系指张议潮在大中三年左右收复肃州而言。但正如荣新江先生所说，张议潮未曾以“御史”作为自己的称号，所以此御史当非张议潮。现在看来，所谓的“御史新收仫甲兵”当与《伊州》诗序中所提及的回鹘“打劫酒泉”有关。既然有“御史新收”酒泉之举，也就证明此前肃州或曾被回鹘短暂占领。在收复瓜州之时，张淮深被称为“大夫”，所以“御史新收仫甲兵”之“御史”，应指此时在归义军内部被称为“御史大夫”的张淮深。据《伊州》诗序的记载，在归义军击退回鹘对酒泉的侵扰后，回鹘又曾与归义军进行“和断”，即谈判的行动。此外，从字形上分析，“因设”之下当为“盟”字。《变文》中回鹘“初言纳款投旌戟”及“早向瓜州欺牧守”的时间应在其侵扰肃州之后。根据《变文》的记载，在接到张淮深首败回鹘的消息后，僖宗曾言：“□□□□□奏，获捷匈奴千余人，系于囹圄。朕念□□□□□旧懿，曩日曾效赤诚；今以子孙流落□□□西，不能坚守诚盟，信任诸下，辄此猖狂。”“不能坚守诚盟”之语也就证明在占据瓜州之前与归义军之间存在盟誓的回鹘也就是在《伊州》诗序提及的回鹘。至于诗集中所载的回鹘打劫肃州后与归义军所进行“和断”，当即《变文》中所言的“初言纳款投旌戟”及“早向瓜州欺牧守”，也就是借降附归义军为名，夺得瓜州。

学者以往根据《伊州》诗序中“仆固天王乾符三年四月廿四日打破伊州”的记载，认为仆固天王即仆固俊在乾符三年（876）四月之际从归义军手中夺得了伊州。但作为归义军僚佐的《诗

---

①徐俊《敦煌诗集残卷辑考》，第654—656页。

集》作者，一方面尊称仆固俊为“天王”，另一方面在与其他诸诗同时抄入《诗集》的《西州》诗中，对西州回鹘并没有任何的敌对情绪，这无疑是非常奇怪的。此外，通过分析《伊州》诗序的内容，诗序所述诸事应为倒叙排列。我们据此可以大致勾勒出“倚凶”回鹘的行进路线：首先，在梅录的率领下打劫肃州；此后，利用“和断”的幌子，趁机占领瓜州；最后，始占据伊州，并最终在乾符三年四月被仆固俊所败。晚唐时期，由瓜、沙地区通往伊州的道路共有两条：一条是由敦煌直北，经稍竿馆最终抵达伊州的稍竿道，大中十一年（857）张议潮讨伐纳职回鹘所走的就是这条道路；另一条则是由瓜州西北行，途经莫贺延碛的莫贺延碛道，即第五道。乾符三年之前，沙州和瓜州均由归义军所控制，西州回鹘难以通过稍竿道或莫贺延碛道前往肃州侵扰。此外，在攻占伊州之前，西州回鹘绕过伊州，行进千余里长途奔袭肃州的做法也无法让人理解。所以，笔者认为乾符三年四月之前，回鹘已经攻占伊州，这支回鹘即《变文》中所记载的屡次侵扰归义军的回鹘。而正是因为仆固俊从与归义军敌对的回鹘手中夺得伊州，所以在张淮深时期，归义军并未因此与西州回鹘爆发冲突。在归义军文人的《诗集》作品中，对仆固俊占领伊州也是持一种赞许的态度。

从《变文》及《诗集》所载回鹘先后侵扰肃州、瓜州、伊州、沙州及西桐的路线看，这些回鹘应就是《资治通鉴》所载的乾符元年之际被击破的回鹘，而其也就是此后甘州回鹘的前身。《索勋纪德碑》提及在“五凉廓静”之后，曾有“姑臧寇扰”。笔者曾经推测所谓的“姑臧寇扰”当指张淮深重收凉州而言，但目前看来，凉州在咸通二年被收复后长期处于凉州（河西）节度使或河西都防御使的控制之下，所以“姑臧寇扰”当指此前活动在甘、凉交界地带的回鹘侵扰归义军辖区而言。正是因为

图6-21 P.5007v《伊州》诗序

在抗击回鹘的战争中立有战功，所以索勋才获得了唐政府所给予的瓜州刺史任命。

四、小结

漠北回鹘汗国灭亡之后，回鹘部众或西迁，或南下。大中三年，张议潮收复甘州。随着唐政府经营策略的转变，归义军的十一州辖区被缩减为瓜、沙、甘、肃、伊五州之地。河西本为少数民族杂居之地，随着张议潮被征召到长安，回鹘及嗢末等少数民族在凉州等地兴起。乾符元年，已经获得唐政府承认的回鹘被吐蕃、吐谷浑、嗢末、龙家等击溃，被迫向西逃窜，甘州遂被吐蕃等势力所占领。回鹘溃败后，先后短暂占领肃州、瓜州和伊州。在张淮深的率领下，归义军从回鹘手中夺回肃州，此即《酒泉》诗中所歌颂的“御史新收伫甲兵”。乾符三年年底，占据瓜州的回鹘进攻沙州，被归义军击败。乾符四年九月，占据瓜州的回鹘由回鹘王子领兵潜伏于西桐，但再次被张淮深所败。当年十月，张淮深亲率大军东征，从而一举收复瓜州。收复瓜州后，张淮深随即派遣贺正使团前往长安，希望通过贺正的名义，获得唐政府的节度使册封。但唐政府并未授予其节度使旌节，而是授予其敕牒一封。正是通过此次册封，张淮深的检校官由散骑常侍晋升为工部尚书。通过分析归义军乾符年间的史实，可知P.2913v《张淮深墓志铭》中所谓的“乾符之政”当是指张淮深在此期间所取得的针对回鹘的一系列军事胜利，包括利用吐蕃、嗢末、吐谷浑等少数民族击溃生活在甘、凉一带的回鹘，以及此后在沙州、西桐等地连续击败回鹘，最后还应包括重收瓜州及肃州的功绩。

第六节　晚唐肃州相关史实考述

肃州为河西地区的战略要地，史称“迫临边徼，通道羌戎，河山环带，称为要会……地居绝塞，孤悬天末，尤为控扼之要”[①]。唐代宗大历元年（766），肃州陷蕃[②]；大中年间，由张议潮收复。肃州收复后，由于其独特的地理位置，成为归义军统治东部地区的重镇，值得重视并研究。学术界对肃州收复后的行政区划、居民结构等问题做过细致的研究，[③]本节希望通过敦煌文献的记载，对归义军收复肃州后对其的管理、肃州政权的建立及对外关系等问题进行探讨。

---

① 顾祖禹《读史方舆纪要》，第2719页。

② 《元和郡县图志》卷四〇《陇右道下》“肃州”条，第1023页。

③ 荣新江《龙家考》，《中亚学刊》第4辑，北京：北京大学出版社，1995年，第144—160页；陆庆夫《从焉耆龙王到河西龙家——龙部落迁徙考》，《敦煌研究》，1997年第2期，第169—178页；郑炳林《晚唐五代河西地区的居民结构研究》，《兰州大学学报》2006年第2期，第9—21页；黄盛璋《敦煌汉文与于阗文书中之龙家及其相关问题》，第26—39页；黄盛璋《汉于阗吐蕃文献所见“龙家”考》，郑炳林、樊锦诗、杨富学主编《丝绸之路民族古文字与文化学术讨论会文集》，第225—258页。

一、归义军对肃州的收复和管理

大中二年，张议潮率众起事，很快就收复了沙州和瓜州。张议潮收复沙、瓜二州后，一方面派遣使者入京，以期与唐中央政权取得联系；另一方面他并没有停止驱逐吐蕃统治者的战争。据《张淮深碑》的记载，张议潮收复沙、瓜后，“次屠张掖、酒泉，攻城野战，不逾星岁，克获两州”[①]。可知肃州的收复在大中三年。归义军收复肃州之后，在此地区实行了一系列措施，以巩固其在肃州的统治。

其一，恢复了肃州的州县建制。吐蕃占领河西地区之后，普遍实行了部落制度。归义军收复肃州后，废除部落制而恢复唐朝的州县制。据《旧唐书·地理志三》及《元和郡县图志·陇右道下》“肃州”条的记载，可知唐代肃州领有酒泉、福禄、玉门三县[②]。据P.3451《张淮深变文》载“天使才过酒泉，回鹘王子，领兵西来，犯我疆场”[③]，郑炳林先生指出这里的酒泉应指酒泉县。S.2589《中和四年十一月一日肃州防戍都营田索汉君等状》是肃州地区的官员上给归义军节度使张淮深的状文，状文的落款为“……县承（丞）张胜君等状”[④]，张胜君很可能是肃州的郭下县酒泉县的官员。这也就证明归义军收复肃州后，恢复了酒泉县的建制[⑤]。另据郑炳林先生考证，归义军不仅在肃州恢复了玉门县的建制，还新设置了振武县。

---

① 荣新江《归义军史研究》，第401页。

②《旧唐书》卷四〇《地理志三》，第1642页；《元和郡县图志》卷四〇《陇右道下》，第1023—1024页。

③ 王重民等编《敦煌变文集》，第125页。图版见《法藏敦煌西域文献》第24册，第253页。

④《英藏敦煌文献（汉文佛经以外部份）》第4册，第111页。

⑤ 郑炳林《晚唐五代归义军行政区划制度研究（之二）》，第70页。

归义军恢复肃州的州县建制后，派遣官吏进行管理。归义军所遣之官员，史书阙载，而敦煌文献中有一定的记载。P.4660《河西节度左马步都押衙阴文通邈真赞》《敦煌县尉翟神庆邈真赞》之间有文字一行："使持节银青光禄大夫使持节肃州诸军事兼肃州刺史兼侍御史上柱国。"敦煌县尉翟神庆、河西节度左马步都押衙阴文通皆为大中及咸通年间的人物，所以此人担任肃州刺史应在张氏归义军初期①。作为P.2672、S.6234、P.5007《诗集》的一部分，S.6234《诗十首》之《酒泉太守》诗有载：

将军施豹略，仗钺匣龙泉。
皃（貌）质霜威镜，弯弧覆阵船。
平吴愁范蠡，激水笑张骞。
控御西陲静，封侯贺圣年。②

同卷《酒泉》诗又云：

建康碛外酒泉城，御史新收伫甲兵。③

对于《酒泉》诗中的御史，笔者曾推测应为大中三年收复肃州的张议潮④，荣新江先生认为很可能是某位河西都防御使⑤，冯培红先生则指出当指咸通十一年（870）左右获得御史

① 冯培红《敦煌归义军职官制度》，第219页。
② 录文参徐俊《敦煌诗集残卷辑考》，第653页。图版见《英藏敦煌文献（汉文佛经以外部份）》第10册，第209页。
③ 徐俊《敦煌诗集残卷辑考》，第654页。
④ 李军《晚唐五代肃州相关史实考述》，第90—100页。
⑤ 荣新江《唐人诗集的抄本形态与作者蠡测——敦煌写本S.6234+P.5007、P.2672综考》，《项楚先生欣开八秩颂寿文集》，第155页。

大夫宪衔的张淮深[1]。在甘州尚被吐蕃等族占据的情况下，河西都防御使恐难越界收复肃州。所以，“御史”应确指张淮深。从内容上看，《诗集》对凉州等地多有所贬低，对于原属归义军所管的诸州则持歌颂的态度。所以，S.6234所记载的酒泉太守应从属于张淮深所控制的归义军，而非在名义上掌控凉、甘、肃三州的河西都防御使。

其二，设置了防御使、防戍都，以加强肃州的军事防御。防御使的设置与军事形势、战略布防有着密切的关系，驻防于军事要害之地，以防御敌军入寇。归义军政权建立之后，曾在凉州、凉州西界、沙州、瓜州等地设立防御使[2]。S.389《肃州防戍都状》载：

> 肃州防戍都状上。右当都两军军将及百姓并平善，堤备一切仍旧。自十月卅日崔大夫到城家，军将索仁安等便将本州印与崔大夫。其大夫称授防御使讫，全不授其副使。[3]

此件文书作于中和四年十二月中旬[4]。崔大夫到肃州后，索仁安等人就将肃州的权力做了移交。但是，崔大夫只任命了防御

---

① 冯培红《敦煌的归义军时代》，第141页。

② 冯培红《晚唐五代宋初归义军武职军将研究》，《敦煌归义军史专题研究》，第156—159页。

③ 唐耕耦、陆宏基《敦煌社会经济文献真迹释录》第4辑，第487页；郝春文《英藏敦煌社会历史文献释录》第2卷，第250页。图版见《英藏敦煌文献（汉文佛经以外部份）》第1册，第179页。

④ 唐长孺先生指出此件文书在时间上应与S.2589《中和四年十一月一日肃州防戍都营田索汉君等状》相衔接（唐长孺《关于归义军节度的几种资料跋》，《中华文史论丛》第1辑，第275—298页）。荣新江先生则考证出S.389《肃州防戍都状》应作于中和四年十二月中旬（荣新江《归义军史研究》，第305页）。

使，并未任命防御副使，所以设立在肃州的防戍都，就向归义军节度使报告了这一情况。由此可证，归义军在收复肃州后，鉴于肃州重要的战略地位，在此也设立了防御使，负责肃州地区的军事防御。

另外，归义军还在肃州设置了防戍都的建制，以加强对肃州以及东部甘州、凉州的管理。归义军在收复河西诸州后，对这些地区进行了防戍。张淮深统治晚期，由于归义军东部凉州、甘州地区逐渐失控，所以归义军在肃州设置防戍都，试图改变这种不利局势。S.2589《中和四年十一月一日肃州防戍都营田索汉君等状》、S.389《肃州防戍都状》等是肃州防戍都上给归义军节度使的官方文书，是我们了解这个时期凉州、甘州、肃州地区情况的重要资料。从这些文书中，我们可以看出肃州防戍都在维护归义军入京道路的畅通以及帮助归义军政权了解东部诸州情况等方面，确实起到了非常重要的作用。

其三，设置营田使等官员，在经济上加强对肃州的管理。唐朝在州（军）、道、诸道各级皆设置营田使[1]，营田使的主要职责是耕种、经营土地[2]。据S.2589《中和四年十一月一日肃州防戍都营田索汉君等状》，可知归义军收复肃州之后，在肃州地区也设置了营田机构，文书中肃州防戍都的官员索汉君就兼任了肃州地区的营田使。据状文中索汉君与县丞张胜君联合署名推测，索汉君很可能是以州县长官的身份兼任防戍都长官和营田使的。

其四，设置走马使以保障沙州和肃州之间信息的畅通。敦煌文书中有多件记载到沙州的归义军使府与支州之间设置了走马

① 宁志新《唐朝营田使初探》，《厦门大学学报（哲学社会科学版）》1997年第2期，第106—112页。

② 刘进宝《归义军时期敦煌的营田及其管理系统》，《西北师大学报（社会科学版）》2004年第2期，第40—44页。

使。走马使的主要职责就是传递信息，但有时走马使也承担出使的任务。S.4362《肃州都头宋富忪家书》中就有关于归义军在沙州和肃州之间设立走马使的记载：

> 仲春渐暄，伏惟兄宋都头……合家大小尊体起居万福……切嘱都头，司徒、使君、都衙，恣设发遣。走马使来者，便是好也；走马人不来者，便是作贼。大马庄日夜司梁作贼。走马使好言语来者，两地渐好。同人往起居，空附单书起居不问，谨状。续得人一个，名安阿朵子。
>
> 三月　　日都头宋富忪。[①]

此件文书是身在肃州的都头宋富忪写给沙州兄长的家信，信中提到如果走马使能够到达肃州，证明此时沙州到肃州的道路平泰，否则就是因为走马使在路上遇到了盗贼。文书中还提到“走马使好言语来者，两地渐好”，强调了走马使在维系沙州和肃州之间关系中的重要作用。

归义军收复肃州之后，采取多项措施，以巩固统治。另一方面，归义军积极积蓄力量，于咸通二年收复凉州，使归义军势力进入鼎盛时期。在此期间归义军对肃州的统治应该是较为稳固的。但是随着咸通八年张议潮入京不归，归义军内部各派势力矛盾激化，再加上唐政府对张淮深采取比较冷淡的态度，导致归义军的实力受到了很大的影响，本来附属于归义军的少数民族纷纷脱离与归义军的隶属关系。此外，唐政府还通过调整河西都防御辖区的方式，将肃州由归义军划割给河西都防御及之后的凉州节度、河西节度。中和四年，河西都防御使府派遣崔大夫前往肃州

① 图版见《英藏敦煌文献（汉文佛经以外部份）》第6册，第45页。

任命防御使，体现了凉州方面对肃州的掌控。从另一个角度看，肃州防戍都虽然在表面上接受了凉州方面的管辖，但其暗地抵制崔大夫并及时向张淮深汇报河西东部地区的相关情况，可知归义军虽然在名义上不再统辖肃州，但肃州仍实际为归义军系的军事力量所控制。随着中和四年甘州的龙家等族进入肃州，肃州与归义军的关系发生了较大的改变。

二、肃州与归义军政权的脱离

根据作于中和四年十二月的S.389《肃州防戍都状》，原住甘州城中的龙家诸族与甘州城外的回鹘人争战。由于城内粮尽，龙王只得率领龙家及退浑等族退出甘州，并入肃州逐粮。从此，肃州便成了龙家的主要居处。龙家等族并入肃州之后，形成了一个被称为“肃州家”的民族混合体。

S.367《沙州伊州地志》载“龙部落，本焉耆人。今甘、肃、伊州各有首领，其人轻锐健斗战，皆禀皇化”[①]，反映了龙家在河西地区的分布。根据地志的记载，在地志所作之时，甘、肃等州都有龙家的活动，而且从“皆禀皇化”看，此时龙家已经接受归义军的统治。S.367《沙州伊州地志》没有确切的写作年代，羽田亨先生则根据地志中“大中四年张议潮收复”的记载及文书末尾“光启元年十二月廿五日”的抄写题记，将文书创作的时间系于大中四年至光启元年之间[②]。文书中还提到此时龙家在“甘、肃、伊州各有首领”，而我们根据S.2589《中和四年十一

---

① 郝春文《英藏敦煌社会历史文献释录》第2卷，第178页。

② （日）羽田亨《唐光啓元年書寫沙州·伊州地誌殘卷に就いて》，收入《羽田博士史學論文集·上卷歷史篇》，京都：同朋舍，1957年,第595页。又参羽田亨《唐光启元年写本沙州伊州地志残卷考》，万斯年辑译《唐代文献丛考》，北京：商务印书馆，1957年新1版，第83页。

月一日肃州防戍都营田索汉君等状》、S.389《肃州防戍都状》等文书可以得知，中和四年十二月中旬龙家已经撤出甘州，所以地志的创作时间应在龙家撤出甘州之前。这就证明在甘州地区的龙家进入肃州之前，肃州地区本身就有龙家人活动，而且肃州地区的龙家还有自己的首领[①]。

据S.389《肃州防戍都状》的记载，并入肃州的甘州龙家及其他少数民族的人数不少：

> 其吐蕃入国去后，龙家三日众衙商量，城内决无粮用者。拣得龙家丁壮及细小壹伯（百）玖人，退浑、达票、拱榆、昔达票、阿吴等细小共柒拾贰人，旧通颊肆拾人，羌大小叁拾柒人，共计贰佰伍拾柒（捌）人。今月九日并入肃州，且令逐粮居（后缺）[②]

进入肃州以龙家为首的少数民族共258人，再加上本来就居住在肃州的龙家，肃州城内以龙家为首的少数民族的数量已十分可观。根据状文中最后提到的“今月九日并入肃州，且令逐粮”，我们可以看出归义军允许龙家等族进入肃州，只是为了解决其缺乏粮用的暂时举措。龙家进入肃州，虽然并不意味着归义

---

① 邓文宽先生据S.389《肃州防戍都状》，认为龙家是在中和四年冬归降归义军政权管辖的，也即P.2187《河西都僧统悟真处分常住榜》中所言的“龙家披带而生降”（邓文宽《敦煌文献〈河西都僧统悟真处分常住榜〉管窥》，《周一良先生八十生日纪念论文集》编委会编《周一良先生八十生日纪念论文集》，北京：中国社会科学出版社，1993年，第217—232页；邓文宽《敦煌吐鲁番学耕耘录》，台北：新文丰出版公司，1996年，第159—179页）。

② 唐耕耦、陆宏基《敦煌社会经济文献真迹释录》第4辑，第489页；郝春文《英藏敦煌社会历史文献释录》第2卷，第250—251页。图版见《英藏敦煌文献（汉文佛经以外部份）》第1册，第179页。

军马上就丧失了对肃州的控制权，但正是从此时开始，归义军对肃州的控制逐渐减弱。

S.6333《肃州防戍都状》载：

> 肃州防戍都状上
> 右盖缘防戍有限，遂（后缺）①

这篇文书应是中和四年龙家并入肃州后，由于归义军设于肃州的防戍都不能控制局势，而向归义军节度使所上的状文。

由于资料的缺乏，归义军为了应对肃州的紧急状况采取了哪些措施，我们不得而知。但是此后不久，肃州就开始作为独立的政治力量与归义军交往。对于肃州政权建立的时间，唐长孺先生指出：“在张淮深统治时代，肃州设有防戍都，经常向他报告东方的情况。到他的末年，肃州也脱离了归义军。”②对于肃州脱离归义军的时间，我们可以根据敦煌文书进一步精确。

S.7384b《光启三年三月归义军作坊使康文通牒并节度使张淮深判》：

> □（作）□（坊）使康文通，
> 右□□王文信言，差看肃□（州）（后缺）
> 不许取近作坊，不敢不申，□□
> 处分。光启三年三月 日，作坊使康（后缺）

① 《英藏敦煌文献（汉文佛经以外部份）》第11册，第15页。

② 唐长孺《关于归义军节度的几种资料跋》，《中华文史论丛》第1辑，第275—298页。

听取就便，十一日，淮深。[①]

王文信为了招待肃州的来人，需要通过作坊使康文通向张淮深汇报，可证肃州与归义军之间已有官方的交往。虽然此时已存在肃州脱离归义军的可能性，但尚不能完全确定。P.3569v《唐光启三年四月为官酒户马三娘、龙粉堆支酒本及算会牒》则为我们提供了明确的信息：

官酒户马三娘、龙粉堆，去三月廿二日已后，两件请本粟叁拾伍驮，合纳酒捌拾柒瓮半。至今月廿二日，计卅一日。伏缘使客西庭、璨微及凉州、肃州蕃使繁多，日供酒两瓮半已上……又凉州温末及肃州使，从四月一日到，下檐酒壹瓮，料酒从四月二日至四月十五日发，中间壹拾肆日，上下壹拾壹人，每一日供酒贰斗肆胜，计供酒伍瓮半陆胜。[②]

据文书记载，肃州使与凉州温末使于光启三年四月一日到达沙州，四月十五日离开。归义军政权将肃州使同西州、璨微、凉州等少数民族政权的使节同等看待，表明此时肃州已经形成相对

---

① 录文参荣新江《归义军史研究》，第189—190页；图版见《英藏敦煌文献(汉文佛经以外部份)》第12册，第56页。文书定名参荣新江《英国图书馆藏敦煌汉文非佛教文献残卷目录（S.6981—13624)》，台北：新文丰出版公司，1994年，第67页。

② 录文参唐耕耦、陆宏基《敦煌社会经济文献真迹释录》第3辑，第622—624页。图版见《法藏敦煌西域文献》第25册，第345—347页。

独立的势力集团[①]。

P.2937p1第二件文书内容如下：

酒司

今月七日，肃州使氾建立等一行进发，用顿酒两瓮，未蒙判凭，伏请处分。

光启三年十一月　日曹文晟。

为凭，十日，淮深。[②]

氾建立是归义军的官员，见于S.387文书，是肃州防戍都的僚佐之一。索仁安走时将肃州印交给他保管，可知他是肃州的重要守将[③]。氾建立本来在肃州驻守，而此时充当使者出使肃州，也表明此时肃州已不在归义军的直接控制之下。

上述文书表明，中和四年龙家等少数民族并入肃州后，由于归义军在肃州的防戍力量有限，不能控制局势。虽然肃州防戍都向节度使上状以报告紧急局势，但是肃州的情况并没有得到改善。光启三年四月，肃州使已经被归义军政权视为与西州使、凉州嗢末使性质相同的蕃使，证明此前肃州已经脱离了归义军的实际控制。

① 荣新江先生认为："光启三年十一月的文书（作者按：P.2937号附断片一中的第二片文书）表明，肃州此时尚在归义军手中，P.3569v《光启三年四月官酒户龙粉堆牒》和《押衙阴季丰牒》中与西州回鹘、凉州嗢末并列记录的肃州使，似并不能当作是肃州脱离归义军之证。"（荣新江《归义军史研究》，第307页）

② 录文参荣新江《归义军史研究》，第307页。图版见《法藏敦煌西域文献》第20册，第167页。

③ 荣新江《归义军史研究》，第307页。

三、肃州与归义军及凉州嗢末的关系

中和四年至光启三年间，肃州的龙家等族建立了肃州政权。而本由归义军独自控制的河西走廊地区，至此已发生了剧烈的变化，甘州回鹘、凉州嗢末等少数民族政权纷纷建立。肃州的龙家等族在脱离归义军的控制并建立政权之后，所面临的最重大的问题之一，就是如何处理同归义军以及周边各少数民族政权的关系。这也是关系到肃州政权生死存亡的问题，所以应给予足够的重视。对于肃州同周边少数民族政权尤其是同甘州回鹘的关系，汤开建、荣新江、陆庆夫等先生已做过细致的研究[①]，所以，本文仅对其同晚唐时期凉州嗢末及归义军的关系略做叙述。

（一）同凉州嗢末的关系

肃州脱离归义军控制之后，同凉州嗢末之间的关系比较融洽。从S.389《肃州防戍都状》所记载的甘州城内之龙家为对付回鹘而向凉州嗢末借兵一事，我们可以看出龙家和凉州嗢末之间原本就保持着比较密切的关系。而甘州的龙家撤入肃州并建立政权后，他们同凉州嗢末之间的良好关系得以延续。P.3569v《唐光启三年四月为官酒户马三娘、龙粉堆支酒本与阴季丰算会牒》中记载肃州使与凉州嗢末使于四月一日一同来到沙州，四月十五日又结伴离开沙州，这似乎并不是孤立的事件。从地理位置上讲，肃州同甘州在地域上更为接近，但是我们并没有看到过肃州与甘州使者一并出使沙州的记载，这也从侧面证明了肃州政权与凉州嗢末政权关系的密切。P.2049v《后唐同光三年正月沙州净

---

① 汤开建、马明达《对五代宋初河西若干民族问题的探讨》，《敦煌学辑刊》创刊号（总第4期），1983年，第67—79页；荣新江《归义军及其与周边民族的关系初探》，第24—44页；陆庆夫《从焉耆龙王到河西龙家——龙部落迁徙考》，第169—178页。又可参李冬梅《唐五代归义军与周边民族关系综论》，《敦煌学辑刊》1998年第2期，第43—53页。

土寺直岁保护手下诸色入破历算会稿》载："面壹硕伍斗，纳官供肃州、凉［州］僧食用。面壹硕壹斗，第二件纳官供凉州、肃州僧食用。"[①]从沙州寺院将肃州、凉州的僧人并列看，也可以看出两地关系的紧密。

（二）同归义军的关系

甘州的龙家等族并入肃州之后，归义军逐渐失去了对肃州的直接控制。但是，归义军与肃州之间的联系并未因此断绝，两者之间关系反而非常密切。从上举S.7384b《光启三年三月归义军作坊使康文通牒并节度使张淮深判》、P.3569v《唐光启三年四月为官酒户马三娘、龙粉堆支酒本与阴季丰算会牒》，我们发现归义军对肃州的使者都给予了很好的招待，可见此时归义军对肃州政权的重视。反映两者交往的记载还有很多，如P.4640v《己未年至辛酉年（899—901）归义军军资库破用布纸历》载："（己未年七月）四日，押衙吴元信传处分，支与肃州使细纸壹帖"[②]；S.1366《归义军衙内面油破用历》载："肃州使细供一分，中次料一分，下次料一分，早夜共五升，用面一斗二升五合、油两合。"[③]P.2641《丁未年（947）六月都头知宴设司破用历状并判凭》是归义军的宴设司上给归义军节度使的状文，并附有判凭。文书中提到归义军宴设司招待少数民族政权使团的情况，其中就包括来自肃州的使者"（六月十三日）支走来肃州家面三斗，又面一斗"[④]。涉及归义军与肃州政权交往文书的大量存在，表明肃州政权同归义军的交往，在其对外关系中占有重要的地位。

① 唐耕耦、陆宏基《敦煌社会经济文献真迹释录》第3辑，第385页。
② 唐耕耦、陆宏基《敦煌社会经济文献真迹释录》第3辑，第258页。
③ 唐耕耦、陆宏基《敦煌社会经济文献真迹释录》第3辑，第286页。
④ 唐耕耦、陆宏基《敦煌社会经济文献真迹释录》第3辑，第611页。

肃州同归义军之间，除互派官方使团外，两地之间的民间交往也非常频繁，其中以僧界的交往最为典型。P.4640v《己未年至辛酉年归义军军资库破用布纸历》载：“（辛酉年六月）十二日，衙官康义通传处分，支与肃州僧二人各粗布壹匹……（辛酉年正月）十五日，高加兴传处分，支肃州僧细纸壹帖。”[①]文书中提到归义军官方机构军资库向肃州僧赠送布匹和细纸。在敦煌文书中，我们可以发现很多敦煌寺院招待肃州僧人的记载。S.4782《寅年乾元寺文谦诸色入破历》中载：“白面五升，充肃州僧粮用。”[②]S.4899《戊寅年诸色斛斗破历》记载：“十八日，粟壹硕壹斗、麦三斗，付丑子卧酒屈肃州僧用。”[③]P.2032v《后晋时代净土寺诸色入破历算会稿》：“粟陆斗，纳龙兴寺屈肃州僧用。”S.2474《宋太平兴国五年至七年（980—982）油面破历》记载到肃州僧：“肃州僧三人，各面七斗，各油二升，共面两石一斗，共油三升。”[④]文书所载的僧人中不仅有普通僧众，而且还包括很多高级僧侣。P.2049v《后唐同光三年正月沙州净土寺直岁保护手下诸色入破历算会稿》云：“油壹胜，纳官供肃州僧统用”；“面捌斗贰胜，三件纳官供肃州僧统用。”[⑤]S.1053v《己巳年某寺诸色入破历算会残卷》载:“粟三斗，僧统院内看肃州曹寺主用。”[⑥]肃州的僧统及寺主这样的高级僧侣频繁出现在归义军政府及敦煌各寺院的入破历中，表明在政治联系密切的同时，肃州与归义军之间的佛教交往也颇为密切。

---

① 唐耕耦、陆宏基《敦煌社会经济文献真迹释录》第3辑，第254、266–267页。
② 唐耕耦、陆宏基《敦煌社会经济文献真迹释录》第3辑，第310页。
③ 唐耕耦、陆宏基《敦煌社会经济文献真迹释录》第3辑，第184页。
④ 唐耕耦、陆宏基《敦煌社会经济文献真迹释录》第3辑，第278页。
⑤ 唐耕耦、陆宏基《敦煌社会经济文献真迹释录》第3辑，第361、363页。
⑥ 唐耕耦、陆宏基《敦煌社会经济文献真迹释录》第3辑，第340页。

附录一：清抄本《京兆翁氏族谱》所收晚唐河西文献校注

清抄本《京兆翁氏族谱》（以下简称《族谱》）共六卷，为晚唐时期曾出任河西都防御使及河西节度使的翁郜之家谱[①]。由于翁郜曾长期出任河西军事长官，所以《族谱》中保留了七件与晚唐河西历史密切相关的重要文献，具有较高的学术价值[②]。

---

①（日）多賀秋五郎《中國宗譜の研究》（下卷，东京：日本学术振兴会，1981年，第200、314、404页）共著录中、日、美三国公私机构所藏翁氏族谱6种，其中未及《族谱》。上海图书馆编《中国家谱总目》（第4册，上海：上海古籍出版社，2008年，第2159页）共著录翁氏族谱97种，其中仅著录了1994年翁忠言等人将《族谱》与福建省图书馆藏《翁氏历代族谱》等内容进行抄录汇编的同名铅印本，但对于作为其底本的清抄本却并未著录。

② 从时代上看，上述七件文献中，最早的一件作于文德元年（888）六月八日，最晚的一件作于乾宁三年（896）六月十八日，均属于晚唐的范畴；从内容上看，除第7件《授刘翱等人建阳县尉告身》属于唐政府为原河西节度使幕僚刘翱授官的告身外，其余6件均与河西军事长官翁郜有关，多属于翁郜的授官制书，与河西的历史发展情况密切相关，故本文以“晚唐河西文献”名之。实际上，上述文献除主要涉及晚唐河西历史外，还可用以探讨晚唐时期西北藩镇的关系以及唐末移民史的相关问题。对于《族谱》所收晚唐河西文献的价值，可参李军《清抄本〈京兆翁氏族谱〉与晚唐河西历史》，第42—55页。

1994年，翁忠言、翁金水等人将《族谱》与《三桂世系实录》《翁氏族谱》以及福建省图书馆藏《翁氏历代族谱》等翁氏家族文献进行了抄录、汇编及铅印（以下简称《铅印本》）。笔者在利用《铅印本》的过程中，发现其在录文及体例编排等方面存在诸多问题，故于2009年8月赴福建莆田及建阳等地考察，以寻访《铅印本》所据之底本。在此次考察期间，笔者不仅找到了《族谱》的清抄本原件，还在翁部入闽后所居的建阳市莒口镇发现了翁氏于民国乙卯年（1915）所刊印的10卷本《翁氏宗谱》[①]。《族谱》所收录的7件晚唐河西文献中，有五件见于《翁氏宗谱》，故双方之间存在着相互校勘的可能性。此外，笔者还在光绪乙巳年（1905）守三堂铅印本《蓉湖柳荡刘氏宗谱》（以下简称《刘氏宗谱》）中发现了与《族谱》相关的记载。但由于《铅印本》及《翁氏宗谱》印数较少，且仅在莆田及建阳翁氏家族内部流传，故学者搜集起来比较困难。更重要的是，两者自身也存在着诸多缺陷，不利于学界的利用。所以，笔者在论证其可信性的基础上，以《族谱》为底本，并结合《翁氏宗谱》《刘氏宗谱》等资料，对《族谱》所收录的晚唐河西文献进行校注，希望能为学界提供较为准确的文本，以促进晚唐河西历史研究的进一步深入。

一、《族谱》所载晚唐河西文献的真实性

翁部其人未见载于唐代传世文献中，再加上通常的家谱中常会掺入虚假甚至纯属虚构的内容，故其真实性值得怀疑，所以，本文在对《族谱》所载晚唐河西文献进行校注之前，将首先从三个方面对上述文献的真实性加以论证。

---

① 对于建阳莒口民国《翁氏宗谱》，《中國宗譜の研究》《中国家谱总目》均未著录。

其一，《族谱》所收晚唐河西文献可与敦煌文献的记载相互印证。

P.3863《河西都防御招抚押蕃落等使牒》载：

> 不审近日体气何似。伏惟顺时善加保爱。前月廿五日，当使先差押衙张弘信入奏回。郜奉二月十九日敕，就加右散骑常侍，充河西都防御招抚押蕃落等使者。郜素乏韬钤，才非超众，叨窃宠渥，骤奉敕恩，不任荣惧。此皆端公回赐吹嘘，远及麻庇，仰荷恩德，悚惕难申。伏以当州自京国不宁，省绝支遣，欠阙至甚，今专差押衙阴文建等赍书牒上仆射，请赐救接。伏望端公因言话之次，请为借便。伏垂照察，谨状。郜状。①

在文末某部落款处钤有篆书、阳文“河西都防御使印”印文两行②，可证此件文书为河西都防御使所签发的官方文书。由于传世文献中对于河西都防御使的记载极为阙乏，而此件文书又出自敦煌藏经洞，所以，学者多将这位河西都防御使视为归义军节度

① 录文参（日）赤木崇敏《河西帰義軍節度使張淮鼎——敦煌文献P.2555pièce1の検討を通じて》，《内陸アジア言語の研究》第20号，第17页。图版见《法藏敦煌西域文献》第29册，第23页。P.3863号文书，《敦煌遗书总目索引》《敦煌遗书总目索引新编》均定名为《河西都防御招抚押蕃落等使牒》（商务印书馆编《敦煌遗书总目索引》，第296页；施萍婷主撰稿，邰惠莉助编《敦煌遗书总目索引新编》，第302页）。

② 对于此件文书所钤之印文，陈祚龙先生辨识出“河”“印”二字（陈祚龙《古代敦煌及其他地区流行之公私印章图记文字录》，氏著《敦煌学要籥》，台北：新文丰出版公司，1982年，第345页）。森安孝夫先生则成功地将印文进行了完整释读（对于P.3863号状文中河西都防御使的印文图版、释文及解说部分，分别见（日）森安孝夫《河西帰義軍節度使の朱印とその編年》，《内陸アジア言語の研究》第15号，Planche I、第13、14页）。

使的下属。此外，虽然学者对于文书中的“仆射”和“端公”有所比定[①]，但对于文书中的某“部”并未涉及。笔者注意到吴任臣《十国春秋·翁部传》中有长安人翁部曾在昭宗朝担任尚书左仆射、河西节度使的记载[②]。可能是《十国春秋》成书较晚的缘故，以往学者在进行相关研究时，并没有将上举文书中的“部”与翁部联系起来。循着这条线索，笔者找到了《铅印本》所收录的翁部授官制书，证明翁部在昭宗龙纪元年（889）四月八日至乾宁三年（896）六月十八日间，曾先后出任河西都防御使及河西节度使，进而证明P.3863《河西都防御招抚押蕃落等使牒》中的某部也即《铅印本》中所记载的翁部。

此外，《族谱·除检校工部尚书诰》记载翁部在文德元年（888）六月八日之前的职衔为“朝议郎、检校右散骑常侍、持节凉州诸军事、守凉州刺史、兼凉甘肃等州都防御招抚押蕃落等使、兼御史大夫、上柱国、赐紫金鱼袋”。据笔者考证，随着吐蕃、吐谷浑等势力在凉州等地的兴起，唐政府被迫将咸通四年（863）所设的凉州节度使改置为河西都防御使，并将其辖区由河陇六州调整为地处河西的凉、甘、肃三州[③]。由此，制文中所谓

---

① 森安孝夫及赤木崇敏将文书中的“仆射”和“端公”分别比定为归义军节度使张淮深及曾被任命为凉州左司马的李明振（（日）森安孝夫《河西帰義軍節度使の朱印とその編年》，《内陸アジア言語の研究》第15号，第15页；赤木崇敏《河西帰義軍節度使張淮鼎——敦煌文献P.2555pièce1の検討を通じて》，《内陸アジア言語の研究》第20号，第15—19页）。笔者在《晚唐政府对河西东部地区的经营》一文中曾将两者比定为朔方节度使及其属下，后通过研读抄写于P.3863背面的《光启三年金刚经神验记事》，指出“仆射”应确指归义军节度使张淮深，“端公”则应指在归义军担任要职的张球（李军《晚唐五代归义军与凉州节度关系考论》，第90—96页）。

② ［清］吴任臣《十国春秋》卷九七，北京：中华书局，1983年，第1391—1392页。

③ 李军《晚唐政府对河西东部地区的经营》，第27—41页。

的“凉甘肃等州都防御招抚押蕃落等使”也即P.3863《河西都防御招抚押蕃落等使牒》所载的“河西都防御招抚押蕃落等使”。如果我们将《除检校工部尚书诰》中翁郜的职衔同P.3863《河西都防御招抚押蕃落等使牒》所载唐政府授予某郜的职衔进行比对，不仅可以发现两者“右散骑常侍”的检校官完全相同，而且所领的使职也可以一一对应。这就进一步证明上述敦煌文献中的某“郜”，也即《族谱》所载的翁郜。

据笔者管见，目前所发现的最早记载翁郜事迹的传世文献为成书于明万历二十九年（1601）的《[万历]建阳县志》[①]，但其中并没有翁郜出任河西都防御使的记载。而敦煌文献出土于1900年，P.3863《河西都防御招抚押蕃落等使牒》公布的时间则更晚，所以，不存在翁氏后人利用传世文献和敦煌文献对翁郜生平事迹进行比附或作伪的可能性。这也就充分证明了《族谱》所收《除检校工部尚书诰》等文献的真实性。

其二，《族谱》所载刘翱之事迹可与传世文献所载相对应。

《族谱》所收录的晚唐河西文献中有两件与刘翱有关，即《奏状》与《授刘翱等人建阳县尉告身》。根据上述文献的记载，乾宁三年正月二十三日，河西节度使翁郜为摄河西节度推官刘翱等30人上状求官。其中，刘翱的本贯为京兆府万年县洪固乡胄贵里。同年六月十八日，刘翱被唐政府授予“建州建阳县尉”之职。虽然现存的唐代史籍中没有记载刘翱其人，但我们在宋元时期的传世文献中发现了多处证明刘翱曾在唐末先后出任河西节度推官及建阳县尉的记载，可与《族谱》的记载相对应。

南宋周必大《文忠集·朝请郎致仕刘君（大成）墓志铭》载：

---

① ［明］杨德政等修《[万历]建阳县志》，日本藏中国罕见地方志丛刊本，北京：书目文献出版社，1991年，第434页。

“君讳大成，字仲吉，其先京［兆万］年人。九世祖翱，唐末为建阳尉，值中原乱，占籍县之麻沙镇，子孙登儒科者相望。”[①]墓志中所记载的建阳麻沙刘氏始祖刘翱的籍贯及唐末出任官职的情况，均与《族谱》所载刘翱的情况相符。此外，元无名氏《湖海新闻夷坚续志》记载：“建安之阳有麻沙镇，实居上游，唐有刘开国卜筑镇之溪南。”[②]“刘开国”，也即日后晋爵开国公的刘翱。而元人叶留《为政善报事类》引胡一桂《人伦事鉴》则记载唐“京兆万年县人”刘翱“以镇守建州，因居建之建阳。居官廉洁，狱无留讼，所至以阴德为先。其先……为河西节度推官。时有妇杀夫诬及他人者，公正其罪，民得不冤。又河西有溺子之风，公严其禁，存活者数千人……公后以朝议大夫、开国公致仕，寿八十五”[③]。《人伦事鉴》不仅记载刘翱曾在建阳任职，更为重要的是，其还证明刘翱任职建阳之前，确曾担任过“河西节度推官”，正可与《奏状》中刘翱所担任的“摄河西节度推官”相对应。由此，也可以反证《族谱》中关于翁郜为刘翱请官

---

① ［宋］周必大《文忠集》卷七五，景印文渊阁四库全书本，台北：台湾商务印书馆，1986年，第1147册，第787—788页。“兆万”二字，《文忠集》作“阙”，据《族谱》补。

② ［元］无名氏撰，金心点校《湖海新闻夷坚续志》后集卷二“麻沙瑞樟”条，北京：中华书局，2006年，第277页。对于《湖海新闻夷坚续志》的作者，刘浦江《〈重刊湖海新闻夷坚续志〉作者为吴元复》（《文献》1992年第1期，第258页）认为应即宋末元初人吴元复；王瑾《“三言”、“二拍”本事来源的新发现——附谈〈湖海新闻夷坚续志〉的作者》（《明清小说研究》2010年第2期，第145—152页）则认为该书作者为薛汝昂。

③ ［元］叶留《为政善报事类》卷四，南京：江苏古籍出版社，1988年，第57—58页。此外，明成祖朱棣御撰《为善阴骘》卷四“刘翱禁溺”条未载刘翱判狱事，但载有刘翱革除河西溺子恶习之事迹（［明］朱棣《为善阴骘》，山东省图书馆藏明刻本，《四库全书存目丛书》子部第121册，济南：齐鲁书社，1995年，第635—636页）。

及唐政府为刘翱授官文书的可信性[1]。

其三，《族谱》所收晚唐河西文献可与《翁氏宗谱》及《刘氏宗谱》等其他谱牒的记载相互印证。

从编排体例上看，现藏于建阳的《翁氏宗谱》与藏于莆田的《族谱》之间存在明显差异，但除《奏状》与《授刘翱等人建阳县尉告身》不见于《翁氏宗谱》外，其余几件与翁郜相关的晚唐河西文献，在两者中均可互见。在文字准确程度上，《翁氏宗谱》要逊于《族谱》，但《翁氏宗谱》却可补充《族谱》的多处脱文。此外，两者所载各件文献的定名均不相同。这就证明《翁氏宗谱》所收与翁郜相关的文献可能并非源自《族谱》，而是另有所本。

除《翁氏宗谱》外，江苏武进刘氏于光绪乙巳年所铅印的《刘氏宗谱》收录有翁郜为刘翱等人请官及唐政府为刘翱授官的《荐富春公疏》：

> 河西节度使臣翁郜谨奏为乞恩奖拔贤才事。
>
> 吏部尚书摄节度推官、将仕郎、试太常寺协律郎刘翱，年四十，京兆府万年县洪固乡胄贵里人。叔祖汾为户曹；曾祖于，工部侍郎；祖沼，山东、陕西四镇都节度使；父楚次，光州都督。翱形黄白色，少有髭须，受父遗泽通仕郎本品下。右河西节度使翁郜奏［前］件官，各有明能，深详事理，处重难而不挠，持公正以居先。臣当地僻穷，边官通阙，累因摄职，皆主重恩。伏乞天恩，特转一官，所冀籍其干济，同葺凋残，冒于宸衷，无任战越屏营之至。

---

① 此外，《[嘉靖] 建阳县志》（明嘉靖刻本，天一阁藏明代方志选刊）卷七《杂志》“坟墓”条载：“刘翱墓在永忠里，海鰕戏珠，祭田三十亩。”

谨奏。

奉敕旨刘翱授散大夫、建州守，钦此。

唐乾宁三年正月二十八日。[①]

虽然刘翱此前担任吏部尚书及被任命为"建州守"的记载显然有误，而且《刘氏宗谱》历经多次重修，文书的格式也远非原貌，但如果将其与《族谱》所收的《奏状》《授刘翱等人建阳县尉告身》相比对，就会发现《荐富春公疏》应是在将上述两件文献进行改编的基础上，进一步整理而成的。此外，虽然《荐富春公疏》内容颇有舛误，但其所载刘翱叔祖、曾祖、祖、父之名及职衔相对于《族谱》所载，要更为完整[②]。据《刘氏宗谱·世谱源流考》的记载，蓉湖柳荡刘氏源自唐末入闽后居于福建崇安五夫里的刘翱之弟刘翔。其苗裔先后自崇安迁至松江之华亭、常州之新安，并最终定居于江苏武进[③]。蓉湖柳荡刘氏与莆田翁氏之间不大可能进行统谱的工作，这就证明《刘氏宗谱》所载《荐富春公疏》应源自刘翱授官的告身的原件或抄件，而非《族谱》。

综上所述，通过将《族谱》所载晚唐河西文献与敦煌文献P.3863《河西都防御招抚押蕃落等使牒》《为政善报事类》引《人伦事鉴》《翁氏宗谱》及《刘氏宗谱·荐富春公疏》等内容进行对比研究，我们可以确定《族谱》所收录的晚唐河西文献是

---

① ［清］刘国生等修《蓉湖柳荡刘氏宗谱》卷一，收入《中华宗谱集成·刘氏谱卷》第3册，成都：巴蜀书社，1995年，第38页。

② 如《族谱》在记载刘翱家世时，仅载其"叔汾为户，曾祖千，祖冶，父楚茨"，不及《荐富春公疏》完整。不过，《荐富春公疏》中对于刘沼出任过山东、陕西四镇都节度使的记载显然有误。

③ 刘国生等修《蓉湖柳荡刘氏宗谱》卷一，《中华宗谱集成·刘氏谱卷》第3册，第26—27页。

真实可信的。这也为学术界利用这些文献进行晚唐河西地区相关史事的研究打下了坚实的基础。

二、《族谱》所收晚唐河西文献校注

《族谱》共收录7件晚唐时期的河西文献，而上述文献又多与当时在河西出任官员的翁郜有关。本文以《族谱》为底本，利用《翁氏宗谱》《铅印本》《刘氏宗谱》等文献进行校注，文献的排列以时间先后为序。

（一）《除检校工部尚书诰》

敕朝议郎、检校右散骑常侍、[1]持节凉州诸军事、守凉州刺史、兼凉甘肃等［州］都防御招抚押番（蕃）落等使、[2]兼御史大夫、[3]上柱国、赐紫金［鱼］袋翁郜。[4]鹗视奇姿，鹰扬劲质。[5]蕴纵横之才略，负强干之器能。早茂弓韬，[6]夙精吏术。自六条布化，四郡宣风。练式遏之有方，[7]静封疆之不挠。[8]抚彼凋瘵，张吾军师。[9]殷若长城，式多款塞。[10]分斥堠而威临绝漠，[11]运机谋而声达大（天）朝。[12]惠化洽闻，勋庸茂著。冀无虞于西顾，[13]宜永宠于冬乡。[14]爰加八座之尊，式壮一方之境。[15]亦宜更颁郡政，[16]勉遵皇风。[17]示信勿欺于编氓，成功伫和于虏俗。更期甄陟，[18]以耀边方。可加授检校工部尚书，[19]余如故。主者奉行。[20]

文德元年六月八日舍人刘建功行。[21]

［题解］

此件文书《铅印本》漏收，《翁氏宗谱》题作《节度使翁公郜字季长诰词》。按《唐六典》卷九“中书省中书令”条载：

“凡王言之制有七，一曰册书，二曰制书，三曰慰劳制书，四曰发日敕，五曰敕旨，六曰论事敕书，七曰敕牒。”其中，“行大赏罚，授大官爵，厘革旧政，赦宥降虏则用”制书。故笔者认为名之以《授翁郜检校工部尚书制》似更为妥当。另据明人张自烈《正字通》卷一〇《酉集》“言部·诰”（康熙九年刊本）所载，“宋始以诰命庶官”，所以，《族谱》《翁氏宗谱》之题应为翁氏后裔于宋或此后所加。

［校注］

［1］“散骑常侍”，《族谱》原作“散骑常侍郎”。“郎”字当衍，径删。《翁氏宗谱》夺“常侍”之“侍”。

［2］《族谱》夺“州”字，据《翁氏宗谱》及文意补；《翁氏宗谱》夺“凉、甘、肃”之“凉”；“蕃落”，《族谱》作

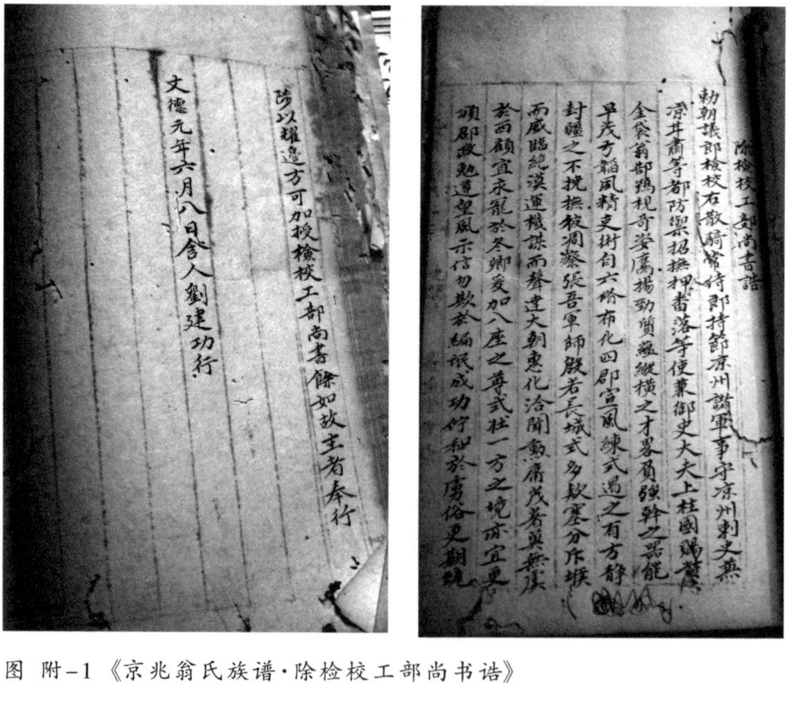
除檢校工部尚書誥
勅朝議郎檢校右散騎常侍郎持節凉州諸軍事守凉州刺史兼
凉甘肅等都防禦招撫押蕃落等使兼御史大夫上柱國賜紫
金魚翁郜鶚視奇姿鷹揚勁質蘊縱橫之才畧負幹之器能
早茂韜鈐夙精吏術自六條布化四郡宣風練武過之有方靜
封疆之不擾撫綏凋瘵張吾軍師儼若長城式多款塞分作堠
而威臨絕漠運機謀而聲達大朝惠化洽聞勳庸茂著莫無
於而顧宜永寵於冬卿爰加八座之尊式壯一方之境亦宜更
須郡致勉遵望風示信勿欺於編氓成功佇和於虜俗更翹跂
防以捍邊方可加授檢校工部尚書餘如故主者奉行
文德元年六月八日舍人劉建功行

图 附－1《京兆翁氏族谱·除检校工部尚书诰》

“番落”，《翁氏宗谱》作“番”，均误。

［3］“御史大夫”，《翁氏宗谱》作“御史”，误。

［4］《族谱》夺“鱼袋”之“鱼”，据《翁氏宗谱》及文意补。

［5］“劲质”，《翁氏宗谱》作“特质”。

［6］“弓韬”，《翁氏宗谱》作“弓招”，误。

［7］“练”，《翁氏宗谱》作“陈”。

［8］“之”，《翁氏宗谱》作“而”。

［9］“抚彼凋瘵，张吾军师”，《翁氏宗谱》作“张吾军旅，抚彼凋残”。

［10］“殷若长城，式多款塞”，《翁氏宗谱》作“隐若长城，式当款塞”，当误。

［11］“分斥堠”，《翁氏宗谱》作“方斤候”，误。

［12］“天朝”，《族谱》原作“大朝”，据《翁氏宗谱》改。

［13］“西顾”，《翁氏宗谱》作“四顾”，当误。

［14］“冬乡”，《翁氏宗谱》作“各乡”，当误。

［15］“壮”，《翁氏宗谱》作“拙”，恐误。

［16］“更颁”，《翁氏宗谱》作“勉须”。

［17］“勉遵”，《翁氏宗谱》作“更导”。

［18］“甄陟”，《翁氏宗谱》作“甑涉”。按“甑涉”无解，当从《族谱》。

［19］《翁氏宗谱》夺“加授”二字。

［20］“主者奉行”，《翁氏宗谱》阙录。除此件外，《族谱》所收《加翁郜朝散大夫河西节度使白麻》《加翁郜朝请大夫检校尚书右仆射白麻》皆以“主者奉行”结尾，而《翁氏宗谱》与两者对应者则皆作“主者施行”。按《文苑英华》《唐大诏令集》诸书所收诏令多用“主者施行”，而未见“主者奉行”之例，故当以“主者施行”为是。

［21］“刘建功”，《翁氏宗谱》作“刘建初”。

（二）《加翁郜朝散大夫河西节度使白麻》

朕惟地当沙漠，[1] 须资节制之雄；[2] 境接疆隅，合仗统临之寄。[3] 苟非昭明武事，[4] 洞达兵机，[5] 安可负我麾幢，[6] 为我保障？[7] 将举建牙之命，俾膺分阃之荣。爰示宠章，式谐委任。[8] 具官翁郜，[9] 材雄六郡，气盖三边。负倜傥以不群，[10] 奋英威而自哲。[11] 生知义勇，夙蕴韬钤。解鞍而必静胡中，按剑而自清塞外。日殚（磾）忠孝，代谓无双；[12] 韩信战攻，[13] 时推第一。分忧三郡，报政累年。[14] 用恩信而怀柔，[15] 以严明而济物。威扬戎垒，声振边陲。为西土之长城，实北方之巨屏。克精师律，[16] 坐布政条。朕以张掖古封，[17] 酒泉旧壤，烽火尝通于柳塞，[18] 烟尘俱接于榆关，[19] 须藉才能，更资镇抚。冀睹安边之策，[20] 伫闻报国之心。[21] 是用爰降殊恩，特酬盛烈。[22] 锡周家之瑞节，[23] 升汉将之斋坛。俾赠（增）佩剑之荣，[24] 益显拥麾之贵。[25] 庶为懋赏，[26] 式表劝（勤）能。[27] ［尔宜励乃心，诚副吾倚瞩。］[28] 亭障每严于斥堠，[29] 边方常保于宁谧。[30] 勉荷初终，无忘屏卫。[31] 敬承睠命，[32] 尔其（宜）戒之。[33] 可加授朝散大夫、[34] 河西节度使，余如故。[35] 主者奉行。

龙纪元年四月八日翰林学士崔昭纬行。[36]

［题解］

对于此件制文，《翁氏宗谱》作《加朝散大夫》。“白麻”，本因用纸之材质而得名。以书写材质的不同区分制书类别及轻重的做法，唐初即已行之。《唐六典》卷九“中书省中书令”条载：“今册书用简，制书、劳慰制书、发日敕用黄麻纸，敕旨、论事敕及敕牒用黄藤纸，其敕书颁下诸州用绢。”另据唐人李肇《翰林志》所载：“近朝大事直出中禁，不由两省……凡赦书、德音、立后、建储、大诛讨、免三公宰相、命将，曰制，并用白麻纸，不用印。”可知在唐代翰林学士拟内命的制度形成后，“免三公宰相、命将”用白麻纸，此乃翰林学士所草内制之一，用于国之大事。《旧唐书·宪宗纪下》谓：“将相出入，翰林草制，谓之白麻。”《新唐书·李晟附王佖传》载：“故事，将相除徙，皆内出制，故号‘白麻’。”皆是此类。族谱编修者所言之“白麻”，仅取其为翰林学士所草拟之意，并不能真正反映本件文献的性质，故仍应名之以“制”，或可拟名为《授翁郜朝散大夫河西节度使制》。

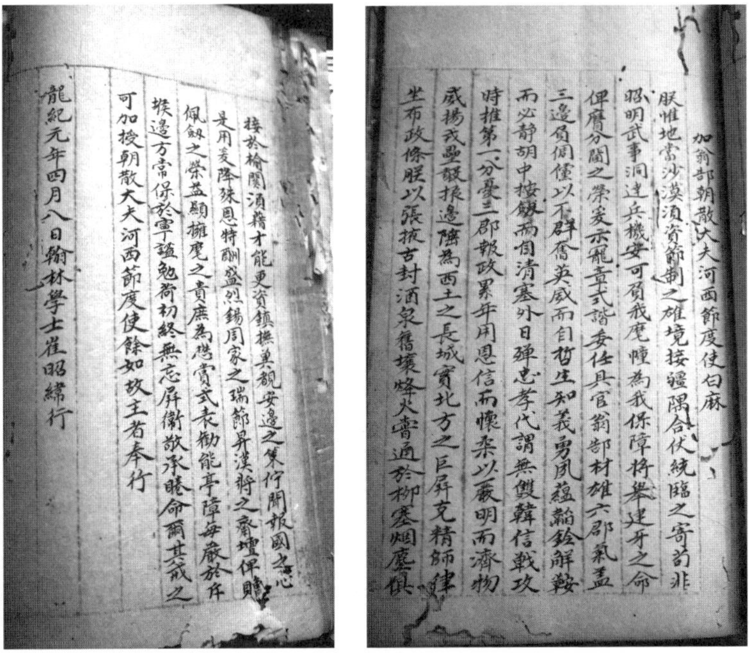
加翁部朝散大夫河西節度使白麻
朕惟地當沙漠須資節制之雄境接疆隅合伏統臨之寄茍非
昭明武事洞達兵機安可貿我麾幢為我保障將舉建牙之命
俾膺分閫之榮爰示飛章式諧委任具官翁部材雄六郡氣盖
三邊負倜儻以不群奮英威而自哲生知義勇夙蘊韜鈐解鞍
而必靜胡中按轡而自清塞外日殫忠孝代謂無雙韓信戰攻
時推第一分憂三郡報政累年用恩信而懷柔以嚴明而濟物
威揚戎壘聲振邊陲為西土之長城實北方之巨屏克精師律
坐布政條朕以張掖古封酒泉舊壤烽火嘗通於柳塞烟塵
棲於榆關須藉才能更資鎮撫冀覩安邊之策佇聞報國之心
是用爰降殊恩特酬盛烈錫周家之瑞節昇漢將之齋壇俾贍
佩劍之榮益顯擁麾之貴庶為懋賞式表勸能亭障無虞於斥
堠邊方常保於寧謐勉荷初終無忘屏衛敬承睠命爾其戒之
可加授朝散大夫河西節度使餘如故主者奉行
龍紀元年四月八日翰林學士崔昭緯行

图 附-2《京兆翁氏族谱·加翁部朝散大夫河西节度使白麻》

[校注]

[1] 《翁氏宗谱》夺“朕惟”二字。

[2] “雄”，《翁氏宗谱》作“权”。

[3] “仗”，《铅印本》作“伏”，误。

[4] “武事”，《翁氏宗谱》作“边事”。

[5] “洞达”，《翁氏宗谱》作“洞晓”。

[6] “麾幢”，《翁氏宗谱》作“撝幅”。

[7] “保障”，《翁氏宗谱》作“堡障”。

[8] “谐”，《翁氏宗谱》作“偕”。

[9] “具官”，《翁氏宗谱》作“具位同前”。按《翁氏宗谱》所言之“具位同前”，应指其所收《节度使翁公郜字季长诰词》所载之河西都防御使等职衔。

[10] “以”，《翁氏宗谱》作“之”。

[11] “奋”，《铅印本》作“旧”，误。

[12] “代”，《翁氏宗谱》作“殆”，误。

[13] “战攻”，《翁氏宗谱》作“战功”。

[14] “分忧三郡，报政累年”，《翁氏宗谱》作“泊（洎）分忧寄，服政累年”。

[15] “用恩信而怀柔”，《翁氏宗谱》作“用恩信以怀柔”。

[16] “克精师律”，《翁氏宗谱》作“充贞师律”。

[17] “张掖古封”，《翁氏宗谱》作“长掖右封”，误。

[18] “尝”，《翁氏宗谱》作“常”。

[19] “俱”，《翁氏宗谱》作“但”，《族谱》所载当属制文传抄过程中缺笔所致误，当从《族谱》。

[20] “安边”，《翁氏宗谱》作“靖边”。

[21] “伫”《翁氏宗谱》作“行”。

[22] “特酬”，《翁氏宗谱》作“将酬”，当从《族谱》。

［23］“锡”，《铅印本》作“赐”。

［24］“增”，《族谱》原作“赠”，据《翁氏宗谱》及文意改。

［25］“麾”，《翁氏宗谱》作“旌”。

［26］“懋”，《铅印本》改为“茂”。

［27］“勤”，《族谱》原作“劝”，据《翁氏宗谱》及文意改。

［28］“尔宜励乃心，诚副吾倚瞩”，《族谱》阙，据《翁氏宗谱》补。

［29］“斥堠”，《翁氏宗谱》作“斤候”，误。

［30］“边方”，《翁氏宗谱》作“封疆”；“宁谧”，《铅印本》误作“安谧”。

［31］“忘”，《翁氏宗谱》作“忌”，误。

［32］“睠”，《铅印本》作“眷”，误。

［33］“尔宜戒之”，《族谱》原作“尔其戒之”，据《翁氏宗谱》及文意改。

［34］《翁氏宗谱》夺“加授”二字。

［35］“余如故”，《翁氏宗谱》作“除如故”，误。

［36］《翁氏宗谱》及《铅印本》“龙纪”纪年前标有“唐”字，《族谱》原卷无，《铅印本》当系修订者所加；“崔昭纬”，《翁氏宗谱》作“崔纬昭”，误。

（三）《赐劳敕书》

敕静难军节度使、河西［都］防御押番（蕃）落等使、[1]朝散大夫、检校兵部尚书、上柱国、赐紫金鱼袋翁郜。右前件官，金石秉心，冰霜贯节。昔尝射策，用推武战之文；[2]旋即题桥，果协从军之乐。[3]自顷为凉州都防御使判官，[4]五年改授甘州刺史，[5]八载复摄凉州防御使并正授。[6]十余年吮血同甘，[7]能致人之死力；[8]

觞酒豆肉，[9]实得众之欢心。[10]况又广布皇风，[11]浸流玄泽，遂使推髻箕踞之俗（辈），[12]莫不欢颜；[13]不毛斥卤之田，还生嘉谷。[14]以至七千里有亭障之备，[15]三十年无西北之虞。[16]伊谁之力？实翁郜之功也。[17]

龙纪元年四月十六日王尚父行。[18]

[题解]

对于此件文献，《翁氏宗谱》作《转靖难节度使》，《铅印本》作《赐劳翁郜敕书》。按《唐六典》卷九“中书省中书令”条所载的“王言之制”中，并没有所谓的“赐劳敕书”。笔者在《晚唐静难军节度相关问题考——以〈京兆翁氏族谱〉为线索》（《福建师范大学学报》2010年第4期，第101页注①）一文中曾根据诏书中褒奖翁郜的内容，将其比定为唐代“王言之制”中“褒赞贤能，劝勉勤劳则用之”的慰劳制书。但目前看来，诏书的开首部分并未遵循慰劳制书“皇帝敬问某”的程式，故将其定为“慰劳制书”并不恰当。在唐代“王言之制”中，“论事敕书”的功能为“慰谕公卿，戒约臣下”。经学者复原，其起首为“敕某”，而且在论事敕书的成立过程中，敕书需要经过中书省官员令、侍郎、舍人依次宣、奉、行后发出。所以，从内容及格式上判断，此件诏书当为论事敕书，故可拟名为《唐昭宗赐翁郜敕》。而翁氏后人在修订族谱时，省略了敕书中“指不多及”及中书令、中书侍郎宣、奉等内容。对于唐代“王言之制”及“论事敕书”的程式及发布过程，参李锦绣《唐“王言之制”初探——读〈唐六典〉札记之一》，李铮、蒋忠新主编《季羡林教授八十华诞纪念论文集》上册，南昌：江西人民出版社，1991年，第273—290页；雷闻《从S.11287看唐代论事敕书的成立过程》，《唐研究》第一卷，北京：北京大学出版社，1999年，第323—335页；中村裕一《隋唐王言の研究》，东京：汲古书院，

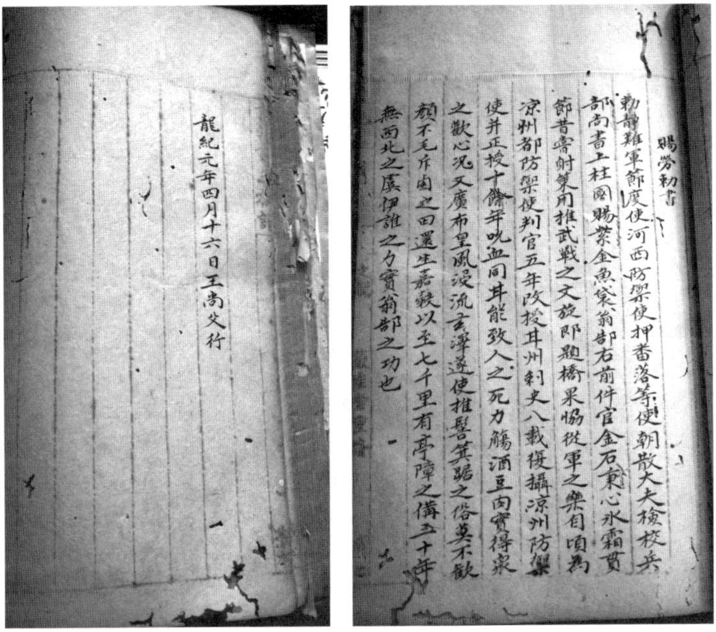

图 附-3《京兆翁氏族谱·赐劳敕书》

2003年，第19—176页。

[校注]

[1] 对于敕书所记翁郜的职衔，《族谱》原作“河西防御使押番落等使”，衍“防御使”之“使”字，径删；而据P.3863《河西都防御招抚押蕃落等使牒》可证翁郜担任的为河西都防御使，《族谱》夺一“都”字。对此，《翁氏宗谱》作“具位”。

[2] “用推武战之文”，《翁氏宗谱》作“或推文战之人”。

[3] “旋即题桥，果协从军之乐”，《翁氏宗谱》作“旋罢题桥，果叶从军之御”。“即”，《铅印本》误作“而”。

[4] “自顷”，《翁氏宗谱》作“有须”，误；“凉州”，《翁氏宗谱》作“梁州”，误；“都防御使判官”，《翁氏宗谱》夺“都”字。

［5］“改授”，《翁氏宗谱》作“复授”。

［6］“复摄”，《翁氏宗谱》作“复授尔”。“尔”当衍，而“授”与后文“正授”相矛盾。按，称“摄”者，为藩帅所命，得唐廷诏命后始为正授，故应从《族谱》。

［7］“吮血”，《翁氏宗谱》作“绝少”，与文意不符，当从《族谱》。

［8］“致人”，《翁氏宗谱》作“成人”。

［9］“豆肉”，《翁氏宗谱》作“腐肉”，误。

［10］“众之欢心”，《翁氏宗谱》作“众人欢心”。

［11］《翁氏宗谱》夺“况”字。

［12］“辈”，《族谱》原作“俗”，但“推髻箕踞之俗”难成“欢颜”之主体，故据《翁氏宗谱》改。

［13］“莫不欢颜”，《翁氏宗谱》作“莫有叹声”。

［14］“还生”，《翁氏宗谱》作“遂致”。

［15］“至”，《翁氏宗谱》作“致”；“七千里”，《铅印本》作“七十里”，误；“亭障”，《翁氏宗谱》作“停障”，误。

［16］“三十年”，《翁氏宗谱》作“三千里”。按前文已言“七千里”，故“三千里”当误。

［17］“伊谁之力？实翁部之功也”，《翁氏宗谱》作“虽云天功，实翁部之力也”，当以《族谱》为是。

［18］“龙纪元年四月十六日王尚父行”，《翁氏宗谱》作“龙纪二年四月六日”。据《族谱》和《翁氏宗谱》两者所共载的授翁部以河西节度使的制书，可知翁部在龙纪元年四月已加授河西节度使，唐政府不会在次年仍称翁部为“河西都防御使”，故《翁氏宗谱》所载的“龙纪二年”并不可信。不过，《加翁部朝散大夫河西节度使白麻》虽然拟于四月八日，但可能到四月十六日尚未完成正式生效的手续，制书起草者仍以旧官称翁部，故

敕文中称“河西都防御使”，而不是“河西节度使”。此外，从时间上判断，《赐劳敕书》当是与《加翁郜朝散大夫河西节度使白麻》一同下发到凉州的。如此推论成立，则敕书颁发时，翁郜尚没有收到加授其朝散大夫及河西节度使的制书，而这也有可能是敕书仍以旧官称翁郜的原因。至于敕文中的“朝散大夫”，或是编纂者在《族谱》历次重修的过程中，由于看到四月八日翁郜被授予朝散大夫的诏书，故将此前的“朝议郎”径改为“朝散大夫”。其实，这种根据其他授官制书篡改翁郜职衔的情况在《王尚父请兵部尚书右仆射翁郜举兵牒》中也有体现，详见下文。对于《族谱》原件所载的“王尚父”，《铅印本》作“王尚文”。《族谱》在《赐劳敕书》后又收《王尚父请兵部尚书右仆射翁郜举兵牒》，而《翁氏宗谱》在《转靖难节度使》后收《王尚文请河西仆射举［兵］牒并奏状》。按“尚父”非常人姓名，根据牒文的记载，其应即强迫昭宗授予“尚父”称号的邠宁节度使王行瑜，故其不应为《赐劳敕书》的发出者。很可能是因为敕文与王行瑜牒连抄的缘故，《族谱》编纂者将其误窜入敕文。

（四）《王尚父请兵部尚书右仆射翁郜举兵牒》

敕静难军节度使、兼河西节度使、兵部尚书、右仆射翁郜。[1]

牒：尚书秦台宝镜，汉室灵芝。[2] 垂谦益于礼防，[3] 早彰谨密；厚粹和于德表，[4] 全著融明。况又藻思雕虫，[5] 辩锋流电。昔持蛟梦，屡经文战于科场；[6] 今掌龙韬，思立武功于圣代。既蕴下帷之志，[7] 乃为出塞之游。果协拔茅，[8] 即谐拾芥。[9] 爰自从知卫幕，已多借箸之谋；[10] 旋陟韩坛，[11] 雅得投醪之誉。[12] 遂使波清犷俗，[13] 咸为礼义之乡；风靡戎陬，尽变豹狼之性。[14] 去岁偶经斗蚁，遂决辞龟。[15] 睹攀车借一之心，[16] 咸闻殒泪；[17] 窥无襦有袴之咏，[18] 无不去思。昨者以遽命弘夫，俾专重寄。岂谓何晏之鼻，[19] 忽集青蝇；伯有之门，俄生荒莠。[20] 固骄矜之自剗，亦鼎形（刑）之难逃。[21] 今则流泽双旌，已承大赐；[22] 侯藩十（千）乘，[23] 归启行期。[故将军之再至霸陵，何妨夜猎？前召父之重来旧地，更长子孙。][24] 虽昼锦之或殊，亦绣衣之何异？[25] 行瑜已具事由闻奏，外须简请尚书，[26] 便主牌印。谨牒。

乾宁元年八月四日牒。[27]

[题解]

对于该件牒文，《翁氏宗谱》作《王尚文请河西仆射举牒并奏状》，“举牒”原当作“举兵牒”。《铅印本》则据牒文中翁

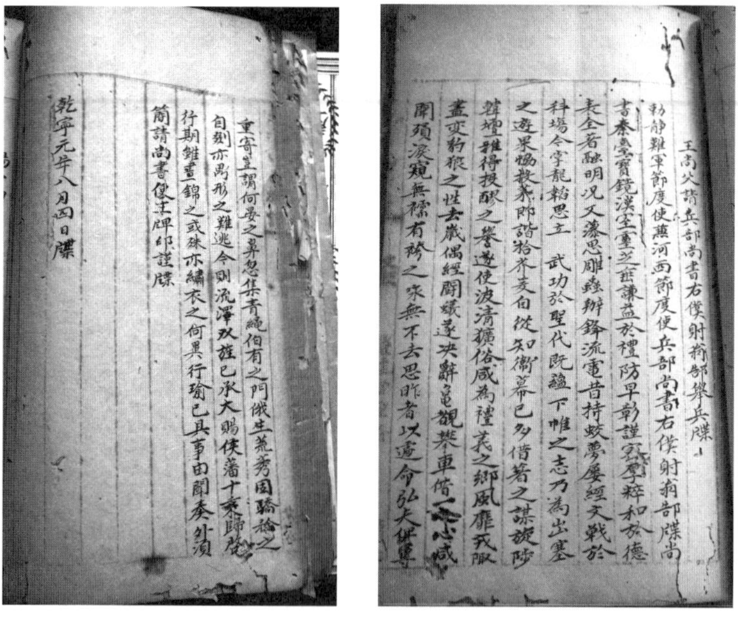

王尚父請兵部尚書右僕射翁部舉兵牒

勅静難軍節度使兼河西節度使兵部尚書右僕射翁部牒尚
書秦臺寶鏡漢室重[illegible][illegible]謙益於禮防早彰謹[illegible]學粹和於德
表全著融明况又藻思雕蟲辨鋒流電昔持蛟夢屢經文戰於
科場今字龍韜思立 武功於聖代既蘊下帷之志乃為出塞
之遊果協投[illegible]郎諧[illegible][illegible][illegible]從知衞幕已多借箸之謀旋陟
雉壇雖得投醪之譽遂使波清擴俗咸為禮義之鄉風靡戎陬
蓋变豹狼之性去歲偶經鬪蟻遂决辭龜覩攀車借一之心咸
聞殞淚窺無襦有袴之咏無不去思昨者以遽命弘夫俾專

重寄豈謂何晏之鼻忽集青蠅伯有之門俄生荒莠固驕矜之
自剗亦鼎形之難逃今則流澤双旌已承大賜侯藩十乘歸啓
行期雖晝錦之或殊亦繡衣之何異行瑜已具事由聞奏外須
簡請尚書便主牌印謹牒

乾寧元年八月四日牒

图 附-4《京兆翁氏族谱·王尚父请兵部尚书右仆射翁部举兵牒》

部之职衔，将牒文改题作《敕静难军节度使翁郜牒》，不妥。据《资治通鉴》等书记载，王行瑜于昭宗景福二年十一月被赐号“尚父”。所以，“王尚父”应即牒文中的“行瑜”，“王尚文”显为“王尚父”之讹。但“尚父”非人名，题目中称其本名似更为恰当。此外，据《加翁郜朝请大夫检校尚书右仆射白麻》，乾宁元年（894）八月二十三日，翁郜始加授朝请大夫、检校尚书右仆射，故乾宁元年八月四日的牒文中尚不以“右仆射”之称呼。翁郜此时担任的是静难军节度使兼河西节度使，故其职衔中的“兵部尚书”及“右仆射”只能为检校官。虽然唐朝前期有以六尚兼领仆射的记载，但作为唐后期使职加官而存在的检校官，“兵部尚书”和“右仆射”两者显然不会在一个人身上同时出现。除了文首所列翁郜职衔中出现了“右仆射”的称号外，牒文其余部分只使用“尚书”称之。所以，牒文中所出现的“右仆射”显然是族谱编纂者事后追加，当删；《翁氏宗谱》标题中“仆射”之称同样不妥，且牒文后并无奏状内容。综上所述，该牒文或可拟名为《王行瑜请兵部尚书翁郜举兵牒》。

[校注]

[1]“右仆射”三字当衍。“仆”，《铅印本》误为“朴”。对于翁郜的职衔，《翁氏宗谱》记作“敕靖难军节度使兼制置乌池榷税等使”。“乌池”在盐州五原，《唐会要》卷八八“盐铁使·乌池”条载：“在盐州。置榷税使一员，推官一员，巡官两员，胥吏一百三十人，防池官健及池户四百四十人”。据《旧唐书》卷一八下《宣宗纪》“大中十一年八月”条的记载，可知乌池榷税使由盐州刺史兼领，而盐州属朔方节度使所管，故《翁氏宗谱》所记当误。

[2]“汉室”，《翁氏宗谱》作“汉宣”。按“汉室”正可与“秦台”对应，《翁氏宗谱》当误。

［3］“垂”，《翁氏宗谱》作“乘”；“益”，《翁氏宗谱》作“抑”。

［4］“厚”，《翁氏宗谱》作“孕”。

［5］“虫”，《铅印本》作“忠”，误。

［6］“经”，《翁氏宗谱》作“历”。

［7］“下帷”，《翁氏宗谱》作“平淮”。

［8］“果协拔茅”，《翁氏宗谱》作“早叶拔茆”。

［9］“即”，《翁氏宗谱》作“亦”。

［10］“借箸”，《铅印本》作“借著”，误。

［11］“韩坛”，《翁氏宗谱》作“翰坛”。按《唐大诏令集》卷五二《王铎中书令诸道行营都统权知义成军节度使制》有“遂命更陟韩坛，恩眷统六师而雷动，屯万旅以风驰”的记载，故当从《族谱》。

［12］“投醪之誉”，《翁氏宗谱》作“投胶之誉”。按“投醪之誉”典出《吕氏春秋·顺民》：“越王苦会稽之耻……下养百姓，以来其心。有甘脆不足分，弗敢食；有酒流之江，与民同之。”后因以“投醪”指与军民同甘苦，《翁氏宗谱》误。

［13］“犷俗”，《翁氏宗谱》作“扩俗”，误。

［14］“豹狼”，《翁氏宗谱》《铅印本》皆误作“豺狼”。

［15］“偶经斗蚁，遂决辞龟”，《翁氏宗谱》作“偶惊阙蚁，遂决乱解”。

［16］“睹攀车”，《翁氏宗谱》作“攀睹车”，误。

［17］“殒泪”，《翁氏宗谱》作“殒涕”。

［18］“无襦有袴”，《翁氏宗谱》作“无祸有袴”。按“无襦有袴”典出《后汉书·廉范传》：“（蜀郡）旧制禁民夜作，以防火灾，而更相隐蔽，烧者日属。范乃毁削先令，但严使储水而已。百姓为便，乃歌之曰：‘廉叔度来何暮，不禁火，民安作，

平生无襦今五绔'。"《翁氏宗谱》误。

［19］《翁氏宗谱》夺"岂"字；"何晏"，《翁氏宗谱》作"何宴"，误。

［20］"俄生荒莠"，《翁氏宗谱》作"俄闻生莠"。按"忽集青蝇"正可与"俄生荒莠"相对，当从《族谱》。

［21］"固骄矜之自刭，亦鼎刑之难逃"，《翁氏宗谱》作"骄矜之自拟，亦刑典之难逃"。"形"，当从《翁氏宗谱》之"刑"，《铅印本》径改。

［22］"已承大赐"，《翁氏宗谱》作"已成天赐"。

［23］"十乘"当作"千乘"，据《翁氏宗谱》改，《铅印本》径改。

［24］"故将军之再至霸陵，何妨夜猎？前召父之重来旧地，更长子孙"，《族谱》缺，据《翁氏宗谱》补。

［25］"虽昼锦之或殊，亦绣衣之何异"，《翁氏宗谱》作"虽画绣之或殊，亦衣锦之何异"。

［26］"外须"，《翁氏宗谱》作"事须"；"请"，《翁氏宗谱》作"清"，误。

［27］"八月四日"，《翁氏宗谱》作"八月二十四日"，未知孰是，存疑待考。

（五）《加翁郜朝请大夫检校尚书右仆射白麻》[1]

竭赤忠以事君，人臣之大节；筑斋坛而拜将，[2]王者之盛威。[3]苟非强干之才，[4]难荷藩垣之任。[5]其有早扬茂效，方积去思，[6]俾伸款塞之威，[7]宜锡建牙之命。爰于是日，特降殊恩。[8]具官翁郜，[9]早挺将才，夙怀武略。[10]负陇上山西之气，得玉匣（钤）金匮之文。[11]加以志慕功名，心怀儒术。[12]掷班超之笔，能历岁时；[13]

敦郤谷之书，[14] 未忘晷刻。[15] 自顷分吾忧寄，[16] 御彼边陲，积粟训兵，安人和众。威望远同于颇牧，机谋动合于孙吴。［故得接充于蕃情，善固于吾圉，］[17] 致夷狄绝贪婪之患，[18] 垣墙无战伐之劳。永念功庸，宜加宠奖；矧当关帅，[19] 尤善得人。是宜委以双旌，俾之复临故土；仍进右端之秩，兼升驭贵之阶。用陟前劳，更观懿德。[20] 于戏！政理之道，官在得人。[21] 以德化者感必深，以利驱者过必在。[22] 在乡参量中道，[23] 抚宁一方，无替初忠，[24] 以康后裕。[25] 可加授朝请大夫、[26] 检校尚书右仆射，[27] 余如故。主者奉行。

乾宁元年八月二十三日翰林院学士王溥行。[28]

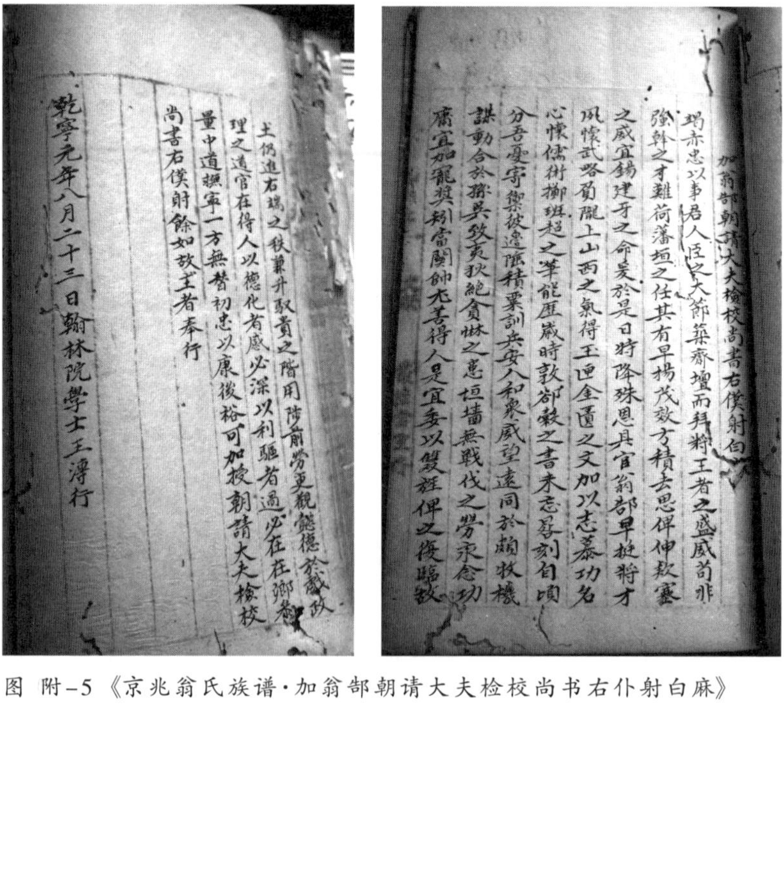
加翁郜朝請大夫檢校尚書右僕射白
竭赤忠以事君人臣之大節築齋壇而拜將王者之盛威苟非
強幹之才難荷藩垣之任其有早揚茂效方積忠思俾伸效塞
之威宜錫建牙之命爰於是日特降殊恩具官翁郜早挺將才
夙懷武略罰龍上山西之氣得玉匣金匱之文加以志慕功名
心懷儒術擲班超之筆能歷歲時敦郤穀之書未忘晷刻自頃
分吾憂寄禦彼邊陲積粟訓兵安人和衆威望遠同於頗牧機
謀動合於孫吳致夷狄絕貪婪之患垣墻無戰伐之勞永念功
庸宜加寵獎矧當關帥尤善得人是宜委以雙旌俾之復臨故
土仍進右端之秩兼升馭貴之階用陟前勞更觀懿德於戲政
理之道官在得人以德化者感必深以利驅者過必在在鄉參
量中道撫寧一方無替初忠以康後裕可加授朝請大夫檢校
尚書右僕射餘如故主者奉行
乾寧元年八月二十三日翰林院學士王溥行

图 附-5《京兆翁氏族谱·加翁郜朝请大夫检校尚书右仆射白麻》

[题解]

对于此制，《翁氏宗谱》题作《加朝请大夫检校仆射白麻》，或可拟名为《授翁部朝请大夫检校尚书右仆射制》。

[校注]

[1]“仆射”，《铅印本》误为“朴射”。

[2]“斋坛”，《翁氏宗谱》作“坛坫”，《铅印本》作“齐坛”，误。

[3]“盛威”，《翁氏宗谱》作“威仪”。

[4]“强干”，《翁氏宗谱》作“倜傥”。

[5]“任”，《翁氏宗谱》作“寄”。

[6]“去思”，《翁氏宗谱》作“志思”，误。

[7]“款塞”，《铅印本》作“疑塞”，误。

[8]“特降殊恩”，《翁氏宗谱》作“特降恩休前”，当从《族谱》。

[9]“具官”，《翁氏宗谱》作“具位”。

[10]“怀”，《翁氏宗谱》作“标”。

[11]“玉匣金匮”，《翁氏宗谱》作“玉钤金匮”。按，“匣”和“匮”文意重复，且传世典籍中未见“玉匣金匮”代指诏书者。对于“玉钤金匮”，《文苑英华》卷四五六《授李业郑滑節度使契苾通振武節度使制》、卷四五七《授張鐇彰义军節度使制》、卷四五八《授苏文建邠州节度使制》等多有使用，故据《翁氏宗谱》改。

[12]“怀”，《翁氏宗谱》作“明”。

[13]“能”，《翁氏宗谱》作“已”。

[14]“郜谷”，《铅印本》作“却谷”，误。

[15]“晷刻”，《翁氏宗谱》作“刻晷”，误。

[16]“自顷”，《翁氏宗谱》作“自须”，误。

[17] “故得接充于蕃情，善固于吾圉”，《族谱》阙，据《翁氏宗谱》补。“圉”，《翁氏宗谱》原作“闺”。

[18] “致”，《翁氏宗谱》作“驭”。

[19] “矧当关帅”，《翁氏宗谱》作“矧当阙帅”，误。

[20] “懿德”，《翁氏宗谱》作“懿绩”。

[21] “官在得人”，《翁氏宗谱》作“存举在人”。

[22] “以利驱者过必在”，《翁氏宗谱》作“以刑威者过必失”；“在”，《铅印本》误作“化”。

[23] “在乡”，《翁氏宗谱》作“其在”。

[24] “初忠”，《翁氏宗谱》作“初心”。

[25] “后裕”，《翁氏宗谱》作“远俗”。

[26] 《翁氏宗谱》夺“加授”二字。

[27] “右仆射”，《翁氏宗谱》作“左仆射”，《铅印本》误作“右朴射”。按诏书中有“仍进右端之秩”等语，故当以《族谱》为是。

[28] 对于诏书颁布时间及拟者，《翁氏宗谱》阙。

（六）《奏状》

河西节度使臣翁郜谨言：伏奉宣旨，以臣充河西节度使。臣当远地，僻在穷荒，官员多阙，[1] 累因摄职，皆至重难，敢不奏闻？[2] 内有摄节度推官、[3] 备补将仕郎、试太常协律郎刘翔（翱），[4] 年四十，本贯京兆府万年县［洪固乡］胄贵里。[5] 叔［祖］汾为户［曹］，[6] 曾祖千，祖冶，父楚茨。[7] 其形黄白色，有髭须，处重难而不挠，持公正以居先。又前件所奏郑晃等三十人，深详事理，各有行能，并乞天恩，特赐一官。所冀籍其干事，同葺凋残，干冒宸衷，毋（无）任战越屏营之至。[8] 谨奏。

乾宁三年正月二十三日。[9]

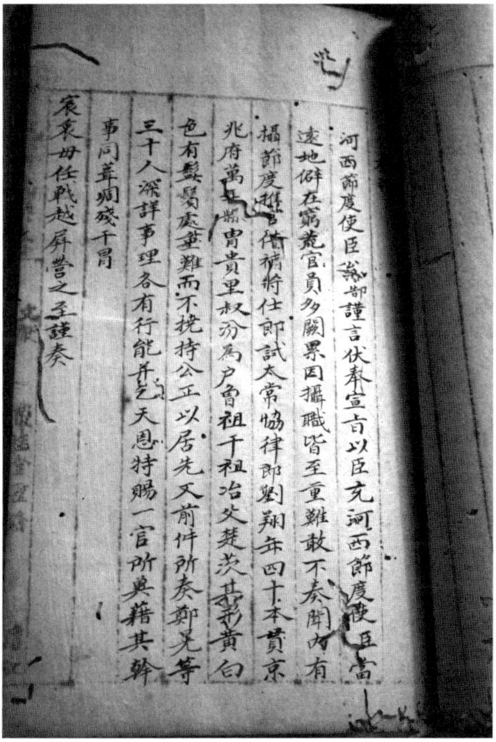

河西節度使臣翁郜謹言伏奉宣旨以臣充河西節度使臣當
遠地僻在窮荒官員多闕累因攝職皆至重難敢不奏聞內有
攝節度推補將仕郎試太常協律郎劉翔年四十本貫京
兆府萬年縣胄貴里叔分爲户曾祖千祖冶父楚茨其形黃白
色有鬚髯處艱難而不撓持公正以居先又前件所奏鄭晃等
三十人深詳事理各有行能并乞天恩特賜一官所冀藉其幹
事同葬殉殘干冒
宸衷毋任戰越屏營之至謹奏

图 附-6 《京兆翁氏族谱·奏状》

[题解]

此件文献《翁氏宗谱》漏收。对于此件文书的标题，《族谱》原题作《奏状》，《铅印本》改为《部公河西节度使奏状》。根据《唐六典》卷一“三师三公尚书都省”条的记载，“凡下之所以达上”有“表、状、笺、启、牒、辞”。其中，“表上于天子，其近臣亦为状”。但实际状上皇帝者，并不限于朝廷近臣。中村裕一《唐代制勅研究》（东京：汲古书院，1990年）第三章第二节之四《状的用途》中列举了大臣上皇帝状的5种类型：谢状、贺状、荐举状、进贡状和杂奏陈请。而S.5566所收《谢幕府转职状》为沧州节度使浑侃为感谢唐朝皇帝为其所荐举的幕僚授官，于大中晚期至咸通初年前后所上的一件谢状（参吴丽娱《关于敦煌S.5566书仪的研究——兼论书仪中的“状”》，国家图书馆善本特藏部敦煌吐鲁番学资料中心编《敦煌学国际研讨会论文集》，北京：北京图书馆出版社，2005年，第73—86页）。所以，此件文书当名之以状。与此同时，《族谱》及《铅印本》所题皆不能准确反映状文的内容，故当拟名为《荐摄河西节度推官刘翱等人状》。此外，此状及下文所提及之告身又见于《刘氏宗谱》。从内容上看，后者显然是对奏状及告身的整合，双方在文字上难以一一对应。

[校注]

[1]“阙”，《铅印本》作“缺”，误。

[2]“敢不奏闻”，《铅印本》作“不以奉闻”，误。

[3]“摄节度推官”，《铅印本》作“摄节度使推官”，“使”字衍。

[4]“刘翱”，《族谱》原作“刘翔”。据周必大《文忠集·朝请郎致仕刘君（大成）墓志铭》及叶留《为政善报事类》引胡一桂《人伦事鉴》，可知唐末出任摄河西节度推官，且最终定居于建阳之麻沙的为刘翱。此外，《上虞刘氏宗谱》卷首《刘氏宗支源流实录传》亦载刘仁晦仕唐，官至金紫光禄大夫，生三子：长翱、次翔、季翾。其中，刘翱居官建州，遂家于建阳之麻沙；次子刘翔，官金吾卫大将军，官建德军，遂家于淳安之五夫里。而《翁氏宗谱》所收宋元祐四年翁屼山撰《原姓录》，亦记载唐末翁郜与妻舅刘翱赴闽，刘翱居麻沙。《刘氏宗谱·荐富春公疏》亦载由翁郜求官者为“刘翱”。以上资料都可以证明，唐末因任建阳尉而最终定居麻沙者确为刘翱，而非其弟刘翔。此外，翁郜在为刘氏求官的同时，又言“前件所奏郑晃等三十人”，证明其不在30人之列，而后文所列的30人名单中却又包括刘翔，这也反证翁郜所荐的摄河西节度推官为刘翔之兄刘翱。族谱编修者或据郑晃等30人的名单，将状文中的“翱”改为“翔”。

[5]“洪固乡”，据《刘氏宗谱》补。

[6]“祖”“曹”，据《刘氏宗谱》补。

[7] “千”“冶”“楚茨”，《刘氏宗谱》分别作“于”“沼”“楚次”。

[8] “无任战越”，《族谱》原作“毋任战越”，当因音同而致误。

[9] “乾宁三年正月二十三日”，当为翁部奏状所作之日。而《铅印本》将其归入奏状附件，并将其视为敕旨颁发的时间，误。

（七）《乾宁三年刘翱将仕郎告身》

奉敕旨宜授建宁（阳）县尉，[1] 仍付所司。附申敕头翁鄰，合依本阶序。右一人拟将仕郎，从九品下，守建州建阳县尉，定从九品下。准敕授。

尚书左仆射，尚书右仆射，[2] 中奏（奉）大夫、[3] 吏部侍郎、上柱国、赐紫金鱼袋臣□，[4] 金紫光禄大夫、[5] 守吏部尚书、兼判互（左）铨东铨事、[6] 上柱国、彭城郡开国公、食邑一千户臣等，[7] 谨件翁鄰、郑晃、纪绍远、宋荀、赵逢、姜瑑、卢轲、王薰、[8] 崔章、冯焕、焦弘本、安行旻、魏延嗣、徐谔、卢蔼、崔彻、唐郇、王鄂、[9] 狄昭明、解黄中、王俶、延辉、吴俨、杨蔼、刘翔、焦兵毕、[10] 赵龟、柳沂、刘延嗣、宋廷雍等三十人，拟官如右，谨次（以）申阙（闻），[11] 谨奏。

乾宁三年六月十八日朝奉郎、[12] 行尚书吏部员外郎、上柱国、赐绯袋卢诜上志。

[题解]

此件告身与《族谱·奏状》连抄，《翁氏宗谱》漏收。标题为笔者所加，《铅印本》则作“附件”。据文书内容，本件应属奏授告身式的第一部分，即尚书省吏部所拟授刘翱等人建阳县尉

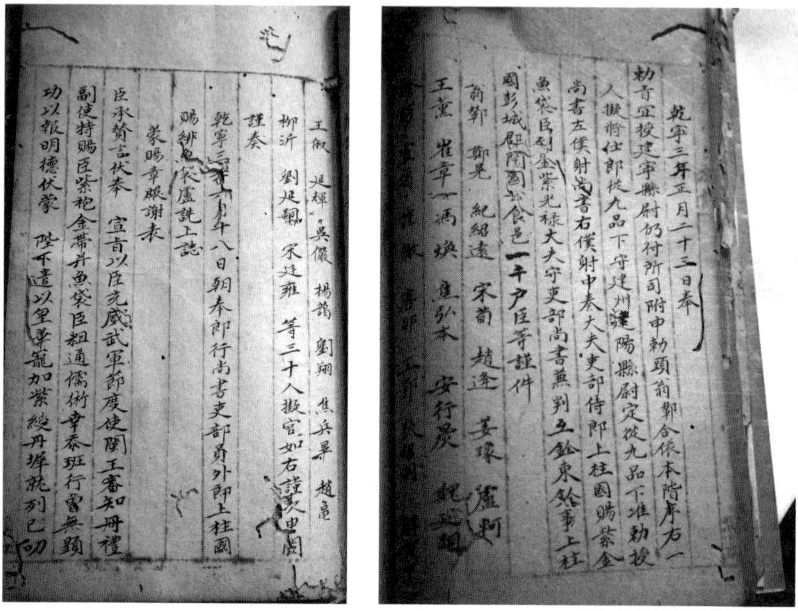
乾寧三年正月二十三日奉
勅旨宜授建寧縣尉仍付所司附申勅頭銜郭合依本階序右一
人擬將仕郎從九品下守建州建陽縣尉定從九品下堆勅授
尚書左僕射尚書右僕射中泰大夫吏部侍郎上柱國賜紫金
魚袋臣劉崇光祿大夫守吏部尚書兼判五銓東銓事上柱
國彭城郡開國公食邑一千戶臣等謹件
銜郭 鄭晃 紀紹遠 宋蔔 趙逢 姜琢 盧輞
王薫 崔章 馮煥 崔弘本 安行晟
王徹 廷楫 吳儼 楊蔚 劉翔 焦兵畢 趙
柳沂 劉廷颽 宋廷雍 等三十人擬官如右謹奏申聞
謹奏
乾寧三年 月十八日朝奉郎行尚書吏部員外郎上柱國
賜緋魚袋盧說上誌
蒙賜章服謝表
臣承貽言伏奉 宣旨以臣充威武軍節度使閩王審知冊禮
副使特賜臣紫袍金帶并魚袋臣粗通儒術章泰班行曾無顯
功以報明德伏蒙 陛下遣以望華寵加紫綬冊墀就列已叨

图 附-7《京兆翁氏族谱·乾宁三年刘翱将仕郎告身》

的申奏部分。但《族谱》整理者在将告身抄入族谱时，省略了奏授告身式的后三部分，即门下省官员的逐级读审和御笔画“闻”；吏部官员署名及“告具官姓名计奏被旨如右，符到奉行”；吏部办事人员署名，签年月日下发。此外，对于告身所存的内容，也存在省略的现象。告身的定名，参郭桂坤《文书之力：唐代奏敕研究》，北京：商务印书馆，2023年，第257—258页。

[校注]

[1]“授”，《铅印本》作“援”，误。“建阳”，《族谱》原作“建宁”，但其下文又记授刘翱“建州建阳县尉”。按两《唐书·地理志》载唐代建州所领为建安、浦城、邵武、建阳、将乐、沙等县，并无建宁县之建置。此外，《朝请郎致仕刘君（大成）墓志铭》也明确记载刘翱为建阳县尉，故《族谱》此处

所载或为翁氏后人整理时人为改动。

［2］“尚书左仆射”“尚书右仆射”人名阙，当为《族谱》整理者所删。

［3］“中奉大夫”，《族谱》原作“中奏大夫”，误。同时，作为文散官，“中奉大夫”至宋朝方出现。所以，此处的“中奉大夫”或为“中散大夫”之讹。

［4］此位吏部侍郎之名为单字，其左半残缺，右半为“刂”。严耕望《唐仆尚丞郎表》（北京：中华书局，1986年，第621—624页）共辑录昭宗朝吏侍14人，其中未有与《族谱》所载相合者，其人待考。

［5］“金紫光禄大夫”，《铅印本》作“紫金光禄大夫”，误。

［6］“兼判左铨东铨事”，《族谱》原作“兼判互铨东铨事”。按唐代吏部铨选有“三铨”之称，即尚书铨、中铨（后又改为西铨）及东铨，而无“互铨”之名。吏部侍郎两人分掌中铨（西铨）及东铨。《册府元龟》卷六三一《铨选部·条制三》记载吏部侍郎分居“两铨侍郎厅”。其中，“居左”者掌东铨；“居右”者掌西铨。可能是掌东铨之侍郎阙任，而由吏部尚书兼判东铨事，故“互”当为“左”之讹。对于唐代铨选的情况，参王勋成《唐代铨选与文学》，北京：中华书局，2001年。

［7］“臣”后人名阙，当为《族谱》整理者所删。

［8］“王薰”，《铅印本》作“王董”，误。

［9］“王鄂”，《铅印本》遗漏，据原卷补。

［10］“焦兵毕”，《铅印本》作“焦兵华”，误。

［11］“谨次申阙”，据仁井田陞《唐令拾遗》（东方文化学院东京研究所，1933年，第564页）所复原的“奏授告身式”，当作“谨以申闻”。

［12］“乾宁三年六月十八日”，《刘氏宗谱》作“唐乾宁三年正月二十八日”。如翁部为刘翱等人求官的时间确为乾宁三年正月二十三日，考虑到状达长安及唐政府决策的时间，唐政府在短短5天之后即颁布告身的可能性并不大。但如果翁部在上状求官时，其身在长安，则在时间上不再存在障碍。此外，如从文字传抄流传的角度来看，“正”误为“六”的可能性要更大。不过，由于没有确切的证据，对于此制颁发的时间只能存疑，希望今后能通过新材料的发现加以明确。

附录二：关于新出《张淮澄墓志》（拓片）的若干质疑

根据敦煌文献《张淮深碑》的记载，大中七年（853）张议潮之兄张议潭离开敦煌前往长安，沙州刺史之职由其子张淮深继任。咸通八年（867），归义军节度使张议潮被迫归阙长安，张淮深则代掌归义军，归义军的控制权暂时完成了由议潮系向议潭系的过渡。对于张议潮归阙的原因，学术界多推测系此前在长安充当人质的议潭病故，故唐中央强招议潮入朝。笔者在前文中根据P.3730正面抄录书状排列的顺序，指出张议潭应卒于张议潮入京之后，所以张议潮归阙与张议潭逝世之间并没有必然的联系。此外，自2017年以来，《乾陵文化研究》《敦煌学辑刊》《西华师范大学学报》先后刊出4篇以《张淮澄墓志》拓片（以下简称"墓志"）为核心史料的论文，对张淮澄的生平及该墓志的价值进行了全面讨论[①]。根据墓志所载，张淮澄为张议潭之子，张淮

---

① 李宗俊《唐〈张淮澄墓志〉跋》，《乾陵文化研究》第11辑，西安：三秦出版社，2017年，第213—216页；王庆卫《新出唐代张淮澄墓志所见归义军史事考》，《敦煌学辑刊》2017年第1期，第12—21页；郑怡楠《新出〈唐敦煌张淮澄墓志铭并序〉考释》，《敦煌学辑刊》2017年第1期，第22—36页；

图 附-8 《张淮澄墓志》拓片 王庆卫先生提供

深之胞弟；大中七年其跟随父议潭及母索氏入京；大中十二年（858）至咸通二年（861）之间的某段时间，其丁忧之际，因“哀毁过礼”，而被“优诏夺情起复”；咸通八年三月，借张议潮入朝之机而得以晋升；咸通九年（868）五月卒于长安，葬于万年县崇义乡刘村。如墓志的真实性没有问题，则可确定张议潭卒于大中十二年至咸通二年之间，由此也将颠覆学术界以往所做出的“张议潮因张议潭之死而入朝”的结论，重要性不言而喻。但

（接上页）王使臻《敦煌文献P.3730V书信与出土〈唐张淮澄墓志〉的联系》，《西华师范大学学报（哲学社会科学版）》2020年第1期，第9—14页。本文所利用的墓志录文，主要参考了李宗俊、王庆卫两位先生的大作。

细读墓志之后，笔者却对墓志的内容产生了诸多疑问。为了更好地说明问题，现将心中疑惑按墓志所述内容的次序罗列如下，以供学界朋友批评。

其一，从时代背景看，墓志所载的张淮澄之南阳郡望，与此时张议潮家族所自称的清河郡望相背离。

墓志题额称张淮澄为“南阳张府君”，正文则载“其先南阳人也”。此外墓志中还多次以“南阳公”称呼张议潮，如序文中载“宣宗朝，司空南阳[公]秉神勇之术，英杰[之材]，以故地东归”；铭文则有云“南阳公有盖世之勋”。可见，墓志撰写者认为张议潮及张淮澄的郡望为南阳。但据敦煌文献所载，可知最迟自张议潮之父张谦逸开始，一直到张淮深执掌归义军之初，张议潮家族所自称的郡望都是清河，而非南阳。如P.3551《药师琉璃光如来赞并序》记载：“则有清河张，敦煌郡大都督赐紫金鱼袋并万户侯，其公则威光奕奕，皎似珠星；精彩岩岩，净如冰雪。授赐南朝，拜谢重恩；腾星进路，德奉天庭；承恩回还，暗色来侵，不皇（遑）本郡。”①对于这位曾担任敦煌郡大都督的“清河张”，郑炳林先生将其比定为张议潮之父张谦逸②，得到学术界的普遍认可。上文所引张球撰P.3425《金光明变相一铺铭并序》记载张议潮入朝之初，张淮深自称为“使持节沙州刺史充归义军兵马留后当管营田等使守左骁卫大将军赐紫金鱼袋清河张厶乙”，可知张氏家族仍自称清河。在张淮深执掌归义军的后期，敦煌文献中才出现其自称南阳郡望的记载。邓文宽先生认为张淮深在中和三年（883）和中和四年（884）两次击败甘州回鹘之

① 《法藏敦煌西域文献》第25册，第230页。

② 昞麟《张谦逸在吐蕃时期的任职》，《敦煌学辑刊》1993年第1期，第83页。

际，被唐政府赐爵“南阳郡开国公”，由此成为其自称南阳的依据[①]。笔者则认为张淮深两败回鹘的时间当在乾符三年（876）及乾符四年（877）[②]。如张淮深改称南阳为郡望与两败回鹘的时间确实存在关联，则其改称南阳最早应在乾符年间。虽然张淮深改称南阳郡望，但该做法并没有得到张氏家族的支持，甚至在其至亲中仍有人自称清河郡望。P.3556《敦煌郡灵修寺张戒珠邈真赞并序》即载：“阇梨者，即前河西陇右一十一州张太保之贵姪也。父，墨离军诸军事使［持节］守瓜州刺史金紫光禄大夫检校工部尚书兼御史大夫上柱国张公之的子矣。阇梨乃莲府豪宗，叶崆山之瑞彩；清河贵泒，禀洛雪之奇姿。”[③]按照邈真赞所载，张戒珠为张议潮之侄女，其所称的郡望仍然为“清河贵泒”。张淮澄卒于咸通九年五月三日，时间与称张淮深为“清河张厶乙”的P.3425《金光明变相一铺铭并序》的写作时间相近。如张淮澄的丧葬确由其叔张议潮营办，恐难以接受墓志撰写者肆意改换其家族郡望的做法。

其二，墓志关于张淮澄“高王父尚书公孝嵩……自燉煌督护迁于北都，留其少儿抚临沙郡”的记载与史实不符。

高王父，即高祖，也就是说张孝嵩为张淮澄四世祖。郁贤皓《唐刺史考全编》根据敦煌文献P.3721《瓜沙古事系年》及S.5448《敦煌录》所载，认为张孝嵩自开元三年起曾任沙州刺史[④]。但正如李正宇、高启安先生所指出的那样，张孝嵩在开元三年

---

① 邓文宽《归义军张氏家族的封爵与郡望》，中国敦煌吐鲁番学会编《敦煌吐鲁番学研究论文集》，上海：汉语大词典出版社，1990年，第600—614页；邓文宽《张淮深平定甘州迴鹘史事钩沉》，第86—98页。

② 李军《晚唐归义军节度使张淮深再收瓜州史事钩沉》，64—71页。

③ 郑炳林、郑怡楠辑释《敦煌碑铭赞辑释（增订本）》，第947页。

④ 郁贤皓《唐刺史考全编》，第501页。

出任北庭都护之际，只是途经沙州，而非出任沙州刺史。P.3721《瓜沙古事系年》所载的沙州刺史张孝嵩斩龙的传说，只是将张读《宣室志》中“沙州黑河”条中北庭都护张孝嵩之事迹穿凿附会而已①。其后，张孝嵩先是出任安西副都护，并于开元七年至十二年间任安西都护②。《旧唐书·杜暹传》载“（开元）十二年，安西都护张孝嵩迁为太原尹”③；《旧唐书·张嵩传》载：“又以张嵩为安西都护以代（郭）虔瓘。嵩身长七尺，伟姿仪。初进士举，常以边任自许。及在安西，务农重战，安西府库，遂为充实。十年，转太原尹，卒官。”④张嵩，显然是张孝嵩之误。

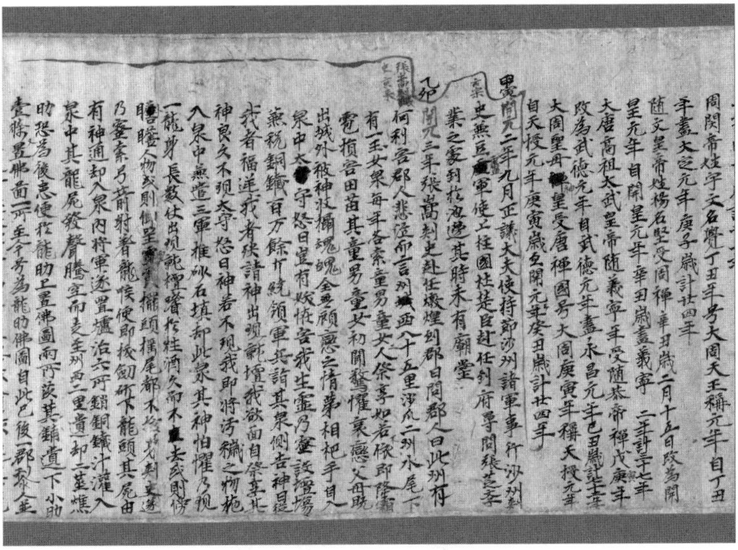

图 附–9　P.3721《瓜沙古事系年》（局部）

① 李正宇《古本敦煌乡土志八种笺证》，台北：新文丰出版公司，1998年，第218页；赵红、高启安《张孝嵩斩龙传说探微》，《西北师范大学学报（社会科学版）》2004年第1期，第70—76页。

② 郁贤皓《唐刺史考全编》，第520—521页。

③《旧唐书》卷九八，第3076页。

④《旧唐书》卷一〇三，第3189页。

虽然《旧唐书》中对于张孝嵩转任太原尹的时间有异，但均记载其由安西都护改任太原，而并非由沙州改任[①]。更何况，唐朝历史上何曾出现过“燉煌督护”这样的职官设置？

其三，对于张淮澄之祖张谦逸的赠官，墓志载“皇累赠至兵部尚书”；而P.2913v《张淮深墓志铭》却载为“祖曰谦逸，工部尚书”[②]，两种记载不符。

其四，对于张淮澄之父张议潭之名及终任官，墓志载为“父曰义潭，皇左骁卫将军，检校右散骑常侍”，均与实际情况不符。

对于议潭之名，绝大多数传世文献均误为“义潭”，而记载张淮深世系的敦煌文献《敕河西节度兵部尚书张公德政之碑》（以下简称《张淮深碑》）、P.2913v《张淮深墓志铭》、P.3556

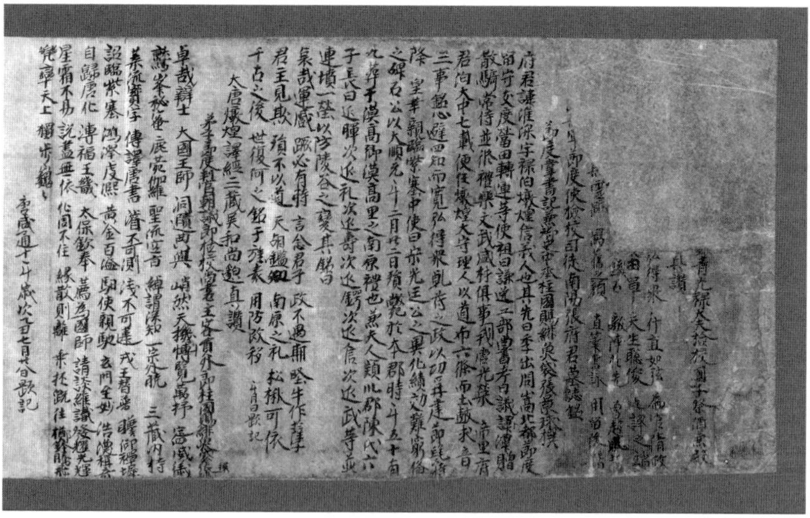

图 附-10 P.2913v《张淮深墓志铭》

① 对于张孝嵩由安西都护改任太原尹之事，《新唐书》卷一二六《杜暹传》及卷一三三《郭虔瓘传》也皆有记载（《新唐书》，第4420、4544页）。
② 《法藏敦煌西域文献》第20册，第50页。

《张氏墓志铭并序》均载为“议潭”，可与其弟“议潮”之名相应。既然有张议潮在京操办张淮澄之葬礼，墓志中误写议潭之名的现象就很难理解了。此外，对于张议潭所任职衔的情况，中和二年（882）沙州军民为张淮深所立之《张淮深碑》有载：“皇考讳议潭，前沙州刺史、金紫光禄大夫、检校鸿胪大卿、守左散骑常侍、赐紫金鱼袋。入陪龙鼎，出将虎牙，武定文经，语昭清史……宠寄殊功，荣班上列，加授左金［吾］卫大将军……春秋七十有四，寿终于京永嘉坊之私第，诏赠工部尚书。”[①]《张淮深碑》记载张议潭的检校官为“鸿胪大卿”，可与P.3804《开经文》中所载的“又持胜福，我入奏鸿胪大卿，伏愿……朱门授职，佥对台阶”相对应。该《开经文》在为张议潭祈福之前，还曾为“我当今大唐咸通皇帝”“东宫皇太子”“河西节度使、司空、开国公”“敕授金紫鱼袋刺史张公”等人祈福[②]，证明该件文书作于懿宗咸通年间。据荣新江先生研究，张议潮由仆射改授司空应与其咸通二年收复凉州有关[③]。如此，则该《开经文》的写作时间当在咸通二年或之后，这也就与墓志所载咸通二年之前张议潭已卒的信息相矛盾。此外，在《张淮深碑》中“左散骑常侍”为张议潭所“守”之官，也就证明在作者悟真（或张球）看来，该官并非检校官，而是与散官相配的职事官。入朝后，张议潭升任左金吾卫大将军（正三品）的武职事官，卒后赠工部尚书（正三品），均要比《张淮澄墓志》所载的左骁卫将军（从三品）和检校右散骑常侍荣耀。墓志不载张议潭品级更高的终任官及赠官而另起炉灶的做法，是非常反常的。

其五，对于张淮澄之母，墓志载为“母曰索氏，姑臧县君，

---

① 荣新江《归义军史研究》，第402—403页。

② 《敦煌西域文献》第28册，第104—105页。

③ 荣新江《归义军史研究》，第68页。

即东晋靖之裔也”，内容与敦煌文献不合，与史实相悖。

对于张淮深之母索氏，《张淮深碑》载为“（议潭）夫人，钜鹿郡君索氏，晋司徒靖十七代孙。连镳归觐，承雨露于九天；鸿泽滂流，占京华之一媛”[①]。对于索氏的邑号，墓志载为“姑臧县君”，《张淮深碑》却载为“钜鹿郡君”，两者不合。索靖生于曹魏景初三年（239），卒于西晋惠帝太安二年（303），世人皆谓之西晋人士。墓志将其载为“东晋靖”，显然是天大的误会。

其六，对于张淮深沙州刺史之职的承继关系，墓志与敦煌文献所载不合。

对于张淮澄之兄张淮深的情况，墓志载：“兄曰淮深，幼有胆气材略，代季父司空为沙州刺史。”但据《张淮深碑》所载，张淮深之父议潭在大中七年入朝之前，就已经担任了沙州刺史；在议潭入朝后，淮深“诏令承父之任，充沙州刺史、左骁卫大将军”[②]。由此可知，张淮深的沙州刺史之职是经由诏命，承继自父亲议潭，而非所谓的“季父司空”，即张议潮。

其七，墓志所载张淮澄的生平貌似不同于常人，但其实根本就没有事迹可言。其存在的价值只是为了与张议潭入朝、张议潭之死、张议潮入朝等敦煌学界格外关心的三件大事相关联。

按照墓志所载，张淮澄卒于戊子年（咸通九年）五月三日，卒年二十一岁。如此，其当生于大中二年（848）。对其入朝及在中央任职的情况，墓志载：“宣宗朝，司空南阳公秉神勇之术，英杰之材，以故地东归。以同气宿卫，而府君是得先为之使，时大中七年，诏授左威卫丹州通化果毅都尉。九年，转右领军卫左中候。明年，迁昭武校尉、右金吾卫左司阶。……十二年，转福

① 荣新江《归义军史研究》，第403页。
② 荣新江《归义军史研究》，第403页。

王府右亲事典军。旋丁常侍忧，哀毁过礼，将迩灭性。上闻之，优诏夺情起复，改袁王府右亲事典军。咸通二年，转鄂王府帐内典军。三年，迁朝议郎、右骁卫长史。始自武部，升于文行。……又明年，转右卫长史。当去年三月，以司空归阙，典有及亲，擢列朝班，褒其季父也，拜鄂王友。因娶段氏之子为夫人，即相国之孙耳。至戊子年五月三日，寝疾终于京之永嘉里之赐第，时年廿一。”大中二年，张议潮收复沙州，其后又先后收复河西诸州，并于大中五年开始担任归义军节度使。大中七年，张议潭夫妇入朝。张淮澄大中七年跟随父母入朝时仅五岁，一是不合“同气”，即同胞兄弟之意；二是“得先为之使”的是张议潭，而不是五岁小儿张淮澄。从历官情况看，张淮澄入朝后，释褐官即为折冲府的果毅都尉。《新唐书·地理志》载丹州有“同化府”，张沛《唐折冲府汇考》据出土墓志，校订为“通化府”[①]。虽通化府等级不明，但据《新唐书·百官志四》所载，折冲府上府之果毅都尉为从五品下，中府正六品上，下府正六品下[②]。所以张淮澄以幼年之岁，即以至少为正六品下的果毅都尉释褐，可谓超授。张淮澄其后的官职迁转却是跌宕起伏：大中七年，为通化府果毅都尉；大中九年，右领军卫左中候（正七品下）；大中十年，昭武校尉（正六品上阶）、右金吾卫左司阶（正六品上）；大中十二年，福王府右亲事典军（正五品上）；大中十二年至咸通二年间，袁王府右亲事典军（正五品上）；咸通二年，鄂王府帐内典军（正五品上）；咸通三年，朝议郎（正六品上阶）、右骁卫长史（从六品上）；咸通八年，鄂王友（从五品下）[③]。由

① 张沛《唐折冲府汇考》，西安：三秦出版社，2003年，第99—100页。

② 《新唐书》卷四九上，第1287页。

③ 对于张淮澄所担任职事官及散官所对应之品级或品阶，本文皆以《新唐书·百官志》为准。

此可见，在大中七年之初张淮澄仅得授武职事官，三年之后才获得正六品上阶的武散官昭武校尉；又过了六年，散官改换成正六品上阶的文散官朝议郎。此处有三点不通：其一，十五年间，张淮澄职事官改任八次，但最初三年并无匹配的散官；后职事官维持在正六品上，十三年间未有升迁。其二，职事官的品级先是由至少正六品的果毅都尉降为正七品下的右领军卫左中候，又升为正六品上的右金吾卫左司阶，再升为正五品上的王府右亲事典军，在先后改任同品级的王府右亲事典军及帐内典军之后，又降为从六品上的右骁卫长史，最终升为从五品下的鄂王友。张淮澄在五岁至二十岁之间，任官品级经历了降、升、升、平、平、降、升的跌宕起伏的过程。其三，按照墓志所载，张淮澄为父亲议潭服丧之际，皇帝“优诏夺情起复，改袁王府右亲事典军”。如墓志所载正确，则议潭当卒于大中十二年、十三年或咸通元年，而此间淮澄至多为十二岁。就笔者寡闻所见，实在无法理解中央政府将一名十来岁的幼童夺情起复的必要性。总而言之，对于长期无法亲任职事的张淮澄，我们看不出唐政府如此频繁为其改官的必要性，以及无规律任官的目的性。如仅从墓志的表面记载来看，张淮澄在短短的十五年间，竟“九迁爵禄”，并最终迎娶出自相国之门的段氏，可谓少年得志。但墓志除了强行将张淮澄的人生经历与张议潭入朝、张议潭之死、张议潮入朝三件归义军的大事绑定之余，其实根本就没有实际的事迹可言。

其八，张淮澄的葬地与张议潭夫妇并不在一处，与墓志所载的“祔常侍之域”不符。

对于张淮澄的葬地，墓志载“以其年七月十八日葬于京师万年县崇义乡刘村，祔常侍之域，礼也”。换言之，其父张议潭也当葬于万年县崇义乡。但据《张淮深碑》所载，淮深母索氏卒后，“晡西萱草，巨壑沦悲；异亩嘉禾，伤岐碎穗。敕祔葬于月登阁北茔之礼也”[1]。索氏及张议潭之先人未葬于长安，索氏于月登阁北茔所袝葬的只能是其夫张议潭。月登阁，唐代亦作月灯阁，为佛阁。《唐摭言》卷三载：“咸通十三年三月，新进士集于月灯阁为蹙鞠之会。击拂既罢，痛饮于佛阁之上，四面看棚栉比，悉皆褰去帷箔而纵观焉。”[2]该卷又载：“乾符四年，诸先辈月灯阁打毬之会，时同年悉集。无何，为两军打毬，军将数辈，私较于是。新人排比既盛，勉强迟留，用抑其锐。刘覃谓同年曰：‘仆能为群公小挫彼骄，必令解去，如何？’状元已下应声请之。覃因跨马执杖，跃而揖之曰：‘新进士刘覃拟陪奉，可乎？’诸辈皆喜，覃驰骤击拂，风驱雷逝，彼皆愕眙。俄策得毬子，向空磔之，莫知所在。数辈惭沮，俺俛而去。时阁下数千人，因之大呼笑，久而方止。”[3]今西安东郊月登阁村即得名于月登阁。其地位于浐河西畔的高崖之上，地势上南高北低、西高东低，其地西接等驾坡，北连白杨寨、史家湾，南邻腾月湾、马腾（头）空[4]。从地理位置看，月登阁属唐代的龙首乡。

对于崇义乡的具体位置，学界有几种不同的看法。武伯纶先生据大和三年（829）《沔王府咨议参军张侔墓志》及大中四年《内侍省内府局丞王守琦墓志》所载的“窆于万年县崇义乡南姚里”“乡曰崇义，村号南姚”，在将“南姚”比定为今西安雁塔

---

① 荣新江《归义军史研究》，第403页。

② ［五代］王定保撰，黄寿成点校《唐摭言》，西安：三秦出版社，2011年，第51页。

③《唐摭言》，第51页。

④ 对于月登阁与周边地域的关系，可参清人高廷法、陆耀遹等纂《（嘉庆）咸宁县志》，台北：成文出版社有限公司，1969年，第53、73页。对于月登阁村与西安今地的位置关系，可参魏亚萍《关于月登阁的前世今生》，《西安晚报》2012年11月25日第11版“西安地理”。史家湾、马腾空，《（嘉庆）咸宁县志》作史家村、马头空。

图 附-11 位于月登阁村的汉唐墓葬考古工地 李军摄于2020年5月27日

区南窑村的基础上，认为崇义乡应在宁安乡之西[①]。对于宁安乡的位置，武伯纶和史念海先生的判断一致，即位于今曲江南至三兆村一带[②]。故按照武伯纶先生的观点，崇义乡当在长安城东南一隅的凤栖原附近。但其地距离月登阁的直线距离在6公里左右，且与浐河没有产生联系。徐畅《唐万年、长安县乡里村订补》“唐万年县乡里村名一览表”则将崇义乡置于兴教寺周边[③]。兴教寺距离月登阁的直线距离在12.5公里左右，且距浐河较远。由此可知，武氏、徐氏所论或不能成立。

---

① 武伯纶《唐万年、长安县乡里考》，《考古学报》1963年第2期，第87—99页。
② 武伯纶《唐万年、长安县乡里考》，第87—99页；史念海主编《西安历史地图集》“唐长安县、万年县乡里分布图”，西安：西安地图出版社，1996年，第78页。
③ 徐畅《唐万年、长安县乡里村订补》，《唐史论丛》第21辑，西安：陕西师范大学出版社，2015年，第163页。

史念海主编《西安历史地图集》“唐长安县、万年县乡里分布图”将崇义乡绘于通化门正东方向的浐河两岸附近，即今西安东郊韩森寨、十里铺一带[①]。爱宕元《唐代地域社会史研究》著录的五方出土自崇义乡的墓志中，有两方有明确的出土地点。其中，大中二年葬于“万年县崇义乡白鹿原”的《鱼君夫人郑氏墓志》出土自郭家滩，大中四年葬于“万年县崇义乡怀信里南姚村”的《何溢墓志》出土自韩森寨[②]。王原茵《隋唐墓志的出土时地与葬地》收录了六方葬于崇义乡，且出土地点非常明确的墓志。其中，《段晏墓志》《杨公妻高氏墓志》《杨居实墓志》

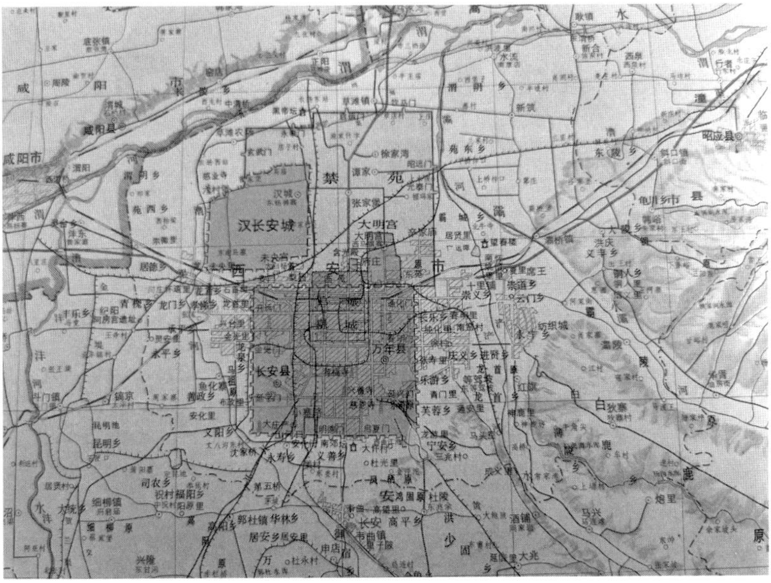

图 附-12　唐长安县、万年县乡里分布图 采自史念海《西安历史地图集》

① 史念海主编《西安历史地理图集》，第78页。

②（日）爱宕元《唐代地域社会史研究》第一章《两京乡里村考》第二节《西京长安》（1）“万年县所管”，京都：同朋舍，1997年，第11—12页。

《何楚长墓志》均葬于万年县崇义乡南姚村，出土自韩森寨；《高义忠墓志》葬于万年县崇义乡，亦出土自韩森寨；《王氏故笄女墓志》葬于万年县崇义乡南姚村，出土自十里铺[①]。根据上述八方可以明确出土地点的墓志，确定唐代的崇义乡当在今西安东郊的韩森寨、十里铺、郭家滩一带，地跨浐河两岸。

研究者过往多将浐川乡、崇义乡视为同时存在的两个乡，但根据学者搜集的墓志等资料，可知浐川乡有崇义里和南姚村，而崇义乡则有南姚里及南姚村[②]。从地理位置论，因浐川乡出土墓志较为丰富，故位置较为明确，即位于今西安东郊浐河之东的韩森寨、高楼村以及浐河之东的郭家滩一带[③]。如将浐川乡、崇义乡、崇义里视为并存的建制，一是太过于巧合，二是名称重复，三是位置重叠。如此看来，崇义乡应该是唐政府以浐川乡崇义里之名改置之乡。可能正是出于此考虑，史念海先生主编的《西安历史地图集》"唐长安县、万年县乡里分布图"仅绘崇义乡而未绘浐川乡。由此看来，对于唐代崇义乡的位置，史念海先生的判断最为准确。

根据学者前期的搜集整理，目前可知浐川乡共有村九个，即北姚村、南姚村、上傅村、郑村、韩傅村、王村、陈村、长乐村、蛇村[④]。墓志所载的"崇义乡刘村"之名属于孤证。月登阁在龙首乡，与崇义乡之间尚有庆义、进贤等乡隔阻。所以，即

① 王原茵《隋唐墓志的出土时地与葬地》，西安碑林博物馆编《碑林集刊》第6辑，西安：陕西人民美术出版社，2000年，第185—206页。

② 程义《隋唐长安辖县乡里考新补》"附表一"，《中国历史地理论丛》2006年第4期，第96页；徐畅《唐万年、长安县乡里村订补》"唐万年县乡里村名一览表"，第161—163页。

③ 武伯纶《唐万年、长安县乡里考》，第87—99页。

④ 徐畅《唐万年、长安县乡里村订补》"唐万年县乡里村名一览表"，第161页。

使“崇义乡刘村”真的存在，也无法与索氏葬地月登阁北茔之位置相匹配。

其九，唐代绝大多数墓志的铭文，多用四字的骈文，而《张淮澄墓志》在铭文中首言“南阳公有盖世之勋，其党复得以为华人”，不仅形式上显得不伦不类，而且也不符合铭文夸耀志主的实际功能。

近年来，随着各种基建项目的剧增及盗掘现象的大量存在，唐代墓志的出土数量激增。各种墓志图版的出版如火如荼，墓志拓片也通过各种渠道得以传播。在已经出版的墓志图录或学者所掌握的墓志拓片中，除大部分墓志属于经过科学的考古挖掘程序出土外，还存在不少墓志来源不明，或者原石收藏情况不明而只见拓片的情况。具体到《张淮澄墓志》而言，目前只见拓片，墓志的出土时间、出土地点、原石现状等各种信息均不详。通过分析墓志拓片的内容，笔者认为其尚存在诸多疑点或者问题。虽不能遽然就断定《张淮澄墓志》为伪作，但学者在利用其内容之前，如能对其真实性进行必要的阐释，应是更为稳妥的做法。在唐代石刻资料大量出现的当下，如何处理史料追新与其真实性的关系，或许在未来很长的时间里都将成为学者所面临的难题。

附录三：敦煌本《唐佚名诗集》作者再议

敦煌本《唐佚名诗集》（以下简称《诗集》）共存诗31首，其中27首抄写于P.2672、S.6234、P.5007三件文献的背面，4首抄写于P.2672的正面[①]。从具体内容看，《诗集》所咏叹的对象主要集中于河陇地区，且多有与晚唐河西政治形态演变、西州回鹘及甘州回鹘等少数民族政权历史密切相关，故为学术界所瞩目。不过由于三件文献分藏于英、法两国，长期以来学术界并没有注意到彼此之间的关联性，所以对于《诗集》的作者、《诗集》与晚唐河陇历史的关联性等重要问题仍存在不同的看法。为更好地利用《诗集》的内容，笔者希望能在学者研究的基础上，对其作者进行讨论。

① 对于《诗集》的命名、录文及存诗数量，参徐俊《敦煌诗集残卷辑考》，第650—662页。对于《诗集》录文，另可参张锡厚主编《全敦煌诗》，第3455—3473、4006、4458—4471页。对于组成《诗集》的三件敦煌文献的正反面关系、抄本形态以及《诗集》与文献正面河西都防御判官何庆四通书札的关系，参荣新江《唐人诗集的钞本形态与作者蠡测——敦煌写本S.6234+P.5007、P.2672综考》，《项楚先生欣开八秩颂寿文集》，第141—158页。

一、研究概况

在学术界对《诗集》进行研究的初期阶段，因条件所限，学者多未能注意到组成《诗集》的三件文献之间的缀合关系，所以对于三件文献的创作时代及作者身份多分别进行讨论。

王重民先生《伯希和劫经录》将P.2672定名为《残诗集》，并认为其作者大概是开元间人，曾在张掖做官，又曾在凉州、沙州、甘州、西州游历①。郑炳林先生首次对诗文内容进行了录文，指出这组诗当作于咸通二年凉州收复之后不久，同时根据创作时代及其所描写的长安至敦煌交通路线上的地点，推测其很可能是悟真的作品②。王志鹏先生根据该卷所载嘉麟县及番禾县的废置及变更情况，推测其创作的时间在713至766年之间，作者是一位曾在张掖任职的边地文吏③。邵文实先生则根据《旧唐书·地理志》所载番禾及嘉麟县的设置时间，推测P.2672的写作时代大致在中宗神龙二年（706）至玄宗天宝二年（743）间，其作者是唐朝出使西域的一位使者④。

对于P.5007，王重民先生定名为《诗四首》，并认为其写作的时间当在大中二年张议潮起义以后⑤。荣新江先生则利用该卷文献所录《伊州》诗之诗题，探讨了乾符年间归义军与西州回鹘

---

① 商务印书馆编《敦煌遗书总目索引》，第270页。

② 郑炳林《敦煌碑铭赞辑释》，兰州：甘肃教育出版社，1992年，第126—127页。

③ 王志鹏《敦煌P.2672卷残诗集内容考释》，《敦煌研究》1998年第3期，第136—140页。

④ 邵文实《敦煌边塞文学研究》，兰州：甘肃教育出版社，2007年，第237页。

⑤ 王重民《〈补全唐诗〉拾遗》卷三《敦煌人作品》，陈尚君辑校《全唐诗补编》，北京：中华书局，1992年，第85页。

的关系[①]。对于诗歌的作者，项楚先生推测其或许是一个不得意的文人[②]。

对于S.6234，刘铭恕先生《斯坦因劫经录》较为简略地将其定名为《诗》，在说明中其指出包含《因国（?）十一求干脯》《问友人疾》《酒泉太守》等篇[③]。陈祚龙先生在《敦煌古钞中世诗歌一续》一文中，对该件文献所抄的8首诗歌进行了辑录[④]。其后，项楚先生又在陈祚龙先生录文的基础上，对S.6234诗集的内容进行了重新校订，认为诗集应是安史之乱以前的作品，并推测作者或曾出任过沙州（敦煌）太守[⑤]。

徐俊先生最早对S.6234与P.5007两件文献进行了缀合，并指出P.2672与上述两件文献应属于同一个诗集写本，《诗集》作者似为客游河西的中原士人，时代在晚唐张氏归义军时期[⑥]。荣新江先生则在成功复原《诗集》抄本形态的基础上，明确指出《诗集》所抄写的一面为文献的背面，而文献正面河西都防御判官何庆四通书札的收信者应就是《诗集》的作者[⑦]。

此外，正如荣新江先生所言，作为《诗集》抄写载体的书札之粘贴是随机的，故不能根据书札的内容作为P.5007+S.6234和

① 荣新江《归义军及其与周边民族的关系初探》，第24—44页；荣新江《敦煌邈真赞所见归义军与东西回鹘的关系》，《敦煌邈真赞校录并研究》，第79页；荣新江《归义军史研究》第十一章《归义军与西州回鹘之关系》，第358—359页。

② 项楚《敦煌诗歌导论》，成都：巴蜀书社，2001年，第260—261页。

③ 商务印书馆编《敦煌遗书总目索引》，第238页。

④ 陈祚龙《敦煌学海探珠》，台北：台湾商务印书馆，1979年，第173—175页。

⑤ 项楚《敦煌诗歌导论》，第227页。

⑥ 徐俊《敦煌诗集残卷辑考》，第650—662页。

⑦ 荣新江《唐人诗集的钞本形态与作者蠡测——敦煌写本S.6234+P.5007、P.2672综考》，《项楚先生欣开八秩颂寿文集》，第141—158页。

P.2672前后顺序的判断依据。不过可以明确的是，书札的粘连在前，《诗集》的整理和抄写在后，故作者在进行诗文誊写时，对于诸诗的排列次序应有所考虑。从歌咏的对象看，《诗集》所收诸诗多与河西地域及文化风貌有关，其中P.2672v抄有《胡桐树》（凉州）、《焉耆》《番禾县》（凉州）、《金河》（振武军）、《平凉堡》（原州）、《嘉麟县》（凉州）、《铁门关》（焉耆）、《特牛沙》（洛阳），S.6234v抄有《酒泉太守》《西州》，P.5007v抄有《酒泉》《敦煌》《寿昌》《伊州》。从《诗集》的内容看，其所记述的地域及风貌有一个大致自东而西排列的规律。所以，笔者认为作为构成《诗集》的三件文献，其排列次序或为P.2672v、S.6234v+P.5007v、P.2672。

二、《诗集》作者为张球考辨

P.2672、P.5007+S.6234等三件文献的正面本为河西都防御判官将仕郎试弘文馆校书郎何庆写给某位判官的四通书札，尤其是第四通书札的署名处还钤有“河西都防御使印”，证明这些书札是由设置于凉州的河西都防御使府发出的官方文书。其中，第二通书札有载：“春（?）以过深，景□稠沓，兼□示盛制，辄成吟讽，如扣琳琅，永为箧笥之珎。复仰波澜之大。其于倾叹，不废梦魂。颖悟未期，咏恋徒积。”①由此可知，收信者之前曾将创作的诗文寄呈何庆，故何氏要致信表示感谢。根据文书正面书札与背面诗集的关系，荣新江先生指出何庆所致信的判官应就是《诗集》的作者，并进一步推测其人或为晚唐时期曾在凉州出任河西都防御使判官的翁郜。对于诗集作者即书札的接收者即某位

① 本文引用P.5007+S.6234、P.2672正面四件书札的内容，均参荣新江《唐人诗集的钞本形态与作者蠡测——敦煌写本S.6234+P.5007、P.2672综考》，文中不再一一出注。

判官的看法，笔者完全赞同。但对于作者其人，笔者认为可能并非出自河西都防御使府，而是在沙州任职的官员，或即长期出任沙州军事判官及归义军节度判官的张球。理由如下：

其一，从书札的行文看，似不应是河西都防御使府同僚之间问候的口吻。

在P.2672、P.5007 +S.6234正面的四件书札中，第一件作于某年正月一日，系河西防御判官何庆为恭贺元日之节及问候“判官”身体的信件；第二件作于“春（?）以过深，景□稠沓”之际，即晚春时分，目的是对判官以诗文作品见赠表示感谢；第三件中有“运在□尧，印应周正”的记载，所以当作于十一月，何庆致信的目的主要是祝福判官“景□惟新，应时纳庆”；第四件则载：“窃以道途迢遰，艰阻是常。判官绝地当官，请俸甚尠。凡过八节，乞不远驰信礼，惟垂信鉴。谨状。”[①]通过分析四件书札的内容，可知多系何庆于节庆之际的问候之作。如果将收信者视作与何庆同在凉州任职的翁郜，那么何庆致信翁郜只能是其于河西或西域游历的过程中。如此一来，作为同僚的何庆似没有必要在翁郜游历途中多次致信慰问节日；此外，在翁郜深入河西或西域的情况下，也很难保证其在节庆之际顺利收取信件。根据四件书札中的“道途迢遰，艰阻是常”及“远驰信礼”，可证收信判官的任职地与凉州之间颇有距离；而何庆所言的“绝地当官，请俸甚尠”，表达了对“判官”的同情，这也不应该是同僚之间应有的言辞。所以，笔者认为收信的判官与何庆并未在一地任职，而应该是在比凉州更为偏远之地任职的官员。

其二，从诗集所歌颂的对象看，或可推测其作者当出自归义

---

① 对于四件书札写作时间的判断，参荣新江《唐人诗集的钞本形态与作者蠡测——敦煌写本S.6234+P.5007、P.2672综考》。

军节度使而非河西都防御使属下。

凉州作为河西都防御使的治所，《诗集》作者对其属县及风貌多有咏叹。但在记载凉州的"胡桐树""番禾县""嘉麟县"时，基本是一幅战乱之后的荒凉及萧瑟景象。如《胡桐树》载："为恨玉门关［□］路，泪痕长滴怨秋风。"《番禾县》载："经乱不输乡国税，昔时繁盛起狼烟。"《嘉麟县》则云："昔日百城曾卧治，如今五柳不沾春。"虽然《番禾县》和《嘉麟县》两诗中也有"夷人相勉耕南亩，愿拜乘皂贡上天"及"户口怨随羌虏族，思乡终拟效唐人"的语句，意图描绘出各族民众心向大唐的场景，但仍然无法消除凉州地区经济萧条化、居民吐蕃化的总体特征。对于归义军节度使治所的沙州及治下的肃州等地，作者的表述却发生了很大的变化。《敦煌》诗有载："歌谣再复归唐国，道舞春风杨柳花。"《酒泉》诗则云："花柳移风含叶□，战鞶休擂绝挽枪。"从两诗的内容上看，作者对归义军完全持一种赞赏的态度，与凉州地区的萧条、破败形成了鲜明的对比。所以，作者应为归义军的僚佐，而非出自河西都防御使府。

其三，根据张球的生平事迹，可知其在任职沙州之前已经与凉州发生联系，并在此后与凉州及河西都防御使府保持着密切的联系。而张球为《诗集》作者的推测也可以合理解释为何书札能入藏敦煌藏经洞的问题。

如果何庆要致信同为河西都防御判官的翁部，一来没有必要加盖使府的印章；二则既然收信人将书札进行粘连并在背面抄写诗集，证明作者曾长期持有该文献，如此一来很难解释何以凉州官员收藏的文献能入藏敦煌藏经洞的问题。根据S.2059《佛说摩利支天菩萨陀罗尼经序》，可知在张议潮于咸通二年收复凉州之后，由于张球曾为凉州运粮五千余石以解决"凉州新复，军粮不充"的问题，使其与凉州发生联系。另据P.3863《河西都防御招抚押蕃落等使牒》的记载，翁郜在光启三年（887）出任河西都防御使之初，曾致信某位“端公”。翁郜除了对端公在其本人任职方面所提供的协助表示感谢外，还特别提及自僖宗銮舆播迁成都之后，由于“省绝支遣，欠阙至甚”，故遣属下“赍书牒上仆射，请赐放接”，希望端公能够“固言话之次，请为借便”①。对于牒文中的“仆射”和“端公”，森安孝夫先生认为分别指张淮深及李明振，笔者则曾一度认为两者应为朔方节度使及其属下②。但经过研读P.3863背面所抄写的《光启三年金刚经神验记事》，笔者发现其与反面的牒文之间存在着密切的关联，尤其是翁郜派遣使者求粮的情节可与《光启三年金刚经神验记事》中“果至廿日给粮”的记载相对应，所以牒文的收件者“端公”应就是《光启三年金刚经神验记事》的作者张球③。由此可知，早在咸通年间，张球就已经与凉州结缘，此后张球与河西都防御使府之间也保持了极为密切的联系。如果收信者确为归义军的官员张球，则四件书札应与钤盖有“河西都防御使”印章的P.2696《唐僖宗中和五年三月车驾还京师大赦诏》及P.3863《河西都防御使牒》以相同的方式传递到沙州，并经五代时期三界寺道真法师的搜集，最终得以入藏于藏经洞④。

其四，根据现有材料，尚不足以证明翁郜曾在河西西部及西域地区活动。而通过《诗集》所勾勒出的作者的游历范围，却可与张球的活动情况大致相对应。

---

① 图版见《法藏敦煌西域文献》第29册，第23页。

② 李军《晚唐政府对河西东部地区的经营》，第27—41页。

③ 李军《晚唐五代归义军与凉州节度关系考论》，第90—96页。

④ 对于敦煌文献与三界寺及道真的关系，可参荣新江《再论敦煌藏经洞的宝藏——三界寺与藏经洞》，郑炳林主编《敦煌佛教艺术文化国际学术研讨会论文集》，兰州：兰州大学出版社，2002年，第14—29页。

目前看来，能据之以探讨翁郜在河西活动情况的文献，主要为清抄本《京兆翁氏族谱》所收的7件与翁郜相关的制书或敕书，再有就是反映光启三年翁郜与归义军僚佐交往情况的P.3863《河西都防御招抚押蕃落等使牒》。根据上述文献，可知翁郜曾在乾符三年（876）至中和元年（881）间出任河西都防御判官，尔后曾出任甘州刺史、凉州防御使及河西都防御使①。但《诗集》中不仅有关于河西凉州、肃州及沙州等地的记载，甚至还远涉西域的西州、焉耆及铁门关。在现存资料里，我们并没有看到能证明翁郜曾深入河西西部及西域地区的证据。此外，晚唐时期的河西都防御使对名义上的凉、甘、肃辖区都未完成稳固的控制，其僚佐远赴西州和焉耆的动机是颇值得怀疑的。而张球作为沙州及归义军的僚佐，其活动于归义军的势力范围之内，其在《诗集》里歌颂沙州、肃州等地也显得比较自然。此外，根据P.3715v《张球致大夫状》的记载，在张淮深自称大夫的咸通末年至乾符初年，张球曾因故前往西州②。由于此前安西回鹘已经被新兴的西州回鹘所取代，所以张球在前往西州之际也就存在前往焉耆及铁门关游历的客观条件。根据张球撰S.2059《佛说摩利支天菩萨陀罗尼经序》的记载，可知其在归义军任职之前，曾在灵武节度使麾下任职。在张议潮收复凉州后，张球曾率众由

---

① 李军《清抄本〈京兆翁氏族谱〉与晚唐河西历史》，第42—55页。对于翁郜出任河西都防御判官的时间，荣新江和余欣先生《沙州归义军史事系年（咸通七年—十三年）》（《庆祝宁可先生八十华诞论文集》，北京：中国社会科学出版社，2008年，第289—290页）认为应在咸通十二年至乾符三年间。

② 李军《归义军节度使张淮深称号问题再探》，第43—49页。对于相关情况，另可参颜廷亮《张球：著作系年与生平管窥》，《1990年敦煌学国际研讨会文集·石窟史地、语文编》，第258—259页；冯培红《有关敦煌文书的两则读书札记》，第128—131页。

“□武发运使”处运送军粮五千余石至凉州。在归义军任职期间，其又曾承担前往唐中央进奏的任务，从而“得对见龙颜。所蒙锡赍，兼授宪官，乃至归回，往返贼路前后三二十出”[①]。凉州收复后，归义军使者前往长安多经行河西路，作为曾前往中央进奏的张球，其在经行过程中完全具备记述凉州地区的胡桐树及番禾、嘉麟等地风貌的条件。

其五，通过将诗集的文字与张球相关作品进行笔迹比对，也可以从侧面证明《诗集》的作者确应是张球。

由于张球颇具文学才能，且长期担任归义军的官员，所以在敦煌文献中保留了其相当数量的邈真赞、功德碑记等多种题材的作品。与此同时，虽然我们可以确定某些作品的作者确是张球，但尚不能判定这些作品的书写者是否为张球。为了保证准确性，我们选用了可以确定为张球本人所书且与《诗集》年代相差不远的P.3715v《张球致大夫状》，以作为笔迹对照的样本[②]。P.3715v《张球致大夫状》现存25字，其中有13字同时在《诗集》中出现。虽然前者为张球写给长官的公文，整体较为规整；后者为自娱自乐之作，某些字体的书写稍显随意，但通过比对，我们还是可以发现两者应为同一人所书。其中，最为明显者为“伏”“夫”“自”“西”等字，这些文字在结构、运笔及整体面貌等各个方面都极为接近。此外，两者的“外”字，结构和用笔也有较多相似之处，如左边紧收，且最后一笔的点都长长捺出，极为相似。再如两者“日”字的字体均呈长方形，右边的竖划的写法也极为类似。“长”字的用笔结构也颇为类似，最后一笔的捺均长而有

① 图版见黄永武主编《敦煌宝藏》第15册，第608页。录文参颜廷亮《有关张球生平及其著作的一件新见文献》，第102页。

② 图版见《法藏敦煌西域文献》第27册，第26页。

力。两者的“五”字，都呈右上倾的运动状。再有，两者“春”字的结构虽然并不完全相同，但其捺笔的写法完全一致，与此同时，《诗集》之“春”字与《张球致大夫状》中的“嘉”字同属中宫紧收、笔画外拓的类型，在结构上也颇有相似之处①。

此外，《诗集·述怀寄友人》有云：“弱冠忍离家，屡曾通消息。意气感凌云，假宦向张掖。私弟（第）少诗书，公门务差役。”《白述》亦载：“不衣涕（绨）袍以（已）数秋，罗巾帔尽系缠头。弯弓射虏随蕃丑，叫鼓鸣更宿戍楼。一日悔称张掖掾，三年功大义阳侯。”以上内容均可证作者曾在甘州任职。学者之所以将《诗集》的作者比定为翁郜，一个重要的原因就是翁郜曾担任过甘州刺史，可与诗中作为谦辞的“张掖掾”相对应。但就《述怀寄友人》所言，作者在甘州任职之时年纪尚轻，故只能在公门承担低级的日常差役；而《自述》中“弯弓射虏随蕃丑，叫鼓鸣更宿戍楼”的“张掖掾”似乎也不是刺史应该承担的职责。而张球本为朔方节度使属下的官员，根据P.4660《大唐河西道沙州故释门法律大德凝公邈真赞》的记载，可知其至迟在咸通五年（864）三月十日已经出任沙州军事判官。所以，其或在是咸通二年至五年间先由朔方调任甘州，然后再前往沙州任职的。此外，还存在一种可能性，就是张球作为归义军节度使府入使中央的使者，唐政府曾一度将其由沙州调任甘州。因为在晚唐时期，中央政府为了解决凉州“僻在穷荒，官员多阙，累因摄职”的情况，就曾将归义军多位有入使经历的官员调任凉州，如王景翼、高进达、康通信、阴季丰等②。

---

① 对于两件文献的字迹对比，笔者曾向西北大学艺术学院王江鹏兄、中正大学文学院博士张家豪兄请教，在此一并表示感谢。

② 李军《晚唐归义军人员任职凉州考》，第80—87页。

三、简短的结论

由于历史原因，现存的敦煌本《唐佚名诗集》断裂为三段，分别保存于P.2672、S.6234、P.5007三件文献的背面及P.2672的正面。虽然三件文献分藏在英、法两国，但经过前辈学者的不懈努力，对于《诗集》的研究取得了很多重要进展。其中，徐俊先生对文本的缀合及荣新江先生对抄本形态的复原，为《诗集》创作时间的明确奠定了坚实的基础，同时也为《诗集》作者的探讨提供了可能。由于《诗集》主要抄写于出自河西都防御使府的官方文献的背面，且考虑到其流传及入藏藏经洞的因素，所以在明确其作者的过程中，我们的视线更多地转向了治于敦煌的归义军节度使府。通过考察何庆致判官书札的口吻以及《诗集》本身所咏颂对象的倾向性，再结合归义军重要僚佐张球的生平事迹及活动范围，最后再经过与已知张球手迹的比对，笔者认为《诗集》的作者应为晚唐时期曾长期在归义军节度使府出任僚佐的张球。而通过将《诗集》的内容与张球的生平及晚唐河陇历史进行综合研究，将在相当程度上推动晚唐河西政治形态演变及甘州回鹘等少数民族历史的研究。

附录四：唐梁之际福建士人翁承赞生平事迹考索

翁承赞以文学知名于唐末五代[①]，并对后梁及闽国政局产生过重要影响。但新旧《五代史》均未为其立传，其事迹只是散见于《唐诗纪事》《唐才子传》《十国春秋》等书。布目潮沨、周祖撰、周绍良等学者在对《唐才子传》进行笺证或补正时，曾利用传世文献对翁承赞生平的某些侧面进行过考订[②]。由于传世文献对翁承赞的记载较为简略，且彼此抵牾之处甚多，再加上著作体例的限制，所以学术界尚未对翁承赞的生平事迹进行全面的考察。此外，由于翁承赞属福清历史文化名人，当地的文化爱好者

---

① 《新唐书》卷六〇《艺文志》著录有《翁承赞诗》1卷，《全唐诗》卷七〇三则收录翁承赞诗30首（《新唐书》，第1614页；《全唐诗（增订本）》，第8163—8169页）。

② （日）布目潮沨、中村乔《唐才子传之研究》，大阪：大阪大学文学部内アジア史研究会，1972年，第572—574页；傅璇琮主编《唐才子传校笺》第4册，北京：中华书局，1990年，第349—357页；傅璇琮主编《唐才子传校笺》第5册，北京：中华书局，1995年，第475—476页（陈尚君补正）；［元］辛文房撰，周绍良笺证《唐才子传笺证》，北京：中华书局，2010年，第2229—2230页。

也曾从不同角度对其生平进行阐释[①]。但一方面相关的作品对传世文献的记载重视不足，另一方面又缺乏对地方资料的必要辨析，从而导致结论或有舛误。现藏于莆田的清抄本《京兆翁氏族谱》（以下简称《族谱》）不仅收录有十余首为《全唐诗》所漏收的翁承赞诗作以及两件谢恩表文，还收录了翁承赞的墓志铭及其在后梁贞明年间拜相的制文，为探讨翁承赞与唐梁之际政局演变的关系提供了重要的支撑[②]。本文希望通过将《族谱》与传世文献、石刻资料相结合的方式，对翁承赞的生平事迹尽可能地进行复原，以弥补正史未为其立传的缺憾。

一、初涉仕途

翁承赞字文尧，高祖名轩，曾祖何，祖则，父巨隅。翁氏之京兆郡望的获得应与唐德宗朝入闽的始祖翁轩有关[③]。自翁轩之后，寓居于福建各地的翁氏家族均以“京兆”作为自己的郡望。《族谱》所收录的翁轩四世孙翁承赞及翁廷皞之墓志，均载“其先京兆人也”[④]。此外，在1982年出土于建阳市莒口镇的《宋京

---

① 黄祖绪《唐代御史大夫翁承赞》，收入氏著《壶山门第》，北京：作家出版社，2007年，第35—39页；王铁藩、翁发喜《翁承赞诗传》，政协福清市文史资料委员会编《福清文史资料》第26期，2008年；林秋明《开闽宰辅翁承赞》，香港：华文作家出版社，2010年；黄文山、林晨《建水闽山留足迹——翁承赞事略》，《福建乡土》2014年第4期，12—13页。

② 对于《族谱》的基本情况，李军已在《清抄本〈京兆翁氏族谱〉与晚唐河西历史》（第42—55页）、《清抄本〈京兆翁氏族谱〉所收晚唐河西文献校注——兼论其内容的真实性》（第22—38页）两文中详述，可参阅。

③ 《族谱·赐翁氏京兆郡序》载：“翁氏自始祖弘起于梁之原城，绵延于京兆……至三十四世祖轩，仕唐德宗朝，官至朝请大夫，有大勋，特赐郡曰‘京兆’。后迁官于闽，因乐东南山水之胜，而遂居焉。”

④ 分别见《族谱》卷三《成都仓曹公（翁廷皞）墓铭》《谏议公（翁承赞）墓铭》。

兆府君墓志铭》中，被将仕郎守袁州司户参军吕毅称作“京兆府君”的翁中浮，即翁轩之九世孙①。

自翁轩入闽后，翁氏甫居泉州莆田县兴福里竹啸庄。至晚唐时期，承赞父巨隅始由竹啸迁居至福州福唐县②。宣宗大中十三年乙卯（859），翁承赞生于福唐③。翁承赞早年就学于由其父巨隅所创办的漆林书堂④。据南宋李俊甫《莆阳比事》卷四“漆林书堂、福平别墅”条的记载，漆林书堂位于“蒜岭南”，可与《淳熙三山志》中翁承赞“居蒜岭”的记载相对应⑤。又据《谏议公墓铭》中“自髫龀而抵弱冠，从乡校而游府庠”的记载，可

① 墓志的内容见谢道华《建阳文物志》，厦门：厦门大学出版社，1997年，第135—136页。2009年，笔者在福建考察期间，于建阳莒口发现了翁氏刊印于1915年的《翁氏宗谱》（以下简称《宗谱》）。根据《宗谱》所载的莒口翁氏世系表，可知翁中浮为翁轩的九世孙。

② 因父翁巨隅由莆田迁居福唐，故《十国春秋》卷九五《翁承赞传》载承赞为福唐人。福唐县在北宋改为福清县，故宋人梁克家《淳熙三山志》卷二六《人物类一·科名》将承赞载为福清人。又因承赞所居之蒜岭为福清、莆田二县之界，故李俊甫《莆阳比事》卷一、祝穆《方舆胜览》卷一三皆误将承赞记为莆田人。对于上述诸书致误的原因，周祖撰、贾晋华两位先生已经进行了细致的考证（傅璇琮主编《唐才子传校笺》第4册，第349—350页）。对于《直斋书录解题》卷一九“京兆翁承赞”的记载，两位先生认为殊误。但陈振孙所言之“京兆”，显然是指翁承赞之郡望，与其所寓居之所不同，故不能视之为误。

③ 见《谏议公墓铭》。

④ 李俊甫《莆阳比事》“漆林书堂”条载：“漆林书堂，在郡北蒜岭南，即唐少府监翁巨隅家塾。子谏议大夫承赞、水部郎承佑、犹子秘书监郎袭明，皆于此肄业成名。已而，承赞衔命至闽，与侍郎萧顷同寻旧书堂。顷有诗。诗见翁氏家集、郡志。”此诗，当即《赠翁承赞漆林书堂诗》。

⑤［宋］李俊甫《莆阳比事》，“宛委别藏”本，南京：江苏古籍出版社，1988年，第165页。［宋］梁克家《淳熙三山志》卷二六，“宋元方志丛刊”本，北京：中华书局，1990年，第8册，第8008页。

知其启蒙教育多是在漆林书堂完成，直至弱冠之年始游学于福州州学。

昭宗景福元年（892），时年三十四岁的翁承赞首次赴京参加进士科考，但最终名落孙山①。景福二年（893）癸丑，翁承赞再度赴京科考之际，曾与寂公同游终南山。故其《寄圭峰寂公》诗有云："屈指闲思癸丑年，共师曾听翠微泉。高梧疎冷月才上，古屋荒凉人未眠。"②唐代士人科考失利后，如欲再次应举，需重新在州府获得荐举的资格，谓之"取解"③。唐人李绰《秦中岁时记》载："进士下第，当年七月后，复献新文求拔解，故语曰'槐花黄，举子忙'。"④唐代进士科二月左右发榜，而州府须在当年十月左右完成荐送举子入京的任务，考虑由长安及家乡之间往返所耗费的时间，故留给落第举子的时间极为短促。《谏议公墓铭》记载翁承赞曾"应举闽中，观光阙下"，证明翁承赞是在福州取得荐举的资格。翁承赞《咏槐花》诗所咏叹的"雨中妆点望中黄，勾引蝉声送夕阳。忆得当年随计吏，马蹄终日为君

① 翁承赞进士及第后所撰《擢探花使三首》之第二首云："九重烟暖折槐芽，自是生平好物华。今日始知春气味，长安虚过四年花。"对此，周绍良先生指出："承赞似经四举方中第，故有'长安虚过四年花'之句。"（辛文房撰，周绍良笺证《唐才子传笺证》，第2232页）对于翁承赞初赴长安应试的时间，黄祖绪先生指出当在景福元年（黄祖绪《壶山门第》，第35页）。

② 陈尚君先生据影印本《诗渊》第1册翁承赞《寄圭峰寂公》诗所云"屈指闲思癸丑年，共师曾听翠微泉"，指出癸丑年即昭宗景福二年之际翁承赞当应试入京，可与《擢探花使三首》之二所云"长安虚过四年花"相合（傅璇琮《唐才子传校笺》第5册，第475页）。圭峰位于京兆府鄠县（今西安市鄠邑区），故所谓的翠微泉应与建于终南山中由翠微宫所改建的翠微寺有关。

③ 徐晓峰《论唐代落第举子"再次取解"制度的存在及意义》，《北京大学学报（哲学社会科学版）》2011年第4期，第128—135页。

④［宋］叶廷珪撰，李之亮校点《海录碎事》卷一九《文学部下·应举门》"槐花黄"条引，北京：中华书局，2002年，第870页。

忙”[①]，所反映的正是其在春闱失利后，为再次应举，不得不追随福州计吏在长安与福州两地之间奔波的匆忙之态[②]。对此，《谏议公墓铭》亦载：“以随计吏得达京师，弃繻关防，待诏宫阙。”

在经历四次科考失利后，翁承赞终于在乾宁三年（896）以第四名的身份进士及第[③]。翁承赞《擢进士》诗中有“蝴蝶流莺莫先去，满城春色属群仙”之句[④]，欣喜之情溢于言表。翁承赞进士及第后，曾“从容折杏花之樽垒，登陟到慈恩之梯级”[⑤]，即充当过探花使的角色。李绰《秦中岁时记》记载唐代进士及第后，“次即杏园初宴，谓之探花宴，便差定先辈二人少俊者，为两街探花使；若他人折得花卉，先开牡丹、芍药来者，即各有罚”[⑥]。翁承赞“体貌甚伟”[⑦]，正符合时人以“少俊者”为两街探花使的要求。翁承赞《擢探花使三首》第一首云：

---

① ［宋］计有功撰，王仲镛校笺《唐诗纪事校笺》卷六三，北京：中华书局，2007年，第2140页。

② 黄祖绪先生认为该诗反映了翁承赞进入仕途后的忠贞之心、勤政之举；林秋明先生则认为该诗系承赞出任京兆府参军期间所作，反映了“他恪尽职守，受到上司器重……十分生动地反映了他任劳任怨、不辞辛苦的情景”（黄祖绪《壶山门第》，第36页；林秋明《开闽宰辅翁承赞那》，第55—56页）。

③《唐才子传》卷一〇“翁承赞”条载：“乾宁三年礼部侍郎独孤损下第四人进士。”《谏议公墓铭》则载：“始以乾宁三年，礼部独孤侍郎擢进士第，公中四人之上。”

④《全唐诗（增订本）》卷七〇三，第8167页。《擢进士》，《族谱》题作《擢进士第》。

⑤ 见《谏议公墓铭》。黄祖绪先生《壶山门第》（第36页）认为翁承赞被“钦点第三人为探花使”，误。

⑥［宋］赵彦卫《云麓漫钞》卷七引，北京：中华书局，1996年，第128页。孙降《〈北里志〉序》亦载：“以同年俊少者，为两街探花使。”

⑦ 辛文房撰，周绍良笺证《唐才子传笺证》，第2229—2230页。

洪崖差遣探花来，检点芳丛饮数杯。
深紫浓香三百朵，明朝为我一时开。[①]

《唐摭言·散序》载：“状元与同年相见后，便请一人为录事，其余主宴、主酒、主乐、探花、主茶之类，咸以其日辟之。”[②]乾宁三年进士及第者十二人，崔谔为当年的状头[③]。由此，翁承赞所言的“洪崖”当指崔谔。

《唐才子传·翁承赞传》在载其进士及第事迹后，复载“又中宏词敕头”，但并未提及具体时间。《谏议公墓铭》则明确记载：“未几鹏程再奋，鹄箭重飞，驱笔阵以横行；评词锋而直上。（乾宁）四年春，时宰王公下，既捷高科，便膺美任。”据

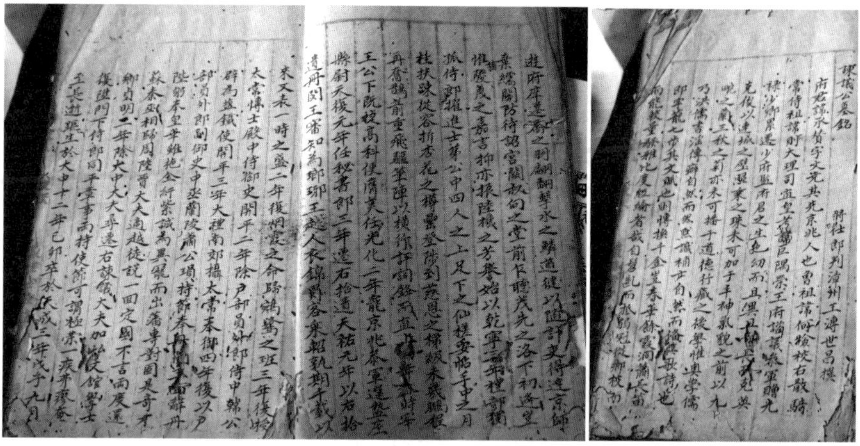

图 附–13 《京兆翁氏族谱·翁承赞墓志铭》

① 《全唐诗（增订本）》卷七〇三，第8167页。
② 《唐摭言》卷三，第34页。
③ ［清］徐松撰，孟二冬补正《登科记考补正》卷二四，北京：北京燕山出版社，2003年，第1029页。

《新唐书·宰相表下》可知，《谏议公墓铭》中所言的“时宰王公”，当是时任吏部尚书、同中书门下平章事的王抟[①]，其是以吏部长官的身份主持此次吏部科目选的。此外，由于受凤翔节度使李茂贞逼迫，乾宁三年七月至光化元年八月间，昭宗銮舆播迁于韩建所控制的华州，所以，翁承赞参加博学宏词科考试的地点应就在该地。黄滔《辄吟七言四韵攀寄翁文尧拾遗》诗云：“唐设高科表用文，吾曹谁作谏垣臣……龙头凤尾前年梦，今日须怜应若神。”注云：“滔卯年冬在宛陵，梦文尧作状头及第。又申四月十二夜在清源，梦到殿前，东道自西厉声唱：‘翁某拜右省拾遗。’”[②]徐松曾根据《唐才子传》中翁承赞“第四人进士”的记载，对黄滔所言表示怀疑[③]。但唐代进士科及科目选的第一名均可称作状头[④]，所以黄滔所谓的“状头及第”当指翁承赞“中宏词敕头”，即以头名的身份得中博学宏词科而言。

得中博学宏词科后，翁承赞作《复中博学宏词科》诗[⑤]，并随即以京兆府参军释褐，此即《谏议公墓铭》中所谓的“既捷高科，便膺美任”。其后，翁承赞又作《初授京都府参军寄亲友》：

散拙从来自得知，乍参公府趁衔迟。
两枝丹桂虽堪贵，九品青袍又似卑。
俸薄祗能供买德，曹闲赢得学吟诗。

① 《新唐书》卷六三下，第1751—1753页。
② 《全唐诗（增订本）》卷七〇五，第8198页。
③ 徐松认为：“诗言‘应若神’，则承赞为状头矣。《才子传》作第四人，未详。”（［清］徐松撰，孟二冬补正《登科记考补正》，第1029页）
④ 王勋成《唐代举子及第登科等第考》，《兰州大学学报》1997年第4期，第108—114页。
⑤ 见《族谱》卷四《探花公诗》，《全唐诗（增订本）》漏收。其诗云：“马出翩翩出世尘，紫阳新籍两重新。蓬山景物年年好，得病衣狂恼杀人。”

交朋应笑非莫俊，四十二年方展眉。[①]

虽然诗人屡次以“九品青袍又似卑”“俸薄祗能供买德”“曹闲赢得学吟诗”来形容京兆参军职微禄薄，但所谓“九品青袍”只是指翁承赞所获散官之服色，而正八品下的京兆参军事作为释褐官已是特殊的优待，故诗中才会有“四十二年方展眉”之语[②]。不过此时长安尚由李茂贞所控制，翁承赞的京兆参军之职只能是虚衔遥领，并没有具体的职任，且州郡之参军事本就“掌直侍督守，无常职”[③]，故承赞才会自嘲“曹闲赢得学吟诗”。

郑谷《送京参翁先辈归闽中》又载：“解印东归去，人情此际多。名高五七字，道胜两重科。宿馆明寒烧，吟船兀夜波。家山春更好，越鸟在庭柯。”[④]周绍良先生指出：“‘京参’即京兆府参军……诗云‘解印’，似是弃官而去？”[⑤]而根据《谏议公墓铭》的记载，光化二年（899），即昭宗由华州返回长安的次年，翁承赞曾“罢京兆参军，选盩厔县尉”。如此，则郑谷所言其自京兆参军任上“解印东归”的说法似与翁承赞改任盩厔县尉的记载相矛盾。但翁承赞在作于开平四年二月四日之后不久的《延英殿谢恩上表》中，提及本人在“掌奏京兆，结绶王畿”后，曾“旋敛迹于天台，亟标缨于谏署”。盩厔虽属畿县，但此时关中

① 见《族谱》卷四《探花公诗》，《全唐诗》漏收。

② 翁承赞生于大中十三年，从“四十二年方展眉”一句，似乎可以推算出承赞初授京兆参军的时间是在光化三年（900）。不过据《谏议公墓铭》的记载，翁承赞在光化二年（899）已经罢“京兆参军，选盩厔县尉”，与其所谓“初授”京兆府参军的时间不合，对此只能存疑待考。

③《通典》卷三三《职官典十五·州郡下》，第914页。

④《全唐诗（增订本）》卷六七四，第7771页。

⑤ 辛文房撰，周绍良笺证《唐才子传笺证》，第2232页。

地区已被李茂贞所实际控制，翁承赞实难正常赴任。所以，其应并未前往盩厔任职，而是借归闽的名义退居天台。但翁承赞“敛迹”的时间并不长，因为其很快就在天复元年（901）被任命为秘书郎，并于天复三年（903）“标缨于谏署”，出任了具有司谏职能的右拾遗。

二、两度奉使

根据传世文献及《谏议公墓铭》的记载，翁承赞在唐末及后梁时期，曾两度出使福州，对王审知进行册封。由于翁承赞对两次奉使福州极为重视，故创作了多首与此相关的诗篇。周绍良先生在对《唐才子传》进行笺证时，指出《全唐诗》中与翁承赞首次奉使相关的有《御命归乡蒙赐锦衣》《文明殿受册封闽王》《天祐元年以右拾遗遣使册闽王而作》《汉上登舟忆闽》《奏使封王次宜春驿》《甲子岁衔命到家，至榕城册封，次日闽王降旌旗于新丰市堤饯别》《奉使封闽王归京洛》八首；与其次度奉使有关的有《蒙闽王改赐乡里》《送翁员外承赞》《奉和翁文尧十九员外中谢日蒙恩赐金紫之什》《翁文尧员外拥册礼之归，一路有诗，名〈昼锦集〉，先将寄示，因书五十六字》《奉和翁文尧员外文秀、光贤、昼锦之什》等[①]。除周绍良先生所列举的篇什之外，《族谱》及其他文献中还有若干相关的记载。利用这些史料，我们可以大致复原翁承赞两次出使的具体过程。

对于王审知在唐末及后梁接受册封的情况，《旧五代史·王审知传》中有极为简略的记载：“唐末，（审知）为威武军节度、福建观察使，累迁检校太保，封琅邪郡王。梁朝开国，累加

① 辛文房撰，周绍良笺证《唐才子传笺证》，第2233—2235页。但周先生所列翁承赞首次赴闽册封之诗中，其实有部分属于次度册封过程中所作，详见下文。

中书令，封闽王。”[①]天祐三年（906）闰十二月一日准敕所立的《王审知德政碑》则载王审知在“改光禄大夫、检校司空，特进、检校司徒”之后，又“转检校太保、琅琊郡王，食邑四千户，食实封壹伯户”[②]。即使在翁承赞所撰的《唐故威武军节度使守中书令闽王（王审知）墓志》（以下简称《王审知墓志》）中，也仅记载：“天复初，恩降私第门戟，加光禄大夫、检校司空，进封开国公，食邑二千户。弥岁，加特进、司徒、太保，进封本郡王，食邑四千户，食实封一百户。”[③]对于首次册封的具体时间以及册封使者的人选，上述材料均未提及。对此，《谏议公墓铭》载：“天祐元年（904），以右拾遗册闽王审知为琅琊王，越人衣锦，蜀客乘轺。孰期千载以来，又表一时之盛。二年，复烟霞之命，归鹓鹭之班。”通过墓志铭，我们可以明确此次册封在天祐元年，比《旧五代史》所言的唐末更为准确。不过王审知在后梁开平二年始由琅琊郡王进封琅琊王，所以，《谏议公墓铭》所言的“琅琊王”显然系有所拔高。天祐二年（905），完成册封任务的翁承赞返回洛阳。

翁承赞之所以能在天祐元年承担册封王审知的使命，当是其出身福州的缘故。翁承赞《天祐元年以右拾遗使册闽王而作》诗中有“蓬莱宫阙晓光匀，红案舁麻降紫宸”的咏叹[④]。蓬莱宫为长安大明宫之别名，证明昭宗派遣承赞出使时尚在长安。天祐元年正月壬戌，昭宗为朱温所逼，被迫离开长安前往洛阳。所以，

---

① 《旧五代史》卷一三四，第1792页。

② ［清］冯登府辑《闽中金石志》，见《石刻史料新编》第17册，台北：新文丰出版公司，1982年，第12700页。

③ 官桂铨、官大梁《闽王王审知夫妇墓志》，《文史》第28辑，北京：中华书局，1987年，第138页。

④ 《全唐诗（增订本）》卷七〇三，第8166页。

翁承赞接受册封使命及离开长安的时间均应在昭宗此度播迁之前。《汉上登舟忆闽》中有“汉皋亭畔起西风，半挂征帆立向东”之句[①]，可知翁承赞自长安赴闽途中曾经行汉水水路。故汉皋亭位于襄州，由此可证翁承赞自长安出发后，当是经由武关道至襄州，并于汉皋亭附近的汉江渡口登舟，再循汉江水路东下长江中游的荆楚地区[②]。

翁承赞在此次册封途中又作有《奉使封王次宜春驿》诗[③]。宜春驿，其得名应与唐代袁州郭下宜春县有关。若果如此，则翁承赞当由襄州经由汉江水路东行，至扬口始改浮扬水，折向西南抵荆州[④]，再转道岳州、潭州、袁州、洪州、饶州等地，进而入闽。翁承赞之所以未选择经由鄂州的长江水道继续东下，当与此时的军事及政治形势相关。因为早在光启四年，岳州刺史杜洪就已“趁虚入鄂，自称武昌留后”。依附于朱温的杜洪，不仅在朱温围困凤翔时，悉数诛杀了昭宗所派遣的道经武昌的东出使者，而且还隔绝了东南地区对中央的贡献之路[⑤]。所以，乾宁四年二月，昭宗命杨行密为江南诸道行营都统，以讨杜洪。但直至天祐二年二月，杜洪才被杨行密的部将所执杀[⑥]。天祐元年翁承赞出使之际，鄂州尚由杜洪所盘踞，使团难以通行，故只能绕道袁州等地。

---

① 《全唐诗（增订本）》卷七〇三，第8166页。

② 对于唐代武关道的走向，严耕望先生已经进行了细致的研究，此不复赘。详情可参严耕望《唐代交通图考》第3卷《秦岭仇池区》第十六篇《蓝田武关驿道》，台北：“中央研究院”历史语言研究所，1998年，第637—660页。

③ 《奉使封王次宜春驿》诗，《族谱》题作《次宜春驿，望家山渐近寄闽王》。

④ 对于荆襄之间的水道，参严耕望《唐代交通图考》第4卷《山剑滇黔区》，第1046页。

⑤ 《新唐书》卷一九〇《杜洪传》，第5485—5486页。

⑥ 《资治通鉴》卷二六一，第8502、8641页。

翁承赞《题莒潭安闽院》诗又云：“祧宗营祀舍，幽异胜珠林。名士穿云访，飞禽傍竹吟。窗含孤岫影，牧卧断霞阴。景福滋闽壤，芳名亘古今。”[①]翁承赞所言的“祧宗”即其从父翁郜。翁郜于乾宁四年（897）自河西离任，最终定居于建州建阳县莒口。莒潭安闽院系由翁郜创建的家庙，位于莒口附近[②]。此后，其逐渐演变为建阳当地著名的佛教寺院，名称也演化为“安闽教寺”[③]。翁承赞探访建阳安闽院的时间应在首次前往福州册封途中。此外，《唐诗纪事》记载翁承赞曾在唐末以谏议大夫的身份出使福州，于剑浦偶遇旧识僧亚齐，故以诗相赠[④]。其诗中“应笑乘轺青琐客，此时无暇听猿啼”之句，显示出承赞因身负册封之任，故旅程急促之态。由于翁承赞在唐末尚未出任谏议大夫，

图 附-14 翁郜定居之莒口镇 福建建阳 李军摄

① 《全唐诗（增订本）》卷七〇三，第8163页。
② 李军《清抄本〈京兆翁氏族谱〉与晚唐河西历史》，第42—55页。
③ ［明］赵文《［景泰］建阳县志》，天一阁文管所藏明弘治刻本，《四库全书存目丛书》史部第176册，济南：齐鲁书社，1996年，第37页。
④ 计有功撰，王仲镛校笺《唐诗纪事校笺》卷六三“翁承赞”条，第2140页。

且此时尚无剑浦之名，故周绍良先生认为翁承赞与亚齐相遇的地点并非在剑浦，而似在建阳①。虽然该诗在《全唐诗》中题作《访建阳马驿僧亚齐》，但其中却有“萧萧风雨建阳溪，溪畔维舟见亚齐。一轴新诗剑潭北，十年旧识华山西”的记载。所谓的“剑潭”位于建阳溪与邵武溪合流之处，正属日后的宋代福建路南剑州剑浦县所辖。所以，翁承赞与亚齐相遇当确在剑浦，只是计有功叙述此事时，借用了翁承赞在后梁始获得的职官及日后的地名。由此可证，翁承赞由江西进入闽后，当是沿建阳溪畔的陆路南下，再转经闽江水路，并最终抵达福州②。

天祐元年四月之际，翁承赞使团完成了对王审知的册封③。

图 附-15 建阳溪 建阳麻沙 李军摄

① 辛文房撰，周绍良笺证《唐才子传笺证》，第2230页。

② 对于唐代闽江水道的使用情况，可参曹家齐《唐宋时期南方地区交通研究》，香港：华夏文化艺术出版社，2005年，第101—102页。

③ 吴任臣《十国春秋》卷九〇《王审知传》引《忠懿王庙碑》载：“天祐元年夏四月，封琅琊郡王，食实封一百户。”（第1317页）

使团回京复命之日，王审知不仅在福州城之南门宁越门设乐相送[①]，还亲自饮饯翁承赞等人于宁越门外二里钓龙台山之西的新丰市堤[②]。故翁承赞《甲子岁衔命到家至榕城册封次日闽王降旌旗于新丰堤饯别》诗有云："登庸楼上方停乐，新市堤边又举杯。正是离情伤别远，忽闻台旨许重来。此时暂与交亲好，今日还将简册回。争得长房犹在世，缩教地近钓鱼台。"[③]此外，《淳熙三山志》载宁越门内之西旧有崇韶驿[④]。既以"崇韶"作为驿站之名，可证翁承赞使团入福州城可能也是经由了宁越门。

翁承赞第二次赴福州，乃是承担了册封王审知为闽王的使命。对于后梁册封王审知为闽王的时间，各种史料的记载之间颇有抵牾。《旧五代史》载为开平三年（909）四月甲寅[⑤]；《资治通鉴》系于同年四月庚子；[⑥]《谏议公墓铭》载："（开平）四年，复以户部员外郎副御史中丞兰陵萧公頊（顼）持节奉册闽

① 梁克家《淳熙三山志》卷四《地里类四》"夹城"条载："今门六：南宁越门，双门。梁开平二年，闽王审知作名登庸，以协郭璞迁城之谶。长兴二年，延钧改为闽光。严侍御辟疆更今名。"（第7817页）

②［明］何乔远《闽书》卷一《方域》"钓龙台山"条，《四库全书存目丛书》史部第207册，济南：齐鲁书社，1986年，第32—33页。

③《全唐诗（增订本）》卷七〇三，第8165页。《族谱》题作《甲子岁衔命到家，复命之日，大王亲降旌旗于新丰堤饮饯，约再衔南来，今迫旧约，因叙长句》。该诗当是翁承赞再度册封王审知之际，对首次册封的追忆。黄祖绪先生认为翁承赞"'忽闻台旨许重来'，只好怀着'离情伤别远'，而启程晋京'还将简册回'"（黄祖绪《壶山门第》，第37页）。其理解可能有误。

④ 梁克家《淳熙三山志》卷七《公廨类一》"将官厅"条，第7849页。

⑤《旧五代史》卷四《梁书·太祖纪四》"开平三年四月甲寅"条载："制：易定节度使王处直进封北平王，福建节度使王审知封闽王，广州节度使刘隐封南平王。"（第68页）

⑥《资治通鉴》卷二六七"后梁开平三年四月庚子"条载："以王审知为闽王，刘隐为南平王。"（第8708页）

王。”《族谱·昼锦堂卷后序》的记载则更为明确：“开平四年二月，御史中丞兰陵萧公顼除户部侍郎，充闽王册礼使，别宣户部郎中翁承赞为副使。”《旧五代史》和《资治通鉴》作为基本的传世史料，虽然在日期上稍有差异，却均将此事系于同年同月，似乎比《族谱》的记载更为可信，但事实并非如此。除了《族谱》本身所载文献可以相互印证外，还有其他的石刻文献与之相对应。翁承赞撰《王审知墓志》即载：“（开平）三年夏，麻书远降，检校太师、守中书令，食邑七千户，实封五百户。仍建东西二私第戟，赐号忠勤守志兴国功臣。翌岁，敕封闽王。”[①]翁承赞曾担任册封王审知的使团副使，其后又曾出仕闽国，其对于王审知受册封情况的记载显然可以信从。所以，王审知被册封为闽王的时间应确在开平四年。《旧五代史》《资治通鉴》是将后梁政权于开平三年为王审知晋官与开平四年改封王爵两事混为一谈，从而导致史事系年的错讹。

由于翁承赞为册封的当事人，所以其墓志及相关材料中对此事有较为详细的记载。《谏议公墓铭》载：“面辞丹陛，躬奉皇华。虽拖金纡紫，诚为异宠。而出藩专对，固是奇才，苏秦丞相归周，陆贾大夫适越，徒说一回，定国不言，两度还乡。”而根据《昼锦堂卷后序》的记载，翁承赞在获得册礼副使的任命后，曾在开平四年二月四日于延恩殿谢恩，被朱温“面赐紫袍金带，以冠还乡之盛”。对此，《族谱》卷六《蒙赐章服谢表》载：“伏奉宣旨，以臣充威武军节度使闽王审知册礼副使，特赐臣紫袍金带并鱼袋。”同卷《延英殿谢恩上表》亦载：“臣准宣旨，充威武军节度使闽王审知册礼副使。今月四日延英殿中谢恩。伏蒙圣慈，面赐紫袍金带并鱼袋者。”正是因为翁承赞获得了“拖

① 官桂铨、官大梁《闽王王审知夫妇墓志》，《文史》第28辑，第139页。

金纡紫，诚为异宠”的优待，所以才会两次上表，以表示对朱温的感恩之情。翁承赞视再次充使福州及蒙赐章服为极大的荣耀，故其在上表谢恩之余，还作《延英殿辞日书事》《御命归乡蒙赐锦衣》二诗以记其事①。

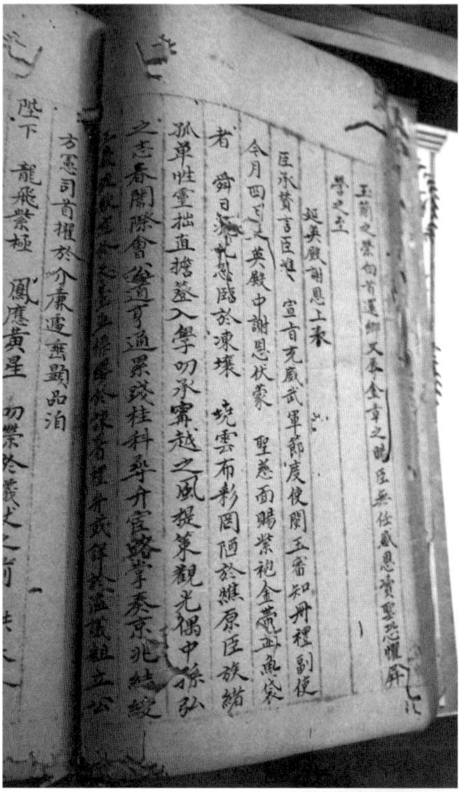

图 附-16 《京兆翁氏族谱·延英殿谢恩上表》

按照五代制度，“凡新除官及差使者，合于正衙谢辞”②，所以在翁承赞等人谢辞之际，朱温“御正殿，亲降简册，自东上合门，宣车辂冠剑，太常鼓吹，诏名卿乘轺，直抵南闽”③。唐昭宗迁都洛阳之后，由原东都宫城宣政殿改称的贞观殿，成为唐末中央王朝的正殿④。后梁开平三年正月甲午日，贞观殿又被改为文明殿，其正殿的地

① 周绍良先生认为《御命归乡蒙赐锦衣》诗作于天祐元年翁承赞首次充使册封王审知之时；黄祖绪先生（《壶山门第》，第37页）则认为翁承赞于延英殿谢恩及获赐章服的时间在完成次度册封王审知的任务，返回洛阳之后，均恐误。《御命归乡蒙赐锦衣》，《族谱》题作《蒙恩赐章服入谢》。

② 《五代会要》卷六《杂录》，第73页。

③ 官桂铨、官大梁《闽王王审知夫妇墓志》，《文史》第28辑，第139页。

④ 赵贞《唐代“正殿”小考》，《中国典籍与文化》2005年第4期，第85—89页。

位得以延续[1]，故朱温所御的正殿应即文明殿。《昼锦堂卷后序》又载：“(开平四年) 三月三日，上御文［明］殿，御自东上阁门降册，驾轺车上都驿。”只是自唐末乾符年间之后，因为朝政日益混乱，常朝之仪仗制度难以正常维持，故“正衙常日废仗，而朔望入阁有仗。其后习见，遂以入阁为重。至出御前殿，犹谓之入阁”[2]。《唐会要》则载天祐二年四月敕云：“自今年五月一日后，常朝出入，取东上阁门。”[3]正因为后梁时期御正殿也称为入阁，且东上阁门为常朝出入惯用之门，由此朱温才会在文明殿接受翁承赞等人的辞谢后，由此门发出册封王审知的诏令。在受诏及出发后，翁承赞作《文明殿受册封闽王》(《族谱》题作《文明殿受册先寄闽王》)、《奉使封闽王归京洛》(《族谱》题作《京日寄闽王》) 两诗[4]。

后梁时期，因“杨氏据江淮，故闽中与中国隔越。审知每岁朝贡，泛海至登莱抵岸。往复颇有风水之患，漂没者十四五”[5]。此外，《资治通鉴》卷二七〇“后梁均王贞明四年十一月”条亦载：“先是，吴越王镠常自虔州入贡，至是道绝，始自海道出

---

① 《旧五代史·梁书·太祖纪四》，第67页。

② 《新五代史》卷五四《李琪传》，第618页。对于唐末五代时期入合制度的情况，参杜文玉《五代起居制度的变化及其特点》，《陕西师范大学学报（哲学社会科学版)》2005年第3期，第102—110页（收入氏著《五代十国制度研究》，北京：人民出版社，2006年，第280—306页）。

③ 《唐会要》卷三〇《杂记》，第564页。

④ 《文明殿受册封闽王》，《族谱》题作《文明殿受册先寄闽王》；《奉使封闽王归京洛》，《族谱》题作《京日寄闽王》。从《奉使封闽王归京洛》诗中“信马嘶风出洛阳”“此去愿言归梓里”“客程回首瞻文陛，驿路乘轺忆故乡”“指日还家堪自重”等描写看，翁承赞此时尚在前往福州途中，《全唐诗》中的诗题显然有误。黄祖绪先生《壶山门第》(第37页)认为该诗作于为翁承赞首次奉册封王审知的归途中，亦误。

⑤ 《旧五代史·王审知传》，第1792页。

登、莱，抵大梁。”胡注曰：“此即闽、越入贡大梁水程也。但吴越必就许浦或定海就舟，水程比闽为近耳。”吴越在水程比闽国更近的情况下，也只是在陆路被断绝之后，才被迫启用海道，由此可见海道并非当时所常用。由于海路较为艰险，而经由江淮的陆路已被杨氏淮南政权所阻断，所以翁承赞此次赴闽被迫使用了一条新的路线，即“出洛，首自荆门，历潭、桂，径交、广，抵于闽川”。正是因为这条路线极为迂远，所以《昼锦堂卷后序》中才会有“川陆之遥，历程万里，凡经所寓，自成动偃也”的感慨。此外，《资治通鉴》卷二六九“后梁均王贞明二年（916）五月”条又载：“吴越王镠遣使浙西安抚判官皮光业自建、汀、虔、郴、潭、岳、荆南道入贡。”[①]虽然翁承赞和皮光业所经行的路线并不完全相同，但两者自荆门至潭州之间的路线无疑是重合的。所以，翁承赞出洛阳后，当途经汝州、邓州、襄州至荆门军及荆州；然后沿长江水路至岳州；再经洞庭湖水路并溯湘江而上先后至潭州、衡州、永州，再经灵渠至桂州；由此东南行经梧州、封州、端州，至广州[②]。

翁承赞在此次出使途中，曾于湘江之畔偶遇故人齐己。齐己《湘中送翁员外归闽》诗载：“船满琴书与酒杯，清湘影里片帆开。人归南国乡园去，雁逐西风日夜来。天势渐低分海树，山程

① 《资治通鉴》，第8803页。

② 广明元年（880）二月，黄巢自广州引兵北还，“自桂编大桴，沿湘下衡、永，破潭州”，然后经朗州、沣州，取江陵北趋襄阳，为山南东道节度使刘巨容败于荆门（见《新唐书》卷二二五下《黄巢传》，第6455页）。翁承赞自荆门至广州的路线，除潭州至江陵段外，其余部分与黄巢由广州北上荆门的路线应基本相同。对于广州取桂州路至江陵府的经行情况，曹家齐先生已利用《元和郡县图志》等数据进行了细致的考证。见氏著《唐宋时期南方地区交通研究》，第63—64页。

欲尽见城台。此身未别江边寺，犹看星郎奉诏回。”[①]对于此诗，周绍良先生认为应是唐末时作[②]。但值得注意的是，该诗末句提及身为员外郎的翁承赞系“奉诏”归闽，显然是充当了册封王审知的使者。翁承赞首次于天祐元年奉使福州时，所担任的尚为右拾遗。而根据《谏议公墓铭》的记载，翁承赞再度前往福州册封王审知时，所担任的正是户部的员外郎，可与齐己所称的“员外”相对应。由此，《湘中送翁员外归闽》当作于开平四年，同时翁承赞经行湘江水道，又可与《昼锦堂集》所记载的路线相对应。

唐宋时期，由广州至福州有两条道路可通，其一是由广州东北行“水陆相兼约一千六百里”至潮州，再东北行四百八十里“取漳浦县路”至漳州[③]，再东北行三百五十里至泉州，再东北三百七十里至福州[④]；其二就是由广州东行水陆相兼四百里或陆路三百五十里至循州郭下归善县[⑤]，再经潮州西北四百里的程乡县（南汉乾和三年升为敬州，北宋开宝四年改为梅州）[⑥]，再经漳州、泉州至福州。经由循州及程乡县之路在当时被称为上路；经由潮州朝阳等县以及循州海丰县的路线被称为下路。其中，“上路重冈复岭，峻险难登，林木蓊翳，瘴疠袭人，行者惮焉。

---

① 《全唐诗（增订本）》卷八四五，第9629页。《唐诗纪事》卷七五《僧齐己传》载：“齐己本姓胡，名得生。诗名多湖湘间，与郑谷为诗友。”（《唐诗纪事校笺》，第2453页）

② 辛文房撰，周绍良笺证《唐才子传笺证》，第2232—2233页。

③ 《元和郡县图志》卷三四《岭南道一》“潮州”条，第895页。

④ 《元和郡县图志》卷二九《江南道六》“泉州”条，第720页。

⑤ 《元和郡县图志》卷三四《岭南道一》“循州”条，第892页。

⑥ ［宋］乐史撰、王文楚等点校《太平寰宇记》卷一六〇《岭南道四》“梅州”条，第3072页。

下路坦夷，烟岚稀远，行人多喜由之”[1]。所以，翁承赞等人由广州至福州所经行的应即所谓的下路。

三、仕梁及仕闽

翁承赞天祐元年至天祐二年前往福州册封王审知之际，正值唐末中央政局发生巨变之时。天祐元年四月，昭宗銮舆播迁至洛阳，并于同年八月被弑。次年五月，包括翁承赞进士及第时的座主独孤损在内的数十名唐王朝清流重臣被害于滑州白马驿。但可能正如翁承赞本人所言，其“族绪孤单”，并非出身于名门大族，所以其完成册封使命、返回洛阳后，并未受到过多的政治迫害，而是在天祐三年得授太常博士、殿中侍御史[2]。这也就是《延英殿谢恩上表》中所言的“礼弁或详于溢议，粗立公方；宪司首擢于介廉，遽垂显品”。

后梁建立后，翁承赞的职任日渐显要。开平二年（908），翁承赞出任户部员外郎，并被“侍中韩公”辟为盐铁发运副使[3]，此即《延英殿谢恩上表》中所谓的“序迁省闼，通判地征。兼差督府之正权，稽究计司之弊事”。而据《旧五代史》的记载，在朱温建立后梁政权之后，韩建先是被征为同平章事、充诸道盐铁转运使；开平二年，又加侍中，充建昌宫使，继续掌管后梁的财

① 《永乐大典》卷五三四五林安宅《潮惠下路修驿植木记》第3册，北京：中华书局，1986年，第2483页。本文对唐宋时期广州至福州路线的考证，参考了曹家齐先生对于南宋时期中央由两浙经福建通岭南道路的研究。相关内容，见曹家齐《唐宋时期南方地区交通研究》，第74—75页。

② 见《谏议公墓铭》。

③ “盐铁发运副使”，《谏议公墓铭》载为“盐铁使”，此据《族谱》卷六所收的《除翁承赞等大谏麻词》。

政大权[1]。所以，《谏议公墓铭》所载辟翁承赞为盐铁副使的“侍中韩公”应指韩建。开平三年正月，朱温于洛阳圜丘祀昊天上帝，并对礼仪使赵光逢等南郊行事官员进行了赏赐[2]。在此次大礼南郊过程中，户部员外郎翁承赞以摄太常卿的身份参与其事，从而得以“叨荣于仪仗之前，供奉于乘舆之右”[3]。而值得注意的是，此前征辟翁承赞出任盐铁发运副使的韩建正是此次洛阳郊祀的大礼使，所以翁承赞之所以能摄太常卿以参与其事，应与韩建有着密切的关系。由此可知，翁承赞在后梁仕途生涯的初期，韩建曾起到过非常重要的作用。

乾化二年（912）六月，朱温子郢王朱友珪利用左龙武军弑温，自立为帝。乾化三年（913）二月，朱友珪之弟均王友贞亦利用禁军发动政变，诛杀友珪，并随即称帝，是为后梁末帝。末帝贞明二年（916），翁承赞的散官由从五品下阶的朝散大夫晋升为从四品上阶的太中大夫[4]。《族谱》卷六《除翁承赞等大谏麻词》非常详细地记载了翁承赞此次晋升的情况[5]。制文载：

> 敕：掌赞侍从之地，朝夕论思之仪，非有誉浃群情，道彰束籍，固无虚授。允属元良，朝散大夫、盐铁发运副使

---

① 《旧五代史》卷一五《韩建传》，第205页。对于后梁时期建昌宫的职能，参杜文玉《五代十国制度研究》，第138—139页。

② 《旧五代史·梁书·太祖纪四》，第67页。

③ 见《族谱·延英殿谢恩上表》。

④ 见《族谱·谏议公墓铭》。

⑤ 文书原题《除翁承赞等大谏麻词》。“大谏”为“谏议大夫”的别称，而根据制文，翁承赞原为“朝散大夫、盐铁发运副使行尚书库部郎中”，此次仅加授“太中大夫”的文散官。由此可知，《谏议公墓铭》中所载的“右谏议大夫”，即所谓“大谏”之任更在此后。所以，该件文书应拟名为《授翁承赞太中大夫制》。

> 行在尚书库部郎中，以仕自守，惇善不衰。岁寒松秀之心，风雨鸡鸣之摻。某端修靡怠，通介有常。某繁剧绩过于董帷，锋颖势侔于欧冶。皆靖共禀志，文学掇科，亟践清班。每俾蕴蓄，或引言于臣列，或着效于先朝，俱有可称，乃从并命尔。其弘我恩宠，专彼官职。珥貂宁愧于旧儒，立谏伫闻于谠议。勉膺奖仕，克保修途。可授大（太）中大夫、上柱国、赐金鱼袋。

根据制文可知在开平三年至贞明二年之间，翁承赞的职事官已经由从六品上的户部员外郎晋升为从五品上的库部郎中。此外，在《族谱·昼锦堂卷后序》中，也称担任册封王审知使团副使的翁承赞为户部郎中。在后梁使团于开平四年二月前往福州册封王审知之际，为了隆重其事，朱温特地提升了册礼使的地位，此前担任御史中丞的萧顼升任户部侍郎。按照惯例，作为副使的翁承赞之职衔当也有晋升，故其由户部员外郎升任库部郎中的时间也当在此时。只是因齐己、黄滔等人属于故识，故在与翁承赞和诗之际仍然使用了其户部员外郎的旧称。

除翁承贊等大諫麻詞
勅承贊侍從之地朝夕論思之儀非有譽洪群情道彰東籍固
無虛授允屬元良朝散大夫鹽鐵發運副使行在尚書庫部郎
中以仕自守惇善不衰歲寒松秀之心風雨鷄鳴之摻某端修
靡怠通介有常某繁劇績過於董帷鋒穎勢侔於歐冶皆靖共
稟志文學掇科亟踐清班每俾蘊蓄或引言於臣列或著效於
先朝俱有可稱乃從並命爾其弘我恩寵專彼官職珥貂寧愧
於舊儒立諫佇聞於讜議勉膺奬仕克保脩途可授大中大夫
上柱國賜紫金魚袋

图 附-17《京兆翁氏族谱·除翁承赞等大谏麻词》

在贞明二年晋升为太中

大夫之后，翁承赞“寻迁右谏议大夫，加弘文馆学士。复升门下侍郎、同平章事”[①]。翁承赞迁右谏议大夫及加弘文馆学士应是同时，时间在贞明二年至贞明四年三月之间。贞明四年三月三日，翁承赞更是出任门下侍郎、同中书门下平章事，从而正式进入后梁政权的核心统治集团。对于翁承赞拜相之事，《族谱》卷六《加门下侍郎同中书门下平章事翁承赞诰》载：

敕曰：唐尧启运，夔稷诞生。皇汉开基，萧曹挺出。雅值休明之代，显为辅弼之臣。心贮庙谟，手握时柄。盐梅大鼎，舟楫百川。既燮理之得中，致阴阳之不忒。昌乎王道，系彼相才。前盐铁副使、大（太）中大夫、上柱国、赐紫金鱼袋翁承赞，才冠九流，学穷三古。两蹑青云之梯级，载攀明月之枝条。剔历清涂，骞裳昭代。垂闻望于缙绅之内，走姓名于宇宙之间。锦制衣裳，尽还乡国。寻就寻金之辟，遂居前席之宾。尝陪讲武，论文动著，良筹婉画。今以首陈推戴，式及眇冲，顺彼天人，成兹社稷。星攒北极，见勋臣龙起南阳；郁为谋主，特命钧衡之任，用符宵旰之怀。况卿礼乐名家，东南茂族。便从乐国，旋陟右司。无劳涉渭之求，自契合沙之谶。既尽卿之忠恳，方处我以至尊。所宜深务匡谐，常思谠正。外则平章百姓，内则翊赞万机。庶几有国之初克，致无疆之祚。羊随轩梦，是惬乃怀，牛对丙车，何妨下问？可授门下侍郎、同中书门下平章事，余如故，主者奉行。

贞明四年三月初三日。[②]

① 见《谏议公墓铭》。

② 《族谱》原题《加门下侍郎同中书门下平章事翁承赞诰》，不确，可拟名为《授翁承赞门下侍郎同中书门下平章事制》。

该制文在叙述翁承赞之文学才能及其在后梁时期所建立的功勋时，提及“首陈推戴，式及眇冲，顺彼天人，成兹社稷”等语，证明翁承赞在朱友贞即位过程中应起到了重要作用。《旧五代史》《资治通鉴》等书只是记载了朱友贞与驸马都尉赵岩、左龙虎统军袁象先、傅晖等人密谋，并利用禁军诛杀了朱友珪，但未提及翁承赞曾参与此次事件。根据制文中“今以首陈推戴，式及眇冲，顺彼天人，成兹社稷”“郁为谋主，特命钧衡之任，用符宵旰之怀”及“尽卿之忠恳，方处我以至尊”等记载，可知翁承赞是此次政变的主要谋划者之一。正是翁承赞在诛杀朱友珪、拥立朱友贞的政变过程中立下了“首陈推戴”之功，末帝才会在贞明四年授予其门下侍郎、同中书门下平章事，从而“用符宵旰之怀”。由于此时后梁与河东晋国李存勖集团的军事争斗已经达到白热化程度，中原政局极为动荡，所以翁承赞此后不久就离开洛阳返乡。离京之日，翁承赞作有《离东都日书怀》诗：

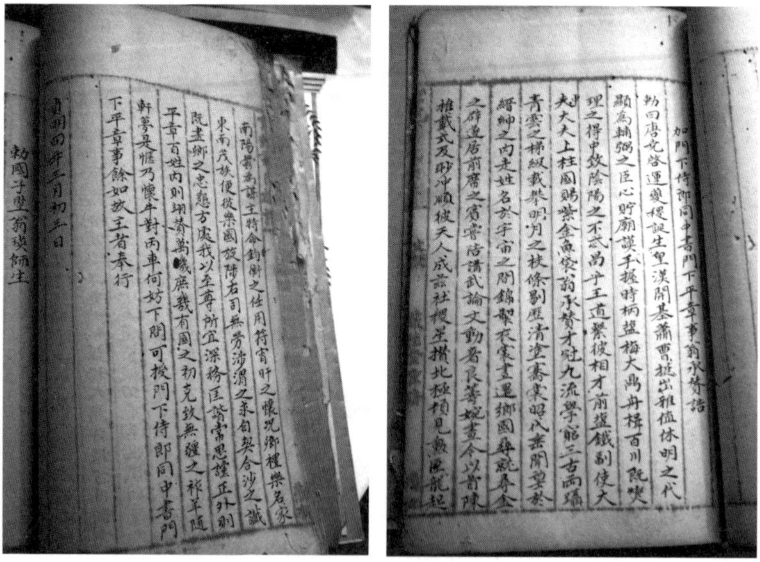
加門下侍郎同中書門下平章事翁承贊誥
勅曰唐堯啓運夔稷誕生聖漢開基蕭曹挺出雅值休明之代
顯爲輔弼之臣心貯廟謨手握時柄鹽梅大鼎舟楫百川既燮
理之得中致陰陽之不忒尚予王道繄彼相才前鹽鐵副使大
夫大夫上柱國賜紫金魚袋翁承贊才冠九流學窮三古而端
青雲之梯級載攀明月之枝條剔歷清塗寵實昭八座開望於
縉紳之內走姓名於宇宙之間錦帑衣晝還鄉國再就春金
之辟遂居前席之賓嘗陪諸武論文勳者良籌婉畫今以首陳
推戴式及眇沖順彼天人成茲社稷星攢北極頃見魚潛龍起
南陽鬱為謀主特命鈞衡之任用符宵旰之懷況卿禮樂名家
東南茂族便從樂國旋陟右司無勞涉渭之求自契合沙之讖
既盡卿之忠懇方處我以至尊所宜深務匡諧常思謹正外則
平章百姓內則翊贊萬機庶裁有國之初克致無疆之祚羊隨
軒夢是愜乃懷牛對丙車何妨下問可授門下侍郎同中書門
下平章事餘如故主者奉行
貞明四年三月初五日
勅國子監翁琰師生

图 附-18 《京兆翁氏族谱·加门下侍郎同中书门下平章事翁承赞诰》

单车晓出洛阳城，来肯将心羡长卿。
科第四重官四品，故园归去也胜耕。[①]

其中，翁承赞所言的“官四品”，正可与正四品上阶的门下侍郎相对应。在翁承赞于贞明四年八月二十日左右为王审知夫人任氏所撰的《梁魏国尚贤夫人墓志》中，其自署的职衔是“福建管内盐铁发运副使、新授太中大夫守右谏议大夫、上柱国、赐紫金鱼袋”[②]，证明其在此之前已经脱离后梁并返回闽国任职。正是因为翁承赞任相的时间极为短暂，所以在正史当中才没有留下相关的记载。

对于翁承赞退居闽国后的任职情况，《谏议公墓铭》并未详加记载，只是以“府君……进则际会天子，退则遭逢闽王”笼统言之。相较而言，传世史料中以《十国春秋·翁承赞传》的记载最为详细：

> 开平三年，复为闽王册礼副使……寻守右谏议大夫、福建盐铁副使，就加左散骑常侍、御史大夫。承赞既依太祖，太祖待之殊厚，遂以为相。[③]

但与此同时，《十国春秋》所载又往往将翁承赞不同时期的事迹混杂叙述，错讹之处颇多。如翁承赞次封王审知的时间为开平四年，而非三年；翁承赞守右谏议大夫的时间应在加左散骑常侍之

① 该诗收入《族谱》卷四《探花公诗》，《全唐诗（增订本）》漏收。
② 官桂铨、官大梁《闽王王审知夫妇墓志》，《文史》第28辑，第141页。
③ 《十国春秋》卷九五，第1376页。

后，且翁承赞生前与卒后均未曾加御史大夫的宪衔。此外，据吴任臣所言，翁承赞所担任的福建盐铁副使应为后梁所命，但事实显然并非如此。此外，学者在探讨闽国的职官制度时，曾根据《十国春秋》的记载，认为闽国的职官里有“相”的设置[①]。而翁承赞在撰于同光四年（926）二月十日左右的《王审知墓志》中，自署职衔为“门吏福建管内盐铁发运副使、太中大夫、守右谏议大夫、柱国、赐紫金鱼袋”，与前举《梁魏国尚贤夫人墓志》所署基本相同。由此可见，自翁承赞返闽至同光四年二月王审知下葬，翁承赞的职衔基本上未发生变动。其中，除了“福建管内盐铁发运副使”是源自王审知的任命外，其余的散官、职事官、勋官等都是沿用了任职后梁时期所获得的任命。虽然翁承赞在后梁贞明年间以门下侍郎的身份短暂拜相，但其归闽之后并未沿用同中书门下平章事的称号，所以《十国春秋》中翁承赞相闽的记载，显然是将翁承赞在后梁的历官情况误植于仕闽时期所致。

晚唐时期，王审知之兄王潮在曾在福州设置四门义学。至后梁龙德元年（921），王审知又“置四门学以招徕四方之秀”[②]。对此，《新五代史·王审知传》载：“审知虽起盗贼，而为人俭约，好礼下士……又建学四门，以教闽士之秀者。”[③]根据《十国春秋·翁承赞传》的记载，可知闽国四门学的设置乃翁承赞提议的直接结果。这也是见载于史籍的翁承赞仕闽期间最重要的政绩之一。

因翁承赞曾两度前往福州册封王审知，故两者之间建立起了

① 胡沧泽《略论唐末五代王闽政权的职官制度》，《福建师范大学学报（哲学社会科学版）》2003年第2期，第105—108页。
② 梁克家《淳熙三山志》卷八《庙学》，第7856页。
③《新五代史》卷六八，第846页。

非常密切的关系。在第二次册封期间，王审知为其居乡里赐名以示表彰。王审知夫人任氏卒于贞明四年五月，同年八月葬。王审知卒于同光三年（925）十二月，次年三月葬。两者的墓志均为翁承赞所撰，由此可见王审知生前待之殊厚[①]。此外，据《谏议公墓铭》的记载，翁承赞的长女嫁给了“特进太傅漳州刺史御史大夫王公”。从职衔上判断，这位“出帝室诚臣，王门志士”的王公应属王审知的子侄辈。而据《王审知墓志》的记载，王审知有子十二人，其中未有此时出任漳州刺史者，所以，这位王公应为王审知之从子。《五灯会元·保福从展禅师传》载：“梁贞明四年，漳州刺史王公创保福禅苑，迎请居之。”[②]从时间上判断，此位王公当即翁承赞之婿。

对于翁承赞的卒年，周祖撰、贾晋华两位先生据《十国春秋》《八闽通志》等书，认为翁承赞仕王审知至相位，未拜而卒，故翁氏之卒应在王审知前[③]。陈尚君先生则据《王审知墓志》，指出：“承赞卒年，原笺以为‘约在同光二年’，今知应在同光四年（926）后。”[④]对此，《族谱·谏议公墓铭》则明确记载：“一疾弗疗，奄至长逝。距生于大中十三年己卯，卒于天成三年戊子九月二十八日，享年七十。”天成三年（928）卒后，翁承赞被葬于建州崇安县北吴屯里故宅之后。因翁承赞在仕梁期间曾任右谏议大夫，而仕闽期间又沿用了这一称号，故直至清

① 傅璇琮主编《唐才子传校笺》第5册，第476页。

② ［宋］普济著，苏渊雷点校《五灯会元》卷七，北京：中华书局，1984年，第405页。

③ 傅璇琮主编《唐才子传校笺》第4册，第355—356页。

④ 傅璇琮主编《唐才子传校笺》第5册，第476页。

季，邑人仍以“大夫闸”作为其墓地之称[①]。

四、小结

翁承赞郡望京兆，四世祖轩迁居莆田、父巨隅迁居福唐，故传世文献中对其籍贯的记载多有歧义。翁承赞自幼就学于其父巨隅所创办的漆林书堂，并在福州取得了参加进士科考试的荐举资格。在经历四次科考失利后，翁承赞先后于昭宗乾宁三年及四年中进士科及博学宏词科，并以京兆参军释褐。可能是受到唐末政局动荡的影响，其在昭宗朝的仕途生涯中曾几度沉浮。由于出身福州的缘故，在唐末及后梁时期，翁承赞曾两次作为册封王审知的中央使团成员赴闽，故传世文献及《族谱》中留下了大量与此相关的记载，这也为其此后返闽任职埋下了伏笔。受制于武昌军及淮南地方割据势力的阻隔，翁承赞两次出使的路线都较为迂远。后梁建立后，在韩建的提携下，翁承赞不仅出任盐铁发运副使，还曾参与郊祀之礼，职任日渐显要。因在朱友贞乾化政变的过程中曾发挥过重要作用，翁承赞在散官得以晋升的同时，还迁任右谏议大夫，并于贞明四年得授门下侍郎并拜相，到达其仕宦生涯的顶峰。此时正值后梁与河东晋国军事斗争的最后阶段，中原政局极度混乱，所以翁承赞很快就返回闽国，从而成为王审知治下的心腹之臣。仕闽期间，翁承赞的职衔基本上沿用了后梁时期的任职情况，在一定程度上体现了闽国与后梁之间密切的政治关联性。

---

① 《嘉庆重修一统志》卷四三一《建宁府》“陵墓·翁承赞墓”条，“四部丛刊续修史部”本。

主要参考文献

一、古籍

［1］［汉］班固《汉书》，北京：中华书局，1962年。

［2］［北魏］郦道元注，［清］杨守敬、熊会贞疏《水经注疏》，南京：江苏古籍出版社，1989年。

［3］［唐］魏徵《隋书》，北京：中华书局，1974年。

［4］［唐］李泰等撰，贺次君辑校《括地志辑校》，北京：中华书局，1980年。

［5］［唐］道宣著，范祥雍点校《释迦方志》，北京：中华书局，2000年。

［6］［唐］徐坚等《初学记》，北京：中华书局，2004年。

［7］［唐］李林甫撰，陈仲夫点校《唐六典》，北京：中华书局，1992年。

［8］［唐］颜真卿《颜鲁公集》，《景印文渊阁四库全书》第1071册，台北：台湾商务印书馆，1986年。

［9］［唐］杜佑《通典》，北京：中华书局，1988年。

［10］［唐］李吉甫《元和郡县图志》，北京：中华书局，1983年。

［11］［唐］白居易撰，顾学颉校点《白居易集》，北京：中华书局，1979年。

［12］［唐］李德裕撰，傅璇琮、周建国校笺《李德裕文集校笺》，北京：中华书局，2018年。

［13］［唐］杜牧《樊川文集》，上海：上海古籍出版社，1978年。

［14］［新罗］崔致远撰，党银平校注《桂苑笔耕集校注》，北京：中华书局，2007年。

［15］［唐］裴庭裕《东观奏记》，北京：中华书局，1994年。

［16］［五代］王定保撰，黄寿成点校《唐摭言》，西安：三秦出版社，2011年。

［17］［五代］孙光宪撰，贾二强点校《北梦琐言》，北京：中华书局，2002年。

［18］［后晋］刘昫《旧唐书》，北京：中华书局，1975年。

［19］［宋］王溥《唐会要》，上海：上海古籍出版社，2006年。

［20］［宋］薛居正《旧五代史》，北京：中华书局，1976年。

［21］佚名著，王治来译注《世界境域志》，上海：上海古籍出版社，2010年。

［22］［宋］李昉等编《文苑英华》，北京：中华书局，1966年。

［23］［宋］乐史撰，王文楚等点校《太平寰宇记》，北京：中华书局，2007年。

［24］［宋］赞宁撰，范祥雍点校《宋高僧传》，北京：中华书局，1987年。

［25］［宋］王钦若等《册府元龟》，北京：中华书局，1960年。

［26］［宋］王溥《五代会要》，北京：中华书局，1998年。

［27］［宋］欧阳修、宋祁《新唐书》，北京：中华书局，1975年。

［28］［宋］宋敏求《唐大诏令集》，北京：中华书局，2008年。

［29］［宋］欧阳修《新五代史》，北京：中华书局，1974年。

［30］［宋］司马光撰，［元］胡三省音注《资治通鉴》，北京：中华书局，1956年。

［31］［宋］司马光撰，王亦令点校《稽古录点校本》，北京：中国友谊出版公司，1987年。

［32］［宋］叶廷珪撰，李之亮校点《海录碎事》，北京：中华书局，2002年。

［33］［宋］赵明诚著，刘晓东、崔燕南点校《金石录》，济南：齐鲁书社，2009年。

［34］［宋］计有功撰，王仲镛校笺《唐诗纪事校笺》，北京：中华书局，2007年。

［35］［宋］李焘《续资治通鉴长编》，北京：中华书局，1992年。

［36］［宋］梁克家《淳熙三山志》，“宋元方志丛刊”本，北京：中华

书局，1990年。

［37］［宋］赵彦卫《云麓漫钞》，北京：中华书局，1996年。

［38］［宋］周必大《文忠集》，景印文渊阁四库全书本，台北：台湾商务印书馆，1986年。

［39］［宋］李俊甫《莆阳比事》，“宛委别藏”本，南京：江苏古籍出版社，1988年。

［40］［宋］普济著，苏渊雷点校《五灯会元》，北京：中华书局，1984年。

［41］［元］辛文房撰，周绍良笺证《唐才子传笺证》，北京：中华书局，2010年。

［42］［元］脱脱等《宋史》，北京：中华书局，1977年。

［43］［元］叶留《为政善报事类》，南京：江苏古籍出版社，1988年。

［44］［元］无名氏撰，金心点校《湖海新闻夷坚续志》，北京：中华书局，2006年。

［45］［明］赵文等修《［景泰］建阳县志》，天一阁文管所藏明弘治刻本，《四库全书存目丛书》史部第176册，济南：齐鲁书社，1996年。

［46］［明］杨德政等修《［万历］建阳县志》，日本藏中国罕见地方志丛刊本，北京：书目文献出版社，1991年。

［47］［明］何乔远《闽书》，《四库全书存目丛书》史部第207册，济南：齐鲁书社，1986年。

［48］［清］吴任臣《十国春秋》，北京：中华书局，1983年。

［49］［清］顾祖禹《读史方舆纪要》，北京：中华书局，1955年。

［50］《全唐诗（增订本）》，北京：中华书局，1999年。

［51］［清］高廷法、陆耀遹等纂《（嘉庆）咸宁县志》，台北：成文出版社有限公司，1969年。

［52］［清］徐松辑录《宋会要辑稿》，北京：中华书局，1957年。

［53］［清］徐松撰，孟二冬补正《登科记考补正》，北京：北京燕山出版社，2003年。

［54］［清］董诰《全唐文》，北京：中华书局，1983年。

［55］［清］徐松著，朱玉麒整理《西域水道记》，北京：中华书局，2005年。

二、敦煌图录及石刻文献

［1］北京大学图书馆金石组胡海帆、汤燕编《1996—2012北京大学图书

馆新藏金石拓本菁华》，北京：北京大学出版社，2012年。

［2］陈长安主编《隋唐五代墓志汇编·洛阳卷》，天津：天津古籍出版社，1991年。

［3］敦煌研究院编《敦煌莫高窟供养人题记》，北京：文物出版社，1986年。

［4］敦煌研究院、江苏美术出版社编，梁尉英编著《敦煌石窟艺术·莫高窟第九窟、第一二窟（晚唐）》，南京：江苏美术出版社，1994年。

［5］俄罗斯科学院东方研究所圣彼得堡分所、俄罗斯科学出版社东方文学部、上海古籍出版社《俄藏敦煌文献》第1—17册，上海：上海古籍出版社、莫斯科：俄罗斯科学出版社东方文学部，1992—2001年。

［6］郝春文编著《英藏敦煌社会历史文献释录》第2卷，北京：社会科学文献出版社，2003年。

［7］黄永武主编《敦煌宝藏》第1—140册，台北：新文丰出版公司，1981—1986年。

［8］黄征、吴伟《敦煌愿文集》，长沙：岳麓书社，1995年。

［9］黄征、张涌泉校注《敦煌变文校注》，北京：中华书局，1997年。

［10］康兰英主编《榆林碑石》，西安：三秦出版社，2003年。

［11］李正宇《古本敦煌乡土志八种笺证》，台北：新文丰出版公司，1998年。

［12］罗福苌《沙州文录补》，中国西北文献丛书续编编撰委员会编《中国西北文献丛书续编》第18册，兰州：甘肃文化出版社，1999年。

［13］宁可、郝春文《敦煌社邑文书辑校》，南京：江苏古籍出版社，1997年。

［14］齐运通《洛阳新获七朝墓志》，北京：中华书局，2012年。

［15］荣新江《英国图书馆藏敦煌汉文非佛教文献残卷目录（S.6981—13624）》，台北：新文丰出版公司，1994年。

［16］陕西历史博物馆编《中国古代壁画·唐代2·陕西历史博物馆藏》，南宁：广西美术出版社，2017年。

［17］陕西省考古研究院、法门寺博物馆、宝鸡市文物局、扶风县博物馆编著《法门寺考古发掘报告》，北京：文物出版社，2007年。

［18］商务印书馆编《敦煌遗书总目索引》，北京：中华书局，1983年。

［19］施萍婷主撰稿、邰惠莉助编《敦煌遗书总目索引新编》，北京：中华书局，2000年。

［20］苏莹辉《敦煌石刻考》，冯志文主编《中国西北文献丛书续编·敦煌

学文献卷》，兰州：甘肃文化出版社，1999年。

［21］唐耕耦、陆宏基《敦煌社会经济文献真迹释录》第2—5辑，北京：全国图书馆文献缩微复制中心，1990年。

［22］天津艺术博物馆编《天津艺术博物馆藏敦煌文献》，上海：上海古籍出版社，1998年。

［23］王仁波主编《隋唐五代墓志汇编·陕西卷》，天津：天津古籍出版社，1991年。

［24］王尧、陈践译注《敦煌吐蕃文献选》，成都：四川民族出版社，1983年。

［25］吴钢主编《全唐文补遗》第1—9辑，西安：三秦出版社，1994—2007年。

［26］徐俊纂辑《敦煌诗集残卷辑考》，北京：中华书局，2000年。

［27］张锡厚主编《全敦煌诗》，北京：作家出版社，2006年。

［28］赵和平《敦煌表状笺启书仪辑校》，南京：江苏古籍出版社，1999年。

［29］郑炳林、郑怡楠辑释《敦煌碑铭赞辑释》（增订本），上海：上海古籍出版社，2019年。

［30］中国社会科学院历史研究所、中国敦煌吐鲁番学会敦煌古文献编辑委员会、英国国家图书馆、伦敦大学亚非学院《英藏敦煌文献（汉文佛经以外部份）》第1—14册，成都：四川人民出版社，1990—1995年。

［31］中国文物研究所、河南文物研究所编《新中国出土墓志·河南》（壹），北京：文物出版社，1994年。

［32］周绍良、赵超主编《唐代墓志汇编续集》，上海：上海古籍出版社，2001年。

［33］（日）池田温《中國古代籍帳研究——概観·録文》，东京：东京大学东洋文化研究所，1979年。

［34］武田科学振兴财团杏雨书屋《敦煌秘笈·影片册》第1册，大阪：武田科学振兴财团，2009年。

［35］（英）Arthur Waley, *A Catalogue Of Paintings Recovered From Tun-Huang By Sir Aurel Stein, K.C.I.E*, London, 1931.

三、著作

［1］（日）安部健夫，宋肃瀛、刘美崧、徐伯夫汉译《西回鹘国史的研究》，乌鲁木齐：新疆人民出版社，1985年。

［2］（法）伯希和著，耿昇、唐健宾译《伯希和敦煌石窟笔记》，兰州：甘肃人民出版社，1993年。

［3］曹家齐《唐宋时期南方地区交通研究》，香港：华夏文化艺术出版社，2005年。

［4］岑仲勉《通鉴隋唐纪比事质疑》，北京：中华书局，1964年。

［5］岑仲勉《隋唐史》，北京：中华书局，1982年。

［6］（日）长泽和俊著，钟美珠译《丝绸之路史研究》，天津：天津古籍出版社，1990年。

［7］陈国灿《敦煌学史事新证》，兰州：甘肃教育出版社，2002年。

［8］陈小平《唐蕃古道》，西安：三秦出版社，1989年。

［9］陈寅恪《唐代政治史述论稿》，重庆：商务印书馆，1943年。

［10］陈祚龙《敦煌学海探珠》，台北：台湾商务印书馆，1979年。

［11］陈祚龙《敦煌学要籥》，台北：新文丰出版公司，1982年。

［12］邓文宽《敦煌吐鲁番学耕耘录》，台北：新文丰出版公司，1996年。

［13］杜文玉《五代十国制度研究》，北京：人民出版社，2006年。

［14］冯培红《敦煌的归义军时代》，兰州：甘肃教育出版社，2013年。

［15］（法）J.R.哈密顿著，耿昇、穆根来译《五代回鹘史料》，乌鲁木齐：新疆人民出版社，1986年。

［16］韩儒林《穹庐集——元史及西北地民族史研究》，上海：上海古籍出版社，1982年。

［17］韩荫晟《党项与西夏资料汇编》，银川：宁夏人民出版社，2000年。

［18］何灿浩《唐末政治变化研究》，北京：中国文联出版社，2001年。

［19］华涛《西域历史研究——八至十世纪》，上海：上海古籍出版社，2000年。

［20］黄永武主编《敦煌遗书最新目录》，台北：新文丰出版公司，1986年。

［21］黄楼《唐宣宗大中政局研究》，天津：天津古籍出版社，2011年。

［22］黄楼《碑志与唐代政治史论稿》，北京：科学出版社，2017年。

［23］贾志刚《唐代军费问题研究》，北京：中国社会科学出版社，2006年。

［24］姜亮夫《莫高窟年表》，上海：上海古籍出版社，1985年。

［25］刘俊文《敦煌吐鲁番唐代法制文书考释》，北京：中华书局，1989年。

［26］卢向前《敦煌吐鲁番文书论稿》，南昌：江西人民出版社，1992年。

［27］李鸿宾《唐朝朔方军研究——兼论唐廷与西北诸族的关系及其演变》，长春：吉林人民出版社，2005年。

［28］李锦绣《唐代财政史稿》（下卷），北京：北京大学出版社，2001年。

［29］宁志新《隋唐使职制度研究（农牧工商编）》，北京：中华书局，2005年。

［30］（日）平冈武夫《唐代的历》，上海：上海古籍出版社，1990年。

［31］（日）前田正名、陈俊谋汉译《河西历史地理学研究》，北京：中国藏学出版社，1993年。

［32］饶宗颐主编，姜伯勤、项楚、荣新江合著《敦煌邈真赞校录并研究》，台北：新文丰出版公司，1994年。

［33］荣新江《归义军史研究——唐宋时代敦煌历史考索》，上海：上海古籍出版社，1996年。

［34］荣新江《敦煌学新论》，兰州：甘肃教育出版社，2002年。

［35］邵文实《敦煌边塞文学研究》，兰州：甘肃教育出版社，2007年。

［36］史念海主编《西安历史地图集》，西安：西安地图出版社，1996年。

［37］史岩《敦煌石窟画像题识》，吴坚主编《中国西北文献丛书》第198册，兰州：兰州古籍书店，1990年。

［38］苏莹辉《敦煌论集》（修订三版），台北：台湾学生书局，1983年。

［39］苏莹辉《敦煌论集续编》，台北：台湾学生书局，1983年。

［40］苏莹辉《瓜沙史事丛考》，台北：台湾商务印书馆，1983年。

［41］谭蝉雪《敦煌婚姻文化》，兰州：甘肃人民出版社，1993年。

［42］万斯年辑译《唐代文献丛考》，北京：商务印书馆，1957年。

［43］王永兴《唐代后期军事史略论稿》，北京：北京大学出版社，2006年。

［44］王忠《新唐书吐蕃传笺证》，北京：科学出版社，1958年。

［45］王重民等编《敦煌变文集》，北京：人民文学出版社，1957年。

［46］王重民《全唐诗补编》，北京：中华书局，1992年。

［47］魏良弢《喀喇汗王朝史稿》，乌鲁木齐：新疆人民出版社，1986年。

［48］项楚《敦煌诗歌导论》，台北：新文丰出版公司，1993年。

［49］谢道华《建阳文物志》，厦门：厦门大学出版社，1997年。

［50］严耕望《唐史研究丛稿》，香港：新亚研究所，1969年。

［51］严耕望《唐代交通图考》，台北："中央研究院"历史语言研究所，1998年。

［52］颜廷亮《敦煌文学概论》，兰州：甘肃人民出版社，1993年。

[53] 颜廷亮《敦煌文学概说》，台北：新文丰出版公司，1995年。

[54] 杨宝玉《敦煌本佛教灵验记校注并研究》，兰州：甘肃人民出版社，2009年。

[55] 杨宝玉、吴丽娱《归义军政权与中央关系研究——以入奏活动为中心》，北京：中国社会科学出版社，2015年。

[56] 杨铭《吐蕃统治敦煌研究》，台北：新文丰出版公司，1997年

[57] 杨铭《吐蕃统治敦煌与吐蕃文书研究》，北京：中国藏学出版社，2008年。

[58] 杨秀清《敦煌西汉金山国史》，兰州：甘肃人民出版社，1999年。

[59] 余太山《西域通史》，郑州：中州古籍出版社，2003年。

[60] 郁贤皓《唐刺史考全编》，合肥：安徽大学出版社，2000年。

[61] 张大千《张大千居士遗著莫高窟记》，冯志文主编《中国西北文献丛书续编·敦煌学文献卷》第9册，兰州：甘肃文化出版社，1999年。

[62] 张广达、荣新江著《于阗史丛考》，上海：上海书店出版社，1993年。

[63] 张国刚《唐代藩镇研究（增订版）》，北京：中国人民大学出版社，2010年。

[64] 张沛《唐折冲府汇考》，西安：三秦出版社，2003年。

[65] 赵贞《归义军史事考论》，北京：北京师范大学出版社，2010年。

[66] 周伟洲《西北民族史研究》，郑州：中州古籍出版社，1994年。

[67] 周伟洲《早期党项史研究》，北京：中国社会科学出版社，2004年。

[68] 周一良、赵和平《唐五代书仪研究》，北京：中国社会科学出版社，1995年。

[69] 朱悦梅、杨富学《甘州回鹘史》，北京：中国社会科学出版社，2013年。

[70] （日）安部健夫《西ウイグル国史の研究》，京都：汇文堂书店，1955年。

[71] （日）爱宕元《唐代地域社会史研究》，京都：同朋舍，1997年。

[73] （日）布目潮沨、中村乔《唐才子传之研究》，大阪：大阪大学文学部内アジア史研究会，1972年。

[73] （日）多賀秋五郎《中國宗譜の研究》下卷，东京：日本学术振兴会，1981年。

[74] （日）岡崎精郎《タングート古代史研究》，京都：京都大学文学部内东洋史研究会，1972年

[75] （日）山口瑞凤主编《講座敦煌》第6卷《敦煌胡語文献》，东京：大东出版社，1985年。

[76] （日）松本荣一《燉煌畫の研究》，东京：东方文化学院东京研究所，1937年。

[77] （日）榎一雄主编《講座敦煌》第2卷《敦煌の歷史》，东京：大东出版社，1980年。

[78] （日）羽田亨《羽田博士史学論文集·上卷歷史篇》，京都：同朋舍，1957年。

[79] （日）竺沙雅章《中國佛教社会史研究（增订版）》，京都：朋友书店，2002年。

四、论文

[1] （俄）巴托尔德著，王小甫译，陈继周校《加尔迪齐著〈记述的装饰〉摘要——〈中亚学术旅行报告（1893—1894）的附录〉》，《西北史地》1983年第4期。

[2] 白玉冬《P.T.1189〈肃州领主司徒上河西节度使天大王书状〉考述》，刘进宝主编《丝路文明》第1辑，上海：上海古籍出版社，2016年。

[3] 保宏彪《从晚唐墓志中的党项史料看唐朝与党项的关系》，《西夏研究》2011年第2期。

[4] 蔡治淮《敦煌写本唐僖宗中和五年三月车驾还京师大赦诏校释》，北京大学中国中古史研究中心《敦煌吐鲁番文献研究论集》，北京：中华书局，1982年。

[5] 岑仲勉《唐方镇年表正补》，《中央研究院史语所集刊》第15本，1948年。

[6] 长泽和俊著、钟美珠译《唐末、五代、宋初之灵州》，《丝绸之路史研究》，天津：天津古籍出版社，1990年。

[7] 陈炳应《也谈甘州回鹘》，《敦煌学辑刊》1990年第2期。

[8] 陈国灿《唐朝吐蕃陷落沙州城的时间问题》，《敦煌学辑刊》1985年第1期。

[9] 陈国灿《唐五代瓜沙归义军军镇的演变》，唐长孺主编《敦煌吐鲁番文书初探二编》，武汉：武汉大学出版社，1990年。

[10] 陈国灿《敦煌五十九首佚名诗历史背景新探》，季羡林等主编《敦煌吐鲁番研究》第2卷，北京：北京大学出版社，1996年。

［11］陈国灿《读〈杏雨书屋藏敦煌秘笈〉札记》，《史学史研究》2013年第1期。

［12］陈守忠《公元八世纪后期至十一世纪前期河西历史述论》，《西北师大学报（社会科学版）》1983年第4期。

［13］陈涛《唐大中年间沙州遣使中原路线新说——以敦煌本〈驿程记〉为中心》，《兰州学刊》2015年第8期。

［14］陈祚龙《古代敦煌及其他地区流行之公私印章图记文字录》，《敦煌学要籥》，台北：新文丰出版公司，1982年。

［15］程义《隋唐长安辖县乡里考新补》，《中国历史地理论丛》2006年第4期。

［16］（日）村井恭子《唐宣宗时期的西北边境政策试析》，荣新江主编《唐研究》第16卷，北京：北京大学出版社，2010年。

［17］党燕妮《毗沙门天王信仰及其在敦煌的流传》，《敦煌研究》2005年第3期。

［18］邓文宽《张淮深平定甘州迴鹘史事钩沉》，《北京大学学报(哲学社会科学版)》1986年第5期。

［19］邓文宽《也谈张淮深之死》，《敦煌研究》1988年第1期。

［20］邓文宽《归义军张氏家族的封爵与郡望》，中国敦煌吐鲁番学会编《敦煌吐鲁番学研究论文集》，上海：汉语大词典出版社，1990年。

［21］邓文宽《敦煌文献〈河西都僧统悟真处分常住榜〉管窥》，《周一良先生八十生日纪念论文集》，北京：中国社会科学出版社，1993年。

［22］邓文宽《张淮深改建莫高窟北大像和开凿94窟年代考》，段文杰等编《1990年敦煌学国际研讨会文集·石窟史地、语文编》，沈阳：辽宁美术出版社，1995年。

［23］邓文宽《〈张淮深变文〉“骢马政”考实》，《敦煌吐鲁番学耕耘录》，台北：新文丰出版公司，1996年。

［24］杜维民《唐夏州张宁墓志考释》，《西夏研究》2014年第3期。

［25］杜文玉《五代起居制度的变化及其特点》，《陕西师范大学学报(哲学社会科学版)》2005年第3期。

［26］杜文玉、赵水静《从新出〈刘德训墓志〉看晚唐历史的几个问题》，《山西大学学报(哲学社会科学版)》2019年第5期。

［27］段连勤《河西回鹘政权的迨立与瓦解》，《西北大学学报(哲学社会科学版)》1978年第1期。

［28］冯培红《有关敦煌文书的两则读书札记》，《敦煌学辑刊》1995年

第2期。

［29］冯培红《晚唐五代宋初归义军武职军将研究》，郑炳林主编《敦煌归义军史专题研究》，兰州：兰州大学出版社，1997年。

［30］冯培红《P.3249背〈军籍残卷〉与归义军初期的僧兵武装》，《敦煌研究》1998年第2期。

［31］冯培红、姚桂兰《归义军时期敦煌与周边地区之间的僧使交往》，郑炳林主编《敦煌佛教艺术文化论文集》，兰州：兰州大学出版社，2002年。

［32］冯培红《关于归义军节度使官制的几个问题》，郑炳林、花平宁主编《麦积山石窟艺术论文集》，兰州：兰州大学出版社，2004年。

［33］冯培红《论晚唐五代的沙州（归义军）与凉州（河西）节度——以“河西”观念为中心的考察》，张涌泉、陈浩主编《浙江与敦煌学——常书鸿先生诞辰一百周年纪念文集》，杭州：浙江古籍出版社，2004年。

［34］冯培红《归义军节度观察使官印问题申论》，《敦煌吐鲁番研究》第9卷，北京：中华书局，2005年。

［35］冯培红《晚唐五代宋初沙州上佐考论》，国家图书馆善本特藏部敦煌吐鲁番资料中心编《敦煌学国际研讨会论文集》，北京：北京图书馆出版社，2005年。

［36］冯培红《敦煌本〈国祭行香文〉及相关问题》，中国文物研究所编《出土文献研究》第7辑，上海：上海古籍出版社，2005年。

［37］高自厚《甘州回鹘渊源考》，《西北民族学院学报(哲学社会科学版)》1982年第1期。

［38］官桂铨、官大梁《闽王王审知夫妇墓志》，《文史》第28辑，北京：中华书局，1987年。

［39］郝春文《中国国家图书馆藏未刊敦煌文献研读札记》，《敦煌研究》2004年第4期。

［40］贺世哲、孙修身《瓜沙曹氏与敦煌莫高窟》，敦煌文物研究所编《敦煌研究文集》，兰州：甘肃人民出版社，1982年。

［41］贺世哲《从供养人题记看莫高窟部分洞窟的营建年代》，敦煌研究院编《敦煌莫高窟供养人题记》，北京：文物出版社，1986年。

［42］贺世哲《莫高窟第192窟〈发愿功德赞文〉重录及有关问题》，《敦煌研究》1993年第2期。

［43］洪勇明《甘州回鹘登里可汗考辩》，《西域研究》2010年第2期。

［44］胡沧泽《略论唐末五代王闽政权的职官制度》，《福建师范大学学报（哲学社会科学版)》2003年第2期。

[45] 华涛《回鹘西迁及东部天山地区的政治局势》，《西北民族研究》1990年第1期。

[46] 黄楼《唐代京西北神策诸城镇研究》，《魏晋南北朝隋唐史资料》第27辑，武汉：武汉大学文科学报编辑部，2011年。

[47] 黄楼《吐蕃尚延心以河、渭降唐事迹考略——兼论唐末高骈与宦官集团之关系》，《魏晋南北朝隋唐史资料》第28辑，武汉大学文科学报编辑部，2012年。

[48] 黄盛璋《沙州曹氏二州六镇与八镇考》，敦煌文物研究所编《1983年全国敦煌学术讨论会文集·文史遗书编》上册，兰州：甘肃人民出版社，1987年。

[49] 黄盛璋《敦煌于阗文P.2741、ch.00296、P.2790号文书疏证》，《西北民族研究》1989年第2期。

[50] 黄盛璋《敦煌汉文与于阗文书中之龙家及其相关问题》，《西域研究》1996年第1期。

[51] 黄盛璋《汉于阗吐蕃文献所见“龙家”考》，郑炳林、樊锦诗、杨富学主编《丝绸之路民族古文字与文化学术讨论会文集》，西安：三秦出版社，2007年。

[52] 贾丛江《黠戛斯南下和北归考辨》，《西域研究》2000年第4期。

[53] 贾丛江《回鹘西迁诸事考》，《西域研究》2001年第4期。

[54] 金荣华《新德里印度博物馆藏敦煌残册张延锷题记跋》，(台北)《华冈文科学报》第25期，2002年。

[55] 金维诺《敦煌窟龛名数考》，《文物参考资料》1959年第5期。

[56] 金滢坤《吐蕃瓜州节度使初探》，《敦煌研究》2002年第2期。

[57] 雷绍锋《P.3418背〈唐沙州诸乡欠枝夫人户名目〉研究》，《敦煌研究》1998年第2期。

[58] 李并成《“西桐”地望考——附论明安定卫城》，《西北民族研究》1998年第1期。

[59] 李重申、田鹤鸣、李金梅等《敦煌马毬史料探析》，《敦煌研究》1994年第4期。

[60] 李冬梅《唐五代敦煌学校部分教学档案简介》，《敦煌学辑刊》1995年第2期。

[61] 李冬梅《唐五代归义军与周边民族关系综论》，《敦煌学辑刊》1998年第2期。

[62] 李树辉《回鹘西迁及其相关问题考辨（上、下）——乌古斯和回鹘

研究系列之五》，《喀什师范学院学报》2001年第2、3期。

［63］李永宁《敦煌莫高窟碑文录及有关问题（一）》，《敦煌研究》1982年第1期。

［64］李永宁《敦煌莫高窟碑文录及有关问题（二）》，《敦煌研究》1982年第2期。

［65］李永宁《竖牛作孽 君主见欺——谈张淮深之死及唐末归义军执权者之更迭》，《敦煌研究》1986年第2期。

［66］李正宇《〈下女夫词〉研究》，《敦煌研究》1987年第2期。

［67］李正宇《关于金山国和燉煌国建国的几个问题》，《西北史地》1987年第2期。

［68］李正宇《曹仁贵归奉后梁的一组新资料》，《魏晋南北朝隋唐史资料》第11辑，武汉：武汉大学出版社，1991年。

［69］李正宇《西同考——附论六龙地望》，《敦煌研究》1997年第4期。

［70］李正宇《索勋、张承奉更迭之际史事考》，郝春文主编《敦煌文献论集——纪念敦煌藏经洞发现一百周年国际学术研讨会论文集》，沈阳：辽宁人民出版社，2001年。

［71］李正宇《张议潮起义发生在大中二年三、四月间》，《敦煌学辑刊》2007年第2期。

［72］李志生《关于唐代晚期府、州上佐（长史、司马、别驾）的几点意见》，《河北学刊》1991年第4期。

［73］李宗俊《唐陆耽墓志考释》，《中国边疆史地研究》2014年第3期。

［74］李宗俊《唐〈张淮澄墓志〉跋》，《乾陵文化研究》第11辑，西安：三秦出版社，2017年。

［75］梁尉英《略论敦煌晚唐艺术的世俗化》，敦煌研究院、江苏美术出版社编《敦煌石窟艺术·莫高窟第九窟、第一二窟（晚唐）》，南京：江苏美术出版社，1994年。

［76］林冠群《唐代吐蕃军事占领区建制之研究》，《中国藏学》2007年第4期。

［77］刘安志《关于唐代沙州升为都督府的时间问题》，《敦煌学辑刊》2004年第2期。

［78］刘安志《唐代沙州升为都督府时间考定——以〈唐会要〉版本考察为中心》，《史学集刊》2017年第4期。

［79］刘进宝《归义军时期敦煌的营田及其管理系统》，《西北师大学报（社会科学版）》2004年第2期。

［80］刘美崧《论归义军节度与回鹘关系中的几个问题》，《中南民族学院学报（社会科学版）》1986年第3期。

［81］陆离、陆庆夫《张议潮史迹新探》，《中国边疆史地研究》2011年第1期

［82］陆离《关于唐宋时期龙家部族的几个问题》，《西域研究》2012年第2期。

［83］陆离《敦煌吐蕃文书中的“色通（se tong）”考》，《敦煌研究》2012年第2期。

［84］陆庆夫《从焉耆龙王到河西龙家——龙部落迁徙考》，《敦煌研究》，1997年第2期。

［85］陆庆夫《金山国与甘州回鹘关系考论》，《敦煌学辑刊》1999年第1期。

［86］陆庆夫《论甘州回鹘与中原王朝的贡使关系》，《民族研究》1999年第3期。

［87］卢向前《金山国立国之我见》，《敦煌学辑刊》1990年第2期。

［88］卢向前《关于归义军时期一份布纸破用历的研究》，《敦煌吐鲁番文书论稿》，南昌：江西人民出版社，1992年。

［89］马德《曹氏三大窟营建的社会背景》，《敦煌研究》1991年第1期。

［90］马德《张淮兴敦煌史事探幽》，《敦煌学辑刊》1994年第2期。

［91］马德《敦煌绢画题记辑录》，《敦煌学辑刊》1996年第1期。

［92］马德《都僧统之家窟及其营建》，《敦煌研究》1998年第4期。

［93］马德《〈张淮深碑〉的作者再议——兼及敦煌写本之张球、恒安书体比较》，《丝路历史文化研讨会论集》，乌鲁木齐：新疆科学技术出版社，2013年。

［94］梅林《“何法师窟”的创建与续修——莫高窟第196窟年代分论》，《艺术史研究》第8辑，广州：中山大学出版社，2006年。

［95］孟彦弘《论唐代军队的地方化》，陈祖武主编《中国社会科学院历史研究所学刊》第1集，北京：社会科学文献出版社，2001年。

［96］宁志新《唐朝营田使初探》，《厦门大学学报(哲学社会科学版)》1997年第2期。

［97］齐陈骏、寒沁《河西都僧统唐悟真作品和见载文献系年》，《敦煌学辑刊》1993年第2期。

［98］齐勇锋《中晚唐防秋制度探索》，《青海社会科学》1983年第4期。

［99］钱伯泉《试解“仆固俊”之谜——甘州回鹘国史探讨之一》，《中

国史研究动态》1986年第12期。

［100］钱伯泉《龟兹回鹘国始末》，《新疆社会科学》1987年第2期。

［101］钱伯泉《为索勋篡权翻案》，《敦煌研究》1988年第1期。

［102］荣新江《敦煌卷子札记四则》，北京大学中国中古史研究中心编《敦煌吐鲁番文献研究论集》第2辑，北京：北京大学出版社，1983年。

［103］荣新江《归义军及其与周边民族的关系初探》，《敦煌学辑刊》1986年第2期。

［104］荣新江《晚唐归义军李氏家族执政史探微》，《文献》1989年第3期。

［105］荣新江《关于沙州归义军都僧统年代的几个问题》，《敦煌研究》1989年第4期。

［106］荣新江《沙州张淮深与唐中央朝廷之关系》，《敦煌学辑刊》1990年第2期。

［107］荣新江《唐代河西地区铁勒部族的入居及其消亡》，费孝通主编《中华民族研究新探索》，北京：中国社会科学出版社，1991年。

［108］荣新江《金山国史辨正》，《中华文史论丛》第50辑，上海：上海古籍出版社，1992年。

［109］荣新江《沙州归义军历任节度使称号研究》（修订稿），《敦煌学》第19辑，台北：中国文化大学中国文学研究所敦煌学会，1992年。

［110］荣新江《关于曹氏归义军首任节度使的几个问题》，《敦煌研究》1993年第2期。

［111］荣新江《甘州回鹘成立史论》，《历史研究》1993年第5期。

［112］荣新江《初期沙州归义军与唐中央朝廷之关系》，黄约瑟、刘健明主编《隋唐史论集》，香港：香港大学亚洲研究中心，1993年。

［113］荣新江《归义军改元考》，《文史》第38辑，1994年。

［114］荣新江《敦煌邈真赞所见归义军与东西回鹘的关系》，饶宗颐主编，姜伯勤、项楚、荣新江合著《敦煌邈真赞校录并研究》，台北：新文丰出版公司，1994年。

［115］荣新江《中国文物研究所等编〈新中国出土墓志·河南〉壹》，《唐研究》第1卷，北京：北京大学出版社，1995年。

［116］荣新江《张氏归义军与西州回鹘的关系》，《1990年敦煌学国际研讨会文集·石窟史地、语文编》，沈阳：辽宁美术出版社，1995年。

［117］荣新江《龙家考》，《中亚学刊》第4辑，北京：北京大学出版社，1995年。

［118］荣新江《〈英藏敦煌文献〉写本定名商补》，《文史》2000年第3辑。

［119］荣新江、余欣《沙州归义军史事系年示例》，《华学》第7辑，广州：中山大学出版社，2004年。

［120］荣新江、余欣《沙州归义军史事系年（大中六年—咸通二年）》，季羡林、饶宗颐主编《敦煌吐鲁番研究》第8卷，北京：中华书局，2005年。

［121］荣新江、余欣《沙州归义军史事系年（咸通三年—六年）》，白化文主编《周绍良先生纪念文集》，北京：北京图书馆出版社，2006年。

［122］荣新江、余欣《沙州归义军史系年（咸通七年—十三年）》，《庆祝宁可先生八十华诞论文集》，北京：中国社会科学出版社，2008年。

［123］荣新江、余欣《沙州归义军史事系年（咸通十四年—中和四年）》《敦煌学》第27辑，台北：乐学书局有限公司，2008年。

［124］荣新江《唐人诗集的钞本形态与作者蠡测——敦煌写本S.6234+P.5007、P.2672综考》，四川大学中国俗文化研究所编《项楚先生欣开八秩颂寿文集》，北京：中华书局，2012年。

［125］荣新江《大中十年唐朝遣使册立回鹘史事新证》，《敦煌研究》2013年第3期。

［126］（日）森安孝夫撰，陈俊谋汉译《关于回鹘的西迁》，《民族译丛》1980年第1期。

［127］（日）森安孝夫《回鹘吐蕃789—792年的北庭之争》，敦煌文物研究所编辑室编《敦煌译丛》第1辑，兰州：甘肃人民出版社，1985年。

［128］施萍婷《本所藏〈酒帐〉研究》，《敦煌研究》1983年创刊号（总第3期）。

［129］石璋如《敦煌千佛洞遗碑及其相关的石窟考》，《“中央研究院”历史语言研究所集刊》上册，第34本，台北：中央研究院历史语言研究所，1962年。

［130］苏北海、李秀梅《回纥汗国的统治疆域及漠北回纥族的西迁》，《敦煌学辑刊》1990年第2期。

［131］苏莹辉《补唐书张淮深传》，《大陆杂志》第27卷，1963年第5期。

［132］苏莹辉《论张义潮收复河陇州郡之年代》，《新社学报》1968年第2期。

［133］苏莹辉《略论沙州归义军节度使领州沿革》，《东西文化》（台北华冈）1968年第18期。

［134］苏莹辉《试论张义潮收复河陇后遣使献表长安之年代》，《包遵彭先生纪念论文集》，台北：“国立”历史博物馆，1971年。

［135］苏莹辉《咸通中凉州节度使统管凉、洮、鄯、河、临五州说》，《史学汇刊》第9卷，1978年。

［136］孙芬惠《渭南发现唐〈白敏中神道碑〉》，《碑林集刊》第10辑，西安：陕西人民美术出版社，2004年。

［137］孙楷第《敦煌写本〈张淮深变文〉跋》，《中央研究院历史语言所集刊》第7本第3分，1937年。

［138］孙修身《谈与瓜州曹氏世谱有关的几个问题》，《社会科学》1983年第5期。

［139］孙修身《张淮深之死再议》，《西北师大学报(社会科学版)》1982年第2期。

［140］唐耕耦《曹仁贵节度沙州归义军始末》，《敦煌研究》1987年第2期。

［141］汤开建《"庞特勤居甘州"辩》，《西北民族大学学报(哲学社会科学版)》1983年第1期。

［142］汤开建、马明达《对五代宋初河西若干民族问题的探讨》，《敦煌学辑刊》创刊号（总第4期），1983年。

［143］唐长孺《关于归义军节度的几种资料跋》，《中华文史论丛》第1辑，上海：中华书局上海编辑所，1962年。

［144］藤枝晃《归义军节度使始末》，《国外藏学研究译文集》第14辑，拉萨：西藏人民出版社，1998年。

［145］田卫疆《高昌回鹘封号"牧首"考》，《甘肃民族研究》，1998年第3期。

［146］田卫疆《"卜古可汗传说"史实解析》，《民族研究》2000年第3期。

［147］王惠民《曹议金执政前期若干史实考辨》，敦煌研究院编《段文杰敦煌研究五十年纪念文集》，北京：世界图书出版公司，1996年。

［148］王庆卫《新出唐代张淮澄墓志所见归义军史事考》，《敦煌学辑刊》2017年第1期。

［149］王日蔚《唐后回鹘考》，杨富学、杨铭主编《中国敦煌学百年文库·民族卷》，兰州：甘肃文化出版社，1999年。

［150］王使臻《敦煌文献P.3730V书信与出土〈唐张淮澄墓志〉的联系》，《西华师范大学学报(哲学社会科学版)》2020年第1期。

［151］王铁藩、翁发喜《翁承赞诗传》，政协福清市文史资料委员会编《福清文史资料》第26期，2008年。

［152］王勋成《唐代举子及第登科等第考》，《兰州大学学报》1997年第

4期。

［153］王永兴《试论唐代前期的河西节度使》，《国学研究》第2卷，北京：北京大学出版社，1994年。

［154］王原茵《隋唐墓志的出土时地与葬地》，西安碑林博物馆编《碑林集刊》第6辑，西安：陕西人民美术出版社，2000年。

［155］王志鹏《敦煌P.2672卷残诗集内容考释》，《敦煌研究》1998年第3期。

［156］武伯纶《唐万年、长安县乡里考》，《考古学报》1963年第2期。

［157］吴立民、韩金科《法门寺唐代地宫捧真身菩萨曼荼罗之研究》，段文杰、茂木雅博主编《敦煌学与中国史研究论集——纪念孙修身先生逝世一周年》，兰州：甘肃人民出版社，2001年。

［158］吴丽娱、杨宝玉《P.3730v张氏归义军时期书状考释》，中国文物研究所编《出土文献研究》第7辑，上海：上海古籍出版社，2005年。

［159］（日）武内绍人著，杨富学译《后吐蕃时代藏语文在西域河西西夏的行用与影响》，《敦煌研究》2011年第5期。

［160］（匈）乌瑞撰，耿昇译《吐蕃统治结束后甘州和于阗官府中使用藏语的情况》，《敦煌译丛》第1辑，兰州：甘肃人民出版社，1985年。

［161］向达《罗叔言〈补唐书张义潮传〉补正》，辽海引年集编纂委员会《辽海引年集》，北京：北京和记印书馆，1947年。

［162］向达《西征小记——瓜沙谈往之一》，《国学季刊》第7卷第1期，1950年。

［163］徐畅《唐万年、长安县乡里村订补》，《唐史论丛》第21辑，西安：陕西师范大学出版社，2015年。

［164］许超雄《唐宣宗大中时期西北节帅的儒臣化》，《魏晋南北朝隋唐史资料》第39辑，上海：上海古籍出版社，2019年。

［165］徐晓峰《论唐代落第举子“再次取解”制度的存在及意义》，《北京大学学报(哲学社会科学版)》2011年第4期。

［166］薛宗正《回鹘西迁新考》，《新疆大学学报（哲学社会科学版)》1996年第4期。

［167］严耕望《唐代府州上佐与录事参军》，《唐史研究丛稿》，香港：新亚研究所，1969年。

［168］颜廷亮《〈龙泉神剑歌〉写作时间和作者小辨》，《西北民族研究》1995年第2期。

［169］颜廷亮《张球：著作系年与生平管窥》，《1990年敦煌学国际研讨

会论文集·石窟史地、语文编》，沈阳：辽宁美术出版社，1995年。

［170］颜廷亮《有关张球生平及其著作的一件新见文献》，《敦煌研究》2002年第5期。

［171］杨宝玉《敦煌文书〈龙兴寺毗沙门天王灵验记〉校考》，《文献》2000年第2期。

［172］杨宝玉、吴丽娱《P.3804咸通七年愿文与张议潮入京前夕的庆寺法会》，《南京师范大学学报(社会科学版)》2007年第4期。

［173］杨宝玉、吴丽娱《张议潮束身归阙后与沙州人士的往来及其对敦煌政局的影响——以P.3730v、S.6405v为中心，兼及P.3281v、S.2589》，刘进宝、高田时雄主编《转型期的敦煌学》，上海：上海古籍出版社，2007年。

［174］杨宝玉《大中二年张议潮首次遣使入奏活动再议》，《兰州学刊》2010年第6期。

［175］杨宝玉《〈张淮深碑〉作者再议》，《敦煌学辑刊》2015年第3期。

［176］杨宝玉《金山国时期肃州地区的归属——以法藏敦煌文书P.3633为中心的考察》，《丝绸之路研究集刊》第1辑，北京：商务印书馆，2017年。

［177］杨宝玉、吴丽娱《唐懿宗析置三节度问题考辨》，《中国史研究》2017年第4期。

［178］杨富学《〈张淮深变文〉所见“破残回鹘”来源考》，《文献研究》第1辑，北京：学苑出版社，2010年。

［179］杨秀清《晚唐归义军与中央关系述论》，《甘肃社会科学》1996年第2期。

［180］杨秀清《张议潮出走与张淮深之死——张氏归义军内部矛盾新探》，《敦煌研究》1996年第4期。

［181］杨秀清《P.3518〈张保山邈真赞〉札记》，刘进宝、高田时雄主编《转型期的敦煌学》，上海：上海古籍出版社，2007年。

［182］羊毅勇《唐代伊州考》，《西北民族研究》1993年第1期。

［183］（日）羽田亨《唐光启元年写本沙州伊州地志残卷考》，万斯年辑译《唐代文献丛考》，北京：商务印书馆，1957年。

［184］（捷克）约瑟夫·科尔玛斯著，阿沛·晋美译《白居易致吐蕃当局书（公元808年—810年)》，《国外藏学研究译文集》第1辑，拉萨：西藏人民出版社，1985年。

［185］张春燕、吴越《西衙考》，《敦煌学辑刊》1997年第2期。

［186］张广达、荣新江《关于唐末宋初于阗国的国号年号及其王家世系问题》，北京大学中古史研究中心编《敦煌吐鲁番文献研究论集》，北京：北

京大学出版社，1982年。

［187］张广达、荣新江《有关西州回鹘的一篇敦煌汉文文献——S.6551讲经文的历史学研究》，《北京大学学报(哲学社会科学版)》1989年第2期。

［188］张广达、荣新江《关于敦煌出土于阗文献的年代及其相关问题》，《于阗史丛考》，上海：上海书店，1993年。

［189］张国刚《两份敦煌“进奏院状”文书的研究——论“邸报”非古代报纸》，《学术月刊》1986年第7期。

［190］张景峰《莫高窟第138窟及其影窟的几个问题》，敦煌研究院编《2004年石窟研究国际学术讨论会论文集》，上海：上海古籍出版社，2006年。

［191］张景峰《敦煌莫高窟第9窟甬道供养人画像年代再探》，《兰州学刊》2009年第11期。

［192］张全民《唐河东监军使刘中礼墓志考释》，《敦煌学辑刊》2007年第2期。

［193］张应桥《唐王宰墓志考释》，《四川文物》2013年第4期。

［194］赵和平《后唐时代甘州回鹘表本及相关汉文文献的初步研究——以P.3931号写本为中心》，周一良、赵和平《唐五代书仪研究》，北京：中国社会科学出版社，1995年。

［195］赵红、高启安《张孝嵩斩龙传说探微》，《西北师大学报(社会科学版)》2004年第1期。

［196］赵贞《敦煌文书中所见晚唐五代宋初的灵州道》，《中国历史地理论丛》2001年第4期。

［197］赵贞《大中二年（848）沙州遣使中原路线蠡测》，《中国边疆史地研究》2002年第3期。

［198］赵贞《敦煌所出灵州道文书述略——兼谈朔方韩氏对灵州道的经营》，《敦煌研究》2003年第4期。

［199］赵贞《唐代“正殿”小考》，《中国典籍与文化》2005年第4期。

［200］郑阿财《〈龙兴寺毗沙门天王灵验记〉与敦煌地区的毗沙门信仰》，白化文等编《周绍良先生欣开九秩庆寿文集》，北京：中华书局，1997年。

［201］郑炳林《敦煌碑铭赞三篇证误与考释》，《敦煌学辑刊》1992年第1、2期合刊。

［202］郑炳林《〈索勋纪德碑〉研究》，《敦煌学辑刊》1994年第2期。

［203］郑炳林《敦煌本〈张淮深变文〉研究》，《西北民族研究》1994年第1期。

［204］郑炳林《张淮深改建北大像和开凿94窟年代再探——读〈辞弁邈

生赞〉札记》，《敦煌研究》1994年第3期。

［205］郑炳林、冯培红《唐五代归义军政权对外关系中的使头一职》，《敦煌学辑刊》1995年第1期。

［206］郑炳林《试论晚唐敦煌文士张球即张景球》，《文史》第43辑，北京：中华书局，1997年。

［207］郑炳林《晚唐五代敦煌归义军行政区划制度研究（一）》，《敦煌研究》2002年第2期。

［208］郑炳林《晚唐五代敦煌归义军行政区划制度研究（二）》，《敦煌研究》2002年第3期。

［209］郑炳林、徐晓丽《晚唐五代敦煌归义军节度使多妻制研究》，《北方民族大学学报》2003年第4期。

［210］郑炳林《敦煌写本〈张议潮处置凉州进表〉拼接缀合与归义军对凉州的管理》，季羡林主编《敦煌吐鲁番研究》第7卷，北京：北京大学出版社，2004年。

［211］郑炳林《晚唐五代河西地区的居民结构研究》，《兰州大学学报》2006年第2期。

［212］郑怡楠《新出〈唐敦煌张淮澄墓志铭并序〉考释》，《敦煌学辑刊》2017年第1期。

［213］周峰《张宁墓志所见唐朝与党项的战争》，《西夏学》第9辑，上海：上海古籍出版社，2013年。

［214］周绍良《敦煌文学“儿郎伟”并跋》，文化部文物局古文献研究室编《出土文献研究》，北京：文物出版社，1985年。

［215］周伟洲《吐蕃对河陇的统治及归义军前期的河西诸族》，《甘肃民族研究》1990年第2期。

［216］（日）赤木崇敏《河西帰義軍節度使張淮鼎——敦煌文献P. 2555pièce1の検討を通じて》，《内陸アジア言語の研究》第20号，中央ユーラシア学研究会，2005年。

［217］（日）村井恭子《河西と代北：九世紀前半の唐北邊藩鎮と遊牧兵》，《东洋史研究》第74卷第2号，2015年。

［218］（日）高田时雄《李盛鐸舊藏寫本〈驛程記〉初探》，《敦煌寫本研究年報》第5辑，京都大学人文科学研究所西陲发现中国中世写本研究班，2011年。

［219］（日）桑田六郎《囘紇衰亡考》，《东洋学报》第17卷1号，1928年。

［220］（日）森安孝夫《ウィグルの西遷について》，《东洋学报》第59卷第1、2号，1977年。

［221］（日）森安孝夫《河西帰義軍節度使の朱印とその編年》，《内陸アジア言語の研究》第15号，2000年。

［222］（日）藤枝晃《沙州帰義軍節度使始末（一)》，《东方学报》第12本第3分，1941年。

［223］（日）藤枝晃《沙州帰義軍節度使始末（二)》，《东方学报》第12本第4分，1942年。

［224］（日）藤枝晃《敦煌千仏洞の中興——張氏諸窟を中心とした9世紀の仏窟造営》，《东方学报》第35册，1964年。

［225］（日）藤枝晃《敦煌曆日譜》，《东方学报》第45册，1973年。

［226］（日）武内绍人《敦煌·トルキスタン出土チベット語手紙文書の研究序説》，（日）山口瑞凤编《チベットの仏教と社会》，东京：春秋社，1986年。

［227］（日）武内绍人《歸義軍期から西夏時代のチベット語文書とチベット語使用》，《东方学》第104辑，2002 年。

［228］（日）羽田亨《唐代回鶻史の研究》，《羽田博士史学論文集·上卷歷史篇》，京都：同朋舍，1957年。

［229］（日）羽田亨《唐光啓元年書寫沙州·伊州地誌殘卷に就いて》，《羽田博士史學論文集·上卷歷史篇》，京都：同朋舍，1957年。

［230］（日）曾我部静雄《唐の防秋兵と防冬兵（上)》，《集刊东洋学》1979年第42号。

［231］（日）曾我部静雄《唐の防秋兵と防冬兵（下)》，《集刊东洋学》1980年第43号。

［232］（匈）Géza Uray（乌瑞）,*L' emploi du tibétain dans les chancelleries des états du Kan-sou et de Khotan postérieurs à la domination tibétaine*.Journal Asiatique 269.1-2.

［233］（日）H.kumamato（熊本裕）,*Khotanese official Documents in the Tenth Century A.D*,University Microfilms International,1983.

［234］（法）J.Hamilton（哈密顿）, *Le pays des Tchong-yun, ĉČungul, ou Cumuda au Xe siècle*, JA, 1977.

［235］Lewis Mayo（刘一）, *Birds and Hand of Power: a Political Geography of Avian Life in the Gansu Corridor, Ninth to Tenth Centuries*, East Asian History, Australian National University, 2002.